Digitalisierung in Industrie, Handel und Logistik

Christoph Groß · Roland Pfennig

Digitalisierung in Industrie, Handel und Logistik

Leitfaden von der Prozessanalyse bis zur Einsatzoptimierung

2., aktualisierte und erweiterte Auflage

Christoph Groß
Supply Chain Competence Center
München, Deutschland

Roland Pfennig
Hochschule Heilbronn
Heilbronn, Deutschland

ISBN 978-3-658-26094-1   ISBN 978-3-658-26095-8   (eBook)
https://doi.org/10.1007/978-3-658-26095-8

Die Deutsche Nationalbibliothek verzeichnet diese Publikation in der Deutschen Nationalbibliografie; detaillierte bibliografische Daten sind im Internet über http://dnb.d-nb.de abrufbar.

Springer Gabler
Die 1. Auflage ist erschienen unter dem Titel „Professionelle Softwareauswahl und -einführung in der Logistik".
© Springer Fachmedien Wiesbaden GmbH, ein Teil von Springer Nature 2017, 2019

Springer Gabler ist ein Imprint der eingetragenen Gesellschaft Springer Fachmedien Wiesbaden GmbH und ist ein Teil von Springer Nature
Die Anschrift der Gesellschaft ist: Abraham-Lincoln-Str. 46, 65189 Wiesbaden, Germany

Auf dem Weg vom Maschinenbauer zum digitalen Unternehmen — Ein Geleitwort

Die MULTIVAC Sepp Haggenmüller SE & Co. KG ist heute – im Jahr 2019 – einer der weltweit führenden Anbieter von Verpackungslösungen für Lebensmittel aller Art, Life-Science- und Healthcare-Produkte sowie Industriegüter. Das Unternehmen hat sich in den Jahren seit der Gründung 1961 wiederholt neu erfunden. Angefangen hat die Erfolgsgeschichte in einer kleinen Garage im Allgäu, in welcher die erste MULTIVAC Verpackungsmaschine entwickelt wurde. Schritt für Schritt wurde das Portfolio in den darauffolgenden Jahren um weitere Verpackungsmaschinen und -technologien erweitert, bis schließlich die Entscheidung fiel, das Leistungsspektrum um weitere Lösungen entlang der Linie weiterzuentwickeln. So umfasst das Angebot seit mehr als 25 Jahren auch Kennzeichnungs- und Inspektionssysteme und MULTIVAC agiert bereits seit über zehn Jahren als Anbieter von Automatisierungslösungen. Zuletzt wurde das Portfolio um Lebensmittelverarbeitungsmaschinen, wie Slicer oder Fleischportioniermaschinen, ergänzt.

Abbildung 1.1   MULTIVAC Stammwerk in Wolfertschwenden

Aktuell befindet sich der globale Konzern, der heute weltweit rund 5.900 Mitarbeiter in 85 Niederlassungen beschäftigt, bereits in der nächsten Phase der Weiterentwicklung – der Transformation zum digitalen Unternehmen. Diese Neugestaltung ist im Jahr 2019 in vollem Gange, sodass an dieser Stelle retrospektiv die Schritte des bisherigen Transformationsprozesses dargestellt werden können.

Schritt 1: Digitale Agenda definieren

Die Bedeutung und das Potenzial der Digitalisierung sind in jedem Unternehmen individuell und gleichzeitig vielschichtig zu erfassen. So fußt auch die Digitalstrategie von MULTIVAC auf einer Konsolidierung unterschiedlicher Digitalisierungsaktivitäten zu entsprechenden Handlungsfeldern – der digitalen Agenda. Eine solche hat sich das Unternehmen im Jahr 2016 verordnet und sie dient seither als Wegweiser für folgende Aktivitäten der umfassend angelegten Digitalisierungsinitiative.

Die digitale Agenda von MULTIVAC erstreckt sich sowohl über die Bereiche der internen als auch externen Digitalisierung, wobei sich die externe Perspektive in produktnahe Digitalisierungsaktivitäten (z. B. Smart Services, Assistenzsysteme, …) sowie in neue Geschäftsmodelle untergliedern lässt. Mit dieser Dreiteilung (siehe Tabelle) verfolgt das Unternehmen einen ganzheitlichen Ansatz der digitalen Transformation, mit dem Ziel, Effizienzsteigerungen sowie ein potenzielles Umsatzwachstum zu realisieren.

Tabelle 1.1   Inhaltliche Ausrichtung einer digitalen Agenda

Handlungsfeld der Digitalisierung	Interne Digitalisierung	Externe Digitalisierung	
		Produktnah	Neue Geschäfts modelle
Beispiele für Digitalisierungsaktivitäten in entsprechendem Handlungsfeld	– Interne Prozesse digital abbilden – Schnittstellen zwischen Abteilungen – Implementierung von Data Management – Digitale Kommunikationsunterstützung – Know-how aufbauen – …	– Entwicklung von digital (-unterstützten) Produktfeatures – Angebot ergänzender Digitaldienstleistungen – Ökosystem digitaler Produkte konsolidieren – …	– Datenbasierte Geschäftsmodelle – Vermarktung des Unternehmens-Know-hows als Plattform – Ableitung neuer Geschäftsmodelle basierend auf Megatrends für das eigene Unternehmen – …

Der gewählte Ansatz ist dabei nicht als maßgeschneiderte Lösung für die Verpackungsindustrie zu verstehen, sondern kann auch Unternehmen anderer Branchen als Vorlage für einen Einstieg in die digitale Transformation dienen.

Schritt 2: Vom digitalen Reifegrad zur Digitalstrategie

Maßgeblich für die Digitalstrategie der Firma MULTIVAC sind neben der digitalen Agenda zwei weitere wichtige Bausteine: der digitale Reifegrad und das digitale Zielbild.

Abbildung 1.2   Bausteine der Digitalstrategie

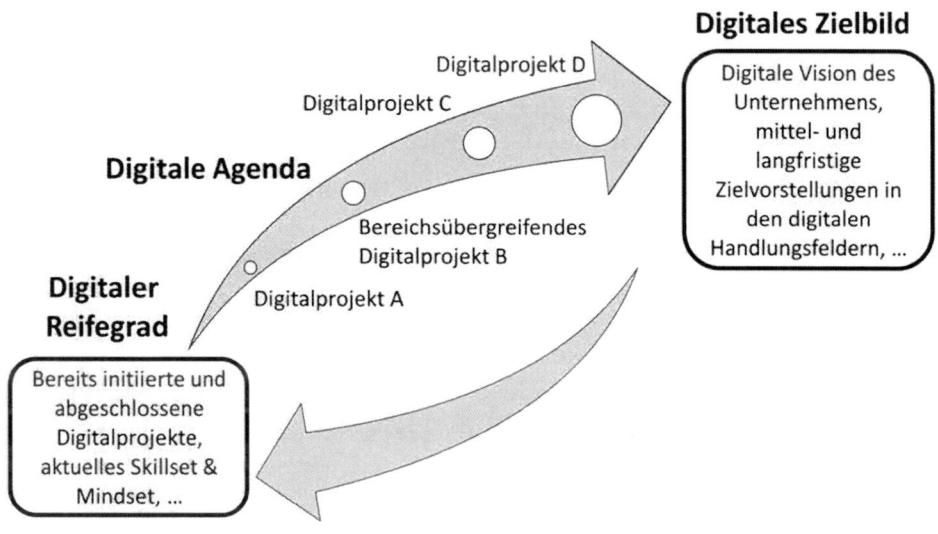

Wie aus der Grafik ersichtlich, stellt die digitale Agenda dabei als zentrales Element einen Mittler zwischen digitalem Reifegrad und digitalem Zielbild dar. Sie dient einerseits dazu, das digitale Zielbild initial abzuleiten und sodann iterativ zu schärfen. Andererseits steht sie in Interaktion mit dem digitalen Reifegrad, welcher bei der Priorisierung der digitalen Agenda hilft und sich in Abhängigkeit zum Fortschritt der Einzelprojekte der digitalen Agenda verändert.

Zur Analyse des digitalen Reifegrads eines Unternehmens existieren inzwischen zahlreiche unterschiedliche Modelle.[1] MULTIVAC konnte hier im Rahmen einer Masterarbeit zunächst das für MULTIVAC geeignete Reifegradmodell auswählen, modifizieren und darauf aufbauend den eigenen digitalen Reifegrad initial bestimmen. Der digitale Reifegrad kann als Indikator genutzt werden, um eine erste Priorisierung von Projekten der digitalen Agenda vorzunehmen, sobald die Digitalstrategie in die operative Phase übergeht. Weiterhin kann der Reifegrad als Messlatte fungieren, um den Fortschritt der Digitalisierungsinitiativen der digitalen Agenda über einen längeren Zeitraum abzuschätzen.

---

[1]   Als Beispiele können die folgenden genannt werden: Schuh et al. (2017): Industrie 4.0 Maturity Index – Die digitale Transformation von Unternehmen gestalten, https://www.acatech.de/Publikation/industrie-4-0-maturity-index-die-digitale-transformation-von-unternehmen-gestalten/; VDI-Z (2016): Industrie-4.0-Audit, https://www.vdi-z.de/2016/Ausgabe-06/Forschung-und-Praxis/Industrie-4.0-Audit?page=1; Hochschule Neu-Ulm: Reifegradanalyse, http://reifegradanalyse.hs-neu-ulm.de/questions.php.

Die digitale Agenda trägt außerdem einen wesentlichen Teil zur Formulierung des Ziel-
bilds bei: Das Unternehmen kann sich in jedem der genannten Handlungsfelder selbst
herausfordern, indem ambitionierte Vorstellungen diskutiert und Ziele gesteckt werden,
die mittel- und langfristig erreicht werden sollen. Dazu gilt es, den möglichen Einfluss und
die Bedeutung der Dimensionen "Daten und Konnektivität" zu erörtern. Dies hat sowohl in
Bezug auf interne Prozesse und Schnittstellen als auch mit Fokus auf das Kernprodukt,
sowie mit Ausblick auf potenzielle neue Geschäftsfelder schrittweise und ggf. auch iterativ
zu geschehen. Wegweisende (taktische) Projektvorhaben im digitalen Kontext zahlen genauso in das digitale Zielbild mit ein wie eine digitale (strategische) Vision.

Abbildung 1.3   Voll in die Cloud integrierte Tiefzieh-Verpackungsmaschinen-
                      generation RX 4.0

Schritt 3: Operationalisierung der Digitalstrategie

Für die Operationalisierung der Digitalstrategie stehen grundsätzlich unterschiedliche
Handlungsmöglichkeiten zur Verfügung. Allen voran steht die Frage nach der Allokation
entsprechender Ressourcen, um die Herausforderung der digitalen Transformation koordi-
nieren und umsetzen zu können. MULTIVAC hat sich für den Ansatz einer integrativen
Digitalisierung entschieden, bei dem Ressourcen zur Lenkung und Durchführung im
Stammsitz des Unternehmens in Wolfertschwenden aufgebaut und gebündelt werden.
Dieser Ansatz steht der Möglichkeit der Ausgründung, z. B. einer ausgegliederten Einheit
diametral entgegen und bringt viele Chancen, aber auch Herausforderungen mit sich.

Ein wesentlicher Vorteil einer intern verankerten Organisationseinheit besteht darin,
Mitarbeiter aus unterschiedlichen Bereichen der Kernorganisation bei der Gestaltung und
Umsetzung der digitalen Agenda zu involvieren. Damit wird die digitale Transformation
ein fixer Bestandteil der Mutterorganisation und wird weniger als eine externe Kraft
wahrgenommen, wodurch sich die Akzeptanz von Entwicklungsergebnissen und organisatorischen Neuerungen vergrößert. Die Herausforderungen des Change Managements
und der Koordination des internen Informationsaustauschs sind bei dieser Variante sicherlich auf den ersten Blick als intensiver anzusehen, als bei der Variante eines separier-
ten Digitallabors. Doch ist die ggf. später anstehende Wiedereingliederung einer ausgegliederten Gesellschaft – und das zeigen bereits zahlreiche Beispiele von Unternehmens-
integrationen – die weit größere Herausforderung. Die Aufgaben der Akquise geeigneten

Personals, das Angebot moderner und flexibler Arbeitsumgebungen und -bedingungen sowie die Implementierung agiler Methoden und Werkzeuge sind in beiden Varianten zu bewältigen.

Für das Abenteuer Digitalisierung in Ihrem Unternehmen wünscht Ihnen die Firma MULTIVAC viel Freude und Erfolg – genauso wie bei der Lektüre dieses Buches.

Dr. Marius Grathwohl   Christian Traumann
Leiter Digitalisierung   Group CFO

MULTIVAC Sepp Haggenmüller SE & Co. KG

Vorwort zur 2. Auflage

Dank des großen Erfolgs der ersten Auflage dieses Buches mit dem Vorgängertitel „*Professionelle Softwareauswahl und -einführung in der Logistik*" (erschienen Mai 2017) haben sich die Autoren und der Verlag entschieden, eine 2. Auflage zu erstellen.

In dieser Auflage finden Sie nicht nur einige zusätzliche Kapitel, sondern auch viele neue Grafiken, Illustrationen und Tabellen sowie Optimierungen und Ergänzungen der bereits vorhandenen Kapitel.

In einem Werk, welches zuvor im Bereich der dargestellten Geschäftsbereiche/Prozesse und der hierfür notwendigen IT-Lösungen eher auf die Logistik fokussiert war, finden Sie nun viele branchenübergreifende oder branchenorientierte Informationen auch aus den Bereichen der Industrie oder des Handels.

Damit ist dieses Werk endgültig für Leserinnen und Leser aus beliebigen Branchen oder Unternehmensgrößen ein unverzichtbarer Ratgeber geworden, um die eigene Digitalisierung zum Erfolg zu machen.

Christoph Groß
Prof. Dr. Roland Pfennig

Vorwort zur 1. Auflage

Die rasante Entwicklung der Informations- und Kommunikationstechnologien (IKT) in der jüngeren Vergangenheit und die Auswirkungen auf die Industrie, den Handel und die Logistik waren in dieser Vehemenz nicht vorhersehbar. Oder vielleicht doch? Schon seit Langem sprechen wir von der IT als branchenübergreifenden „Enabler" und eben diese erfährt nach der Globalisierung mit Industrie 4.0 oder Logistik 4.0 einen weiteren Bedeutungsschub. Angetrieben wird dies durch Technologien und Begriffe wie Big Data, Mobile Services, Cloud Computing, Virtualisierung, Sensoren und Aktoren, Echtzeitdatenverarbeitung u.v.a.m., die ständig optimiert und erweitert werden.

Neben dem Smart Home sprechen wir von der Smart Factory und sehen, dass die „alte" Idee des Computer Integrated Manufacturing (CIM) nun doch kurz vor der Umsetzung stehen könnte. Mass Customization und Produktion in Losgröße 1 stehen auf der Agenda und Deutschland soll auf diesem Wege wieder zu einem Produktionsstandort werden, bekannt für Qualität und ausgestattet mit einer hervorragenden Infrastruktur. Allerdings stehen „Echtzeitdatenverarbeitung" und Just-in-Time-Lieferung trotz guter Infrastruktur aufgrund zunehmenden Verkehrs- und Transportaufkommens mitunter in einem eklatanten Missverhältnis. Die Situation wird durch die Ausweitung des e-Commerce, zuletzt verstärkt auch und gerade im Bereich der Lebensmittel, mit „Same-Day-Delivery"-Service nicht besser.

Die Bedeutung einer End-to-End Digitalisierung über Branchen und Prozesse hinweg wird dabei weiter zunehmen und die Anforderungen, sich auf veränderte Abläufe, neue Technologien und transparente Schnittstellen einzustellen wird manches Unternehmen fordern. Zwar stehen die „digital Natives" in den Startlöchern für Führungspositionen – doch diese Generation hat häufig lediglich den selbstverständlichen Gebrauch von Smartphone-Apps, das „Wischen", mit in die Wiege gelegt bekommen, dagegen weniger das Interesse an der Konzeption und Umsetzung von digitalisierten Prozessen durch unterstützende IT-Lösungen. Dabei ist gerade diese Schnittstellenfunktion eine überaus spannende Aufgabe im Unternehmen, da sie einen umfassenden Einblick in nahezu alle Unternehmensprozesse ermöglicht.

Vor dem Schritt in Richtung Logistik 4.0 oder Industrie 4.0 (Virtualisierung) muss der vorhergehende Schritt Logistik 3.0 oder Industrie 3.0 (Automatisierung) gegangen werden. Dazu sollten die richtigen IT-Lösungen gefunden, erworben, eingeführt, gewartet und gegebenenfalls weiterentwickelt werden. Aber bereits die Auswahl und Einführung der richtigen IT-Lösungen ist für viele Menschen ein Buch mit sieben Siegeln und für manche eher ein notwendiges Übel, das nur vom produktiven Tagesgeschäft abhält und unnötig viele Ressourcen bindet.

Dabei sollte beachtet werden, dass, ähnlich wie bei einer Hochzeit, der Anwender bei einer Softwareentscheidung eine Bindung mit einem Softwareanbieter eingeht, die entweder ein großes Potenzial für das Unternehmen, oder, im Falle einer Fehlentscheidung, große Risiken mit hohen Kosten birgt. Deswegen sollten sich Unternehmen intensiv auf einen Auswahlprozess vorbereiten, diesen gut strukturieren, die bestmöglichen Hilfsmittel und Werkzeuge einsetzen und sich gegebenenfalls mit Rat und Tat durch einen externen und neutralen Berater unterstützen lassen. Hierbei ist es gleichgültig, wie groß das Unternehmen ist, denn der Prozess und die angesetzten Kriterien sind jeweils identisch. Während Großunternehmen durch die vorhandene personelle Infrastruktur meist in der Lage sind, diesen Prozess selbstständig durchzuführen, greifen mittelständische Unternehmen gern auf externe Unterstützung zurück.

Dieses Buch wurde als Leitfaden unabhängig von Unternehmensgröße, der Branche und der auszuwählenden Softwarelösung erstellt. Kleineren Unternehmen kann es den Berater ersetzen, für den vielleicht nicht ausreichend finanzielle Mittel zur Verfügung stehen. Für mittelständische Unternehmen sowie für Großunternehmen wird es, speziell für die interne Projektleitung, als hilfreicher Berater mit Checklisten, Tipps und Tricks zur Seite stehen.

Der Fokus dieser Publikation liegt nicht auf der Anwendung einer bestimmten Auswahl- oder Einführungsmethodik. Vielmehr werden die notwendigen Schritte allgemein dargestellt und beinhalten in den einzelnen Kapiteln auch unabhängig vom Gesamtprozess viele wertvolle Hinweise.

Wer im Tagesgeschäft nicht regelmäßig mit der Auswahl von IT-Lösungen beschäftigt ist, kann schnell wichtige Kriterien übersehen oder diese auf den ersten Blick als nicht relevant einstufen. Die Folgen können jedoch dramatische Auswirkungen auf das Gesamtprojekt haben. Durch die intensive Anwendung des Leitfadens können die Risiken weitgehend minimiert und die Effizienz des Projekts maximiert werden.

Die voranschreitende Digitalisierung der Unternehmen hat zur Folge, dass nahezu alle Funktionsbereiche prozessorientiert miteinander vernetzt und folglich alle Arbeitsplätze mit IT-Lösungen „konfrontiert" werden. Es wäre fahrlässig, sich ausschließlich auf externe Berater zu verlassen – Unternehmen müssen sich insgesamt hin zu einer „IT-Mündigkeit" entwickeln.

Das Buch richtet sich an alle Mitarbeiter im Unternehmen, an IT-Fachkräfte, an Studierende bis hin zur Leitungsebene oder der Geschäftsführung (abhängig von der Unternehmensgröße) und dient als Nachschlagewerk für den täglichen Gebrauch. Deshalb ist es in einer leicht verständlichen Sprache gehalten und auf das übliche babylonische Sprachgewirr der IT wird verzichtet, manche Aussagen sind entsprechend ihrer Bedeutung pointiert formuliert. Die exzellente am Markt erhältliche Fachliteratur im Bereich der Informatik und Wirtschaftsinformatik erschließt sich dem nicht IT-Affinen oft nur mit großer Mühe und führt häufig zu Kopfschütteln und Frustration. Die Unternehmen können sich IT-frustrierte Logistik- und Wirtschaftsfachleute jedoch nicht leisten, wenn sie an den aktuellen Entwicklungen teilhaben wollen.

Den Autoren ist es ein Anliegen, ihr Know-how einer breiteren Masse von Menschen speziell in der Logistik zugänglich zu machen und sie wünschen sich, dass dem Leser mit dem Buch eine pragmatische Unterstützung angeboten wird. Für Fragen, Anmerkungen oder Verbesserungsvorschläge freuen sich die Autoren über eine Kontaktaufnahme unter christoph.gross@scc-center.de bzw. roland.pfennig@hs-heilbronn.de.

Christoph Groß
Prof. Dr. Roland Pfennig

Inhaltsverzeichnis

Abkürzungsverzeichnis

Die Welt der Digitalisierung und IT hält jede Menge Abkürzungen für Sie bereit.

AGB	Allgemeine Geschäftsbedingungen
AI	Artificial Intelligence – Künstliche Intelligenz
ANBU	Anlagenbuchhaltung
APP	Applikation – Softwarelösung
API	Application Programming Interface – Schnittstellen
APQP	Qualitätsvorausplanung
APS	Advanced Planning & Scheduling – Feinplanung in der Fertigung
ASP	Application Service Providing – Software im Rechenzentrum
ATP	Available to Promise – Verfügbarkeitsprüfung
B2B	Business to Business
B2C	Business to Customer
BDE	Betriebsdatenerfassung
BI	Business Intelligence – Analyse und Auswertung
BOL	Begin of Life (Entwicklung)
BOL	Bill of Lading – Ladepapiere
BOM	Bill of Material
BOYD	Build your own device
BPEL	Business Process Execution Language
BPM	Business Process Management
BPMN	Business Process Modeling Notation
BPO	Business Prozess Optimization – Geschäftsprozessoptimierung
BVD	Verbrauchssteuer
CAD	Computer Aided Design – Konstruktion
CAE	Computer Aided Engineering
CAM	Computer Aided Manufacturing
CAP	Computer Aided Planning
CAQ	Computer Aided Quality Management – Qualitätssicherung
CCU	Concurrent User – gleichzeitig aktive Benutzer
CMS	Content Management System
CNC	Computer Numerical Control

CPS	Cyber Physical Systems
CRM	Customer Relationship Management
CRP	Capacity Requirements Planning
CSV	Comma Separated Values – Dateiformat für den Import und Export von Daten
CTI	Computer Telephone Integration (Telefonintegration)
CTP	Capable to Promise – Verfügbarkeitsprüfung zur Reservierung
CV	Curriculum Vitae – Lebenslauf
DevSys	Development-System – System, in dem Anpassungen entwickelt werden (siehe auch Testsys und Prodsys)
DMS	Dokumenten-Management-System
DRP	Distribution Requirements Planning
DSGVO	Datenschutzgrundverordnung
EDV	Elektronische Datenverarbeitung/Neu IT
EAI	Enterprise Application Integration
EDM	Electronic Data Management
ECM	Electronic Content Management
ERP ERP/II	Enterprise Resource Planning
EDI	Electronic Data Interchange
EDM	Electronic Data Management
EPK	Ereignisgesteuerte Prozesskette
ERM	Electronic Resource Management
FDA	Food and Drug Administration
GIS	Geografische Analyse
GDPdU	Grundsätze zum Datenzugriff und zur Prüfbarkeit digitaler Unterlagen
GDPR	General Data Protection Regulation (Deutsch siehe DSGVO)
GoBS	Grundsätze ordnungsmäßiger DV-gestützter Buchführungssysteme
HXML	Hypertext Markup Language
HRM	Human Resource Management – Personalmanagement
HACCP	Hazard Analysis and Critical Control Points – Gefahrenanalyse
IMAP	Internet Message Access Protocol

IP	Internet Protocol
IS	Information System
IT	Informationstechnologie
JDBC	Java Database Connectivity
JSON	Java Script Object Notation (Datenformat)
KI	Künstliche Intelligenz
KMU	Kleine und Mittlere Unternehmen
LAN	Local Area Networt
LIMS	Labor-Informationssystem
MDA	Model Driven Architecture
MDE	Maschinendatenerfassung
MES	Manufacturing Execution System
MIS	Management-Informationssystem
MOL	Middle of Life
MRP MRP/II	Material Requirements Planning
NC	Numeric Control
NDA	NonDisclosureAgreement – Geheimhaltungsvereinbarung
NU	Named User
OCR	Optical Character Recognition – Schrifterkennung
ODBC	Open Database Connectivity
OLAP	Online Analytical Processing
OLTP	Online Transaction Processing
OOTB	Out of The Box – Standardsoftware, direkt nach Installation einsetzbar
PACS	Picture Archiving and Communication System
PDA	Personal Data Assistant
PDM	Product Data Management
PEP	Personaleinsatzplanung
PLM	Product Lifecycle Management

PMS	Projektmanagement-System
PPS	Produktplanung und Steuerung
ProdSys	Produktivsystem, mit dem die Benutzer im Tagesgeschäft arbeiten (Siehe auch DevSys und TestSys)
PSP	Projektstrukturplanung
PZE	Personalzeiterfassung
QMS	Quality Management System
RFID	Radio Frequency Identification
ROI	Return on Invest / Return of Invest
SaaS	Software as a Service
SCRUM	Moderne Entwicklungsmethodik für Softwareprojekte
SCPM	Supply Chain Performance Measurement
SCEM	Supply Chain Event Management
SCM	Supply Chain Management
SLA	Service Level Agreement
SMS	Service Management System
SOA	Service Oriented Architecture
SOAP	Simple Object Access Protocol (Netzwerkprotokoll)
SOX	Sorbanes-Oxley-Act
SPC	Statistische Prozesskontrolle
SQL	Structured Query Language
SRM	Supplier Relationship Management
SWAP	Gerätetausch
TAPI	Telephone Application Programming Interface (Telefon Integration)
TCO	Total Cost of Ownership – Gesamtkosten über einen definierten Zeitraum
TestSys	Testsystem – dient zum Testen neuer Software (siehe auch DevSys und ProdSys)
TOM	Transportoptimierung und -management (auch TMS)
TMS	Transport Management Solutions (auch TOM)
UIS	Umweltinformationssystem
UMS	Unified Modeling Language

User	Endbenutzer
UX	User Experience
VAR	Value Added Reseller – Händler, nicht Hersteller einer Software
VMI	Vendor Managed Inventory
WFM	Workflow Management
WiFi	Wireless Network – Funknetz (auch WLan)
WAN	Wide Area Network
WMS	Warehouse Management – Lagerverwaltung
WYSIWYG	What You See Is What You Get – beschreibt z. B. die Definition von Masken oder Formularen. Man sieht direkt beim Design, wie das Ergebnis aussieht
XPDL	XML Process Definition Language
XML	Extensible Markup Language
ZM	Zusammenfassende Meldung

IT Berufsbezeichnungen – einfach erklärt

In vielen IT-Projekten, besonders im internationalen Umfeld, begegnen Ihnen wichtige Personen mit teilweise unverständlichen Titeln. Nachfolgend die wichtigsten Titel, damit Sie wissen, mit wem Sie es zu tun haben.

CDO	Chief Digital Officer-Digitalisierungsleiter/Vorstand
CIO	Chief Information Officer – IT/EDV Leiter/Vorstand
CTO	Chief Technology Officer – Technischer Leiter/Vorstand
COO	Chief Operation Officer – Verwaltungsleitung/Vorstand
CFO	Chief Financial Officer – Leiter Finanzen/Vorstand
CEO	Chief Executive Officer – Vorstandsvorsitzender

Die Autoren

Christoph Groß berät seit 2005 Unternehmen verschiedenster Branchen im Rahmen von Digitalisierungsprojekten und der Prozessoptimierung auf Basis neuer IT-Lösungen. Seine Tätigkeit reicht dabei von der Bedarfs- und Prozessanalyse über die ROI-Ermittlung bis hin zur Begleitung der Projektumsetzung, ganz nach Bedarf und Wunsch des jeweiligen Kunden. Seine Klientel erstreckt sich von kleineren Unternehmen mit weniger als fünfzig Mitarbeitern bis zum gehobenen Mittelstand mit mehreren tausend Mitarbeitern.

Zuvor war Christoph Groß bei nationalen und vor allem internationalen Softwareanbietern in der Beratung und im Vertrieb, zuletzt in leitender Position im Bereich der Logistik in mehr als 20 Ländern im Einsatz. 2006 entwickelte er im Rahmen einer Partnerschaft mit der Trovarit AG ein Lastenheft im Bereich Transportoptimierung und -management, das seitdem ständig weiterentwickelt wird und bei Auswahlprojekten in diesem Umfeld zum Einsatz kommt. Bereits 2008 wurde die von ihm umgesetzte Methodik im Rahmen der Softwareauswahl von Transportmanagement-Lösungen auf der CeBIT von der Initiative Mittelstand als besonders innovativ bewertet. Christoph Groß hat bisher mehr als 65 Kundenprojekte im Rahmen seiner Beratungstätigkeit betreut. Er ist der einzige Berater im deutschsprachigen Raum, der in seinen Projekten eine *„Neutral-beraten-oder-Geld-zurück-Garantie"* anbietet. Seine mittlerweile mehr als 30-jährige Erfahrung hat es ihm ermöglicht, nicht nur viele Fachartikel in diversen Verlagen, sondern nun auch das vorliegende Buch in entsprechender Ausführlichkeit zu gestalten.

Dr. Roland Pfennig ist seit 2006 Professor für Wirtschaftsinformatik im Studiengang Verkehrsbetriebswirtschaft und Logistik an der Hochschule Heilbronn. Er ist Gründer und geschäftsführender Direktor des Instituts für Nachhaltigkeit in Verkehr und Logistik (INVL) im Studiengang. Im Rahmen des INVL erfolgt insbesondere anwendungsorientierte Forschung zu verschiedenen Aspekten der Logistik, so zum Beispiel zur Bedeutung und zum Einsatz von Informations- und Kommunikationstechnologien, Standardsoftware und ERP-Systemen sowie zur Entwicklung einer nachhaltigen Logistik (ökologische, soziale und ökonomische Dimension).

Seit 2008 ist Prof. Dr. Roland Pfennig Beauftragter für Nachhaltige Entwicklung an der Hochschule Heilbronn. Davor war er 14 Jahre als IT-Consultant tätig, zuletzt als Teamleiter Business Intelligence bei der SAP AG, in den Bereichen workflowgestützte Betriebsführungssysteme, Prozessmanagement, Personalabrechnung, Zeitwirtschaft, Business Intelligence, Dokumentenmanagement u. a. bei Unternehmen wie EnBW, Leitz, Telekom, Bayer, Stuttgarter Straßenbahnen AG, DZ-Bank, Dieffenbacher und anderen. Er promovierte zum Thema Materialflussrechnung: „Die Material Information Factory – Entwicklung eines Referenzmodells für nachhaltiges Wirtschaften bei kleinen und mittleren Unternehmen".

1 So werden Sie zum „mündigen" Software-Anwenderunternehmen

Auch wenn es Manager, Einkaufsleiter oder Inhaber von Unternehmen nicht gerne hören: Wenn es zur Bedarfsermittlung, Auswahl und Einführung neuer Softwarelösungen im Rahmen von Digitalisierungsprojekten kommt, sind fast alle Anwenderunternehmen nicht fit genug, um den Prozess auf Basis neuester Erkenntnisse effizient abzuwickeln.

Kein Wunder, denn wie oft führt man in einem Unternehmen eine neue Software ein, welche die Prozesse und Abläufe im Unternehmen maßgebend beeinflusst?

Im Durchschnitt implementiert z. B. ein Anwenderunternehmen nur alle 10 bis 15 Jahre eine neue ERP-Lösung. Von Übung und Erfahrung im Unternehmen und bei den Mitarbeitern kann hier also kaum die Rede sein.

Selbst die Einstellung von Mitarbeitern, die dies bereits mehrfach in anderen Unternehmen begleitet oder erfahren haben, ist nur teilweise hilfreich, ganz einfach, weil jede Erfahrung spezifisch und nicht unbedingt auch im neuen Fall anwendbar ist.

Dabei ist es für ein erfolgreiches Projekt ungemein wichtig, sich als Unternehmen selbst sowie die eigenen Mitarbeiter derart zu qualifizieren, dass man im Projekt selbstsicher auftreten kann und bereits in vielen Themenbereichen weiß, wo es langgeht. Idealerweise auch ganz ohne externen Berater oder den Softwareanbieter. Wenn Sie im Projekt in vielen Bereichen weniger wissen als Ihr Geschäftspartner, dann sind Sie eindeutig in der schlechteren Situation, sei es in der Auswahl, der Verhandlung oder später im Projekt.

Leider begeben sich die meisten Unternehmen viel zu schnell in die Abhängigkeit von Beratern oder später in die von Anbieterunternehmen. Dabei sollte es doch bereits klar sein: Wer sich nicht in der Lage sieht, eine Softwareauswahl selbstständig zu begleiten, der kann wohl kaum den richtigen Berater auswählen und einschätzen, ob das Projekt so läuft, wie es eigentlich laufen sollte oder könnte.

Durch mangelndes Wissen gegenüber Ihren Geschäftspartnern, dem Berater und dem Softwareanbieter geraten Sie nicht nur in eine gefährliche Abhängigkeit, sondern werden quasi zum „unmündigen" Software-Anwenderunternehmen. Hier sollten Sie unbedingt Maßnahmen ergreifen, um dem entgegenwirken.

Dieses Buch versetzt Sie in die Lage, in vielen Bereichen Ihren Geschäftspartnern sogar eine Nasenlänge voraus zu sein. Sie können damit Angaben und Informationen besser prüfen.

Das Risiko von Fehlentscheidungen, erhöhten oder unnötigen Kosten oder verlängerten Projektzeiten kann damit erheblich reduziert werden.

Denn wie allgemein bekannt: „Wissen ist Macht", also nutzen Sie dieses Buch, um gegenüber Ihren Geschäftspartnern an „Macht" zu gewinnen.

© Springer Fachmedien Wiesbaden GmbH, ein Teil von Springer Nature 2019
C. Groß und R. Pfennig, *Digitalisierung in Industrie, Handel und Logistik*,
https://doi.org/10.1007/978-3-658-26095-8_1

Übrigens: Bei KMUs ist die Erkenntnis, dass Wissen in diesem Bereich fehlt, meist kein Thema, das besonderer Diskussion bedarf. Je größer jedoch das Unternehmen, desto eher gehen die Verantwortlichen davon aus, dass das notwendige Wissen im Unternehmen vorhanden ist. Doch weit gefehlt, auch hier herrscht oft ein erheblicher Nachholbedarf.

Expertentipp: Werden Sie durch einen Wissensvorsprung zum mündigen Geschäftspartner bei Ihrem nächsten Softwareprojekt. Es lohnt sich!

2 Digitalisierungs-Basics und Technologie

2.1 Was ist eigentlich Digitalisierung?

Mal zugegeben, sind Sie die andauernde Nennung des Begriffs der Digitalisierung nicht eigentlich schon leid? Jeder Politiker, jeder Berater, Softwareanbieter oder „Gescheidhaferl" (auf Bayrisch „Klugscheißer") fühlt sich dazu verpflichtet, sich als Digitalisierungsexperte zu outen und Sie dabei zu belehren, warum das so wichtig für die Menschheit und natürlich auch für Sie ist. Ohne Digitalisierung geht unsere Welt morgen früh unter. Also handeln Sie jetzt! Zugleich machen wieder andere Ihnen Angst, dass nun massenweise Arbeitsplätze durch die Digitalisierung verloren gehen und wir morgen alle durch Maschinen ersetzt werden.

Fragen Sie zehn Menschen nach der Bedeutung des Begriffs *Digitalisierung*, erhalten Sie zehn verschiedene Antworten. Das stimmt leider so. Für Politiker bedeutet sie meist „eGovernment" und Breitbandausbau, für andere alles, was eine „4.0" beinhaltet (wie Industrie 4.0, Logistik 4.0 etc.), für die nächsten sind es Drohnen, dann Apps auf dem Smartphone oder Facebook® und Twitter® und für wieder andere fällt darunter einfach nur die Implementierung der ersten ERP-Software im Unternehmen.

Was stimmt denn nun? Was ist Digitalisierung? Ganz einfach: Alles, was Sie gerade gelesen haben und noch vieles mehr. Dabei ist die Digitalisierung gar nichts Neues. Man hat zwar diesen Begriff erst kürzlich „erfunden". Den Fakt der Digitalisierung gibt es aber schon seit Jahrzehnten. Sie glauben mir nicht? Vielleicht erinnern Sie sich auch an das früher sehr viel genutzte Wort: EDV – elektronische Datenverarbeitung?

Wo kommt das eigentlich her?

Im September 1954 stellt IBM einen neue Serie von Electronic Data Processing Systemen (EDP – auf Deutsch = Elektronische Datenverarbeitung – EDV) erstmalig in einer Werbung vor.[1]

Wenn Sie beide Worte mal miteinander vergleichen, dann werden Sie schnell erkennen können, dass die Begriffe „elektronische Datenverarbeitung" und „Digitalisierung" doch ziemlich ähnlich sind.

Der Unterschied ist, dass heutzutage der damit verbundene Umfang erweiterter Themen wesentlich größer ist als damals, ganz einfach bedingt durch die technologischen Fortschritte und die damit verbundenen Möglichkeiten, die wir heute haben.

---

[1] https://www.ibm.com/ibm/history/exhibits/vintage/vintage_4506VV9004.html?mhq=electronic%20data%20processing&mhsrc=ibmsearch_a

© Springer Fachmedien Wiesbaden GmbH, ein Teil von Springer Nature 2019
C. Groß und R. Pfennig, *Digitalisierung in Industrie, Handel und Logistik*,
https://doi.org/10.1007/978-3-658-26095-8_2

Auch dieses Buch bietet eine eigene Begriffsdefinition zur Digitalisierung:

→ *„Digitalisierung ist die Optimierung bestehender Prozesse oder die Schaffung neuer Prozesse und Produkte durch den Einsatz moderner Informationstechnologie."*

Forschritt

Bestehende Prozesse zu optimieren ist eine Sache, viel wichtiger aber ist die Schaffung neuer Prozesse und Produkte. Beispielsweise die Apps zur Konfiguration, der Bestellung und Zahlung Ihrer Pizza inkl. Tracking bei der Lieferung und Bewertung des Lieferanten zum Ende des Prozesses. Digital unterstützte Prozesse oder komplett digitale Prozesse erzeugen in der Regel nun einmal einen höheren Deckungsbeitrag und erhöhen die Effizienz.

marge sur coût variable

Damit Sie einen Eindruck von praktikablen und teilweise schon seit Langem verfügbaren digitalen oder digital unterstützten Prozessen bekommen können, haben wir einmal einige für Sie gesammelt (Tabelle 2.1):

Tabelle 2.1   Oft bereits seit Langem verfügbare digitale Prozesse

Was?	Wie genau?	Etwas Neues? Kommentar
Reisekostenbelege per Smartphone	Einfach ein Foto mit dem Smartphone machen und den Beleg danach online mit Zuordnung zur Abrechnung verschicken.	Eher neu. Sehr praktisch, ermöglicht eine zeitnahe Abrechnung und Auswahl mit späterer Nachreichung der Belege (wenn überhaupt noch notwendig)
Rechnungen von Lieferanten automatisch auf Basis einer PDF-Rechnung (ZugFerd) in Ihre Finanzbuchhaltung einlesen	In der PDF-Datei sind alle relevanten Rechnungsdaten als XML-Daten verschlüsselt. Das System kann diese Daten aus dem PDF auslesen und direkt den Rechnungseingang verbuchen	Eher neu – gut, wird aber leider kaum genutzt, obwohl vom Finanzministerium gefördert
Drohnen zur Inventur im Lager	Die Drohne fliegt durch ein Palettenlager. Kameras nehmen die Paletten und den dort vorhandenen Aufkleber mit Barcode auf. Auf dieser Basis kann eine Inventur erstellt werden.	Sehr neu, noch sehr teuer; funktioniert aktuell eigentlich nur mit vollen Paletten
Volle E-Mail-Integration in der Business-Lösung	Aus dem Angebot/Auftrag heraus wird direkt eine E-Mail erzeugt, Dokumente automatisch angehängt und die komplette E-Mail dann auch am Vorgang gespeichert.	Das gibt es schon lange. Leider ist dies nur in wenigen operativen Systemen umgesetzt, obwohl es sehr praktisch ist!

Was?	Wie genau?	Etwas Neues? Kommentar
Automatisches Informations-cockpit durch Anruf vom bekannten Kunden	Kunde mit gespeicherter Nummer ruft an. Die CTI-Integration zur Telefonanlage erkennt die Nummer und öffnet automatisch auf dem Bildschirm des angerufenen Mitarbeiters Cockpit mit allen relevanten Daten und Transaktionen des Kunden.	Das gibt es schon lange. Leider ist dies nur in wenigen operativen Systemen komplett umgesetzt. Oft nur Telefon-Integration, aber keine Cockpit-Darstellung.
Bei Transaktion (z.B. Bestellung, Wareneingang etc.) direkt Verbuchung in der Finanzbuchhaltung und im Controlling.	Sie legen eine Bestellung an. Direkt mit Freigabe werden die Budget-relevanten Daten im Budget des Controllings abgelegt. Bei Wareneingang erfolgt automatisch die Buchung in der Finanzbuchhaltung. Ganz ohne „Übergabe" in die Finanzbuchhaltung	Das gibt es schon seit Jahrzehnten. Leider gibt es noch jede Menge Finanz- und Controlling-Lösungen, die immer noch mit einer „Batch"-Datenübergabe am Tagesende arbeiten. Das ist „old, old school". Sobald eine Software von einer integrierten Finanzbuchhaltung spricht, sollten keine manuellen oder Batch-Übergaben mehr stattfinden.
Digitales Vertragsmanagement	Sie erstellen Ihren Vertrag (Kaufvertrag, Partnervertrag etc.), laden diesen in Ihr Vertragssystem, definieren, wer und in welcher Reihenfolge unterzeichnen soll, und starten den Unterschriftenworkflow. Der Unterzeichner erhält eine Mail mit Hyperlink und durch simples „Klicken" wird eine elektronische Signatur erzeugt. Komplett rechtssicher. Inkl. Archivierung der Verträge.	Eher neu. Nicht allzu teuer im Invest, aber furchtbar praktisch (inkl. Überwachung des Unterschriftenstatus in einer App).
Digitale Software- und Projekt-dokumentation	Laden Sie die Windowshilfe® oder MS-Word-Doku in Ihr Hilfesystem, integrieren Sie Screenshots mit feldbasierte Doku und stellen diese inkl. Versionsmanagement als PDF-, CHM- (Windowshilfe®) oder HTML-Hilfe (Web) zur Verfügung.	Das gibt es schon seit Langem. Leider nutzen nur sehr wenige Softwareanbieter moderne Hilfe- und Dokumentationswerkzeuge. Man ist leider der Meinung, dass eine gute Dokumentation zu aufwendig ist und sich ohnehin alle 5 Minuten etwas ändert.

Derartige Innovationsbeispiele gibt es übrigens in allen Branchen oder auch branchenübergreifend. Für einige ist es ein alter Hut, für andere etwas wirklich Innovatives.

Messen sind übrigens eine gute Plattform, um nach innovativen Digitalisierungsideen zu suchen. Scheuen Sie sich dann nicht, Ihren bestehenden Anbieter auf derartige Funktionen und Module anzusprechen, inkl. der Frage, wann diese denn bei ihm auch funktionieren oder integriert werden können.

Expertentipp: Definieren Sie für sich selber, was Digitalisierung für Ihr Unternehmen bedeuten kann. Rennen Sie nicht einfach nur anderen hinterher, sondern finden Sie heraus, was Ihnen Mehrwert liefert, was unbedingt notwendig ist oder was Ihnen einen eindeutigen Wettbewerbsvorteil liefert. Wenn Sie dies dann erfolgreich durch den Einsatz moderner Informationstechnologie umsetzen, dann sind Sie in diesem Bereich schon mal digitalisiert.

2.2   Ohne IT-Strategie keine echte Digitalisierung

Alle wollen digitalisieren. Sie auch? Selbst wenn Sie sich im Klaren sind, was das eigentlich für Ihr Unternehmen bedeutet, stellt sich die Frage, ob Sie überhaupt einen Plan haben.

Digitalisierung kauft man nicht einfach so im „Supermarkt" ein, obwohl die Werbung einem gerne suggerieren will, dass ein bisschen Cloud alle Ihre Probleme löst und Ihre Anforderungen erfüllt.

Als Insellösung kann dies durchaus der Fall sein. Wenn man aber über den Tellerrand hinaussieht, dann ist die Wahrscheinlichkeit groß, dass die Insel nicht schlecht aussieht, aber nur in der Integration dieser in alle Ihre Unternehmensprozesse ein echter und anhaltender Mehrwert zu erzielen ist.

Deswegen ist es unbedingt notwendig sich Gedanken über eine Strategie im Unternehmen zu machen, mit der man die eigenen Ziele in der Digitalisierung festzurrt und sich nicht einfach nur aus reinem Aktionismus von einem Digitalisierungsprojekt ins nächste stürzt.

Projekte sollten nicht nur, wie leider aktuell oft üblich, auf Basis voller Geldbeutel oder weil man auch mit dabei sein will initiiert werden. Ebenso sollte nicht nur derjenige, der am lautesten danach schreit, sein Projekt bekommen.

Damit Ihre Unternehmensstrategie von den richtigen Entscheidungen getragen wird, sollten Sie sich erst einmal über verschiedene Themen und die damit verbundenen Strategien im Klaren sein.

Nachfolgend haben wir beispielhaft einige Strategien aufgeführt, die Sie für Ihr Unternehmen zu einer Gesamtstrategie zusammenführen können. Einige davon kennt man sicher schon seit Langem, andere sind neuere Ansätze, um die Idee der Digitalisierung unternehmensweit in allen Prozessen umzusetzen.

Strategie I - Goodbye zur Papierflut

Wer denkt, dass mit zunehmender Digitalisierung Papier an Relevanz verloren hat, der irrt. Denn durch die große Menge von erzeugten Informationen erzeugen wir auch immer mehr Papier in gedruckter Form. Der x-fache Testdruck, und das kenne ich aus eigener Erfahrung, ist anschaulicher auf echtem Papier als nur in einer Vorschau am Bildschirm.

Verwunderlich ist es auch, dass trotz moderner ERP-, CRM- oder Warenwirtschaftssysteme viel zu viele Unternehmen immer noch Rechnungen und Verträge drucken, Angebote per Post verschicken (oder der Kunde druckt sie nach Erhalt selber aus) u.v.m. Dies liegt unter anderem auch daran, dass viele Mitarbeiter bisher noch gar nicht gelernt haben, wie es auch ohne Papier geht.

Fazit: Das papierlose Büro ist eigentlich ein „alter Hut", doch wird es in kaum einem Unternehmen konsequent umgesetzt.

Strategie II - Digitalisierung darf keine Insel in der Cloud sein!

Nichts ist schneller zu implementieren als eine Cloud-basierte Lösung. Anmelden, Daten erfassen, loslegen. Doch was nun?

- Wie sieht es mit der MS-Outlook®-Integration aus?
- Was ist mit dem Sharing von gemeinsamen Dokumenten?
- Haben wir einen „Common User Login"?
- Was passiert mit den personenbezogenen Daten im Rahmen der DSGVO?
- Wie bekomme ich meine Daten zurück, wenn ich den Vertrag kündige?

Fragen, welche sich jede Menge Personen erst gar nicht stellen, weil deren Fokus die schnelle Lösung eines aktuellen Problems ist. Doch das kann ganz schnell nach hinten losgehen.

Fazit: Nur wer sich der Konsequenzen bewusst ist oder dem sie egal sind, sollte „mal schnell" eine Cloud-basierte Lösung implementieren. Ansonsten kann es nicht nur teuer, sondern auch ineffizient und unsicher werden!

Strategie III - Digitalisierung bedeutet Integration aller Systeme

Eine Insellösung (Abbildung 2.1) ist eine in sich abgeschlossene IT-Lösung, die einen Teilbereich im Unternehmen bei deren Prozessabwicklung unterstützt.

Abbildung 2.1   Eine „schöne" Insel ist meist nicht effizient (Quelle: Shutterstock)

Nachfolgend haben wir am Beispiel einer Reisekostenabrechnung versucht zu erläutern, welche verschiedenen Stufen der Integration es eigentlich geben kann.

Stufe I – Die installierte Software hat jeder Mitarbeiter auf dem Notebook. Er erstellt dort seine Abrechnung und gibt diese dann in gedruckter Form mit Unterschrift samt Papierbelegen an die Lohnabrechnung weiter.

Stufe II – Digitaler wäre es da, wenn die Lösung in der Cloud verfügbar ist und alle Mitarbeiter ihre Spesenbelege hochladen. Danach die abgeschlossene Abrechnung zur Freigabe per Workflow an den Vorgesetzten weiterleiten, der freigibt oder kommentiert und dann wiederum die Abrechnung zur Auszahlung an die Finanzbuchhaltung/Lohnabrechnung weiterreicht.

Stufe III – Wer es ganz digital will, integriert das Ganze gleich in einer App, fotografiert die Belege und gibt diese aus seiner „Insel" heraus direkt in die Lohnabrechnung zur Zahlung, die Budgetplanung im Controlling (Plan/Ist der Spesen) und in das Dokumentenmanagement. Jetzt sind Sie wirklich digitalisiert!

Damit Sie möglichst bald in der Stufe III ankommen, bedarf dies aber einer Strategie. Eine Strategie, die nur dann erstellt werden kann, wenn allen Teilnehmern bekannt ist, was eigentlich möglich ist. Außerdem müssen die Mitarbeiter „mitspielen". Das bedarf manchmal auch einer erheblichen Überzeugungsarbeit, die manch ein Unternehmen unterschätzt.

Nur mit einer Strategie können Sie abwägen, ob Ihnen schon die Stufe I reicht (wenn es z.B. nur 5 Mitarbeiter im Unternehmen gibt, die Spesen abrechnen) oder es unbedingt Stufe III sein muss, weil Sie einen umfangreichen Budgetierungsprozess im Spesenbereich haben und zusätzlich hunderte von Mitarbeitern innerhalb weniger Tage abrechnen müssen.

Strategie IV – Mobiles Arbeiten

Die Technik macht es möglich: Jederzeit und überall arbeiten, als ob man im Büro sitzt. Doch Wunsch und Wirklichkeit sind hier meistens nicht so nah beieinander, wie man denkt.

Nicht alle Lösungen laufen auf jedem Endgerät und selbst wenn, kann die Bedienung anders sein oder es können gar Funktionen fehlen. Daten sind nicht immer verfügbar oder nur noch in „limitierter" Form, genauso gibt es oft ein „Schrumpfen" der Funktionen, weil einfach mobil nicht alles auf das Display passt, was man auch an einem 32"-Bildschirm sehen kann.

Letztendlich kann es sein, dass man eine Zusatzapplikation entwickeln oder kaufen muss, damit es doch so funktioniert, wie man sich das eigentlich vorgestellt hat.

Fazit: Genau analysieren, wer eigentlich was mobil machen will, wie und warum. Das Standard-Mobil-Tool des Anbieters muss dabei nicht immer die beste Lösung sein.

Strategie V – Keine MS-Excel®-basierten Nebensysteme mehr

Man kennt das Problem. Die Funktionen in den genutzten ERP- oder WWS-Lösungen sind nicht ausreichend, um alle Prozesse vollständig mit notwendigen Daten und Co. abzudecken.

Was liegt da näher als sich „auf die Schnelle" eine neue MS-Excel®-Datei zu kreieren, die genau diese Lücke schließt? Schlecht nur, wenn dies nicht die Ausnahme ist, sondern zur Regel wird. Am Ende haben Sie dutzende von unkontrolliert erstellten MS-Excel®-Nebensystemen, die Ihre Effizienz mehr einschränken als optimieren.

Dabei lobe ich mir Unternehmen, die MS-Excel® aus entscheidungsrelevanten Bereichen verbannt haben. Wer dort z.B. eine Prognoseplanung in der Geschäftsführung auf MS-Excel®-Basis präsentiert, hat sehr schlechte Karten. Gut so! Denn derart wichtige Entscheidungsdaten sollten IMMER aus einer Applikation kommen und nicht manuell so einfach manipulierbar sein.

Fazit: Seien Sie sich der Gefahr von MS-Excel im Unternehmen an gewissen Stellen bewusst und implementieren Sie eine Lösung die Ihnen von vornherein alle notwendigen Daten direkt liefert.

Strategie VI – Ohne aktuelles Know-how keine Digitalisierung

Fast täglich gibt es Neuerungen, die auch für Ihr Digitalisierungsprojekt interessant sein könnten. Keine Frage, alle können Sie kaum kennen. Aber wie versuchen Sie Ihre Mitarbeiter dabei zu unterstützen technologisch auf dem Laufenden zu bleiben. Das bedeutet, dass die Fortbildung zu einem integralen Bestandteil Ihrer Digitalisierungsstrategie werden muss.

➡ Wer nur „denkt", aber nicht „weiß", wird früher oder später auf der Strecke bleiben.

Ergebnis
→ *formation* (handschriftlich, mit Pfeil zu "formation")

Fazit: Ohne Fortbildung, Aufbau von Wissen und Teilen von Wissen im Unternehmen bleiben Sie bei der Digitalisierung langfristig nicht überlebensfähig.

Strategie VII - Digitaler Informationstransfer und Systemnutzung in Meetings

Ein ganz praxisnahes Digitalisierungsthema:

Herzlichen willkommen im Wochenmeeting! Obwohl es eine CRM-Software, MS-SharePoint® und eine moderne ERP-Lösung gibt, kritzeln alle Teilnehmer fleißig in ihren Schreibblocks. Nach dem Meeting rennt der eine oder andere mit mehr oder weniger guten Notizen in sein Büro und schreibt eventuell die eine oder andere E-Mail mit Aufgaben aus dem Meeting zur Weiterbearbeitung. Kein Wunder, dass dabei meist nur einzelne Themen korrekt und nachhaltig behandelt, bloß einige Termine eingehalten und nicht alle Konsequenzen zeitnah erkannt werden.

Obwohl es doch in fast jedem Besprechungszimmer mittlerweile einen Beamer oder Fernseher gibt, WLAN oder Lan, findet diese unmittelbare Kommunikation während des Meetings nur in den wenigsten Fällen digital statt. Aber warum? Wäre es nicht viel besser, wenn man das Meeting verlässt und jeder die Dokumentation bereits mitgelesen und die Aufgaben sofort erhalten hat?

Fazit: Strategie bedeutet nicht immer große Investitionen. Oft ist sie einfach nur mit Lernen und Umdenken verbunden. Wichtig ist danach aber auch die konsequente Umsetzung.

Legen Sie also alte Gewohnheiten ab und digitalisieren Sie z.B. die Dokumentation und das Aufgabenmanagement Ihrer Meetings. Ausreden gibt es keine, denn einen Beamer, eine Textverarbeitung und mindestens MS-Office® mit Aufgabenmanagement hat jeder und kann dies sofort umsetzen!

Strategie VIII - Alles nur noch von einem Hersteller

Wer verstanden hat, dass Insellösungen nur suboptimal sind, kann schon einmal in das andere Extrem verfallen und in die „alles aus einer Softwarelieferanten-Hand"-Richtung gehen. Das hört man oft von Unternehmen, die Microsoft® oder SAP® im Einsatz haben (angeblich als „einzige Unternehmenslösung in allen Geschäftsbereichen").

Es ist löblich zu versuchen, Systeme und Plattformen zu vereinheitlichen, um aus vielen Inseln quasi den eigenen „Unternehmenskontinent" zu bauen. Noch schöner wäre es, wenn das so einfach möglich wäre. Denn leider gibt es keinen einzigen einzelnen Anbieter auf dieser Welt, der absolut alle IT-Anforderungen aus einer Hand liefern kann. Wie wäre es sonst möglich, dass derart viele Unternehmen Zusatzfunktionen, Produkte, Dienstleistungen oder Module anbieten, um vorhandene Lücken zu füllen oder Prozesse in der Abwicklung effizienter zu gestalten? Deswegen ist es wichtig, bei der „Alles aus einer Hand"-Umsetzung realistisch zu bleiben und der Vereinheitlichung nicht die Effizienz zu opfern.

Fazit: Vereinheitlichung ist gut. Vereinheitlichung mit Zulassung spezifischer Speziallösungen ist besser. Machen Sie sich nichts vor: Den Allheilsbringer bei der Digitalisierung gibt es nicht und wird es auch nie geben.

Strategie IX – Investitionsbereitschaft in die Digitalisierung erhöhen

Es steht außer Frage, dass die Digitalisierung sehr viel Geld kosten kann und wird. Wenn Sie es richtig machen, werden Sie aber massiv davon profitieren. Deswegen ist es wichtig, dass Sie erkennen, dass die richtige Investition in der richten Summe zum richtigen Zeitpunkt einfach notwendig ist. Für Maschinen und Gebäude legen Sie ja auch eine Menge Geld aufs Tablett.

Fazit: Die Investition in die Digitalisierung ist nie beendet. Budgetieren Sie Jahr für Jahr ausreichend auf Basis einer definierten Strategie, um sich fortlaufend weiterzuentwickeln.

Wie Sie sich mittlerweile denken können, sind hier noch Dutzende weitere Strategien definierbar, welche Sie dann zu einer Gesamtstrategie zusammenfügen sollten.

Am wichtigsten ist aber, dass Sie sich, wie auch in anderen Bereichen, nie auf Ihren Lorbeeren ausruhen sollten. Deswegen ist die wichtigste Strategie, welche Ihnen ins Blut übergehen sollte, die der kontinuierlichen Verbesserung!

Strategie X – Stellen Sie Ihre Strategie regelmäßig im Rahmen der kontinuierlichen Verbesserung in Frage

---

Abbildung 2.2 Kaizen als Grundlage für die Digitalisierung (Quelle: Shutterstock)

Jeder kennt den Spruch „Nichts ist so stetig wie der Wandel" (Quelle: Heraklit). Aber wer ist mit seiner Organisation und seinem Handeln bereit und in der Lage, mit dem Wandel umzugehen? Leider nur wenige.

Deswegen sollten Sie die aus der Automobilindustrie längst bekannte Kaizen-Methode (Abbildung 2.2) auch in Ihren Digitalisierungsprojekten anwenden. Nur so können Sie den sich stetig ändernden Anforderungen in Kombination mit der sich stetig ändernden Technologie gerecht werden.

Fazit: Auch alt bekannte Methoden wie Kaizen können im digitalen Zeitalter wertvolle Impulse für eine stetige Optimierung bieten.

2.3 Der Wandel von der IT-Abteilung zur Abteilung „Digitalisierung & Prozesse"

Einen neuen Titel und damit eine neue Position im Rahmen der Digitalisierung gibt es schon, den CDO oder Chief Digitization Officer. Das eine Unternehmen schafft diese Position, weil sie sich „modern" anhört oder gut ins Marketing-Konzept passt, das andere, weil sie einfach die logische Deckung eines schon seit Langem vorhandenen Bedarfs ist: Die Notwendigkeit zur Prozessoptimierung stellt eine Schlüsselrolle im Erhalt der Wettbewerbs- oder gar Überlebensfähigkeit vieler Unternehmen dar. Je nach Unternehmenstyp kann dies ggf. genauso wichtig sein wie neue Produktions- oder Fertigungsprozesse zu entwickeln.

Leider scheint es oft so, dass gerade Unternehmen im Mittelstand diese Notwendigkeit noch nicht erkannt haben. Viele dieser Unternehmen haben noch die altbekannte IT-Abteilung mit dem dafür verantwortlichen IT-Leiter. Eine Position, die sich vornehmlich mit der technischen Umsetzung organisatorischer Anforderungen im Unternehmen auseinandersetzt. Bei kleinen und mittleren Unternehmen (bis ca. 100 MA) gibt es vielleicht nicht einmal diese Abteilung. Ein IT-Administrator und der Inhaber als Chef sollen da anscheinend schon ausreichen.

Gibt es eine IT-Abteilung, liegt der Fokus dort leider allzu oft auf der „technischen Umsetzung" und Einführung von Lösungen, die eher auf politische Gründe und nicht unbedingt auf deren Fähigkeiten in der Optimierung unternehmensweiter Prozesse zurückzuführen sind.

Besonders in Unternehmen, in denen ausreichend finanzielle Mittel zur Verfügung stehen, kann es schon vorkommen, dass man sich das eine oder andere IT-System ganz einfach „leistet" und dann die IT beauftragt, dies im Unternehmen einzuführen. Wie genau diese Lösung in eine Gesamtstrategie passt, welche Auswirkungen deren Einführung hat und welche Kosten und Aufwände damit verbunden sind, ist dabei oft gar nicht bekannt. Vielmehr wird eine neue Insellösung geschaffen, die es der IT-Abteilung noch schwerer macht, den „Laden am Laufen" zu halten, Ressourcen bindet und manchmal die Sache eher „verschlimmbessert".

Die IT war und ist hier oft nur das ausführende Organ und leider nicht die beratende Instanz, die diese Abteilung eigentlich sein sollte. Zumal das Management genau das von der IT erwartet: Dessen „IT-Wünsche" zu erfüllen. „Wer zahlt, der schafft an" ist leider ein Fakt, der allzu oft zu Fehlentscheidungen im Bereich der Digitalisierung führt. Auch wenn es der Chef so will, die Lösung bei seinem Geschäftsfreund funktioniert und das Geld vorhanden ist, sollte sich auch dieser Entscheider von Fachleuten beraten lassen, die dies verifizieren könnten. Idealerweise kommen diese aus dem eigenen Unternehmen, aber natürlich ist dies nicht bei jeder Unternehmensgröße möglich. Dann sollte man auch den Rat eines externen Experten und nicht nur den des Geschäftsfreundes vom Golfplatz in Betracht ziehen.

Es wird also höchste Zeit, die Organisation im Unternehmen in diesem Bereich anzupassen und aus der IT-Abteilung die Abteilung „Digitalisierung und Prozesse" zu machen! Ein Beispiel dafür zeigt **Abbildung 2.3**.

Abbildung 2.3   Eine mögliche Abteilungs-Konstellation

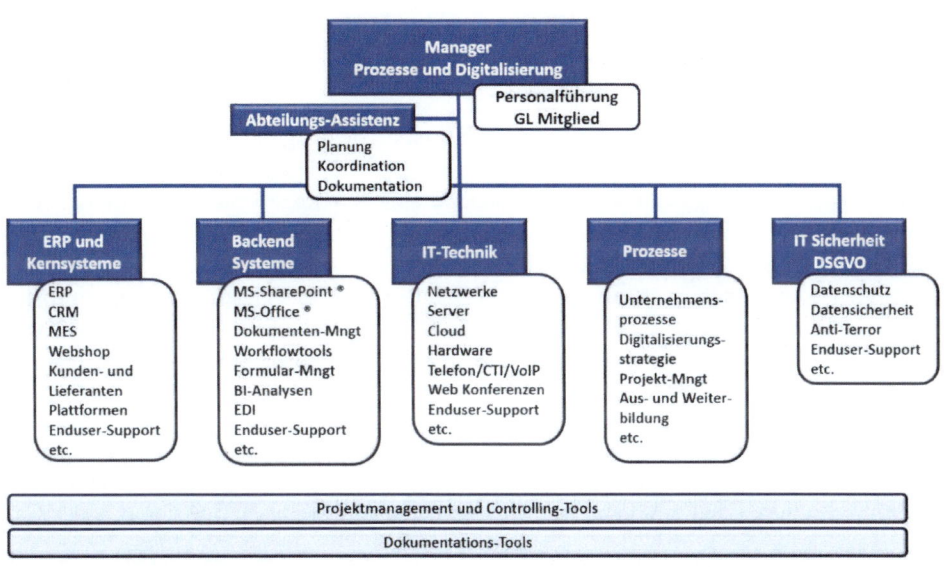

Wichtig zu wissen: Hinter der in **Abbildung 2.3** gezeigten Struktur steht mindestens ein Mitarbeiter pro Funktion, hier also sieben Mitarbeiter. Dies bedingt unter anderem, dass die Aufgabenstellung, wie hier ersichtlich, sehr umfangreich ist. Am besten erstellen Sie eine Aufgabencheckliste auf dieser Basis, um zu erkennen, was in Ihrem Unternehmen adressiert oder auch ignoriert wird.

Vom Macher zum Manager

Eine wichtige Erkenntnis ist dabei, dass der bisherige IT-Leiter, der sich oft detailverliebt hinter Bits und Bytes versteckt hat, in der neuen Funktion eine weitaus bedeutendere Rolle einnimmt. Er ist ab sofort ein echter Manager, nämlich der Anforderungen im Unternehmen, seiner Mitarbeiter und der externen Dienstleister.

Anstatt sich selber um Datenbankadministrationen oder die Detailauswahl von IT-Security-Lösungen zu kümmern muss er nun alle managen, die im Rahmen dieser Themen im Unternehmen tätig sind. Außerdem ist er Berater und ein ständiger Initiator von Verbesserungen im Unternehmen, anstatt die Anforderungen aus den Fachabteilungen planlos mit neuer IT-Technologie zu unterstützen.

Die Wahrscheinlichkeit, dass der bisherige Stelleninhaber dieser Aufgabe gewachsen ist, ist eher kleiner. Sollten Sie an der Idee dieser neuen Aufgabenstellung Gefallen finden, so müssen Sie sich im Klaren sein, dass Sie hier ggf. nicht den „Bock zum Gärtner" machen und damit eine neue Aufgabenstellung im Keim ersticken sollten.

Achten Sie auch darauf, dass die neue Leitungsposition im eigenen Unternehmen nicht nur eine Alibifunktion wird. Idealerweise ist diese in der Geschäftsleitung angesiedelt und wird auch von der Geschäftsführung als Berater und Entscheider wahrgenommen.

Stellenbeschreibungen sind ein erster Schritt in die richtige Richtung

Nur die Umbenennung der Positionen ist bei einer derartigen Umstrukturierung nicht ausreichend. Wenn es in Ihrem Unternehme keine Stellenbeschreibung gibt, dann ist es jetzt an der Zeit, für alle Positionen eine solche zu erstellen. Regeln Sie in besonderem Maße die Weisungsbefugnisse und integrieren Sie diese in einen geregelten Anforderungs- und Änderungsprozess im Unternehmen. Dazu gehört auch, dass sich die Befugnisse des neuen Abteilungsleiters erhöhen. Idealerweise ist er nun ein Teil der Geschäftsleitung und stellt der Geschäftsführung auf Eigeninitiative Projekte zur Prozessoptimierung auf Basis neuer Informationstechnologie und der damit verbundenen Digitalisierung vor, natürlich inkl. Budget und Ergebnisverantwortung.

In diesem Zusammenhang ist es wichtig, dass die Geschäftsführung und die Firmeninhaber lernen, dass es keine „Chef-Projekte" mehr in der IT gibt. Auch dort muss man sich dem Gesamtziel unterwerfen und kann nur Projekte beauftragen, die ein Teil des „Großen Ganzen" sind.

Damit die neue Abteilung auch reibungslos funktioniert, sollten Sie noch einige weitere Themen adressieren.

Etablieren Sie einen „Change-Management-Prozess"

Damit Anforderungen und Ergebnis koordiniert werden können ist es sinnvoll, einen durchgängigen Prozess im Bereich „Change Management" zu etablieren. Von der initialen Idee über die Ausführung bis zum fortlaufenden Ergebniscontrolling sowie der Optimierung sollten alle Bestandteile berücksichtigt werden.

Dazu gehören:

- Anforderungserfassung auf Basis eines strukturierten Profils

- Ermittlung des möglichen ROI (Return on Invest) bzw. Mehrwert

- Definiertes Genehmigungsverfahren und damit verbundene Regeln

- Prozess und Regeln für die Integration der Fachabteilungen

- Prozess für den Einkauf von IT-Technologie oder Dienstleistungen

- Prozess für die externe Entwicklung von IT-Lösungen

- Prozess für die interne Entwicklung von IT-Lösungen

- Prozess für das Kosten- und Termincontrolling der Digitalisierungsprojekte

- Prozess zur Kontrolle der vorab definierten Ziele

- etc.

Wie Sie sehen, sind hier jede Menge Prozesse und Aufgaben zu berücksichtigen. Starten Sie also frühzeitig mit der Definition und der damit verbundenen Umsetzung.

Ohne die richtigen Werkzeuge geht heute nichts mehr

Auch wenn MS-Excel® und Co. ihre Berechtigung haben: In der Steuerung von Projekten, dem Kostencontrolling oder gar der Dokumentation haben sie nichts zu suchen. Wer denkt, dass er ohne professionelle Werkzeuge die Aufgaben der Abteilung planen, steuern und überwachen kann, der hat ein Problem.

Welche Werkzeuge sind sinnvoll bzw. notwendig?

- Ticket-System zur Meldung und Überwachung von Anforderungen, technischen Problemen etc.

- Projektmanagement-System mit:
  - Multi-Projektplanung
  - Aufgabenmanagement
  - Kostenplanung und Überwachung
  - Zeiterfassung
  - etc.

- Dokumentationssoftware

- Lösungen zur Prozess-Visualisierung

„Wer schreibt, der bleibt" oder dokumentieren, dokumentieren, dokumentieren
Leider wird das Thema der Dokumentation in fast allen Unternehmen sehr stiefmütterlich behandelt. Genau deswegen ist es mehr als wichtig das Wissen, welches sich im Kopf von Anwendern oder Mitarbeitern im Abteilungsteam befindet, auch ausreichend schriftlich zu dokumentieren.

Hierfür ist es sinnvoll, sich nach einer entsprechenden Dokumentationssoftware umzusehen. MS-Word® ist dafür weniger geeignet. Viel besser sind Systeme, die auch für die Onlinedokumentation genutzt werden können.

Wichtige Funktionen im Rahmen der Dokumentationssoftware:

- Möglichkeiten der Versionierung von Dokumenten

- Zurverfügungstellung als HTML-/Web-Dokumentation im Intranet

- Erstellung von Arbeitsanweisungen oder Onlinehilfe für IT-Lösungen

- Integration von Videos

- Integration von Schlüsselwörtern und Suchfunktionen

- Statusmanagement wie: In Arbeit, freigegeben, archiviert

- Bearbeitung der Dokumente in der Gruppe (Anwender, IT, Key User etc.)

- etc.

Expertentipp: Wenn Sie es nicht schon getan haben ist es nun höchste Zeit, Ihre bisherige „IT-Abteilung" auf den Prüfstand zu stellen und deren Aufgabengebiet mehr dem Thema der Digitalisierung im Rahmen der Optimierung Ihrer Prozesse unterzuordnen. Verankern Sie hierfür die neue Abteilung in der Geschäftsleitung und nutzen diese nicht nur als „ausführendes Organ" Ihrer IT-Wünsche, sondern als Inspiration zur Optimierung der Prozesse durch den Einsatz neuer Informationstechnologie.

2.4   Ergonomie am digitalen Arbeitsplatz

Schon merkwürdig, gerade haben Sie im Unternehmen hunderttausende von Euros in neue Informationstechnologie investiert, sich aber keine Gedanken über die Menschen gemacht, welche nun vor der neuen „Kiste" sitzen. Besonders oft fällt dabei auf, dass im Zeitalter des mobilen Arbeitens das Notebook oder Tablet immer mehr den herkömmlichen PC mit Tastatur, Maus und großem Bildschirm ersetzen, auch für Mitarbeiter, die größtenteils im Unternehmen anwesend sind.

Schlimmste Befürchtungen werden wahr, wenn man sich in eines der vielen neuen Innovationszentren für Firmengründer oder Jungunternehmer begibt. Ergonomische Sitzgelegenheiten: Fehlanzeige! Gekrümmt sitzt man dort am Notebook, starrt in einen Mini-Monitor und streicht mit dem Finger auf dem Touchpad herum. Das ist nicht nur schädlich für die Gesundheit, sondern auch noch sehr ineffizient. Zur Effizienz gehört eben auch die mögliche Geschwindigkeit, mit der man arbeiten kann, und der Komfort, den ein Mitarbeiter beim Arbeiten empfindet. Das sollten Sie keinesfalls unterschätzen.

Deswegen sollte man sich nicht nur über Funktionen der Software, sondern auch über die im Unternehmen angestrebte Ergonomie am Arbeitsplatz Gedanken machen (vgl. **Abbildung 2.4** und **Abbildung 2.5**).

Welche Kriterien beeinflussen die Ergonomie?

- **Desktop, Notebook oder Notebook mit Docking Station** – Viele der nachfolgenden Kriterien sind von dieser Basisentscheidung abhängig.

- **Monitorauflösung** – Hohe Auflösung bedeutet zwar, dass mehr auf den Monitor passt, aber auch eine höhere Anstrengung für die Augen. Deswegen kann es durchaus sinnvoll sein, mit größeren oder mehreren Monitoren zu arbeiten.

Abbildung 2.4   Der nicht so ganz ergonomische Arbeitsplatz (Quelle: Shutterstock)

■ **Ein, zwei oder mehr Bildschirme?** – Wer mit einer ERP, DMS-Lösung und Outlook®
parallel arbeitet, für den kann es an manchen Monitoren schon recht „eng" werden.
Versucht man alle diese Applikationen dann auf einen Bildschirm zu „quetschen", ist
der Dateninhalt eher minimiert oder überlappend. Oft ideal: ein 34"-Monitor. Das kann
durchaus besser sein, als wenn der Blick wie beim Tennistournier immer von links nach
rechts, von Bildschirm zu Bildschirm schweift.

■ **Mausbedienung** – Was ist effizienter: Touchpad oder externe Maus? Bedenken Sie
dabei, dass die Touchpad-Maus immer bedingt, dass man nah am Monitor sitzt.

■ **Tastatur** – Reicht die im Notebook integrierte oder ist es sinnvoll, eine externe Tastatur
anzuschließen? Wenn Sie in der Finanzbuchhaltung sind, hat sich diese Frage ohnehin
erledigt, wenn die Notebook Tastatur keinen Nummernblock hat. Ansonsten gilt, wie
bei der Mausbedienung, dass nur eine externe Tastatur einen ausreichenden Nutzen
bringt.

■ **Erreichbarkeit der Endgeräte am Arbeitsplatz wie** Drucker oder Scanner. Muss man
sich strecken, halb aufstehen oder kann man z.B. einfach nach dem Blatt im Drucker
greifen, ohne sich zu verrenken?

■ **Die Sitzgelegenheit** – Ob Bürostuhl, gefederter Sitzhocker oder Sitzball: Was zu welchem Mitarbeiter passt, kann dieser mit entsprechender Beratung oft selber entscheiden.
Der billige, bunte Holzstuhl oder der 39-Euro-Bürostuhl ist aber in der Regel kaum die
richtige Wahl.

■ **Stehen oder Sitzen** – Stehen am Arbeitsplatz ist bekanntlich gesünder als das Sitzen.
Wer sich nicht gleich in größere Unkosten mit hydraulisch absenkbaren Schreibtischen
stürzen will, ohne zu wissen, ob diese auch wirklich genutzt werden, kann sich mit speziellen Aufsätzen für normale Schreibtische behelfen. Diese sind schon für kleines Geld
zu haben und erfüllen genauso ihren Zweck.

- **Präsentationen und Workshops** – Wer viele interaktive Workshops oder Präsentationen erstellt, sollte sich einmal die Technologie der SMARTBoards ansehen. Hier kommen Projektion, Whiteboard und Co. zusammen und können sinnvoll mit den Teilnehmern vernetzt werden. Allerdings muss auch der Umgang mit einem solchen Medium erst getestet und geregelt werden. Ansonsten kaufen Sie hier nur eine sehr teure, aber moderne „Tafel".

- **Mobil unterwegs mit Tablet oder Smartphone** – Wer mobile Applikationen im Unternehmen propagiert und seinen Mitarbeitern Smartphones mit Apps zur Verfügung stellt, der sollte auch an die Nutzung denken. Speziell in Fahrzeugen werden die Halterung und der Einsatz oft den Mitarbeitern überlassen. Die Sicherheit kommt dann meistens zu kurz. Wer auch unterwegs viele Mails lesen oder beantworten soll, für den sollte man sich vielleicht entscheiden, Navigationssysteme mit Apple CarPlay® oder Android Auto® zu installieren und testen, ob die Bedienung der Unternehmens-Apps auch mit diesen Medien funktioniert. Das ist nicht nur ergonomischer, sondern schlichtweg sicherer. Sollte dies nicht möglich sein, dann sollten Sie zumindest die Halterungen vorgeben und die Nutzung der mobilen Endgeräte in Fahrzeugen intern regeln, ggf. sogar während der Fahrt verbieten.

Abbildung 2.5   Ergonomie am digitalen Arbeitsplatz (Quelle: Shutterstock)

Sicher haben Sie schon lange erkannt, dass die Ergonomie von der Art der Aufgabe des einzelnen Mitarbeiters abhängig ist. Damit man das Richtige wählt kann es durchaus sinnvoll sein, sich bei der Auswahl möglicher Optionen externen Rat einzuholen und die Mitarbeiter nach ausgiebigen Tests in einem definierten Rahmen selber entscheiden zu lassen.

Wer nun meint, dass dies zu teuer ist, sollte sich vielleicht auch Gedanken machen, ob die teuren Designermöbel wirklich notwendig sind oder ob man das gesparte Geld besser für die Ergonomie und den Komfort am Arbeitsplatz verwenden könnte. Eine sicherlich sinnvollere Investition, die auch die Gesundheit der Mitarbeiter fördert und damit ggf. den Krankenstand reduziert.

Expertentipp: Setzen Sie sich doch mal neben einen Mitarbeiter und beobachten diesen bei der täglichen Arbeit. Testen Sie dabei verschiedene Konstellationen an Endgeräten und Ausstattungen um festzustellen, in welcher man dort nicht nur am effizientesten, sondern auch der Gesundheit zuträglich arbeitet, und lassen Sie Ihren Mitarbeitern eine gewisse Wahl. Das ist gut und kommt auch gut an!

2.5   IT-Infrastruktur und technische IT-Dienstleistungen „von der Stange"

Die Cloud und die damit verbundenen Rechenzentren (Hosting) machen's möglich: Nicht nur große Unternehmen (wie früher), sondern jedes noch so kleine Unternehmen kann sich mittlerweile für wenige hundert Euro seinen eigenen Server im Rechenzentrum leisten.

Kein Administrator, niemand der sich mit Ausfall oder Datensicherheit beschäftigen muss. Einfacher geht es eigentlich nicht.

Wo sich früher das „Systemhaus" oder eine eigene IT-Mannschaft mit der Bedarfsermittlung, der Auswahl, der Angebotseinholung, dem Einkauf, der Installation und dem Betrieb beschäftigt hat, haben sich diese Aufgaben wesentlich vereinfacht.

Selbst der erhöhte Bedarf an Rechnerleistung, mehr Daten- oder Arbeitsspeicher wird mittlerweile mit einer simplen Bestellung bei Cloud- oder Hosting-Anbietern möglich.

Sogar im Rahmen von Updates der installierten Systeme (Betriebssystem oder Systemsoftware) sind Sie in der Regel viele der üblichen Probleme los: Ob dann die Betriebssystemversion A zur Datensicherungssoftware B passt, ob alle Updates rechtzeitig durchgeführt wurden, alle diese Fragen stehen gar nicht erst an, weil sich der Anbieter dieser Leistungen im Rahmen seines Vertrages automatisch darum kümmert. Denn laut Mietrecht, und darüber reden wir hier, hat der Betreiber für die Aufrechterhaltung der Mietsache zu sorgen. Ob er tatsächlich immer die neuesten Updates von allen Systemen installiert, ist da eine andere Frage. Auf jeden Fall muss es laufen. Fehler und Probleme müssen kostenfrei im Rahmen der Miete behoben werden. Schließlich haben Sie einen Vertrag mit einer Verfügbarkeitsgarantie der entsprechenden Leistungen.

Wie aber wählt man den richtigen Anbieter und die richtige Leistung aus?

Gute Frage! Eine universelle Antwort gibt es darauf nicht.

Was die benötigte Leistung angeht, dafür brauchen Sie nach wie vor Kenntnisse im eigenen Hause oder bei Ihrem externen Betreuer (**Abbildung 2.6**). Vielleicht auch von dem Softwareanbieter, dessen Software Sie installieren wollen. Er sollte Ihnen die Anforderungen an das Hardwaresizing/Hosting liefern. Ihn sollten Sie vor der Bestellung auch fragen, ob diese so, gemäß Ihren Anforderungen, korrekt ist, und dies am besten schriftlich bestätigen lassen.

Abbildung 2.6   Rechenzentrum intern oder extern? (Quelle: Shutterstock)

Mögliche Leistungen:

Technisch orientiert – im Rahmen von „Managed Services":
- Server Hosting
- Datenbanken inkl. deren Administration
- Automatisierte Datensicherung der zentralen und lokalen Systeme oder Endgeräte
- Ausfallsichere Daten/Serverspiegelung auf Basis von RAID
- Firewall/Virenscanner
- VoIP-Telefonie
- Virtualisierung
- etc.

Applikationsorientiert:
- Ihre individuellen Applikationen
- MS®-basierte Anwendungen
- Office, CRM, SharePoint, Skype etc.
- Lösungen wie ERP, CRM, MES, DMS etc.
- Webseiten
- Individuelle, webbasierte Applikationen
- etc.

Personell:
- Dediziertes Personal beim Hoster oder vor Ort

Wie wichtig ist die Standortfrage?

Wer Wert auf Datensicherheit und den Schutz vor gewissen „außereuropäischen Behörden" (NSA und Co.) legt, der sollte sich wahrscheinlich zum Vertrag mit einem deutschen Unternehmen mit Rechenzentrum in Deutschland (relevant ist natürlich immer Ihr Firmensitz, es kann also auch Österreich etc. sein) entscheiden.

Selbst wenn US-basierte Unternehmen zusichern, dass der Zugriff auf die Daten z.B. Deutscher Staatsbürger nicht so einfach geht, dann stellt sich doch die Frage, wie es mit Daten Ihrer US-amerikanischen Mitarbeiter in Ihrer US-Niederlassung aussieht. Die gehören zwar zu Ihrer Firma, sind aber halt leider keine Deutschen.

Denken Sie einfach einmal darüber nach, wie wichtig Ihnen dieses Thema ist und spielen Sie die verschiedenen Varianten durch. Wenn Sie zum Schluss kommen, dass es Ihnen ohnehin egal ist, dann ist weder der Standort noch der Firmensitz des Anbieters relevant.

Integration der lokalen Infrastruktur inkl. der „Wer ist schuld?"-Frage

Egal wie viele Prozesse Sie im Rechenzentrum in die Cloud „abschieben werden", es werden immer lokal installierte Systeme oder Endgeräte in Ihrem Unternehmen vorhanden sein, welche im Gesamtsystem integriert sind.

Vom PC, dem Tablet bis hin zum Barcode Scanner oder Drucker: Besonders die Technologie, welche vor Ort von den Menschen genutzt wird, ist natürlich auch mit den Systemen, Datenbanken etc. im Rechenzentrum verbunden. Oder Sie haben trotzdem noch einige lokale Server und Systeme installiert, die aber im Gesamtsystem integriert sind.

Stellen Sie sich deshalb die Fragen, ob und wie das Ganze zusammen funktioniert. Mit dieser Integrationsthematik müssen Sie sich durchaus beschäftigen.

Ebenfalls sollten Sie klären, wie man eigentlich ein Problem löst, bei dem der Scanner anscheinend die Daten erfasst hat, diese aber gar nicht in der zentralen Datenbank ankommen. Wer ist dann eigentlich schuld? Der Scannerlieferant, Sie, weil das Netzwerk von Ihnen kommt, Ihr Internet Provider, der Hoster, der Mitarbeiter, der den Scanner angeschlossen hat? Zu viele „Schuld-Variablen", die im Falle eines Fehlers zum geschäftigen Fingerzeig in alle Richtungen führt. Klären Sie dies, am besten mit einigen Beispielfällen im Vorfeld ab und entscheiden Sie danach ob Sie mit dem Prozess und den damit ggf. einhergehenden Konsequenzen leben können.

Pro und Contra - teilweise abhängig vom Vertrag

Abbildung 2.7 zeigt einen Überblick über die Argumente pro und contra Hosting.

Abbildung 2.7   Pro und Contra – teilweise abhängig vom Vertrag

Pro Hosting und Co.
- Einstieg auch mit kleinem Geldbeutel möglich
- Kalkulierbarer Preis
- Immer neueste Technologie
- Automatische Updates
- Einfacher Erweiterbarkeit (Leistung)
- Weniger bis kein notwendiges Fachpersonal
- Weniger eigene Fortbildung notwendig
- Ohne fortlaufende Zahlung keine Nutzung

Kontra Hosting und Co.
- Weniger Kontrolle
- Oft kein Verhindern von Updates möglich
- Betrieb auch bei „klammer Kasse" möglich
- Eigenes Personal notwendig
- Laufende Fortbildungskosten um Up to Date zu bleiben
- Ggf. bei längeren Laufzeiten kostspieliger

Wie viel Eigenständigkeit und Unabhängigkeit brauchen Sie noch?

Schon praktisch, wenn die technische Infrastruktur immer auf den neuesten Stand gebracht wird. Aber Achtung! Darin kann auch eine Gefahr liegen. Denn wenn Sie z.B. eine technologisch etwas „ältere" Software dort installiert haben und das automatische Upgrade des Betriebssystems plötzlich zu Problemen mit der veralteten Software führt, was dann?

Bei einer lokalen Installation würden Sie einfach das Update nicht vornehmen oder gar deinstallieren. Hier geht das vielleicht nicht, weil nicht in allen Verträgen das automatische Update verhindert werden kann. Zumal andere installierte Systeme vielleicht genau dieses Update benötigen.

Stellen Sie sich auch die Fragen, welche Leistungen Sie nach wie vor ohne Hilfe Ihres Rechenzentrums selbständig ausführen können. Mal schnell einen neuen Benutzer anlegen oder einen neuen Drucker installieren kann hier oder da schon zu Problemen führen.

Außerdem wird es so sein, dass gewisse Administrationsfunktionen nur noch von den Mitarbeitern Ihres Hosters bedient werden können. Schließlich will er nicht, dass hier weniger gut ausgebildete Mitarbeiter von Ihnen „herumpfuschen" und Aufwände oder gar Schäden erzeugen.

Sie sollten Sich also ganz im Klaren sein, was Sie auch weiterhin selbständig durchführen können, wollen oder müssen. Ansonsten sind Sie plötzlich permanent auf Ihren Hosting-Partner angewiesen und müssen für jeden gekrümmten Finger das Scheckbuch zücken. Hoffentlich haben Sie das vorher einkalkuliert.

Hosting-Lösungen sind nichts für die „Klamme Kasse"

Selbst wenn eine Hosting-Lösung im Rahmen der „Total Cost of Ownership"-Kalkulation (laufende Gesamtkosten) viel günstiger ist, so müssen Sie doch jeden Monat, im Quartal oder pro Jahr Zahlungen vornehmen, vielleicht sogar, wenn Sie die Systeme gar nicht wie geplant nutzen, der Vertrag Sie aber dazu verpflichtet.

Wer einmal seine lokal installierten Systeme bezahlt hat und danach finanziell in einen Engpass kommt hat vielleicht Glück, denn die Systeme können nach wie vor genutzt werden, selbst wenn Sie vielleicht den Wartungsvertrag gekündigt haben.

Wer aber auf Hosting zählt kann nicht so einfach mal einige Monate die Zahlung aussetzen und trotzdem noch die Leistung erwarten. Das scheinen viele konjunkturverwöhnte Unternehmen aktuell zu vergessen.

Stellen Sie also mindestens sicher, dass Sie Systeme auch zeitweise „downgraden" können (siehe den nachfolgenden Absatz), um hier ggf. Kosten kurzfristig einsparen zu können.

Selbst wenn das System in den Antwortzeiten langsamer wird oder Sie nur mit weniger Benutzern als zuvor darauf zugreifen können, haben Sie dann zumindest noch eines und können weiterarbeiten.

Laufzeiten und Preiserhöhungen regeln

Wie bei allen Mieten sollten Sie beim Vertrag ins Kleingedruckte schauen, wenn es zu Laufzeiten und möglichen Preiserhöhungen kommt. Besonders mögliche Preiserhöhungen sollten geregelt und kalkulierbar sein. Ein Sonderkündigungsrecht hilft da übrigens in der Regel wenig, wenn dann der Umzug viel teurer wird als die möglichen Mehrkosten. Ein kostenfreier Umzug inkl. des Kündigungsrechts ist hier sicher die bessere Lösung.

Änderungen und Kündigung nicht vergessen

Ähnlich wie bei der Nutzung einer Cloud-basierten Lösung sollten Sie auch bereits vor dem „Ja-Wort" am Altar mit Ihrem Dienstleister an die mögliche Scheidung denken und nachfolgende Fragen klären:

a. Wie einfach kann man den Vertrag „up- oder downgraden", d.h. mehr oder weniger Leistung beziehen?

b. Welche Kosten fallen beim Umzug an? Nicht nur innerhalb des Rechenzentrums, sondern auch wenn Sie den Vertrag kündigen und ggf. zu einem anderen Rechenzentrum wechseln wollen.

c. In welchem Format werden die Daten gesichert und wie kann man auf diese zugreifen?

Expertentipp: Hosting, die Nutzung von Rechenzentren, ist in der Regel eine interessante Alternative zur Installation eigener Infrastruktur im Unternehmen. Mehr Flexibilität, in der Regel geringere Kosten für modernere Systeme etc. sprechen für sich. Trotzdem gibt es Einschränkungen und Konsequenzen, die Sie vor Vertragsabschluss berücksichtigen sollten. Stellen Sie also alle Pros und Contras im eigenen Unternehmen zusammen und nutzen dies für Ihre Entscheidungsfindung.

2.6   Die Arbeitsplatzstrategie - wann ist welches Endgerät am besten geeignet?

Desktop, Laptop, Tablet oder Smartphone, in manchen Unternehmen scheint jeder Mitarbeiter jedes Endgerät zu erhalten, welches er denkt zu brauchen, oder das, welches der Chef selber gerade schick findet. Ob und wie es genau in die aktuelle Systemlandschaft passt, wird oft gar nicht erst hinterfragt.

Aber nur, weil man zu Hause ein iPad® hat und dies begeistert im privaten Umfeld nutzt, bedeutet dies noch lange nicht, dass es die richtige Wahl z.B. für den mobilen Außendienst ist.

Ein zu schneller Kauf mobiler, nicht MS-Windows-basierter Endgeräte, obwohl man selber in der Zentrale mit MS®-basierten Lösungen arbeitet, erzeugt oft mehr Probleme als Mehrwert. Die zentral installierte Software ist häufig gar nicht für den Einsatz auf diesen Geräten ausgelegt.

Viele Anbieter haben deswegen eine separate App für derartige Endgeräte entwickelt. Leider oft mit einem Manko: Der Funktionsumfang und die Bedienung sind genau auf diese Geräte angepasst und damit oft, im Vergleich zur zentralen Applikation, eingeschränkt. Teilweise liegt dies auch an den gänzlichen anderen Bedienkonzepten. So gibt es zum Teil sogar unterschiedliche Apps für Android oder iPhone, für Smartphones und Tablets. Wer Apple®-Nutzer und -Fan ist, kennt das. Die Bedienung ist nun einmal anders als bei einer MS®-basierten Lösung.

Im Idealfall ist die zentrale Lösung (ERP, CRM etc.) in einer Technologie entwickelt, welche im „responsive Design" funktioniert. Dann läuft die Lösung, automatisiert angepasst, auf jedem beliebigen Endgerät. Einige von Ihnen werden das von Webseiten kennen: Moderne Webseiten sind genau in dieser Technologie entwickelt und passen sich automatisch bei der Anzeige an.

Ein Teil Ihrer IT-Strategie sollte deswegen unbedingt den Einsatz der Endgeräte in Kombination mit den verschiedenen Anwendungen beinhalten.

Versuchen Sie, Ihre Anforderungen und Aufgabenstellungen mit den verschiedenen Endgeräten abzugleichen, zum Beispiel wie in der nachfolgenden Matrix dargestellt.

Nutzung von Endgeräten – funktionelle Beispiele

Abbildung 2.8 zeigt einige funktionelle Beispiele für die Nutzung von Endgeräten.

Abbildung 2.8   Nutzung von Endgeräten – funktionelle Beispiele

	Telefon iOS®	Tablet iOS®	McBook® iOS®	Telefon android®	Tablet android®	Notebook Win10®	Desktop Win10®
Kommunikation							
Telefon Telekom	x	-	-	x	-	-	-
Telefon Skype®	x	x	x	x	x	x	x
Collaboration							
E-Mail/MS-Outlook ®	x	x	x	x	x	x	x
Aufgaben	x	x	x	x	x	x	x
Kalender	x	x	x	x	x	x	x
CRM							
Kundencockpit/Akte	-	x	x	-	x	x	x
Statistiken	-	x	x	-	x	x	x
Besuchsberichte	-	x	x	-	x	x	x
Reklamationserfassung	-	x	x	-	x	x	x
Besucher/Interessenterfassung (Messe)	-	x	(x)	-	x	(x)	(x)
Fotos	x	x	-	x	x	-	-
Präsentationen							
Produktpräsentation	-	x	(x)	-	x	(x)	(x)
Unternehmenspräsentation	-	x	(x)	-	x	(x)	(x)
MS-Office®							
Excel	-	(x)	x	-	(x)	x	x
Word	-	(x)	x	-	(x)	x	x
Powerpoint	-	(x)	x	-	(x)	x	x
MS-Sharepoint®							
Dokumentenmanager	-	x	x	-	x	x	x
Intranet	-	x	x	-	x	x	x
Projekträume	-	x	x	-	x	x	x
Abteilungsräume	-	x	x	-	x	x	x
Technische Themen							
Ein/Auslesen Daten per USB Stick	-	-	x	-	-	x	x
Präsentation an Beamer/TV	-	(x)	x	-	(x)	x	x
Dockingstation für Bildschirme, Endgeräte	-	-	x	-	-	x	n
Anschluß eines Bildschirms	-	-	x	-	-	x	x
Anschluß mehrerer Bildschirme	-	-	x	-	-	x	x
IT Support							
Remote Support	-	-	x	-	-	x	x
Mobile Device Management	x	x	-	x	x	-	-

x - volle Funktionalität
(x) - eingeschränkte Funktionalität
n - nicht relevant
Auch offline
nur online
- noch zu klären

Die x-fach-Bildschirm-Frage

Haben Sie auch schon einen 34"-Monitor am Arbeitsplatz oder arbeiten bereits mit mehr als einem Monitor? Die richtige Anzahl der Monitore gehört zur Strategie der Endgeräte dazu (vgl. **Abbildung 2.9**). Oft ist dies auch unter ergonomischen Gesichtspunkten zu sehen.

Online- und Offline-Funktionalitäten bei mobilen Endgeräten

Bei mobilen Endgeräten mit Zugriff auf ein Cloud-basiertes System stellt sich oft die Frage was passiert, wenn die Internetverbindung nicht funktioniert. Die Antwort darauf nennt sich Daten-Synchronisation. Allerdings gibt es sehr wenige Systeme am Markt, die dies wirklich zuverlässig und fehlerfrei abdecken.

In der Regel funktioniert es bei reinen Standardlösungen ohne individuelle Anpassungen im CRM-Umfeld. Bei individuell entwickelten Lösungen oder Standardsoftware mit Anpassung der Datenstruktur oder der Entwicklung kundenspezifischer Funktionen ist die Wahrscheinlichkeit sehr groß, dass es mit der Synchronisation Probleme geben wird.

Abbildung 2.9   Für jeden Zweck das richtige Endgerät (Quelle: Shutterstock)

Common User Login und Zugriffsberechtigungen

Wer sich für den Einsatz separater Apps auf mobilen Endgeräten entscheidet, der stößt oft auf ein Thema, das in Applikationen am PC-Arbeitsplatz schon geregelt ist, nämlich der Einsatz des Common User Logins (nur ein Benutzername und Passwort regelt die Nutzung und verbundenen Zugriffrechte). Besonders was die Zugriffsrechte angeht haben viele, rein auf mobil getrimmte Apps Nachteile bei der Definition der Nutzungsrechte von Modulen oder Funktionen durch die Anwender.

Betrachten Sie bei der Entscheidung, welches Endgerät in Kombination mit welcher App oder Software zum Einsatz kommt, in diesem Falle auch das Thema der Berechtigungen.

Ansonsten kann es vorkommen, dass Sie z.B. in Ihrer zentralen ERP-Lösung ein ausgefeiltes Zugriffs- und Rechtesystem installieren, die zugehörigen Apps im schlimmsten Falle aber nur die eine „Alles oder Nichts"-Regel bei der Nutzung umsetzen können. Damit wäre Ihnen sicherlich nicht besonders geholfen.

Die lokale Datensicherung nicht vergessen

Ein riesiges Manko des Einsatzes der diversen internen und mobilen Endgeräte ist die Datensicherung lokaler Daten. Denn leider kommt es fast nie vor, dass die Anwender ihre

Daten selbständig regelmäßig sichern. Da nun leider Dokumente nicht immer, selbst wenn vorhanden, in einem zentralen Dokumentenmanagement abgelegt, sondern oft auch lokal gespeichert werden, ist die automatisierte Datensicherung hier besonders wichtig. Stellen Sie dies also mit der entsprechenden Technologie sicher.

Expertentipp: Bei der Auswahl neuer Softwarelösungen sollten Sie den Einsatz auf den verschiedenen Endgeräten nicht nur im Lastenheft abfragen, sondern auch ganz spezifisch testen. Nur so können Sie sicherstellen, dass der Einsatz auch optimal auf von Ihnen ausgewählte Endgeräte abgestimmt ist. Ggf. müssen Sie sich von Endgeräten trennen, welche nicht effizient unterstützt werden.

2.7 Lernen Sie und stehen Sie damit auf der Seite der Gewinner der Digitalisierung

Sind Sie und Ihre Mitarbeiter auch „hungrig" nach Wissen aus dem Bereich der Digitalisierung? Wollen Sie wissen, was sie Ihnen bringt und wie Sie Ihrem Mitbewerber eine Nasenlänge voraus sein können? Haben Sie einen Plan, wie Ihr Unternehmen die nächsten Jahre durch den Einsatz moderner Informationstechnologie (oder auch Digitalisierung) prosperieren kann? Wenn doch auf diese Fragen so viele Menschen gerne „Ja" antworten würden, warum beschäftigen sich dann so viele Unternehmen nur mäßig bis mangelhaft im Rahmen von Wissensbeschaffung, Fortbildung oder Weiterbildung mit diesen Themen?

Täglich den Kampf mit der im Hause befindlichen Technologie oder dem Tagesgeschäft zu „gewinnen" ist für so mach einem Unternehmen schon Herausforderung genug. Nur aktuelle Themen zu adressieren reicht aber nicht aus, um sich weiterzuentwickeln. Und genau das ist die Voraussetzung, um im Digitalisierungswettbewerb zu gewinnen. Genau aus diesem Grund sollte man im Unternehmen die Wissensbeschaffung, Fort- und Weiterbildung aktiv vorantreiben, um davon auch zu profitieren.

Welche Art von Wissen kann nützlich sein?

Je nach Position im Unternehmen sind natürlich unterschiedliche Themenbereiche und der damit verbundene Detaillierungsgrad interessant.

Wenn Sie z.B. auf einer Veranstaltung den neuen automatisierten Einkauf von Firma XY vorgestellt bekommen und begeistert von dannen gehen, haben Sie sich Wissen auf einer eher oberflächlichen Ebene, aber mit vielen positiven Impulsen angeeignet. Ob eine Umsetzung im eigenen Unternehmen sinnvoll oder möglich ist, kann zu diesem Zeitpunkt kaum entschieden werden. Für die Ideenfindung zur eigenen Optimierung kann dies aber durchaus sehr hilfreich sein.

Ganz anders, wenn Sie z.B. einen Mitarbeiter aus der IT zu einem Intensivworkshop zur Nutzung des im Hause eingesetzten Formulargenerators schicken. Zielsetzung hier kann die eigenständige Entwicklung oder Anpassung von Formularen (Angebot, Lieferschein,

Rechnung, interne Dokumente etc.) sein. Diese Kenntnisse können Sie dann einsetzen, um fortan Ihre Anpassungen unabhängig von Ihrem Softwarelieferanten erstellen zu können. Im Rahmen des internen Wissenstransfers kann es nach dem Seminar interessant sein, der Fachabteilung mitzuteilen, welche Anpassungen möglich sind.

Wo gibt es kostenfreies Wissen?

Auf Messen, Unternehmensveranstaltungen oder Veranstaltungen von Verbänden. Und auch im Internet, z.B. in Webinaren (wenn man weiß, wie und nach was man eigentlich sucht).

Setzen Sie auf Weiterbildung und Wissensbeschaffung als Teil Ihrer Stellenbeschreibung

…indem Sie beides als festen Bestandteil z.B. auch Ihres Bezahlungsmodells einbinden. Wer sich fort- und weiterbildet bekommt einen Bonus am Jahresende.

Seien Sie bereit, in Ihre Mitarbeiter auch finanziell zu investieren

Schulungen und Seminare können recht teuer sein. Deswegen ist es sinnvoll, diese immer mit einer bestimmten Zielsetzung zu versehen und das erlangte Wissen mindestens in Teilen an Dritte weiterzugeben, damit mehr Mitarbeiter davon profitieren können. Dann ist es viel einfacher möglich, auch mal etwas tiefer in die Tasche zu greifen. Stellen Sie dafür pro Mitarbeiter und Jahr ein entsprechendes Budget bereit. Mit € 1.000 p.A. können Sie da leider keinen Blumentopf gewinnen. In der IT-Abteilung sollten Sie schon ca. € 5.000 p.A. für jeden Mitarbeiter und in der Fachabteilung ca. € 2.500 p.A. für ausgewählte Mitarbeiter budgetieren.

Denken Sie auch daran, dass ein derartiges Weiterbildungsbudget, das zum Einsatz kommt, viel zur Mitarbeiterbindung beitragen kann. Wenn Sie Angst haben, dass der Mitarbeiter gleich nach abgeschlossener Schulung Ihr Unternehmen verlassen könnte, dann müssen Sie dies ggf. finanziell im Rahmen einer Vereinbarung regeln.

Bücher, Fachzeitschriften und Co.

Es geht aber auch günstiger. Setzen Sie bei der Wissensbeschaffung auch auf Abonnements von relevanten Fachzeitschriften, welche in der IT- oder Fachabteilung genutzt werden können.

Auch Zeit will „budgetiert" sein

Wer sich weiterbildet, braucht dafür auch angemessene Zeit, besonders dann, wenn das im Rahmen der Stellenbeschreibung als Zielsetzung definiert wurde. Nehmen Sie einfach einen Richtwert von 10% der Arbeitszeit in der IT und 5% bei selektierten Mitarbeitern in der Fachabteilung.

Übrigens, auch Geschäftsführung und Vorstand sollten sich von derartigen Maßnahmen nicht ausnehmen, wobei hier die Berichterstattung der IT oder Fachabteilung mit gewonnen Erkenntnissen und damit verbundenen Vorschlägen fürs eigene Unternehmen schon ausreichen kann.

Eigeninitiative fördern

Leiten Sie Ihre Mitarbeiter an, aus Eigeninitiative auf Weiterbildung zu pochen. Diese sollten doch am besten selber oder in der Gruppe Vorschläge für sinnvolle Aktivitäten unterbreiten und diese auch begründen. Nur wenn der Mehrwert erkannt wird, kann auch eine Freigabe erfolgen.

Teilen Sie das Wissen und lassen alle davon profitieren

…z.B. in regelmäßigen internen Veranstaltungen, bei denen die Teilnehmer von Veranstaltungen, Seminaren und Weiterbildungen einen ausgewählten Inhalt präsentieren und Vorschläge machen, wie man dies im Unternehmen einsetzen oder umsetzen kann. Sie sollten auf jeden Fall vermeiden, dass sich personen-bezogene „Wissens-Silos" bilden, von denen nur der Silo-Inhaber profitiert.

Weiterbildung in Sachen Digitalisierung ist nicht nur Sache der IT

Vielmehr sollten die Fachabteilungen dazu angeleitet werden, sich selber schlau zu machen und auf diese Weise neue Impulse zur Optimierung im eigenen Unternehmen zu erkennen.

Besonders bei Kundenveranstaltungen von Softwareanbietern (auch wenn der eine andere Lösung einsetzt) kann man oft interessante Impulse gewinnen, die man in den Prozess zur eigenen Optimierung mit einbringen kann.

Kontrollieren Sie die Umsetzung

Wissen ist gut, aber Kontrolle ist besser. Achten Sie darauf, dass das erhaltene Wissen in einer kontrollierten Form im Unternehmen zum Einsatz kommt. Etwas Neues auszuprobieren, weil man es gerade im Seminar gelernt hat, oder alle Kollegen mit neuen Ideen aus dem Einkauf zu verwirren, weil Sie diese bei einer Veranstaltung gesehen haben, kann auch gefährlich sein.

Deswegen sollten Sie diese Ideen kanalisieren und den Betroffenen klar machen, dass man sich an die im Unternehmen definierte Strategie halten muss. Ansonsten kann es vorkommen, dass alle, die von einer Veranstaltung oder einem Seminar zurückkommen, das Gefühl haben, dass „das Gras auf der anderen Seite immer grüner ist".

Fazit: Wissen macht Sie unabhängiger

Wer hätte es gedacht, Ihr erlangtes Wissen macht Sie unabhängiger. Von Beratern, Softwareanbietern, externen Dienstleistern und den Aussagen Dritter. Umso mehr Entscheidungen Sie auf Basis von aktuellem Wissen selber treffen und umso mehr Sie dies dann auch selbständig umsetzen können (sinnvoll je nach Unternehmensgröße), umso besser sind Sie für die Zukunft gewappnet und treffen faktenbasierte Entscheidungen für Ihr Unternehmen.

Expertentipp: Setzen Sie im Rahmen der Digitalisierung auf kontinuierliche Weiterbildung. Motivieren Sie Ihre Mitarbeiter dazu, auch in Eigeninitiative tätig zu werden, und belohnen Sie dies auch. Ganz wichtig: Teilen Sie das Wissen, um hier keine „geheimen Wissenssilos" aufkommen zu lassen.

3　Herausforderungen in der Industrie

3.1　Was ist Industrie?

Wenn man von „der Industrie" spricht, meint man meist die Menge aller Verbrauchs- oder Investitionsgüter produzierenden Unternehmungen. Es handelt sich also um Fertigungsunternehmen, die von Bekleidung, Schuhen, Möbeln über Baustahl bis hin zu NC-gesteuerten Werkzeugmaschinen unterschiedlichste Güter herstellen (vgl. Voigt 2018).

Eine Abgrenzung muss vorgenommen werden zum „Handwerk", das in der Regel einen geringeren Automatisierungsgrad und daraus resultierend eine höhere Personalintensität aufweist. Ebenfalls nicht in Betracht gezogen werden hier, obwohl der Name eine Zugehörigkeit suggeriert, die Tourismusindustrie oder die Musikindustrie.

Zirka 30% aller Beschäftigten in Deutschland arbeiten in der Industrie und bei industrienahen Dienstleistern. Insgesamt werden dort mehr als ein Drittel der Wertschöpfung in Deutschland generiert (BDI 2013).

3.2　Referenzmodell der Fertigung

In der Wirtschaftsinformatik hat die Referenzmodellierung bzw. haben Referenzinformationsmodelle eine längere Tradition. Insbesondere für spezielle Domänen wie den Handel und die Industrie (Scheer 1997) haben solche Modelle einen hohen Bekanntheitsgrad erlangt und dokumentieren sehr anschaulich, dass das Thema Digitalisierung kein wirklich neues ist, sondern schon seit Langem im Fokus von Wissenschaft und Praxis steht. Insofern soll hier für die Herausforderung der Digitalisierung in der Industrie auf die Grundzusammenhänge des das Computer Integrated Manufacturing (CIM) beschreibende Y-Modells referenziert werden (Scheer 1998).

Unter CIM kann ein Sammelbegriff verstanden werden, unter dem die unterschiedlichen Funktionen und Prozesse eines produzierenden Unternehmens subsummiert werden, die durch die Informations- und Kommunikationstechnologie unterstützt werden – der also faktisch die Grundform der Digitalisierung in Produktion und Fertigung darstellt. Scheer (vergleiche hier und im Folgenden Scheer 1998) verwendet zur Visualisierung dieses Referenzmodells das sogenannte Y-Modell, das in **Abbildung 3.1** dargestellt ist.

© Springer Fachmedien Wiesbaden GmbH, ein Teil von Springer Nature 2019
C. Groß und R. Pfennig, *Digitalisierung in Industrie, Handel und Logistik*,
https://doi.org/10.1007/978-3-658-26095-8_3

Abbildung 3.1   Y-Modell (Quelle: Adaptiert nach Scheer 1994; mit freundlicher Genehmigung von © Springer-Verlag Berlin Heidelberg 1994. All Rights
Reserved)

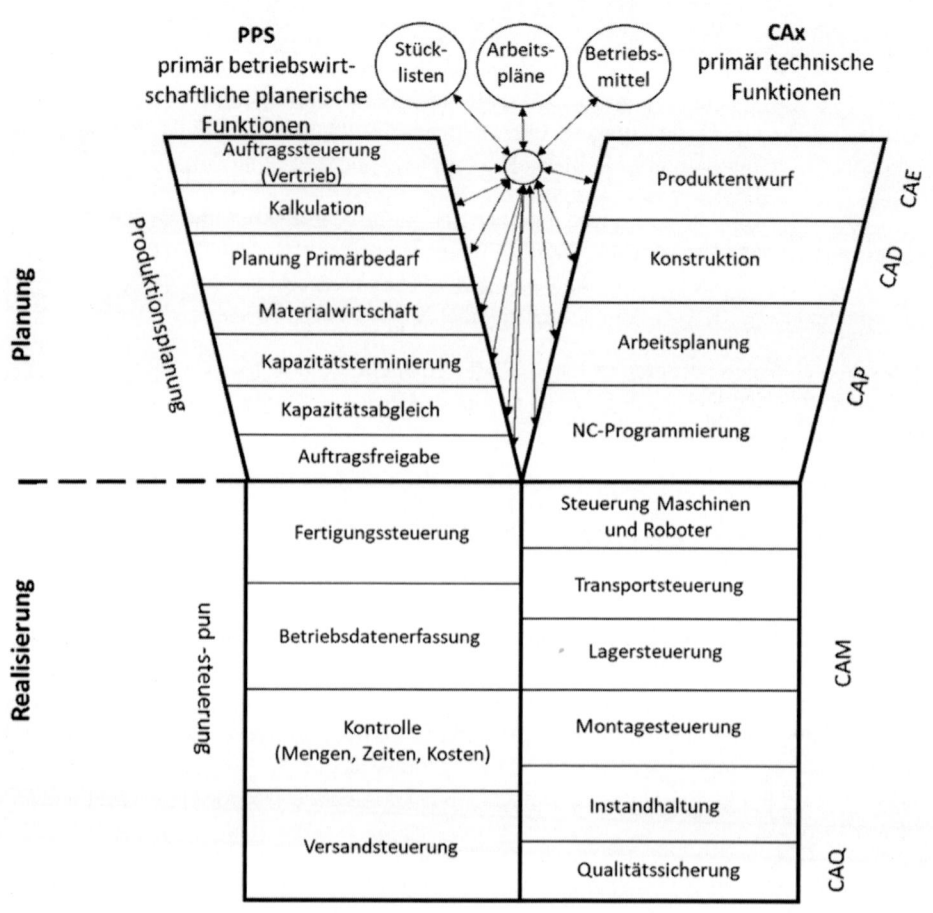

Wesentliche Bestandteile von CIM sind das im rechten Teil des Y-Modells dargestellte und
jeweils rechnergestützte CAE (Entwurf), CAD (Design), CAP (Planung), CAM (Fertigung),
CAQ (Qualitätssicherung). Der linke Teil des Y-Modells umfasst die eher betriebswirtschaftliche Seite der Fertigung und kann mit dem Begriff Produktionsplanung und Steuerung (PPS) umschrieben werden. Dazu gehören die Funktionen des Planungsbereiches
Auftragssteuerung, Kalkulation, Planung des Primärbedarfes, Materialwirtschaft, Kapazi-
tätsterminierung, Kapazitätsgleich und Auftragsfreigabe. Im Bereich der Steuerung gehören die Funktionen Fertigungssteuerung, Datenerfassung, Kontrolle und Versandsteuerung
dazu.

Verbunden bzw. integriert werden die technische und die betriebswirtschaftliche Seite des Y-Modells über Stücklisten, Arbeitspläne und Betriebsmittel. PPS-Systeme und entsprechend ausgeprägte Module von ERP-Systemen decken diesen linken Zweig ab und bieten Schnittstellen zu den technischen Komponenten des CAx.

Das Referenzmodell in dieser Ausprägung stellt die Kernfunktionen und deren Abbildung mittels Informationstechnologien für den Bereich der Fertigung dar. Eine vollständige Informationstechnologiearchitektur für Fertigungsunternehmen muss selbstverständlich noch Anwendungssysteme für Reporting, Controlling, Buchhaltung und Personalwesen und gegebenenfalls weitere mehr beinhalten. Diese können als generische Komponenten bezeichnet werden und im vorliegenden Titel sind diese im Kapitel „Branchenübergreifende Anwendungssysteme" zu finden.

Industrie 4.0 und die Ansätze zur Smart Factory greifen im Grunde die „alte" Idee des CIM auf, können aber auf neue Technologien zugreifen (RFID, Internetprotokoll IPV6, IoT und vieles andere mehr) und somit eine lückenlose Integration aller relevanten Prozesse im Kontext der Fertigung abbilden und letztlich die steigenden Kundenbedürfnisse befriedigen. Die brisante Frage, ob die von Unternehmen getätigten und zum Teil beträchtlichen Investitionen in ERP- und MES-Systeme mit Einführung von Industrie 4.0 verloren sind, kann eindeutig mit „Nein" beantwortet werden. Die systematische, prozessorientierte, kundenorientierte und die Datenqualität berücksichtigende Einführung von ERP-, PPS- und gegebenenfalls MES-Systemen ist eine ausgezeichnete Voraussetzung für eine Weiterentwicklung in Richtung Industrie 4.0.

Wesentliche und diese Aussage bestätigende Argumente sind neben der Prozesstransparenz und Prozesssicherheit die Grundaffinität zu IT-Lösungen und die zentrale Datenhaltung auf hohem qualitativem Niveau. Insbesondere die Stammdatenqualität war und ist der entscheidende Faktor für die dezentrale Steuerung von komplexen Produktionsprozessen. Verantwortungsbewusste und innovative Softwarehersteller werden ihre Produkte systematisch weiterentwickeln, damit auf der bestehenden produktiven Plattform neue Technologie in Richtung Industrie 4.0 mittels Schnittstellen angebunden oder integriert werden kann.

Literatur

BDI – Bundesverband der Deutschen Industrie e.V. (2013): Herausforderungen 2013–2020 aus Sicht der Industrie, Berlin

Scheer, A.-W. (1998): Wirtschaftsinformatik: Referenzmodelle für industrielle Geschäftsprozesse. Springer Berlin, Heidelberg

Voigt, K.-I. (2018): Definition „Industrie", Gabler Wirtschaftslexikon Online, https://wirtschaftslexikon.gabler.de/definition/industrieunternehmung-38046/version-261472 Zugegriffen am 13.10.2018

4 Anwendungen in der Industrie

4.1 Beispielhafte Anwendungen

Im nachfolgenden Kapitel werden einige beispielhafte Anwendungen aufgeführt, die einen Eindruck von in der Industrie eingesetzten Softwarelösungen im Rahmen von Digitalisierungsprojekten geben sollen.

4.2 Instandhaltungsmanagement-Systeme

4.2.1 Grundlagen Instandhaltung und Service

Durch eine Zunahme des Sachanlagevermögens, getrieben u.a. durch das Wirtschaftswachstum, wächst auch die Notwendigkeit und der damit verbundene Aufwand durch regelmäßige Wartung und Pflege der Anlagen, dem normalen physischen Verschleiß entgegen zu wirken bzw. die betroffenen Anlagen und Teile rechtzeitig angemessen zu ersetzen, um eine reibungslose wirtschaftliche und sichere Nutzung zu ermöglichen. Eine gestiegene Automatisierung und Vernetzung von Anlagen zu Produktionssystemen, bei zunehmenden Anforderungen im Bereich der Innovation, kürzeren Produktlebens- und -entwicklungszyklen gepaart mit Just-in-Time- und Just-in-Sequence-Modellen haben dafür gesorgt, dass dem Thema Instandhaltung und Service in den letzten Jahren eine große Bedeutung zugekommen ist (**Abbildung 4.1**). Insgesamt wird der Branche u.a. durch Digitalisierung ein Optimierungs- und Einsparpotenzial von ca. 20 Mrd. Euro jährlich prognostiziert. Dies umfasst wegen der starken Exportleistung Deutschlands auch den länderübergreifenden After Sales Service (vgl. Strunz 2012, S. V).

Abbildung 4.1   Instandhaltung (Quelle: Shutterstock)

4.2.2 Definition und Begriffe der Instandhaltung

Gemäß DIN 31051 versteht man unter Instandhaltung die „Kombination aller technischen und administrativen Maßnahmen sowie Maßnahmen des Managements während des Lebenszyklus eines Objekts, die dem Erhalt oder der Wiederherstellung seines funktionsfähigen Zustands dient, sodass es die geforderte Funktion erfüllen kann" (DIN 31051, S. 4).

Die DIN 31051 wurde 2003 überarbeitet und ergänzt. Die Begriffe Instandsetzung, Wartung und Inspektion wurden neu gefasst. Darüber hinaus wurden die Aspekte der Anlagenverbesserung berücksichtigt, so dass sich folgende Grundmaßnahmen ergeben, die in **Abbildung 4.2** übersichtlich dargestellt sind.

Abbildung 4.2   Begriffe der Instandhaltung

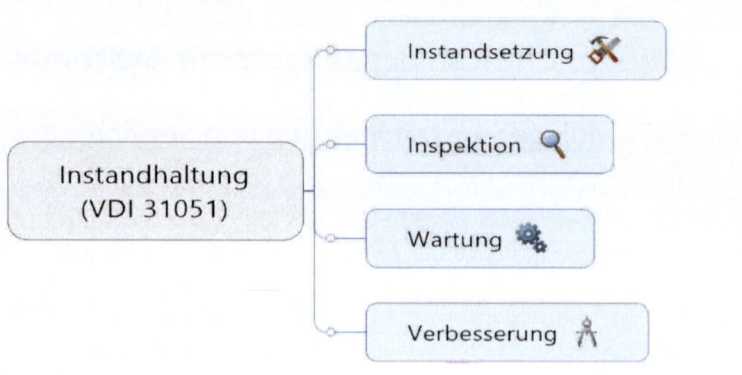

Unter Instandsetzung versteht man alle physischen Maßnahmen zur Rückführung in den funktionsfähigen Zustand, z.B. nach einem Ausfall der Anlage. Die Begrifflichkeit umfasst ausdrücklich nicht eine Verbesserung der Anlage.

Eine Inspektion dient der Feststellung und der Beurteilung des Istzustandes einer Anlage oder eines Aggregats. Dazu gehören ebenfalls die Bestimmung der Abnutzungsursachen und die Ableitung notwendiger Konsequenzen für die künftige Nutzung.

Eine Wartung umfasst dagegen Maßnahmen zur Verzögerung des Abbaus von Abnutzungsvorrat durch Verminderung der Abnutzungsgeschwindigkeit von Betriebsmitteln.

Die Verbesserung schließlich ist eine Kombination aller technischen und administrativen Maßnahmen sowie Maßnahmen des Managements zur Steigerung der Zuverlässigkeit und/oder Instandhaltbarkeit und/oder Sicherheit einer Anlage, ohne ihre ursprüngliche Funktion zu ändern. Dabei kann eine Verbesserung auch vorgenommen werden, um Fehler während des Betriebs zu verhindern und um Ausfälle zu vermeiden (DIN 31051).

4.2.3   Die Ziele der Instandhaltung

Anlagen sollen im Unternehmen effizient und zuverlässig betrieben werden können und ihren Anteil an der Wertschöpfung planbar übernehmen. Kundenwünsche sollen nachhaltig erfüllt werden können, getätigte Investitionen in Anlagen sich langfristig auszahlen.

Dementsprechend muss es oberstes Ziel der Instandhaltung sein, den Verfall oder die Zerstörung der Anlage zu vermeiden und die Abnutzungsgeschwindigkeit möglichst gering zu halten (vgl. Strunz 2012, S. 2).

Die Ziele der Instandhaltung können untergliedert werden in Kosten-, Sicherheits- und Produktionsziele. Die **Abbildung 4.3** zeigt dieses Zielsystem nochmals im Überblick.

Abbildung 4.3 Arbeitsziele der Instandhaltung (Quelle: vgl. Strunz 2012, S. 20)

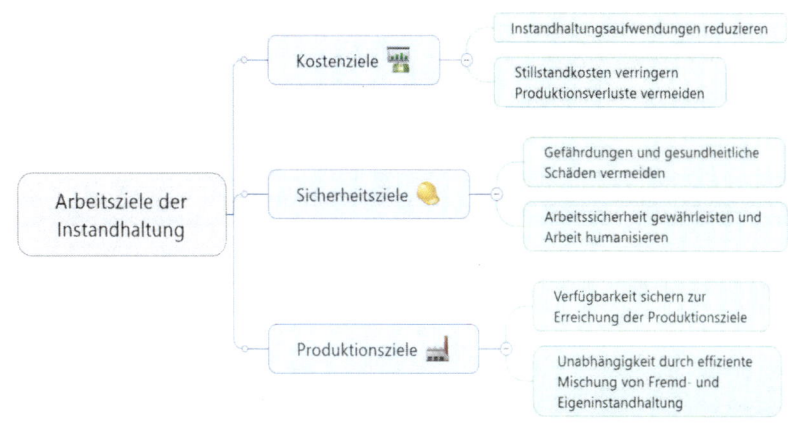

Zu den Kostenzielen zählen u.a. die Bemühungen, die Instandhaltungsaufwendungen insgesamt zu optimieren. Dies erhält eine größer werdende Bedeutung angesichts der hohen Zahl offener Stellen für Fachkräfte. Gerade im Instandhaltungsbereich wird häufig gut ausgebildetes Personal benötigt, das regelmäßig wiederkehrend kostenintensiv nachgeschult werden muss, um die Qualifikation zu halten. Dieses Personal muss oft teuer über externe Dienstleistungsunternehmen eingekauft werden. Damit einher geht die Verringerung der Stillstandkosten bzw. das Vermeiden von Produktionsverlusten.

Die Verantwortung gegenüber den Beschäftigten spiegelt sich in den Sicherheitszielen wider. Es müssen gesundheitliche Gefährdungen und Schäden vermieden und insgesamt die Arbeitssicherheit gewährleistet werden. Die Arbeit muss so weit wie möglich human gestaltet werden.

Schließlich stehen noch die Produktionsziele im Fokus. Dazu gehört in erster Linie die vom Unternehmen geplante Output-Menge in der Betrachtungsperiode. Um sie auch wirtschaftlich vor dem Hintergrund der geplanten Einsatzzeiten oder Schichten zu erreichen, muss eine entsprechend erforderliche Verfügbarkeit gesichert werden. Für eine kontinuierliche Produktion und eine rasche Behebung etwaig auftretender Störungen ist eine angemessene Unabhängigkeit vom Markt angezeigt: durch rasch verfügbares eigenes Personal kann eine rasche Reaktionszeit gewährleistet werden. Langfristig planbare Maßnahmen können mit entsprechendem Vorlauf ausgeschrieben und eingeplant werden.

4.2.4   Wichtige Begriffe und Objekte der Instandhaltung

Eine Auswahl der für das Verständnis des Kapitels wichtigsten Begriffe soll im Folgenden vorgestellt werden. Für eine weitergehende Beschreibung wird an dieser Stelle explizit auf die DIN 13306 (vgl. **Tabelle 4.1**), Strunz (2012) und DIN 13460 verwiesen.

Tabelle 4.1   Wichtige Begriffe und Objekte der Instandhaltung
                (Quelle: DIN 13306, S. 8ff)

Instandhaltungsplan (DIN 13306)	Die strukturierte und dokumentierte Gesamtheit der Aufgaben, welche die Tätigkeiten, Verfahren, Ressourcen und Zeitplanung einschließen, die zur Durchführung der Instandhaltung erforderlich sind
Instandhaltungsobjekt (DIN 13306)	Das Teil, Bauelement, Gerät, Teilsystem, Funktionseinheit, Betriebsmittel oder System, das/die für sich allein beschrieben und betrachtet werden kann. Auch eine Anzahl von Objekten, z. B. ein Komplex von Objekten oder ein Muster, kann selbst als Objekt angesehen werden.
Instandsetzbares Objekt	Objekt, das unter gegebenen Bedingungen nach einem Ausfall in einen Zustand zurückversetzt werden kann, indem es eine geforderte Funktion ausführen kann.
Gliederungsebene	Unterteilungsebene innerhalb einer Objekthierarchie (z.B. System, Teilsystem und Bauteil).
Instandhaltbarkeit	Die Fähigkeit eines Objekts, unter gegebenen Einsatzbedingungen in einem Zustand erhalten oder in ihn zurückversetzt werden zu können, in dem es eine geforderte Funktion erfüllen kann, wenn die Instandhaltung unter gegebenen Bedingungen mit festgelegten Verfahren und Ressourcen ausgeführt wird
Lebenszyklus	Die Anzahl von Phasen, die ein Objekt durchläuft, beginnend mit der Konzeption und endend mit der Entsorgung (z.B. besteht ein typischer System-Lebenszyklus besteht aus Erwerb, Betrieb, Instandhaltung, Modernisierung, Außerbetriebnahme und/oder Entsorgung)
Ausfall	Der Verlust der Fähigkeit eines Objekts, eine geforderte Funktion zu erfüllen. Nach einem Ausfall befindet sich das Objekt in einem vollständigen oder teilweisen Fehlzustand.

4.2.5 Instandhaltungsarten

Es gibt unterschiedliche Auslöser für eine Instandhaltung und daraus resultierend auch unterschiedliche Instandhaltungsarten, die nachfolgend kurz erläutert werden sollen (**Tabelle 4.2**), da sie direkt auch eine Auswirkung auf die durch eine Softwarelösung angebotenen Funktionalitäten und Prozesse haben.

Tabelle 4.2 Instandhaltungsarten (Quelle: DIN 13306, S. 34 ff)

Präventive Instandhaltung	Instandhaltung zur Beurteilung und/oder Verminderung von Abbau und zur Reduzierung der Ausfallwahrscheinlichkeit eines Objekts
Vorausbestimmte Instandhaltung	Präventive Instandhaltung, durchgeführt in festgelegten Zeitabständen oder nach einer festgelegten Zahl von Nutzungseinheiten, jedoch ohne vorherige Zustandsermittlung
Zustandsorientierte Instandhaltung	Präventive Instandhaltung, die die Beurteilung des physischen Zustands, Analysen und die möglichen, daraus resultierenden Instandhaltungsmaßnahmen beinhaltet
Voraussagende Instandhaltung	Zustandsorientierte Instandhaltung, die nach einer Vorhersage, abgeleitet von wiederholter Analyse oder bekannten Eigenschaften und Bestimmung von wichtigen Parametern, welche den Abbau des Objekts kennzeichnen, durchgeführt wird
Aktive Instandhaltung	Teil der Instandhaltung, bei dem die Maßnahmen direkt an dem Objekt ausgeführt werden, um dieses zu erhalten oder so aufzuarbeiten, dass es die geforderte Funktion ausführen kann
Verbesserung der Funktionssicherheit	Kombination aller technischen und administrativen Maßnahmen sowie Maßnahmen des Managements zur Steigerung der immanenten Zuverlässigkeit und/oder Instandhaltbarkeit und/oder Sicherheit eines Objekts, ohne seine ursprüngliche Funktion zu ändern
Modifikation	Kombination aller technischen und administrativen Maßnahmen sowie Maßnahmen des Managements zur Änderung einer oder mehrerer Funktionen eines Objekts
Modernisierung	Änderung oder Verbesserung des Objekts unter Berücksichtigung technologischer Fortschritte, um neue oder geänderte Anforderungen zu erfüllen
Korrektive Instandhaltung	Instandhaltung, ausgeführt nach der Fehlererkennung, um ein Objekt wieder in einen Zustand zu bringen, in dem es eine geforderte Funktion erfüllen kann
Aufgeschobene korrektive Instandhaltung	Korrektive Instandhaltung, die nicht unmittelbar nach der Fehlererkennung ausgeführt, sondern nach vorgegebenen Instandhaltungsregeln zurückgestellt wird

Sofortige korrektive Instandhaltung	Korrektive Instandhaltung, die ohne Aufschub nach der Fehlererkennung ausgeführt wird, um unannehmbare Folgen zu vermeiden
Geplante Instandhaltung	Instandhaltung, durchgeführt nach einem festgelegten Zeitplan oder einer festgelegten Zahl von Nutzungseinheiten
Opportunistische Instandhaltung	Präventive oder aufgeschobene korrektive Instandhaltung, die ungeplant zur gleichen Zeit durchgeführt wird wie andere Instandhaltungsmaßnahmen oder bestimmte Ereignisse, um Kosten, Nichtverfügbarkeit usw. zu vermindern
Ferngesteuerte Instandhaltung Remote-Instandhaltung	Instandhaltung eines Objekts, ohne direkten physischen Zugriff des Personals auf das Objekt
Instandhaltung während des Betriebs	Instandhaltung, die während des Betriebs an einem Objekt durchgeführt wird, ohne dessen Funktion zu beeinflussen
Instandhaltung vor Ort	Instandhaltung, durchgeführt an dem Ort, an dem sich das Objekt normalerweise befindet oder es gelagert wird
Bediener-Instandhaltung	Instandhaltungsmaßnahmen, die von einem Bediener ausgeführt werden

4.2.6   Instandhaltungstätigkeiten

Neben den Instandhaltungsarten haben die im Unternehmen vorgesehenen Instandhaltungstätigkeiten vor bzw. nach Erkennen eines Ausfalls einer Anlage eine maßgebliche Bedeutung für die Auswahl einer unterstützenden Softwarelösung. Nachfolgend werden diese möglichen Instandhaltungstätigkeiten in **Tabelle 4.3** dargestellt (vgl. DIN 13306).

Tabelle 4.3   Instandhaltungstätigkeiten (Quelle: DIN 13306, S. 41ff)

Inspektion	Prüfung auf Konformität der maßgeblichen Merkmale eines Objekts durch Messung, Beobachtung oder Prüfung
Zustandsüberwachung	Manuell oder automatisch ausgeführte Tätigkeit zur Messung der Merkmale und Parameter des physischen Ist-Zustands eines Objekts in bestimmten Zeitabständen
Nachweisprüfung	Prüfung zur Feststellung, ob ein Merkmal oder eine Eigenschaft eines Objekts die festgelegten Anforderungen erfüllt
Funktionsprüfung	Tätigkeit nach Instandhaltungsmaßnahmen zur Bestätigung, dass ein Objekt die geforderte Funktion erfüllen kann
Routine-Instandhaltung	Regelmäßige oder wiederholte einfache präventive Instandhaltungstätigkeiten
Revision	Umfassende Anzahl von präventiven Instandhaltungsmaßnahmen zur Erhaltung des geforderten Grads der Funktion eines Objekts

Fehlerdiagnose	Maßnahmen zur Fehlererkennung, Fehlerortung und Ursachenfeststellung
Fehlerortung	Maßnahmen zur Erkennung des fehlerhaften Objekts auf der dazugehörigen Gliederungsebene
Wiederherstellung Rekonstruktion	Vorgang, bei dem der funktionsfähige Zustand eines Objekts nach einem Ausfall wiederhergestellt wird
Instandsetzung	Physische Maßnahme, die ausgeführt wird, um die Funktion eines fehlerhaften Objekts wiederherzustellen
Wiederherstellung für begrenzte Zeit	Physische Maßnahme an einem fehlerhaften Objekt, um die Ausführung seiner geforderten Funktion für eine begrenzte Zeitdauer zu ermöglichen, bis eine Instandsetzung durchgeführt werden kann
Grundüberholung	Maßnahme nach der Zerlegung eines Objekts und der Instandsetzung oder dem Ersatz von Teilobjekten, die sich dem Ende der Brauchbarkeitsdauer nähern und/oder regelmäßig ausgetauscht werden sollten, um das Objekt mit einer erweiterten Brauchbarkeitsdauer auszustatten
Außerordentliche Instandhaltung	Präventive Instandhaltung, die selten stattfindet und eine wesentliche Auswirkung hinsichtlich der Lebenszykluskosten hat
Vorbereitung von Instandhaltungs-aufgaben	Bereitstellung aller notwendigen Informationen und Feststellung der erforderlichen Ressourcen, um die Durchführung der Instandhaltungsaufgaben zu ermöglichen
Instandhaltungszeitplan	Im Voraus erstellter Plan, der festlegt, wann eine bestimmte Instandhaltungsaufgabe ausgeführt werden sollte

4.2.7   Darstellung eines einfachen Instandhaltungsprozesses

Neben den Instandhaltungsarten, -tätigkeiten und -objekten steht für die Auswahl der richtigen Softwarelösung der Prozess der Instandhaltung im Vordergrund (**Abbildung 4.4**). Dieser kann je nach Branche gesetzlich vorgegeben oder unternehmensindividuell darstellbar sein. Hier soll ein einfacher Standardprozess unter Nennung der zugehörigen Daten und Informationen dargestellt werden. **Abbildung 4.5** gibt zunächst einen visuellen Überblick.

Abbildung 4.4   Instandhaltung (Quelle: Shutterstock)

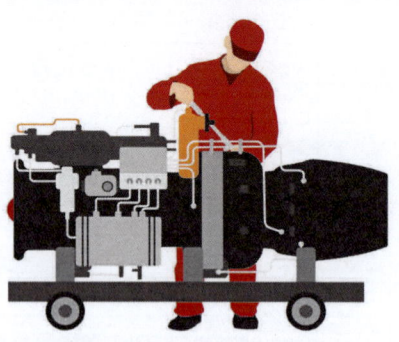

Abbildung 4.5   Einfacher Instandhaltungsprozess

Meldung	Welches Objekt? Beschreibung der Störung	Datum der Feststellung Störungsbeschreibung
Planung	Maßnahmen Ressourcenbedarf	Benötigtes Material Erforderliche Werkzeuge
Steuerung	Freigabe Auftrag Druck erforderlicher Papiere	Abgleich Kapazitäten Verfügbarkeitsprüfungen
Durchführung	Geplante und ungeplante Materialentnahme	Teilgenehmigungen Zwischenprüfungen Funktion
Abschluss	Rückmeldung Zeit Rückmeldung Verbrauch	Abrechnung Auftrag Kostenzuordnung
Historisierung	Störmeldungen/Aufträge Verbräuche/Kosten	Fremdressourcen Informationssystem (BI)

Schritt 1: Meldung

Eine Instandhaltungsmeldung enthält grundlegende Basisdaten, die für die Meldung insgesamt Gültigkeit besitzt. Diese Informationen dienen der eindeutigen Identifizierung und Verwaltung der Meldung. Eine Meldung kann eine oder mehrere unterschiedliche Positionen beinhalten und je Position sollte eine detaillierte Beschreibung des vorliegenden Problems erfasst werden können.

Ggfs. können auch Aktivitäten eingegeben werden, die aufgrund einer Meldung ausgeführt wurden. Die ist insbesondere im Rahmen von Inspektionen von Bedeutung, da sie die Durchführung bestimmter Aufgaben dokumentieren und belegen. Aber auch Störmeldungen, die umgehend behoben werden können, sollten so erfasst werden, um im Nachhinein systematische Fehler über Auswertungen feststellen zu können.

Die noch offenen, zu einem späteren Zeitpunkt durchzuführenden Maßnahmen werden durch Maßnahmendaten vorab beschrieben. Diese können ggfs. erst im Nachgang weiterer erforderlicher Instandhaltungstätigkeiten nötig werden.

Schritt 2: Planung

In der Planung werden die Instandhaltungsaufträge erstellt. Sie referenzieren inhaltlich auf die Instandhaltungsmeldungen oder die Störmeldungen. Ein Auftrag besteht aus Angaben zu den notwendigen Maßnahmen, die durchgeführt werden müssen, und kann weiterhin die benötigten (Ersatz-)Teile und/oder Fertigungshilfsmittel beinhalten. Das Daten- und Prozessmodell der Softwarelösung sollte eine möglichst flexible Erstellung von Instandhaltungsmeldungen und -aufträgen ermöglichen. So sollte ein Instandhaltungsauftrag zentral und dezentral und unter Referenzieren von ein oder mehreren Instandhaltungsmeldungen erfolgen können.

Schritt 3: Steuerung

Je nach Integrationsgrad der Lösung kann bei der Steuerung eine Reihe von Prüfungen, wie z.B. einer Materialverfügbarkeitsprüfung von nötigen Ersatzteilen, einer Kapazitätsprüfung für Fachpersonal, das Vorliegen von Genehmigungen u.a.m. erfolgen. Es erfolgen die Freigabe des Auftrags, damit automatisch die Reservierung der Teile und der Ausdruck von erforderlichen Genehmigungsscheinen.

Erst damit sind die Entnahme von Teilen und das Ausbuchen und die tatsächliche Durchführung der Tätigkeiten möglich.

Schritt 4: Durchführung

Der Instandhaltungsauftrag wird schließlich am beschriebenen Objekt ausgeführt. Das System sollte an dieser Stelle auch eine ungeplante Materialentnahme ermöglichen.

Schritt 5: Abschluss

Mit dem Abschluss der Instandhaltungsmaßnahme werden implizit Zeiten und Material-
entnahmen zurückgemeldet, womit über vorliegende Tarife und Preise die Kosten der
Maßnahme ermittelt werden können. Die Maßnahmen insgesamt müssen dauerhaft dokumentiert, historisiert abgelegt werden und für Auswertungen zur Verfügung stehen.

4.2.8   Servicemanagement

Wird eine Instandhaltungsmanagementlösung nicht nur für die eigenen Anlagen verwendet, sondern die Leistung extern angeboten, so ändert sich über dieses „Outsourcing"
an den Objekten und an den grundlegenden Prozessen nichts, lediglich der Einsatzort dif-
feriert.

Nur der Prozessumfang kann etwas ausführlicher werden, wenn man an die Vertragsgestaltung bzw. an die Fixierung von Servicevereinbarungen, ein mögliches Beschwerdemanagement, ein Servicecenter, die externe Abrechnung von Serviceleistungen u.a.m. denkt.

4.2.9   Instandhaltung 4.0

Sollen neuere Technologien für Instandhaltung und/oder Service zum Tragen kommen,
kann über eine im Kontext von Big Data entwickelte voraussehende Instandhaltung (Predictive Maintenance) nachgedacht werden. Die kontinuierliche Aufzeichnung von Maschi-
nendaten über Sensorik und die Einbindung historischer Daten kann sinnvolle Maßnahmen
zur richtigen Zeit empfehlen. Der Einsatz von Augmented oder Mixed Reality erlaubt es,
eine Störung an einer Anlage auch von ungelerntem Personal beheben zu lassen. Instand-
haltungspersonal kann generell über den Einsatz von Trainingssystemen über den Aufbau
und notwendige Wartungsmaßnahmen an komplexen Anlagen geschult werden.

4.2.10 Quick Check: Wichtige Features von Instandhaltungsmanagement-Systemen

Abbildung 4.6 Quick Check: Wichtige Features von Instandhaltungsmanagement-Systemen

- ✔ Anlageninformationssystem (Verwalten von Anlagenstrukturen und der Anlagenhistorie)
- ✔ Arbeitsplanverwaltung
- ✔ Störmeldeerfassung
- ✔ Zustandsabhängige Auftragsauslösung
- ✔ Problemdiagnose
- ✔ Auftragsplanung und -steuerung
- ✔ Abnahme und Freigabe
- ✔ Auftragsrückmeldung (technisch und kaufmännisch)
- ✔ Fakturierung von Serviceaufträgen
- ✔ Schnittstelle zum Lagerverwaltungssystem
- ✔ Schnittstelle zum Beschaffungsmanagement
- ✔ Instandhaltungsstücklisten
- ✔ Technisches Controlling
- ✔ Kostencontrolling
- ✔ Budgetverwaltung
- ✔ Verwaltung von Wartungsplänen
- ✔ Freischaltungsmanagement
- ✔ Material-, Ersatzteilmanagement
- ✔ Arbeitserlaubnisschein/Freigabescheinwesen
- ✔ Trainingssysteme
- ✔ Predictive Maintenance/Big Data
- ✔ Mobile Services

Zusätzlich dazu kann für Kundenservice-Systeme noch ein weitergehender Funktionsumfang vonnöten sein:

Abbildung 4.7   Weitergehender Funktionsumfang

- Service-Jahresplanung
- Verwaltung von Serviceangeboten
- Verwaltung von Serviceverträgen
- Serviceeinsatzplanung, Dispatching
- Mobiler technischer Kundendienst
- Verwaltung mobiler Lager
- Beschwerde-/Reklamationsmanagement
- Help Desk
- Teleservice/Callcenter
- Kundenportal
- E-Service

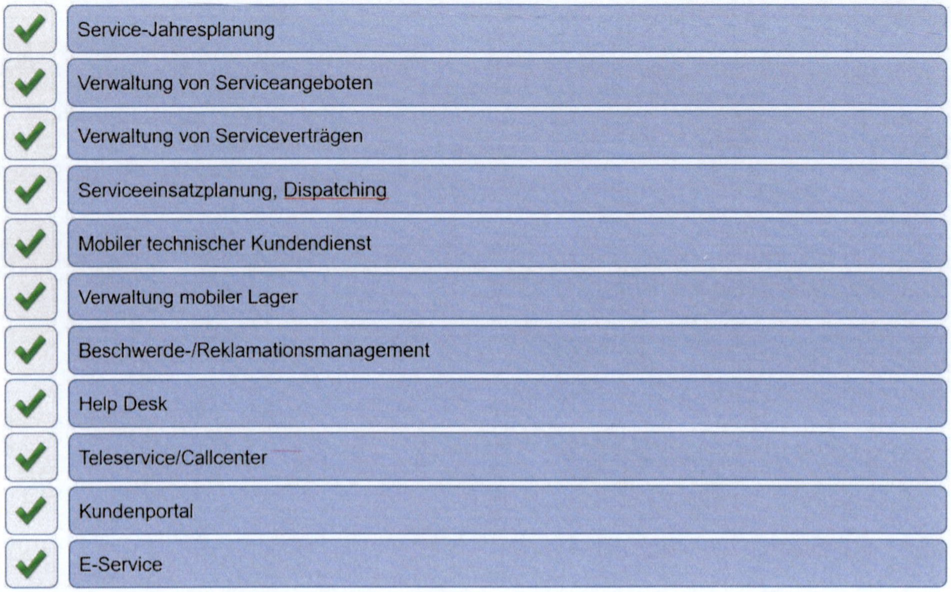

Literatur

DIN EN 13306:2017 (2017): Instandhaltung – Begriffe der Instandhaltung, Beuth Verlag, Berlin

DIN EN 13460:2009 (2009): Instandhaltung – Dokumente für die Instandhaltung, Beuth Verlag, Berlin

DIN 31051:2012 (2012): Grundlagen der Instandhaltung, Beuth Verlag, Berlin

Strunz, M. (2012): Instandhaltung, Grundlagen – Strategien –Werkstätten. Springer Berlin Heidelberg

4.3 Produktdatenmanagement (PDM/PLM)

4.3.1 Grundlagen PDM/PLM

Produzierende Unternehmen sehen sich einem zunehmenden, auch durch globalen Preis- und Innovationsdruck getriebenen Wettbewerb ausgesetzt. Dies führt häufig dazu, dass die Kunden in immer kürzeren Zeiten immer bessere Produkte zu immer günstigeren Preisen erhalten und nachfragen. Daraus resultiert eine immer kürzere Marktpräsenz dieser Produkte, wie es sich in eindrücklicher Ausprägung z.B. bei Smartphones darstellt: Wenige Monate reichen aus, um ein Produkt als technologisch veraltet beschreiben zu können. In Unternehmen fast jeder Branche, ob Automobil, Bekleidung, Hightech, Lebensmittel oder Kosmetik, müssen Menschen mehrere physische Datenbanken miteinander verknüpfen und verwalten, da sich Produktinformationen oft in mehreren Quellen innerhalb einer heterogenen Systemumgebung befinden.

Die Auswirkungen auf die Unternehmen sind enorm: Die Zeitspanne, um mit einem Produkt die Entwicklungs- und Herstellungskosten einzuspielen oder Gewinne zu erzielen, verkürzt sich teilweise eklatant und betrifft letztlich den kompletten Lebenszyklus. Diesen Lebenszyklus gilt es bestmöglich zu beherrschen, wobei nicht nur das Know-how darüber, wie man ein Produkt konstruiert, sondern auch wie man Konstruktion organisiert und mit IT-Lösungen optimal unterstützt, wichtig ist. Diese IT-Lösungen für das Produktlebenszyklusmanagement (PLM) und das Produktdatenmanagement (PDM) sind am Markt als auf die jeweilige Kundensituation anpassbare Standardlösungen verfügbar (vgl. o.V. 2010).

Mit dem Produktdatenmanagement (PDM) und dem Produktlebenszyklusmanagement (PLM) liegen Hilfsmittel zur Erreichung unterschiedlicher Unternehmensziele vor. Durch den Einsatz diese Methoden kann es gelingen, dass sowohl in der Produktentstehung als auch in allen anderen Bereichen entlang der Wertschöpfungskette die Produktivität gesteigert wird und die Kosten gesenkt werden.

Das Konzept des PDM beschreibt eine integrierende Produktdatenverwaltung über den gesamten Produktlebenszyklus hinweg. PDM gibt Auskunft über den aktuellen Bauzustand eines Produktes und ermöglicht eine aktuelle Datenübertragung an relevante Abteilungen eines Unternehmens.

4.3.2 PDM-Systeme

Was genau ist ein PDM-System?

Laut VDI (VDI 2219 2016, S.9 ff) stellen PDM-Systeme „technische Datenbank- und Kommunikationssysteme dar, die dazu dienen, Informationen über Produkte und deren Entstehungsprozesse und/oder Lebenszyklen konsistent zu speichern, zu verwalten und transparent für alle relevanten Bereiche eines Unternehmens bereitzustellen. Sie sind damit eine

Integrationsplattform für die verschiedenen Erzeugersysteme (z.B. CAx-Systeme, Textver-
arbeitungssysteme), die während des gesamten Produktentwicklungsprozesses eingesetzt
werden. PDM-Systeme bilden somit einen Baustein innerhalb der Informationsinfrastruk-
tur eines Unternehmens und müssen mit anderen IT-Systemen (z.B. mit betriebswirtschaftlicher ERP-Standardsoftware) kommunizieren oder mit diesen abgeglichen werden können" (**Abbildung 4.8**).

Abbildung 4.8   Konstruktion und Entwicklung als PDM-Bestandteil
                      (Quelle: Shutterstock)

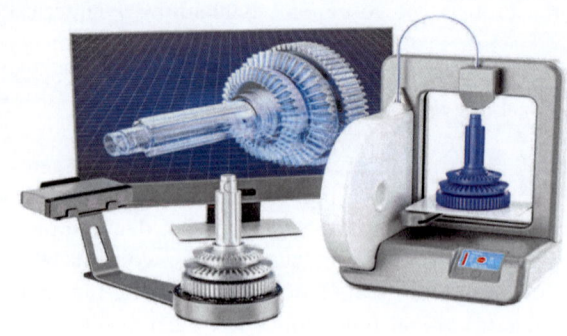

Welche Ziele werden mit einem PDM-System verfolgt?

Die mit dem Einsatz eines PDM-Systems verfolgten Ziele sind zunächst das Herstellen von
Transparenz darüber, welche Inhalte, Abhängigkeiten und Strukturen der produktbeschreibenden Daten bestehen. Diese Daten müssen natürlich effizient verwaltet, gefunden
und weitergegeben werden können. Durch die zentrale Rolle muss eine Kopplung bzw.
Integration der Quellsysteme erfolgen – wichtige Systeme dabei sind PPS-Systeme, Work-
flow-Management-Systeme und Projektmanagement-Systeme. Damit einher geht die Notwendigkeit der Bereitstellung und Synchronisation von auf diverse Standorte verteilten
Daten. Schließlich sind viele Unternehmen mit einem Qualitätsmanagement-System (DIN
EN ISO 9000 ff.) und/oder durch Aspekte des Produkthaftungsgesetzes damit konfrontiert,
ihren produktbezogenen Datenbestand zu erfassen und transparent zentral zu verwalten
(vgl. VDI 2219 2016, S.11).

Auslöser für die Einführung eines PDM-Systems

Nicht erst und nicht nur durch die Hype-Themen und -Technologien rund um die Begriffe
Industrie 4.0 und Internet of Things, Big Data, Ubiquitous Computing usw. wächst die
gewonnene (und genutzte) Datenmenge enorm an. Schon durch die „normale" Digitalisierung mit einem Best-of-Breed-Ansatz, die Notwendigkeit auch für KMU sich global zu
positionieren, Firmenübernahmen u.a.m. werden die Komplexität und der Zuwachs an

heterogenen Daten zu einer zunehmenden Herausforderung. Dies führt, mitverursacht durch einen Mangel an qualifiziertem Personal, zu einer Reihe von Problemen, insbesondere gehören dazu (VDI 2219 2016, S. 12):

■ Mangelnde Beherrschung der Komplexität

■ Schwierige und zeitintensive Datensuche

■ Geringe Wiederverwendung von Teilen:

    – Kein bereichsübergreifender Zugriff auf Daten
    – Geringe Datenqualität

■ Geringe Datenkonsistenz

■ Vorhandene Datenredundanzen

■ Unzureichende Datensicherung

■ Mangelhafte Informationstransparenz

■ Großer Archivierungsumfang

■ Nicht eindeutige Dateneingabe

■ „Schwammige" Produktkonfiguration

■ Lücken in der Entstehungshistorie

■ Komplexe Datenverarbeitungs-Insellösungen (DV)

■ Mehrfachversionen von Daten

■ Ineffizientes Änderungswesen

■ Schwierige Kommunikation

■ Fehlerhafte Dokumente

■ Unterschiedliche Datentypen

■ Großes Datenvolumen

■ Große Anzahl von Anwendern

■ Heterogene Applikationslandschaft

■ Heterogene Hardwarelandschaft

■ Neue Organisationsformen

4.3.3   Was sind PLM-Systeme und wie hängen sie mit PDM zusammen?

Mit dem Begriff Produktlebenszyklus wird die Summe der einzelnen Phasen bezeichnet, die ein Produkt entlang der zeitlichen Dimension durchläuft. Analog zum Lebenszyklus eines Lebewesens absolviert ein Produkt die Phasen Entstehung, Wachstum, Reife und Entsorgung (Schuh G., Rudolf S. 2015).

PLM kann als strategischer Ansatz verstanden werden, der sich seit ca. Anfang der 1990er Jahre entwickelt hat. Beginnend mit der rechnerunterstützten Verwaltung von Zeichnungsdaten weiteten sich der Betrachtungsrahmen und der Funktionsumfang schrittweise aus. Zur digitalen Verwaltung von Zeichnungen kam die Verwaltung von 3-D-Modellen und weiteren Entwicklungsdokumenten. Dieser Vorgang führte zum Produktdatenmanagement. Dessen Funktionalität weitete sich auf die Lebenszyklusbetrachtung des Produkts aus, sodass der Grundstein von PLM auf Basis von PDM gelegt wurde (vgl. VDI 2219 2016, S. 8).

Mit der **Abbildung 4.9** soll der Produktlebenszyklus als Kreislauf aufeinanderfolgender Produktlebensphasen dargestellt werden, beginnend bei der Produktentwicklung bis hin zur Produktentsorgung. Die Phasen sind in einzelne Prozesse unterteilt, in denen verschiedene Unternehmensfunktionen die Eigenschaften des späteren Produktes besonders prägen. Dabei wird die Produktgestaltung durch vielfältige Anforderungen aus den einzelnen Produktlebensphasen beeinflusst, wie z. B. Fertigungs-, Montage-, Kosten- oder Recyclinggerecht.

Abbildung 4.9   Phasen des Produktlebenszyklus (Quelle: Schuh und Rudolf 2015, wiedergegeben mit Erlaubnis des Verein Deutscher Ingenieure e. V.)

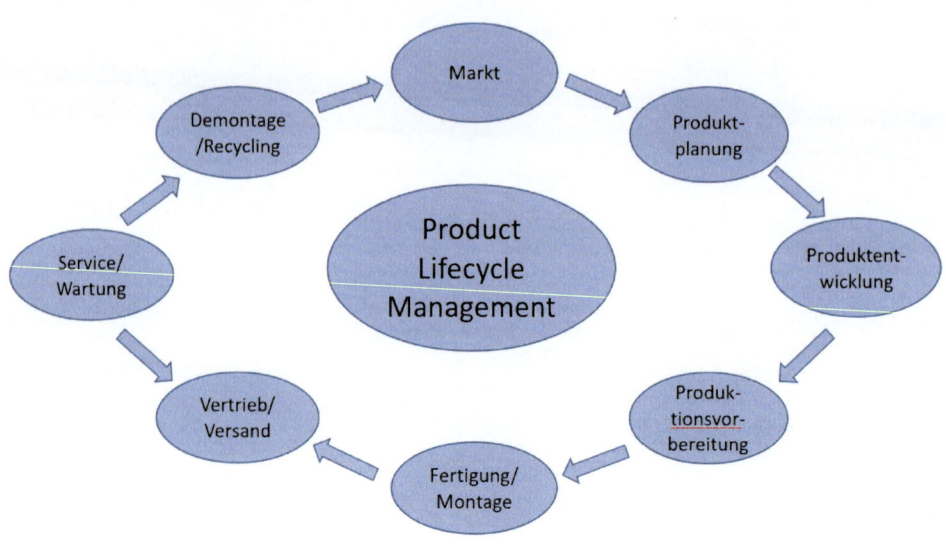

Anhand der **Abbildung 4.9** wird klar, dass erstens eine große Menge an Daten erzeugt wird und zweitens, dass diese Daten nicht statisch sind, sondern sich im Lebenszyklus ändern (Statusänderungen, Zustandsänderung, Veränderung der Einsatzteile u.a.m.). Daraus resultieren hohe funktionale Anforderungen an das das PLM unterstützende PDM-System (s.o.). Darum ist für die effiziente Durchführung der einzelnen Phasen des PLM-Prozesses eine IT-Unterstützung unumgänglich. Genau dafür haben sich in der Vergangenheit PDM-Systeme etabliert. PDM stellt wie PLM auch einen Managementansatz – insbesondere zur Integration von Daten und Prozessen – dar. Primär fokussiert PDM auf den Lebenszyklusbereich der Produktentstehung und dient hier der Integration von CAx-Systemwerkzeugen und der Anbindung von ERP-Systemen, wie in **Abbildung 4.10** dargestellt ist.

Abbildung 4.10 Einordnung von PDM in den Produktlebenszyklus und die Unternehmens-IT-Landschaft (Quelle: VDI 2219 2016, S. 10, wiedergegeben mit Erlaubnis des Verein Deutscher Ingenieure e. V.)

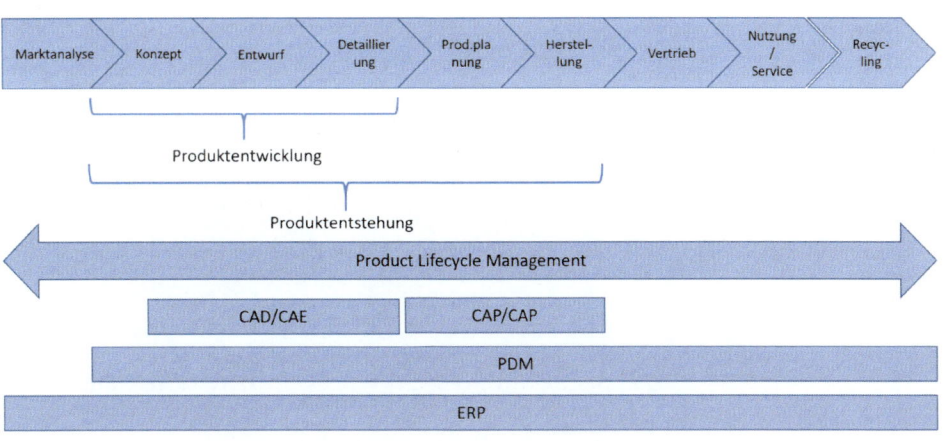

PDM versteht sich somit als Teildisziplin von PLM mit primärer Konzentration auf Engineering-Prozesse und -Daten. Vermehrt wird PDM auch in den Engineering-Prozessen der Instandhaltung eingesetzt (VDI 2219 2016, S. 8).

Daten in PDM-Systemen

Bei der Einführung von PDM-Systemen wird zunächst innerhalb der betroffenen Abteilungen auf die Prozesse (im Wesentlichen Freigabe- und Änderungsprozesse), das Mengengerüst und natürlich sehr stark auf Daten- und Informationsflüsse fokussiert. Bei den Daten sind dies zum einen Metadaten wie Ersteller, Erstellungsdatum, Freigabestatus, Aufbewahrungsort u.a., und zum anderen produktbeschreibende Daten, wie in nachfolgender **Abbildung 4.11** beispielhaft dargestellt ist (VDI 2219 2016, S. 24).

Abbildung 4.11   Grober Überblick über produktbeschreibende Daten
(Quelle: VDI 2219 2016, S. 24, wiedergegeben mit Erlaubnis des Verein
Deutscher Ingenieure e. V.)

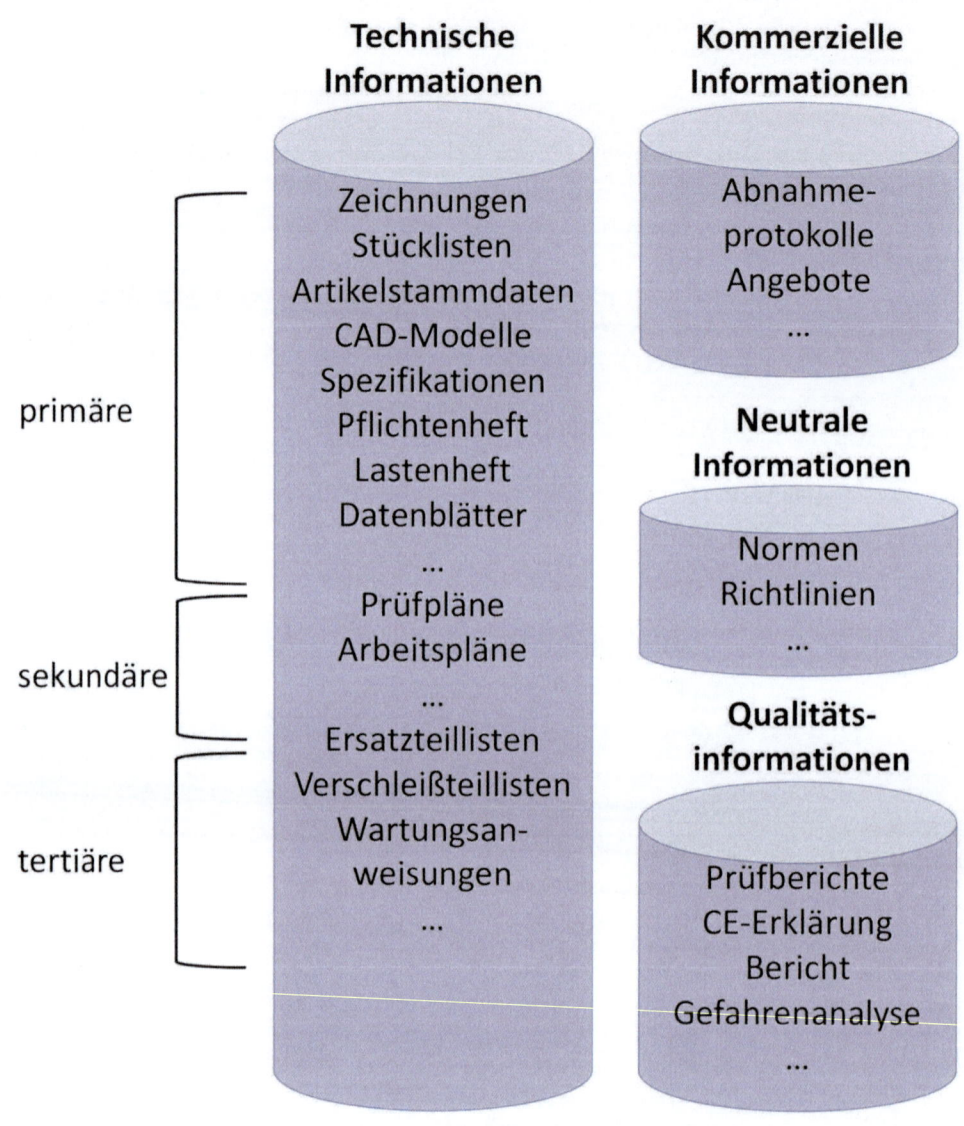

Die produktbeschreibenden Daten können untergliedert werden in technische (z.B. Zeichnungen, Stücklisten, Artikelstammdaten etc.), kommerzielle (Abnahmeprotokolle, Angebote), neutrale (Normen, Richtlinien) und Qualitätsinformationen (Prüfberichte, CE-Erklärungen etc.).

Die technischen Informationen wiederum können weiter untergliedert werden in primäre (s.o.), sekundäre (Prüfpläne, Arbeitspläne) und tertiäre Daten (Ersatzteillisten, Verschleißteillisten, Wartungsanweisungen).

PDM-Integration in die vorhandene IT-Infrastruktur

Meistens wird ein PDM-System im Unternehmen nicht als das erste IT-System installiert werden (vgl. hier und im Folgenden VDI 2219 2016, S. 20 ff). D.h. vorhandene ERP- oder CAx-Systeme (Autorensysteme) sind Teile der bestehenden IT-Architektur und in Folge dessen muss eine angemessene Integration der Systemlandschaft geplant werden.

Aufgrund der Bedeutung von ERP-Systemen generell muss darauf geachtet werden, dass eine funktionstüchtige Schnittstelle zwischen beiden Welten geschaffen wird, damit eine bestmögliche (bidirektionale) Integration von Engineering- und Logistikprozessen gewährleistet wird. In dieser Systemkonstellation ist es weiter von Bedeutung zu klären, welches System das „führende" ist, also die technischen Grunddaten im Original hält, und in welchem System diese Daten initial angelegt werden.

Je nach Unternehmen und IT-Architektur kann die Art der Integration beider Systeme unterschiedlich ausgeprägt sein. Generell kann gesagt werden, dass PDM-Systeme immer als integrierendes System für die operativ-technischen Anwendungen (CAx) und die eher betriebswirtschaftlichen Systeme ERP bzw. PPS fungieren. Die drei grundsätzlichen Integrationsansätze sollen durch **Abbildung 4.12** näher dargestellt werden:

Abbildung 4.12   Integrationsansätze für ERP- und PDM-Systeme (Quelle: VDI 2219 2016, S. 20, wiedergegeben mit Erlaubnis des Verein Deutscher Ingenieure e. V.)

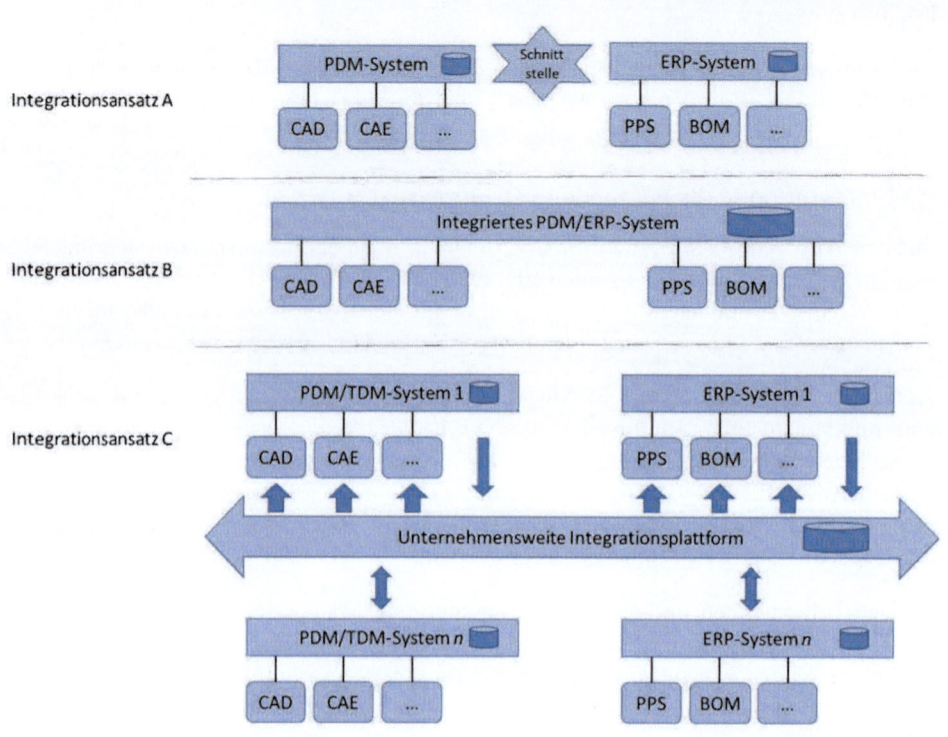

Der Integrationsansatz A zeichnet sich durch eine klare Trennung der PDM- und ERP-Umgebungen sowie der zugehörigen Datenmodelle aus. Dieser Ansatz wird vor allem von Firmen verfolgt, deren Produkte einen hohen Engineering-Anteil und kurze Innovationszyklen erfordern. Dem Integrationsansatz B liegt eine kombinierte PDM-/ERP-Lösung zugrunde und er erreicht durch die Verwendung einer gemeinsamen Prozess- und Datenbasis eine hohe Durchgängigkeit von Informationen und Prozessen, insbesondere bei verteilten Unternehmensstandorten. Integrationsansatz C wird vor allem von OEMs (Original Equipment Manufacturer) und Zulieferern verfolgt, die eine breite Produktpalette, sehr komplexe Produkte sowie weltweit verteilte Standorte haben und damit unterschiedliche Prozesse organisieren müssen. Ein oder mehrere ERP- und PDM-Systeme dienen als Integrations- und Datenbasis für die jeweiligen datenerzeugenden Systeme. PDM-Systeme dienen in dieser Variante oft als CAD-nahe Team-Data-Management-Systeme (TDM), da komplexe Produktstrukturen spezifische Schnittstellen und Datenmodelle erfordern, die ERP-Systeme oder kombinierte PDM-/ERP-Lösungen nicht bieten. Für weitergehende Informationen sei nochmals ausdrücklich auf die VDI-Richtlinie 2219 (Informationsverarbeitung in der Produktentwicklung Einführung und Betrieb von PDM-Systemen) verwiesen.

4.3.4   Quick Check: Wichtige Features von PDM/PLM-Systemen

Abbildung 4.13   Quick Check: Wichtige Features von PDM/PLM-Systemen

- ✓ Ideenmanagement (Suche, Sammlung und Bewertung im Rahmen der Produktfindung)
- ✓ Anforderungsmanagement
- ✓ Produktlebenszyklusrechnung
- ✓ Klassifizierung
- ✓ Stücklistenverwaltung
- ✓ Verwendungsnachweis (auch unternehmensübergreifend)
- ✓ Variantenmanagement
- ✓ Integration zu CAD, ERP, Office
- ✓ Änderungsmanagement (Änderungsantrag, Änderungsauftrag, Änderungshistorie)
- ✓ Versions- und Statusverwaltung
- ✓ Freigabewesen
- ✓ Altdatenübernahme
- ✓ Benutzerverwaltung
- ✓ Berechtigungswesen
- ✓ Dokumentenverwaltung
- ✓ Workflowmanagement
- ✓ Projektmanagement
- ✓ Datensicherung
- ✓ Langzeitarchivierung

Literatur

o.V. (2010): Das PLM-Konzept ist angekommen. www.computerwoche.de/a/das-plm-konzept-ist-angekommen,2357560,2, zugegriffen am 20.8.2018

Schuh G., Rudolf S. (2015): Product Lifecycle Management. http://www.enzyklopaedie-der-wirtschaftsinformatik.de/lexikon/informationssysteme/Sektorspezifische-Anwendungssysteme/Product-Life-Cycle-Management/index.html/?searchterm=plm, zugegriffen am 20.08.2018

VDI 2219 (2016): Informationsverarbeitung in der Produktentwicklung – Einführung und Betrieb von PDM-Systemen. VEREIN DEUTSCHER INGENIEURE, Düsseldorf

4.4   Manufacturing Execution System (MES)

4.4.1   Grundlagen MES

Für die IT-Unterstützung von Fertigungs- und Produktionsprozessen setzen Unternehmen seit vielen Jahren Produktionsplanungs- und Steuerungssysteme (PPS) ein oder nutzen die entsprechenden Module, die häufig als wesentlicher Bestandteil eines Enterprise Resource Planning System (ERP) angeboten werden.

Derartige Systeme existieren schon seit etwa den 1960er Jahren auf dem Markt und hatten ihren Anfang im sogenannten Bill of Material Prozessor (BOMP), der automatischen Stücklistenauflösung. Ihren Höhepunkt hatten Sie ab den 1970er Jahren mit der Entwicklung des Computer Integrated Manufacturing (CIM), mit dem Scheer die Integration der betriebswirtschaftlichen (PPS-) Seite und der eher technischen Seite (Computer Aided Planning, Computer Aided Manufacturing) der Fertigung im Rahmen seines Y-Referenzmodells darstellte. Die damals formulierte Idee der völlig menschenleeren Fertigungshallen konnte nicht realisiert werden. Mit Industrie 4.0 stehen mittlerweile Technologien zur Verfügung, die eine Vollautomatisierung der Fertigung ermöglichen würden, ohne jedoch dabei auf den Menschen als letztlich koordinierende Instanz zu verzichten. Insofern ist ein Vergleich zwischen CIM und Industrie 4.0 nur bedingt möglich. Ein PPS-System beschäftigt sich insbesondere mit der Primär- und der Sekundärbedarfsplanung, die Losgrößen- und Termin- und Kapazitätsplanung. Im Bereich der kurzfristigen Aufgaben gehören die Auftragsfreigabe, die Ablaufplanung und Auftragsüberwachung inkl. Rückmeldung und Auftragsabrechnung zu den Aufgaben. Dies bedingt die qualitative Ausprägung von Stammdaten wie Materialien oder Teilen, Stücklisten und Arbeitsplänen. Als Ressourcen oder Kapazitäten werden Daten über Betriebsmittel, Arbeitsplätze, Fertigungshilfs-, Transport- und Prüfmittel, Lager oder menschliche Arbeitsleistung beschrieben.

Abbildung 4.14   Produktion mit MES planen und überwachen (Quelle: Shutterstock)

Obwohl die ERP-Systeme häufig auch für die Fertigungsoptimierung eingesetzt werden (vgl. hier und im Folgenden VDI 5600_01), arbeiten sie jedoch mit mittel- und längerfristigem Horizont und verfügen deshalb nicht über einen angemessenen Detaillierungsgrad, um auch kurzfristige Optimierungen vornehmen zu können. So können ERP-Systeme klassische operative Ereignisse in der Fertigung (Stopp und Wiederanfahren von Maschinen, unterschiedlichste Meldungen aus der Produktionsumgebung u.a.m.) nicht verarbeiten und umgekehrt können die sehr detaillierten Daten aus der Anlagen- und Prozesssteuerung nicht für die Fertigungsorganisation eingesetzt werden.

Um diese Lücke zu schließen wurden sogenannte Manufacturing-Execution-Systeme (MES) entwickelt, um die Fertigungsprozesse in „Echtzeit" zu planen und zu steuern, größtmögliche Prozesstransparenz herzustellen und den Material- und Informationsfluss innerhalb der Prozesskette aktuell abzubilden (**Abbildung 4.14**).

Mit dieser feingranularen Transparenz besteht folglich die Möglichkeit, den kontinuierlichen Verbesserungsprozess (KVP) zu unterstützen. Unternehmen, die sich mit dem Einsatz eines MES-Systems beschäftigen wollen, sehen sich mit einer hohen Funktionskomplexität konfrontiert, die über die Kenntnisse der reinen Geschäftsprozesse deutlich hinausgeht. Erschwert wird dies zusätzlich durch eine meist sehr umfangreiche Beschreibung der Leistungsmerkmale solcher Systeme und eine fehlende standardisierte Beschreibung und somit Vergleichbarkeit. Einen verbindlichen Funktionskatalog für MES gibt es nicht. Eine erste Annäherung kann durch die Betrachtung des Nutzens gemacht werden, den man von solchen Systemen erwarten kann, bevor man dann die Einzelfunktionen genauer betrachtet.

4.4.2   Welchen Nutzen kann ein MES-System bieten?

Das Nutzenpotenzial für MES-Systeme kann in monetarisierbaren und nicht monetarisierbaren Nutzen im Produktionsprozess und in der Prozessführung untergliedert werden (vgl. VDI 5600_01, S. 13 ff). Die messbaren Effekte werden in **Tabelle 4.4** dargestellt.

Tabelle 4.4   Messbare Effekte des MES-Einsatzes im Produktionsprozess
                      (Quelle: VDI 5600_01, S. 13 ff)

Messbare Effekte des MES-Einsatzes bezogen auf...	
den Prozessablauf	die Prozessführung
Verkürzung Durchlaufzeit (Liegezeitreduzierung)	Senkung des Arbeitsvorbereitungsaufwands
Verminderung Rüstaufwand	Senkung des operativen Koordinationsaufwands (Ressourcenverteilung)
Verbesserung Ressourcenauslastung, Erhöhung Durchsatz	Senkung des logistischen Durchsetzungsaufwands
Erhöhung Reaktionsgeschwindigkeit auf Störungen	Verbesserung der Effektivität von Prozess- und Auftragsverfolgung
Verringerung Lager- und Umlaufbestände	Senkung des manuellen Führungs- und Verwaltungsaufwands
Qualitätserhöhung, Verlustreduzierung	

Messbare, auf den Prozessablauf bezogene Effekte können zunächst die Verkürzung der Durchlaufzeit über eine Reduzierung der Liegezeit und eine Erhöhung der Lieferbereitschaft bzw. der Termineinhaltung sein. Weiter kann mit einem verminderten Rüstaufwand und einer Verbesserung der Ressourcenauslastung durch einen höheren Durchsatz gerechnet werden. Schließlich verbessern eine Erhöhung der Reaktionsgeschwindigkeit auf Störungen, die Verringerung von Lager- und Umlaufbestände, die Erhöhung der Qualität und die Reduzierung von Verlusten die Ergebnisse im messbaren Bereich des Prozessablaufs.

Messbare Effekte im Bereich der Prozessführung sind neben der Senkung des Arbeitsvorbereitungsaufwandes, des operativen Koordinationsaufwandes, des logistischen Durchsetzungsaufwandes und des manuellen Führungs- und Verwaltungsaufwandes die Verbesserung der Effektivität von Prozess- und Auftragsverfolgung.

Daneben gibt es auch noch nicht oder schwer messbare bzw. monetarisierbare Effekte (vgl. **Tabelle 4.5**) wie z.B. eine höhere Transparenz bei der gesamten Produktion, die Erzielung einer hohen Sicherheit in der Beherrschung des Produktionsprozesses, die Bereitstellung von Hilfsmitteln zur Entscheidungsunterstützung in der Prozessführung, die langfristige Sicherung der Kundenzufriedenheit, die Unterstützung variabler Prozessstrukturen zur Abbildung einer hohen Flexibilität und motivierende Arbeitsbedingungen zur Sicherung der Mitarbeiterzufriedenheit (vgl. VDI, S.14).

Tabelle 4.5   Nicht unmittelbar messbare Effekte des MES-Einsatzes im Produktionsprozess (Quelle: VDI 5600_01, S. 13 ff)

Nicht unmittelbar messbare…	
Operative Effekte	**Strategische Effekte**
Hohe Transparenz der gesamten Produktion	Langfristige Sicherung der Kundenzufriedenheit
Erzielung einer hohen Sicherheit in der Beherrschung des Produktionsprozesses	Unterstützung variabler Prozess-Strukturen zur Abbildung einer hohen Flexibilität
Bereitstellung von Hilfsmitteln zur Entscheidungsunterstützung in der Prozessführung	motivierende Arbeitsbedingungen zur Sicherung der Mitarbeiterzufriedenheit

4.4.3   Welche Aufgaben werden einem MES-System zugeordnet?

Man kann im Wesentlichen zehn Aufgaben eines MES-Systems beschreiben (vgl. VDI 5600_01, S.16 ff). Dazu gehören Auftragsmanagement, Feinplanung und Feinsteuerung, Betriebsmittelmanagement, Materialmanagement, Personalmanagement, Datenerfassung, Leistungsanalyse, Qualitätsmanagement, Informationsmanagement, Energiemanagement.

Mit dieser Aufzählung wird deutlich, dass MES-Systeme vielfältige Schnittstellen zu bestehenden IT-Systemen der Unternehmen aufweisen müssen, um die o.g. Ziele bzw. den Nutzen zu erzielen.

Deshalb soll an dieser Stelle eine idealtypische IT-Infrastruktur dargestellt werden, die die Rolle eines MES-Systems zwischen den klassischen ERP-Systemen und der Maschinenebene verdeutlicht. Das soll mit nachfolgender **Abbildung 4.15** geschehen.

Abbildung 4.15   MES in den Leitebenen eines Unternehmens und zugehörige Zeithori-
zonte (Quelle: adaptiert nach Kletti 2015; mit freundlicher Genehmigung von © Springer-Verlag Berlin Heidelberg 2015. All Rights Reserved)

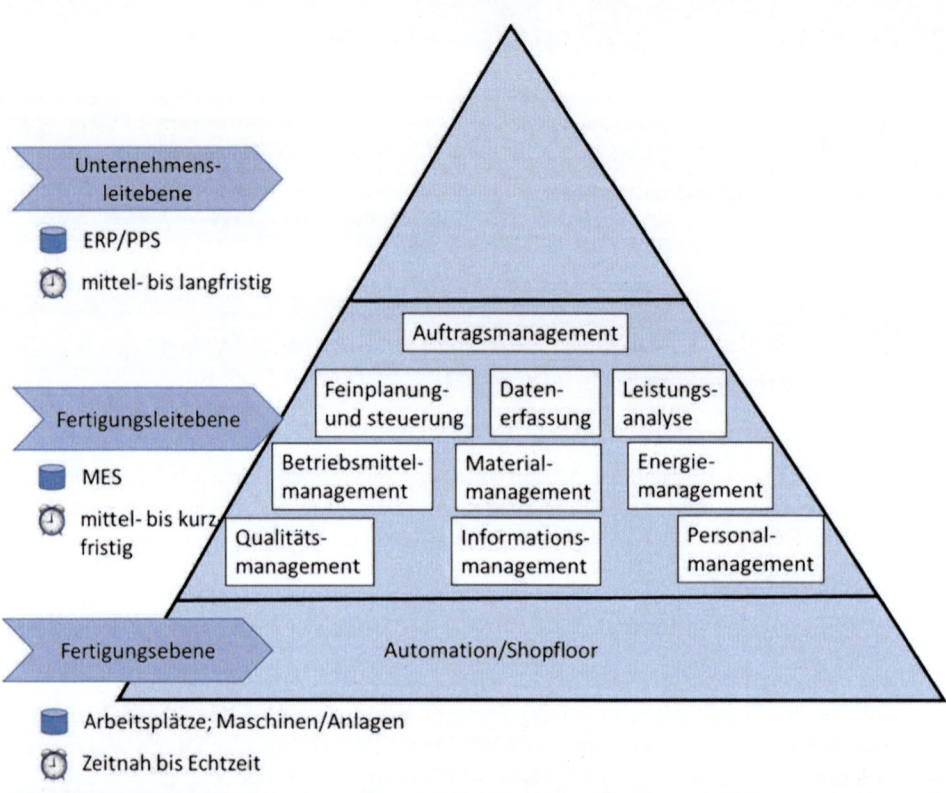

Die genannten Aufgaben sind in der Fertigungsleitebene verankert, die unterhalb der Unter-
nehmensleitebene und oberhalb der Fertigungs- und Automationsebene zu finden ist (hier
und im Folgenden dazu Kletti 2015, S. 27 ff). Meist ist eine klare Grenzziehung zwischen den
Ebenen nur schwer möglich – die Bereiche überlappen teilweise funktional und tauschen
Informationen aus. Die vertikale Integration der Ebenen und Systeme stellt die den Ebenen
jeweils angemessene und zeitgerechte Informationsversorgung im benötigten Detaillierungsgrad (Granulat) sicher. Also tauscht ein MES Daten mit einem ERP-System der Unterneh-
mensleitebene aus und empfängt und verarbeitet auch Daten aus der Fertigung.

Der Unterschied im Bereich der Granularität und Zeitnähe der Daten liegt darin begründet,
dass ein technologieorientiertes MES eher in Echtzeit agieren muss, während mit einem
ERP-System eher betriebswirtschaftlich-kommerzielle Aktivitäten verbunden sind, die auf
einen eher mittelfristigen Zeithorizont ausgelegt sind.

4.4.4 Welche Prozesse werden von einem MES tangiert?

Entsprechend der genannten Aufgaben eines MES und der Einordnung in die Fertigungs-leitebene ist eine Vielzahl von fertigungsrelevanten Prozessen im Unternehmen betroffen. Diese Prozesse sind Arbeitsvorbereitung, Produktion, Transport, Materialwirtschaft, Quali-tätssicherung, Personalwirtschaft, Rückverfolgung, Instandhaltung, KVP und Controlling. Die **Tabelle 4.6** stellt die Prozesse und die Subprozesse bzw. Funktionen im Überblick dar (vgl. VDI 5600_01, S.17).

Tabelle 4.6   Von MES-Aufgaben betroffene Prozesse und Subprozesse (Quelle: VDI 5600 01, S. 17, wiedergegeben mit Erlaubnis des Verein Deutscher Ingenieure e. V.)

Von MES-Aufgaben betroffene Prozesse	
Arbeitsvorbereitung	Erstellung planungsrelevanter Unterlagen
	Termin- und Kapazitätsplanung
	Sicherstellung der Verfügbarkeit
	Analyse
Produktion	Feinplanung
	Vorbereitung
	Durchführung der Produktion
Transport	Verwaltung/Planung von Transportaufträgen
	Durchführen von Transportaufträgen
Materialwirtschaft	Materialdisposition
	Materialbereitstellung
	Bestandsführung
	Inventur
	Materialanalyse
Qualitätssicherung	Definition von Prüfvorschriften
	Durchführung von Prüfungen
	Dokumentation und Bewertung der Prüfung
	Einleitung von Maßnahmen

Von MES-Aufgaben betroffene Prozesse	
Personalwirtschaft	Personalverwaltung
	Personalplanung
	Anwesenheit, Tätigkeitsnachweis
	Analyse
	Entlohnung
Rückverfolgung	Beschreibung der Produktionsabläufe
	Erfassung prozessrelevanter Daten
	Erfassung von Produktdaten
	Archivierung von Produktdaten
Instandhaltung	Betriebsmittelverwaltung
	Erstellung von Instandhaltungsplänen
	Erzeugung von Instandhaltungsaufträgen
	Feinplanung von Instandhaltungsmaßnahmen
	Ausführung von Instandhaltungsaufträgen
	Instandhaltungsanalysen
KVP	Definition von Zielen
	Kontinuierliche Messung und Visualisierung prozessrelevanter Kennzahlen
	Analyse der Abläufe
	Ermittlung, Durchführung und Kontrolle von Maßnahmen zur Verbesserung
Controlling	Vorgabe der Sollkennzahlen
	Erfassung der Rückmeldung
	Überwachung und Analyse
	Ergreifen von Maßnahmen

4.4.5   Quick Check: Wichtige Features von MES-Systemen

Abbildung 4.16   Quick Check: Wichtige Features von MES-Systemen

- ✔ Integriertes Fertigungs-, Personal- und Qualitätsmanagement
- ✔ Workflowfunktionen
- ✔ Alle MES-Funktionen vorhanden und modular einsetzbar
- ✔ Orientierung an gängigen Industrie-Standards
- ✔ Notwendige Schnittstellen vorhanden (zu ERP- und PPS-Systemen)
- ✔ Überblicksfunktionen über aktuelle Zustände (beteiligte Ressourcen, Situationen u.a.m.)
- ✔ Unterschiedliche Planungsstrategien, Simulation von Planvarianten
- ✔ Materialverfolgung
- ✔ Qualitätsprüfungen, Prüfmittelüberwachung, Reklamationsmanagement
- ✔ Lückenlose Rückverfolgung von Produktionsprozessen
- ✔ Personalzeiterfassung am Terminal (inkl. Informationsfunktion)
- ✔ Arbeitszeit- und Entlohnungsmodelle einfach konfigurierbar
- ✔ Kopplung Personaleinsatzplanung mit Fertigungsplanung
- ✔ Personaleinsatzplanung berücksichtigt Qualifikation für Arbeitsplätze
- ✔ Standardschnittstellen zu Maschinen und Automaten
- ✔ Lückenlose und automatisierte Datenerfassung
- ✔ Erfassungsfunktionen konfigurierbar (Ergonomie, Akzeptanz)

Literatur

Kletti, J. (Hrsg.) (2015): MES – Manufacturing Execution System – Moderne Informationstechnologie unterstützt die Wertschöpfung. 2. Aufl., Springer Verlag, Berlin/Heidelberg

VDI 5600 Blatt 1 (2016): Fertigungsmanagementsysteme (Manufacturing Execution Systems – MES). VEREIN DEUTSCHER INGENIEURE, Düsseldorf

LIMTRONIK — INDUSTRIE 4.0 ZUM ANFASSEN

Die Limtronik GmbH — ein Dienstleister für Electronic Manufacturing Services (EMS sowie Joint Development Manufacturing (JDM) — baut für ihre Kunden aus Industrie, Automobilbranche sowie Medizin- und Sicherheitstechnik maßgeschneiderte Prototypen und übernimmt später auf Wunsch die Serienproduktion. Die ERP-Komplettlösung proALPHA ist hierbei die Schaltzentrale der intelligenten Fabrik.

„Die Vorgängerlösung hielt den gestiegenen Anforderungen nicht stand und stieß immer mehr an ihre Grenzen", erinnert sich Geschäftsführer Gerd Ohl. Deshalb wurde nach einer einheitlichen Plattform gesucht, die alle Prozesse entlang der gesamten Wertschöpfungskette steuern kann: vom Einkauf und der Materialwirtschaft über die Produktion und den Vertrieb bis hin zum Finanz- und Rechnungswesen. Gleichzeitig sollte das neue ERP-System das künftige Wachstum im In- und Ausland flexibel unterstützen. „proALPHA ist kollaborativ und modular ausgelegt und wächst mit unserem Bedarf mit", ist Georgios Giantsios, Geschäftsführer bei Limtronik, überzeugt.

Lückenlose Traceability als Wettbewerbsvorteil

Ein ausschlaggebender Punkt bei der Entscheidung war auch die nahtlose Integration mit dem Manufacturing Execution System (MES). Denn das bildet die Brücke zwischen Produktions- und Planungsebene und ermöglicht unter anderem die lückenlose Rückverfolgbarkeit der verwendeten Bauteile. Wenn später Mängel auftreten, lässt sich die Fehlerquelle damit schnell eingrenzen. „Wer eine lückenlose Traceability nachweisen kann, hat einen klaren Wettbewerbsvorteil", so Giantsios.

Mit Data Mining Fehler vorausschauend erkennen

Limtronik plant als nächsten großen Schritt in Richtung Industrie 4.0 ein Datamining-Projekt, das Fehlerursachen automatisch erkennt. „Längerfristiges Ziel ist eine produktionsspezifische Vorhersage von Wartungsintervallen für unsere Fertigungsanlagen, die mithilfe eines Algorithmus gesteuert wird", betont Ohl.

Denn mit dieser vorausschauenden Wartung (Predictive Maintenance) lässt sich sicherstellen, dass der laufende Produktionsvorgang möglichst wenig bis gar nicht unterbrochen werden muss. „Solche Industrie-4.0-Szenarien mit einem flexiblen ERP-System wie proALPHA umzusetzen", so Gerd Ohl, „macht sich schnell bezahlt."

Limtronik sei inzwischen auf dem Weg zur Industrie 4.0 bei der Version 3.8 angelangt und habe für die nächsten Jahre bereits eine Reihe weiterer Digitalisierungsprojekte definiert — immer mit proALPHA als zentralem Ankerpunkt. „Am Ende werden in unserer Fabrik Maschinen stehen, die sich selbst steuern", blickt der Geschäftsführer in die Zukunft.

Mehr Informationen zu proALPHA, Lösungen und Kunden unter www.proalpha.com

5 Herausforderungen im Handel

5.1 Beispielhafte Anwendungen

Im nachfolgenden Kapitel werden einige beispielhafte Anwendungen aufgeführt, die einen Eindruck von den im Handel und Vertrieb eingesetzten Softwarelösungen im Rahmen von Digitalisierungsprojekten geben sollen.

Dabei beinhaltet das Kapitel nicht nur den Bereich des reinen Handels mit Fokus auf Groß- und Einzelhandel, sondern speziell auch Vertriebsbereiche aus Unternehmen anderer Branchen, bei denen der Handel aus dem Vertrieb deren eigener Produkte und Dienstleistungen besteht.

5.2 Situation im Handel

Die Einordnung eines Unternehmens entweder als Industrie- oder als Handelsunternehmen ist mitunter nicht sofort zweifelsfrei möglich, da viele produzierende Unternehmen auch Handel betreiben, genau wie viele Handelsunternehmen sich auch an der Produktion der von ihnen gehandelten Waren beteiligen. Beispiele dafür sind z.B. Discounter, die eigene Bäckereien und Brunnen betreiben oder Betriebe für die Herstellung von Schokolade aufgebaut haben.

Grundsätzlich ist es die Aufgabe des Handels „...räumliche, zeitliche, qualitative und quantitative Spannungen zwischen der Produktion und der Konsumtion auszugleichen" (hier und im Folgenden Schneider W, Hennig A 2018).

Von funktionellem Handel wird gesprochen, wenn Handelswaren, also Waren, die nicht selbst hergestellt oder verarbeitet, sondern von Lieferanten beschafft wurden, wiederum an Dritte (Kunden) weiter veräußert werden. Damit kann ein Handelsunternehmen auch ein jegliches Unternehmen aus Produktion, Handwerk oder Landwirtschaft sein, das sein Produktspektrum über Handelswaren erweitert.

Handel im institutionellen Sinn dagegen wird von Unternehmen betrieben, die sich überwiegend mit Handel beschäftigen, oder vereinfacht ausgedrückt, deren Wertschöpfung aus dem Handel größer ist als aus einer anderen Tätigkeit.

Der Einzelhandel in Deutschland ist mit 300.000 Unternehmen an 410.000 Betriebsstätten mit einem Jahresumsatz von rund 513 Milliarden Euro Jahresumsatz der drittgrößte Wirtschaftszweig (**Abbildung 5.1**). Zirka 300.000 Menschen bietet er Arbeit und bildet 150.000 Menschen im Jahr aus (o.V. 2018).

© Springer Fachmedien Wiesbaden GmbH, ein Teil von Springer Nature 2019
C. Groß und R. Pfennig, *Digitalisierung in Industrie, Handel und Logistik*,
https://doi.org/10.1007/978-3-658-26095-8_5

Abbildung 5.1   Einzelhandel (Quelle: Shutterstock)

Nahezu 40% des gesamten Großhandelsumsatzes generiert der Konsumgütergroßhandel mit Nahrungsmitteln, Getränken und Tabakwaren sowie Gebrauchs- und Verbrauchsgütern (Landwirtschaftliche Grundstoffe: 6%, Geräte der Informations- und Kommunikationstechnik: 7%, Maschinen: 9%, Sonstiger Großhandel 42%; o.V. 2012 Struktur des Großhandels 2012).

Auch wenn der Begriff Digitalisierung zunächst meist mit Industrie 4.0 in Zusammenhang gebracht wird, so ist doch auch und gerade der Handel von der sogenannten Digitalisierung stark betroffen. Digitale Serviceangebote sind „auf allen Kanälen" unerlässlich (hier und im Folgenden Atzberger M et al. 2016, S. 96), aber der stationäre Handel wird weiterhin in den meisten Warengruppen große Bedeutung haben. Der Onlinehandel wird zwar weiter wachsen, aber vermutlich nur noch im einstelligen Bereich. Vielmehr werden zunehmend digitale Services nachgefragt werden: Nahtlos integrierte Front- und Backend-Systeme, nachfragegesteuerte Lieferketten, konsequente Nachhaltigkeits- und CSR-Maßnahmen, neueste digitale Technologien und Investitionen in moderne Data- und Analytics-Tools sind diesbezüglich einige der zentralen Herausforderungen.

Dazu sind viele Einzelmaßnahmen und -projekte, viele IT-Systeme betreffend, nötig. Generell gilt aber, dass die Kern- und Unterstützungsprozesse eines Handelsunternehmens nach wie vor aus Einkauf, Lagerung und Verkauf, aus Planung, Controlling, Personalwirtschaft und Buchhaltung bestehen. Damit wird die grundlegende Funktionsfähigkeit des Unternehmens garantiert. Je nach Größe und Art des Handelsunternehmens können Fuhrparkmanagement, Tourenplanung und anderes mehr dazu kommen, was hier allerdings eher den logistischen und nicht den branchenspezifischen Funktionen des Handels zugeschlagen wird.

5.3   Referenzmodell für den Handel

Die Digitalisierung von Handelsunternehmen wurde faktisch bereits im Jahr 2004 von Becker und Schütze in ihrer Veröffentlichung „Handelsinformationssysteme" (Becker J, Schütte R 2004) dargestellt. Die Autoren beschreiben anhand von Informationsmodellen, die einen Referenzcharakter haben, wie eine „IT-Landschaft Handel" aussehen kann. Die Nähe zu betriebswirtschaftlichen Problemstellungen macht es auch dem nicht IT-affinen Leser einfacher zu verstehen, wo und wie eine Umsetzung in Anwendungssysteme beginnen und gelingen kann (vgl. Becker J, Schütte R 2004, Vorwort VI). Damit wird in Anlehnung an das Y-Modell von Scheer (**Abbildung 3.1**) ein weiteres branchenspezifisches Modell (HIS) angeboten, das einen vergleichbaren Beschreibungsrahmen verwendet und darum leicht verständlich ist. **Abbildung 5.2**. zeigt das Modell in einer vereinfachten Form.

Abbildung 5.2   Referenzinformationsmodell Handels-H (Quelle: Becker und Schütte 2004)

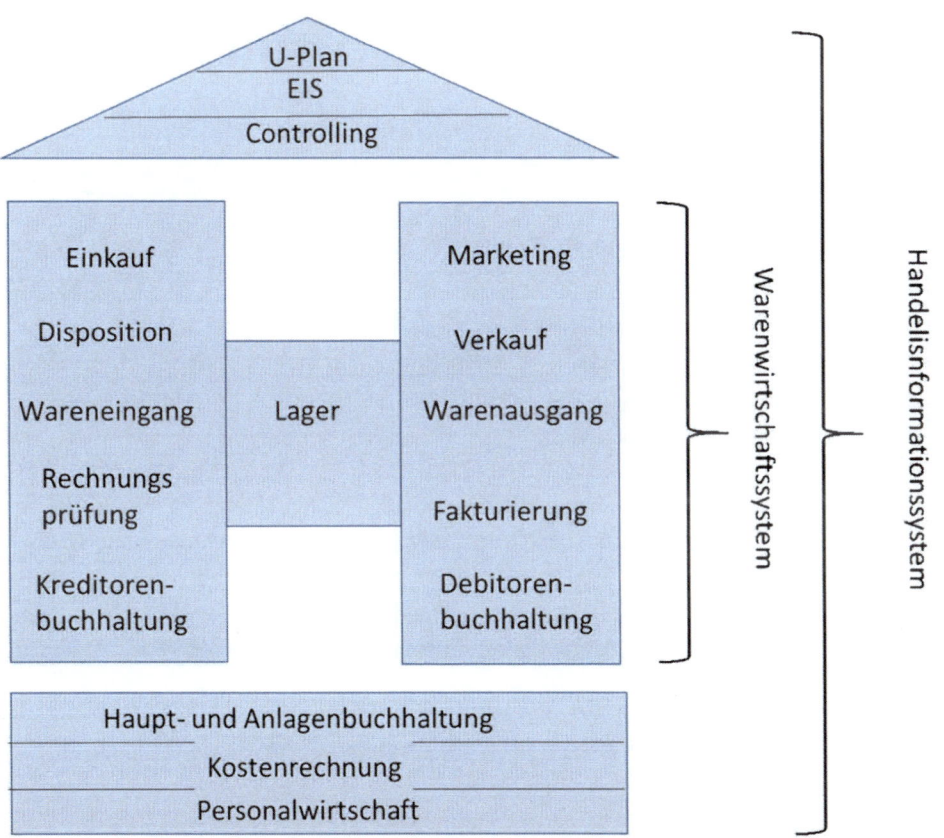

In der modellhaften Handels-H-Architektur widmen sich die Autoren zunächst den Prozessen Lagergeschäft, Strecken-, Zentralregulierungs-, Aktions- und Dienstleistungsgeschäft. Diese umfassen die Beschaffung mit den Teilprozessen Einkauf, Disposition, Wareneingang, Rechnungsprüfung und Kreditorenbuchhaltung und stellen im Modell den linken Ast des Handels-H dar.

Der rechte Ast des Handels-H wird durch den Distributionsprozess mit seinen Teilprozessen Marketing, Verkauf, Warenausgang, Fakturierung und Debitorenbuchhaltung repräsentiert. Beide Äste werden durch das Lager gekoppelt, das quasi eine Überbrückungsfunktion einnimmt. Buchhaltung und Kostenrechnung, die die Informationen aus den dispositiven Systemen und Funktionen weiterverarbeiten, bilden gemeinsamen mit der Personalwirtschaft die Basis. Das Dach des Handels-H besteht aus dem Controlling und dem Executive-Informations-System (EIS), wo Analysen und Auswertungen stattfinden, sowie aus der Unternehmensplanung.

Deutlich wird in der Abbildung auch, dass von Warenwirtschaftssystem gesprochen wird, wenn die Perspektive lediglich auf die Kernprozesse des Handels gelegt wird. Erst wenn „Dach und Boden" mit planungsorientierten (Unternehmensplanung, EIS u.a.) und unterstützenden Funktionen (Buchhaltung, Personalwirtschaft u.a.) zusätzlich betrachtet werden, ist der Blick frei für ein integriertes Gesamtsystem, nämlich ein Handelsinformationssystem.

Literatur

Atzberger, M. et al. (2016): Trends im Handel 2025. KPMG AG

Becker, J., Schütte, R. (2004): Handelsinformationssysteme. Redline Wirtschaft, Frankfurt am Main

o.V. (2018): Der deutsche Einzelhandel. Handelsverband Deutschland, https://www.einzelhandel.de/presse/zahlenfaktengrafiken, zugegriffen am 27.10.2018

o.V. (2012): Struktur des Großhandels 2012. Statistisches Bundesamt zitiert in Metro Handelslexikon,
http://www.metro-handelslexikon.de/de/daten-zahlen-fakten/#!daten-zahlen-und-fakten/deutschland/uberblick-handel/struktur-des-grosshandels-in-deutschland-2012, zugegriffen am 27.10.2018

Schneider, W., Hennig, A. (2018): Definition „Handel". Gabler Wirtschaftslexikon Online, https://wirtschaftslexikon.gabler.de/definition/handel-35491/version-258972, zugegriffen am 11.10.2018

6 Anwendungen in Handel und Vertrieb

6.1 Customer Relationship Management (CRM) und Vertriebsmanagement

6.1.1 Grundlagen CRM und Vertriebsmanagement

Unter CRM versteht man die Pflege von Kundenbeziehungen mit der Absicht, Kunden zu gewinnen und den Kundenstamm zu vergrößern. Darüber hinaus sollen über eine Selektion die profitabelsten Kunden identifiziert und möglichst stark an das Unternehmen gebunden werden (vgl. Schmid und Bach 2000). Die Strategie dahinter ist, möglichst viele Daten und Informationen und damit letztlich Wissen über Kunden zu sammeln, um mit diesem Wissen eine optimale Kommunikation und Interaktion mit dem Kunden aufzubauen. Dadurch wird der sogenannte Customer Lifetime Value (CLV) für das Unternehmen maximiert. Der wesentliche Parameter dabei ist Kundenzufriedenheit, der maßgeblich dadurch erreicht wird, dass der Kunde und seine Bedürfnisse schnell verstanden und die Angebote entsprechend platziert werden. Da sich diese Bedürfnisse auch ändern, kann CRM als Prozess mit einem ständigen interaktiven Dialog verstanden werden.

Die folgenden Aktivitäten und Begrifflichkeit und SCR entlang des Kundenlebenszyklusses werden in **Abbildung 6.1** dargestellt.

Der Lead oder Kontakt ist ein noch nicht qualifizierter Interessent, wogegen eine Opportunity bereits mit einer Verkaufschance bewertet wurde. Die letzte Stufe ist der realisierte Umsatz und damit der Übergang der Opportunity zum konkreten Kunden oder Account. Marketing ist die Aufgabe der Vermarktung von Produkten und Dienstleistungen, das Kampagnen- und das Lead Management.

Die Verkaufsphase beginnt mit der Unterbreitung eines Angebots und der Abwicklung der Kauftransaktionen. Die Verhandlungs- und Vereinbarungsaktivitäten sind Bestandteil des Angebotsmanagements. Es endet mit dem Abschluss des Kaufvertrages und wird mit der Zustellung und Bezahlung ergänzt.

© Springer Fachmedien Wiesbaden GmbH, ein Teil von Springer Nature 2019
C. Groß und R. Pfennig, *Digitalisierung in Industrie, Handel und Logistik*,
https://doi.org/10.1007/978-3-658-26095-8_6

Abbildung 6.1   Funktionen des CRM entlang des Kundenlebenszyklus (Quelle: nach Alt
und Reinhold 2016; mit freundlicher Genehmigung von © Springer-
Verlag GmbH Deutschland 2016. All Rights Reserved)

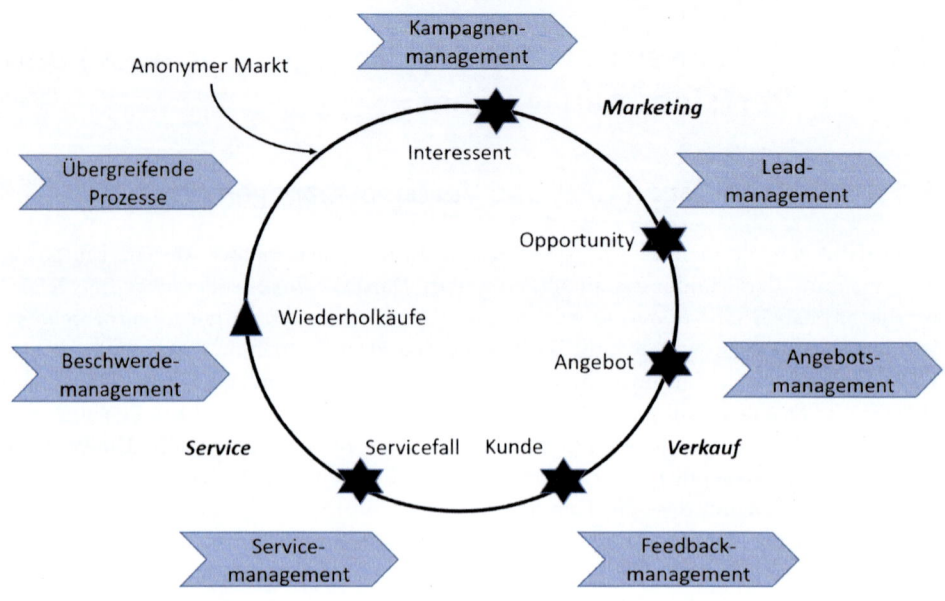

Das Beschwerdemanagement, das Servicemanagement und das Feedbackmanagement sind
Bestandteile der Servicephase, die im hier vorgelegten groben Überblick die letzte CRM-
Phase darstellen. Weitere, über die Kernbereiche hinwegwirkenden Maßnahmen in andere
Kernbereiche sind festzustellen, wie zum Beispiel das Management von Kundengruppen,
das Markenmanagement die Produktgestaltung und anderes mehr.

Es ergibt für Unternehmen Sinn, eine kundenzentrierte Marketingstrategie aufzubauen,
weil es erheblich teurer ist, an einen neuen Kunden zu verkaufen, als an einem bestehenden, ein unzufriedener Kunde eine viel größere Zahl anderer Menschen beeinflussen wird
und die Mehrzahl von sich beschwerenden Kunden dann Kunden bleiben werden, wenn
das Unternehmen ihre Probleme löst (vgl. The Chartered Institute of Marketing 2010).
Grundsätzlich wird zwischen operativem, analytischem und strategischem und zusätzlich
teilweise auch kommunikativem CRM unterschieden.

6.1.2   Das operative CRM

Das operative CRM befasst sich mit den Interaktionen eines Unternehmens mit seinen
Kunden. Im Bereich des Frontoffice sind damit Funktionalitäten gemeint, die die Kommu-
nikationsaktivitäten mit Kunden unterstützen, wie zum Beispiel der Informationsaustausch

über neue Produkte oder die Sales-Force-Unterstützung. Die Back-Office-Funktionen integrieren im wesentlichen ERP mit dem CRM und so beinhaltet dies Funktionen wie Rechnungsstellung, Auftragsabwicklung und die Auslieferung. Das Salesforce-Management ist sozusagen der Verkaufsteil des operativen CRM und kann Funktionen wie Angebotsmanagement, Vertretermanagement, Verkaufsregionen-Management, Opportunity-, Tele-Sales- und Vertragsmanagement umfassen.

Ein gutes Aftersales-Management soll der langfristigen Kundenbindung dienen und dann Auslöser sein für Support, Auslieferung und Rechnungsabwicklung. Weiter unterstützt es Instandhaltung, Reparaturprozesse und das Beschwerdemanagement. Abgerundet wird das Aftersales-Management durch Funktionen zum Management von KPIs für Kundenzufriedenheit und das Service Level Management.

Der Bereich des Marketings wird durch Funktionen wie Kundensegmentierung, Kampagnenmanagement, Management und Produktportfoliomanagement unterstützt. Unter Kundensegmentierung versteht man den Prozess der Identifizierung und Klassifizierung von individuellen Kunden bzw. Kundengruppen, die dann für gezielte Marketing- und Vertriebsaktivitäten genutzt werden. Dazu werden unterschiedlichste Daten verwendet wie soziodemographische, psychologische und geographische Daten, sowie Daten über das Kundenverhalten und den Kundenwert.

6.1.3   Das analytische CRM

Im analytischen CRM werden Daten über Kunden genutzt, um möglichst profitable Beziehungen zwischen Kunden und Unternehmen zu bilden. Dabei kommen etablierte Methoden und Werkzeuge wie Business Intelligence (BI), Data Warehousing, Online Analytical Processing (OLAP) und Data Mining zum Einsatz. Dabei geht es darum Kundenzufriedenheit und Kundentreue zu bestimmen und daraus Maßnahmen zur Optimierung abzuleiten und zu initiieren.

6.1.4   Das strategische CRM

Unter strategischem CRM versteht man das Ziel von Unternehmen, ein möglichst umfassendes Wissen über den Kunden aufzubauen. Mit diesem Wissen solche Interaktion zwischen Unternehmen und Kunden optimiert werden, um letztlich den Customer Lifetime Value (CLV) für das Unternehmen zu maximieren (Kumar und Reinartz 2012).

6.1.5   Das kommunikative CRM

Das kommunikative CRM als Ergänzung bzw. Unterscheidung zum operativen CRM umfasst das immer wichtiger werdende Management der Kommunikationskanäle zwischen Kunden und Unternehmen. Dazu gehören neben der klassischen Telefonie das Internet, E-Mail, Direct-Mailing und anderes mehr. Diese unterschiedlichen Kommunikationskanäle müssen synchronisiert, gesteuert und zielgerichtet eingesetzt werden, um einen echten Dialog (bidirektionale Kommunikation) zwischen Kunden und Unternehmen zu ermöglichen. Man spricht hier auch von Multischaltermanagement (Grabler-Kräuter; Schwarz-Musch 2009, S. 184).

6.1.6   Digitalisierung des CRM

Die Umsetzung des CRM mittels Informationstechnologie, also die Digitalisierung der CRM-Funktionalitäten, führte und führt zu immer ausgefeilteren Softwareprodukten. Natürlich entsteht gerade in diesem Bereich durch neue Methoden und Technologien wie zum Beispiel Big Data ein rasanter Verlauf oder sogar ein Hype. Steigende Transparenz der Kunden durch optimierte Algorithmen und die leichtere Zusammenführung und Nutzung unstrukturierter Daten ermöglichen es, das Kaufverhalten und die Bedarfe von Kunden frühzeitig zu erkennen, mithin sogar das Kaufverhalten durch individuelle Bewerbung zu steuern bzw. den Kunden zu manipulieren. Selbstverständlich muss das Unternehmen auf unterschiedlichen elektronischen Kanälen erreichbar sein, wenn der Kunde erst einmal auf das Produkt aufmerksam geworden ist. Über E-Mails, Downloads, Foren und Blogs besteht die Möglichkeit, umfassend zu informieren. Hier erreichen wir die Grenze zum sogenannten „Social CRM" (siehe näher dazu unten).

Die eigentliche Entscheidung zum Kauf eines Produkts wird meist nicht auf der Homepage oder dem Webshop des Unternehmens getroffen, sondern in speziellen Nutzerforen, Blogs und Produktreviews, die im Web zu finden sind. Diesen unterschiedlichen Touch Points muss sich ein Unternehmen zunehmend widmen, ob physisch oder digital. Hier wird deutlich, welche Bedeutung das systematische Sammeln von Daten erlangt hat und wie wichtig es ist diese Daten zentral und zielgerichtet für das Unternehmen zu nutzen.

6.1.7   Social CRM

Wie bereits im vorigen Abschnitt erwähnt, liefern Social Media wichtige sogenannte Touch Points für die Unternehmen (vgl. hier und im Folgenden Alt und Reinhold 2016, S. 9 ff.). Ein wesentlicher Vorteil der Nutzung von Social Media liegt in der Einfachheit und den zunächst niedrigen Kosten, um mit potenziellen Kunden in Kontakt zu treten (**Abbildung 6.2**). Die wesentlichen Eigenschaften wie themenbezogene Community, bidirektionale Kommunikation, individualisierte Ansprache und digitalisierte Kommunikation machen Social Media zu einem ausgezeichneten Instrument zur digitalen Umsetzung nutzerindividueller Prozesse, wie in der **Tabelle 6.1** zusammengefasst dargestellt wird.

Mit der Einbindung von Social Media in das CRM und mit einem Microblogging, Bereitstellung von Videos und anderen mehr können Unternehmen Fans und Followers gewinnen mit der Option, aus Followern auch Customer zu machen – die Kosten der Neukundengewinnung können dadurch erheblich gesenkt werden.

Abbildung 6.2   Social CRM (Quelle: Shutterstock)

Tabelle 6.1   Nutzerzentrierte Prozesse durch Social Media
(Quelle: Alt und Reinhold 2016, S. 9 ff.)

Eigenschaft	Prozess
Themenbezogene Community	Interaktion in sozialen Medien ist häufig themenbezogen und findet „partizipativ" auch direkt zwischen den Nutzern statt. Soziale Plattformen bieten einen Zugang zu Gruppen ähnlich interessierter Nutzer und Kommunikation lässt sich gezielt auf die „Audience" bzw. Zuhörerschaft ausrichten.
Bidirektionale Interaktion	Es besteht die Möglichkeit, den gleichen Kanal zur Kontaktaufnahme aus Kunden- als auch aus Unternehmenssicht zu verwenden. Gegenüber der asynchronen E-Mail weisen soziale Medien auch Eigenschaften der synchronen Kommunikation (z. B. Chats) auf.
Individualisierte Ansprache	Anstatt eines „One to many"-Marketings, das standardisierte Inhalte vielen Empfängern zukommen lässt, ist das Social Web ein Schritt in Richtung eines „One to one"-Marketings. Empfänger erhalten individualisierte Angebote und Nachrichten, die verstärkt Emotionen und Nähe vermitteln können.
Digitalisierte Kommunikation	Gegenüber den traditionellen (Massen-)Medien erlaubt das Social Web nicht nur die bidirektionale Interaktion in Echtzeit mit (End-)Kunden, wenngleich diese häufig in den sozialen Medien nicht ihren realen Namen bzw. Identitätsmerkmale verwenden. Zudem sind ausgetauschte Informationen persistent und stehen anderen Nutzern zur Verfügung bzw. diese können sie weiterverwenden.

6.1.8   Quick Check: Wichtige Features von CRM- und Vertriebsmanagement-Systemen

Abbildung 6.3   Bereich Marketing

- ✔ Marketingjahresplanung
- ✔ Telemarketing/Callcenter
- ✔ Marktsegmentierung
- ✔ Wettbewerbsbeobachtung
- ✔ Kampagnenmanagement
- ✔ Gutscheincode-Generator
- ✔ Newsletter
- ✔ Sortimentsgestaltung/Listung
- ✔ Category Management
- ✔ Aktionsmanagement
- ✔ Veranstaltungs-/Eventmanagement
- ✔ Seminarmanagement
- ✔ Direktmarketing
- ✔ Database Marketing
- ✔ E-Marketing
- ✔ Marketing Controlling
- ✔ Social Media Marketing
- ✔ Social Media Monitoring

Abbildung 6.4 Bereich Geschäftspartnermanagement

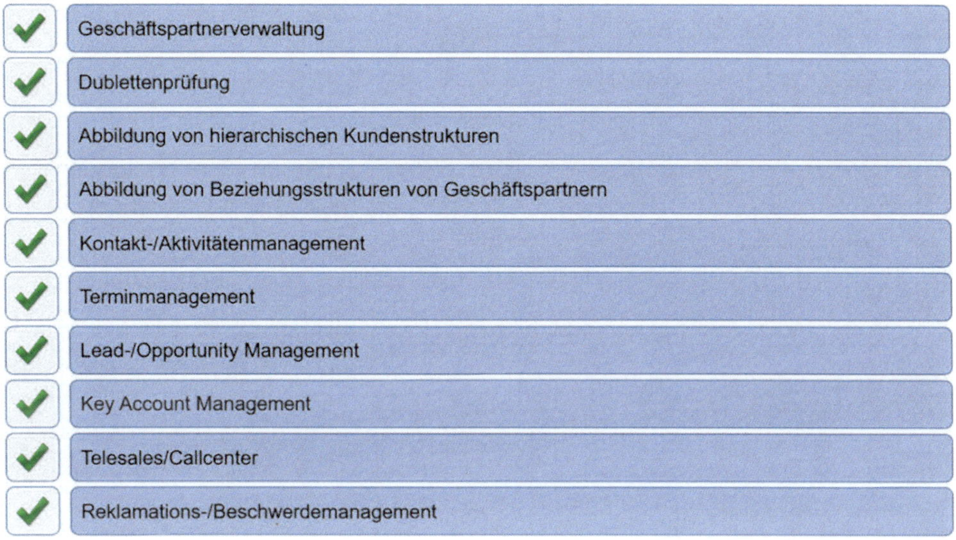

- ✔ Geschäftspartnerverwaltung
- ✔ Dublettenprüfung
- ✔ Abbildung von hierarchischen Kundenstrukturen
- ✔ Abbildung von Beziehungsstrukturen von Geschäftspartnern
- ✔ Kontakt-/Aktivitätenmanagement
- ✔ Terminmanagement
- ✔ Lead-/Opportunity Management
- ✔ Key Account Management
- ✔ Telesales/Callcenter
- ✔ Reklamations-/Beschwerdemanagement

Abbildung 6.5   Bereich Vertrieb/Verkauf

- Vertriebssteuerung
- Kundenkreis-/Gebietsverwaltung
- Kundenangebotsbearbeitung
- Bonitäts- und Kreditlimitprüfung
- Verwaltung von Verkaufskonditionen
- Preiskalkulation
- Preisfindung
- Berechnung von Metallzuschlägen
- Stahlpreisberechnung
- Stahlpreisberechnung
- Verwaltung von VGA-Gutschriften
- Debitoren-Bonusverwaltung
- Musterverwaltung
- Produkt-/Variantenkonfigurator
- E-Sales
- Außendienst
- Channel Management

Abbildung 6.6   Bereich Auftragsabwicklung

- ✔ Ordermanagement / Kundenauftragsbearbeitung
- ✔ Mobile Auftragsannahme
- ✔ Produkt-/ Variantenkonfigurator
- ✔ Abrufmanagement
- ✔ Kundenauftragseinplanung
- ✔ Chargenreservierung
- ✔ Regel-basiertes Available-to-Promise (ATP)
- ✔ Capable-to-Promise (CTP)
- ✔ Kundenauftragsverfolgung
- ✔ Mobile Sofortrückmeldung bei Abschluss eines Auftrags
- ✔ Fakturierung
- ✔ Mobile Sofortfakturierung
- ✔ Mengenermittlung
- ✔ Gutschriftenbearbeitung
- ✔ Provisionsabrechnung
- ✔ Verkaufs-Historie
- ✔ Zentralregulierung
- ✔ Projekt-, Objektgeschäft
- ✔ Kassenanbindung

Abbildung 6.7   Bereich Kasse/Point of Sale

Touch Oberfläche (frei konfigurierbar)

Frei konfigurierbare Tastenbelegung

ZVT-Anbindung für EC-Terminals

Anbindung für Kundendisplay

Abruf einer Nachsortierliste

Erfassung von Kundenaufträgen

Kassenbuch

Online und Offline Modus der Kasse

Abbildung 6.8   Unterstützte Vertriebsstrategien

Miller-Heiman-Methode

Power-Base-Prinzip

Target-Account-Selling-Methode

Solution-Selling

Spin-Selling-Methode

Nutbaser

Opportunity Portfolio Management (OPM)

6.2   Produktkonfiguration und -kalkulation

Produkte mit vielen Varianten, ob standardisiert oder komplett individuell bestimmbar, erzeugen eine enorme Komplexität bei der Planung, Herstellung, der Terminbestimmung oder den technischen Kompatibilitäten in Kombination mit den resultierenden Kosten.

Damit man bei dieser Problematik „Herr der Dinge" bleibt und alle Aspekte im Griff hat, kann es sehr sinnvoll sein, einen Produktkonfigurator im Unternehmen zu implementieren.

Doch in diesem Bereich wie in kaum einem anderen der Digitalisierung muss man erhebliche Vorarbeit leisten, bevor man loslegen kann und auch bei der Auswahl der richtigen Lösung mannigfaltige Aspekte berücksichtigen.

Nur so können Sie sicherstellen, dass Sie die richtige Lösung gewählt haben und auch den erhofften Mehrwert erzielen.

Welche Arten von Produkten können eigentlich im Rahmen eines Produktkonfigurators abgebildet werden?

- PC – Personal Computer

- Fahrzeuge – PKW, LKW, Reisemobile, Wohnwagen etc.

- Möbel – Regale, Schränke, Küchen etc.

- Maschinen und Anlagen

- etc.

6.2.1   Echte Konfiguration vs. einfaches Variantenmanagement

An der obigen Liste kann man leicht erkennen, dass es sich um gänzlich unterschiedliche Komplexitätsgrade handelt: der „einfache" PC mit Varianten von Tastatur oder Festplatte und die komplexe Maschine, die ganz individuell auf Basis technischer Anforderungen als Einzelfertigungsartikel hergestellt wird.

Deswegen spricht man bei einfachen Optionen mit geringer Fertigungstiefe eher über Variantenmanagement, bei komplexen Strukturen mit hoher Fertigungstiefe von einer Konfiguration.

Hierbei gibt es verschiedenste Aspekte, die auf die Zielsetzung der Anwendung einen nicht unerheblichen Einfluss haben.

Welche Arten von Konfiguration und Kalkulation gibt es?

Konfiguration ist nicht gleich Konfiguration. Je nach Aufgabenstellung und Zielsetzung gibt es verschiedene Komplexitäten in Bezug auf deren Auswirkung auf die Folgeprozesse im Unternehmen und die damit verbundene Supply Chain.

1 - Die kalkulatorische Konfiguration

Wer sich im Internet sein neues Auto zusammenstellt, ist auf die Konfiguration mit dem Fokus der Kosten fixiert (natürlich unter dem Aspekt, was zusammenpasst oder nicht).

Durch eine simple Zusammenstellung der Optionen oder Varianten kommt am Ende ein Kauf, ein Leasing oder eine Finanzierungssumme heraus, vielleicht noch mit der Info, wie viel welche ausgewählte Option pro Monat kostet.

Komplexer wird es dann, wenn es viele Ausstattungen gibt, die sich nicht miteinander vertragen. Man kann z.B. das Sport-Paket wählen, wodurch gleichzeitig die Wahl diverser Felgenarten nicht mehr möglich ist.

Die Ausschlüsse oder gültigen Kombinationen können dabei einen vertrieblichen Grund haben, z.B.: Funktion A nur im teuren Paket X. Oder auch technische Gründe, weil Option A mit Option C im Fahrzeug nicht gemeinsam verbaut werden können.

Auf Grund der Anforderungen der Endanwender sind diese Lösungen zwar aus Sicht der Konfiguration recht einfach, die grafische Darstellung stellt aber eine besondere Herausforderung dar.

Der Kunde erwartet hier eine Live-Zusammenstellung seines Autos inkl. der Anzeige der Farben und Optionen von innen und außen.

Die Verfügbarkeit der gerade zusammengestellten Konfiguration ist in diesem Umfeld völlig irrelevant. Eine Antwort zum möglichen Liefertermin erwartet hier in der Regel keiner.

Abbildung 6.9   Arten der Konfigurationen

2 - Konfiguration inkl. Montage

Ein konfigurierter PC ist ein typisches Beispiel für eine Variantenfertigung, die oft schon den Aspekt der Montage beinhaltet, dies aber in Kombination mit Preis und auch möglichem Liefertermin.

Wie beim Fahrzeug werden auch hier Varianten angeboten, die gemeinsam eingesetzt werden können. Die aktuelle Verfügbarkeit der einzelnen Komponenten am Lager spielt meist eine wichtige Rolle. Wenn Festplatte A nicht verfügbar ist, kann durchaus auf die Festplatte B zurückgegriffen werden.

Das Aufzeigen von technisch vergleichbaren Alternativen ist hier definitiv eine wichtige Funktion. Denn die Zielsetzung ist es, dem Kunden einen PC basierend auf aktuell verfügbaren Komponenten zu verkaufen. Der Liefertermin spielt hier auch eine entscheidende Rolle, denn der Kunde will schließlich ein individuelles Produkt zu einem definierten Liefertermin erhalten.

Ob nun die Festplatte A oder B eingebaut wird hat letztendlich keine Auswirkung auf den möglichen Liefertermin, da hier Standard-Lieferzeiten, z.B. 3 Tage (wird für Montage benötigt), in die Planung mit einfließen.

Damit dieses System funktioniert, sind neben der Konfiguration auch die Themen der Verfügbarkeiten aller konfigurierbaren Artikel, Baugruppen oder Zusatzprodukte ein K.O.-Kriterium für die erfolgreiche Umsetzung.

3 - Konfiguration mit Artikel-, Stücklisten und Arbeitsplangenerierung

Ein Beispiel hierfür ist z.B. eine Maschine mit kundenindividuellen Funktionen oder Maßen. Dabei unterstützt der Konfigurator bei der teilweisen oder vollautomatischen Generierung von Stücklisten und Arbeitsplänen.

Hierbei können verschiedene Methoden herangezogen werden, so z.B.:

Die Platzhaltermethodik
Diese wird gerne im Rahmen der Arbeitspläne verwendet. Wenn z.B. immer der Arbeitsgang „Sägen" notwendig ist, sich die Zeit aber in Abhängigkeit zu einer Menge oder Variante ermitteln lässt, dann wird der Konfigurator eine entsprechende Anpassung vornehmen.

Die Maximalstückliste
In der Stückliste sind bereits alle möglichen Varianten abgebildet. Welche der Varianten bei der Generierung der auftragsbezogenen Stückliste herangezogen wird, wird auf Basis der Auswahl in der Konfiguration definiert. Bedingt eine grüne Maschine z.B. auch, dass ein grünes Blech als Verkleidung montiert werden soll, dann kann das grüne Blech mit der Farbvariante verknüpft werden. Es bedeutet aber, dass für jede mögliche Farbe auch ein entsprechend farbliches Blech in der Maximalstückliste vordefiniert werden muss. Umso mehr Varianten in umso mehr Ebenen voneinander abhängig sind, umso mehr wächst diese Stückliste und somit die Anzahl der Varianten an. Damit ist diese Arte der Stückliste sehr pflegeaufwendig und wenig flexibel.

Die dynamische Konfiguration
Diese kann z.B. bei der Konfiguration einer Gardinenstange zum Einsatz kommen. Wenn der Kunde eine Gardinenstange in einer beliebigen Länge bestellen kann, ist es z.B. notwendig, alle 30 cm eine Wandhalterung einzubinden. An jedes Ende kommt ein Endstück etc. Die vom Kunden angegebene Länge ermittelt deswegen automatisch die notwendige Anzahl der Wandhalterungen sowie die Länge der Stange selber.

Dies ist ähnlich wie bei der vorhin erwähnten Konfiguration über einen Platzhalter im Arbeitsplan. Oder es werden, wenn es sich um einen guten Konfigurator handelt, nicht nur notwendige Artikel, sondern auch Baugruppen, Arbeitspläne oder darin enthaltene Arbeitsgangpositionen generiert.

Die Artikelgeneration als „Endprodukt"
Nachdem eine individuelle Konfiguration als Ergebnis eigentlich auch immer ein individuelles Endprodukt hat, sollte auch eine individuelle Artikelnummer das Ergebnis sein.

4 - Konfiguration inkl. Integration in den laufenden Fertigungsprozess

Dies ist sicherlich als eine der „Königsklassen" in der Produktkonfiguration anzusehen. Denn hier geht es darum, während der laufenden Produktion des Produktes noch bis zum letztmöglichen Zeitpunkt eine Änderung vornehmen zu können.

Ein Beispiel: Ein Automobilhersteller definiert in einer Fertigungslinie die zu fertigen Modelle und die teilweise damit verbundenen Ausstattungen. Bis zum Zeitpunkt X können aber noch gewisse Komponenten geändert werden. Am Anfang vielleicht noch die Farbe, bis zur „Hochzeit" (Karosserie und Motor werden zusammengefügt) auch noch der Motor und ganz zum Schluss noch die Fußmatten.

Die damit verbundene rollierende Planung vom Personal bis hin zu den Einkaufsteilen stellt dabei eine besondere Herausforderung dar. Schließlich sind ja nicht von jeder Variante alle Bauteile oder Komponenten in rauen Mengen auf Lager.

Wer diesen Prozess beherrscht, der kann sich durchaus den „König der Konfiguration" nennen.

6.2.2   Vertriebliche und technologische Aspekte als konkurrierende Zielsetzungen

Schön aussehen und technisch ausgereift sein – funktioniert das? Leider oft nicht besonders gut. Sehen wir uns deswegen diese zwei Aspekte einmal detaillierter an:

Der vertriebliche, visuelle Aspekt
Die Konfiguration muss ein Erlebnis sein, das den Kunden an Sie bindet, diesen begeistert und gleichzeitig ein verwertbares Ergebnis liefert.

Typisch hierfür: Die KFZ-Konfiguration, welche, grafisch gestaltet, auf Optionen basierend einen Angebotspreis und ein fertiges Produkt für den Endanwender liefert.

Nachteil: Terminliche Themen, z.B. durch direkte Integration in einen Live-Planungsprozess, werden in der Regel hier nicht berücksichtigt. Selbst wenn dies möglich wäre, so wird vielleicht nur bei 1 von 1.000 Konfigurationen später wirklich ein echter Auftrag erzeugt. Eine vollumfängliche Integration in nachfolgende Prozesse ist deswegen auch wenig sinnvoll.

Der technische Aspekt
Standardisierung vs. absolute Individualität. Wer automatisiert Stücklisten und Arbeitspläne auf Basis einer Produktkonfiguration erstellen will, der kommt um eine umfangreiche Standardisierung von Artikeln, Baugruppen und Co. nicht herum. Im Idealfall ist eine einfache Austauschbarkeit dieser zu gewährleisten. Die Verwendung von zehn verschiedenen Schrauben und Muttern, obwohl zwei verschiedene auch möglich wären, ist dabei nur ein ganz simples Beispiel.

6.2.3   Welche weiteren Aspekte sind bei Konfigurationen zu berücksichtigen?

Abbildung 6.10 zeigt mögliche Einflussfaktoren bei der Produktkonfiguration im Überblick.

Abbildung 6.10   Einflussfaktoren bei der Produktkonfiguration

Die technische Kompatibilität/Abhängigkeit

Wer eine Variante definiert, kann damit in Folgestufen der Fertigung oder Montage auf Abhängigkeiten treffen, welche technische bedingt sind.

Beispiel: Sie konfigurieren ein Reisemobil mit einem 1.000-Liter-Wassertank oder einem 100-Liter-Wassertank. Je nach Größe wird nun eine andere Pumpe benötigt, je nach Pumpe andere Schlauchleitungen, je nach Schlauchleitung andere Befestigungen für diese Leitungen.

Die Kosten

Bei Varianten sind nicht nur die Fertigungskosten oder Einkaufskosten ein Thema, vielmehr bedeuten oft auch die zuvor genannten technischen Abhängigkeiten entsprechend Zusatzkosten oder Einsparungen. Auch der Materialwechsel als Option kann Auswirkungen auf die Kosten haben, ganz unabhängig davon, ob dies technisch bedingte Auswirkungen hat. Im zuvor genannten Beispiel ist der größere Wassertank sicherlich teurer. Bei den Schlauchleitungen könnte man aber auch eine Variante des Materials wählen: Kunststoff oder Kupfer. Durch Wahl dieser Materialoption, welche nicht unbedingt vom Endkunden auswählbar ist, können definitiv Kosten optimiert werden.

Die Herstellungszeiten (Produktion und Durchlaufzeit)

Wenn der Kundentermin die Konfiguration bestimmt, kann es durchaus wichtig sein, die für die Fertigung notwendigen Zeiten auf Basis der Produktionszeiten oder Durchlaufzeiten zu ermitteln.

Hierzu ist es natürlich notwendig, für alle Fertigungsartikel mindestens eine kalkulatorische Zeit zur Verfügung zu haben. Ob und wie dies in die bestehende Bestands- und Kapazitätssituation passt ist dabei nicht berücksichtigt. Wer dies genau ermitteln will benötigt eine Funktion, die unter dem Titel „Capable to Promise" bekannt ist. In der Regel ist dies aber nicht Bestandteil eines Produktkonfigurators.

Farben und andere Merkmale

Die grün lackierte Maschine kann das Merkmal der grünen Farbe durchaus über mehrere Ebenen der Stückliste „vererben". Wenn dann ein Abdeckungsblech einer tief liegenden Braugruppe deswegen auch grün lackiert sein muss, ist es sinnvoll, dies kennzeichnen und das Material der Farbe bei der Konfiguration automatisiert ändern zu können.

Regelbeispiel: Wenn Farbcode Artikeltyp A = grün, dann alle Farbcodes der gleichen Artikeltypen auf grün ändern

Der Bedarf zur Fremdfertigung

Bei einer Konfiguration kann es schon einmal vorkommen, dass auch ein geplanter Bedarf an Fremdfertigung entsteht. Dieser beeinflusst ggf. nicht nur die Kosten, sondern auch den Termin und erhöht den Aufwand an der zu erbringenden Leistung im Bereich Planung und Einkauf.

Die Abdeckung aus dem Material Holz können Sie in der eigenen Schreinerei selber herstellen, die Abdeckung aus feuerverzinktem Blech aber nicht. Bei der Wahl dieser Option müssen Sie nun nicht nur das Blech einkaufen, sondern ggf. auch noch bei einem Zulieferanten feuerverzinken lassen.

Die verfügbaren Bestände

Schnellstmögliche Verfügbarkeit und minimale Lagerbestände widersprechen sich in der Regel in ihrer Zielsetzung. Wer den Fokus auf minimale Lagerbestände bei gleichzeitiger direkter Verfügbarkeit legt, der sollte Funktionen im System haben, die solch eine Anforderung unterstützen.

Beim Verkauf von Produkten einer bestimmten Marke (z.B. Fahrzeuge) und der bei den Kunden entsprechend vorhandenen Affinität zu dieser Marke unabhängig von der genauen Konfiguration kann es deswegen interessant sein, eine möglichst vergleichbare, aber bereits verfügbare oder demnächst verfügbare Konfiguration zu ermitteln.

Der Kunde erstellt also zuerst seine ideale Konfiguration mit einer zugehörigen Preiskalkulation und der ersten Ermittlung eines Liefertermins (meist basierend auf Standardlieferzeiten von x Wochen oder Monaten). Danach findet der Konfigurator im System die Konfigurationen, die diesen Wünschen nahekommen oder gar entsprechen.

Vorteil: Der Verkäufer verkauft bereits geplante oder fertiggestellte Fahrzeuge, der Kunde bekommt sein Fahrzeug sofort oder schneller als mit einer rein individuellen Fertigung. Für „Markenfans" kann es dann durchaus unwichtig sein, ob das Fahrzeug die ursprünglich konfigurierte Farbe oder andere Merkmale hat oder nicht.

Zeitlich begrenzte Verfügbarkeiten

Wer saisonbasierte Produkte oder Produkte in Versionen oder Editionen fertigt bzw. mit Modelljahren arbeitet, bringt eine weitere Komplexitätsstufe mit ins Spiel. Denn sowohl die Optionen als auch die dann damit verbunden Materialien im Einkauf und in der Fertigung haben eine darauf basierende „Halbwertzeit". Demnach muss es in der Lösung möglich sein, alle Kriterien, Merkmale, Mengen etc. mit Versionen, Gültigkeitsdaten etc. zu verknüpfen, um dies auch umsetzen zu können.

Sonderfunktionen

Wie konfiguriert man noch nicht bekannte Anforderungen? Gerade im Maschinen- oder Anlagenbau kann sich diese Frage öfters ergeben. Es stellt sich die Frage, wie ein System mit der Erweiterung ungeplanter Funktionen oder Optionen umgeht, die zum Zeitpunkt der Konfiguration noch gar nicht bekannt waren.

Verfügbare Kapazitäten

Verschiedene Varianten oder Optionen bedeuten ggf. auch einen höheren oder geringeren Aufwand in Fertigung, Montage, Einkauf oder bei Zulieferanten.

Dies muss natürlich bei der Planung und der Konfiguration berücksichtigt werden und hat direkte Auswirkung auf die Liefertermine. Natürlich könnte das teilweise oder ganz durch höhere Lagerbestände gepuffert werden. Ob dies aber im Gesamtsinne einer betriebswirtschaftlichen Entscheidung sinnvoll ist, ist eine andere Frage.

Der Liefertermin

Was hat Vorrang? Die kundenindividuellen Konfigurationswünsche, die Einhaltung eines bestimmten Liefertermins oder gar beides?

Haben Termine den Vorrang, dann hat dies in der Regel Auswirkungen auf die wählbaren Optionen oder Varianten, meist basierend auf verfügbaren Lagerbeständen von Materialien oder Baugruppen oder auch den noch verfügbaren Kapazitäten in der Fertigung.

Regelbeispiel: Wenn Termin X und Verfügbarkeit zu niedrig, dann Optionen eingeschränkt

Längen und Maße

Bei einigen Produkten sind Längen und Maße eines der Haupt-Konfigurationskriterien. Nehmen wir einmal eine Gardinenstange, ein Produkt, welches auf den ersten Blick einfach erscheint. In der Konfiguration kann es aber durchaus auch seine Tücken haben.

Wer hier als Hersteller absolute Individualität liefern will, der bietet seinen Kunden bei der Konfiguration an, dass er die Länge auf den Millimeter genau bestimmen kann.

Technisch bedingt kann dies wiederum bedeuten, dass das Rohmaterial der Stange automatisiert gewählt wird. Man wird z.B. bei einer fertigen Länge von 150 cm keine Rohstange von 300 cm nehmen, wenn es auch eine Rohstange von 200 cm gibt, es sei denn Sie brauchen 2 Stangen a 150 cm, dann wäre die Wahl von 300 cm Meter richtig.

Zusätzlich spielt der Fakt eine Rolle, ob Sie im Unternehmen über eine Restlängenverwaltung für Rohmaterialien verfügen. Dann kann das System ggf. direkt erkennen, dass die Restlänge von 170 cm vorhanden ist, aus der Sie die 150 cm konfigurieren können.

Außerdem können Themen wie technisch bedingte Optionen eine Rolle spielen, denn damit die Stange an der Wand stabil hält, brauchen Sie mindestens pro laufendem Meter eine Wandhalterung. Das System muss diese dann vorschlagen, ob der Kunde diese wählt oder nicht. Dieser Punkt ist ganz einfach von der Gesamtlänge der fertigen Gardinenstange abhängig.

Regelbeispiel: Länge dividiert durch 100 cm = Anzahl von Wandhalterungen, jedoch mindestens 2 (Anfang und Ende)

Automatisierte Alternativvorschläge

Bei einer Gardinenstange werden Sie wohl kaum dem Kunden eine alternative Länge auf Basis des aktuell verfügbaren Lagerbestands an Rohstangen vorschlagen.

Bei einem PC kann dies aber durchaus der Fall sein. Wenn Sie z.B. aktuell nur eine 1-TB-Festplatte verfügbar haben, obwohl der Kunde eine 512-MB-Festplatte wollte, den PC aber unbedingt in einer Woche geliefert bekommen möchte. In diesem Fall kann ein automatisierter Vorschlag einer Variante, selbst wenn diese teurer ist, durchaus sinnvoll sein.

Regelbeispiel: Wenn Options-Produkt A nicht verfügbar, aber Options-Produkt B in der gleichen Kategorie verfügbar, dann Options-Produkt B vorschlagen

Integration ins PDM-/PLM-System

Ob Maschinen- oder Anlagenbauer, Fahrzeugbauer oder Unternehmen mit ähnlich gearteten Produkten, gerade in diesem Umfeld ist die nahtlose Integration in den Entwicklungsprozess notwendig. Denn in der Entwicklung legen Sie bereits mit Themen wie der Standardisierung die Basis dafür, ob eine Konfiguration später funktionieren wird oder nicht. Darauf sollten Sie im Rahmen der Bedarfsermittlung und Auswahl einer entsprechenden Lösung auf jeden Fall Rücksicht nehmen.

Definierbare Regeln und saubere Daten sind Voraussetzung

Wer konfigurieren will muss sich im Klaren sein, dass dies nur dann geht, wenn es Regeln und definierbare Abhängigkeiten gibt, die man klar formulieren kann. Das ist nicht immer ganz einfach. Ohne Regeln geht bei der Konfiguration aber gar nichts. Wenn Sie nicht in der Lage sind Abhängigkeiten in Regeln umzuwandeln und dann auf einfache Art und Weise in der Konfiguration darzustellen, dann haben Sie ein Problem.

Zusätzlich funktioniert die Produktkonfiguration nur mit sauberem Datenbestand. Ansonsten erzeugen Sie, quasi auf Basis der Konfigurationen, ein noch größeres Chaos.

> **Expertentipp:** Die Produktkonfiguration und deren Integration in Ihre Entwicklung, den Vertrieb und die Produktion ist eines der Projekte mit der größten Herausforderung, die man in einem Unternehmen im Rahmen der Digitalisierung angehen kann. Bereiten Sie sich hier ganz besonders gut vor.

6.2.4 Quick Check: Wichtige Features eines Produktkonfigurators

Abbildung 6.11 Quick Check: Funktionen eines Produktkonfigurators

- ✓ Integration in PDM/PLM Systeme (CAD)
- ✓ Integration in CRM, Warenwirtschafts- oder CRM Systeme
- ✓ Definition von Varianten
- ✓ Erstellung von Maximalstücklisten
- ✓ Kalkulation von konfigurierten Produkten
- ✓ Definition von Konfigurationsregeln
- ✓ Grafische Produktkonfiguration/Web basiert
- ✓ Automatische Erzeugung von Stücklisten und/oder Arbeitsplänen
- ✓ Automatische Erstellung neu konfigurierter Artikel

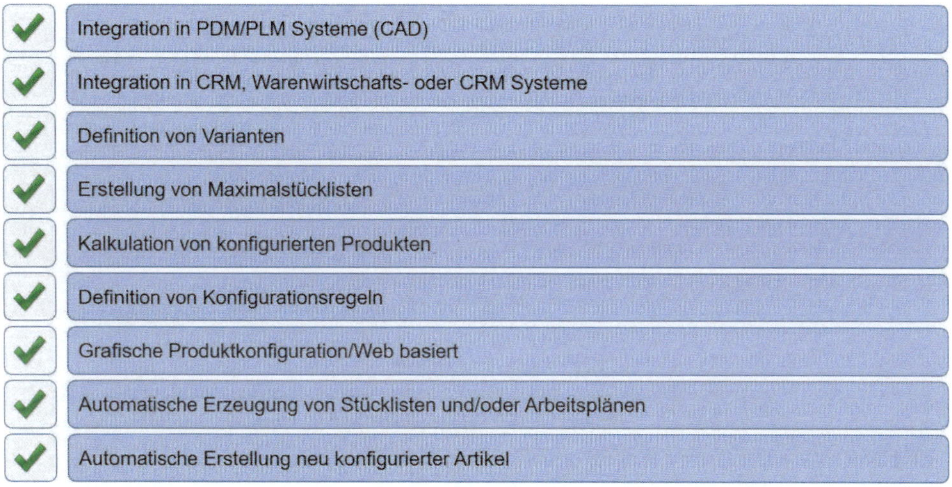

Literatur

Alt, R., Reinhold, O. (2016): Social Customer-Relationship-Management – Grundlagen, Anwendungen und Technologien. Springer Gabler, Wiesbaden

Grabner-Kräuter, S., Schwarz-Musch, A. (2009): CRM – Grundlagen und Erfolgsfaktoren. In: Hinterhuber, H., Matzler, K. (Hrsg): Kundenorientierte Unternehmensführung, Kundenorientierung – Kundenzufriedenheit – Kundenbindung. 6 Aufl., Springer Gabler, Wiesbaden, S 174–189 zitiert in: Gronwald, K.-D. (2017): Integrierte Business-Informationssysteme: ERP, SCM, CRM, BI, Big Data Analytics – Prozesssimulation, Rollenspiel, Serious Gaming. 2. Auflage, Springer Vieweg, Wiesbaden

Kumar, V., Reinartz, W. (2012): Customer relationship management – concept, strategy, and tools. Springer-Verlag, Berlin/Heidelberg

Schmid, E., Bach, V. (2000): Customer Relationship bei Banken. Bericht Nr. BE HSG/CC BKM/4. Universität St. Gallen, St. Gallen

The Chartered Institute of Marketing (2010): Cost of customer acquisition vs customer retention. www.camfoundation.com/PDF/Cost-of-customer-acquisition-vs-customer-retention.pdf , zugegriffen am 16.11.2014

7 Ihre Herausforderungen in der Logistik

7.1 Was ist Logistik?

Informations- und Kommunikationstechnologien (IuK) sollen Unternehmen dabei helfen, ihre Geschäftsprozesse effizient durchzuführen. Dieses Buch beschäftigt sich schwerpunktmäßig mit Softwarelösungen, welche logistische Prozesse unterstützen (**Abbildung 7.1**). Dies schließt allerdings nicht aus, dass dabei auch Prozesse und Funktionen des internen und externen Rechnungswesens, der Personalverwaltung oder anderer Bereiche betroffen sind, was daran liegt, dass sich Logistikunternehmen mit den unternehmensüblichen generischen Funktionen auseinandersetzen müssen. Darum soll im Folgenden ein kurzer Überblick darüber gegeben werden, was unter Logistik generell verstanden wird und welche Prozesse speziell im Logistikunternehmen bewältigt werden müssen. Der weitergehend interessierte Leser findet hilfreiche Literaturhinweise.

Abbildung 7.1 Logistische Prozesse (Quelle: Shutterstock)

7.1.1   Definition des Begriffs Logistik

[handschriftliche Notiz: Begründer der wissenschaftlichen Logistikforschung]

Für den Begriff Logistik hat sich eine große Zahl von Definitionen entwickelt. Pfohl gruppiert einige davon unter die Überschriften flussorientiert, lebenzyklusorientiert und dienstleistungsorientiert. Eine gängige, der flussorientierten Gruppe zugehörige ist die 4-R-Definition, nach der die Logistik dafür zu sorgen hat, dass ein Empfangspunkt gemäß seinem Bedarf von einem Lieferpunkt mit dem richtigen Produkt (in Menge und Sorte), im richtigen Zustand, zur richtigen Zeit und am richtigen Ort zu den dafür minimalen Kosten versorgt wird (Pfohl 2010, S. 12).

Diese Definition wurde häufig erweitert und angepasst bis hin zu einer 7-R-Definition. Etabliert hat sich mittlerweile aufgrund der Kürze und schnellen Fassbarkeit die Seven-Rights-Definition nach Plowmann, nach der Logistik als „Sicherung der Verfügbarkeit des richtigen Gutes, in der richtigen Menge, im richtigen Zustand, am richtigen Ort, zur richtigen Zeit, für den richtigen Kunden und zu den richtigen Kosten" gilt. Jedoch wird auch hier bereits eine weitere Ergänzung diskutiert; so solle die parallele Überbringung der richtigen Information als achter Punkt in die Zieldefinition mit aufgenommen werden (vgl. Krieger 2016).

Damit wird gefordert, was schon lange Realität ist und kontinuierlich zunimmt: die begriffliche und tatsächliche Verankerung der Informations- und Kommunikationstechnologie in den Kontext der Logistik. Teilweise wird auch von Informationslogistik gesprochen. Auch wenn damit suggeriert wird, dass sich IT an der Logistik orientiert hat, wird später aufgezeigt werden, dass die Entwicklung parallel stattgefunden hat. Es zeigt sich darin, dass vorauseilende, begleitende und nachlaufende Informationsflüsse wichtig sind für die optimale Planung und effiziente Abwicklung sämtlicher logistischer Transaktionen.

Der Einsatz von Logistik-IT dient genau dieser Aufgabe: Logistikprozesse optimal zu unterstützen. Dazu muss eine Informationslogistik – in Anlehnung an die Definition für Logistik – die richtigen Informationen, zur richtigen Zeit, im richtigen Format/in der richtigen Qualität, für den richtigen Adressaten, am richtigen Ort zu möglichst geringen Kosten zur Verfügung stellen. Was sich so trivial anhört, ist in der Realität oft schwer umzusetzen, da sehr häufig Logistik- und IT-Fachkräfte aneinander vorbeireden und die Unternehmensleitung angesichts der steigenden IT-Kosten häufig mit den Zähnen knirscht. So zeigen Erhebungen über IT-Projekte bereits seit vielen Jahren, dass aus o. g. Gründen nahezu die Hälfte aller IT-Projekte scheitert.

Teilgebiete der Logistik

Um den Begriff der Logistik und der jeweils charakteristischen Entscheidungsprobleme noch etwas detaillierter darzustellen, sollen nachfolgend die phasenspezifischen Subsysteme der Logistik (vgl. Pfohl 2010, S. 169), nämlich Beschaffungslogistik, Produktionslogistik, Distributionslogistik, Entsorgungslogistik und Verkehrslogistik, erläutert werden. Die Abbildung 7.2 stellt diese Zusammenhänge stark vereinfacht dar.

Abbildung 7.2   Subsysteme der Logistik (Quelle: ten Hompel 2008, modifiziert)

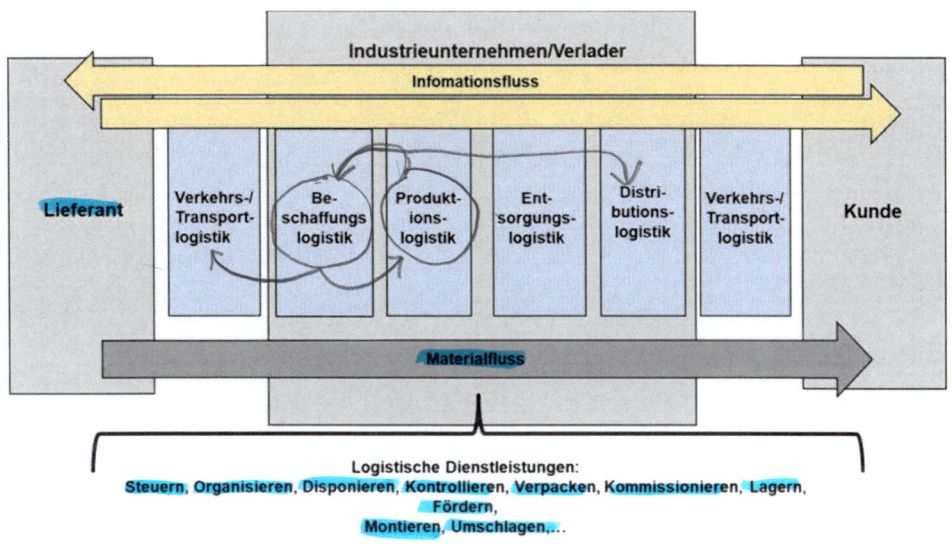

Beschaffungslogistik   *l'approvisionnement*

Unter Beschaffungslogistik verstehen wir ein marktverbundenes Logistiksystem, das die Verbindung zwischen der Distributionslogistik des Lieferanten und der Produktionslogistik eines Unternehmens darstellt. Die relevanten Objekte der Beschaffungslogistik sind Güter (also Roh-, Hilfs- und Betriebsstoffe, Kaufteile und Handelsware), die für das Unternehmen bedarfsgerecht bereitgestellt werden müssen. Die Bedarfsmeldung im Unternehmen wird entweder über ein Beschaffungslager oder fallweise auch durch die erste Produktionsstufe im Unternehmen ausgelöst (vgl. Pfohl 2010, S. 170). → ?
adaptée à la demande

Produktionslogistik

Die Produktionslogistik wird zwischen der Beschaffungs- und der Distributionslogistik eingeordnet und verbindet diese miteinander. Unter Produktionslogistik versteht man alle Aktivitäten, die in einem Zusammenhang mit der Versorgung des Produktionsprozesses mit Einsatzgütern (Roh-, Hilfs- und Betriebsstoffen sowie Halbfertigerzeugnissen und Kaufteilen) und der Abgabe der Halbfertig- und Fertigerzeugnisse an das Absatzlager stehen (Pfohl 2010, S. 180). → ?
die Verteilung?

Distributionslogistik

Neben der Beschaffungslogistik ist auch die Distributionslogistik ein marktverbundenes Logistiksystem. Es verbindet die Produktionslogistik eines Unternehmens mit der Beschaffungslogistik des Kunden. Die Distributionslogistik umfasst alle Aktivitäten, die im Zusammenhang mit der Belieferung des Kunden mit Fertigfabrikaten und Handelsware stehen. Die Belieferung kann dabei direkt aus dem Produktionsprozess oder vom bei der Produktionsstätte liegenden Absatzlager und gegebenenfalls über weitere regionale Auslieferungslager erfolgen. Die Objekte der Distributionslogistik, also die Güter und Waren, werden im Normalfall nicht verändert. Ausnahmen treten dann auf, wenn bei der Belieferung des Kunden zusätzliche komplementäre Dienstleistungen angeboten werden, die z. B. ein Produkt an die spezifischen Kundenbedürfnisse anpasst (Customizing) (Pfohl 2010, S. 198).

Entsorgungslogistik

Mit der Entsorgungslogistik soll ein möglichst ökonomisch und ökologisch effizienter Rückstandfluss gestaltet werden. Gegenüber der Beschaffungs-, Produktions- und Distributionslogistik werden hier andere Objekte bei gegenläufiger Flussrichtung berücksichtigt (vgl. Pfohl 2010, S. 219). Da die Aufmerksamkeit für Material- und Ressourceneffizienz in den letzten Jahren zugenommen hat, werden hier häufig auch, wenn möglich, Recyclingmöglichkeiten genutzt oder der vermeintliche Abfall als Rohstoff veräußert. So hat sich teilweise der Begriff des Wertstoffmanagements und der Wertstofflogistik etabliert.

Verkehrslogistik

Die Verkehrslogistik, genauer gesagt, die Güterverkehrslogistik, ist ein unternehmensexternes Logistiksystem, das sich mit der Planung und dem Management ortsverändernder Prozesse (also vorwiegend Transporte) von Material, Personen und Energie unter Nutzung einer externen Infrastruktur (Straßen) beschäftigt. Deshalb gehört, im Gegensatz zum Begriff der Transportlogistik, zum Verständnis der umfassenden Verkehrslogistik auch das Gestalten von Transportketten und -netzen, von Distributionsstrukturen, Güterverkehrszentren und anderes mehr.

Logistikdienstleistungen

Ähnlich wie bei der großen Bandbreite an Definitionen von Logistik gestaltet es sich zunächst schwierig, den Begriff Dienstleistung und damit letztlich auch die logistische Dienstleistung genau zu umreißen. Eine treffende Definition für Dienstleistung liefert Bretzke (2008, S. 369-370, zitiert in Clausen 2013, S. 56):

„Dienstleistungen können definiert werden als die Übernahme nutzenstiftender Aktivitäten im Auftrage eines Kunden, die auf die Zustandstransformation an bestimmten Objekten dieses Kunden oder (wie etwa im Tourismus) an dem Kunden selbst ausgerichtet sind."

Die Kombination der Definitionen von Logistik und Dienstleistung würde dann recht einfach eine klare Definition über logistische Dienstleistung erbringen. Allerdings würde eine solche Definition vermutlich zu kurz greifen, da unter logistischer Dienstleistung alle Dienstleistungen verstanden werden, die ein Logistikdienstleister erbringt, egal ob diese nun originär logistisch sind oder nicht (vgl. Clausen 2013, S. 56).

Wir lehnen uns im Rahmen des vorliegenden Buches an die Definition an, die Clausen vorschlägt (Clausen 2013, S. 56-57):

„Unter einer Logistikdienstleistung wird die Erbringung einer originär logistischen Funktion oder eines originär logistischen Funktionsbündels an einem Produkt des Auftraggebers verstanden. Des Weiteren fallen auch Dienstleistungen darunter, die in Verbindung mit logistischen Funktionen für den Auftraggeber erbracht werden."

Neben den klassischen logistischen Leistungen wie Transport, Umschlag, Lagerung (TUL-Funktionen) versteht man unter Logistikdienstleistungen sogenannte Mehrwertleistungen (oder VAS = Value Added Services), deren Bedeutung als Wettbewerbsinstrument in Zukunft steigen wird. Demnach gehören mittlerweile auch Leistungen wie Logistikberatung und, als Beispiele für nicht originäre logistische Dienstleistungen, Regaldienste oder das Inkasso dazu (vgl. Pfohl 2010, S. 260).

Abbildung 7.3 gibt abschließend nochmals einen Überblick über logistische Dienstleistungen, aufgeteilt in Hauptfunktionen, Ergänzungs- bzw. Komplementärfunktionen und in Sonderfunktionen.

Abbildung 7.3   Leistungen von Logistikunternehmen (Quelle: Pfohl 2010, S. 261, leicht modifiziert)

Hauptfunktionen	
Dispositionsfunktion	- Wahl der Transportmittel, der Wege, des Tarifs
	- Abschluss von Frachtverträgen
	- Ausstellung von Frachtdokumenten
	- Frachtkontrolle
Beförderungsfunktion	- Nahverkehr: Sammel- und Verteilerverkehr, Vortransport zum Hauptlauf mit anderen Verkehrsträgern
	- Fernverkehr: national und international
Logistikberatung	- Beratung, Analyse, Planung und Organisation
Ergänzungs- bzw. Komplementärfunktionen	
Umschlagfunktion	- Organisation und Durchführung des Umschlags
	- Bewirtschaftung von Stationen/ Terminals
Lagerfunktion	- Einlagern, Auslagern, Lagerung,
	- Kommissionierung
	- Bewirtschaftung von Lagern (z.B. Bestandsführung)
Sammelverkehrsfunktion (bei Kleingut)	- Sammeln und Verteilen von Stückgut
	- Zusammenstellung von Ladungseinheiten
Verpackungsfunktion	- Beratung und Auswahl der Transportverpackung
	- Transporthilfsmittel
	- Einpacken, Auspacken
Manipulationsfunktion	- sendungsbezogene Manipulation (z.B. Etikettierung)
	- warenbezogene Manipulation (z.B. spezielle Sicherheitsmaßnahmen)
Informationsfunktion	- Aufbau von Informationsketten zur Planung, Koordinierung, Steuerung und Kontrolle des Transportablaufs, der Lagerung und Statusverfolgung
Innerbetriebliche Transport, Umschlag- und Lageraufgaben beim Kunden	
Sonderfunktionen	
Verkaufsförderungsfunktion	- Übernahme von Verkaufsförderungsmaßnahmen im Auftrag des Versenders zugunsten des Empfängers (z.B. Regalservice)
Kundendienstfunktion	- Übernahme von Kundendienstfunktionen im Auftrag des Versenders zugunsten des Empfängers (z.B. Ersatzteilvorhaltung, Wartung)
Montagearbeiten	
Transportversicherungsfunktion	- Risk-Management im Transportversicherungsbereich
	- Abschluss von Versicherungsverträgen
	- Abwicklung von Schadensfällen
Zollbehandlungsfunktion	- Zolldeklaration, -anmeldung und -abfertigung
Kreditfunktion	- Fracht- und Zollvorlagen
Leistungen von Logistikunternehmen (Quelle: Pfohl (2010) S. 261, in Anlehnung an Stabenau, 1994, S. 15f. und Aberle, 2009, S. 532ff., leicht modifiziert)	

Diese detaillierte Darstellung erfolgt bereits hier, da das Verständnis über die Vielfalt und die Inhalte der logistischen Dienstleistungen auch einen Hinweis darauf gibt, welche Funktionen potenziell durch Informations- und Kommunikationstechnologie unterstützt werden können bzw. müssen, um eine möglichst effiziente und damit kostengünstige Erstellung von Dienstleistungsprodukten zu ermöglichen. Dies wiederum ist ausschlaggebend für die Auswahl der richtigen IT-Systeme.

Logistikdienstleister

Logistikdienstleister sind Unternehmen, die schwerpunktmäßig professionelle originäre Logistik (TUL = Transport, Umschlag, Lagerung) und Logistikdienstleistungen (VAS = Value Added Services) für andere Unternehmen erbringen. Unternehmen, die die Leistungen nachfragen, werden als Verlader bezeichnet.

Einzeldienstleister – 1PL

Einzeldienstleister erbringen die klassischen TUL-Leistungen und verfügen in der Regel über die zur Leistungserbringung notwendigen Logistik-Assets (vgl. Schulte 2009, S. 195). Sie sind häufig auf bestimmte Güterarten und Branchen spezialisiert und in begrenzten Gebieten oder auf festen Relationen tätig. Einzeldienstleister unterteilen sich in Transportdienstleister (Fuhrunternehmen, Express- und Kurierdienste, Taxibetriebe und andere), Umschlagdienstleister (Hafenbetriebe, Umschlagbetriebe, Umschlagterminals, Bahnhöfe, Flughafenbetriebe) oder Lagerdienstleister (Lagerhausgesellschaften, Betreiber von Tank- und Silolagern, Lagereibetriebe für Stückgut etc.) (vgl. Gudehus 2012, S. 994).

Speditionen – 2PL

Spediteure integrieren als Verbunddienstleister (2PL) mehrere logistische Einzelaktivitäten zu größeren Leistungsumfängen. Sie betreiben mit eigenen und fremden Ressourcen Umschlag- und Logistikzentren und ein Transport-, Fracht- oder Logistiknetzwerk, das auf den Bedarf eines unbekannten Kundenkreises ausgerichtet ist. Als Beispiele können Express- und Paketdienste, Stückgutspediteure und -kooperationen sowie Frachtdienstleister genannt werden (vgl. Gudehus 2012, S. 996).

Kontraktlogistiker – 3PL

Mit dem Begriff Kontraktlogistik werden Geschäfte bezeichnet, bei denen mehrere logistische Funktionen zu einem Leistungspaket mit erhöhter Komplexität zusammengefasst werden, also über Transport, Lagerung oder Auftragsabwicklung hinausgehen. Diese Leistungen sind individuell an die Bedürfnisse des Verladers angepasst und längerfristig vertraglich abgesichert. Sie umfassen einen Mindestjahresumsatz von 0,5 Mio. bis 1 Mio. € (vgl. Klaus und Kille 2005, S. 117).

Systemdienstleister – 4PL

Ein Fourth Party Logistics Provider ist ein Logistikdienstleister, der globale Lieferketten im Auftrag eines Unternehmens plant und steuert. Sein Aufgabenschwerpunkt liegt in den Bereichen Logistikplanung und -beratung, im Reengineering von Geschäftsprozessen sowie in globaler, systemübergreifender IT- und Netzwerkmodellierung. Des Weiteren muss er in der Lage sein, diese Netzwerke vollständig zu betreiben und neutral bzw. neutralisiert anzubieten.

Ein 4PL verfügt über keine eigenen physischen Logistikressourcen. Die eigenen Ressourcen beschränken sich nach häufig vertretener Meinung auf eine eigene Infrastruktur hinsichtlich IuK-Systeme zur Steuerung von Logistiksystemen. Verfügt ein 4PL über eigene operative Kapazitäten, wird er auch als Lead Logistics Provider bezeichnet (vgl. ten Hompel und Heidenblut 2011).

eine folge von digitalisierung

Bedeutung der Logistik

„Die Bedeutung der Logistik für den Unternehmenserfolg ist in den letzten Jahren kontinuierlich gewachsen. Ursachen dafür sind die Globalisierung der Märkte und Wertschöpfungsketten, die wachsende Durchdringung der logistischen Prozessketten mit Informations- und Kommunikationstechnologien, die verstärkte Individualisierung der Produkte für Konsumgütermärkte sowie die Deregulierung der Transport- und Telekommunikationsmärkte" (Krieger 2016).

wichtig

Mit einem geschätzten Volumen von ca. 223 Mrd. € trägt die Logistik einen erheblichen Teil zur Bruttowertschöpfung in Deutschland bei. Nachdem das Volumen durch die Finanzkrise in den Jahren 2008/2009 zurückgegangen war, hat es sich wieder erholt und ist seitdem kontinuierlich gestiegen. Mit ca. 2,8 Mio. Beschäftigten stellt die Logistik mittlerweile auch eine bedeutende Zahl an Arbeitsplätzen in der deutschen Wirtschaft zur Verfügung. Im europäischen Vergleich ist Deutschland mit 223 Mrd. € mit Abstand der größte Logistikmarkt. Auf Platz zwei folgt mit 131 Mrd. € Frankreich, auf Platz drei Großbritannien mit 93 Mrd. €. Im Europa der 29 beträgt das geschätzte Logistikvolumen 950 Mrd. € (Lohre et al. 2015, S. 10-11).

Bedeutung der IT für die Logistik

Einige Merkmale der Logistik führen unmittelbar zu den Herausforderungen für die Anbieter von Logistiksoftware und damit schließlich auch zu Qualität, Funktionsumfang und Anzahl der am Markt angebotenen Lösungen, die sich wiederum auf den Prozess der Softwareauswahl niederschlagen.

Beispielhaft seien die Merkmale Dominanz des Transports, Pyramidisierung, Preisdominanz im Wettbewerb in klassischen Marktsegmenten und eine mittelständische Prägung genannt.

Mit zirka 65% des Branchenumsatzes steht der reine Transport an erster Stelle der Logistikdienstleistungen, gefolgt von Lager- und Umschlagleistungen mit einem Anteil von etwa

22%. Damit dominiert die klassische TUL-Logistik mit 87% des Branchenumsatzes (vgl. Lohre et al. 2015, S. 12). Daraus folgt, dass die Anzahl der Softwarelösungen für Transportumschlag und Lagerung den Markt der angebotenen Lösungen dominiert. Weiter kann davon ausgegangen werden, dass Softwareanbieter als Mindestlösungen für die Logistikbranche eben diese TUL-Funktionen anbieten oder aber entsprechende Schnittstellen für eigene oder Produkte fremder Anbieter integrieren müssen.

Unter Pyramidisierung ist die Entwicklung der Logistikbranche zu verstehen, die vergleichbar ist mit der Entwicklung der Lieferantenstrukturen der Automobilindustrie. Sogenannte First Tier Supplier bzw. Lead Logistics Provider (LLP) decken für den Auftraggeber einen Großteil seines logistischen Bedarfs ab und liefern Logistikpakete, allerdings nicht ausschließlich selbst. Teile davon werden an andere Logistikdienstleister (Second Tier Supplier) vergeben. Je entfernter der Anbieter dabei vom eigentlichen Logistikkunden ist, desto leichter ist er austauschbar und umso wichtiger wird damit der Preis als Wettbewerbskriterium (vgl. Lohre et al. 2015, S. 12).

Um als Second Tier Supplier erfolgreich am Markt bestehen zu können, sollte eine entsprechende IT-Lösung einen hohen Funktionsumfang sowie ein effizientes Customizing bieten, außerdem flexibel und mit den relevanten Schnittstellen ausgestattet sein, um im volatilen Markt rasch auf neue Kundenanforderungen bzw. neue Kunden reagieren zu können. Darüber hinaus ist es sinnvoll, sich Gedanken zu machen über preisgünstige Lizenzmodelle bzw. -gebühren oder günstige Betreibermodelle, d. h. über die Nutzung von Cloudbasierten IT-Lösungen.

Ein Logistikdienstleister kann nicht durch verstärkte Marketingaktivitäten neue Umsätze generieren. Er muss darauf warten, dass auf dem Markt etwas passiert im Sinne einer Aufteilung von Produktionskapazitäten oder des Kaufs von Gütern, wodurch Transportbedarf generiert wird. Deshalb kann der Logistikdienstleister seine Auslastung fast nur durch attraktive Preisgestaltung bzw. Preisnachlässe erhöhen (vgl. Lohre et al. 2015, S. 12).

Wie schon beim vorigen Punkt, der Pyramidisierung, spielt auch hier die preisliche Gestaltung der IT-Lösung eine entscheidende Rolle. Außerdem sollte die Software Logistikprozesse optimal abdecken und mandantenfähig sein, so dass mehrere Kunden mit einer IT-Lösung bedient werden können, anstatt für neue Kunden jeweils eine neue Lösung anschaffen zu müssen.

Die mittelständische Prägung der Logistikbranche hat insbesondere für die Softwareauswahl eine große Bedeutung. **Abbildung 7.4** fasst die Merkmale der Logistikbranche nochmals zusammen und ordnet sie den sich daraus ergebenden Anforderungen für IT-Lösungen zu.

Abbildung 7.4   Anforderungen an IT-Lösungen für Logistikunternehmen, resultierend
aus Branchenmerkmalen der Logistik

Branchenmerkmal Logistik	Resultierende Anforderung an die IT-Lösung
Transportdominanz	- Funktionelle Mindestanforderung TUL
	- Usability
Pyramidisierung	- Hoher Funktionsumfang
	- Flexibilität
	- Effizientes Customizing
	- Relevante Schnittstellen
	- Preisgünstige Betreibermodelle
Preisdominierter Wettbewerb	- Optimale Prozessabdeckung
	- Mandantenfähigkeit
Mittelständische Prägung	- Konsequente Prozessorientierung
	- Einfaches Berechtigungskonzept
	- Rasche Implementierbarkeit
	- Stabilität
	- Hoher Funktionsumfang
	- Planungskomponenten
	- Betriebswirtschaftlich-logistische Verfahren
Quelle: Eigene Darstellung	

Im Sinne der Lesbarkeit wird nach der obigen erstmaligen Nennung von IT-Anforderungen auf deren wiederholte Nennung in den folgenden Branchenmerkmalen verzichtet.

Betrachten wir die weitere Entwicklung der Logistik auch unter dem Stichwort „Logistik 4.0", können wir davon ausgehen, dass die informationstechnischen Herausforderungen für die Logistikbranche noch deutlich zunehmen werden. Diese Entwicklung kommt keineswegs überraschend, was ein kurzer Blick auf die bisherige parallele Entwicklung von IT und Logistik offenbart. **Abbildung 7.5** stellt dar, wie sich die Informationstechnologien und die betriebswirtschaftliche Logistik nahezu parallel entwickelten, nämlich von der ursprünglichen Fokussierung auf einzelne betriebliche Funktionen hin zu einer prozessorientierten und integriert ablaufenden Unterstützung der Wertschöpfungskette (vgl. Krupp und Wolf 2010, S. 17-18).

Abbildung 7.5 Parallele Entwicklung von IT und Logistik
(Quelle: Krupp und Wolf 2010, S. 17, stark vereinfacht)

Zeitraum	Logistik	Informationssystem
1950 ff	- Professionalisierung TUL - Rationalisierungen	- Individualsoftware - Inselsysteme
1970 ff	- Funktionen innerhalb einer Supply Chain - Schnittstellen	- Teilintegration der IT-Systeme - Material Requirements Planning (MRP) und Manufacturing Resource Planning (MRP II),
1990 ff	- Prozessdenken (SCM) - Globalisierung	- Enterprise Resource Planning (ERP) →Digitalisierung - Standardsoftware - Elektronische Anbindung von Kunden und - Lieferanten (Electronic Data Interchange -EDI)
2000 ff	- Unternehmensübergreifende Integration der Supply Chain Prozesse	- Unternehmensübergreifende Planung durch Advanced Planning Systems (APS) - Middleware I Enterprise Application Integration (EAI) - Customer Relationship Management (CRM) - Supplier Relationship Management (SRM)
2010 ff	- Planung und Steuerung der Flüsse in komplexen Logistik- Netzwerken mit wechselnden Akteuren Synchronisierung und Reduktion - Umsetzung von Anforderungen zu Nachhaltigkeit und Umwelt- bzw. Ressourcenschutz	- Integrierte Management Unterstützung (Business Intelligence") - Webservices und Cloud Computing - IT-gestütztes „Pool-Management" zur Verwaltung, Koordination und Steuerung wechselnder Supply Chain-Akteure - Anwendungen zum Ressourcen- und Emissionsmanagement

Quelle: Krupp, T; Wolf, J. (2010), S.17 stark vereinfacht

Da die IT-Strategie im Unternehmen normalerweise an der Unternehmensstrategie ausgerichtet wird, könnte man nun annehmen, dass die IT lediglich die vom Business geforderten Prozesse und Anforderungen umsetzt, was als IT-Alignement bezeichnet wird. Dies greift allerdings zu kurz, denn gerade von der IT wird Innovation gefordert und auch geliefert. Denken wir nur an die Möglichkeiten, die neue Entwicklungen wie RFID, Cloud Computing, Big Data usw. bieten. Allein durch solche IT-Entwicklungen wurden teilweise Unternehmensstrategien beeinflusst, z. B. durch Aufnahme neuer Geschäftsfelder.

Literatur

Bretzke, W. (2014): Nachhaltige Logistik. Springer, Berlin/Heidelberg

Clausen, U., Geiger, C. (Hrsg.) (2013): Verkehrs- und Transportlogistik. Springer, Berlin/Heidelberg

Gudehus, T. (2012): Logistik 1. Springer, Berlin/Heidelberg

Klaus, P., Kille, C. (2005): Die TOP 100 der Logistik. DVV Media, Hamburg

Krieger, W. (2016): Definition „Logistik". Gabler Wirtschaftslexikon Online, http://wirtschaftslexikon.gabler.de/Archiv/55886/logistik-v9.html, zugegriffen am 20.07.2016

Krupp, T., Wolf, J. (2010): Grundlagen und Bedeutung der Informationssysteme in der Logistik. In: Paffrath, R., Wolf, J. (Hrsg.): Praxishandbuch IT-Systeme in der Logistik. DVV Media, Hamburg

Lohre, D., Pfennig, R., Poerschke, V., Gotthardt, R. (2015): Nachhaltigkeitsmanagement für Logistikdienstleister. Springer Gabler, Wiesbaden

Pfohl, H. (2010): Logistiksysteme. Springer, Berlin/Heidelberg

Schulte, C. (2009): Logistik: Wege zur Optimierung der Supply Chain. Vahlen, München

ten Hompel, M., Heidenblut, V. (2011): Definition „Fourth Party Logistics Provider". Logipedia.de, http://www.logipedia.de/lexikon/Fourth%20Party%20Logistics%20Provider, zugegriffen am 22.10.2016

ten Hompel, M. (2008): Skript zur Vorlesung Materialflusssysteme 1. Technische Universität Dortmund

7.2   Beispielhafte Anwendungen in der Logistik

Im nachfolgenden Kapitel habe wir einige, beispielhafte Anwendungen aufgeführt, die Ihnen einen Eindruck von den in der Logistik eingesetzten Softwarelösungen im Rahmen von Digitalisierungsprojekten geben sollen.

Dabei zeichnet sich die Logistik besonders dadurch aus, dass es in dieser Branche manchmal so viele verschiedene Anwendungen gibt wie in keiner anderen Branche. Dies liegt unter anderem daran, dass die Logistik immer mehr Aufgaben von Industrie oder Handelsunternehmen übernimmt, für die der Logistiker tätig ist.

Nachfolgend finden Sie die in der Logistik als typisch angesehenen Anwendungen mit den zugehörigen Beispielen.

7.3   Transportmanagement-Systeme

Unter Transportmanagement verstehen wir die Steuerung, Kontrolle und Optimierung von Transportprozessen entlang einer Lieferkette. Logistikdienstleister und Speditionen setzen häufig eine Software ein, um ihre Aufträge elektronisch zu erfassen und zu verwalten. Eine Transportmanagement-Software kann neben der Verwaltung bei vielen notwendigen Basisfunktionen wie Abrechnung, Kontrolle und Durchführung von Transportdienstleistungen unterstützen. Teilweise werden auch weitergehende Funktionen wie Tourenplanung, Tracking und Tracing etc. angeboten und können seitens des Logistikdienstleisters für dessen Kunden zur Verfügung gestellt werden.

Da der Funktionsumfang der verschiedenen Anbieter stark variiert, sollen nachfolgend die überwiegend angebotenen Mindestfunktionen vorgestellt werden. Sonderfunktionen werden in den nachfolgenden Kapiteln/Abschnitten detaillierter dargestellt.

Die primären Herausforderungen an das Transportmanagement liegen in den Bereichen Transportkostenangebote, Auftragserfassung, Auftragsverwaltung, Auftragsdisposition und Lademittel/Ladungsträgerverwaltung. Die **Abbildung 7.6** fasst dies nochmals im Überblick zusammen.

Abbildung 7.6   Funktionsübersicht von Transportmanagement-Systemen

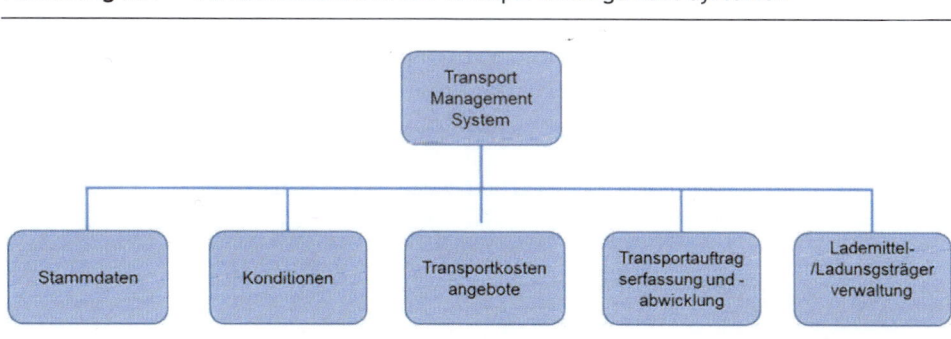

7.3.1   Stammdatenmanagement

Zur Planung, Verwaltung, Kontrolle und Steuerung von Materialströmen werden bestimmte Basisdaten in Form von Stammdaten benötigt. Unter Stammdaten werden grundlegende Informationen verstanden, die unabhängig von Materialbewegungen existieren. Hierzu gehören zum Beispiel Informationen über Kunden und deren Adressen, zu transportierende Artikel und deren Abmessungen und andere mehr (vgl. Clausen 2013, S. 293). Um es mit den Worten der Datenmodellierer auszudrücken: Stammdaten sind Entitäten (Business-Objekte) mit ihren Attributen und bleiben über einen längeren Zeitraum unverändert. Stammdaten können jedoch auch Änderungen unterworfen sein und durch Änderungsdaten modifiziert werden. Als Beispiel sei die Änderung der Anschrift eines Unternehmens nach Umzug genannt. Änderungsdaten sind wiederum von Bewegungsdaten zu unterscheiden.

Im Transportmanagement sind wichtige Stammdaten: Kunden-, Artikel-, Standort-, Tarif-, Verpackungs-, Fuhrpark- und Subunternehmer-/Lieferantendaten (**Abbildung 7.7**).

Abbildung 7.7   Wichtige Stammdaten des Transportmanagements

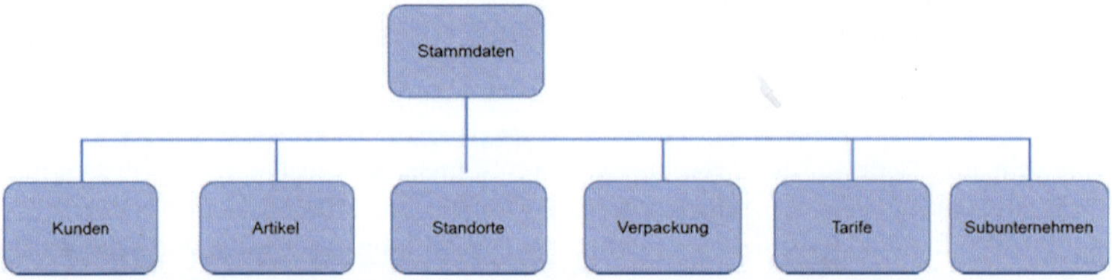

7.3.2   Exkurs: Bewegungsdaten

Weitere wichtige Daten der Transportlogistik sind Bewegungsdaten. Bewegungsdaten entstehen, wenn zwei Entitäten miteinander in Beziehung treten bzw. wenn zwischen zwei Business-Objekten eine Transaktion durchgeführt wird. Im Kontext der Transportlogistik wäre das zum Beispiel, wenn ein Artikel zu einem bestimmten Zeitpunkt und zu gewissen Kosten vom Quell- zum Zielort transportiert wird. Wichtige Bewegungsdaten sind Auftrags- und Sendungsdaten.

7.3.3   Kunden

Zu den Kundenstammdaten gehören Informationen über die genaue Kunden- und Lieferanschrift, Zeitfenster zur Anlieferung, Anlieferungsrestriktionen und andere. Die Kundenangaben bestehen mindestens aus seiner Lieferanschrift: Land, Ort, Postleitzahl, Straße und Hausnummer.

Es ergibt Sinn, neben der Anschrift des Kunden weitere Adressinformationen zu verwalten. Häufig unterscheidet sich die Rechnungsadresse von der Lieferadresse. In diesen Fällen sollten beide Adressen in die Kundenstammdaten eingepflegt werden. Liegt keine Lieferanschrift vor, wird für logistische Planungen auf die Rechnungsanschrift ausgewichen. Darüber hinaus gibt es zahlreiche optionale Attribute wie Kundentyp, Kontaktperson, Anlieferrestriktionen, Zeitfenster zur Anlieferung, Lieferfrequenzen, zu verwendende Fahrzeugtypen und weitere. Beim Attribut „Kundentyp" können für spezielle logistische Fragestellungen unterschiedliche Typen hinterlegt werden. Unter Anlieferrestriktionen werden die Anzahl und Typen von Be- und Entladestellen verstanden. Die Zeitfenster beim Kunden beschreiben, zu welchen Uhrzeiten der Kunde beliefert werden kann. Die Lieferfrequenzen stellen weitere, zu berücksichtigende Restriktionen bei der Planung dar. Da möglicherweise ein Kunde nicht von allen zur Verfügung stehenden Fahrzeugtypen beliefert werden kann, wird dies im Kundenstamm vermerkt (Clausen 2013, S. 294).

7.3.4 Artikel

Zu den Artikelstammdaten gehören genaue Informationen über die zu transportierenden Güter, wie beispielsweise Artikelnummer und -bezeichnung. Artikeldaten können via Übernahme aus Fremdsystemen oder aber mittels manueller Eingabe erfasst werden. Zu den die Artikel näher beschreibenden Attributen gehören zum Beispiel Dimensionen, ob es sich um ein Gefahrgut handelt, internationale Produkt- und Warengruppencodes und andere mehr. Für die Berechnung der benötigten Verpackungsmaterialien kann die Darstellung der Zusammenhänge zwischen Artikel und Lademittel hilfreich sein.

7.3.5 Adressen

Adressen repräsentieren die spezifische Rolle der Kunden bzw. Geschäftspartner. So kann beispielsweise die Empfängeradresse von der Entladeadresse oder die Rechnungsadresse von der Auftraggeberadresse abweichen. Auch die Eingabe beliebiger Adressen eines Ansprechpartners oder die Eingabe temporärer Adressen im Auftrag kann je nach vorliegender Situation im Unternehmen erforderlich sein. Die Verknüpfung von Adressen kann beliebig oder aber in einer hierarchischen Einordnung erfolgen (**Abbildung 7.8**).

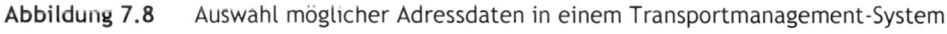

Abbildung 7.8   Auswahl möglicher Adressdaten in einem Transportmanagement-System

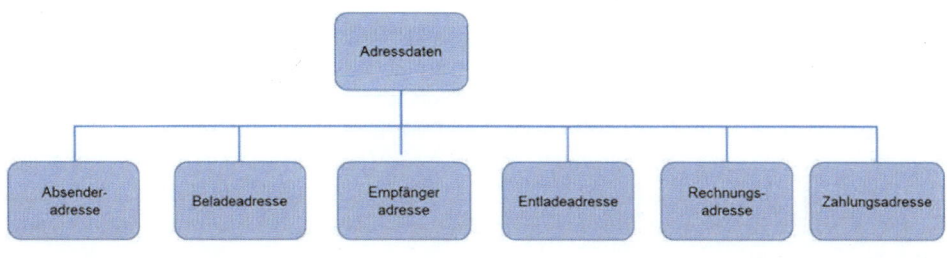

7.3.6   Standorte

Standortdaten sind spezielle Ausprägungen von Kundendaten. Dabei können die Standort-typen Lager, Umschlag, Depot, Produktion und andere unterschieden werden. Die Standortdaten bestehen neben der Adressinformation aus Angaben über Lagerfläche, Stell-plätze (z. B. Paletten, Fächer, Boxen), zur Verfügung stehende Lagertechnik, Umschlag-und Verladefläche, Umschlag- bzw. Verladetechnik, minimale und maximale Kapazität in qm oder Stellplätze. Häufig werden diese Daten in direkter Verbindung zum Kunden-stamm eingetragen und können durch weitere Angaben zum entsprechenden Typ unter-schieden werden (vgl. Clausen 2013, S. 294).

7.3.7   Verpackungen

Verfügt ein Transportmanagement-System über spezielle Verfahren zur Tourenplanung und Laderaumoptimierung, werden weitere Angaben über die Verpackung herangezogen. In den entsprechenden Verpackungsstammdaten sind die Informationen über die Trans-porteinheit (Palette, Rolle etc.), die Transportvorschriften, die Gefahrgutdeklaration, die Verpackung, die Verpackungsvorschriften, die Stapelvorschrift, das Gewicht, das Volumen, die Abmessung und die Rückführung hinterlegt (Clausen 2013 S. 294).

7.3.8   Tarife

Zur Unterstützung und monetären Bewertung der Logistikplanung lassen sich verschiede-ne Kostenmodelle heranziehen. Für die Bestimmung der Transportkosten können in den Stammdaten unterschiedliche Transporttarife hinterlegt sein. Dabei handelt es sich um Tarifdaten, die die Kosten einer einzelnen Sendung oder eines ganzen Fahrzeuges bestim-men. In der Regel sind die Tarife in Form von Tabellen mit den Attributen Gewicht, Volu-men, Lademeterklasse, Entfernungen in Kilometerklassen und den entsprechend eingetra-genen Kosten aufgebaut. Komplexere Tarifdaten enthalten Kostendegressionen oder sind als sprungfixe Kosten definiert. Zusätzlich können als Tarifdaten tagesgenaue Pauschal-preise eines Fahrzeugs hinterlegt sein. Neben der Abbildung der Transportdaten in den Stammdaten können je nach Detaillierungsgrad der Logistikplanung die Kostendaten um Lager- und Umschlagdaten erweitert werden (Clausen 2013, S. 295).

7.3.9   Fuhrpark

Die Durchführung der Transporte erfolgt mit unterschiedlichen Transportfahrzeugen. Im Fuhrparkdatenstamm sind die zur Verfügung stehenden Fahrzeuge mit ihren entsprechen-den Eigenschaften hinterlegt (**Abbildung 7.9**). Dort finden sich Informationen über Fahr-zeugtyp, Abmessungen der Fahrzeuge (Außen- und Innenmaße), das Brutto- und Netto-gewicht in kg, das entsprechende Volumen, der Kraftstoffverbrauch und die Schadstoff-klasse. Ferner macht es Sinn, die zur Verfügung stehenden Fahrer im Fuhrparkdatenstamm zu verwalten.

Damit kann man bei den Verfahren zur Tourenplanung wie Cross Docking und Mehrde-potplanung entsprechende Informationen berücksichtigen. Einen weiteren Aspekt im Fuhrparkdatenstamm stellen die Laderestriktionen dar. Während bei den Verpackungs-stammdaten die dort genannten Transportvorschriften je Artikel bzw. Warengruppe gelten, bezieht sich die Laderestriktion auf das Transportfahrzeug. Eine typische Information könnte z. B. sein, dass sich das Fahrzeug nur über die linke oder rechte Seite beladen lässt oder dass es über eine hydraulische Ladetür verfügt (Clausen 2013, S. 295).

Abbildung 7.9 Verschiedene Transportmodi im TMS (Quelle: Shutterstock)

7.3.10 Transportkostenangebote

Soll ein Angebot für Transportdienstleistungen erstellt werden, kann es die Arbeit deutlich erleichtern, wenn bestehende („alte") Angebote als Basis dienen. Andernfalls müssen An-gebote von Grund auf neu erfasst werden. Für die Kalkulation selbst können theoretisch Daten wie Abhol- und Anlieferpunkt, Zwischenstationen, Menge/Volumen und andere mehr benötigt werden (**Abbildung 7.10**).

Abbildung 7.10 Mögliche Kalkulationsdaten für Transportaufträge

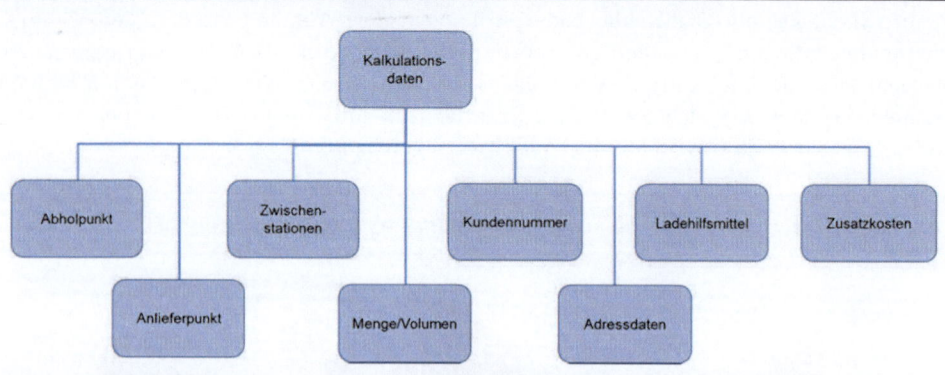

Für eine zeitnahe Kommunikation mit dem Kunden und Übermittlung des Angebots ist zu berücksichtigen, wie das Angebot den Kunden am besten erreicht, ob direkt über die Erzeugung einer Mail mit dem Angebot als PDF-Anhang, durch direkte Erzeugung eines Faxes, durch ein gedrucktes Angebot oder durch Ablage in ein Kundenportal (**Abbildung 7.11**).

Abbildung 7.11 Kommunikation mit dem Kunden und Übermittlung der Angebote

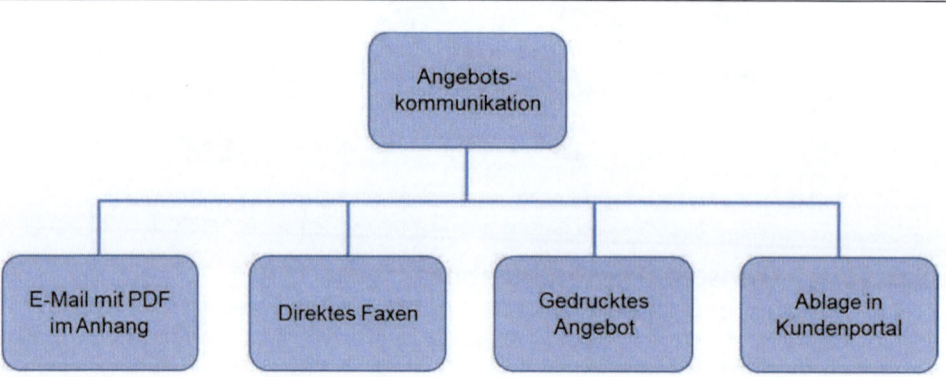

7.3.11 Konditionsmanagement

Konditionen sollten nicht nur für alle relevanten Verkehrsträger, sondern auch für relevante Bereiche wie Ein- und Ausgangsfrachten und mit beliebig frei definierbaren Zuschlägen erfasst werden können. Für die Erfassung der Konditionen stehen häufig fixe oder anpassbare Standardvorlagen je Verkehrsträger zur Verfügung. Gegebenenfalls erfolgt eine automatische Ermittlung über bereits im System vorhandene Daten. Auch eine völlig frei definierbare Erfassung von Konditionen kann sinnvoll sein und wird von Softwareherstellern teilweise angeboten.

7.3.12   Transportauftragserfassung und -disposition

Neben der eigentlichen Auftragserfassung muss vor der Entscheidung für eine Software geklärt werden, welche Art von Aufträgen überhaupt vorliegen können. Das können Bestellungen oder allgemein Kundenaufträge sein, die jeweils mit einer Statusverwaltung belegt werden können. Wichtige Bestandteile des Auftrags können neben Kunden- und Lieferantenadresse Artikeldaten, Kosten, Termindaten, Zahlungskonditionen und weitere Zusatztexte sein.

Wichtig beim Auftrag ist die Möglichkeit des Referenzierens auch auf externe Daten, wie z. B. Kundenauftrag, Bestellnummer oder Bestelldatum Kunde.

Ein Auftrag kann verschiedene Dokumente erfordern, beispielsweise eine Auftragsbestätigung, ein Lieferschein, eine Schadensmeldung oder eine Rechnung/Gutschrift. Dienlich ist es in diesem Zusammenhang ein Formulargenerator, der eine freie Formulargestaltung ermöglicht.

Im Zusammenhang mit dem „Wie" stellt sich auch die Frage der Vorsysteme. Sollen Aufträge manuell erfasst oder durch Generierung aus Verkaufsaufträgen und/oder Bestellungen werden? Weitere Möglichkeiten entsprechend den verfügbaren Schnittstellen bestehen über ein Webportal oder durch Übernahme aus Kundensystemen.

Bereits bei der Erfassung eines Auftrags können wichtige Prüfungen, wie z. B. einfache Vollständigkeitsprüfungen oder auch Bonitäts- und Adressprüfungen nach geltenden Embargoregeln, stattfinden und die Arbeit mit dem System insgesamt vereinfachen.

Die Auftragsdisposition erfolgt manuell, vollautomatisch oder teilautomatisch. Als Hilfsmittel dienen Listen, Charts oder eine digitale Karte. Bei einer manuellen Disposition können Parameter wie verfügbare Kapazität, Equipment-Restriktionen, Kalenderdaten, Lademittel- oder Fahrerrestriktionen und andere mehr unterstützen.

7.3.13   Lademittel-/Ladungsträgerverwaltung

Lademittel können entweder frei definiert werden oder aber man greift auf bereits bestehende Definitionen wie Paletten, Gitterboxen, Rollcontainer oder Verpackung zurück. Die Verwaltung der Lademittel erfolgt mittels Zuordnung zu Artikeln, zu Kunden oder zu Fahrzeugen, aber auch durch eine eindeutige Identifizierungsnummer oder andere Merkmale. Bestände und Bedarfe sollten zurückverfolgt werden können. Die Buchung zur Nachverfolgung kann entweder manuell, durch Scannen eines Barcodes am Lademittel, durch Zuordnung zu einer Tour oder durch Zuordnung zu einem Transportauftrag durchgeführt werden.

7.3.14 Quick Check: Wichtige Features von Transportmanagement-Systemen

Abbildung 7.12 Quick Check: Wichtige Features von Transportmanagement-Systemen

✔	Unterstützung aller wichtigen Verkehrsträger
✔	Überregional/international einsetzbar
✔	Verwaltung eigener und fremder Ressourcen
✔	Verfügbarkeit von Standardauswertungen
✔	Geodatenmanagement
✔	Transportausschreibung, Einkauf & Vertragsbildung
✔	Rahmentourenplanung
✔	Optimierungsfunktionen
✔	Equipment-Management
✔	Lademittel/Ladungsträgerverwaltung
✔	Laderaumoptimierung
✔	Konditionsmanagement
✔	Personaldatenmanagement
✔	Personaldatenmanagement
✔	Transportauftragserfassung & Abwicklung
✔	Transportauftragsdisposition

Literatur

Clausen, U., Geiger, C. (Hrsg.) (2013): Verkehrs- und Transportlogistik. Springer, Berlin/Heidelberg

All for One Group im Bereich TMS

Unsere SAP-Zusatzlösungen machen das Arbeiten mit SAP schneller und einfacher.

Anbindung Paketdienstleister & Speditionen — Einfache Kommunikation mit KEP

Ihre Anforderungen

Sie möchten Kurier-, Express- und Paketdienstleister (KEP) und Speditionen bzw. deren Systeme an Ihr SAP anbinden und in den SAP-Logistikprozess integrieren. Ihr Ziel ist es dabei, Versandaufträge einfach zu erstellen, und zwar mit Daten aus dem SAP-System. Der Austausch von Versandnachrichten mit den Dienstleistern soll elektronisch erfolgen. Dreh- und Angelpunkt soll die Lieferung oder der Transport im SAP-System bleiben — hier laufen Informationen wie Packmittel, Trackingnummern oder Frachtkosten zusammen oder können Prozesse wie Labeldruck angestoßen werden.

Vorteile & Funktionen

- Schnelle, komfortable Erstellung der Versandaufträge
- Fehlerfreie Kommunikation mit den Paketdienstleistern
- Volle Integration in die Logistikprozesse Ihres SAP-Systems
- Labels und Aufträge direkt aus Ihrem SAP erstellen
- Rückmeldungen wie Frachtkosten oder Trackingnummern direkt in Ihr SAP
- Alle Versendungen mit allen Dienstleistern in einer einzigen Übersicht
- SAP Packplatz oder eigene Packplatztransaktion

Unsere Lösung im Detail

Unsere Zusatzlösung erweitert Standardkomponenten wie das SAP-XSI-Modul (Express-dienstanbindung) um neue Funktionalitäten, beispielsweise Kommunikationskanäle zu UPS (WebService) und anderen Paketdienstleistern wie DPD. Natürlich können Sie auch Speditionen anbinden und entsprechende Zusatzfunktionalitäten nutzen, wie die Benachrichtigung (IFTMIN) durch Nachrichtenfindung und Routenermittlung.

Herzstück der Lösung ist ein Cockpit, in dem Sie einfach Versandaufträge erstellen und elektronisch versenden können. Dabei nutzen Sie die SAP-Daten; umgekehrt werden Rückmeldungen wie Frachtkosten oder Trackingnummern direkt ins SAP rückgemeldet. Weitere unterstützte Funktionen sind Verfolgung, manuelle Sendungserfassung, Tagesabschluss bis hin zu Sendungsstornierungen. Der Labeldruck erfolgt direkt aus SAP oder aus den Drucksystemen der Dienstleister.

Die Anbindung Paketdienstleister & Speditionen umfasst...

- Auslieferung der Zusatzlösung per SAP-Transport
- Aktivierung über das Switch Framework
- Lösungs- und Anwendungsdokumentation

Sie wünschen weitere Informationen?
Wir sind gerne für Sie da!

Telefon: 0800/2553671
E-Mail: zusatzloesungen@all-for-one.com

Weitere Informationen erhalten Sie im Internet unter:
www.all-for-one.com/zusatzloesungen

7.4 Tourenplanung → établissement des tournées

Die Aufgabe der Tourenplanung besteht aus der Bündelung von Einzelfahrten oder von Direktfahrten zu Gesamttouren. Ziel ist dabei, möglichst wenige Transportmittel möglichst kurz ein (vgl. Gudehus 2012, S. 876) und den logistischen Servicelevel einzuhalten (vgl. Hausladen 2016, S. 182).

7.4.1 Restriktionen in der Tourenplanung → restrictions

Normalerweise liegen der Tourenplanung Restriktionen, also Einschränkungen der Möglichkeiten, zugrunde, z. B. hinsichtlich Transportkapazität, Frachtgut, Fahrzeiten, Abhol- und Lieferzeiten und Geschwindigkeit. Was unter diesen Restriktionen im Einzelnen zu verstehen ist, macht **Abbildung 7.13** deutlich.

Abbildung 7.13 Restriktionen in der Tourenplanung (Quelle: in Anlehnung an Gudehus 2012, S. 876)

Restriktionen in der Tourenplanung	
Restriktion	**Erläuterung**
Transportkapazität:	Das Fassungsvermögen der eingesetzten Transportmittel begrenzt die Ladungsmenge längs einer Fahrt → trajet → la texture
Frachtgut:	Die Empfindlichkeit und die Beschaffenheit der Frachtstücke beschränken → la fragilité die Möglichkeiten der Beladung oder erfordern eine bestimmte Packfolge.
Fahrzeiten:	Die Fahrzeit pro Rundfahrt darf nicht länger sein als die zulässige ↳ le circuit Arbeitszeit des Fahrers.
Abhol- und Anlieferzeiten:	Für das Abholen und Anliefern sind bestimmte Zeitpunkte oder Zeitfenster vorgegeben.
Geschwindigkeit:	In der effektiven Fahrgeschwindigkeit müssen die verkehrsbedingten Geschwindigkeitsbegrenzungen und Staueffekte berücksichtigt werden.

Tourenplanungsprogramme unterstützen Unternehmen bei der Planung und Optimierung ihrer Touren unter Berücksichtigung unterschiedlicher Restriktionen. Die Programme greifen dabei auf bestehende Unternehmensdaten wie Kundenstamm, Fahrerstamm, Auftragsliste und das digitalisierte Straßennetz zu. Weitere benötigte Daten sind Entfernungen bzw. Fahrzeiten, die entweder aus einem Entfernungswerk gelesen oder aber mithilfe der geocodierten Kundenadressen ermittelt werden können. clientèles fidèles conducteurs fidèles

7.4.2   Optimierungsfunktionen

Eine Optimierung kann konkret so aussehen, dass das Tourenplanungsprogramm Transportbedarfe mehrerer Kunden so zu Touren zusammenfasst, dass die durch die Kunden vorgegebenen Zeitfenster eingehalten und die Lasten, Kapazitäten und Wartungszyklen der Fahrzeuge sowie die Arbeits- und Pausenzeiten der Fahrer und die Wartungszyklen der Fahrzeuge eingehalten werden (**Abbildung 7.14**). Dies alles natürlich möglichst unter Berücksichtigung der Transportkosten. Je nach Rechenmodell umfassen die Transportkosten Verbrauchs- und Mautkosten, die Kosten für den Fahrer, für Wartung und Instandhaltung und andere mehr.

Die Genauigkeit der Ermittlung der optimalen Tour hängt stark von der Problemstellung und letztlich von den eingesetzten Modellen ab. Neben den exakten Verfahren kommen insbesondere heuristische Verfahren (das sind Näherungsverfahren) zum Einsatz, wenn ein Problem zu komplex ist, um wirklich exakt gelöst werden zu können. Beispiele für heuristische Verfahren sind das Sweep- oder das Savingsverfahren oder anspruchsvollere evolutionäre Algorithmen, welche bessere Ergebnisse erbringen.

Abbildung 7.14   Tourenoptimierung (Quelle: Shutterstock)

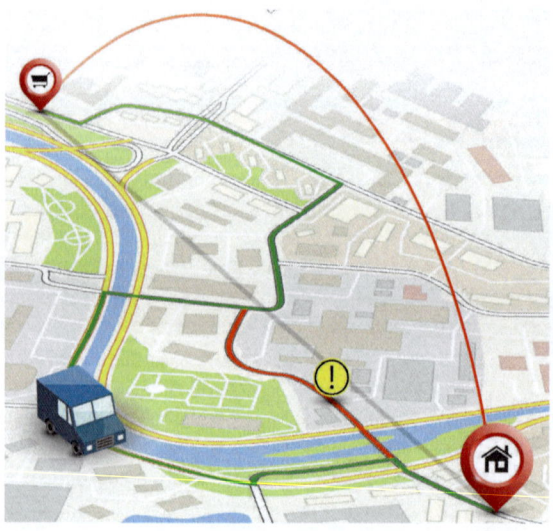

Um eine optimale Tourenplanungssoftware zu finden, müssen vorab wichtige Fragen beantwortet werden, z. B. welche Planungsverfahren (**Abbildung 7.15**) für das Unternehmen unterstützt werden müssen. Wenn Linien- und Streckenverkehre, Rundtouren, Mehr-Depot-Optimierung, Cross Docking, Milk Run, kontinuierliche Touren usw. im Unternehmen zu berücksichtigen sind, sollte dies im Lastenheft Niederschlag finden.

Abbildung 7.15   Mögliche Planungsverfahren (Auszug)

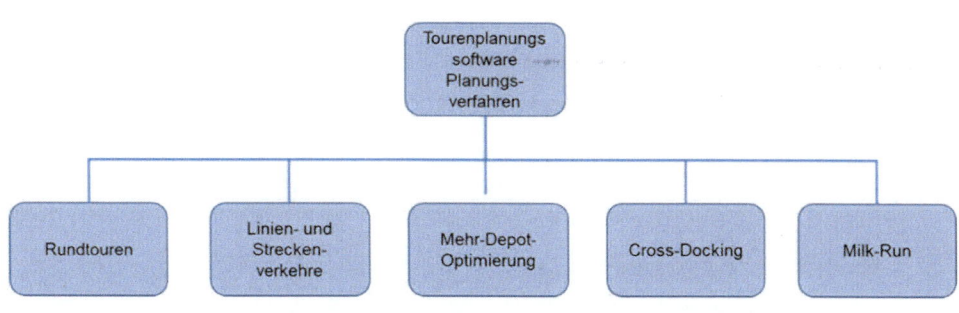

Weiter muss geklärt werden, ob Optimierungen möglich sein sollen und wie diese angesto-ßen werden. Dies kann entweder zeitgesteuert automatisch oder ereignisgesteuert – wenn z. B. ein neuer Auftrag erfasst wird – oder aber manuell bei Bedarf geschehen. Auch die Kriterien der Optimierung sollten berücksichtigt werden: Soll nach Kosten, nach Wegen oder nach Zeit optimiert werden oder nach einer Kombination aller drei Merkmale? Häufig spielen die Kosten (**Abbildung 7.16**) eine priorisierte Rolle; unter Umständen wird eine exakte Kostenaufschlüsselung gefordert. So können beispielsweise Fahrzeugkosten pro km, Fahrzeug- oder Personalkosten pro Stunde, Umschlagkosten, Übernachtungskosten, Maut-kosten oder frei definierbare Kostenbestandteile sinnvoll sein.

Abbildung 7.16   Kostenfaktoren der Optimierung (Auszug)

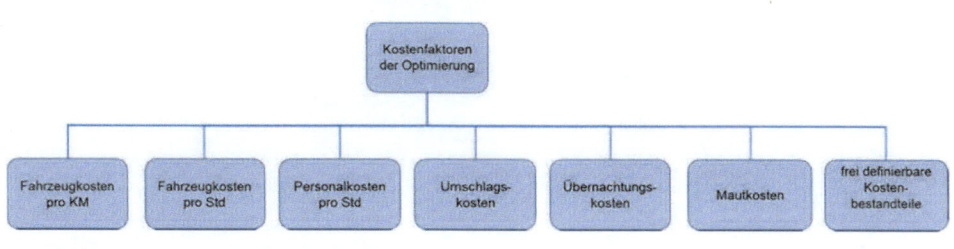

Wenn Zeitfenster ein wichtiges Kriterium darstellen, muss unterschieden werden, ob diese im Depot, in den Hubs, in Werken etc. oder gar bei jedem beliebigen Standort bzw. bei jeder Adresse berücksichtigt werden müssen. Daneben kann die Anzahl der Zeitfenster pro Adresse und die Art der Zeitfenster, also ob für die Beladung, die Entladung oder frei defi-nierbar, eine Rolle spielen.

Auch Handlings- und Usability-Fragen haben eine große Bedeutung. Wenn z. B. eine ermit-telte Tour geändert werden soll, kann das entweder manuell in einer Liste oder auf einer Karte oder durch Änderung bzw. Löschung und Neuplanung der Auftragsdaten gesche-hen. Je einfacher und schneller solche Änderungen durchgeführt werden können, umso mehr steigt insgesamt die Daten- und Servicequalität und damit letztlich auch die Akzeptanz der Lösung durch die Anwender.

7.4.3   Quick Check: Wichtige Features von Tourenplanungssystemen

Abbildung 7.17   Quick Check: Wichtige Features von Tourenplanungssystemen

- ✓ flexible Berücksichtigung von Restriktionen
- ✓ Möglichkeit, mehrere Kostenfaktoren zu berücksichtigen
- ✓ Optimierungsmöglichkeiten nach mehreren Merkmalen (Kosten, Weg, Zeit)
- ✓ Einfache manuelle Änderungsmöglichkeit der Optimierung (Karte, Liste)
- ✓ Kombinationsmöglichkeit mehrere Tourenarten (eintägig, mehrtägig, mehrer pro Tag)
- ✓ Flexible Zeitfensterberücksichtigung
- ✓ Verfügbarkeit geeigneter Planungsverfahren
- ✓ Modifikationsmanagement für Optimierungsalgorithmen
- ✓ Zeitpunktflexible Optimierung
- ✓ Echtzeitunterstützung bei Planungsänderung
- ✓ Mobiler Zugriff
- ✓ Einbindung leistungsfähiger Kartenwerke
- ✓ Simulation und Vergleich optimierter Touren
- ✓ Automatisches Generieren von Touren aus Aufträgen

Literatur

Gudehus, T. (2012): Logistik 1. Springer, Berlin/Heidelberg

Hausladen, I. (2016): IT-gestützte Logistik. Springer Gabler, Wiesbaden

7.5   Telematik

Der Begriff Telematik ist ein Kunstwort, das aus den beiden Begriffen Telekommunikation und Informatik zusammengesetzt wurde. Telematiksysteme verknüpfen mindestens zwei Informationssysteme mithilfe eines Telekommunikationssystems sowie einer speziellen Datenverarbeitung. Zu den Kernbereichen der Telematik gehören u. a. die Verkehrstelematik, das Flottenmanagement und das Facility Management.

7.5.1   Architektur von Telematiksystemen

In der nachfolgenden Betrachtung fokussieren wir auf die Verkehrs- oder Flottentelematik. Dabei kann Telematik auch als zusammenfassender Begriff für alle Maßnahmen zur Aufrechterhaltung oder Beschleunigung des Verkehrsflusses durch Informationsübertragung verstanden werden (vgl. ten Hompel und Heidenblut 2011).

Ortsfeste Produktionsmaschinen in einer Werkhalle werden bereits seit geraumer Zeit mittels Fernwartung sehr effizient überwacht. Mobile Anlagen hingegen, die dem Verkehr ausgesetzt sind, hier also speziell Lastkraftwagen, sind schwerer zu überwachen und zu steuern (vgl. o. V. 2016 Telematik).

Ein Telematiksystem besteht meist aus Bordrechnern, die in den Fahrzeugen verbaut sind, und einem Kommunikationsserver, der mit dem Dispositionssystem des Unternehmens verbunden ist. Die Kommunikation des Bordrechners mit dem Kommunikationsserver erfolgt über GSM, GPRS oder LTE. Optional kann der Kommunikationsserver mit einem Transportmanagement- oder ERP-System verbunden sein.

Abbildung 7.18 Architektur eines Telematiksystems (Quelle: in Anlehnung an Steinbeis-Transferzentrum Telematik 2016)

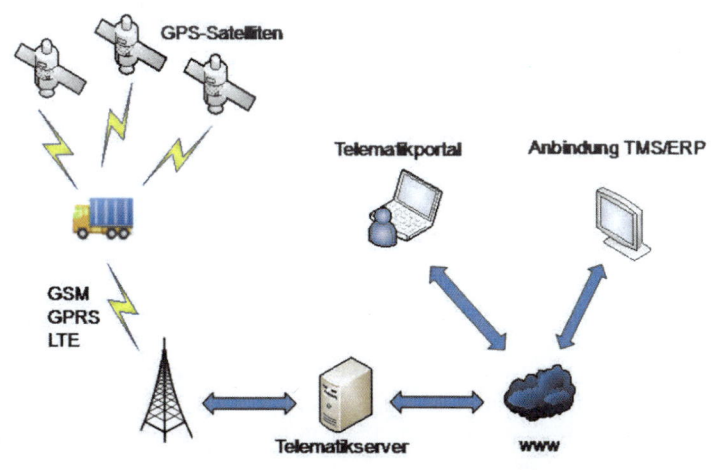

Der Kommunikationsserver selbst steht entweder direkt beim Flottenbetreiber oder wird durch ihn betrieben. Der Vorteil dieser Variante besteht darin, dass die Daten der Geschäftsprozesse im Unternehmen gehalten werden. Allerdings muss der Flottenbetreiber damit auch eine aufwendige IT-Infrastruktur betreiben und pflegen. Insbesondere für kleine Flotten ist diese Variante daher nicht geeignet. Generell hat sich in der jüngeren Vergangenheit die zunehmende Verlagerung von IT-Leistungen in die Cloud durchgesetzt – Stichwort Industrie 4.0/Logistik 4.0. Der Telematikserver wird dabei durch einen Dienste-Anbieter betrieben, der Flottenbetreiber greift über seinen Webbrowser mit persönlichem Login auf seine Fahrzeugdaten und Auswertungen zu, wie in **Abbildung 7.18** dargestellt.

7.5.2   Funktionsumfang von Telematiksystemen

Die wichtigste Funktionalität ist die Fahrzeugortung, also die Standortbestimmung der Fahrzeuge. Die Ortung funktioniert mittels GPS, dem Global Positioning System, einem satellitengestützten Verfahren der USA.

Eine weitere wichtige Funktionalität ist der Nachrichtenaustausch zwischen Fahrer und Disponent. Ähnlich einer SMS auf dem Smartphone können Informationen an den Fahrer übertragen bzw. kann vom Fahrer auf diese Informationen direkt reagiert werden. Man unterscheidet dabei zwischen Freitextnachrichten, vordefinierten Meldungen und strukturierten Nachrichten.

Ganz im Sinne der Geschäftsprozessorientierung in der Logistik bieten strukturierte Nachrichten dabei die beste Unterstützung, da sie sich auf Phasen der Teilprozesse des aktuellen Geschäftsprozesses beziehen. Konkret bedeutet dies, dass zu einem konkreten Auftrag neben der Be- und Entladeadresse, die an den Fahrer übermittelt werden, dessen Statusmeldungen wie „Auftrag angenommen", „Ware beladen" oder „Ware entladen" etc. erwidert werden. Strukturierte Nachrichten erleichtern auch die Integration in Transportmanagement-Systeme oder ERP-Systeme, womit die Gesamtprozesse optimiert werden können.

Wie auch im Flottenmanagement spielt im Bereich der Telematik das technische Fahrzeugmanagement eine große Rolle. Moderne Lastkraftwagen verfügen mittlerweile über eine Vielzahl von elektronischen Komponenten, Steuergeräten und Assistenzsystemen. Die damit erfassten Daten und Informationen werden mittels eines CAN-Busses (Controller Area Network) zwischen den einzelnen Systemelementen übertragen und können von der On-Board Unit ausgelesen und an den Disponenten bzw. die Zentrale gesendet werden.

Zur Überwachung von Lenk-, Arbeits-, Bereitschafts- und Ruhezeiten wurde im Jahr 2006 der digitale Fahrtenschreiber Pflicht. Er archiviert über maximal 365 Tage die genannten Daten des jeweiligen Fahrers. Zusätzlich werden die gefahrenen Geschwindigkeiten der letzten 24 Stunden gespeichert. Alle drei Monate müssen die Fahrzeugbetreiber diese Daten auslesen und mindestens für ein Jahr speichern. Da dieser Vorgang für eine größere Flotte u. U. sehr zeitaufwendig ist, wird bei neueren Geräten zunehmend die Möglichkeit der Remote Downloads genutzt (vgl. o. V. 2016 Telematikwissen). Dabei werden die Daten über das Telematiksystem an die Zentrale übermittelt und stehen dort zur weiteren Auswertung und Archivierung zur Verfügung.

Häufig wird im Kontext der Telematikfunktionen (**Abbildung 7.19**) auch die Navigation genannt. Streng genommen gehören Navigationsanwendungen nicht zur Telematik, da hier keine echte Kommunikation stattfindet, sondern lediglich GPS-Signale empfangen werden. Dennoch kommt es häufig zur Integration von Navigationsfunktionen, da bei Telematiksystemen ein GPS-Empfänger und ein Display zur Verfügung stehen. Diese Integration macht die Nutzung der Navigation etwas komfortabler, da übertragene Adressen eines Transportauftrags direkt in die Navigation überführt und nicht nochmals manuell eingegeben werden müssen.

Eine entscheidende Rolle bei der Navigation im Flottenverkehr spielt das Kartenmaterial (Truck Navigation). Hier müssen je nach Lastkraftwagen besondere Restriktionen berücksichtigt werden, wie z. B. Tunneldurchfahrthöhen, Gewichtsgrenzen für Brücken, Straßenbreiten usw. Hilfreich kann die regelmäßige Ermittlung und Übersendung der erwarteten Ankunftszeit (ETA = Estimated Time of Arrival) an die Zentrale sein.

Abbildung 7.19   Funktionsumfang von Telematiksystemen

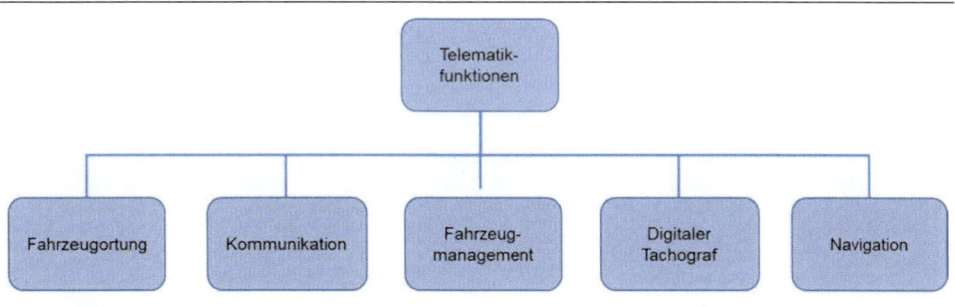

Vor der Auswahl einer Telematiklösung sollten verschiedene Fragen im Unternehmen geklärt sein, z. B., ob und wie das Telematiksystem in ein bestehendes Transportmanagement-System oder ERP-System integriert werden kann.

Wichtig natürlich auch die Frage nach dem Betriebssystem (Android, IOS, Windows Phone oder proprietär) und nach der Art der darstellbaren Dokumenttypen (MS-Word, MS-Excel, PDF, JPEG, TIFF etc.).

Im Transportgewerbe ist es zudem sehr wichtig, dass die Geräte (Hardware) robust sind, also stoßsicher und gegebenenfalls wasserdicht, wie die Batterie geladen wird und ob eventuell noch weitere Endgeräte angeschlossen werden können (mobiler Drucker, Telefon-Headset oder Digitaler Tachograf).

Von zentraler Bedeutung ist, welche Detailfunktionen die mobile Applikation anbietet. Hilfreiche Detailfunktionen können z. B. sein: das Herunterladen von Daten/Aufträgen, die Abarbeitung der Tourenstopps mit Status und Datenerfassung, die Bearbeitung kundenspezifischer Aufträge und Artikelinformationen, die Erfassung und Bearbeitung neuer Aufträge vor Ort, die Annahme von Reklamationen, die Erfassung von Statusmeldungen

und deren Übergabe an die Zentrale sowie die Erzeugung eines elektronischen Fracht-
briefs, die Geokodierung oder eine lokale Routenoptimierung.

Soll eine Navigationsfunktion enthalten sein, muss vorher geklärt werden, welches Kartenmaterial welcher Qualität infrage kommt, wie häufig die Karten aktualisiert werden und
ob die branchenspezifischen Informationen wie maximale Höhe, Breite, ob Sondertranspor-
te zugelassen sind, usw. enthalten sind. Sinnvoll ist auch die Möglichkeit der Integration
aktueller Verkehrslage-Informationen.

7.5.3   Quick Check: Wichtige Features von Telematiksystemen

Abbildung 7.20   Quick Check: Wichtige Features von Telematiksystemen

✔	Fahrzeugortung
✔	Tourenplanung
✔	Navigation
✔	Kommunikation Fahrer/Zentrale
✔	Fahrzeugmanagement
✔	Fahrerdaten/Personalmanagement
✔	Auftragsabwicklung
✔	Schnittstellen (z.B. Speditionssoftware)
✔	Digitaler Tachograf
✔	Remote Download
✔	Reporting

Literatur

ten Hompel, M., Heidenblut, V. (2011): Definition „Telematik". Logipedia.
http://www.logipedia.de/lexikon/telematik/, zugegriffen am 22.10.2016

o. V. (2016): Telematikwissen. Steinbeis-Transferzentrum Telematik. http://telematikwissen.de/
basiswissen/aufgaben-und-nutzen-im-flottenbetrieb/, zugegriffen am 19.02.2018

7.6 Transportausschreibung

Viele Unternehmen (Verlader) entscheiden sich für die Durchführung logistischer Dienstleistungen, meist Transportbedarfe, durch Logistikdienstleister (Fremdvergabe) und schreiben diese Leistungen aus.

7.6.1 Möglichkeiten der Vergabe logistischer Dienstleistungen

Bei der Fremdvergabe gibt es grundsätzlich drei Möglichkeiten: die der kurzfristigen einmaligen Vergabe, die der längerfristigen Vergabe einfacher und die der längerfristigen Vergabe komplexer logistischer Dienstleistungen (siehe dazu **Abbildung 7.20**).

Abbildung 7.20 Möglichkeiten der Vergabe logistischer Dienstleistungen
(Quelle: in Anlehnung an Clausen 2013, S. 83)

Möglichkeiten der Vergabe logistischer Dienstleistungen		
Fristigkeit	Komplexität	Art der Verhandlung
Kurzfristig/einmalig	Gering	Kurzfristige Vereinbarung → Spotmarkt → meist Transportaufträge
Langfristig	Gering	Rahmenvertrag langfristige Vereinbarung → grob planbar → einfache Transport- und Lageraufgaben
Langfristig	Hoch	Langfristiger Rahmenvertrag → Kontraktlogistik

Bei der erstgenannten Variante wird auch von Spotmarkt gesprochen, auf dem kurzfristig abzuwickelnde Gütermengen gehandelt und freie Kapazitäten angeboten werden, die kurzfristig zur Verfügung stehen. Die zweite Variante ist zumindest grob planbar, umfasst aber ebenfalls bei geringer Komplexität meist langfristige Transport-, zum Teil aber auch Lageraufgaben.

Für diese beiden Varianten wird im Folgenden die Vorgehensweise bei der Fremdvergabe beschrieben. Die dritte in Tabelle 2.6 dargestellte Variante, die langfristige Vergabe komplexer logistischer Dienstleistungen, ist im Rahmen der Kontraktlogistik anzutreffen (Clausen 2013, S. 83).

7.6.2   Transportausschreibung in der Praxis

Frachtführer und Spediteure nutzen häufig Frachtenbörsen zum Angebot und zur Vergabe kurzfristiger Aufträge. Solche Frachtenbörsen sind als virtuelle Marktplätze im Internet realisiert. Eine Partnerschaftsvereinbarung wird dabei in der Regel nicht abgeschlossen. Preise werden häufig telefonisch oder über die Seiten des Internetportals auf Basis tagesaktueller Sätze vereinbart. Teilweise besteht auch die Möglichkeit, eine reverse Auktion durchzuführen. Dabei wird – ausgehend von einem Startpreis – abwärts geboten. Hat ein Anbieter Qualität und Preiskriterien erfüllt, erhält er den Zuschlag für die ausgeschriebene Leistung (vgl. Wannenwetsch 2004, S. 223). Verlader nutzen dagegen eher elektronische Marktplätze für Transport und Logistikdienstleistungen, welche zwar ebenfalls für die Auftragsvergabe auf dem Spotmarkt einsetzbar, jedoch in erster Linie für komplexere Geschäfte gedacht sind (Clausen 2013, S.84).

Die Betreiber solcher Frachtenbörsen oder elektronischen Marktplätze sind häufig neutrale Intermediäre, die mit einem entsprechenden technischen Know-how ausgestattet sind, um eine sichere und stabile Funktion gewährleisten zu können. Es existieren unterschiedliche Preismodelle, von völlig kostenfrei über eine monatliche Gebühr bis hin zu einem vom Frachtvolumen abhängigen Preismodell (vgl. Hausladen 2016, S. 220).

Die Nutzung der elektronischen Transportausschreibung bzw. von Frachtenbörsen bringt sowohl für Verlader als auch für Logistikdienstleister Vorteile. Während die Verlader dadurch eine hohe Markttransparenz erhalten und gegebenenfalls ihre Logistikkosten senken können, kann der Logistikdienstleister freie Kapazitäten auslasten, unter Umständen Leerfahrten vermeiden, gleichzeitig positive ökologische Effekte erzielen und zusätzliche Einnahmen generieren (vgl. Clausen 2013, S. 86 ff).

7.6.3   Überlegungen vor der Nutzung einer Frachtenbörse

Vor der Entscheidung für die Teilnahme an einer oder mehreren Frachtenbörsen sind grundsätzliche Überlegung anzustellen und Fragen zu klären:

Zunächst einmal muss geklärt werden, ob die Lösung als Stand-alone-Lösung oder in den bestehenden Applikationen integriert laufen soll. Weiter spielt der Abdeckungsgrad eine wichtige Rolle: Soll die Lösung lediglich in Europa oder auch in anderen Regionen oder gar weltweit eingesetzt werden?

Welche Transportarten sollen mit der Lösung abgedeckt werden: Komplettladungen, Sammelguttransporte, Expressverkehre, Teilpartien oder andere?

Bezüglich der Nutzerfreundlichkeit und Effizienz ist besonders auf eine einfache Übernahme bestehender Daten zu achten. Teilweise können Tarifdaten und Preislisten aus den Systemen von Schifffahrtslinien, Fluglinien, Paketdiensten oder Speditionen übernommen werden. Bei diesen Systemen handelt es sich um anbietereigene Transportmanagement-Lösungen, ERP-Lösungen oder fremde Transportmanagement-Lösungen. Die zu übernehmenden Daten können z. B. Tarifdaten, Transportvolumen auf bestimmten Strecken oder bereits durchgeführte Transportaufträge sein. Die Daten für die Ausschreibung lassen sich konsolidiert nach Tagen, Wochen oder Monaten oder unkonsolidiert übernehmen. Die Konsolidierung kann im Vorfeld durchgeführt werden oder in der Anwendung selbst erfolgen. Als Schnittstellen für die Datenübernahmen können Standardschnittstellen fungieren oder aber eine Aufbereitung in MS-Excel notwendig sein. Auch eine manuelle Erfassung ist denkbar, entspricht aber sicher nicht den zeitgemäßen Anforderungen an eine Business Software.

Die Kommunikation zwischen dem ausschreibenden Verlader und dem Logistikdienstleister erfolgt entweder online über direkte Mailansprache oder durch Zusendung einer E-Mail mit Dateianhang zur Datenpflege. Der Logistikdienstleister erhält Informationen zu Zeitraum, Strecken/Linien, Volumen, Verkehrsträgern und Ausstattungsanforderungen, wie zum Beispiel Fahrzeuge/Container, sowie gegebenenfalls zu besonderen geforderten Fähigkeiten.

Die Beantwortung der Ausschreibung durch den Logistikdienstleister kann offline über ein lokal zu installierendes Submodul, offline über eine Excel-Datei oder online direkt in der Applikation erfolgen. Teilweise genügt es, nur Teilbereiche der geforderten Fragen zu beantworten, in manchen Fällen müssen auch alle Fragen beantwortet werden, um eine korrekte Auswertung zu ermöglichen. Mitunter macht es Sinn, Ausschreibungen zu wiederholen, was die Software gewährleisten sollte.

Ein wesentlicher Punkt ist die Auswertung der Ausschreibung. Hier werden verschiedene technische Möglichkeiten angeboten, nämlich die der einfachen Listenform, über Grafiken, als Exportdatei zur Auswertung, z. B. in MS-Excel, oder über ein eigenes Auswertungsmodul. Wichtig ist ebenfalls die Frage nach den Kriterien, nach denen ausgewertet werden kann, also z. B. Anbieter, Zeitraum, Regionen, Verkehrsträger, Ausstattungen, Fähigkeiten etc. Die Ermittlung des bestmöglichen Vertragspartners kann über die einfache Strecke, eine Kombination von Strecken, die prozentuale Verteilung auf mehrere Vertragspartner oder als Kombination dieser Kriterien erfolgen.

Soll ein Disponent mehrere Ausschreibungen betreuen, ist insbesondere darauf zu achten, dass er durch Software Tools unterstützt werden kann, die nach festen Vorgaben eigenständig im Auktionsprozess aktiv werden. Diese intelligenten Bietagenten ermöglichen es den Disponenten, an verschiedenen Auktionen teilzunehmen, ohne ständig online zu sein (vgl. Wannenwetsch 2004, S. 228).

7.6.4   Quick Check: Wichtige Features von Transportausschreibungssystemen

Abbildung 7.21   Quick Check: Wichtige Features von Transportausschreibungssystemen

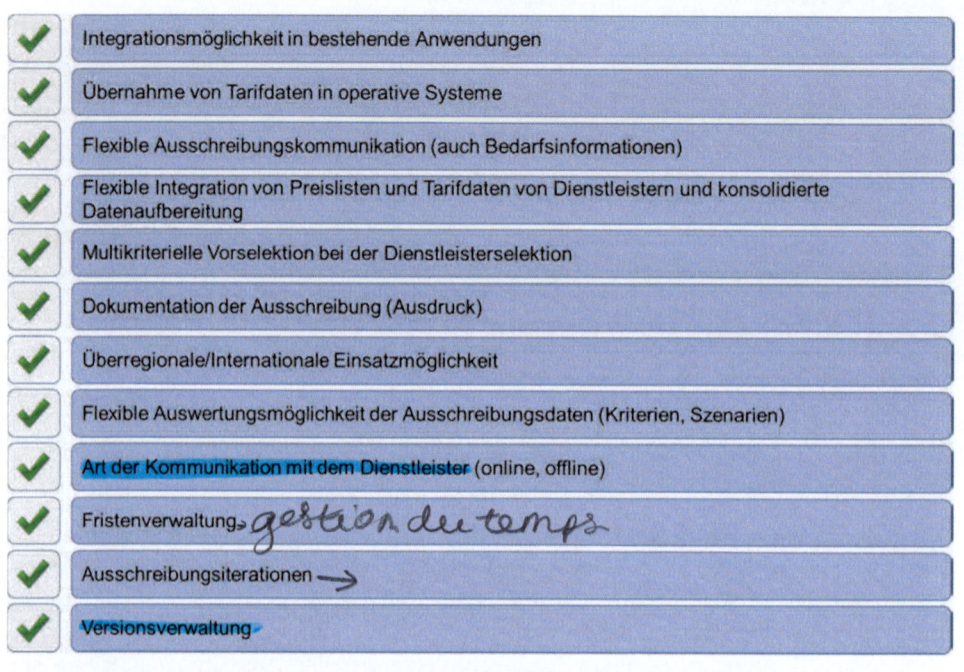

- ✓ Integrationsmöglichkeit in bestehende Anwendungen
- ✓ Übernahme von Tarifdaten in operative Systeme
- ✓ Flexible Ausschreibungskommunikation (auch Bedarfsinformationen)
- ✓ Flexible Integration von Preislisten und Tarifdaten von Dienstleistern und konsolidierte Datenaufbereitung
- ✓ Multikriterielle Vorselektion bei der Dienstleisterselektion
- ✓ Dokumentation der Ausschreibung (Ausdruck)
- ✓ Überregionale/Internationale Einsatzmöglichkeit
- ✓ Flexible Auswertungsmöglichkeit der Ausschreibungsdaten (Kriterien, Szenarien)
- ✓ Art der Kommunikation mit dem Dienstleister (online, offline)
- ✓ Fristenverwaltung *gestion du temps*
- ✓ Ausschreibungsiterationen →
- ✓ Versionsverwaltung

Literatur

Clausen, U., Geiger, C. (Hrsg) (2013): Verkehrs- und Transportlogistik. Springer, Berlin/Heidelberg

Hausladen, I. (2016): IT-gestützte Logistik. Springer Gabler, Wiesbaden

Wannenwetsch, H. (2014): Integrierte Materialwirtschaft, Logistik und Beschaffung. Springer, Berlin/Heidelberg

7.7   Fuhrparkmanagement

Von Fuhrpark oder Flotte spricht man, wenn eine höhere Anzahl von Verkehrsmitteln umfassend unter einer zentralen Leitung steht. Unter Fuhrpark- oder Flottenmanagement versteht man das Verwalten, Planen, Steuern und Kontrollieren eines Fuhrparks. Die Fahrzeuge setzen sich zusammen aus Lkw, Pkw, Schiff, Bahn oder auch Bus. Die Aufgabe des

Flottenmanagements besteht darin, für die Erfüllung vorgegebener logistischer Ziele eine Flotte ausreichender Kapazität und Qualität zu beschaffen und vorzuhalten, die Nutzung der Flotte zu gewährleisten und zur Kostenminimierung des Betriebs beizutragen.

7.7.1 Ziele und Funktionsumfang von Fuhrparkmanagement-Systemen

Ziele des Fuhrparkmanagements sind unter anderem die vollständige Dokumentation der Instandsetzung, eine Übersicht über die Kosten, das Berichtswesen und die Dokumentation der Fahrleistung (**Abbildung 7.22**). Häufig werden IT-Lösungen für das Fuhrparkmanagement ergänzt durch GPS-Funktionen. Daten aus dem Global Positioning System, rechnergestützte Auftragsvorschläge und digitale Darstellungen unterstützen den Disponenten und ermöglichen eine optimierte Wegstreckenplanung und damit verbunden Kostensenkungen. Weiter können solche Lösungen die Überwachung, Steuerung und Kontrolle des Fuhrparks unterwegs umfassen.

Abbildung 7.22 Funktionen im Fuhrparkmanagement

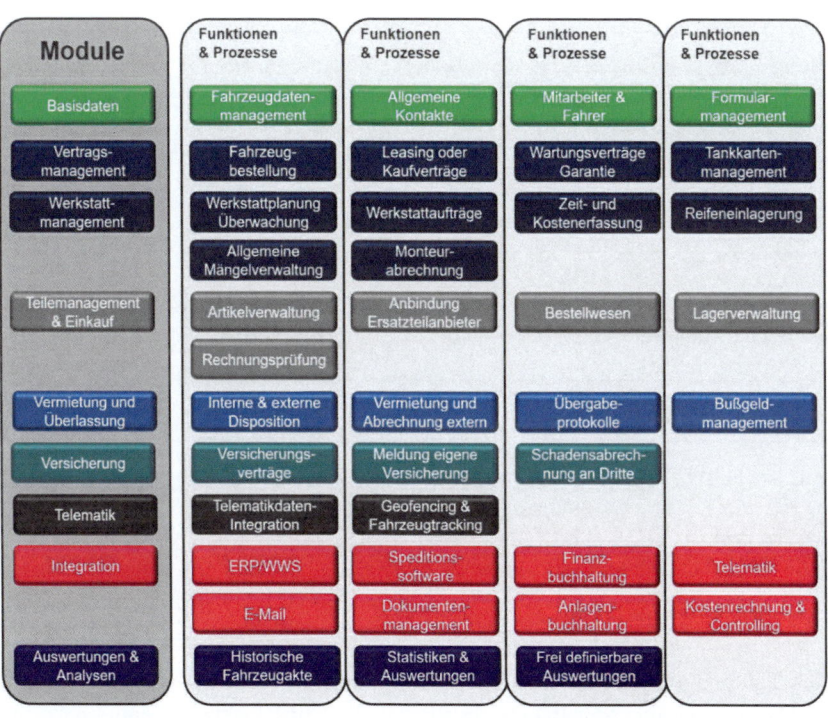

Man kann das Fuhrparkmanagement trennen in ein eher technisch orientiertes (Instandhaltung, Ausrüstung, Fahrzeugleittechnik), ein eher funktional orientiertes (Einsatzplanung, Bestandsoptimierung, Stammdatenpflege etc.) und ein eher betriebswirtschaftlich orientiertes Management (Schnittstellen zur Anlagenbuchhaltung, Kostenrechnung, Tankkartenverwaltung).

Im Folgenden wird zur Veranschaulichung dieser Systematisierung am Beispiel von Musterprozessen der mögliche Funktionsumfang von Fuhrparkmanagement-Systemen (**Abbildung 7.23**) dargestellt. Wir beginnen mit dem funktionalen Fuhrparkmanagement.

Abbildung 7.23   Prozessablauf des funktionalen Fuhrparkmanagements

Im technischen Fuhrparkmanagement (**Abbildung 7.24**) finden sich Teilprozesse von der Fahrzeugauswahl bis zur Abwicklung des Wartungsauftrags.

Abbildung 7.24   Teilprozess des technischen Fuhrparkmanagements

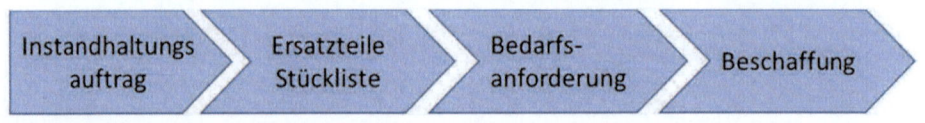

Im betriebswirtschaftlichen Fuhrparkmanagement (**Abbildung 7.25**) finden sich Teilprozesse, die die monetären Auswirkungen und Beschaffungsprozesse umfassen.

Abbildung 7.25   Teilprozess des betriebswirtschaftlichen Fuhrparkmanagements

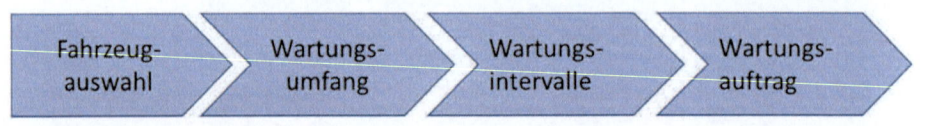

Ist im Fahrzeug neben dem Datenlogger, der lediglich die Positionsdaten per GPS erfasst, auch ein Fahrzeugdiagnosesystem vorhanden, dann lassen sich On-Board-Diagnosen abfragen. Dadurch können zusätzlich zum Profil der zurückgelegten Fahrstrecke auch die jeweilige Fahrsituation und der Betriebszustand des Fahrzeugs überwacht werden. Ein zusätzlich installierter Beschleunigungssensor liefert Daten über extreme Bremsbeschleunigungsmanöver. Wurden zuvor Grenzwerte definiert, kann eine Überschreitung per SMS gemeldet werden. Interessante Werte, die durch diese Geräte erfasst werden, sind zum Beispiel die Fahrzeuggeschwindigkeit, die Motordrehzahl, die Kühlmitteltemperatur, der Fehlerspeicher und der Kraftstoffverbrauch. Man sollte bei der Erhebung dieser Daten allerdings berücksichtigen, dass eine solch umfassende Überwachung zu persönlichkeitsrechtlichen Beeinträchtigungen führen kann.

Die große Bandbreite der zur Verfügung gestellten Funktionalitäten erfordert gerade im Bereich des Fuhrparkmanagements eine intensive Auseinandersetzung mit im Unternehmen bestehenden und geplanten Prozessen. Das beginnt zunächst damit, dass man klar definiert, welche Arten von Equipment verwaltet werden sollen. Dies können neben Pkw und Transporter natürlich Lastkraftwagen sein als sogenannte ziehende Einheiten. Dazu kommen gezogene Einheiten wie Auflieger, Tank, Wechselbrücke oder Anhänge.

Neben den Equipment-Arten muss auch definiert werden, welche Stammdaten überhaupt benötigt und welche Daten davon in der Lebenslaufakte des Equipments verwaltet werden müssen.

Von besonderer Bedeutung ist die mögliche Integration durch Schnittstellen in andere IT-Anwendungen des Unternehmens. Das können die Kostenrechnung, die Anlagenbuchhaltung oder das Beschaffungswesen sein. Auch die Integration in Tankkartensysteme ist gegebenenfalls zu prüfen.

Um das Equipment möglichst ausfallfrei vorzuhalten, müssen die Themen Wartung und Instandhaltung intensiv beleuchtet werden. Neben der präventiven Wartung, die gegebenenfalls nach Laufleistung oder nach remote abgerufenen Fahrzeug- und Verschleißdaten durchgeführt wird, können Sicherheitsüberprüfungen wie TÜV oder AU oder auch frei definierbare Fahrzeugüberprüfungen eingeplant werden. Vielleicht bestehen sogar Standardschnittstellen zu Ersatzteilsystemen. Die Terminplanung selbst kann entweder eigenständig oder als Teil der operativ integrierten Systeme durchgeführt werden. Für den Zeitraum der Wartungsmaßnahmen sollte das Equipment als nicht verfügbar gekennzeichnet werden.

Abschließend betrachten wir die Abrechnung und das Controlling rund um das Equipment. Während bei der Abrechnung zum Beispiel eine interne Leistungsabrechnung oder eine Mietabrechnung angezeigt sein kann, ist beim Controlling zu klären, welche Kostenarten verwaltet und ausgewertet werden sollen. Das können Fixkosten oder variable Kosten, also Verbrauchskosten, sein. Dazu kommen theoretisch noch Leasing-, Finanzierungs- und Wartungskosten, Versicherung, Maut, Tankkarten und andere mehr.

Last but not least stellt sich die Frage nach Auswertungen und Dokumenten: Benötigt das Unternehmen Wartungs- und Schadensberichte, Schadensmeldungen, die Historie des Equipments oder anderes? In diesem Zusammenhang kann es sinnvoll sein, innerhalb des Fuhrparkmanagement-Systems frei definierbare Auswertungstools und wenigstens minimale Dokumentenverwaltungsfunktionen anzubieten, um zum Beispiel eingescannte Dokumente und Bilder gemeinsam mit den Berichten abzulegen.

7.7.2   Quick Check: Wichtige Features von Fuhrparkmanagement-Systemen

Abbildung 7.26   Quick Check: Wichtige Features von Fuhrparkmanagement-Systemen

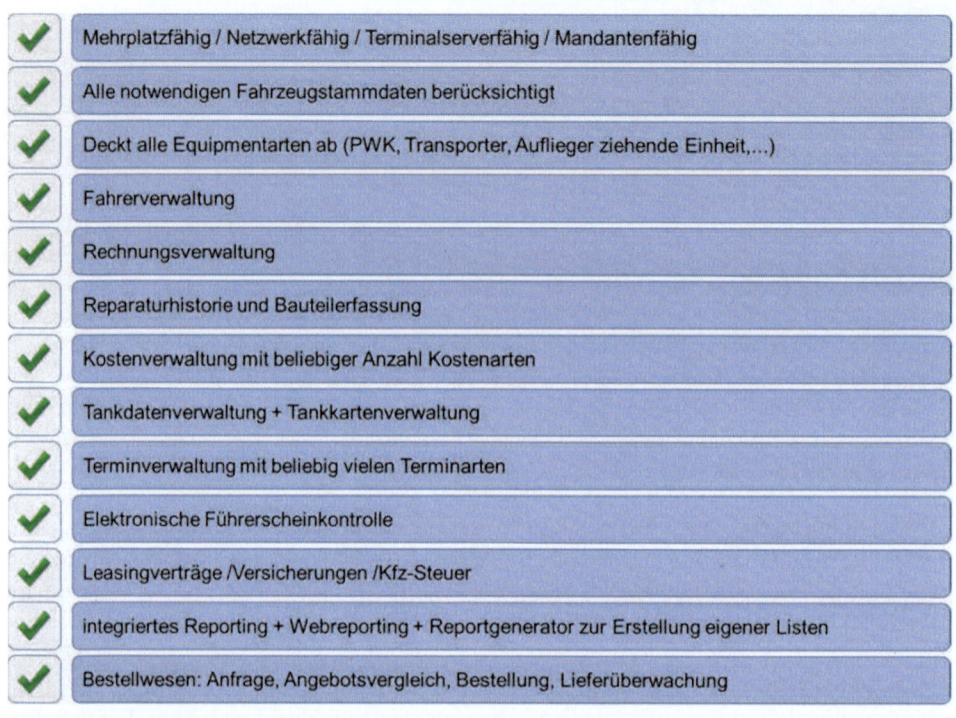

- Mehrplatzfähig / Netzwerkfähig / Terminalserverfähig / Mandantenfähig
- Alle notwendigen Fahrzeugstammdaten berücksichtigt
- Deckt alle Equipmentarten ab (PWK, Transporter, Auflieger ziehende Einheit,...)
- Fahrerverwaltung
- Rechnungsverwaltung
- Reparaturhistorie und Bauteilerfassung
- Kostenverwaltung mit beliebiger Anzahl Kostenarten
- Tankdatenverwaltung + Tankkartenverwaltung
- Terminverwaltung mit beliebig vielen Terminarten
- Elektronische Führerscheinkontrolle
- Leasingverträge /Versicherungen /Kfz-Steuer
- integriertes Reporting + Webreporting + Reportgenerator zur Erstellung eigener Listen
- Bestellwesen: Anfrage, Angebotsvergleich, Bestellung, Lieferüberwachung

7.8   Warehouse Management

Unter Warehouse Management versteht man deutlich mehr als lediglich die bloße Ein- und Auslagerung von Gütern oder die Bestandsverwaltung. Deshalb muss man die Begriffe Warehouse Management und Lagerverwaltung unterscheiden.

7.8.1   Basisfunktionen von Warehouse-Management-Systemen

Die große Vielfalt an Anforderungen an die Lagerung und an Mehrwertdienste (Value Added Services) haben dazu geführt, dass Warehouse-Management-Systeme (**Abbildung 7.27**) mit beachtlichem Funktionsumfang auf dem Markt erhältlich sind. Bei der Auswahl spielen neben der Systemtechnik die verwendeten Stammdaten und dynamische Operationen wie Ein- und Auslagerung sowie Zusatzfunktionen eine wesentliche Rolle.

Abbildung 7.27   Basismerkmale von Warehouse-Management-Systemen

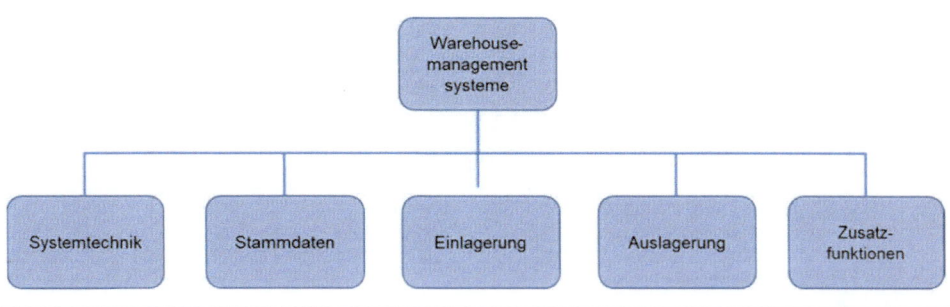

Durch das zur Verfügung stehende Datenmodell wird unter anderem eine Mandantenfähigkeit ermöglicht, das heißt, dass mit einem System die Artikel mehrerer Kunden verwaltet werden können. Zusätzlich umfassen die Basisfunktionen spezifische Berechtigungen der Anwender des Warehouse-Management-Systems sowie die Verwaltung unterschiedlicher Lagertypen, -plätze und Standorte. Natürlich sind die Artikelstammdaten selbst, die Bestandsverwaltung, die Ladehilfsmittelverwaltung, Maßeinheiten und das Event Handling von Bedeutung.

7.8.2   Funktionen im Bereich der Einlagerung

Eine weitere wichtige Funktionalität im Bereich der Einlagerung ist die automatische Vergabe von Einlagerungsplätzen (**Abbildung 7.28**). Dabei können unterschiedliche Kriterien herangezogen werden, zum Beispiel eine Prioritätensteuerung, eine Steuerung über ABC-Kriterien, nach Materialgruppe oder -klasse, nach erforderlichen Lagerbedingungen, nach Gewicht, Höhe, nach Abmaß der Grundfläche oder aber unter Berücksichtigung von Zusammenlagerungsverboten.

Abbildung 7.28   Kriterien für eine automatische Lagerplatzvergabe bei der Einlagerung (Auszug)

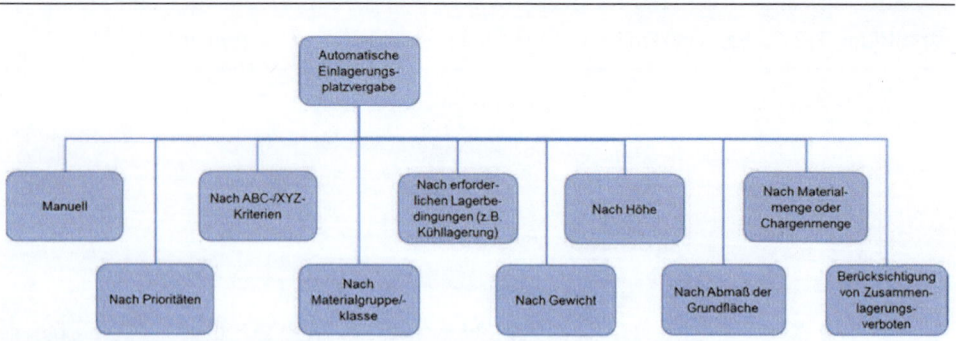

Auch die Formen der Einlagerung im System müssen berücksichtigt werden: Eine Einlagerung kann erfolgen auf einem freien Lagerplatz, als Zulagerung auf bereits teilbelegten Lagerplätzen oder die Einlagerungsmenge wird verteilt auf mehrere Lager und Lagerplätze.

7.8.3   Funktionen im Bereich der Auslagerung

Bei der Auslagerung gelten Kriterien wie LIFO, FIFO oder Mindesthaltbarkeitsdatum. Eine weitere Funktionalität kann die Vermeidung von Anbrüchen sein, indem beispielsweise ein Fahrauftrag für Stapler oder aber ein Kommissionierauftrag generiert wird. Die Kommissionierung macht u. U. eine Einführung beleglorer Kommissioniersysteme wie zum Beispiel Pick by Voice, Pick by Light oder Pick by Vision erforderlich. Der Bereich Auslagerung berührt auch Fragen der Verpackung und gegebenenfalls muss eine Schnittstelle hin zum Transportmanagement angeboten werden.

7.8.4   Zusatzfunktionen eines Warehouse-Management-Systems

Zusatzfunktionen können zum Beispiel ein Dokumentenmanagement, ein Leergutmanagement, Retourenmanagement, Cross Docking, Umlagerungen, Chargenverwaltung oder Seriennummernverfolgung sein. Das verdeutlicht, welche zentralen Funktionen mit unterschiedlichsten Schnittstellen zu vor- und nachgelagerten Systemen ein Warehouse-Management-System umfassen muss (**Abbildung 7.29**).

Abbildung 7.29   Wichtige Zusatzfunktionen von Warehouse-Management-Systemen

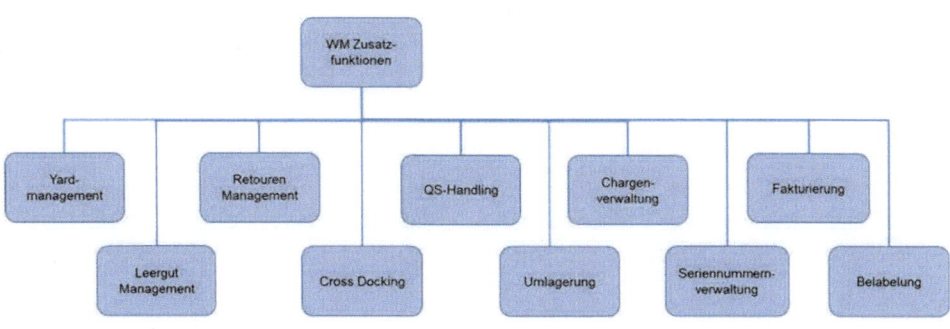

7.8.5   Schnittstellen

Die hohe Anzahl über die klassische Lagerei hinausgehender Zusatzfunktionen verdeutlicht, welch zentrale Bedeutung ein Warehouse-Management-System einnimmt und welche Anforderungen daran gestellt werden können. **Abbildung 7.30** stellt dies anhand der möglichen Schnittstellen zu anderen betrieblichen Anwendungssystemen zusammengefasst dar.

Abbildung 7.30   Mögliche Schnittstellen zu Warehouse-Management-Systemen

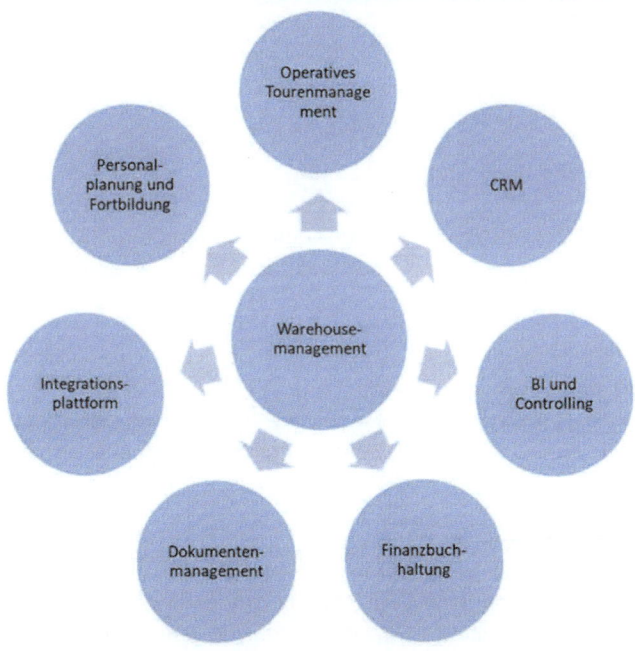

So besteht eine Schnittstelle zu einem CRM-System, wenn Kundenaufträge direkt in Kommissionierungs- und Auslagerungsaufträge umgesetzt werden sollen. Sinnvoll ist natürlich eine Koppelung zum operativen Transportmanagement, um dort den Disponenten das Zusammenstellen von Fahrzeugen mit Lieferungen und Touren direkt zu ermöglichen. Wie bereits angedeutet, wird die Masse der in Geschäftsprozessen anfallenden Belege und Dokumente zunehmend mit Dokumentenmanagement-Systemen verwaltet und archiviert, weshalb auch hier eine Schnittstelle angezeigt sein kann.

Wichtige Schnittstellen betreffen die Bereiche Finanzen und Personal. Die Lageristen müssen kapazitiv eingeplant und gegebenenfalls leistungsorientiert bezahlt werden. Der Warenein- und -ausgang führt zu einer Veränderung des Bestands und schließlich zu einer buchhalterischen Berücksichtigung über die Bestandsbewertung. Für die Unternehmenssteuerung und -planung wichtig sind Kennzahlen, die über die operativen Prozesse im Lager generiert werden. Business-Intelligence-Systeme sammeln Daten aus heterogenen Systemlandschaften und können über eine grafische Darstellung – und damit auch über Lagerkennzahlen – die Performance der kompletten Supply Chain aufzeigen.

Bei einer vorliegenden, stark heterogenen IT-Landschaft im Unternehmen und bei digitaler Integration von Systemen von Geschäftspartnern kann der Einsatz einer Integrationsplattform notwendig werden. Eine Integrationsplattform fungiert als Information Broker und würde ein Warehouse Management mit internen und externen IT-Systemen verbinden und damit die Abbildung komplexer Geschäftsprozesse ermöglichen.

7.8.6   Drohnen im Lager - echt digital!

Die Inventurerstellung im Lager ist bis dato sehr personalaufwendig. Kein Wunder, denn lange Lagerreihen mit Handscanner abzulaufen, ist nicht einfach. Gerade fertig, stellen sich bereits neue Herausforderungen.

Mit dem Aufkommen von Drohnen entstand die Idee, diese einfach durchs Lager fliegen zu lassen und durch Fotografieren der Barcodes auf den Paletten für die Inventur zu nutzen (**Abbildung 7.31**). Mittlerweile ist das möglich: Drohnen mit Kameras an allen Seiten erstellen quasi per Foto die Inventur, in einem Bruchteil der Zeit, die ein Mensch dafür benötigen würde.

Hört sich im ersten Moment nach einer guten Lösung an, wenn da nicht noch ein Haken wäre, denn das Ganze funktioniert nur mit vollen Paletten: Leider kann eine Kamera nicht erkennen, wie viele Einzelprodukte oder Kartons auf einer angebrochenen Palette stehen. Auch, wenn vorne eine volle Palette steht und dahinter noch eine angebrochene, hilft das Foto kaum weiter.

Eine andere Möglichkeit für den Einsatz von Drohnen bietet die Analyse von Fotos z.B. eines Leergut-Außenlagers. Stapelt man mehrere gleiche Verpackungen gemeinsam in vordefinierten Zonen, ist es möglich, auf Basis des Bildes, der Daten der Verpackungen und der zugeordneten Stellbereiche die Anzahl der vorhandenen Verpackungen zu ermitteln.

Ob alle Verpackungen noch brauchbar sind, ist natürlich nicht zu erkennen, aber das mühsame Zählen kann man sich schon einmal sparen.

Abbildung 7.31   Drohne im Lager (Quelle: Shutterstock)

Man stelle sich diese Lösung z.B. im Getränkehandel oder bei Getränkeherstellern vor, die sich regelmäßig die Frage stellen, wie viele Kästen denn nur wirklich auf dem eigenen Hof stehen. Wer solch ein Lager schon einmal besichtigt hat, dem ist klar, wie aufwendig dieser Zählvorgang ist. Eine Erleichterung durch das Zählen mit Drohnen wäre eine sehr erfolgreiche Lösung.

Einen gewichtigen Haken gibt es bei diesen Ideen aber noch: die Kosten in Kombination mit der Nutzungsdauer. Denn bei einer jährlichen Inventur lohnt sich die Anschaffung aktuell kaum, weswegen es auch Anbieter gibt, die diese Aufgabe mit eigenen Drohnen und deren Software als Dienstleistung vornehmen.

Auf jeden Fall sollte man diese Art von Drohneneinsatz im Auge behalten. Es bleibt interessant zu sehen, wann man Drohnen wirklich in der Masse kostengünstig einsetzen kann.

7.8.7 Quick Check: Wichtige Features von Warehouse-Management-Systemen

Abbildung 7.32 Quick Check: Wichtige Features von Warehouse-Management-Systemen

7.9 Zoll

Zölle sind Instrumente der Außenhandelspolitik (**Abbildung 7.33**). Man unterscheidet zwischen Einfuhr-/Import-, Durchfuhr-/Transit- und Ausfuhr-/Exportzöllen. In den meisten Fällen ist mit dem Begriff Zoll ein Einfuhrzoll gemeint, deshalb wird er in diesem Abschnitt näher betrachtet. Durch den Einfuhrzoll kann ein Staat Devisen gewinnen (Finanzzoll) oder heimische Wirtschaftsunternehmen vor ausländischer Konkurrenz schützen (Schutzzoll).

Weil es im Sinne eines Landes ist, Waren an das Ausland zu verkaufen und dadurch Einnahmen zu erzielen, werden Ausfuhrzölle nur selten erhoben. Trotzdem gibt es Fälle, in denen Ausfuhrzölle zum Tragen kommen. Dies betrifft insbesondere Entwicklungsländer, die verhindern wollen, dass knappe Güter exportiert werden, die dringend im eigenen Land gebraucht werden. Als weiteres Beispiel wären begehrte Rohstoffe zu nennen, die sich trotz einer Zollbelastung gut auf dem Weltmarkt verkaufen lassen. Die Einnahmen aus den Ausfuhrzöllen werden in den Ländern dringend benötigt.

Abbildung 7.33   Zollabwicklung (Quelle: Shutterstock)

7.9.1   Einfuhrzölle in Deutschland

Die Einfuhr von Waren aus einem Nicht-EU-Land (Drittland) in die EU muss grundsätzlich beim Zoll angemeldet werden. Zur Ermittlung des Zollsatzes beim Import erhält jedes Objekt eine Tarifnummer. Der Zolltarif gibt die Höhe der Zollsätze an, die überwiegend vom Zollwert der einzelnen Waren bei der Einfuhr prozentual erhoben werden. Der Zolltarif ist der gemeinsame Zolltarif der EG (ZT) (Brandenburg et al. 2008, S. 507). Durch ihn wird die Ware einem bestimmten Zollsatz zugeordnet, welcher wiederum die Grundlage für den zu zahlenden Zollbetrag ist. Der für die Einfuhr geltende Zollsatz kann im Online-Portal TARIC kostenlos über folgende URL ermittelt werden: http://ec.europa.eu/taxation_customs/dds2/taric/taric_consultation.jsp?Lang=de

Wird die Ware als zollpflichtig erkannt oder kann sie nicht abschließend beurteilt werden, wird sie vom Zoll in Verwahrung genommen. Der Empfänger oder ein Bevollmächtigter muss dem Zoll die erforderlichen Unterlagen bereitstellen und ggf. die Zollzahlung leisten, um Ware ausgehändigt zu bekommen. Ein Bevollmächtigter kann z. B. die Deutsche Post oder ein beauftragter Logistikdienstleister sein.

7.9.2   Das IT-Verfahren ATLAS

Die Zollabwicklung im nationalen, noch mehr aber im internationalen Warenverkehr wurde in der Vergangenheit immer stärker durch den Einsatz verschiedener IT-Verfahren geprägt. Diese einschlägigen Verfahren wurden in Deutschland durch das elektronische IT-

Verfahren ATLAS zu einer einheitlichen Lösung und Anwendung zusammengeführt (Brandenburg et al. 2008, S. 510).

ATLAS (Automatisiertes Tarif und Lokales Zollabwicklungssystem) gewährleistet die weitgehend automatisierte Abwicklung und Überwachung des grenzüberschreitenden Warenverkehrs. In der Folge seiner Einführung reduzierte sich das Papieraufkommen, Qualität und Effizienz der Arbeit der Zollstellen stiegen und die betreffenden Prozesse für die beteiligten Unternehmen wurden effizienter abgewickelt. Unterstützt wird dies durch eine zentrale Pflege von Software und Stammdaten. Mittels ATLAS werden Anmeldungen zum Verbringen von Waren und deren anschließende Überführung in ein Zollverfahren sowie Verwaltungsakte elektronisch verarbeitet. Der Beteiligte erhält die Möglichkeit, Zollformalitäten elektronisch in seine Warenwirtschafts- oder ERP-Systeme zu integrieren. So kann er neben der Übermittlung von summarischen Eingangs- und Ausgangsanmeldungen auch Zollanmeldungen, z. B. zur Überführung von Waren,

- in den zollrechtlich freien Verkehr,

- in die aktive Veredelung,

- in das Umwandlungsverfahren,

- in ein Zoll-Lagerverfahren,

- in ein Versandverfahren oder

- in das Ausfuhrverfahren

elektronisch erfassen und diese in elektronischer Form an die Zollstelle übermitteln. Im Anschluss erhält er auf dem gleichen Weg sowohl die Entscheidung der Zollstelle und den Bescheid über Einfuhrabgaben als auch die Festsetzung/Anerkennung von Bemessungsgrundlagen. Auf die Vorlage von Unterlagen wie Rechnungen oder Präferenznachweisen kann dabei zum Zeitpunkt der Abfertigung weitestgehend verzichtet werden. ATLAS wird in ca. 350 Zollstellen von nahezu 6.000 Bediensteten der Zollverwaltung genutzt. Über 30.000 ATLAS-Teilnehmer geben monatlich ihre Anmeldungen elektronisch ab. Verarbeitet werden monatlich im Schnitt

- ca. 3,4 Mio. eingehende und 9,2 Mio. ausgehende Einfuhrnachrichten,

- ca. 6,0 Mio. eingehende und 8,5 Mio. ausgehende Ausfuhrnachrichten,

- ca. 760 Tsd. eingehende und 1,5 Mio. ausgehende Versandnachrichten

(Quelle: zoll.de, Stand: April 2016).

Der generelle Ablauf einer Überführung in den Zoll und steuerlich im Verfahren Verkehr mittels ATLAS stellt sich wie folgt dar (**Abbildung 7.34**) (Brandenburg et al. 2008, S. 510):

Abbildung 7.34   Zollverfahren (Quelle: Brandenburg et al. 2008, S. 510)

Datenerfassung und elektronische Datenübertragung	Zunächst erfolgt die Datenerfassung, d.h. die Zollantragsdaten werden in die Eingabemaske der Atlaszugangssoftware eingegeben. Nach der Einwahl ins Netz und der Freigabe durch die Passwörter erfolgt die elektronische Datenübertragung an den Atlasrechner der Zollbehörden.
Zollanmeldung und Plausibilitätsprüfung	Die Zollanmeldungen wird einer Plausibilitätsprüfung durch Atlas unterzogen, d.h., dass die Daten auf Vollständigkeit und Richtigkeit überprüft werden. Dabei werden sie in das zolleigene EDIFACT-System konvertiert und über das X400-Netz des Bundesfinanzministeriums an den Atlasrechner der betroffenen Zolldienststelle weitergeleitet.
Zuteilung Arbeitsnummer	Durch Atlas wird sowohl dem Teilnehmer als auch der zuständigen Dienststelle eine ATA- Nummer zugeteilt. Im Falle eines fehlerhaften Zollantrages erteilt ATLAS statt der Nummer eine Rückmeldung über den fehlerhaft erstellten Zollantrag.
Plausibilitätsprüfung zuständige Zollstelle	Sofern eine Arbeitsnummer erteilt wurde, erfolgt eine Plausibilitätsprüfung also Prüfung der Angaben auf Inhalt und Richtigkeit der Angaben durch die zuständige Dienststelle. Diese bereitet dann einen Bescheid vor.
Bescheid	Die Dienststelle entscheidet, gibt den Bescheid allerdings dem Teilnehmer nicht bekannt. Die Zolldienststelle hinterlegt Anordnungen Beschau im System sind lediglich dem Zollbeamten vor Ort ersichtlich.
Ware bei Zollamt gestellt	Die Ware wird durch ein Verkehrsmittel an den Abfertigungsschalter, zum Beispiel der Freizonengrenze beim Zollamt gestellt.
Überlassung der Sendung	Das Zollamt nimmt die Zollanmeldung an durch Nennung der ATA-Nummer und führt die im System hinterlegten, angeordneten Maßnahmen wie Beschau durch und überlässt die Sendung.
Übermittlung des Steuerbescheides	Abschließend erfolgt die Übermittlung des Steuerbescheides (als Atlas-Quittungen, Vergabe eines so genannten ATC-Nummer) per Bildschirmanzeige, der dann über einen internen Drucker ausgedruckt werden kann. Quelle: Brandenburg et al. (2008), S. 510

Unternehmen und Logistikdienstleister, die ihre Zollformalitäten elektronisch erledigen möchten, können mittels einer zertifizierten Software ihre Anmeldungen und Nachrichten an das IT-Verfahren der Zollverwaltung senden. Dazu müssen die Wirtschaftsbeteiligten zunächst bei der deutschen Zollverwaltung registriert werden. Sie erhalten zu diesem Zweck eine EORI-Nummer (Economic Operators' Registration and Identification), mit der sie eindeutig identifiziert werden können.

Dann muss eine geprüfte und zertifizierte Software eingesetzt werden, die Daten im EDIFACT (United Nations Electronic Data Interchange for Administration, Commerce and Transport)- oder im XML (Extensible Markup Language)-Format versenden und empfangen kann und die das Datenfernübertragungsprotokoll X.400 unterstützt.

Außerdem benötigt jeder Wirtschaftsbeteiligte eine BIN (Beteiligten-Identifikations-Nummer), die beim elektronischen Nachrichtenaustausch mit dem Zoll die handschriftliche Unterschrift ersetzt (Quelle: http://www.zoll.de/DE/Fachthemen/Zoelle/ATLAS/Voraussetzungen-Teilnahme/Allgemeines/allgemeines_node.html).

7.9.3   Beispiele wichtiger Funktionalitäten einer IT-Lösung für die Zollabwicklung mit ATLAS

Vor der Entscheidung für eine Zollsoftware sollte also zunächst darauf geachtet werden, dass der Anbieter eine entsprechende Zertifizierung für seine Lösung von der Zollbehörde erhalten hat und die technischen Voraussetzungen EDIFACT und X.400 erfüllt werden (s. o.).

Weiter ist zu prüfen, ob alle zollrelevanten Prozesse mit der Lösung abgebildet werden können, beispielsweise die Abwicklung aller Einfuhrarten wie Normalverfahren, vereinfachte Verfahren, freier Verkehr, Veredelungsverkehre (aktiv und passiv), Umwandlungsverfahren, Zoll-Lagerabwicklung usw.

Möglicherweise muss auch hier Mandantenfähigkeit oder Mehrsprachenfähigkeit vorliegen. Die Lösung sollte über alle notwendigen Schnittstellen zum führenden Warenwirtschafts- oder ERP-System verfügen, wobei vorab zu prüfen ist, ob die entsprechenden Zollfunktionalitäten nicht als Zusatzmodule für bestehende Systeme angeboten werden.

Eine ausreichende Anzahl an Referenzinstallationen sollte vorliegen und gegebenenfalls ein Referenzkundenbesuch vor der endgültigen Entscheidung geplant werden.

7.9.4   Quick Check: Wichtige Features von Zollabwicklungssystemen

Abbildung 7.35   Quick Check: Wichtige Features von Zollabwicklungssystemen

- ✔ ATLAS-Zertifizierung
- ✔ Integrationsmöglichkeit in bestehende Systeme
- ✔ Importabwicklung
- ✔ Exportabwicklung
- ✔ EZT Elektronischer-Zolltarif
- ✔ Präferenzkalkulation
- ✔ Lieferantenerklärungen
- ✔ Passive Veredelung
- ✔ Aktive Veredelung
- ✔ Zolllagerabwicklung
- ✔ Sanktionslistenprüfung (optional)
- ✔ Ausfuhrgenehmigungsverwaltung (optional)
- ✔ Produktklassifizierung Dual-Use (optional)

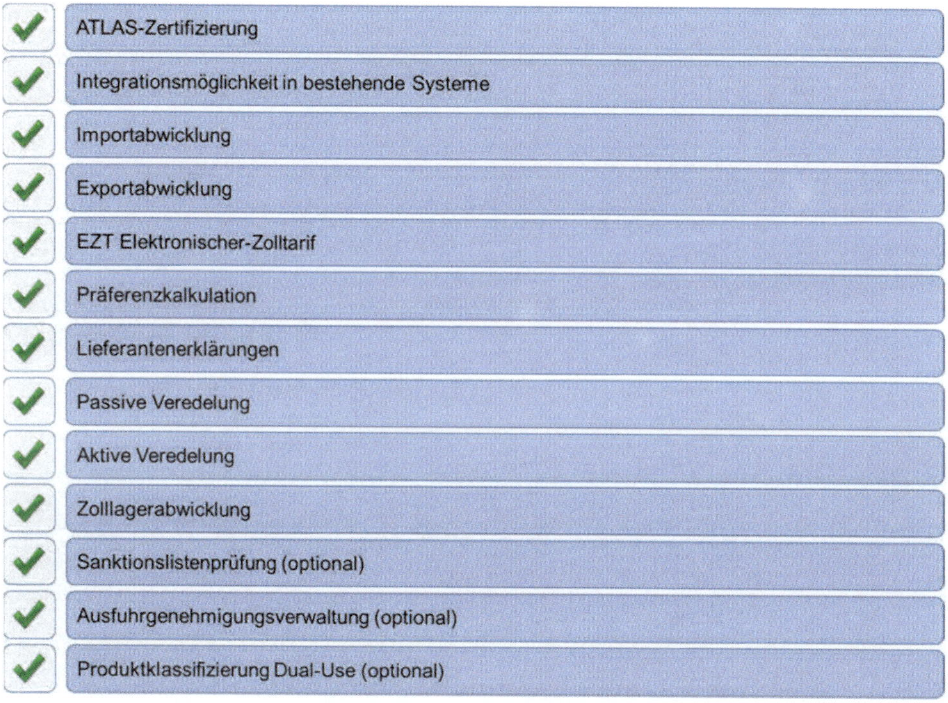

Literatur

Brandenburg, H., Gutermuth, J., Oelfe, D., Oelfke, W., Waschkau, S. (2008): Güterverkehr – Spedition – Logistik. Bildungsverlag EINS, Troisdorf

Zoll (2016): ATLAS – Voraussetzungen für die Teilnahme.
http://www.zoll.de/DE/Fachthemen/Zoelle/ATLAS/Voraussetzungen-Teilnahme/Allgemeines/allgemeines_node.html, zugegriffen am 22.10.2016

8 Branchenübergreifende Anwendungen

8.1 Beispielhafte branchenübergreifende Anwendungen

Während viele Anwendungen nur oder vorwiegend in bestimmten Branchen zum Einsatz kommen, gibt es auch zahlreiche Anwendungen, die völlig branchenübergreifend eingesetzt werden können.

Im nachfolgenden Kapitel sind einige beispielhafte Anwendungen aufgeführt, die einen Eindruck von den meist branchenübergreifend eingesetzten Softwarelösungen im Rahmen von Digitalisierungsprojekten geben sollen. Viele dieser Anwendungen haben branchenspezifische Zusatzfunktionen, welche von Unternehmen zu Unternehmen separat bewertet werden müssen.

8.2 Projektmanagement

8.2.1 Grundlagen Projektmanagement

Der Begriff Projektmanagement wird zwar sicher vielfach lediglich als Schlagwort bezeichnet, denn oftmals steckt hinter als „Projekt" bezeichneten Vorhaben in Unternehmen kein echtes und konsequent eingeführtes Projektmanagement. Dennoch gewinnt die Organisationsform des Projekts zunehmend an Bedeutung, da in Unternehmen und Behörden komplexe, innovative und einmalige Aufgaben zu realisieren sind (vgl. Madauss 2017, S. 2).

8.2.2 Definition Projekt

Ein Projekt zeichnet sich zunächst durch seine Einmaligkeit aus, d.h. eine Tätigkeit wird zum ersten Mal und wahrscheinlich auch nur dieses eine Mal durchgeführt, es handelt sich also nicht um eine Routinetätigkeit. Weiter bestehen eine klare Zielvorgabe und eine strikte Ressourcenbegrenzung zeitlicher, finanzieller und häufig auch personeller Art. In aller Regel sind Projekte komplex, was am Gesamtaufwand, der hohen Zahl Beteiligter und einem gewissen Risiko erkannt werden kann (**Abbildung 8.1**).

© Springer Fachmedien Wiesbaden GmbH, ein Teil von Springer Nature 2019
C. Groß und R. Pfennig, *Digitalisierung in Industrie, Handel und Logistik*,
https://doi.org/10.1007/978-3-658-26095-8_8

Abbildung 8.1   Kriterien für ein Projekt (Quelle: adaptiert nach Madauss 2017; mit
freundlicher Genehmigung von © Springer-Verlag GmbH Deutschland
2017. All Rights Reserved)

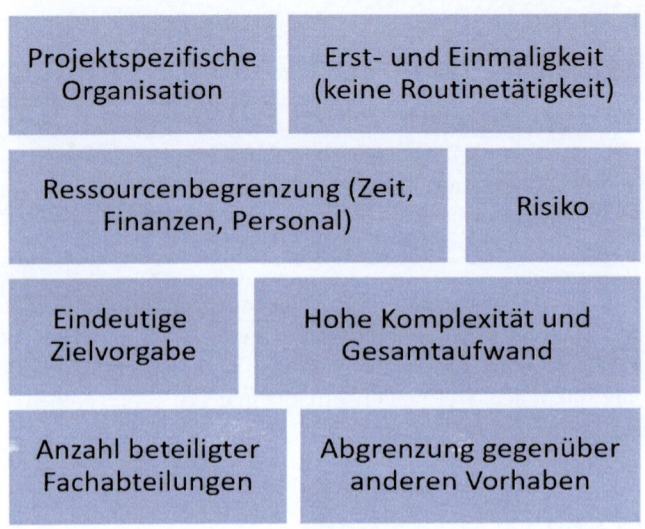

8.2.3   Projektmanagement-Systeme

Projekte können sich mit ganz unterschiedlichen Vorhaben, mit unterschiedlichen Zielen,
und Produkten befassen und dabei einen unterschiedlichen Aufwand bzw. Personaleinsatz
verursachen. Deshalb muss jeweils ein spezifisches Projektmanagement-System eingeführt
und gepflegt werden (vgl. dazu und im Folgenden DIN 69901_1, S. 5 ff). Der Begriff darf
hier nicht verwechselt werden mit „IT-System", sondern er soll die Aufbau- und Ablaufor-
ganisation für Projekte bezeichnen. Natürlich hat das gewählte Projektmanagement-System
auch direkt Auswirkungen auf das eingesetzte IT-System, weshalb die Zielsetzung für ein
Projektmanagement-System unmittelbar mit der IT-Lösung korrespondiert, wie durch die
nachfolgenden Punkte dargestellt wird:

■ Transparenz der kompletten Projektstruktur, um Prozesse und (Teil-)Ergebnisse sichtbar und deren Bedeutung erkennbar zu machen

■ Sicherung der vollständigen und zeitgerechten Kommunikation zwischen allen Projektbeteiligten

■ Eindeutige Phasen der Projektabwicklung darstellen, um Prozesse, Organisationsstruk-
   turen und Personalbedarf planen, vorbereiten und durchführen zu können

■ Systematische Projektüberwachung, um Risiken und Fehlentwicklungen frühzeitig
   sichtbar zu machen

- Sicherstellung der Qualität der Projektmanagement-Prozesse und der ständigen Verbesserung

- Rückverfolgbarkeit der wesentlichen Projektmanagement-Prozesse

- Anpassbarkeit der Planung bei notwendigen Änderungen

- Bereitstellung definierter Schnittstellen zu Projekten innerhalb eines Programms, Projektportfolios, bzw. der Organisation und zu Organisationsbereichen sowie zu externen Lieferanten, Partnern usw.

Entsprechend der genannten Zielsetzung können wesentliche Eigenschaften von Projektmanagement-Systemen mit eben jener Nähe zu einer IT-Lösung benannt werden (**Tabelle 8.1**).

Tabelle 8.1 Eigenschaften von Projektmanagement-System und IT-Lösungen (Quelle: DIN 69901_1, S. 6; mit freundlicher Genehmigung des Beuth-Verlags)

Flexibilität	Das System kann sich kurzfristig an neue oder veränderte Bedingungen anpassen
Universalität	Das System gestattet möglichst vielseitige Verwendung/Nutzung
Modularität	Das System setzt sich aus mehreren Subsystemen zusammen und kann bausteinweise entwickelt und ausgebaut werden. Bei der Prozessgestaltung werden durch die Wahl der Schnittstellen Möglichkeiten geschaffen, die Prozesse technisch zu unterstützen, zu beschleunigen und zu optimieren
Kompatibilität	Systeme, Subsysteme und Elemente sind mit angrenzenden Systemen und Systemteilen anschließbar und verträglich und bieten damit Voraussetzungen für die Strukturbildung und das Entstehen synergetischer Effekte
Transparenz	Das System macht Abläufe und Zusammenhänge sichtbar
Prävention	Das System unterstützt das Arbeitsprinzip „Prävention statt Reaktion"

Das System muss sich kurzfristig an neue oder veränderte Bedingungen anpassen können und es muss eine vielseitige Nutzung erlauben. Das System sollte modular aufgebaut sein und auch modular eingesetzt bzw. einführbar sein. Es sollte an angrenzende Systeme anschließbar sein, Abläufe und Zusammenhänge sichtbar machen und eine präventive Arbeitsweise unterstützen.

8.2.4 Projektmanagement-Prozesse und Projektmanagement-Phasen

Der Ablauf eines Projekts von der Projektinitialisierung bis zum Projektabschluss lässt sich in Projektphasen unterteilen. Die DIN 69901, Blatt 2 (hier und im Folgenden DIN 69901_2, S. 8) unterscheidet hier Projektphasen und Projektmanagement-Phasen. Die Projektphasen repräsentieren die zeitlich zusammenhängenden Abschnitte im Projektlebenszyklus. Während die Projektphasen die inhaltlichen Aktivitäten aus Sicht der betroffenen Organisation darstellen, umfassen die Projektmanagement-Phasen die logisch zusammenhängenden Aktivitäten des Projektmanagements – diese sind Initialisierung, Definition, Planung, Steuerung und den Abschluss.

Die nachfolgende **Abbildung 8.2** stellt die Projektphasen und Projektmanagement-Phasen inklusive der als Mindeststandard zu bezeichnenden Prozesse dar.

Abbildung 8.2   Projektmanagement-Phasen und Mindeststandard-Projektphasen

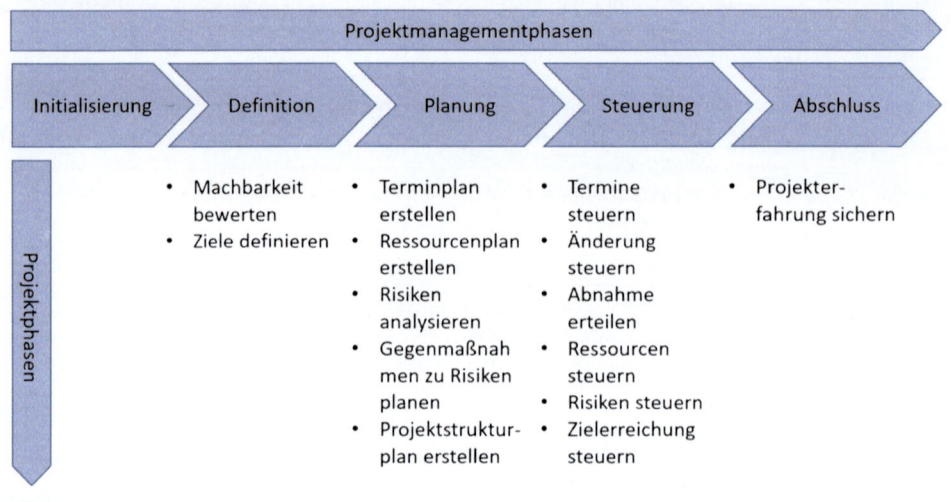

Mit Mindeststandard sind Projektphasen bzw. -prozesse gemeint, die für das Projektmanagement unverzichtbar sind und bei der Anpassung des Gesamtmodells an den jeweiligen Kontext (das konkrete Projekt) nicht weggelassen werden sollten.

Gleichzeitig geben die in **Abbildung 8.2.** dargestellten Projektphasen Hinweise auf den geforderten Funktionsumfang von das Projektmanagement unterstützenden IT-Tools bzw. Projektmanagement-Werkzeugen.

8.2.5   Projektmanagement-Werkzeuge

Natürlich kann ein Projektmanagement auch ohne IT-Unterstützung funktionieren, wenngleich ab einer gewissen Projektgröße entsprechende Tools schon fast selbstverständlich eingesetzt werden. Es kommt eben darauf an, wie die konkreten Anforderungen im Unternehmen sind und wo die Schwerpunkte liegen: Ist die Integration in bestehende IT-Systeme wichtig oder wird besonders großer Wert auf Visualisierung im Reporting gelegt (vgl. Madauss 2017, S. 643)?

Ein Projektmanagementwerkzeug ist ein Softwarewerkzeug, das die Projektmanagement-Phasen Initialisierung, Definition, Planung, Steuerung, Abschluss und möglichst viele Teile der Projektphasen von der Projektbegründung bis zur Sicherung der Projekterfahrung unterstützt.

Das Projektmanagement kann als Querschnittsfunktion charakterisiert werden, weshalb Schnittstellen zu anderen Werkzeugen bzw. IT-Anwendungen bestehen, die entweder in einzelnen Projektphasen in dedizierten Disziplinen oder aber organisationsweit zum Einsatz kommen (hier und im Folgenden, Morgenroth 2010).

Wie oben dargestellt, gehört es primär zu den Aufgaben von PM-Tools, ein Projekt zu planen und zu kontrollieren. Dies kann mittels einer Meilensteinplanung beginnen und mit der Definition von Aufgabenpaketen, Aktivitäten und deren Abhängigkeiten sowie der zeitlichen Einplanung weitergehen. Die eingesetzten Funktionen umfassen Gantt-Diagramme, Netzpläne, hierarchische Listen, Top-Down- und Bottom-Up-Planungen und auch teilweise statistische Planungsmodelle, bei denen auf Basis von Aufwandswerten, Ressourcenzuordnung und groben Zeiträumen eine im Projektablauf immer genauer werdende Zeitplanung berechnet wird (Morgenroth). Weiter spielen Systeme für das Multiprojektmanagement eine zunehmend wichtige Rolle.

Schließlich werden die einfache Kommunikation von Projekt- und Projektstatusinformationen, die Rückmeldung des Projektfortschritts auf Aktivitätenebene und ein aussagekräftiges Reporting wie z.B. über die Meilensteintrendanalyse angeboten (**Abbildung 8.3**).

Abbildung 8.3   Projekte managen (Quelle: Shutterstock)

8.2.6   Projektmanagement mit Office-Programmen

Madauss (hier und im Folgenden Madauss 2017, S. 645) weist darauf hin, dass das Projektmanagement auch durch allgemeine Office-Lösungen unterstützt werden kann, z.B. durch Datenbank- und Tabellenkalkulationssoftware. Besonders geeignet sind sie für Checklisten, die Termin- und Kostenplanungen u.a.m. (vgl. **Tabelle 8.2**).

Der Einsatz von Präsentationssoftware ist zwar auch im PM-Kontext beliebt, sollte aber auf ein absolut notwendiges Maß beschränkt werden, da vor allem der Datenaustausch zwischen diesen und anderen Systemen nur aufwändig automatisiert werden kann.

Sollte Projektmanagement nicht zum Kerngeschäft eines Unternehmens gehören, können zunächst auch zusammenhanglos wirkende Anwendungssysteme wie Buchhaltungsprogramme, Termintracking-Programme oder Textverarbeitungsprogramme sinnhaft (ergänzend) eingesetzt werden.

Tabelle 8.2   Vor- und Nachteile des Einsatzes von Tabellenkalkulationssoftware für das Projektmanagement (Quelle: Madauss 2017, S. 645ff)

Vorteile	Es muss keine Software extra beschafft und installiert werden. Die Mitarbeiter verfügen in der Regel über die entsprechenden Office-Lizenzen an ihren Arbeitsplätzen.
	Die Mitarbeiter müssen nicht allgemein in die Software eingearbeitet werden, sondern kennen die Software bereits gut. Sie müssen nur speziell auf das Anwendungstool bezogen eingewiesen werden.
	Man kann mit sehr einfachen Lösungen und einem geringen Leistungsspektrum beginnen. Diese Lösungen können dann Schritt für Schritt ausgearbeitet werden.
	Es sollten somit keine ungenutzten, überflüssigen Funktionen entstehen. Somit kann das Tool konsequent schlank gehalten werden.
	Es besteht ein hohes Maß an Individualisierbarkeit.
	Es besteht eine hohe Nachvollziehbarkeit der Softwareoperationen, wenn keine komplexen Makros verwendet werden.
Nachteile	Es ist ein relativ hoher Aufwand für die Toolentwicklung und -pflege „auf der grünen Wiese" erforderlich.
	Die Nutzerführung ist teilweise unkomfortabel
	Grafische Einschränkungen, insbesondere bei Balkenplänen und Netzplänen, mindern die Übersicht und die professionelle Wirkung.
	Eingeschränkte Möglichkeiten, insbesondere des Ressourcenmanagements, sind nur durch unverhältnismäßig hohen Aufwand umsetzbar.

Mit Office-Lösungen können durchaus machbare Projektmanagementlösungen abgebildet werden. Wenn in einer Organisation jedoch eine größere Anzahl von Projekten insbesondere im Kundenkontext professionell durchgeführt werden soll, sollte auch der Einsatz eines professionellen Projektmanagement-Tools in Erwägung gezogen werden.

8.2.7 Quick Check: Wichtige Features von Projektmanagement-Systemen

Abbildung 8.4 Quick Check: Wichtige Features von Projektmanagement-Systemen

- ✔ Ideenerfassung
- ✔ Klassifizierung/Strukturierung von Ideen
- ✔ Ideenscoring
- ✔ Ausplanung/Analyse von Projektinitiativen
- ✔ Freigabeprozess/Überführung in das Projektmanagement
- ✔ Projektvorlagen
- ✔ Projektstrukturplan
- ✔ Verwaltung von Vorgängen/Aktivitäten
- ✔ Projektablaufplanung
- ✔ Termin- und Meilensteinplanung
- ✔ Issue Management
- ✔ Task-/Aufgabenmanagement
- ✔ Ressourcenplanung
- ✔ Projektsimulation/-szenarien
- ✔ Kostenplanung
- ✔ Arbeitsvorbereitung für Projekte
- ✔ Modellbasierte Planung und Simulation von Projekten
- ✔ Risikomanagement
- ✔ Wissensmanagement
- ✔ Projekt-Businessplan
- ✔ Projektversionierung
- ✔ Erfassung Personalleistung,- aufwand, Reisekosten, Materialverbrauch, Externe Leistungen
- ✔ Erfassung und Darstellung Projektfortschritt und -status
- ✔ Projektsteuerung
- ✔ Änderungsmanagement
- ✔ Abnahme von Projekten
- ✔ Kommunikation im Projekt
- ✔ Projektkostenverfolgung
- ✔ Projektabrechnung
- ✔ Projektportal

Abbildung 8.5   Für den Bereich Multiprojektmanagement

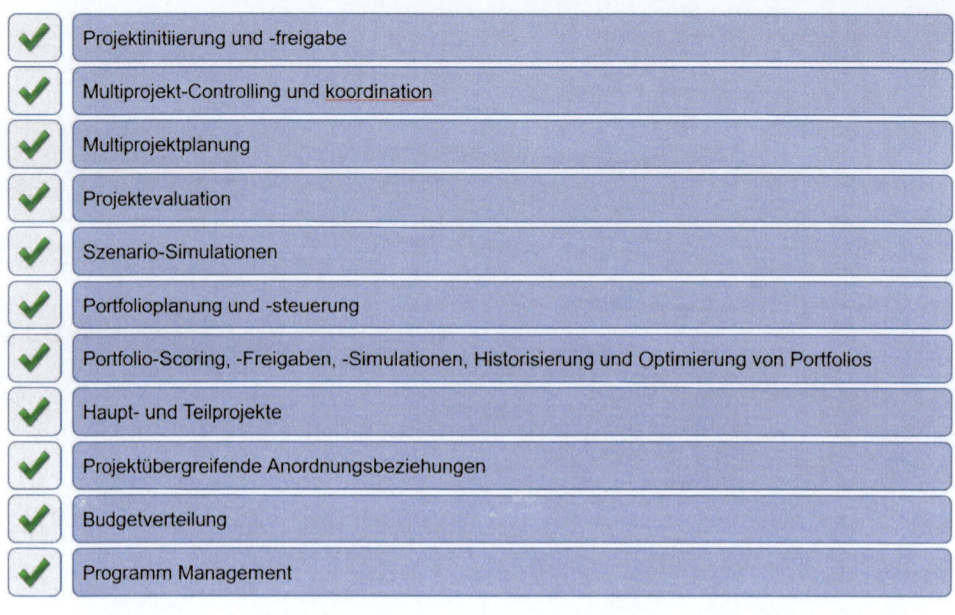

- Projektinitiierung und -freigabe
- Multiprojekt-Controlling und koordination
- Multiprojektplanung
- Projektevaluation
- Szenario-Simulationen
- Portfolioplanung und -steuerung
- Portfolio-Scoring, -Freigaben, -Simulationen, Historisierung und Optimierung von Portfolios
- Haupt- und Teilprojekte
- Projektübergreifende Anordnungsbeziehungen
- Budgetverteilung
- Programm Management

Abbildung 8.6   Für das Ressourcenmanagement

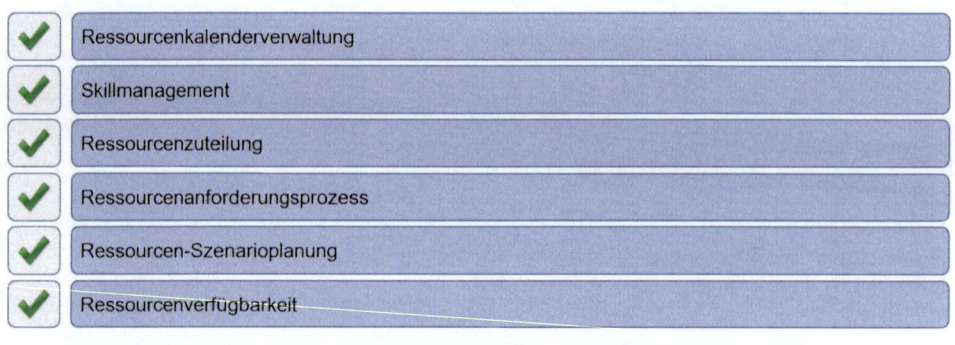

- Ressourcenkalenderverwaltung
- Skillmanagement
- Ressourcenzuteilung
- Ressourcenanforderungsprozess
- Ressourcen-Szenarioplanung
- Ressourcenverfügbarkeit

Abbildung 8.7   Unterstützte Projektmanagementansätze

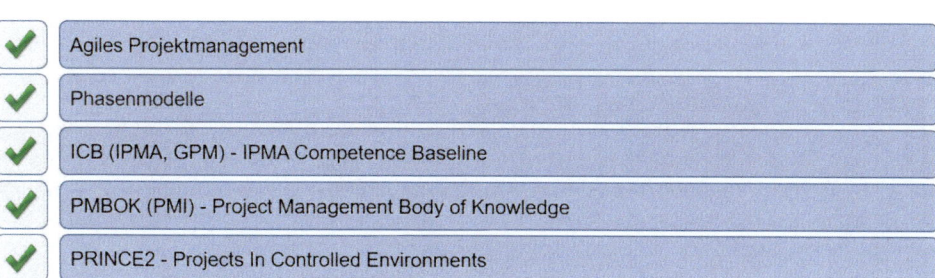

- Agiles Projektmanagement
- Phasenmodelle
- ICB (IPMA, GPM) - IPMA Competence Baseline
- PMBOK (PMI) - Project Management Body of Knowledge
- PRINCE2 - Projects In Controlled Environments

Literatur

DIN 69901 Blatt 1:2009: Projektmanagement – Projektmanagementsysteme – Teil 1 Grundlagen, Beuth Verlag, Berlin

DIN 69901 Blatt 2:2009: Projektmanagement – Projektmanagementsysteme – Teil 2 Prozesse, Prozessmodell, Beuth Verlag, Berlin

Madauss, B.-J. (2017): Projektmanagement Theorie und Praxis aus einer Hand. 7. Aufl., Springer Vieweg, Wiesbaden

Morgenroth, K. (2010): „Projektmanagement-Werkzeug" in Enzyklopädie-der-Wirtschaftsinformatik, www.enzyklopaedie-der-wirtschaftsinformatik.de/lexikon/is-management/Software-Projektmanagement/Projektmanagement-Werkzeug/index.html/?searchterm=projektmanagement, zugegriffen am 20.8.2018

8.3   Bewerbermanagement-Systeme (e-Recruiting)

8.3.1   Grundlagen Bewerbermanagement

Seit einigen Jahren können wir auf dem Arbeitsmarkt beobachten, dass Unternehmen zunehmend dazu übergehen müssen, sich bei potenziellen Interessenten und Absolventen zu bewerben, da in vielen Branchen Fachkräfte mittlerweile nur sehr schwer zu bekommen sind (vgl. dazu und im Folgenden Lorenz und Rohrschneider 2015).

Dieser Trend scheint sich über die nächsten Jahre hinaus zu verfestigen und es wird mit zu einer der wichtigsten Aufgaben auch der Politik werden, diese für die Wirtschaft unerquickliche Situation zu verbessern. Aber auch die Unternehmen selbst müssen an sich arbeiten, an ihrer Attraktivität vor allem für jüngere Arbeitnehmer, ihrem Erscheinungsbild, ihren Prozessen und einem der angesprochenen Generation angemessenen Selbstverständnis und den dazu passenden Arbeitsbedingungen.

Der Druck in manchen Branchen ist so hoch, dass teilweise Bewerber eingestellt werden, die nicht ausreichend qualifiziert sind. Die Unternehmen hegen die Hoffnung, über entsprechende Personalentwicklungsprogramme die Qualifikation in einem angemessenen Zeitraum erhöhen zu können, oder sie sind der Meinung: „Besser irgendeinen, statt keinen!"

Der Einsatz von IT-Lösungen kann das demografische Problem nicht lösen. Allerdings lassen sich mit modernen Ansätzen Prozessoptimierungspotenziale, der bessere automatische Abgleich von Qualifikationen und Anforderungen, die Außenpräsentation als innovatives Unternehmen u.a. mehr erzielen.

8.3.2   Definition Bewerbermanagement

Unter Bewerbermanagement verstehen wir den Prozess von der Ausschreibung einer Stelle über die Verwaltung der Bewerberdaten bis hin zur endgültigen Personalauswahl und den Aufbau eines Bewerberpools (hier und im Folgenden: Haufe 2018). Es soll durch Automatisierung zur Zeit- und Kostenersparnis beitragen, insbesondere der Workflow aus Bewerbungseingang, Eingangsbestätigung, Einladungsschreiben, Zusagen, Absagen und Terminbestätigungen wird abgebildet (**Abbildung 8.8**).

Damit wird deutlich, dass ein funktionierendes Bewerbermanagement auch positiv auf die Arbeitgebermarke wirkt. Denn durch die reibungslose Abwicklung des Bewerbungsprozesses und eine professionelle und vertrauliche Kommunikation erbringt das HRM einen wichtigen Wertbeitrag im Unternehmen und wird der Rolle als Dienstleister gegenüber den Bewerbern gerecht.

Abbildung 8.8   Personalsuche (Quelle: Shutterstock)

Im Zeitalter der Digitalisierung und der Generation der Digital Natives müssen die Kandidaten mit den ihnen vertrauten Kommunikationsmitteln angesprochen werden, also auch mobil und über die sozialen Medien. Im Hintergrund jedoch müssen die klassischen Verwaltungsabläufe im Unternehmen über Bewerbermanagement-Systeme effizient abgewickelt werden. Darum wird häufig der Begriff des e-Recruitings als Synonym für Bewerbermanagement verwendet und die umfassende Verbreitung des e-Recruitings wird verständlicher, wenn man auf die positiven Effekte neben der Außenwirkung schaut. Eine Stellenanzeige in den Printmedien verursacht rasch Kosten in vierstelliger Höhe für eine Ausgabe. Für diesen Betrag kann mitunter in den Jobportalen eine Anzeige für mehrere Wochen platziert werden. Der Prozess des Einstellens einer Anzeige auf ein Jobportal kann in wesentlich kürzerer Zeit geschehen, als dies über eine Anzeigenveröffentlichung in einer Zeitung möglich ist, weil v.a. keine Erscheinungs-, Redaktionstermine oder Produktionsfristen zu berücksichtigen sind.

Die Reaktion eines Interessenten kann unmittelbar und direkt erfolgen, was eine weitere deutliche Zeitersparnis bedeutet.

Laut Lorenz/Rohrschneider (hier und im Folgenden Lorenz und Rohrschneider 2015, S. 29ff.) ist es inzwischen üblich, dass offene Positionen fast ausschließlich im Internet ausgeschrieben werden. Neben der Eintragung auf der unternehmenseigenen Website wird darüber hinaus die Veröffentlichung in einer Internet-Jobbörse wie „Monster", „StepStone" oder „Jobpilot" vorgenommen.

Laut einer Studie veröffentlichen 91,2 % der Top-1000-Unternehmen aus Deutschland ihre freien Stellen auf der eigenen Unternehmenswebsite. An zweiter Stelle steht die Internet-Jobbörse mit ca. 70%, die aktuell so intensiv wie nie genutzt wird. Die Printmedien haben mit einer Nutzung von 14,8% stark verloren.

8.3.3   Kosten der Personalbeschaffung

Die große Bedeutung der Personalbeschaffung im Unternehmen wird auch bei der Betrachtung der entstehenden Kosten ersichtlich. Fehlentscheidungen ziehen empfindliche Folgekosten nach sich. Auch wenn sich die genauen Kosten nicht immer exakt berechnen lassen, existieren Kostenschätzungen, die sich je nach Art der Stelle und berücksichtigtem Kostenblock auf 50.000 bis 70.000€ summieren.

Welche Kosten können dabei berücksichtigt werden? Alle, die im Prozess von der Stellenausschreibung bis hin zum einarbeitenden Kollegen entstehen. Dabei sind insbesondere folgende Kosten zu berücksichtigen (Lorenz M, Rohrschneider U 2015, S. 2):

- Kosten der Stellenausschreibung, evtl. Beraterkosten

- Kosten der Arbeitszeit von sachbearbeitenden Mitarbeitern: Erfassen der Bewerbungen, Schreiben der Eingangs- oder Zwischenbescheide, Telefongespräche bei Bewerbungsanfragen, Koordinationsaufgaben (Terminabsprachen usw.), Betreuung der Bewerber vor und nach Bewerbungsgesprächen

- Kosten von Porto und Material: Verschicken von Einladungen, Informationsmaterialien, usw.

- Erstattung von Bewerberauslagen

- Personalkosten von Personalverantwortlichen, Fachvorgesetzten und Sekretariat usw., die durch Vorstellungsgespräche entstehen

- sonstige Kosten: Telefongebühren, Bewirtungskosten usw.

- Kosten für während der Bewerberauswahl nicht erledigte sonstige Arbeiten, Mehrarbeitskosten

- Kosten der Einarbeitung des neuen Mitarbeiters

- Kosten der Mehrarbeit der einarbeitenden Kollegen

Wenn dieser Kosteneinsatz dazu führt, dass ein Unternehmen den richtigen Mitarbeiter gefunden hat, scheint er legitim. Das gibt gleichzeitig einen Hinweis auf den Funktionsumfang und die qualitative Anforderung von entsprechenden IT-Lösungen, die dabei unterstützen sollen, diesen Prozess zu optimieren und die Kosten zu senken.

8.3.4   Daten für das Bewerbermanagement

Natürlich kann der Datensatz für Bewerber bzw. Bewerbungen in einem üblichen Office-Programm gespeichert werden, wie z.B. einem Tabellenverarbeitungsprogramm. Wenn man jedoch umfassende Referenzen auf Ausschreibungen, Planstellen, Vakanzen oder anderes anlegen und zusätzlich noch die gescannten Dokumente und Termine verwalten möchte, wird man um eine spezifische IT-Lösung nicht herumkommen.

Der benötigte Datensatz kann sehr umfassend sein, jedoch kristallisiert sich ein gewisser Mindestdatenbestand heraus, der als absolute Basis für ein effizientes Bewerbermanagement betrachtet werden kann, wie die **Tabelle 8.3** im Überblick darstellt.

Tabelle 8.3   Übersicht: Wichtige Daten einer Bewerberdatei (Quelle: nach Lorenz und Rohrschneider 2015; mit freundlicher Genehmigung von © Springer Fachmedien Wiesbaden 2015. All Rights Reserved)

Obligatorische Informationen	Optionale Informationen
Position oder Vakanz (ggfs. numerisch geschlüsselt)	Alter (ggfs. dynamisches Attribut)
Laufende Nummer Bewerbung	Dauer Berufserfahrung
Anrede	Art der Bewerbung
Vorname	Datum Wiedervorlage
Nachname	Datum Weiterleitung

Obligatorische Informationen	Optionale Informationen
Straße – Hausnummer	Weiterleitung Bewerbung an (Name/Abteilung)
Ort	Datum Bewerbung zurück
Telefon	
Mobilnummer	
Mailadresse	
Datum Eingang der Bewerbung	
Datum Zwischenbescheid	
Datum Vorstellungsgespräch	
Datum Absage	
Grund der Absage	

8.3.5   Prozessüberblick Personalbeschaffung

Mit nachfolgendem Funktions- bzw. Prozessüberblick (vgl. **Abbildung 8.9** und **Abbildung 8.10**) werden die wesentlichen Aufgaben der Personalbeschaffung dargestellt (vgl. Lorenz und Rohrschneider 2015, S. 46). Die Relevanz der Einzelfunktionen und die Integration in die Personaladministration und weitere Anwendungssysteme wie Finanzbuchhaltung oder Controlling haben einen wesentlichen Einfluss auf die auszuwählende Softwarelösung.

Abbildung 8.9   Personalbeschaffung im Überblick

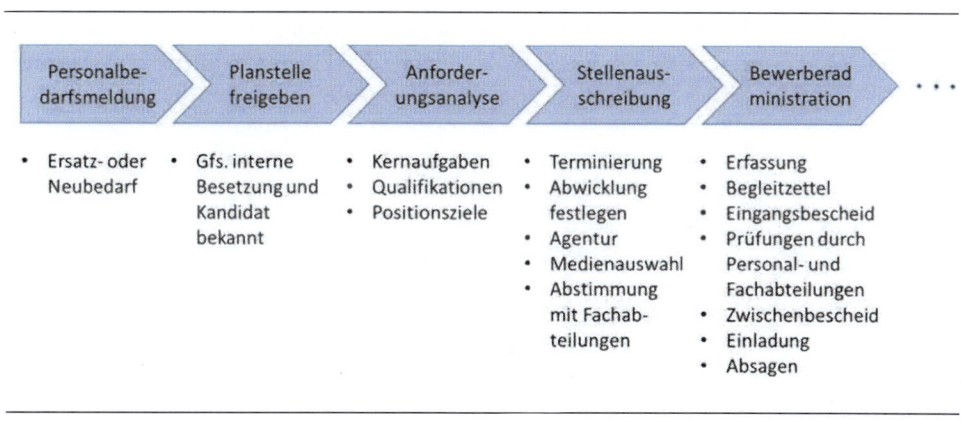

Abbildung 8.10   Personalbeschaffung im Überblick 2

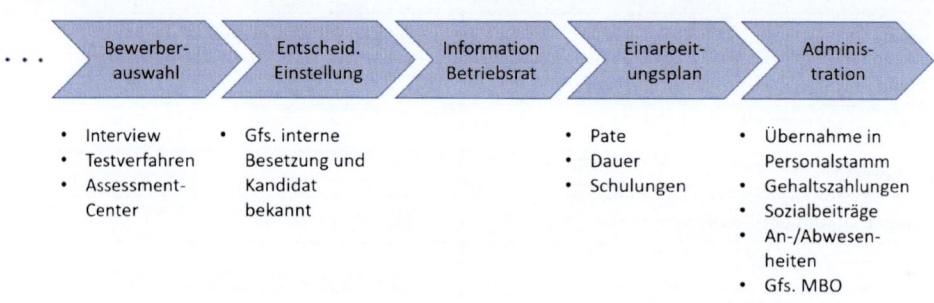

Abteilungen melden einen Personalneu- oder -ersatzbedarf. Dieser Bedarf muss in aller Regel genau begründet werden und der Prozess startet häufig im Rahmen der Planungsrunden im Unternehmen für das Folgejahr. Gegebenenfalls steht bereits ein Kandidat fest, der im Rahmen einer Karriere-/Nachfolgeplanung in der Personalentwicklung ermittelt wurde. Mit der Freigabe der Planstelle werden auch die zu erwartenden Personalkosten eingeplant. Es schließt sich die genaue Darstellung der Qualifikation und der genauen Aufgaben für die gesuchte Person und generell der Ziele dieser Stelle/Position an. Wird die Stelle extern ausgeschrieben, kann der Kontakt mit einer Agentur erwogen werden, und es müssen in Abstimmung mit der Fachabteilung das Veröffentlichungsdatum, die Medienauswahl und der Ablauf des internen Prozesses festgelegt werden. Dieser Prozess sollte in einem genauen Workflow beschreiben, wer in der Fachabteilung über eingehende Bewerbungen informiert wird, in welchem Zeitraum reagiert werden soll, wie Rückmeldungen erfolgen sollen und anderes mehr.

Die anschließende Bewerberadministration sollte sehr sorgfältig erfolgen, da hier sowohl der Datenschutz berücksichtigt, als auch das Image des Hauses gepflegt werden muss, schließlich geht es um die wertvolle Ressource „Mitarbeiter". Die Bewerberdaten müssen erfasst werden und können mit weiteren Informationen auf einem Begleitzettel ergänzt werden, bevor sie in den Umlauf geschickt werden. Der Bewerber muss natürlich zeitnah eine Eingangsbestätigung erhalten. Die Bewerbungen können zunächst durch die Personalabteilung auf Vollständigkeit und Ausschlusskriterien geprüft werden. Es werden Einladungen, ggfs. Zwischenbescheide und schließlich auch Absagen versendet.

Die Auswahl der in Frage kommenden Bewerber für ein Gespräch trifft die Fachabteilung. Je nach „Geist des Hauses" und Art der Stelle können Methoden wie Testverfahren, Assessmentcenter oder modernere Ansätze wie Recruiting Games geplant, durchgeführt und ausgewertet werden, um ein einfaches Interview zu unterstützen.

Nach der Entscheidung über die Einstellung und der Information der Mitarbeitervertretung oder des Betriebsrates werden zusammen mit einem Paten ein Einarbeitungsplan, ein Schulungsplan und ein abgestimmter Zeitplan erstellt.

Damit wird der Bewerberdatensatz auch in die Personaladministration überführt und er steht ab diesem Moment für die Routinetätigkeiten wie Gehaltszahlungen, An- und Abwesenheitsverwaltung, Abführen der Sozialbeiträge usw. zur Verfügung. Verfolgt das Unternehmen Managementkonzepte wie z.B. Management-by-Objectives, werden ebenfalls die vereinbarten Ziele und Zielerreichungsgrade erhoben und verfolgt.

8.3.6 Automatisierte Bewerberauswahl, CV-Parsing und Robot Recruiting

Gerade administrative Prozesse im Unternehmen verfügen oft noch über ein erhebliches Optimierungspotenzial durch Automatisierung. Im Bereich der Bewerberauswahl bieten manche Softwarehersteller Systeme an, die über Funktionen im Bereich des CV-Parsing verfügen. Dabei handelt es sich um ergänzende Analysetools, die Lebensläufe automatisch auswerten und relevante Angaben aus der Bewerbung erfassen. Damit vermindert sich einerseits der Aufwand und evtl. die Hemmschwelle für den Bewerber, da er lediglich einen Lebenslauf hochladen muss. Andererseits müssen die Unternehmen keine komplizierten Bewerberformulare mehr kreieren, was die Arbeit für die Personalabteilung deutlich vereinfacht (Haufe 2018).

Einen Schritt weiter geht das Robot Recruiting: mit einer Analysesoftware werden Lebensläufe und Referenzen nach vordefinierten Kriterien wie z.B. Aus-, Weiterbildung und Qualifikation analysiert. Auf dieser Basis können Bewerber dann beurteilt und Jobinteressierten automatisch geeignete offene Stellen empfohlen werden. Der Einsatz solcher Systeme sollte natürlich lediglich für die Bewerbervorauswahl angedacht werden und hängt sicher von der Größe des Unternehmens ab, weil er sich erst ab einer bestimmten Zahl von Bewerbungen lohnt (vgl. Uhlendorff 2016).

Insofern müssen Vor- und Nachteile einer derartigen Automatisierung sogfältig gegeneinander abgewogen werden, wie **Abbildung 8.11** zeigt.

Durch das Risiko des Verlustes der Individualität und der Persönlichkeit des Bewerbers in automatisch ausgewerteten Lebensläufen und der damit einhergehenden eingeschränkten Wahrnehmung der Vielseitigkeit der Fähigkeiten kann es dazu kommen, dass Topkandidaten fälschlicherweise aussortiert werden.

Abbildung 8.11   Vor- und Nachteile des Robot-Recruiting (Quelle: vgl. Uhlendorf 2016)

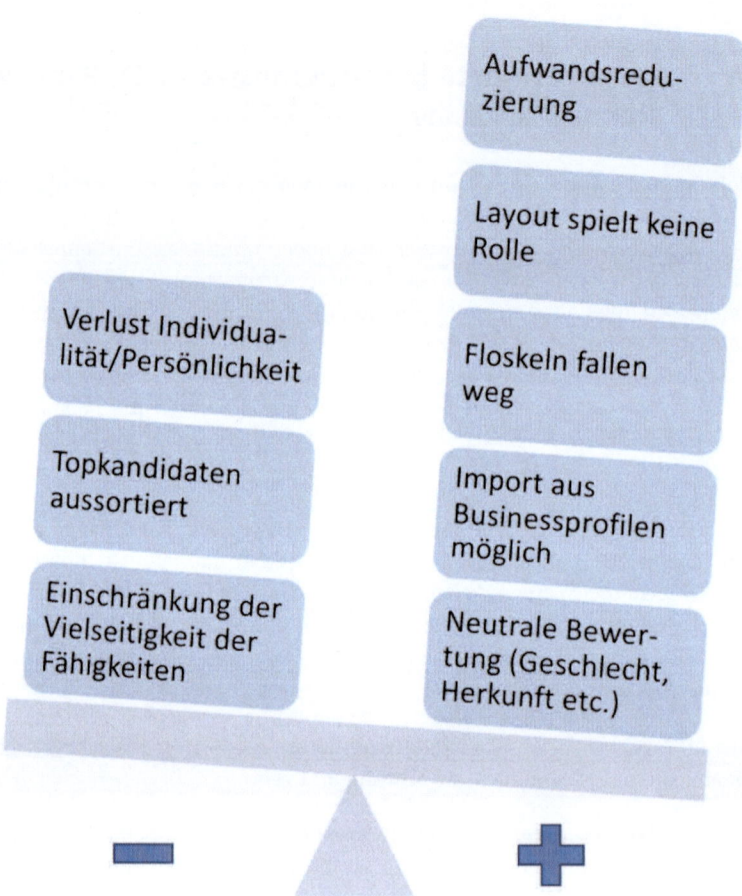

Dagegen reduziert sich der Aufwand auf beiden Seiten (Bewerber und Unternehmen) deutlich, in rein optische Aspekte wie Gestaltung und Layout muss keine Zeit mehr investiert werden und typische Bewerbungsfloskeln spielen keine Rolle mehr. Bestehende Businessprofile können einfach als Datenquelle eingesetzt werden und insgesamt kann es zu einer neutraleren, sprich gerechteren Bewertung kommen, da Geschlecht oder Herkunft keine Rolle spielen.

8.3.7   E-Assessment

In manchen Branchen haben sich Assessment Center bei der Bewerberauswahl etabliert. Als Vorstufe und zur Vorauswahl geeigneter Bewerber können E-Assessments eingesetzt werden (vgl. Hagmann J 2015, S. 149). In der Regel werden ganz speziell die Konzentrationsfähigkeit, die Leistungsmotivation, Belastbarkeit, logisches Denken und anderes mehr getestet. Meist werden in 60 bis 90 Minuten im Rahmen eines Frage-/Antwortspiels o.g. Fähigkeiten inklusive einiger Wissensfragen zum Fachgebiet abgeprüft.

Die Vorteile liegen in der hohen Auswertungsgeschwindigkeit und der Zuverlässigkeit. Ein Einsatz dieser Technik ist weltweit möglich und es können realitätsnahe multimediale Elemente eingesetzt werden. Auch die Team- und Kooperationsfähigkeit in virtuellen Teams kann geprüft werden. Teilweise sind Testsituationen allerdings manipulierbar und insgesamt ist der Einsatz recht aufwändig.

8.3.8   Recruiting Games

Mit sogenannten Recruiting Games steht eine innovative und völlig andere Dimension des Personal-Recruitings mittels des Internets zur Verfügung.

Mit den Recruiting Games werden zwei Ziele verfolgt. Zum einen soll den potenziellen Bewerbern ein tiefer gehender Einblick in das jeweilige Unternehmen ermöglicht werden. Damit einher geht, dass in einer Art Self-Assessment durch den Interessenten abgewogen werden kann, ob die persönlichen Eignungen für die angebotene Stelle überhaupt vorhanden sind. Und zum anderen dient das Spiel natürlich auch als Online-Assessment-Center, durch das das Unternehmen dabei unterstützt wird, den talentiertesten Bewerber zu finden und gezielt anzusprechen. Auf dieser Basis kann die Vorauswahl unter potenziellen Bewerbern vorgenommen werden (vgl. Döbelt 2014).

Darüber hinaus sind solche Games auch eine gute Möglichkeit, sich als modernes und junges Unternehmen und damit attraktiv für eine junge Zielgruppe zu präsentieren. Die Anforderungen an entsprechende Konzepte und eine ansprechende und performante Umsetzung sind allerdings recht hoch. Gerade der angesprochene Personenkreis und die Einbettung solcher Spiele in ein Social-Media-Umfeld sind anfällig für eine rigorose Abstrafung, wenn ein Spiel nicht perfekt ist. Schnell kann dies dann auch zu einem Imageschaden für das Unternehmen führen (vgl. Döbelt 2014).

8.3.9   Quick Check: Wichtige Features von Bewerbermanagement-Systemen

Abbildung 8.12   Quick Check: Wichtige Features von Bewerbermanagement-Systemen

- ✔ Übernahme von Vakanzen in die Personalbeschaffung
- ✔ Übergabe von Bewerberdaten in die Personaladministration
- ✔ Übergabe von Mitarbeiterdaten in die Personalbeschaffung
- ✔ Auswertungsmöglichkeiten über Effektivität, Kosten und Rückläufe auf Ausschreibungen
- ✔ Bewerber- und Statusverwaltung
- ✔ Bewerberkorrespondenz
- ✔ Automatisierte Bewerber(vor)auswahl
- ✔ Workflow- und Dokumentenmanagement (Abstimmungs- und Freigabeprozesse)
- ✔ Weiterempfehlungsfunktion
- ✔ Anlegen von Stellenprofilen und elektronische Ausschreibung
- ✔ Web-Oberfläche für Bewerber (Onlineformular, Uploadmöglichkeit)
- ✔ Übernahme von Onlinebewerberdaten in die Personalbeschaffung
- ✔ Kalender- und Erinnerungsfunktion
- ✔ Office-Integration mit Standard-Vorlagen und Serienbrief-/E-Mail-Funktion
- ✔ Personalbudgetplanung
- ✔ Verwaltung offener Stellen und von Personalaustritten
- ✔ CV-Parsing
- ✔ Robot Recruiting
- ✔ E-Assessment
- ✔ Recruiting Games

Literatur

Döbelt, F. (2014): Recruiting Games: Best Practice Beispiele, Chancen und Fallstricke. https://www.hrm.de/fachartikel/recruiting-games:-best-pratice-beispiele-chancen-und-fallstricke-12262, zugegriffen am 20.8.2018

Hagmann, J. (2015): Assessment Center. Haufe Gruppe, Freiburg/München.

Haufe (2018): Bewerbermanagement – Bewerberverwaltung. www.haufe.de/thema/bewerbermanagement/ zugegriffen am 17.9.2018

Lorenz, M., Rohrschneider, U. (2015): Erfolgreiche Personalauswahl – Sicher, schnell und durchdacht. 2. Aufl., Springer Gabler, Wiesbaden

Uhlendorff, M. (2016): Robot-Recruiting: Die Chancen der technikgestützten Personalbeschaffung. www.ibm.com/dede/blogs/think/2016/08/02/robot-recruiting/, zugegriffen am 20.8.2018

8.4   Dokumentenmanagement

Bei der Durchführung von Geschäftsprozessen entstehen beliebig viele Dokumente. Häufig liegen diese Dokumente noch in Papierform vor, was im organisatorischen Ablauf eine Reihe von Schwierigkeiten verursacht. So muss ein hoher Prozentsatz der Arbeitszeit für die Suche nach Dokumenten aufgewendet werden. Oft gehen Dokumente in physischer Form verloren oder sind unvollständig, sie befinden sich im Umlauf, werden zu langsam oder an den falschen Empfänger weitergeleitet oder falsch abgelegt. Sollen zwei Personen gleichzeitig über einen Sachverhalt informiert werden, muss das Papier kopiert werden. Die Pflege, Verwaltung und Archivierung von Papierbeständen erfordert also eine hohe Aufmerksamkeit sowie einen nicht wertschöpfenden zeitlichen Einsatz.

Diese Nachteile veranlassen viele Unternehmen, über die Anschaffung eines Dokumentenmanagement-Systems nachzudenken, mit dem Dokumente elektronisch verwaltet, weitergeleitet und archiviert werden können (**Abbildung 8.13**).

Abbildung 8.13   Dokumentenmanagement (Quelle: Shutterstock)

8.4.1   Was ist ein Dokument?

Ein Dokument kann einerseits als Nachweis einer Tatsache bzw. als potenzielles Beweismittel dienen. Beispiele hierfür wären Rechnungen, Lieferscheine, Verträge, Protokolle und anderes mehr. Gemeinhin bezeichnet man dies auch als Beleg, mit dem ein Sachverhalt, eine Transaktion oder eine Vereinbarung nachgewiesen werden kann. Daraus ergibt sich die Anforderung, dass ein solches Dokument nicht mehr verändert werden darf (vgl. Grötzer et al. 2004).

Andere Dokumente wiederum dienen lediglich dem Speichern von Informationen, wie z. B. Preis- und Konditionenlisten, Pflichtenhefte oder Produktdaten. Bei dieser Art von Dokumenten sollen im Gegensatz zu den „Belegen" Inhalte gezielt gefunden, verändert, kopiert und anderweitig weiterverwendet werden.

8.4.2   Grundstruktur von Dokumentenmanagement-Systemen

Die Grundstruktur eines Dokumentenmanagement-Systems (**Abbildung 8.14**) besteht im Wesentlichen aus den Funktionsbereichen Eingabe, Ablage und Ausgabe.

Abbildung 8.14   Grundstruktur eines Dokumentenmanagement-Systems
                     (Quelle: Grötzer et al. 2004, S. 16)

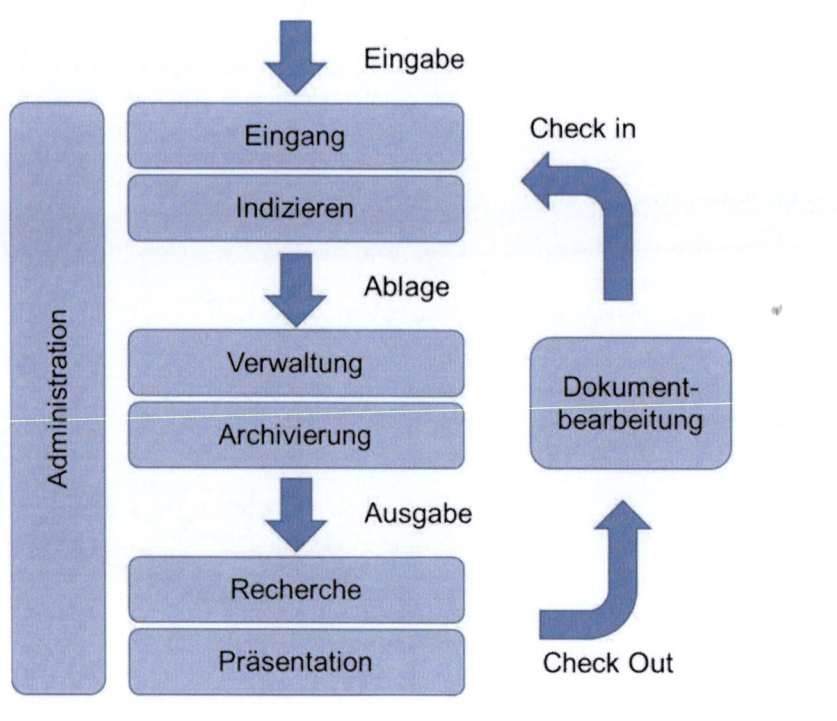

Soll ein Dokument elektronisch verwaltet werden, benötigt man unterschiedliche Elemente und Informationen (**Abbildung 8.15**). Zunächst wäre da das Dokument selbst in seinem Ursprungsformat, das zum Beispiel direkt vom Kunden übernommen und gespeichert wird. Damit das Dokument wiedergefunden werden kann, benötigt es einen eindeutigen Schlüssel, z. B. eine Rechnungsnummer oder einen künstlichen Schlüssel. Um das Auffinden von Dokumenten zu erleichtern – nicht immer sind die Schlüssel bekannt! –, helfen weitere beschreibende Attribute. Man spricht hier auch von Metadaten, also von Daten (Informationen) über Daten. Manchmal werden auch Strukturinformationen über den inneren Aufbau eines Dokuments mit angegeben. Als letzter wichtiger Punkt seien Regeln erwähnt. Diese Regeln legen z. B. fest, welche Gültigkeit oder Lebensdauer ein Dokument hat, welchen Bearbeitungszyklus ein Dokument durchläuft und wer Zugriff darauf hat (Berechtigungswesen) (vgl. Grötzer et al. 2004, S. 13).

Abbildung 8.15   Bestandteile eines Dokuments eines Dokumentenmanagement-Systems (Quelle: in Anlehnung an Grötzer et al. 2004, S. 13)

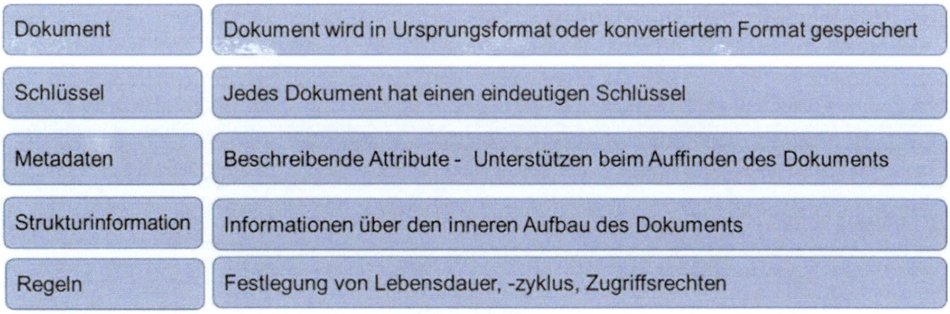

Dokument	Dokument wird in Ursprungsformat oder konvertiertem Format gespeichert
Schlüssel	Jedes Dokument hat einen eindeutigen Schlüssel
Metadaten	Beschreibende Attribute - Unterstützen beim Auffinden des Dokuments
Strukturinformation	Informationen über den inneren Aufbau des Dokuments
Regeln	Festlegung von Lebensdauer, -zyklus, Zugriffsrechten

Die Dokumentenerzeugung selbst geschieht entweder mit Textverarbeitungssystemen oder mit betriebswirtschaftlichen oder logistischen Anwendungssystemen wie Transportmanagement- oder ERP-Systemen. Bilder oder Präsentationen werden mit entsprechenden Office-Anwendungen erstellt. Während es für die Weiterverarbeitung von Dokumenten sinnvoll ist, die Dokumente in ihrer ursprünglichen Kodierung vorliegen zu haben, ist für die Langzeitarchivierung ein anderes Format, zum Beispiel TIFF oder JPEG, besser geeignet. Das liegt daran, dass ansonsten oft Software in alten Releaseständen für lange Zeit vorgehalten werden muss.

Ein Geschäftsprozess (bzw. seine ihn begleitenden Dokumente) beginnt nicht im Posteingang eines Unternehmens, sondern in den Applikationen der Geschäftspartner, also Kunden oder Lieferanten, und die Daten werden von dort als E-Mail, via Datenträgeraustausch oder mittels EDI und XML übermittelt.

8.4.3 Die Auswahl eines geeigneten Dokumentenmanagement-Systems

Vor der Auswahl eines Dokumentenmanagement-Systems sollte man im Unternehmen klären, wie stark das System in die bestehende IT-Architektur integriert werden soll (**Abbildung 8.16**). Es gibt externe Lösungen oder auch Dokumentenmanagement-System-„light"-Ansätze als Teilmodule betriebswirtschaftlicher Standardsoftware. Vielen Unternehmen reicht die „light"-Variante aus zum Abspeichern, zum Einrichten einer Schlüsselverwaltung und zum Suchen von Dokumenten. Streng genommen wäre dies allerdings ein einfaches Archivsystem.

Soll das Thema Dokumentenmanagement umfänglicher entschieden werden, kann es auch direkt mit einem Workflow-Management-System gekoppelt werden, mit dem stets wiederkehrende Teilprozesse im Unternehmen automatisiert durchgeführt werden können.

Weiter ist die Ablage der Dateien zu klären: in einem Windows-Ordner, in einer separaten Datenbank oder im externen Dokumentenmanagement-System. Wichtig ist natürlich auch der Zugriff auf die Daten, wenn man sich für ein externes Dokumentenmanagement-System entschieden hat. Er kann via Hyperlink, durch direkten Durchgriff ins Dokumentenmanagement-System oder auch erst nach dem Starten und Aufruf im Dokumentenmanagement-System erfolgen. Die Verwaltung der Dokumente kann entweder in allen zugehörigen Standorten oder nur in Teilen des Systems möglich sein.

Abbildung 8.16   Grundlegende Fragestellungen bei Dokumentenmanagement-Systemen

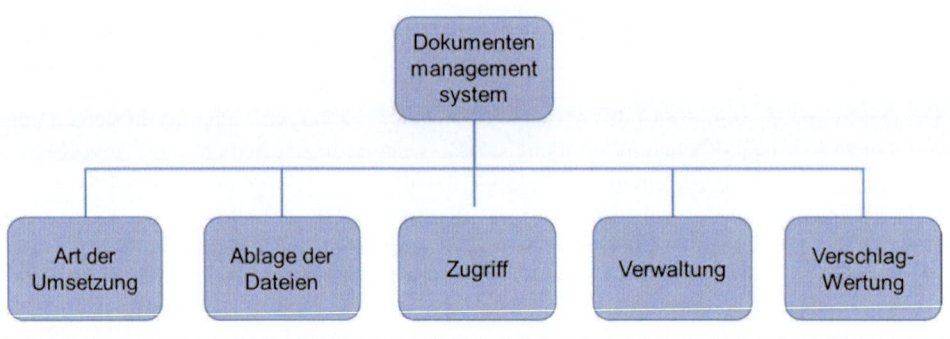

Der Anbietermarkt für Dokumentenmanagement-Systeme ist sehr heterogen, derart gestaltet sich auch die Begriffswelt in diesem Bereich. Die Produkte werden unter den verschiedensten Schlagworten angeboten. Eine starke Integration in die Prozesse des Unternehmens zur Unterstützung eines durchgehenden Workflows sollte im Sinne der Nutzer priorisiert betrachtet werden.

8.4.4   Quick Check: Wichtige Features von Dokumentenmanagement-Systemen

Abbildung 8.17   Quick Check: Wichtige Features von Dokumentenmanagement-Systemen

- ✔ Integration in führende operative Systeme (TMS-, ERP-, WWS-System oder andere)
- ✔ Office-Integration
- ✔ Performantes Suchen nach unterschiedlichsten Kriterien
- ✔ Berechtigungswesen
- ✔ Elektronische Unterschrift
- ✔ Status-Verwaltung
- ✔ OCR-Scan-Erfassung
- ✔ Fax-Archivierung
- ✔ Workflow-Unterstützung
- ✔ Mobiler Zugriff
- ✔ Automatische Verschlagwortung
- ✔ Kollaborationsfähigkeit und Möglichkeit, Anmerkungen im Dokument zu machen
- ✔ Dokumentvorlagen

Literatur

Grötzer, K., Schneiderath, U., Maier, B., Komke, T. (2004): Dokumentenmanagement. Dpunkt, Heidelberg

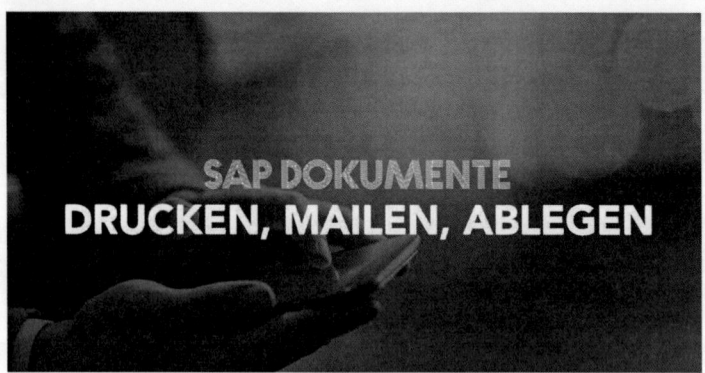

All for One Group im Bereich DMS

Unsere SAP-Zusatzlösungen machen das Arbeiten mit SAP schneller und einfacher.

Mehr Sicherheit in Ihren Ausgabeprozessen mit Hilfe der **Document Output Management** *Druckjobüberwachung und der Archivierungsmöglichkeit des neuen E-Mail-Versandberichts.*

Automatisch die richtigen Dokumente drucken, mailen, faxen und ablegen

Ihre Anforderungen

Zu einem Fertigungsauftrag, einer Bestellung oder einem Angebot möchten Sie die dazugehörigen Dokumente drucken, als Mailanhang versenden, faxen oder in einem definierten Verzeichnis ablegen. Und zwar automatisch, ohne die Dokumente lange zu suchen oder manuell zusammenzustellen. Mit anderen Worten: Sie möchten fünfzig Mausklicks auf fünf reduzieren.

Vorteile und Funktionen

- Mailen, Faxen, Drucken und Ablegen von ERP-Belegen
- Automatisches Finden von E-Mail-Adressen
- Automatisches Finden des richtigen Druckers
- An- und Abwählen von zu druckenden/versendenden Dokumenten in einem Vorauswahldialog
- Formaterkennung von DIN A0–A8, Stempelung, Splitten und Zusammenfügen von PDF-Dokumenten (nicht im Lieferumfang enthalten)

Unsere Lösung im Detail

Das Document Output Management findet zu Geschäftsvorgängen, z.B. Bestellungen oder Fertigungsaufträgen, automatisch die dazugehörigen Dokumente. Nach Regeln, die von Ihnen definiert wurden. Das erleichtert das Mailen, Faxen, Ablegen und Drucken ungemein: Hängen Sie bspw. Bestellungen oder Angeboten einfach die dazugehörigen Dokumente an und versenden Sie sie per Mail oder Fax.

Die korrespondierenden E-Mail-Adressen werden automatisch richtig „angezogen"; die Dokumente werden auf Wunsch sogar gezippt angehängt. Sie müssen nur noch auf „Senden" klicken. Ebenso können Sie automatisch alle Dokumente drucken, die bspw. zu einer Materialbestellung oder zu einem Fertigungsauftrag gehören (z. B. Zeichnungen, Montageanleitungen). Oder legen Sie die Dokumente in einem Zielverzeichnis ab — dann haben Sie alle Informationen an einem Ort.

Erweiterungsmöglichkeiten:
- Document Output Management an Standorte und Niederlassungen anpassen (Bestandteil der Extended Edition)
- mit „Stücklistendruck" Aufträgen Stücklisten hinzufügen/drucken

Das Document Output Management umfasst...
- Auslieferung der Zusatzlösung per SAP-Transport
- Aktivierung über das Switch Framework
- Lösungs- und Anwendungsdokumentation

Sie wünschen weitere Informationen?

Wir sind gerne für Sie da!

Telefon: 0800/2553671
E-Mail: zusatzloesungen@all-for-one.com

Weitere Informationen erhalten Sie im Internet unter:
www.all-for-one.com/zusatzloesungen

8.5   Integrationsplattformen

Integrationsplattformen können in Unternehmen notwendig werden, wenn eine gewisse Anzahl an IT-Systemen als Insellösungen im Einsatz ist, deren Integration hauptsächlich manuell erfolgt, viele kostspielige Schnittstellen hat und insgesamt fehleranfällig, nicht zeitaktuell und dadurch risikobehaftet ist.

Im Laufe der Jahre und mit zunehmender Kundenanzahl werden für Logistikdienstleister immer weitere IT-Systeme und Schnittstellen vonnöten. Die **Abbildung 8.18** zeigt beispielhaft, wie eine solche schlecht integrierte Inselarchitektur bei einem Logistikdienstleister aussehen kann:

Abbildung 8.18   Typische IT-Architektur und Schnittstellen in Unternehmen

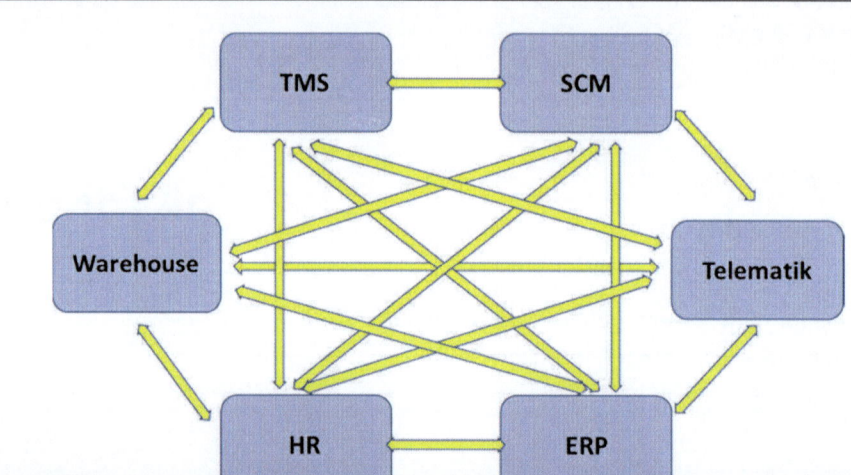

Allein die Tatsache, dass mehrere Systeme im Unternehmen zum Einsatz kommen, führt dazu, dass je System mindestens ein Spezialist, möglichst mit je einem Vertreter, vorgehalten werden muss. Erschwerend kommen Folgen wie die bestehenden Schnittstellen hinzu, alleine deshalb, weil die Systeme mitunter nicht die „gleiche Sprache" sprechen, die Formate also übersetzt/transformiert werden müssen. Schnittstellen verursachen einen großen Wartungsaufwand und beinhalten eine recht hohe Fehleranfälligkeit, was insgesamt wiederum die Betriebskosten in die Höhe treibt. Noch wichtiger dabei: Eine Echtzeitdatenverarbeitung durch teilweise noch im Batchmodus realisierte Datenimporte ist nicht möglich. Zeitliche Verzögerungen bei der Informationsübermittlung stellen in modernen Logistikprozessen (siehe zum Beispiel bei Just in Time oder Just in Sequence) ein K.O.-Kriterium dar.

Fehlen dagegen Schnittstellen, müssen Eingaben in die diversen Systeme teilweise mehrfach erfolgen, wodurch neben Erfassungsaufwand auch eine wichtige Quelle für mangelhafte Datenqualität entsteht („Tippfehler"). Damit wird eine „saubere" Abwicklung von Prozessen gefährdet.

Unterschiedliche Systeme mit unterschiedlichen Releaseständen führen unter Umständen zu mehreren Updates pro Jahr. Nach jedem Update und der gegebenenfalls notwendigen Anpassung der betroffenen Schnittstellen des Systems müssen teilweise umfangreiche Integrationstests durchgeführt werden, um den reibungslosen Produktivbetrieb zu gewährleisten.

Neben der hohen Zahl notwendig werdender Lizenzverträge ist es schwierig bis unmöglich, über diese Systemarchitektur konsistent zu reporten. Ein Reporting erfolgt, wenn überhaupt, mit erheblichem, zeitlichen Nachlauf und dann eventuell mit Fehlern, da durch die Stammdatenredundanz vielleicht auf falsche oder unterschiedliche Stände zugegriffen wird, oder aber weil die Systeme durch eine zeitlich verzögerte Schnittstellenversorgung noch nicht den gleichen Aktualisierungsgrad haben.

Um diese Problematik in den Griff zu bekommen, kann man ein integriertes Gesamtsystem einführen. Die notwendige Funktionsvielfalt zeigt hier eindeutig in Richtung ERP-System. Allerdings müssen ERP-Systeme für Logistikdienstleister angereichert sein mit typischen TMS-Funktionalitäten, also mit Geschäftsprozessen rund um Transporte und Frachten.

Für viele Logistikdienstleister ist die Einführung eines ERP-Systems aus sehr unterschiedlichen Gründen kein Thema. Oft ist eine Komplettablösung bestehender Systeme auch gar nicht ratsam, steckt doch insbesondere in Eigenentwicklungen sehr viel persönliches Know-how und eventuell sogar ein Alleinstellungsmerkmal für die effiziente Darstellung eines spezifischen Geschäftsprozesses.

Wichtig ist vor allem, dass in einer Multisystemumgebung die Geschäftsprozesse integriert funktionieren. Um diese Funktionalität herzustellen, können Integrationsplattformen installiert werden (vgl. **Abbildung 8.19**).

Abbildung 8.19   Integrationsplattform (Quelle: Shutterstock)

8.5.1   Was leistet eine Integrationsplattform?

Als Integrationsplattform (**Abbildung 8.20** bezeichnet man ein Middleware-Produkt (oder eine Kombination solcher Produkte), das es ermöglicht, verschiedene Applikationen entlang der Wertschöpfungskette prozessorientiert zu verbinden. Teilweise wird der Begriff auch als Synonym für Business Bus verwendet. Hierbei wird auch der Datenabgleich zwischen verschiedenen Anwendungen oder der EDI-Nachrichtenaustausch ermöglicht.

Abbildung 8.20   EAI-Integrationsplattform erleichtert die unternehmensübergreifenden
Geschäftsprozesse

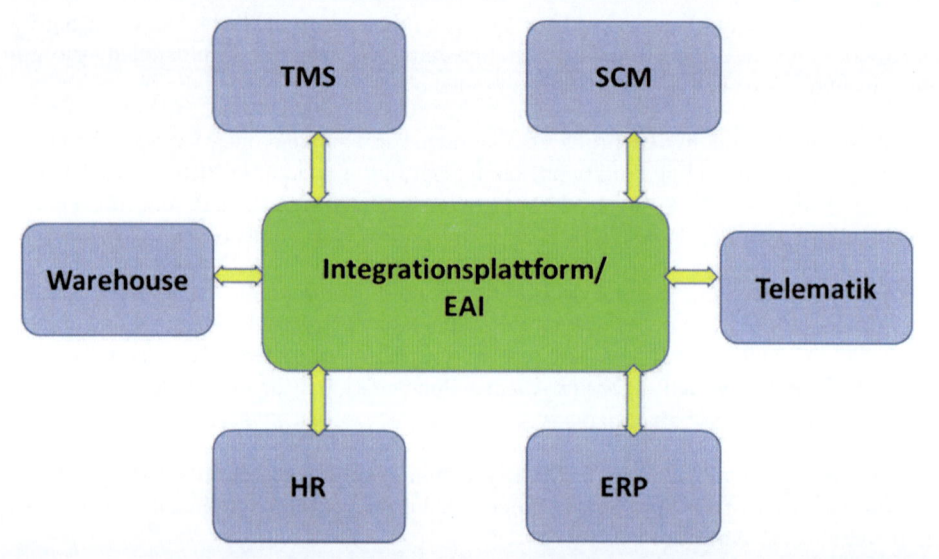

8.5.2   Wichtige Auswahlkriterien

Bei der Auswahl einer Middleware sind folgende Punkte zu berücksichtigen:

■ Die bestehende IT-Infrastruktur im Unternehmen sollte an das EAI-Tool angebunden werden können. Dazu bedarf es spezifischer Adapter, also abstrahierter Schnittstellenumsetzer, die die Kommunikation zwischen den verschiedenen Anwendungen ermöglichen und durchführen. Diese Adapter sollten möglichst ohne oder nur mit minimalem Programmieraufwand eingesetzt werden können.

■ Für die Kommunikation zwischen zwei Anwendungen können Datentransformationen notwendig werden. Demzufolge sollten Transformationstools Bestandteil des EAI-Tools sein. Für komplexere Transformationen sollten Business Rules einfach und ohne Programmierung zu hinterlegen sein.

- Fallen in einem Unternehmen EAI-Fälle selten an, lohnt es sich, über die Möglichkeit einer Cloud-Nutzung nachzudenken. Bei einer Nutzung von IT-Services über die Cloud fallen in der Regel geringere Kosten an als bei vollständiger Implementierung, Pflege und Nutzung einer On-Premise-Lösung.

- Sinnvoll ist auch die grafische Modellierung von Geschäftsprozessen und angeschlossenen Werkzeugen zur Umsetzung in Coding zur Prozessautomatisierung.

- Wichtig ist ebenfalls die Gestellung eines Testsystems, um im Unternehmenskontext die Performance für den Datenaustausch und Datentransport zu testen.

- Natürlich sollte die Lösung auch gängige Internet- und Business-Standards (z. B. EDIFACT) unterstützen und über Funktionen für das Monitoring und das Systemmanagement (Analysetools) für die Beurteilung der Performance verfügen.

- Zwingend notwendig sind Sicherheitsfunktionen für den Datentransport, wie z. B. Verschlüsselung, Codierung und Authentifizierung.

8.5.3 Quick Check: Wichtige Features von Integrationsplattformen

Abbildung 8.21 Quick Check: Wichtige Features von Integrationsplattformen

- Wichtige Datenformate werden unterstützt
- Datentransformation, Mapping Testen ohne Programmierung
- Ausreichende Adapter verfügbar/leicht zu entwickeln
- Mandantenfähigkeit
- Kommunikationskanäle
- Monitoring zum Aufzeigen von Engpässen und Fehlern
- Schnittstellen
- Performanter und sicherer Datentransport?
- Auftragsabwicklung
- Tracking/Tracing
- Prozesssteuerung (Modellierung) mit grafischen Tools
- SCEM/Alarm-Agenten
- Dashboards/BI-Integration
- Dokumentverwaltung
- Zeitfenstermanagement
- Portalfunktionen
- Individuelle Auswertungen

8.6 Business Intelligence (BI) und Controlling

Operative Systeme wie Transportmanagement-, ERP-, Warehouse-Management-, Fuhrparkmanagement- und CRM-Systeme erzeugen durch ihre Anwendung Bewegungsdaten oder anders ausgedrückt: Belege. Zur Steuerung eines Unternehmens benötigt man Auswertungen über genau diese Belege und daraus definierte spezifische Kennzahlen. Solche

Auswertungen werden häufig als Standardauswertungen (Berichte, Reports, Listen etc.) in der jeweiligen Applikation angeboten. Zusätzlich besteht mitunter die Möglichkeit, mittels individuell erstellter Reports über Programmierung oder über Reportgeneratoren ohne Programmierung spezifische Auswertungen zu erstellen (**Abbildung 8.22**).

Abbildung 8.22 Business Intelligence Dashboard (Quelle: Shutterstock)

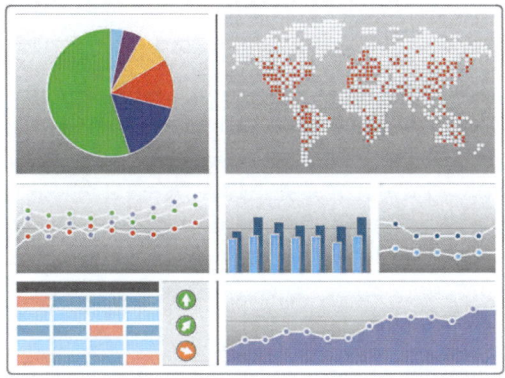

8.6.1 Auswertungen mit einem Tabellenverarbeitungsprogramm

In vielen Unternehmen werden zusätzlich Tabellenkalkulationstools wie MS-Excel® eingesetzt, um damit nach einem Download von Auswertungsergebnissen einer Applikation flexibel weitere Analysen durchführen zu können. Der Vorteil liegt auf der Hand, denn in diesem Moment wird das Anwendungssystem nicht durch pure Auswertungen belastet und steht ausschließlich für seine operativen Aufgaben zur Verfügung. In Excel® können Datenanreicherungen aus weiteren Operativsystemen, aus dem Web oder von Lieferanten, z. B. Fahrzeugherstellern, erfolgen, die insgesamt zu komplexeren Kennzahlensystemen entwickelt werden können. Da das Know-how und die Lizenzen für MS-Excel im Unternehmen meist vorhanden sind, hat sich daraus ein regelrechtes Standardvorgehen entwickelt.

Der Nachteil liegt allerdings darin, dass sich MS-Excel® nicht als optimale Lösung für ein umfassendes Unternehmenscontrolling erwiesen hat. Das hat mehrere Gründe: Excel eignet sich schlecht für den parallelen Zugriff mehrerer Nutzer. Eine Berechtigungsvergabe auf einzelne Zellen oder Werte ist nicht möglich und ein Metadatenmanagement ist nicht vorgesehen. Unter Metadaten versteht man Daten über die Daten und gleichzeitig Informationen über den Attributwertbereich, also die möglichen einzugebenden Werte inklusive der Mengeneinheiten, so dass z. B. Kilogramm- und Kubikmeter-Werte nicht einfach addiert werden können. Weiter ist es mitunter sehr aufwendig, unterschiedliche Datenquellen zu integrieren und die zeitliche Verzögerung schließt ein rasches Reagieren auf problematische Situationen im Unternehmen aus. Damit fehlt der „single point of truth" im Unternehmen, also die eine Stelle, an der eine Tatsache, eine Kennzahl, ein Lagerbestand, ein Lieferbereitschaftsgrad oder was auch immer zuverlässig und abgestimmt berechnet, ermittelt und für alle berechtigten Mitarbeiter im Unternehmen zur Verfügung gestellt wird.

8.6.2   Referenzarchitektur von Data-Warehouse-Systemen

Um diese Nachteile aufzuheben, haben sich Data Warehouses und Business Intelligence Tools durchgesetzt. Ein Data Warehouse ist vereinfacht gesagt eine physische Datenbank, die eine systemübergreifende Sicht auf Daten ermöglicht und Analysen dieser Daten erlaubt. Dafür müssen diese Daten natürlich zunächst einmal in das Data Warehouse gelangen. In **Abbildung 8.23** wird der Aufbau eines Data-Warehouse-Systems anhand eines Referenzmodells dargestellt. Referenzmodelle dienen dem Verständnis und sollen einen Rahmenvorschlag für die Umsetzung im eigenen Unternehmen darstellen.

Die Datenquellen können aus externen Systemen oder vornehmlich internen operativen Systemen bestehen. Als Beispiele für operative interne Systeme stehen Transportmanagement-Systeme, Lagerverwaltungssysteme, ERP-Systeme, CRM-Systeme, Personalwirtschaftssysteme und andere mehr. Die operativen Daten werden mittels Extraktion und gegebenenfalls Transformation in eine operative Datenebene übertragen. Hier stehen bereits Werkzeuge zur Verfügung, um beispielsweise eine Datenbereinigung durchzuführen, wenn dies notwendig ist und in den operativen Systemen nicht möglich war. Die Daten können anschließend in das Data Warehouse geladen werden und stehen dem Nutzer dann dort für Auswertungen zur Verfügung. Auf Basis des Data-Warehouse-Systems kommen entweder ganz normale Reporting Tools zum Einsatz oder aber OLAP-Tools (Online Analytical Processing) oder weitere Werkzeuge, die als Business Intelligence Tools bezeichnet werden. In einem Data-Warehouse-System werden Daten normalerweise nicht manipuliert oder gelöscht, sondern sie stehen inkrementell ergänzt über Jahre hinweg zur Verfügung, um zum Beispiel Zeitreihenvergleiche zu ermöglichen.

Abbildung 8.23   Referenzmodell Data Warehouse

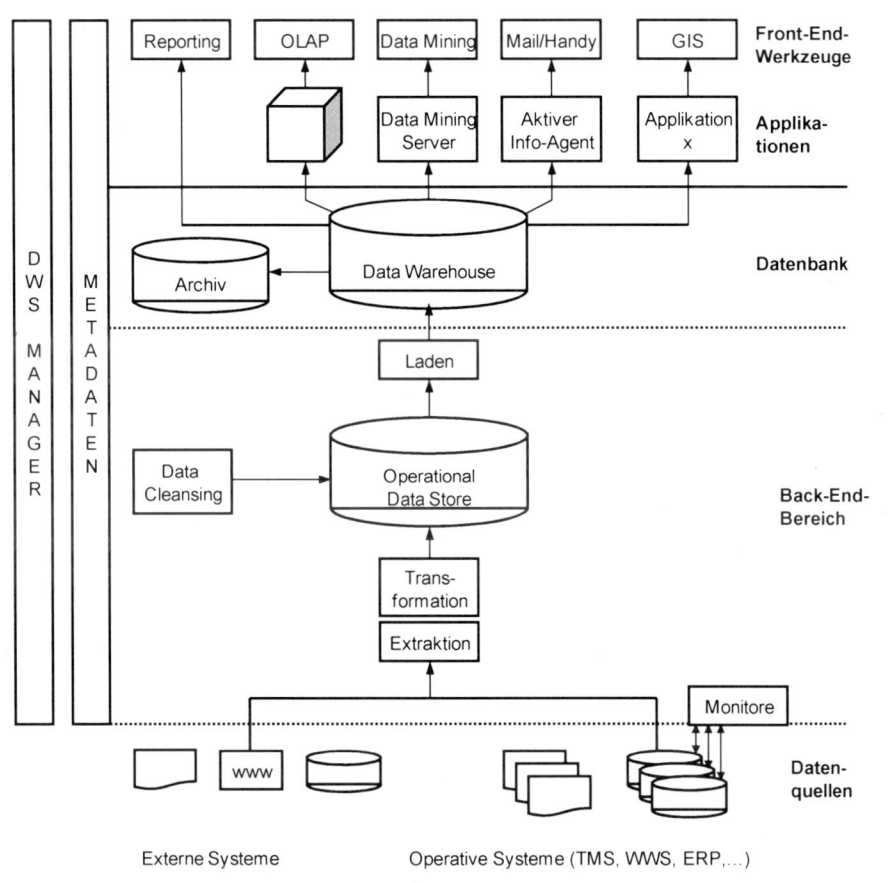

8.6.3   Was ist Business Intelligence?

Unter Business Intelligence versteht man das Integrieren von Strategien, Prozessen und Applikationen, um aus verteilten und oft inhomogenen Unternehmensdaten, wozu auch externe Daten gehören können (Markt- und Wettbewerberdaten), Wissen über Potenziale und Perspektiven des Unternehmens zu erzeugen. Hier zeigt sich eine gewisse Überschneidung mit dem Begriff Data Warehouse. Die nachfolgende **Abbildung 8.24** kann mehr Transparenz in die Begrifflichkeiten rund um die Thematik bringen.

Abbildung 8.24 Facetten von Business Intelligence (Quelle: nach Gluchowski 2001,
modifiziert)

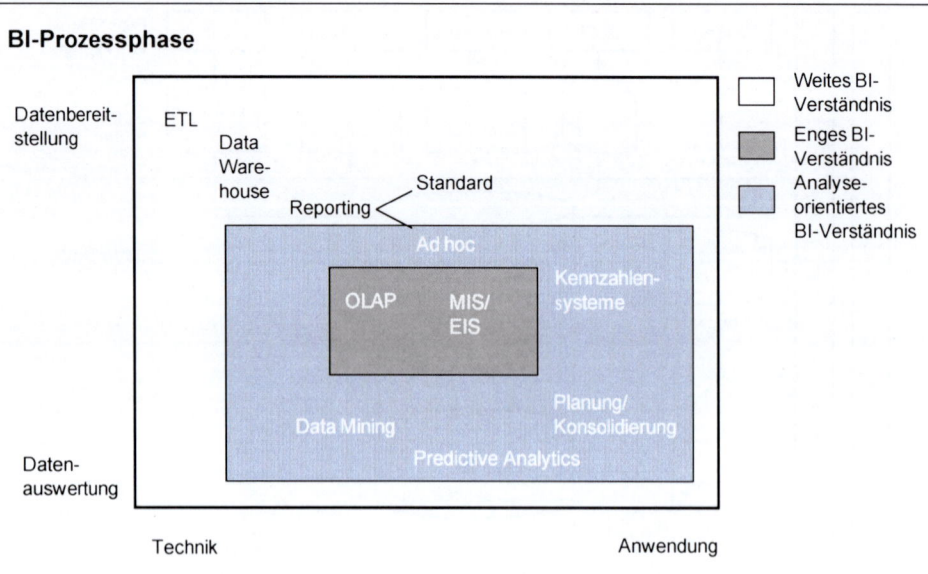

Vereinfacht ausgedrückt stellt die Abbildung dar, dass zu einem engen BI-Verständnis die
Bereiche OLAP, MIS (Management Information System) und EIS (Executive Information
System) gehören. Das Data Warehouse selbst und der ETL-Prozess (Extraktion, Transformation, Laden) werden hier in einem weiten BI-Verständnis verortet, da sie eher im tech-
nikorientierten Bereich der Datenbereitstellung und vereinfachten Datenauswertung gesehen werden. Insbesondere Standardauswertungen gehören zum weiteren BI-Verständnis,
während Ad-hoc-Auswertungen und Kennzahlensysteme dem eher analyseorientierten BI-
Verständnis zugeordnet werden und weitestgehend schon eine eigene Anwendung darstellen. Die Abbildung soll an dieser Stelle die zu erwartenden Projektinhalte und den Umfang
widerspiegeln, der auf ein Unternehmen zukommen kann, wenn es sich mit Business Intelligence auseinandersetzen will. Neben dem technischen Verständnis wird dabei ein tiefes
Verständnis für die Geschäftsprozesse und Kennzahlensysteme benötigt.

Die Daten in einem BI-System werden in einem multidimensionalen Datenmodell gehalten.
Das bedeutet, dass aus den operativen Systemen, die meist aus normalisierten und redun-
danzfreien Datenbeständen bestehen, im Extraktionsprozess sachlogisch korrekt Inhalte
extrahiert und im Kontext des multidimensionalen Modells mit allen anderen vorliegenden
Datenmodellen harmonisiert werden müssen. Der Aufwand für die Harmonisierung hängt
entscheidend von den operativ zu integrierenden Systemen ab. Der Extraktionsprozess
selbst sollte so weit automatisiert werden, dass ein manueller Eingriff nicht mehr notwendig ist. Die Aktualisierungshäufigkeit richtet sich wiederum nach dem Unternehmen bzw.
den zu reportenden Geschäftsprozessen. Die Häufigkeit kann von stündlich über täglich bis
hin zu monatlich, zum Beispiel bei Personaldaten, variieren.

8.6.4   OLAP-Operationen

Liegen die Daten in multidimensionaler Form vor, was gerne als Data Cube – also Würfel – bezeichnet wird, können Auswertungen einfach und intuitiv mit leicht zu bedienenden, häufig Excel-orientierten Werkzeugen durchgeführt werden. Viele Anbieter von BI-Tools stellen Add-ins für MS-Excel zur Verfügung, um damit das im Unternehmen bestehende Know-how zu nutzen, die Einarbeitungszeit zu reduzieren und die Nutzerakzeptanz zu fördern. Diese als OLAP-Operationen bezeichneten Auswertungen beinhalten im Wesentlichen das Pivoting (das Tauschen von Dimensionen) (**Abbildung 8.25**), Drill down (Navigieren in eine Detailebene), Roll up (Navigieren auf eine höhere Ebene) (**Abbildung 8.26**), das Slicing (durch Filterung eine Scheibe aus dem Würfel schneiden) (**Abbildung 8.27**) und das Dicing (durch Filterung einen Teilwürfel darstellen) (**Abbildung 8.28**). Teilweise besteht auch die Möglichkeit, mit einem Drill through direkt in das operative System zu navigieren, um einen Originalbeleg zu untersuchen.

Abbildung 8.25   Pivoting

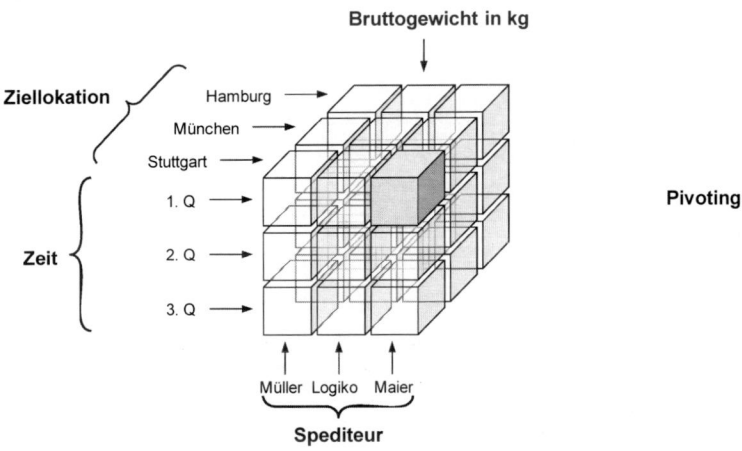

Abbildung 8.26   Drill down und Roll up

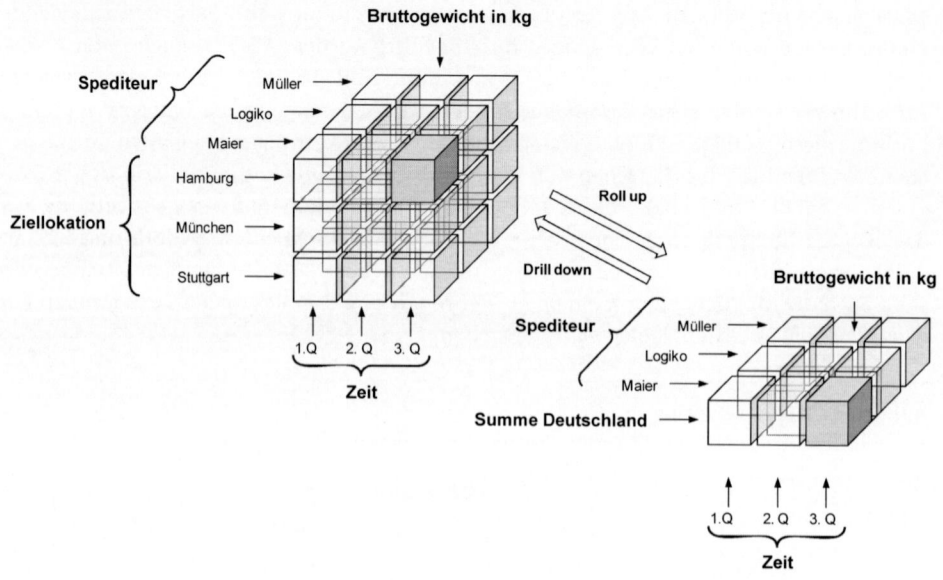

Abbildung 8.27   Slicing

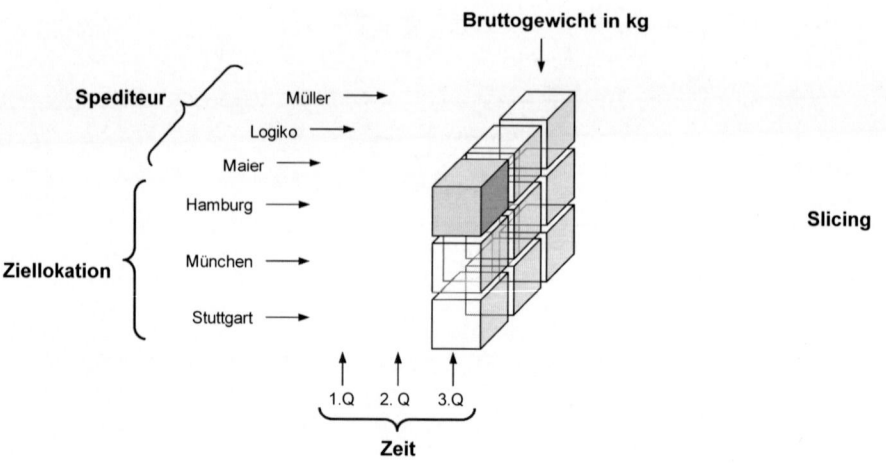

Abbildung 8.28   Dicing

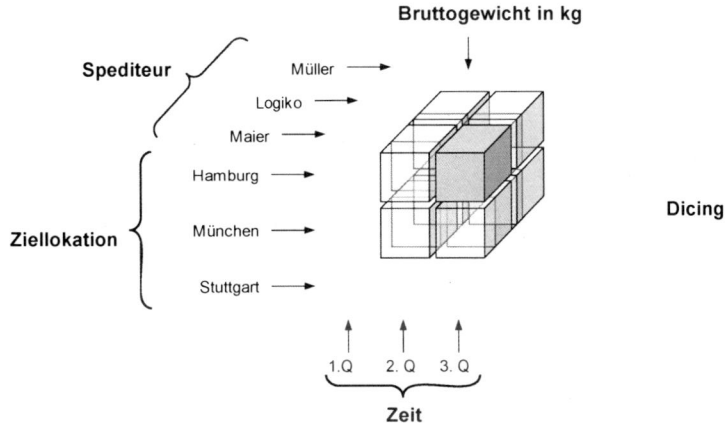

Darüber hinaus werden Business Intelligence Tools für die Visualisierung angeboten, die mittels z. T. aufwendiger Grafiken (Diagramme, Bubbles, Spinnennetzgrafiken) oder Geoinformationssysteme u. a. ein schnelles Verständnis für die Situation im Unternehmen ermöglichen.

8.6.5   Wichtige Fragestellungen

Bevor ein Unternehmen sich für eine BI-Lösung (Abbildung 8.29) entscheidet, sollte sichergestellt werden, dass der Anbieter bereits über Branchenerfahrung verfügt. Gerade IT-Anwendungen, die vermeintlich „nur" der Auswertung von Daten im Unternehmen dienen, geraten schnell in den Aufmerksamkeitsschatten des täglichen Geschäfts, da sie für das operative Business und damit für die Generierung von Umsatz nicht zwingend notwendig sind. Genau darin liegt eine große Gefahr und deshalb ist neben der rein technischen Qualität der angebotenen Lösung auch eine angemessene Projektleitung auf Seiten des Anbieters vonnöten. Darum werden dringend ein Referenzkundenbesuch und eine persönliche Empfehlung für die Projektleitung empfohlen.

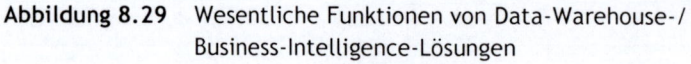

Abbildung 8.29   Wesentliche Funktionen von Data-Warehouse-/
Business-Intelligence-Lösungen

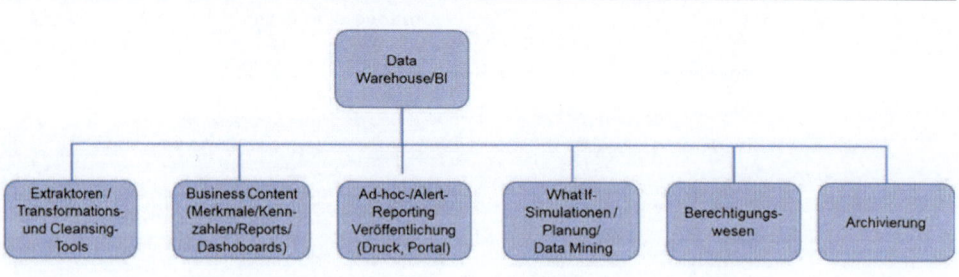

Wichtig ist, dass für die im Unternehmen installierten Anwendungen passende Extraktoren zur Verfügung stehen, die sich leicht einrichten und anpassen lassen. Über entsprechende Monitore sollte jederzeit ein Einblick in den Status und ein einfaches Fehlerhandling möglich sein. Notwendige Transformationen sollten einfach über Regeln und ohne Programmierkenntnisse eingestellt werden können. Im besten Fall bietet der Softwarehersteller bereits passenden Business Content an, d. h. ein Set an Extraktoren (Programmen) und Cubes (vordefinierten Datencontainern) mit den entsprechenden Merkmalen (Dimensionen), wie z. B. Lagerort, Tour, Transportmittel, Route, Material, Gefahrgut, Empfänger etc., sowie mit Kennzahlen, wie z. B. Lagerreichweite, Anzahl der Kommissionierfehler, Anzahl der Transportschäden, Lagerkosten, Transportdauer usw. Diesen Business Content kann man dann als Blaupause und Basis verwenden und leicht an individuelle Bedürfnisse anpassen. Dazu können auch bereits fertige Auswertungen (Queries) oder Cockpits (Dashboards) mit grafischen Darstellungen gehören.

Bei Bedarf muss es möglich sein, Daten in einem operativen Zwischenbereich (ODS) zu speichern und gegebenenfalls zu bereinigen. Dies ist insbesondere dann notwendig, wenn die erforderliche Datenqualität nicht an der Datenquelle selbst erzeugt werden kann, weil das Operativsystem erst aufwendig angepasst werden müsste.

Es kann sinnvoll sein, neben dem Data Warehouse ein zusätzliches Archivsystem anzubinden, um die Datenbank zu entlasten, deren Performance nach Ladevorgängen über viele Jahre in feinem Granulat leidet. Moderne Archivierungssysteme erlauben dennoch einen nahezu uneingeschränkten Zugriff auf alte Daten.

Das gewählte Produkt sollte die im Unternehmen gewünschte Art der Darstellung der Kennzahlen gewährleisten. Das reicht von den oben erwähnten einfachen Reports, grafisch angereichert durch Sparklines, über ein OLAP-orientiertes Ad-hoc-Reporting bis hin zu Simulationen und What-if-Analysen für die Unternehmensplanung. Vielfach werden Berichte auch ausgedruckt, in Mappen gebunden und in der erweiterten Geschäftsleitung zur Diskussion verteilt. Dafür benötigt das System einfache Druck-, Export- und Aufbereitungsfunktionen und -schnittstellen, die eine leichte Überführung in die Microsoft Office-Welt ermöglichen.

8.6.6 Quick Check: Wichtige Features von Business-Intelligence-Systemen

Abbildung 8.30 Quick Check: Wichtige Features von Business-Intelligence-Systemen

✔	Anbindungsmöglichkeiten an operative Systeme
✔	Vorbereitete Cubes und Reports (ausgelieferter Content)
✔	Transformationstools ohne Programmierung
✔	Extraktoren für Standard-Anwendungen
✔	Extraktionsmonitor
✔	Berechtigungswesen
✔	OLAP-Tool/Ad hoc-Reporting
✔	Einfache Kennzahlenformulierung
✔	Formulargestaltungsmöglichkeit
✔	Grafische Aufbereitung
✔	GIS-Integration
✔	Alert-Reporting
✔	What if-Szenarien
✔	Mobiler Zugriff

Literatur

Gluchowski, P. (2001): Business Intelligence – Konzepte, Technologien und Einsatzbereiche in: Hildebrand K. (Hrsg): Business Intelligence. Dpunkt, Heidelberg

8.7   Die interne und externe Kommunikation mittels Groupware und Co.

Gute Ergebnisse leben von guter Kommunikation und der damit verbundenen Dokumentation. Die Herausforderung bei der Digitalisierung ist es, die vielen Kommunikationsmedien zu integrieren und zu synchronisieren (**Abbildung 8.31**).

Dies geht unter anderem mit Technologien wie einer Groupware. Die bekannteste ist dabei sicherlich MS-Outlook®. Es gibt aber noch Lösungen wie Groupwise®, LotusNotes® oder weitere Systeme.

Welche Funktionen sollten im Rahmen einer vereinheitlichten Kommunikation eigentlich berücksichtigt werden?

Abbildung 8.31   Interne und externe Kommunikation

Die wichtigste Regel: Kommunikation immer am Vorgang integrieren!

Kommunikation funktioniert übrigens nur dann, wenn diese an den Vorgängen stattfindet, welche auch davon betroffen sind.

Beispiel: Sie erstellen gerade ein Angebot und benötigen hierfür noch ein Dokument aus der Marketingabteilung. Was machen Sie?

- Sie erstellen eine Aufgabe im Aufgabenmanagement: „Bitte DOK1 bis morgen hier im Angebot hinzufügen."

- Sie senden eine E-Mail mit der gleichen Nachricht in MS-Outlook® an Ihre Kollegen.

- Sie rufen an und hinterlassen ggf. eine Nachricht auf der Voicemail.

Die Wiedervorlage in MS-Outlook kann Sie vielleicht daran erinnern, dass Sie nachhaken, aber bekommt auch der angesprochene Kollege diese Erinnerung? Und was passiert, wenn Sie morgen, am Tag der Fälligkeit, ungeplant nicht verfügbar sind?

Die E-Mail landet im Postfach des angeschriebenen Kollegen. Was aber, wenn dieser gar nicht im Büro ist und ganz vergessen hat, seine Abwesenheitsbenachrichtigung zu aktivieren? Sie warten dann wohl zu lange und finden erst viel zu spät heraus, dass hier gar keine Reaktion erfolgen konnte. Zumal nur in wenigen Unternehmen die E-Mails von Kollegen überwacht werden. Nicht umsonst erhält man bei Abwesenheiten die automatische Nachricht *„Während meiner Abwesenheit werden Ihre Nachrichten nicht gelesen. Bitte wenden Sie sich in dringenden Fällen an XYZ".* Eine derartige Nachricht lässt darauf schließen, dass man in diesem Unternehmen die Kommunikation nicht im Griff hat!

Bei der VoiceMail haben Sie zunächst ein gutes Gefühl, da Sie ja eine Nachricht hinterlassen haben. Ob und wann diese zur Kenntnis genommen wurde, bekommen Sie aber gar nicht mit. Deswegen ist es sinnvoll, im Rahmen der Kommunikation die Prozesse erheblich besser durch den Einsatz der richtigen Technologie zu unterstützen und damit mögliche Fehlerquellen bestmöglich zu eliminieren. Zu diesem Zweck ist es mehr als sinnvoll, jegliche mit einem Vorgang verbundene Dokumentation genau dort zu integrieren. Denn auf Ihre Angebote kann sicherlich auch Ihr Vorgesetzter oder ein anderer Sachbearbeiter zugreifen und dort direkt erkennen, dass das per Nachricht oder Aufgabe angeforderte Dokument ja noch gar nicht angefügt wurde.

Für die Kommunikation am Vorgang gilt es deswegen, für jede dieser Funktionen die bestmögliche IT-Anwendung zu finden.

Dabei gibt es zwei Varianten der möglichen Lösung:

- Die über Schnittstellen integrierten Lösungen à la MS-Outlook® und Co. als „Best of Breed"-Lösung

- Die integrale Lösung als Bestandteil der Haupt-Applikation z.B. ERP, CRM, WWS etc.

In der Regel sind integrierte „Best of Breed"-Lösungen die Lösungen mit einem größeren Umfang an verschiedenen Funktionalitäten. Integrale Lösungen sind besser an den Vorgängen integriert, bieten aber oft weniger Detailfunktionalitäten.

Im Idealfall können Sie die „Best of Breed"-Lösung vollumfänglich integrieren. Wobei dies einen Nachteil hat: nämlich, dass hier weitere Kosten für die Nutzung dieser Lösung anfallen, die bei einer integralen Lösung ggf. bereits in den Kosten der Gesamtlösungen enthalten sein können.

Welche Systeme sind von der vorgangsorientierten Kommunikation betroffen?

Eigentlich *alle* Systeme, mit denen Menschen in Ihrem Unternehmen arbeiten (vom CRM bis zum ERP und Ihrer Finanzbuchhaltung).

Einige wichtige Funktionen, die über Erfolg oder Misserfolg der Integration entscheiden:

- E-Mail-Versand aus dem Vorgang heraus
  - Das E-Mail direkt aus dem Angebot auf Basis der vorhandenen Stammdaten versenden und es inkl. Datenanhänge am Vorgang speichern
- E-Mail-Versand auf MS-Outlook® heraus mit Plug-In-Prozessintegration
  - Hier werden aus dem Vorgang heraus MS-Outlook® und Co. geöffnet, durch einen technischen Plug-In aber sichergestellt, dass die Mail trotzdem dem Vorgang zugeordnet und damit nachvollziehbar ist.
- Automatische Erkennung von Eingangsmails und Zuordnung zum Vorgang
  - Z.B. eine Vorgangsnummer in der „Betreffzeile" der E-Mail
- CTI-Telefonnummernerkennung
  - Bedingt natürlich die Pflege der Stammdaten
- Aufgabenmanagement
  - Für einzelne betroffene Mitarbeiter oder Gruppen
- Vertreterregelungen
  - Bedingt die Pflege der Regeln inkl. Erkennung von Abwesenheiten, z.B. auf Basis einer Krankmeldung
- Integriertes Dokumentenmanagement
  - Minimal eine integrale Dokumentenverwaltung oder, beim Anspruch der Revisionssicherheit, ein DMS-Dokumentenmanagement, von dem man erst gar nicht merkt, dass es als integrierte Lösung mit genutzt wird.
- Integration in zentrale Stammdaten
  - Adressen und Kommunikationsdaten

Keine Datenredundanzen und sich wiederholende Funktionen in verschiedenen Systemen

Bei der Bewertung der Lösungen und der damit verbundenen Prozessunterstützung ist es sehr wichtig, dass man sich auf ein Kernsystem einigt und dies dann auch vollumfänglich und abteilungsübergreifend umsetzen kann. Es ist nämlich wenig sinnvoll, wenn einmal eine E-Mail brav am Vorgang erzeugt und gespeichert wird und dann Minuten später eine weitere E-Mail direkt in MS-Outlook® erstellt, aber nicht am Vorgang abgelegt wird.

Ebenso sollte man sicherstellen, dass in verschiedenen Systemen maximal Daten ergänzt werden, die nur in diesen Systemen benötigt oder vorhanden sind. Allgemein genutzte Daten im Rahmen der Kommunikation wie Kontaktdaten, E-Mails, Telefonnummern etc. sollten zentral verwaltet werden können.

Übrigens: Einige im Handel erhältliche XRM-Systeme, welche als Weiterentwicklung von CRM-Lösungen zu sehen sind, können durchaus alle der hier genannten Aufgaben übernehmen. Was am Anfang eher auf den Vertrieb fokussiert war (deswegen ja auch CRM Customer Relationship Management), kann natürlich auch auf den Einkauf oder alle internen Kommunikationsprozesse in allen Unternehmensbereichen angewandt werden. In der Regel zeichnen Sie sich auch über die guten Integrationsmöglichkeiten in die verschiedensten Systeme aus. Ein Blick in diese Richtung kann sich also durchaus lohnen.

Expertentipp: Achten Sie bei allen Digitalisierungsprojekten darauf, dass der Umgang mit der Kommunikation in den neuen Lösungen nicht zu kurz kommt. So erhöhen Sie die Effizienz der Optimierung Ihrer Prozesse im Gesamtunternehmen erheblich. Selbst wenn hier nicht alle Lösungen aus „einem Guss" sind, kann diese Kommunikationsebene als Bindeglied hervorragende Dienste leisten.

9 Projektdefinition und Bedarfsermittlung

9.1 Warum eigentlich eine neue Softwarelösung?

Es gibt vielfältige Gründe für den Einsatz neuer Softwarelösungen. Auf jeden Fall aber sollte man sich im Klaren darüber sein, warum der Einsatz einer neuen Software notwendig ist. Diese Gründe sind wichtig, weil sie die Anforderungen an die Lösung, die Technologie und den Anbieter definieren. Schließlich wollen Sie sich mit einer neuen Lösung ja nicht „verschlimmbessern".

- *Optimierung der Unternehmensprozesse*
  Irgendwann merken Sie, dass es nicht mehr so geht wie vor 20 Jahren, Erfahrung hin oder her. Oft sind viele manuelle Prozesse der Anlass – Sie wollen diese optimieren und automatisieren. Dies geht meist nur durch den Einsatz neuer Software, die diese Optimierung auch IT-technisch unterstützt.

- *Standardisierung der Unternehmensprozesse*
  Urlaubsantrag, Angebot oder Abrechnung – es gibt viele Prozesse, die von verschiedenen Menschen meist unterschiedlich abgewickelt werden. Eine neue Lösung gibt meist einen standardisierten Weg vor, der Ihre Anforderungen optimal abdecken sollte. „Eigene Prozesszöpfe" verschiedener Mitarbeiter oder Abteilungen werden damit „abgeschnitten".

- *Zusammenschlüsse oder Ausgliederung von Unternehmen*
  Ihre Software ist „oversized". Ggf. werden viele der Funktionen so nicht mehr benötigt, weil das Personal dafür gar nicht mehr vorhanden ist. Oder Sie müssen Geschäftsprozesse unterstützen, die vorher im Unternehmen so gar nicht vorhanden waren, z. B. ein unternehmensübergreifendes Controlling.

- *Eröffnung von neuen Standorten*
  Vielleicht ist Ihre aktuelle Software gar nicht in der Lage, mehrere Standorte mit deren spezifischen Daten zu verwalten, z. B. in der Disposition, wobei die Abrechnung wiederum zentral abgewickelt werden muss.

- *Geänderte Anforderungen aufgrund der Wettbewerbssituation*
  Wenn Ihr Mitbewerber Dienstleistungen, wie z. B. das Bestücken von Verkaufsdisplays, anbietet, kann dies der Grund sein, dass Sie neue IT-Funktionen benötigen, um von der Planung bis zur Zeiterfassung alles abwickeln zu können.

- *Einbindung externer Partner (Lieferanten und/oder Kunden)*
  Wenn der Kunde Ihnen einen Transportauftrag elektronisch schickt, sollten Sie in der Lage sein, die gelieferten Daten elektronisch weiterzuverarbeiten, statt sie nochmals manuell einzutippen. Spätestens jetzt müssen Sie handeln! Idealerweise nutzen Sie diese neue Funktionalität auch für neue Kunden oder Interessenten.

© Springer Fachmedien Wiesbaden GmbH, ein Teil von Springer Nature 2019
C. Groß und R. Pfennig, *Digitalisierung in Industrie, Handel und Logistik*,
https://doi.org/10.1007/978-3-658-26095-8_9

- *Vereinheitlichung der internen IT-Landschaft*
  10 Softwarelösungen, 5 Datenbanken, 2 Betriebssysteme – wer mit einem derartigen „Bauchladen" arbeitet, kann nicht effizient sein. Eine Vereinheitlichung ist deshalb sinnvoll, solange Sie es nicht übertreiben. Es kann schnell nach hinten losgehen, wenn Sie aus 10 Lösungen eine machen wollen, die in ihrer Gesamtheit gar nicht alle notwendigen Prozesse und Funktionen abdecken kann.

- *Ersatz von veralteter und ggf. nicht mehr gewarteter Technologie*
  Sollten Sie noch Windows-XP®-Rechner einsetzen oder gar am berühmt-berüchtigten „Green Screen" arbeiten, dann ist es allerhöchste Zeit, sich nach einem Ersatz umzuschauen. Meist gibt es bei derart veralteter Software nämlich auch ein Personalproblem. Wenn die Mitarbeiter, die sich damit auskennen, in Rente gehen, dann sollten Sie Ihre alte Softwarelösung auch in den Ruhestand schicken.

- *Aufkauf oder Insolvenz des aktuellen Softwarepartners*
  Wenn Ihr Anbieter seine Geschäftstätigkeit eingestellt hat oder verkauft wurde, dann ist eine sinnvolle Fortführung der Softwarenutzung nur in den seltensten Fällen möglich. Bei Konkurs ist höchste Eile angesagt. Vielleicht können Sie ja einen Mitarbeiter der Entwicklung für die Übergangszeit anheuern und so die Phase bis zu Ihrer neuen Lösung überbrücken.

- Sollte der Anbieter verkauft worden sein, dann müssen Sie immer davon ausgehen, dass, sofern der Käufer eine eigene, gleichartige Lösung hat, Ihre Lösung irgendwann sterben wird. Meist sind die Käufer nur auf den Kundenstamm und die Wartungsverträge aus und wollen später ihre eigene Lösung an den neuen Kunden bringen. Ob das die richtige Vorgehensweise ist, sollten Sie auf jeden Fall in einem Evaluierungsprozess entscheiden und nicht einfach drauflos kaufen, weil es günstig ist.

- *Auslauf von Pflegeverträgen, Einstellung der Weiterentwicklung*
  Spätestens wenn Ihr Anbieter den Wartungsvertrag enden lässt und damit keine Fehlerbehebung mehr garantiert, sollten Sie sich auf die Suche nach einer neuen Software machen. Heutzutage kann kein Unternehmen mehr einen Totalstillstand seiner Softwarelösung überleben.

- *Zu hohe laufende Entwicklungskosten*
  Wenn ein Unternehmen sich regelmäßig neuen Anforderungen stellen muss und diese sogar noch gesetzlich begründet sind, können die laufenden Entwicklungskosten für das Unternehmen nicht mehr tragbar werden.

- *Nutzung neuer Technologien*
  Ob HTML5, mobil, neue Datenbanken etc.: Aus technischer Sicht gibt es regelmäßig Gründe, auf neue Software zu setzen. Sie sollten aber darauf achten, dass Sie nicht nur die Technik im Blick haben und darüber ganz vergessen, den echten Mehrwert zu evaluieren.

- *Fehlende Funktionalität der aktuell eingesetzten Software*
  Neue Anforderungen kommen ständig hinzu. Wenn Ihr Anbieter die Software nicht stetig auf Basis Ihrer Anforderungen weiterentwickelt, kann es passieren, dass Ihre Lösung

bald wie ein Schweizer Käse aussieht – voller Löcher in der Funktionalität. Wenn Sie diese weder mit MS-Excel® noch mit Eigenentwicklungen füllen wollen, wird es Zeit, nach einer neuen Software zu suchen.

■ *Eliminierung bzw. Reduzierung von Datenredundanzen*
Wer mehrere verschiedene Softwarelösungen einsetzt, wird garantiert Daten mehrmals in den Systemen finden. Seien es Adressen, Kontakte, Personal oder Fahrzeuge, z. B. in einer Spedition. Dass dies eher suboptimal ist, versteht sich von selbst. In einer neuen Lösung sollten alle Daten entweder zentral in einer Datenbank verfügbar sein oder die Integration der verschiedenen Lösungen so gut, dass es pro Datenbereich immer nur einen Punkt gibt, in dem erfasst oder geändert wird. Die anderen Systeme können dann direkt auf diese Daten zugreifen.

■ *Verbesserung der Datenqualität als Basis für bessere Entscheidungen*
Wenn seit Jahren oder gar Jahrzehnten die gleichen Lösungen zum Einsatz kommen, dann wird die Qualität der Daten bekanntlich immer schlechter. Die „Quick und Dirty"-Methode bei der Erfassung hat dann um sich gegriffen. Deswegen finden Sie oft „halbe" Datensätze im gesamten System. Ein neues Analysesystem darüber zu setzen kann problematisch werden. Achten Sie bei der neuen Lösung auf jeden Fall darauf, dass dieser Fehler möglichst vermieden wird, z. B. durch mehr Vorgaben bei der Erfassung, deren Einhaltung aber keinen oder wenig Mehraufwand darstellt.

■ *Nutzung mobiler Technologie*
Ob Tablet oder Phone, viele neue Lösungen sind auch mobil verfügbar. Diese Technologie nutzen zu wollen bedeutet meist auch die Notwendigkeit, verschiedene Lösungen im Unternehmen zu ersetzen, damit sie auch voll integriert den eigentlich möglichen Mehrwert liefern können.

Viele weitere Gründe sind natürlich möglich. Sie sollten diese auf jeden Fall im eigenen Unternehmen evaluieren.

Expertentipp: Begutachten Sie regelmäßig Ihren möglicherweise vorhandenen „Bauchladen" an Softwarelösungen und versuchen Sie, diesen ggf. zu bereinigen. Weniger verschiedene Lösungen mit mehr Funktionalität und besserer Integration bilden die Basis für optimierte Prozesse im Unternehmen.

9.2   Die Phasen bei der Softwareauswahl

Wer planlos in sein Digitalisierungsprojekt einsteigt, hat schon verloren. Man sollte jederzeit wissen, wo man sich gerade befindet und wohin man eigentlich will. Nachfolgend zeigen wir deswegen die verschiedenen Phasen im Auswahlprojekt auf, zu denen Sie in den nachfolgenden Abschnitten weitere Details erfahren werden (**Abbildung 9.1**).

Abbildung 9.1   Phasen in der Softwareauswahl

Projekt Initiierung Erste Bedarfs- Analyse	Prozess- und Potential Analyse	Anforderungs- Management Detail- Anforderung Lastenheft	Vorauswahl Anfrage Leistungs- vergleiche	Leistungs- Verifizierung In Workshops Detailprüfung Referenzen	Verhandlung Vertrags- Gestaltung Vereinbarung

Projektmanagement & Controlling

Besonders wichtig ist dabei natürlich, dass Sie über Ihr eigenes Projektmanagement oder das eines beauftragten Beraters das Projekt von Anfang bis Ende im Griff haben. Idealerweise kommt hier ein Projektmanagement-Tool zum Einsatz.

9.3   Die Zielsetzung bei der Softwareauswahl und -einführung

Mit der Softwareauswahl schaffen Sie die Basis für effiziente, abgesicherte Prozesse: Nach einer ausführlichen Bedarfsermittlung wählen Sie die am besten geeignete Lösung und den sich daraus ergebenden Dienstleister. Dies sollte mit dem notwendigen Aufwand und in der schnellstmöglichen Zeit, mit dem bestmöglichen Ergebnis und möglichst geringem Risiko durchgeführt werden.

Die folgenden Kriterien sind hierbei zu berücksichtigen:

- Keine endlosen Entscheidungsprozesse bei der Auswahl oder Einführung

- Effizienz in der Durchführung von Auswahl und Einführung

- Eine nachvollziehbare, abgesicherte Auswahl

- Risikominimierung

- Die richtige Lösung auf Basis genauer Analyse und Bewertung

- Alle Funktionen in der Lösung enthalten, idealerweise im Standard-Lieferumfang

- Der beste Anbieter am Markt und für Unternehmen

- Nur den nötigen Aufwand bei der Auswahl betreiben

- Keine Kosten- und Zeitüberschreitungen während der Auswahl und später bei der Einführung

- Keine „Überraschungen" im Projekt

- Keine „Missverständnisse" und Aussagen nach dem Motto: „Wenn wir das vorher gewusst hätten!"

- Keine unzufriedenen Mitarbeiter bei der Auswahl, während und vor allem nach der Einführung

- Kein Scheitern des Projekts

- Falls Probleme auftreten, wollen Sie die besseren Karten haben, wenn es zum möglichen Streit kommt!

Expertentipp: Definieren Sie Ihre Ziele! Nur dann können Sie diese auch erreichen und Ihren kompletten Prozess zielorientiert ausrichten.

9.4 Die Projektbeschreibung

Wenn Sie Software und Dienstleistungen oder gar mehr einkaufen wollen, dann sollten Sie genau wissen, was Sie wollen, und das intern und extern kommunizieren. Nur mit einer offenen Kommunikation können Sie in beiden Fällen von sich behaupten, dass die Anforderungen und Fakten im Vorfeld bekannt waren. Das erleichtert bei aufkommenden Diskussionen die Argumentation und führt meist dazu, dass die Anbieter zugeben müssen, diese Information nicht ausreichend honoriert zu haben.

Welche Themen sollte die Projektbeschreibung beinhalten?

- Kurzbeschreibung des Unternehmens

- Kurzbeschreibung des Projekts

- Ziele im Projekt

- Zeitplan des Projekts

- Anforderungen an die Anbieter*

- Anforderungen an die Lösung

- Anforderung an die Angebotsbeantwortung*

- Informationen zum Lastenheft und zu anderen relevanten Informationen*

- Umgang mit dem ROI (Return on Invest) im Projekt

- Anforderungen und Umfang der Formularerstellung

- Anforderungen und Umfang der Datenmigration

- Mengengerüst der Daten im Projekt

- Die aktuelle technische Infrastruktur

    - Hardware
    - Technische Software
    - Betriebssysteme
    - Datenbanken
    - Netzwerk
    - etc.

- Operativ eingesetzte Lösungen im Unternehmen

- Anzahl der benötigten Anwender der Lösung

- Die Ansprechpartner im Projekt

    - Intern
    - Externe Berater
    - ggf. weitere

- Info zur Geheimhaltung

(*) nur relevant für die Anfrage

Was genau Sie in die interne Projektbeschreibung übernehmen, hängt ab von der internen Informationspolitik und unterscheidet sich sicherlich von Unternehmen zu Unternehmen.

Expertentipp: Erstellen Sie eine externe und eine interne Projektbeschreibung. Versenden Sie die externe Projektbeschreibung mit der Anfrage und machen Sie diese ggf. zum Vertragsbestandteil.

9.5 Prozesse analysieren und mit der IT optimieren

Jedes Unternehmen wird durch feste oder flexible Abläufe von Aufgaben, Tätigkeiten, Daten, Werteflüssen usw. bestimmt. Meist lässt die Effizienz aber sehr zu wünschen übrig. Verschiedenste Systeme, ob manuell oder IT-basiert, verursachen unnötige Kosten und erhöhen Aufwand oder Fehler, die wiederum weitere Probleme „im System" auslösen. Dies geschieht quasi wie im „Domino-Effekt". Kein Wunder, dass IT-Projekte meist dafür genutzt werden, die Prozesse zu vereinheitlichen und zu optimieren. Doch aufgepasst – oft dienen die Analysen mehr dem Geldbeutel des Beraters als dem Mehrwert des Unternehmens. Dies gilt insbesondere, wenn Sie an das Ganze pragmatisch herangehen wollen oder Ihnen schlicht und einfach die Ressourcen fehlen.

Alle Unternehmen sind (fast) gleich

Wenn Sie mit einem Berater oder Softwareanbieter über Ihre Herausforderungen sprechen, sollten Sie dies mit Vorsicht tun. Allzu oft kommt die Bestätigung, dass Ihr Unternehmen einmalig auf der Welt sei und es so, wie Sie es machen, kein anderer macht. Dies bedingt natürlich mehr Aufwand in Analyse und Umsetzung der entsprechenden IT-Strategie. Höhere Anforderungen an die Softwarefunktionalität beinhalten u. U. viele „Sonderlocken", damit Sie Ihren vermeintlichen Wettbewerbsvorteil behalten.

Fokussieren Sie auf das Wichtige und Komplexe

Sie kennen sicher den Spruch „Auch hier wird nur mit Wasser gekocht". Dies gilt in den meisten Fällen auch für Prozesse im Unternehmen. Eine Abrechnung z. B. im Gutschriftsverfahren in Kombination mit der Internetplattform eines Konzerns ist nun mal ziemlich ähnlich oder sogar gleich, egal wohin man kommt. Beim einen läuft der Vorgang vielleicht automatisierter ab, beim anderen gibt es noch Kontrollinstanzen, die Basis ist aber die gleiche. Besonders wenn diese Prozesse komplexer werden, kann es von Interesse sein, diesen Prozess zu dokumentieren, z. B. aus Schulungssicht oder aus Sicht einer ISO-Zertifizierung. Ein Berater, der sich auf die Prozessdokumentation – und hier besonders auf die grafische Dokumentation – spezialisiert hat, sollte eigentlich mehrere Optionen präsentieren können und sich dann nur noch auf Ihre tatsächlichen Besonderheiten konzentrieren. Fangen Sie also nicht bei „Adam und Eva" an mit der Begründung, dass Sie so ganz anders als die anderen seien.

Erzeugen Sie keinen „Analyseabfall"! Achten Sie auf Wiederverwendbarkeit!

Ebenso muss man sich auch darüber im Klaren sein, was man eigentlich mit der Dokumentation bezweckt. Es ist gut, wenn Sie z. B. einem Softwareanbieter auf Basis einer grafischen Workflowdokumentation Ihre Prozesse genau erläutern können, doch kann der Schuss schnell nach hinten losgehen, wenn dies auf der grünen Wiese passiert. Das ist genau dann der Fall, wenn die dokumentierten Prozesse in der ausgewählten Software völlig neu erstellt werden müssen, weil es dort weit über die grafische Darstellung hinausgeht. Einige gute Systeme können nämlich die Software und deren Verhalten anhand dieser Dokumentation steuern. Eine schöne MS-Visio®-Dokumentation und den damit verbundenen Aufwand können Sie dann zu großen Teilen „abschreiben". Es ist deshalb sinnvoll, sich bei der Workflowdokumentation im Rahmen der Auswahl auf das Wesentliche zu beschränken. Die dort eingesparten Mittel können Sie dann in der neuen Software viel effizienter einsetzen. Vorausgesetzt natürlich, dass diese das auch kann.

Wo könnte man diese Dokumentation wiederverwenden?

- In der ISO-Zertifizierung

- Im eigenen Softwarehandbuch, der Onlinehilfe

- In Schulungsunterlagen (allgemein und z. B. speziell für neue Mitarbeiter)

Welche Varianten einer Prozessanalyse und Dokumentation gibt es?

Generell können Sie Ihre Prozesse tabellarisch oder grafisch dokumentieren. Idealerweise kombinieren Sie beide Methoden. Egal, welches Werkzeug Sie wählen, seien es ein Freeware Tool oder kostspielige Speziallösungen: Sie sollten immer in der Lage sein, die „Granularität" der Dokumentation im Prozess festzulegen. Die nachfolgenden **Abbildung 9.2** und **Abbildung 9.3** zeigen zwei Beispiele. Das erste ganz einfach auf Basis von MS-PowerPoint®, das zweite etwas komplexer auf Basis von MS-Visio®.

Abbildung 9.2   Auslieferungsprozess

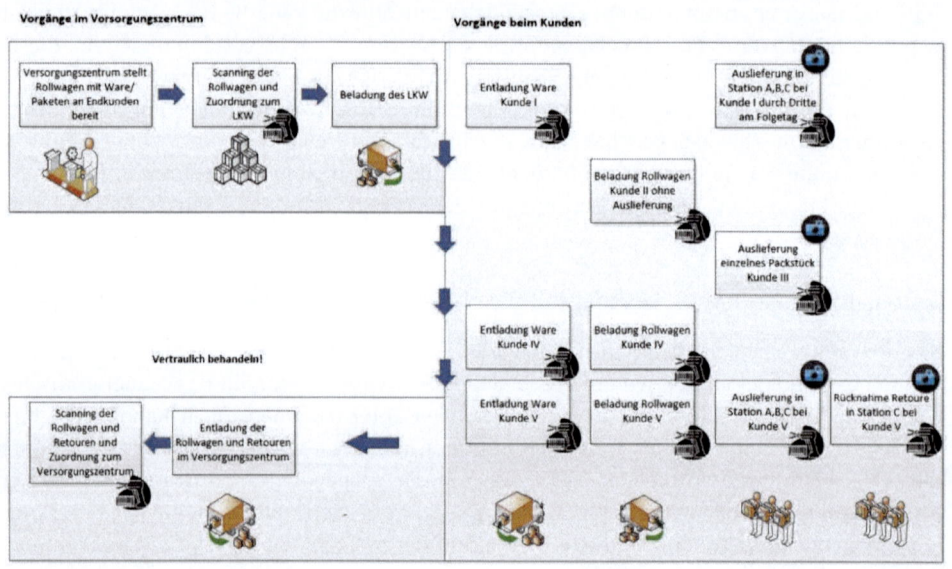

Abbildung 9.3   Konfigurationsprozess

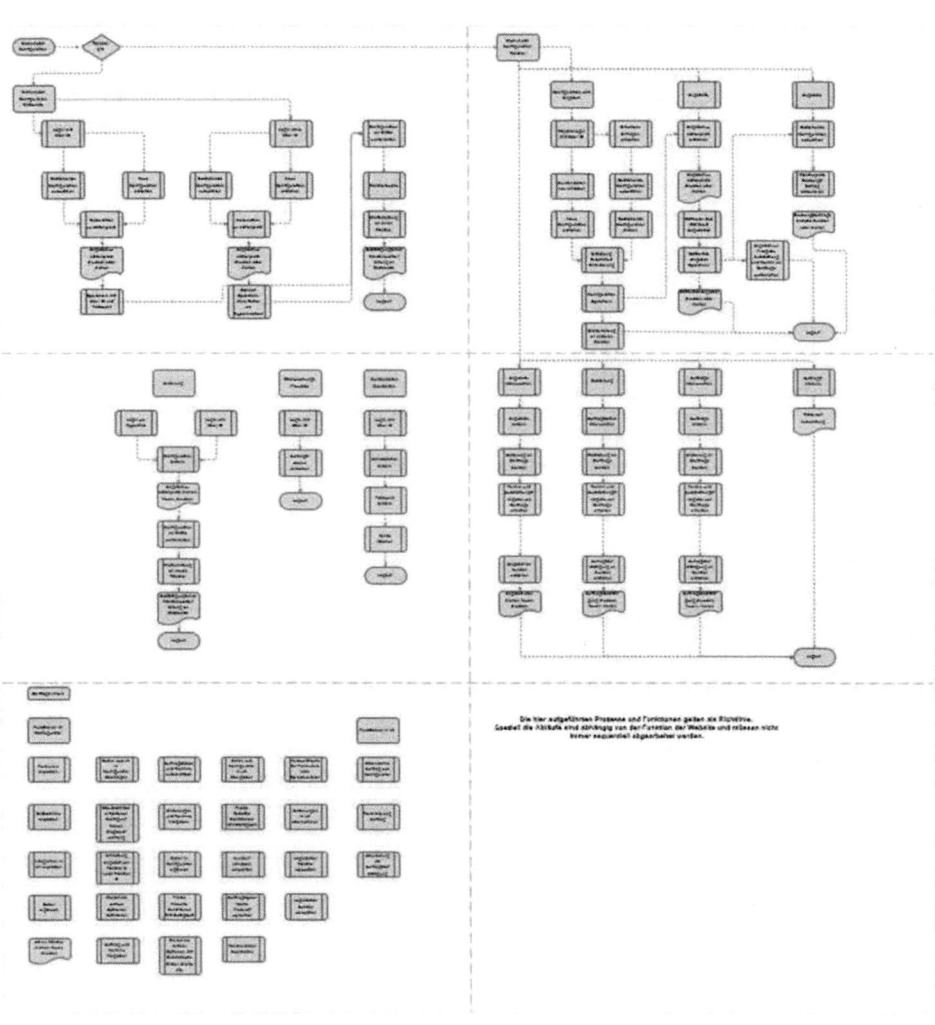

Unternehmensprozess oder Softwareprozess: Die „Huhn oder Ei"-Frage

Eine weitere Gefahr einer viel zu ausführlichen und individuellen Analyse und Dokumentation kann sein, dass Sie diese als Vorgabe für die neue Softwarelösung heranziehen wollen. Das ist deshalb gefährlich, weil Sie damit möglicherweise eine völlig individualisierte Lösung aufzeigen, die der Anbieter nun erstellen muss. Im schlimmsten Fall könnte dies sogar in einer Eigenentwicklung enden. Dies sollten Sie unbedingt vermeiden. Nicht umsonst sprechen Anbieter immer von einer Branchenlösung. Von dieser Lösung sollte man eigentlich erwarten, dass die Prozesse in der abgedeckten Branche quasi einen „Best Practice"-Prozess darstellen. Das bedeutet, dass die Erfahrung von vielen Kundenprojekten in einen Standard geflossen ist, der nun auch Ihnen zugutekommt. Deswegen ist es sinnvoll, nach genau dem Anbieter zu suchen, der dies leisten kann. Wenn dann noch Funktionen oder Prozessunterstützungen fehlen, sollte es die Softwaretechnologie ermöglichen, diese für Ihr Projekt spezifisch umzusetzen.

Die richtige Software optimiert Ihre Prozesse „*automatisch*"

Wer das Glück hat und die richtige Software gefunden hat, die auch noch die zuvor genannten **„Best Practice"**-Prozesse berücksichtigt, der kann damit rechnen, dass er nur durch die Nutzung der Software und die Umsetzung der darin enthaltenen Prozessunterstützung seine Prozesse optimiert. Hinter einer Optimierung muss nicht immer eine aufwendige Entwicklung stecken. Manchmal reicht es einfach, wenn man es so macht, wie es „eigentlich üblich" ist.

> **Expertentipp:** Fokussieren Sie bei der Prozessanalyse auf das Notwendige, nicht auf das Mögliche. Nicht jeder Detailprozess muss haarklein dokumentiert werden, wenn man danach die teuer erkaufte Dokumentation in die Schublade legt und nie wieder ansieht.

9.6   „Process Mining" als Alternative zur konventionellen Prozess-Visualisierung

Prozesse im Unternehmen zu visualisieren kann ein durchaus effizientes Mittel sein, um diese einem breiten Spektrum von Mitarbeitern besser verständlich erläutern zu können. Dies gilt natürlich ganz besonders in Bezug auf den Unterschied zwischen den aktuellen Ist-Prozessen und den angestrebten Soll-Prozessen im Rahmen Ihres Digitalisierungsvorhabens.

Gerne werden in diesem Rahmen Teilprojekte angestoßen, mit denen die Prozesse aufwendig mittels MS-Visio® oder speziellen Workflow-Tools visualisiert werden.

In einem Industrieunternehmen mit 150 Mitarbeitern kann es durchaus sein, dass der Kunde zum Schluss mit einer tollen „Workflowtapete" und einer Rechnung von € 25.000,-- und mehr alleine gelassen wird.

Das wichtigste bei der Prozessoptimierung steckt ja bereits im Wort selbst: die „Optimierung". Ziel ist es, Kosten und Zeit zu sparen und möglichst einheitliche Prozesse zu definieren. Eine reine Visualisierung der Prozesse hilft dabei aber leider nur oberflächlich. Eigentlich sollten diese Werkzeuge doch gleich, auf einfache Art und Weise, dabei helfen, die Optimierungspotenziale *aller* Prozesse und deren Derivate (Abweichungen) zu bewerten, finanziell oder auch auf Basis von Durchlauf- oder Bearbeitungszeit im Prozess. Leider muss man sich aber eingestehen, dass es im Unternehmen kaum einen Anwender gibt, der tatsächlich *alle* Ist-Prozesse inkl. deren Derivate kennt. Die Derivate sind die Abweichungen vom sogenannten *„Happy Path" (1)*, den wir in **Abbildung 9.4** und **Abbildung 9.5** an einem Beispiel dargestellt haben:

Abbildung 9.4   Beispiel des Bestellprozesses im Einkauf (Quelle: Celonis®)

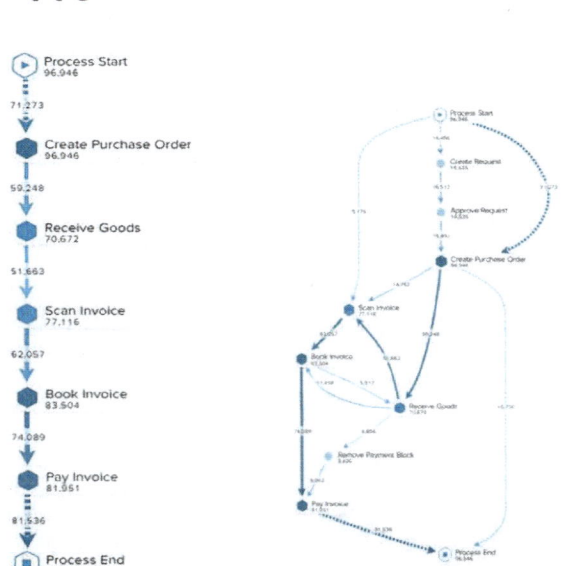

Abbildung 9.5   So sieht die Analyse mit allen Abweichungen aus (Quelle: Celonis®)

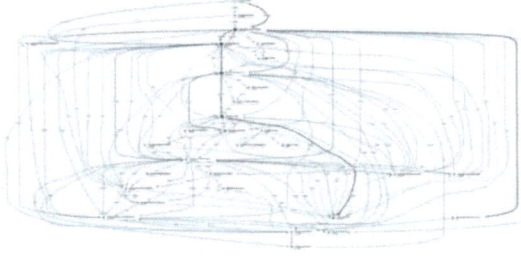

Erläuterung: Jeder Einkaufsvorgang sollte eigentlich den oben genannten Ablauf aufweisen. Dabei gibt es Daten wie Artikel, Menge, Preis etc., die auf jeden Fall in gewissen Vorgängen vorkommen sollten. Wer schon einmal im Einkauf bearbeitet hat, der kann aus eigener Erfahrung berichten, dass nicht alle Vorgänge diesem Idealbild entsprechen.

Was kann also für Abweichungen sorgen?

- Bestellung zu einem falschen Preis, der die Änderung von Preistabellen, des Bestellobligos oder gar zusätzliche Genehmigungsverfahren zur Folge hat

- Terminänderungen durch geänderte Lieferzeiten, welche die nachfolgenden Prozesse in Fertigung oder Vertrieb beeinflussen

- Mengenänderungen auf Basis geänderter Planmengen, welche wiederum Änderungen von Preisen (andere Preisstaffel) und Terminen (längere Lieferzeiten) nach sich ziehen

- Stornierung von Kundenaufträgen, womit die Bestellung eines zuvor benötigten Materials hinfällig wird

- u.v.m.

Wer sich nun hinsetzt und versucht, alle diese Abweichungen in Form einer Prozessdarstellung zu visualisieren, wird in der Regel schnell das Handtuch werfen. Warum aber versuchen Sie, die Wirklichkeit quasi noch einmal zu „erfinden", wenn diese bereits in Ihren vorhandenen Systemen und den darin gespeicherten Daten existiert?

Das Process Mining setzt mit moderner Technologie genau hier an. Technisch gesehen werden die Daten aus den Bestandssystemen „herausgesogen" und danach automatisiert visualisiert, natürlich auch mit allen damit verbundenen Abweichungen oder Medienbrüchen. Diese Methodik erkennt quasi, welcher Artikel zu welchem Zeitpunkt in welchem Status der oben genannten Prozessschritte oder in den damit verbundenen Derivaten vorhanden war. Man erkennt, wenn sich Werte wie Preise oder Termine verändert haben, bis hin zur „Durchlaufzeit" im Prozess, also beispielsweise, wie lange sich der Artikel im Status Bestellung oder im Status Wareneingang befand oder wie lange er auf die Rechnung „gewartet" hat.

Daraus lassen sich dann Schlussfolgerungen darüber ziehen, welche Abweichungen vom „Happy Path" es gibt, wie man diese Abweichungen vermeiden oder auch wo man Maßnahmen ergreifen kann, um z.B. die Durchlaufzeiten zu reduzieren. Eine Voraussetzung dafür ist natürlich, dass man Zugriff auf die Daten in den Systemen erhalten kann und relevante Daten automatisiert extrahiert.

Der Vorteil dieser Technologie ist, dass man sich mehr mit der Analyse als mit dem statischen „Zeichnen" von Prozessdiagrammen beschäftigen kann. Zumal man diesen Analyseprozess fortlaufend wiederholen und somit sofort erkennen kann, ob die Optimierungsmaßnahme auch eine Wirkung gezeigt kat.

Nur so sind Sie in der Lage, wirklich alle Prozessvarianten zu entdecken, die nie im Leben erkannt worden wären, hätte man nur die eigenen Mitarbeiter gefragt.

Einziger Nachteil ist, dass diese Technologie zum aktuellen Zeitpunkt vor allem auf Unternehmen mit einem etwas größeren Geldbeutel, d.h. Konzerne ausgelegt ist. Ein KMU (kleines und mittleres Unternehmen) bis hin zum gehobenen Mittelstand wird von den meisten Anbietern dieser Technologien gar nicht als Teil der Zielgruppe angesehen.

Wer mehr über diese Methodik und die damit verbundenen Lösungen erfahren möchte, dem empfehle ich das Essential mit dem Titel „Process-Mining. Geschäftsprozesse: smart, schnell und einfach" (Ralf Peters und Prof. Dr. Markus Nauroth, SpringerGabler, ISBN 978-3-658-24170-4).

Literatur

Azic, G., Evans, D., Roden, T. (2015): Fifty Quick Ideas To Improve Your Tests. Neuri Consulting, London

9.7 Der ROI (Return on Invest) im Projekt

Wer eine neue IT-Lösung implementiert, verspricht sich davon Vorteile, sei es eine schnellere Abwicklung bestimmter Aufgaben, die Einsparung von Tätigkeiten oder die Reduzierung von Fehlern. Wenn dies messbar sein könnte, sprechen wir von einem ROI (Return on Invest, vgl. **Abbildung 9.6**). Leider vernachlässigen viele Unternehmen diesen Aspekt in den meisten Projekten, da sie meinen, dass sich die Quantifizierung von positiven Veränderungen gar nicht oder nur sehr aufwendig messen lässt.

In manchen Unternehmen ist der Aspekt des ROI jedoch mehr als maßgeblich für die Erlangung entsprechender Mittel zur Finanzierung des Projekts. Im Rahmen einer Prozess- oder ROI-Analyse können diese Potenziale meist ermittelt und mit einem Euro-Wert versehen werden. Dabei sollten Sie nicht unbedingt anstreben, dass man die Optimierung zu 100% genau in Euro und Cent darstellt. In den meisten Fällen reicht eine grobe Kalkulation aus, um einen Eindruck davon zu bekommen, über welchen quantifizierten Mehrwert man überhaupt spricht. Als weiterer Aspekt gilt es herauszufinden, welche fehlenden Funktionen oder Fähigkeiten den ROI negativ beeinflussen. Es macht nämlich wenig Sinn, auf der einen Seite zu optimieren und auf der anderen Seite diese Optimierung wieder durch Ineffizienz zunichte zu machen.

Abbildung 9.6   ROI – Return on Invest (Quelle: angelehnt an Shutterstock)

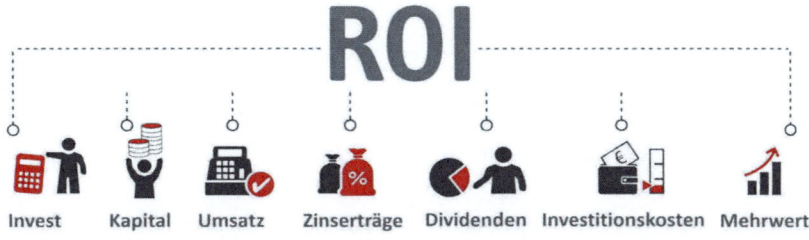

Invest   Kapital   Umsatz   Zinserträge   Dividenden   Investitionskosten   Mehrwert

Wie kann man den ROI ermitteln?

Oft ist es leichter, als man denkt, denn in jedem Unternehmen gibt es jemanden, der weiß, wo die Potenziale liegen und was man tun müsste, um diese umzusetzen. Sie müssen also nur fragen! Um dies möglichst einfach zu gestalten, können Sie z. B. die „Vier-Kästchen-Methodik" (**Abbildung 9.7**) anwenden, eine sehr einfache Frage/Antwort-Struktur, die jeder im Unternehmen durchführen kann.

Abbildung 9.7   4er-Analyse

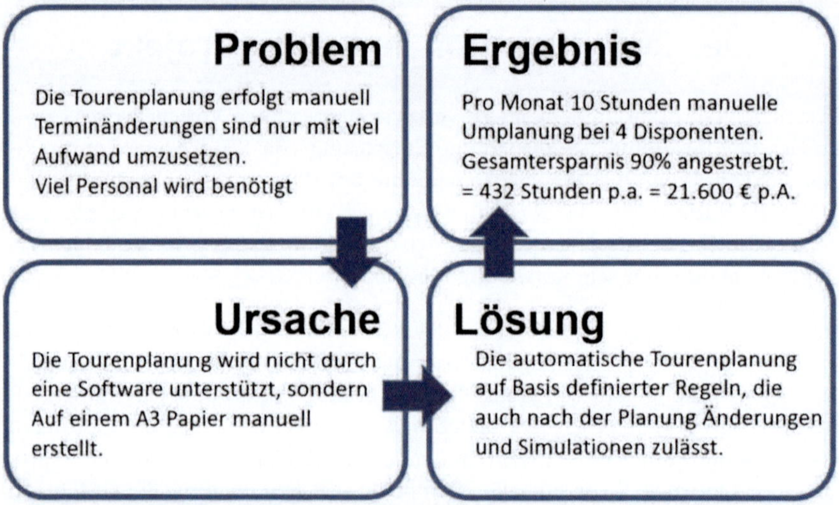

Problem

Die Tourenplanung erfolgt manuell
Terminänderungen sind nur mit viel
Aufwand umzusetzen.
Viel Personal wird benötigt

Ergebnis

Pro Monat 10 Stunden manuelle
Umplanung bei 4 Disponenten.
Gesamtersparnis 90% angestrebt.
= 432 Stunden p.a. = 21.600 € p.A.

Ursache

Die Tourenplanung wird nicht durch
eine Software unterstützt, sondern
Auf einem A3 Papier manuell
erstellt.

Lösung

Die automatische Tourenplanung
auf Basis definierter Regeln, die
auch nach der Planung Änderungen
und Simulationen zulässt.

Oft reicht es, wenn Sie von jedem Abteilungsleiter oder möglichen Key Usern verlangen, nach dieser Methodik 5 bis 10 Punkte zur Optimierung aufzuzeigen. Fassen Sie dann einfach die Ergebnisse zusammen und werten Sie diese aus.

Wichtig: Vergessen Sie nicht, die sich daraus ergebenden notwendigen Anforderungen im Lastenheft darzustellen. Es hilft Ihnen wenig, wenn Sie zwar das Potenzial kennen, sonst aber keiner, besonders der Softwareanbieter nicht.

Bedenken Sie dabei den Dominoeffekt. Viele Prozesse sind auch indirekt von einer neuen Lösung betroffen. Das ist besonders in einer integrierten Lösung der Fall. Nicht dass Sie mit der neuen Funktion im Bereich A ein Plus, in der Abteilung B aber ein Minus erzielen, weil dort dann der Aufwand größer wird als zuvor.

Technologisch bedingter ROI

Wer eine neue Software implementiert, der geht eigentlich davon aus, dass Funktionen im System bei der Konfiguration der Software auch dem neuesten Stand der Technik entsprechen und schnell und einfach vorgenommen werden können. Doch weit gefehlt! Während die Software im operativen Bereich z. B. bei der Optimierung einen hohen Mehrwert liefert, ergibt sich durch die veraltete Technologie im Administrationsbereich vielleicht ein negativer ROI.

Hierzu sollten Sie die drei nachfolgenden Beispiele beachten.

BI (Business Intelligence) und Berichtserstellung

Zielsetzung: Schnell eigene Auswertungen mit beliebigen Daten aus dem System erstellen.

Aufwand zur Berichtserstellung *mit* vorgefertigten Auswertungswürfeln, *mit* vorhandener, leicht lesbarer und nachvollziehbarer Dateibeschreibung vs. *ohne*.

1 Bericht/Analyse in 1 Stunde (ggf. sogar in wenigen Minuten) oder 1 in einem Tag.

Beispiel: 50 Berichte/Auswertungen
                50 Stunden vs. 50 Tage = 43,75 Tage Differenz im Aufwand

Der bessere Formulardesigner

Zielsetzung: Schnell und einfach alle externen und internen Formulare im System definieren.

Aufwand zur Formularerstellung wenige Stunden und nicht 1 bis 2 Tage.

Beispiel: 25 verschiedene Formulare
                0,5 Tage vs. 1 Tag = 12,5 Tage Differenz im Aufwand

Umfangreicher, updatefähiger Maskendesigner

Zielsetzung: Die Masken im System an die eigenen Anforderungen anpassen, inkl. neuer Felder, Zugriffsrechte etc. (Abbildung 9.8)

Aufwand zur Maskenanpassung (weniger Felder, Zusatzfelder), intuitiv direkt im System oder aufwendig „per Skripterstellung".

Beispiel: 30 Masken
                1 Stunde vs. 4 Stunden = 90 Stunden = 11,25 Tage Differenz im

Gesamtaufwand bei Einsatz „veralteter" Technologie: Zusätzlich 67,5 Tage!

Dies waren nur drei einfache Beispiele. Daher empfiehlt es sich, auch den Aufwand in der IT durch den Einsatz moderner Technologie zu evaluieren. Was dabei dem „Stand der Technik" entspricht und eigentlich beim Anbieter verfügbar sein sollte, weiß in der Regel ein erfahrener Berater.

Abbildung 9.8   Modernes Bildschirmmasken-Design (Quelle: Shutterstock)

Welcher ROI kann ermittelt werden?

Beim ROI unterscheidet man zwischen „harten" und „weichen" Einflussfaktoren.

Beispiele für harte Einflussfaktoren

- Falsch, doppelt oder zu viel bezahlte Rechnungen
- Gefahrene Kilometer, Arbeitszeit, Überstunden
- Anzahl der benötigten Fahrzeuge, Wartungskosten etc.
- Reduzierung von Fehllieferungen mit den damit verbundenen Folgekosten
- Standortkosten
- Effektiver Personalaufwand
- Wartungskosten von bestehenden IT-Systemen
- Reduzierung des Lagerbestands
- Reduzierung des gebundenen Kapitals und des damit verbundenen Kapitalaufwands
- Anzahl der Rücklieferungen und der damit verbundenen Kosten

Beispiele für weiche Einflussfaktoren

- Kundenzufriedenheit

- Mitarbeiterzufriedenheit

- Potenzielle Umsatzsteigerung

Die „wissenschaftliche" ROI-Analyse

Bei der Erstellung von ROI-Analysen führt mancher externe Berater riesige MS-Excel®-Kalkulationen an, um den ROI in Ihrem Projekt ganz genau zu ermitteln. Er verbringt sehr viel Zeit mit dieser Analyse, verbunden mit meist sehr hohen Kosten. Das Ergebnis ist dann eine auf Euro und Cent genaue Kalkulation des ROI Ihres Projekts. Ob Ihnen dies wirklich den ersehnten Mehrwert liefert, ist aber fraglich.

Meist basieren diese Analysen auf standardisierten Fragebögen und Kalkulationen. Diese haben teilweise durchaus ihre Berechtigung, aber wie bei einem Standard-Lastenheft, bei dem ein Anwender seine „Weihnachtswunschliste" ankreuzt, versuchen Berater bei standardisierten ROI-Analysen, das Unternehmen quasi in den Fragebogen zu zwängen, um das Maximum an möglichem ROI zu ermitteln.

Das Problem stellt sich später bei der Realisierung bzw. beim Controlling. Den ROI in dieser Granularität nachzuweisen ist quasi unmöglich. Außerdem verleitet es Sie dazu, in Ihren Anforderungen an die Softwarelösung zu sehr ins Detail zu gehen. Das Ergebnis endet dann u. U. in vielen Anpassungen oder gar in einer Neuentwicklung ROI-betonter Funktionalitäten, deren echter Mehrwert aber nie geprüft wird.

Gewonnen hat dabei auf jeden Fall der Berater, der sein Honorar z. B. vom ermittelten ROI abhängig macht. Also aufgepasst, worauf Sie sich in diesem Zusammenhang einlassen. Ein theoretischer ROI, der weder umsetzbar noch bezahlbar ist, hilft Ihnen im Projekt nicht weiter.

ROI in Phasen ist sinnvoll

Planen Sie Ihr Projekt in Phasen, besonders auch in Kombination mit dem möglichen ROI. Im Idealfall sind die einzelnen Phasen mit messbaren Ergebnissen in Zeiträumen von Wochen und Monaten zu sehen. Warten Sie nicht mit der Ergebnismessung, bis das Projekt abgeschlossen ist. Bei einer ROI-Planung finanziert im Idealfall die vorangegangene Projektphase mit ihren Ergebnissen ganz oder teilweise die nachfolgende Phase (Abbildung 9.9).

Abbildung 9.9   Die ROI-Return-on-Invest-Phasen

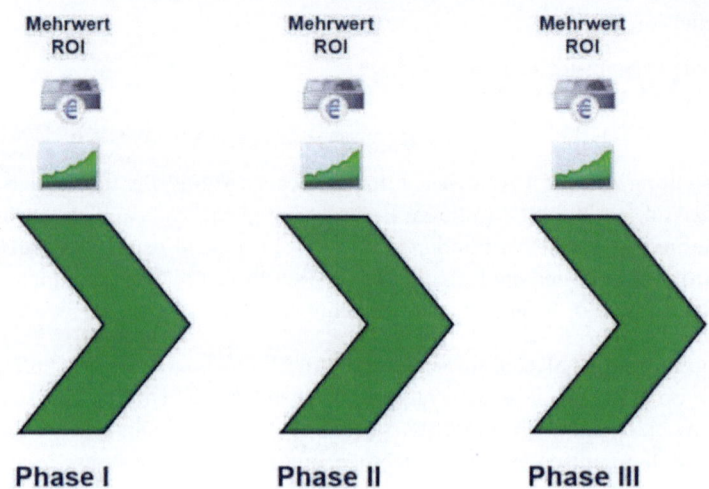

ROI bei Referenzkunden

Ob ein Anbieter und dessen Lösung wirklich das liefert, was Sie sich im Projekt erhoffen, kann Ihnen am besten ein Referenzkunde bestätigen. Bereiten Sie deshalb im Rahmen Ihrer Referenzanrufe oder Besuche auch ROI-spezifische Fragen vor, wie etwa:

- War der ROI ein Entscheidungsfaktor in Ihrem Projekt?

- Haben der Anbieter und dessen Lösung Ihren ROI-Ansatz unterstützt?

- Gab es im Projekt einen messbaren Mehrwert?

- Wurden Ihre Erwartungen seitens des ROI durch Anbieter und Lösung eingehalten?

- Haben Sie das Endergebnis gemessen oder verifiziert? Wenn ja, wie?

- Dauert der positive Effekt an oder wurde nur zum Projektabschluss ein Status quo ermittelt und danach nie wieder?

Aus der Praxis

Bei einem Logistikprojekt mit einem Investitionsvolumen von ca. 1,2 Mio. € konnte der ROI nach der entwickelten Methodik in nur 1,5 Tagen ermittelt und detailliert aufgezeigt werden. Es muss also nicht zwingend ein riesiger, kostenintensiver Aufwand getrieben werden, um herauszufinden, ob sich ein Projekt lohnt.

Die Einführung einer bestimmten Art von Applikation bedeutet im Übrigen nicht, dass alle Anbieter die gleichen ROI-Ergebnisse erzielen können und werden. Die spezifische Lösung und deren Eigenheiten sollten dabei immer berücksichtigt werden. Das bedeutet natürlich auch, dass man sich intensiver mit den einzelnen Lösungen und deren Unterschieden auseinanderzusetzen hat. Dies kann meist nur in entsprechenden Workshops geschehen, in denen der Anbieter auf Basis Ihrer Daten seine Optimierung und Effizienzsteigerung unter Beweis stellen muss.

Das ROI-Controlling

Projekt abgeschlossen, und das sogar im Zeit- und Kostenrahmen: Etwas Besseres kann Ihnen gar nicht passieren, oder? Doch wurden wirklich alle geplanten Einsparungen erzielt, alle Effizienzverbesserungen erreicht, alle Versprechen des Anbieters in Bezug auf Funktionen und Effekte, die in der Präsentation als noch so verkaufsfördernd hervorgehoben wurden, gehalten?

Eine Auditierung abgeschlossener Projekte erfolgt recht selten. Machen Sie die Auditierung deswegen zum festen Bestandteil eines jeden Projekts und tun Sie dies auch nach Projektende in regelmäßigen Abständen von ca. sechs Monaten. Selbst bei bereits abgeschlossenen Projekten ist eine solche Auditierung möglich, auch wenn sie nur dazu dient, beim nächsten Projekt den zu erzielenden ROI besser umzusetzen und aus gemachten Fehlern zu lernen. Nur so wird auch sichergestellt, dass sich die Investition noch mittel- und langfristig auszahlt, auch wenn man im Unternehmen die ursprünglichen Ziele längst aus den Augen verloren hat.

Denken Sie immer daran: Nach dem Projekt ist vor dem Projekt! Es ist alles nur eine Frage der Zeit.

ROI in der Verhandlung

Selbst wenn Sie nicht unbedingt eine umfangreiche Analyse zur ROI-Ermittlung planen, ist es doch ratsam, bei der Anfrage den Nachweis von ROI in bisherigen Kundenprojekten zu erfragen. Da die Anbieter dies in ihrer Antwort oder in Referenzen eher selten ausreichend adressieren, können Sie auf diesen Punkt spätestens bei der Verhandlung wieder zurückkommen. Ganz nach dem Motto „Sie haben uns keinen ROI für Ihre Lösung nachweisen können, deswegen müssen Sie wohl den Preis senken, damit wir den gewünschten Mehrwert erhalten." Versuchen Sie es einfach einmal.

Expertentipp: Sie brauchen aus dem ROI keine kostspielige, wissenschaftliche Detailanalyse zu machen, die Sie ggf. am Ende in den Auswertungsmülleimer werfen. Oft reichen schon Überschlagsrechnungen aus, um zu erkennen, dass das Projekt einen Mehrwert liefern wird. Vernachlässigen Sie deswegen den Mehrwert im Projekt und versuchen Sie, Ihre Anforderungen immer mehrwertorientiert zu definieren.

9.8 Ermitteln Sie Ihr IT-Konsolidierungspotenzial

Ob größeres Mittelstandsunternehmen oder Konzern, in jedem Unternehmen findet man eine breite Palette von IT- und Softwarelösungen. Nicht nur deren Anschaffung hat ursprünglich viel Geld gekostet, sondern auch die Bedarfsermittlung und der laufende Betrieb. Nimmt man eine Ist-Aufnahme vor, so kommen bei manchen Unternehmen einige Dutzend, bei einigen Konzernen sogar – global gesehen – mehrere hundert verschiedene Applikationen ins Spiel! Eine unglaubliche, aber dennoch mögliche Zahl. So werden in einem Unternehmen gleiche (oder auf den ersten Blick gleiche) Geschäftsprozesse in den verschiedensten Systemen abgebildet. Das erzeugt Datenredundanz, Ineffizienz, unnötige Kosten, Brüche in der Informationskette und vermindert die heutzutage geforderte Flexibilität, um sich am Markt durch schlanke und kosteneffiziente Prozesse behaupten zu können.

Kein Wunder, dass das Management oft die Konsolidierung der IT-Landschaft aus Kostengründen und zur Harmonisierung der Geschäftsprozesse als eines der wichtigsten Themen im Unternehmen darstellt. Ist man zusätzlich noch in der glücklichen Lage, durch Akquisitionen von Unternehmen weiterzuwachsen, wächst auch das IT-Problem gleich weiter mit.

Stößt man Geschäftsbereiche ab, findet man sich möglicherweise in einem IT-Umfeld wieder, das mit den aktuellen Anforderungen nicht mehr viel gemein hat. Je inhomogener dann noch die Unternehmensbereiche und ihre Anforderungen sind, desto mehr stellt man sich folgende Fragen:

- Welches ist die beste Lösung?

- Ein Hauptsystem mit spezifischen Anpassungen oder gar eine „Best of Breed"-Lösung als Sammlung der besten am Markt verfügbaren integrierten Lösungen?

- Kostet uns die „Ein Hauptsystem"-Strategie letztlich nicht nur finanziell mehr, sondern auch im Hinblick auf eine effiziente Abdeckung unserer Prozesse?

- Welche Lösung unterstützt unsere Prozesse wirklich am besten?

- Welche Lösung tut dies am günstigsten?

- Welche Lösungen und Funktionen werden überhaupt – und dann auch noch effizient – genutzt?

- Wo liegen trotz umfangreicher Lösung immer noch Potenziale brach?

- Wo und warum greifen viele Mitarbeiter in bestimmten Fällen trotzdem noch auf manuelle Prozesse oder gar die „MS-Excel-Do-It-Yourself-Lösung" zurück?

Wer sich intensiv mit derartigen Themen beschäftigt, wird schnell an seine Grenzen stoßen. Sicherlich nicht durch die Machbarkeit der Beantwortung, sondern durch die Verarbeitung der Daten in einer systematischen und wiederverwendbaren Methodik. Der Clou bei der ganzen Angelegenheit ist, dass sich ein Unternehmen diese Fragen ständig stellen muss.

Zielsetzung insgesamt:

- Anzahl der Lösungen reduzieren

- Nutzungsgrad vorhandener Lösungen ausbauen

- Effizienz der Nutzung und erzielten Mehrwert erhöhen

- Kosten sparen

- Flexibilität steigern

Aufgabenstellung im Einzelnen:

- Gesamtanforderungen ermitteln

- Abdeckung durch Lösungen erkennen

- Konsolidierungspotenzial definieren

- Konsolidierung kontrolliert durchführen

- Prozesse dokumentieren

- Ergebnisse kontrollieren

Expertentipp: Die Konsolidierungspotenziale im Unternehmen sollten in regelmäßigen Abständen mithilfe von Prozessen und Werkzeugen ermittelt werden, die im Sinne einer kontinuierlichen Verbesserung diese Themen adressieren!

Machen Sie den Konsolidierungstest

Bevor Sie sich jedoch genauer mit der Lösung beschäftigen, beantworten Sie die nachfolgenden Fragen ehrlich für sich selbst mit „ja", „nein" oder „teilweise". Je öfter Sie eine Frage verneinen, desto größer ist Ihr Potenzial und desto notwendiger wird es sein, hier Unterstützung zu suchen.

Fazit: Je weniger Einigkeit in Kombination mit mehr Nein-Antworten, desto höher Ihr Risiko und somit der Bedarf an Unterstützung!

1. Wir kennen alle im Unternehmen eingesetzten Softwarelösungen. J/N/T

2. Wir kennen den Nutzungsgrad der Lösungen und wissen, welche Prozesse genau damit unterstützt werden. J/N/T

3. Wir kennen die Akzeptanz der Lösungen und die einzelnen Funktionen der Benutzer. J/N/T

4. Wir wissen genau, welche Softwarefunktionen in welchem Bereich Nutzen liefern und können diesen quantifizieren. J/N/T

5. Wir kennen den echten Nutzungsgrad der Lösungen und Funktionen bei den Anwendern im Vergleich zu den ursprünglich bei der Auswahl und Anforderungsermittlung genannten Bedarfen. J/N/T

6. Wir wissen, wo und warum Drittsysteme zum Einsatz kommen und können begründen, warum das Hauptsystem diese Funktionen nicht abdeckt. J/N/T

7. Wir wissen, wo und warum Zusatztools wie MS-Excel eingesetzt werden und können sicherstellen, dass dort verarbeitete Informationen auch wieder nachvollziehbar und korrekt in andere Systeme oder zur Entscheidungsfindung einfließen. J/N/T

8. Durch regelmäßige Ist- und Soll-Analysen wissen wir genau, ob unsere Softwarelandschaft noch unseren Anforderungen gerecht wird und unsere Prozesse effizient unterstützt. J/N/T

9. Die Software- und IT-Funktionalitäten sind in allen Bereichen unseren Geschäftsprozessen zugeordnet. Daher wissen wir genau, in welchem Prozess wir welche Anforderungen haben und über welche Lösung diese abgedeckt sind. J/N/T

10. Bei einer Firmenübernahme sind wir in der Lage, Prozesse und Softwareanforderungen zu analysieren und festzustellen, ob die Prozesse des zu übernehmenden Unternehmens bestmöglich mit deren vorhandener Lösung oder unserer aktuellen Lösung abgedeckt sind oder ob wir eine neue Lösung beschaffen bzw. die bestehende erweitern müssen. J/N/T

11. Unsere Systeme sind gut dokumentiert, so dass wir eine Konsolidierung ohne großen Aufwand abschätzen und danach kontrolliert vornehmen können. J/N/T

12. Bei einem Wechsel vom Alt- zum neuen Hauptsystem wissen wir genau, welchen Mehrwert dies bringt, und können Kosten und Nutzen gegenüberstellen. J/N/T

13. Wir kennen die Nutzungskosten der Lösungen (Anwenderaufwand, um Prozesse durchzuführen, nicht die IT- oder Supportkosten). J/N/T

14. Wir vergleichen Kosten/Nutzen nicht nur auf Basis der Software, sondern auch anhand der Effizienz ihrer Einführung und Unterstützung durch die Anbieter und den damit verbundenen Aufwand. J/N/T

15. Wir kennen die finanziellen und operativen Potenziale, die uns durch eine Konsolidierung der IT entstehen können, und können diese quantifizieren. J/N/T

9.9   Das Lastenheft als Basis für die Anforderungsdefinition

Beim Softwarekauf geht es um die Optimierung Ihrer Prozesse durch neue Informationstechnologie. Daher ist es äußerst wichtig, auf einer möglichst granularen Ebene technische Anforderungen und Funktionen zu definieren, von denen Sie glauben, dass Sie sie brauchen, um die gesetzten Ziele zu erreichen.

All dies sollten Sie in einem Lastenheft unterbringen. Dabei ist es sehr wichtig, dass Ihr Lastenheft so aufgebaut ist, dass es auch für einen Vergleich der Antworten der Anbieter auf Basis der Anfrage herangezogen werden kann.

Welche Bestandteile sollte ein Lastenheft haben?

- Unternehmensfragen an den Anbieter

- Fragen zur Umsetzungsmethodik oder zu eingesetzten Werkzeugen

- Technische Anforderungen

- Funktionelle Anforderungen

- Schnittstellen- und Integrationsanforderungen

Wie sollten Lastenheft-Fragen formuliert werden?

Es ist besonders wichtig, ein Lastenheft in Form von geschlossenen Fragen zu formulieren. Nur so kann später auch eine Auswertung erfolgen.

Der Anbieter kann auf jede Frage nur mit vordefinierten Antworten reagieren, die Sie später automatisiert vergleichen können.

Beispiel:

S	=	Im Standard enthalten = kann direkt umgesetzt werden
K	=	Kleine Anpassung = weniger als ein Tag zur Umsetzung notwendig
G	=	Große Anpassung = mehrere Tage zur Umsetzung notwendig
P	=	Wird durch Zukauf eines Partnerprodukts gelöst
N	=	Die Umsetzung ist nicht möglich

Wie kann eine Gewichtung eingebaut werden?

Nicht alle Fragen sind gleich wichtig. Deswegen ist es sinnvoll, eine Gewichtung für die Fragen festzulegen, die später in der Auswertung berücksichtigt werden kann.

Kritisch: Anforderung wird unbedingt benötigt. Wenn der Anbieter dies nicht leisten kann, muss es direkt bei der Analyse erkannt werden.

Gefordert: Anforderung wird im Rahmen des Projekts benötigt.

Optional: Die sogenannte „Nice to have"-Anforderung. Hier wollen Sie erst einmal nur wissen, ob die neue Lösung Ihre Anforderung abdeckt. Vielleicht müssen Sie noch entscheiden, ob Sie diese Funktion wirklich benötigen, oder Sie sind sich noch nicht im Klaren darüber, ob Kosten und Nutzen im richtigen Verhältnis stehen.

Bei der Zuordnung sollten Sie auf ein gutes Verhältnis der Gewichtungen achten. Sie erhalten keinen Mehrwert in der Auswertung, wenn Sie 90% der Kriterien mit „kritisch" bewerten. Eine bewährte Verteilung ist z. B.:

- 10% kritisch

- 70% gefordert

- 20% optional

In der Regel werden die kritischen und geforderten Kriterien später zum Vertragsbestandteil.

Wie sollte man Fragen und Antwortmöglichkeiten gruppieren?

Im Lastenheft ist es wichtig, eine eindeutige Struktur zu definieren. Dies macht die Bearbeitung wesentlich einfacher. Im nachfolgenden Beispiel (**Abbildung 9.10**) finden Sie einen Strukturausschnitt eines Lastenhefts. Der wichtigste Teil ist dabei die Frage in Kombination mit den möglichen Antworten, hier Kriterien genannt.

Abbildung 9.10   Lastenheft-Kriterien (Quelle: Lastenvorlagen auf Basis IT-Matchmaker®
                       der Trovarit AG)

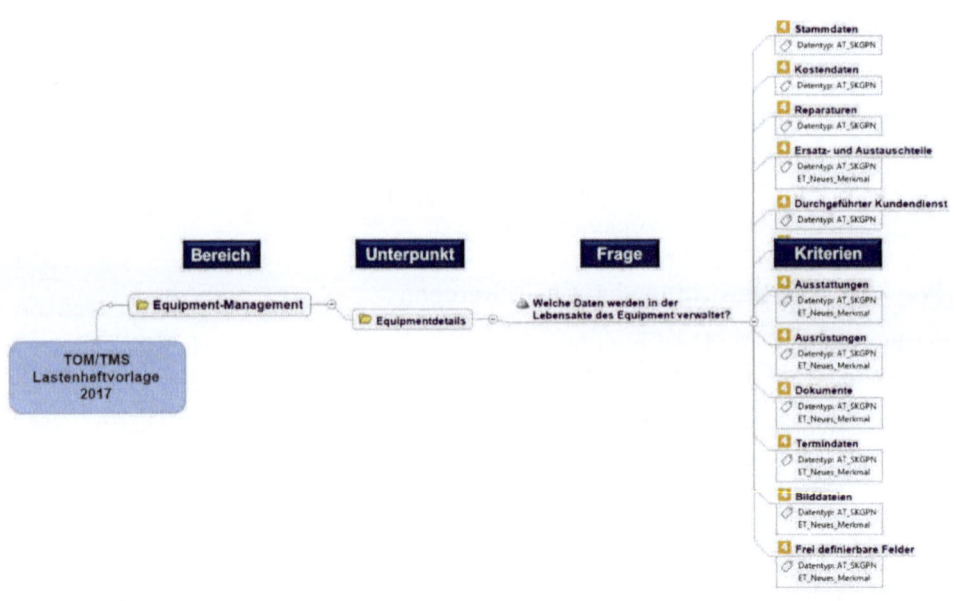

Wie viele Kriterien sollte ein ausführliches Lastenheft beinhalten?

Hier ist es am einfachsten, Praxisbeispiele heranzuziehen, um Ihnen einen Eindruck über den Umfang zu vermitteln.

Speditionsunternehmen

- 1.000 Mitarbeiter

- Komplette speditionelle Abwicklung

- Gesamt ca. 2.100 Kriterien

Speditionsunternehmen

- 500 Mitarbeiter

- Komplette speditionelle Abwicklung, inkl. Finanzbuchhaltung und Werkstatt

- Gesamt ca. 1.600 Kriterien

Interne Logistikabteilung

- 35 Mitarbeiter

- Tourenplanung

- Gesamt ca. 750 Kriterien

Es ist nicht immer einfach, ein gesundes Maß an Kriterien zu definieren. Letztendlich steht aber fest, dass es, egal welche Lösung Sie suchen, immer mehrere hundert Kriterien sein werden, die in einem ausführlichen Lastenheft abgedeckt sein sollten. Das führt uns zum möglichen Einsatz fertiger, aber anpassbarer Lastenheft-Vorlagen.

Welchen Mehrwert haben fertige Lastenheft-Vorlagen?

Wenn Sie Ihre Anforderungen in Form eines Lastenhefts sammeln wollen, haben Sie mehrere Möglichkeiten:

- Sie erstellen das Lastenheft selbstständig komplett neu.

- Sie verwenden das Lastenheft eines Anbieters als Basis und passen es an Ihr Projekt an.

- Sie heuern einen Berater an, der das Lastenheft individuell mit Ihnen gemeinsam erarbeitet.

- Sie nutzen fertige Lastenheft-Vorlagen und individualisieren sie gemeinsam mit einem erfahrenen Berater.

Nehmen wir eine kurze Analyse der verschiedenen Versionen vor (**Abbildung 9.11**):

Abbildung 9.11   Lastenheft

	Alle relevanten Punkte abgedeckt	Detaillierungsgrad	Aufwand zur Fertigstellung	Kosten der Fertigstellung	Automatisierte Auswertung	Aufwand für die Anbieter
Lastenheft selber erstellen	C	C	C	B	C	C
Lastenheft vom Softwareanbieter	B	C	B	B	C	C
Lastenheft vom Berater	B	B	B	C	B	C
Lastenheftvorlage mit Individualisierung mit Berater	A	A	A	A	A	A

Legende: A = Sehr gut   B = Akzeptabel   C = Unzureichend

Fazit: Die Lastenheft-Vorlage, individualisiert mit einem erfahrenen Berater, liefert den höchsten Detaillierungsgrad mit dem besten Preis-Leistungs-Verhältnis.

Wann wird das Standard-Lastenheft „gefährlich"?

Gefährlich wird es, wenn ein unerfahrener Anwender ein oder mehrere Lastenhefte zusammenführt und ein „Mega-Lastenheft" daraus macht. Seine Angst, etwas zu vergessen, führt dann dazu, dass er viel zu viele Kriterien als Anforderung behält, selbst wenn diese nicht ganz verständlich sind. Achten Sie darauf, dass Sie nicht in den „Weihnachtswunschlisten-Modus" verfallen und nach dem Prinzip „Mehr ist besser" viel zu viele Anforderungen stellen. Zu viele Anforderungen könnten folgende Probleme verursachen:

- Der Anbieter springt ab, weil er die Anforderungen nicht abdecken kann oder will.

- Die Kosten steigen ins Unermessliche.

- Die Umsetzung im eigenen Unternehmen ist aufgrund der Menge der Anforderungen gar nicht möglich.

Die Zwei-Sekunden-Regel: Wenn Sie nach dem Durchlesen von Frage und Antwortkriterium nicht innerhalb von zwei Sekunden eindeutig sagen können, dass und warum Sie diese Anforderung stellen, dann benötigen Sie diese auch nicht.

Expertentipp: Erstellen Sie auf jeden Fall ein ausführliches Lastenheft, idealerweise auf Basis angepasster Lastenheft-Vorlagen. Nutzen Sie dabei die Erfahrung externe Berater, die diese Vorgehensweise regelmäßig anwenden. Das spart Zeit und Geld und reduziert das Risiko, bei der Erstellung gravierende Fehler zu machen.

Abbildung 9.12   TOM-Lastenheft (Quelle: © 2017 www.scc-center.de Supply Chain
Competence Center – Groß & Partner und Trovarit AG)

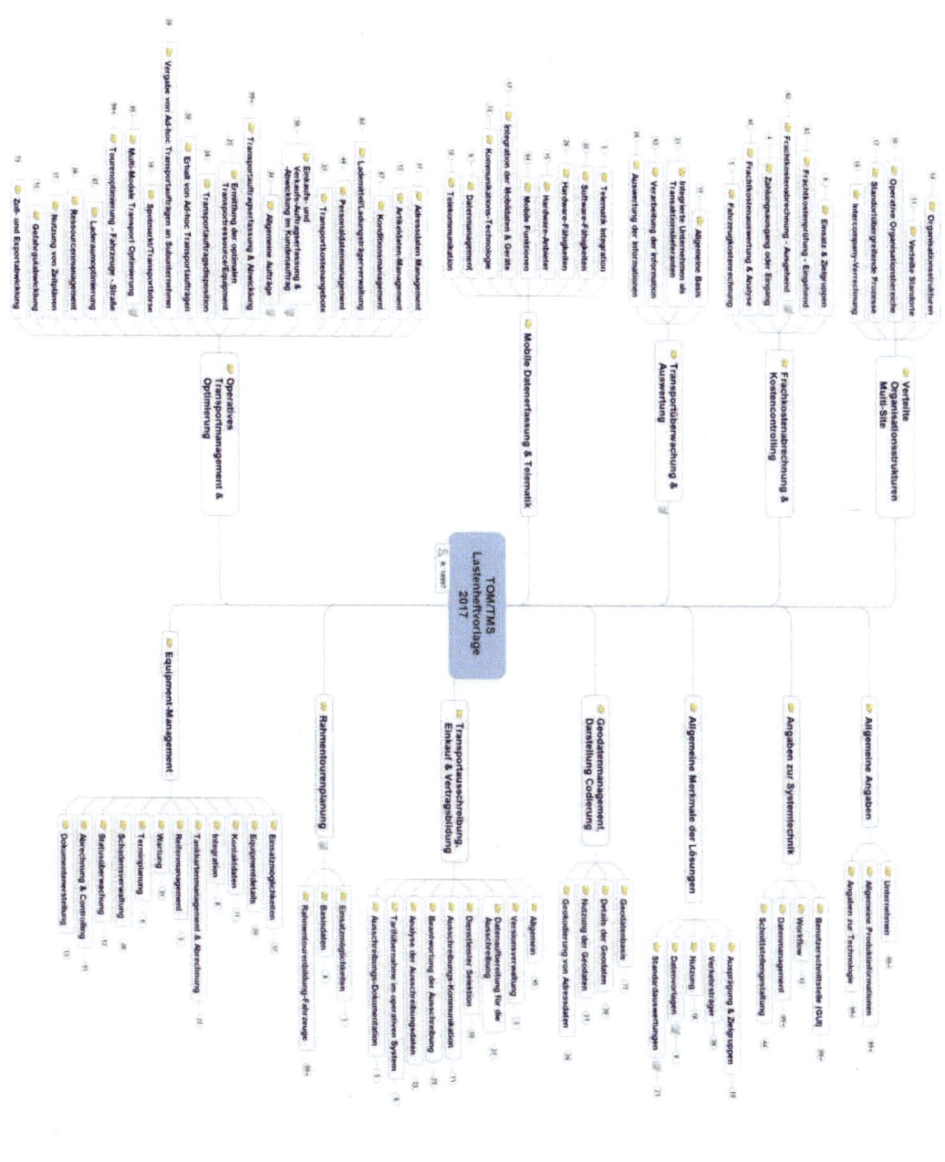

Welche Lastenheftvorlagen kann man am Markt erwerben?

Beispiele finden sich auf der vom Autor genutzten Plattform des IT-Matchmakers®

In der Logistik relevant

- TOM – Transportoptimierung und -management (**Abbildung 9.12**)

- WMS/LVS-Warehouse Management/Lager

- BI – Business Intelligence

- ECM/DMS-Content- und Dokumentenmanagement

- FI – Finanzen und Controlling

- HR – Human Resource/Personal

- SCM – Supply Chain Management

Allgemein relevant

- CRM – Customer Relationship Management

- EDI – Electronic Data Interchange

- WWS – Warenwirtschaft

- ERP – Enterprise Ressource Planning

- Instandhaltung und Servicemanagement

- MES-Fertigungssteuerung

- PLM/PDM – Produkt Lifecycle/Data Management

- PM – Projektmanagement

- Produktkonfigurator

- Webshop

9.10   Einkaufen oder selbst entwickeln?

Obwohl sich diese Frage immer seltener stellt, kann sie bei Nischenlösungen oder ganz spezifischen Anforderungen immer noch aufkommen und durchaus erwägenswert sein. Allerdings sollte man sich intensiv mit den Vor- und Nachteilen beschäftigen.

Welche Gründe kann es geben, um eine Eigenentwicklung in Betracht zu ziehen?

- Die benötigte Funktionalität wird als eindeutiger Wettbewerbsvorteil angesehen und soll deswegen nicht als Standardsoftware Dritten zur Verfügung stehen.

- Es steht eine IT-/Entwicklungsmannschaft zur Verfügung, die beschäftigt sein will.

- Es steht eine extrem kostengünstige, externe Entwicklungsressource zur Verfügung.

In den **Abbildung 9.13** und **Abbildung 9.14** können Sie Pro und Contra von Eigenentwicklung und Kauf miteinander vergleichen. Danach ist es sicherlich einfacher, eine Entscheidung zu treffen.

Abbildung 9.13   Einkaufen oder selbst entwickeln? (1)

		Sie wollen!	Auftragsentwicklung	Standardsoftware
Unternehmen/Unternehmer				
	Personal	verfügbares Personal zum Projekt	1 oder wenige	viele, austauschbar
	Erfahrung	Erfahrung in meiner Branche und in anderen, ähnlichen Unternehmen	wenig oder nur spezielle	meist vorhanden bei mehreren Personen
	Ersatz	Ersatz bei Krankheit etc. damit Projekt nicht steht	meist nicht verfügbar	Verfügbar oder teilweise verfübar
Technologie				
		aktuell neueste Technologie	teilweise verfügbar	in der Regel verfügbar
		Regelmäßige Technologieverbesserungen in den nächsten Jahren	Nur nach Bezahlung	In Wartung enthalten, findet regelmäßig statt
Funktionalitäten				
	Individuelle Funktionen	Kundenindividuelle Funktionen	nach Vorgabe	Standard
	Umfrangreiche Funktionen	Funktionen in allen Bereichen des Unternehmens die über die bisherigen Funktionen hinaus gehen	Nur detailliert beschriebene Funktionen werden umgesetzt, Endanwender wissen aber oft nicht was schon möglich ist. Diese Bereiche werden also nicht berücktsichtigt und somit viele Verbesserungen verpasst	Immer im Standard viel mehr als vom Kunden definiert
	neue Funktionen	Erweiterung und Verbesserung vorhandener Funktionen	nur nach Vorgabe und Bezahlung	Wartungsvertrag
	Neue Module	Erweiterung der Lösung durch zusätzliche Module zum späteren Zeitpunkt	nur nach Vorgabe und Bezahlung	Kostenpflichtig aber verfügbar
	Spezielle Funktionen	**Optimierungsfunktionen** die dabei unterstützen die Planung zu Optimieren, den Lagerbestand zu senken, Lösgrößenermittlung etc.	Viel zu komplex um neu entwickelt zu werden. Kunden sind NICHT in der Lage die Vorgaben hierfür zu erstellen!	Im Standard enthalten und bewährt

Abbildung 9.14   Einkaufen oder selbst entwickeln? (2)

	Sie wollen!	Auftragsentwicklung	Standardsoftware
Dokumenation/Schulung			
	Schulungsunterlagen der Lösung	muss separtat bezahlt werden	generell vorhanden
	Technologische Handbücher	muss separtat bezahlt werden	generell vorhanden
	Online Hilfe	muss separtat bezahlt werden	generell vorhanden
Zusatzprodukte			
Partnerlösungen	Erweiterung durch Drittsoftware wie CAD, Zeiterfassung, Betriebsdatenerfassung, Dokumentenmanagement etc.	Keine Partnerlösungen	Partnerlösungen
Integration	Einfache und gesicherte Integration der Lösungen	Muss entwickelt werden	meist als Standard vorhanden
Integration nach Updates	Auch neue Versionen sollen einfach integrierbar sein	Muss entwickelt werden	meist als Standard vorhanden
Service/Support			
Verfügbarkeit	Eine Hotline,	Entwicklung = Hotline	separate Hotline
Werkzeuge	Online Support zum Herunterladen von Dokumenten, Hilfen, Programmkorrekturen etc.	nicht vorhanden	meist vorhanden
Kosten/Entwicklungskosten			
Anfangs	Niedrige Einstiegskosten	Günstiger als Lizenz	Höhere Lizenz
Nach Jahren	Niedrige fortlaufende Kosten	Nicht kalkulierbar	Kalkulierbar
Verfügbarkeit			
Software verfügbar	Umstellung sofort beginnen um den Mehrwert zu erzielen	nach Erstellung	sofort
Qualitätssicherung			
Test	Getestete Software die ohne Anlaufprobleme direkt eingesetzt werden kann	wenig, selber, muss bezahlt werden	Anbieter, andere Anwender
Aufgabenunterscheidung Einführung			
Vorgabenerstellung	Nur ein Lastenheft erstellen aber keine Detaillierte Vorgabeerstellung bis auf Feldebene	sebständig	entfällt
Prüfung Entwicklung vs. Vorgabe	Die Vorgabe muss mit minimalem Aufwand geprüft werden ob diese auch richtig umgesetzt wurde	sebständig	entfällt
Softwaretest	Getestete Software die ohne Anlaufprobleme direkt eingesetzt werden kann	sebständig	entfällt

Eigenentwicklung bedeutet also mehr Aufwand, als man denkt, besonders wenn Sie es richtig machen wollen.

Expertentipp: Evaluieren Sie genau, ob und in welchem Umfang Sie tatsächlich Software selbst entwickeln wollen. In der Regel ist dies nur im Ausnahmefall die richtige Lösung.

9.11   Die Dauer von Softwareprojekten

Bei jedem Projekt stellt sich die „Gretchenfrage": Wie lange wird das Auswahl- und Einführungsprojekt dauern?

Sie sollten unbedingt darauf achten, dass sich ein Projekt nicht ins Unendliche zieht. Die Auswahl sollte maximal sechs Monate, die komplette Einführung in einer ersten Phase nicht länger als zwölf Monate dauern. Im Großkonzern ist das natürlich ein anderes Thema: Die Gesamteinführung an mehreren Standorten kann dort erheblich mehr Zeit beanspruchen. Bedenken Sie jedoch, dass der Zeitraum bis zu einem messbaren Ergebnis nie zu lang werden sollte. Ansonsten kann es sein, dass die Beteiligten die Lust und damit ihr Engagement verlieren. Die Aufteilung in mehrere Projektschritte kann deshalb die bessere Lösung sein.

Welche Faktoren haben Einfluss auf den Zeitplan?

Bei der Kalkulation der Projektdauer sollten Sie gleich verschiedene Faktoren mitberücksichtigen, so z. B.:

- Das Geschäftsjahr des Unternehmens
  - Dieser Punkt ist gerade bei der Einführung von Finanzlösungen relevant. Der Jahresabschluss wird noch im Altsystem gemacht und das neue Jahr direkt mit der neuen Lösung begonnen.

- Die Saison
  - Wer viel Weihnachtsgeschäft hat, dem ist eine Umstellung während der Saison nicht zuzumuten.

- Der Betriebsurlaub
  - Ob Auswahl oder Einführung: Während des Betriebsurlaubs ruht das Projekt und verzögert damit den Gesamtablauf.

Wie ermittelt man die Dauer?

Die Dauer ist abhängig von den Projektschritten, die Sie umsetzen wollen.

Analyse 1	1 Woche bis 2 Monate
Auswahl	4 bis 6 Monate
Vorprojekt	3 bis 5 Monate
Implementierung	3 bis 12 Monate
Optimierung	1 bis 2 Monate

In Abbildung 9.15 finden Sie einen daraus resultierenden Durchlaufplan.

Abbildung 9.15   Projektdauer

Jahr 1	JAN	FEB	MRZ	APR	MAI	JUN	JUL	AUG	SEP	OKT	NOV	DEZ
Projektschritt	Analyse		Auswahl				Vorprojekt/Prototyp					Pause

Jahr 2	JAN	FEB	MRZ	APR	MAI	JUN	JUL	AUG	SEP	OKT	NOV	DEZ
Projektschritt	Implementierung											

Jahr 3	JAN	FEB	MRZ
Projektschritt	Optimierung		

Welche Schritte Sie wählen und wie lange die Schritte dauern, hängt natürlich wesentlich von der Art der Software ab, die Sie auswählen und einführen. Eine Tourenplanung an einem Standort mit 20 Fahrzeugen benötigt selbstverständlich viel weniger Zeit als eine komplette Speditionslösung für ein Unternehmen mit 1.000 Mitarbeitern, vielen Geschäftsbereichen und hunderten von zu planenden Fahrzeugen.

Wenn Sie einen Wunschtermin haben, ermöglicht Ihnen der Durchlaufplan die Information, wann Sie mit dem Projekt beginnen müssen.

Expertentipp: Erstellen Sie gleich am Anfang des Projekts einen ersten groben Durchlaufplan und berücksichtigen Sie dabei die besonderen Faktoren Ihres Unternehmens.

9.12   Welche Kosten sollte man bei einer Softwareinvestition berücksichtigen?

Wer sein Budget für eine Softwareinvestition aufstellt, kann sich schnell verkalkulieren. Nicht nur die Höhe der einzelnen Werte wie Softwarelizenzen oder Wartung ist relevant, sondern viele weitere zusätzliche Kosten. Es ist wichtig, sowohl die Erstinvestition als auch die Folgekosten korrekt zu bewerten. Je nach Lösung kann sich die anfänglich günstige Lösung in der Anschaffung in den laufenden Kosten als erheblich teurer als gedacht herausstellen. Für eine Kalkulation müssen die Kosten in drei Kostenblöcke aufgeteilt und diese entsprechend in interne und externe Kosten untergliedert werden:

Einmalige Kosten (für Software, Beratung, Installation etc.)

Software

- Einmalige Nutzungsgebühren/Lizenzgebühren/Kaufpreis
  - Named User, Concurrent User, Mobile User
  - Entwicklungslizenzen und Werkzeuge
  - Source Code

- Wiederkehrende Nutzungsgebühren (ASP/Miete/Cloud)

Dienstleistungen

- Projektleitung – extern und intern

- Beratung – extern und intern

- Installationsaufwand – extern und intern

- Datenmigration – extern und intern

- Schnittstellen – extern und intern

- Formularerstellung – extern und intern

- Schulungen – extern und intern

Entwicklung

- Entwicklungskosten – Lizenzen/Dienstleistung

- Entwicklungskosten – Wartung

- Entwicklungskosten – interne Begleitung, Vorgabenerstellung und Tests

Hardware und Technologie

- Server

- PC-Arbeitsplätze

- Betriebssystem-Server und Arbeitsplätze

- Zusatzgeräte wie Scanner, Barcodeleser etc.

Zusätzliche Software

- Office-Lösungen

- Fax-Lösungen

- Telekommunikationssoftware

Laufende Kosten (für Wartung, Installation neuer Versionen, weiterführende Schulungen)

Abbildung 9.16   Investitionsplanung (Quelle: Shutterstock)

Softwareerweiterung

- Kosten pro weitere Benutzer in den verschiedenen Benutzerklassen

Jährliche Wartung/Updates als laufende Kosten

- Update-Installation als laufende Kosten p. A. für Standardsoftware extern und intern

- Update-Installation als laufende Kosten p. A. für Anpassungen extern und intern

Fortlaufende Schulung

- Schulung neuer Versionen oder neuer Mitarbeiter extern und intern

Allgemeine Kosten

Nebenkosten

- Reisekosten – extern und intern

- Reisezeiten – extern und intern

Welchen internen Aufwand muss man in einem Projekt aufwenden?

Wer sein Budget berechnet und die Angebote der Anbieter bewertet, der darf den internen Aufwand im Projekt nicht unterschätzen. Kaum eine Lösung kann installiert und von ihren Anwendern ohne intensive Mitarbeit definiert und implementiert werden. Dabei ist der zu kalkulierende Aufwand immer in direkter Abhängigkeit von dem Aufwand zu sehen, den Ihnen der Anbieter genannt hat. Nicht jede Lösung bedarf des gleichen internen Aufwands. Wer hier nicht nachrechnet, der kann beim internen Aufwand schnell auf Probleme stoßen. Spätestens beim Angebotsvergleich müssen Sie deswegen auch den internen Personalaufwand berechnen und budgetieren.

Aus der Praxis

Beim ERP-Projekt mit 50 Benutzern und einer gewünschten intensiven Integration von MS-Office® mit E-Mail, Word und Excel musste die Geschäftsleitung feststellen, dass die benötigten Produkte gar nicht für diesen Nutzerkreis lizensiert waren! Die Nachrüstung verursachte Kosten von insgesamt ca. 25.000 €, eine zusätzliche Investition, mit der vorher keiner gerechnet hatte. Zum Glück wurde dieses Problem frühzeitig aufgedeckt und adressiert.

Expertentipp: Erstellen Sie eine Checkliste und fragen Sie beim Anbieter nach, welche der Kostenblöcke in Ihrem Projekt relevant sind. Stellen Sie sicher, dass Sie in Ihrer Kostenbetrachtung später keine unangenehmen Überraschungen entdecken in Form von Kosten, die bei der Kalkulation nicht berücksichtigt wurden.

9.13 Die Annahme als Kardinalfehler in jedem Projekt!

Wir machen sie jeden Tag: die Annahme! Ohne Genaueres zu wissen, nehmen wir an, dass es so oder so ist, und treffen Entscheidungen auf der Grundlage von Annahmen anstatt von Fakten. Das kann sehr gefährlich werden.

So ist es auch in jedem IT-Projekt. Je mehr wir nicht wissen, desto mehr Annahmen treffen wir, damit wir uns besser fühlen, schneller vorankommen oder einfach auf ihrer Basis Entscheidungen gegenüber Dritten ohne viel Aufwand begründen können. Dabei kann eine Annahme positiv oder negativ ausgelegt werden. In der Regel wird sie immer so ausgelegt, wie es dem Annehmenden am besten passt.

Um genau diese Annahmen zu vermeiden, braucht man einen Plan und Know-how. Denn die Annahme tendiert dazu, genau dies zu ersetzen. Im Folgenden ein Beispiel aus der Softwareauswahl:

Beispiel

Die Annahme:

Der Softwareanbieter ist groß und hat mehrere Hundert Installationen bzw. Referenzen. Er muss deswegen Erfahrung in der Implementierung, geschultes Personal und eine bewährte Methodik haben, sonst wäre er ja in den letzten 20 Jahren nicht so erfolgreich gewesen.

Hier treffen gleich mehrere Annahmen und Risiken zusammen:

1. Groß ist nicht gleichbedeutend mit vielen Referenzen. Papier ist geduldig und was heute eine Referenz, kann morgen ein Problemkunde sein

2. Viele Installationen bedeuten nicht gleich viel Erfahrung. Vielleicht gab es in der Vergangenheit einen hohen Personalwechsel. Die Erfahrung kann schon vorhanden sein, aber nicht mehr beim Anbieter, sondern ggf. ganz woanders.

3. Neues Personal ist ganz selten gut geschult. Besonders in Zeiten der Hochkonjunktur werden neue Mitarbeiter, auch Universitätsabsolventen, gerne ins kalte Wasser geworfen, frei nach dem Motto „Der Einäugige unter den Blinden reicht schon!"

4. Viele Installationen haben nicht unbedingt mit bewährter Methodik zu tun, zumal diese – selbst wenn vorhanden – oft aus Bequemlichkeit gar nicht richtig umgesetzt wird.

Sollten Sie mit dieser Annahme ins Projekt gehen, ohne die einzelnen Punkte vorher zu verifizieren, dann können Sie u. U. schnell Schiffbruch erleiden.

Fragen Sie also nach. Verifizieren Sie. Prüfen Sie bei Referenzen. Erst wenn Sie davon überzeugt sind, weil es bewiesen wurde, können Sie sich etwas zurücklehnen. Aber bitte nicht allzu lange!

Expertentipp: Ersetzen Sie Annahmen durch Fakten und treffen Sie erst dann Ihre Entscheidung. Ansonsten könnte es sein, dass einiges im Projekt schiefläuft, von dem Sie angenommen haben, dass es schon passen würde.

10 Das interne und externe Projektteam

10.1 Ohne Motivation geht nichts!

Wann bzw. warum sind IT-Projekte eigentlich erfolgreich? Der Schlüssel hierzu ist ganz einfach die Motivation aller Beteiligten. Ob intern oder extern, ob Lieferant oder Kunde, Projektleiter oder Berater, wer die Motivationsfaktoren aller Beteiligten erkennt und auch adressiert, hat schon einmal einen riesigen Schritt hin zum erfolgreichen Projekt gemacht. Letztendlich ist der „Faktor Mensch" ausschlaggebend. Leider wird dies in allzu vielen Projekten schlichtweg übersehen.

Die interne Motivation

Ob Sie es wollen oder nicht, jeder Mensch ist mehr oder weniger Egoist. Ein Faktor, der im Projekt nicht nur hinderlich, sondern sogar vorteilhaft sein kann! In jedem Projekt stellen sich Ihre Mitarbeiter, bewusst oder unbewusst, die bekannten „W-Fragen":

- Warum sitze ich eigentlich hier?
- Warum werde ich nicht beteiligt?
- Was habe ich eigentlich davon?
- Wie kann ich den Prozess beeinflussen?
- Wie kann ich mich in diesem Projekt profilieren?
- Wie kann ich einen persönlichen Mehrwert aus dem Projekt ziehen?
- Wie kann ich meine Anforderungen umsetzen?
- Wie kann ich die Priorität meiner Forderungen erhöhen?
- etc.

Auch wenn diese Fragen auf den ersten Blick sehr egoistisch wirken: So oder so ähnlich sehen es viele Teammitglieder, wenn sie in ein Projektteam für die IT-Auswahl einberufen werden. Manch einer sieht es natürlich auch so, wenn genau das Gegenteil der Fall ist und er nicht zum Projektteam gehört.

Das Projekt einfach durchzuziehen und dabei den Kopf in den Sand zu stecken, ist dabei kaum die richtige Strategie und kann schnell sehr gefährlich werden.

Die Mitarbeiter wollen lediglich ihren Besitzstand wahren und ihre Positionen verteidigen. Dies sind meist genau die Motivationsfaktoren, die ein Projekt zunehmend negativ beeinflussen. Was liegt da näher, als genau diese Motivationsfaktoren zu ermitteln, für ein „egoistisches Ziel" den Mehrwert im Projekt zu eruieren und diese dann zum Positiven im Sinne des

© Springer Fachmedien Wiesbaden GmbH, ein Teil von Springer Nature 2019
C. Groß und R. Pfennig, *Digitalisierung in Industrie, Handel und Logistik*,
https://doi.org/10.1007/978-3-658-26095-8_10

Projekts und damit des Unternehmens einzusetzen? Natürlich sowohl für die einzelnen Teammitglieder und Mitarbeiter als auch für das Gesamtteam und das Unternehmen.

Unbewusst wird das vielleicht schon umgesetzt, doch gezielt kommt es eher selten vor. Dabei stellt sich hier eine nicht unerhebliche Chance, die Sie ergreifen sollten.

Die „Belohnung" als interner Motivationsfaktor

Jedes IT-Projekt bedeutet für die Teilnehmer während der Anbieterauswahl sowie später in der Implementierung der Lösung einen meist erheblichen zusätzlichen Aufwand zum oft ohnehin stressigen Tagesgeschäft. Dabei kann es je nach Projektumfang durchaus motivierend sein, Motivationsaktivitäten zu integrieren. Beim Kick-off-Meeting zum Beispiel könnte das eine Veranstaltung am Vorabend sein, die es dem Team erleichtert, sich in zwangloser Atmosphäre zusammenzufinden. Wahrscheinlich haben die Teammitglieder in dieser Konstellation bisher noch nicht zusammengearbeitet. Beim Go Live könnte man, wenn Termine und Kosten eingehalten wurden, eine „Go-Live-Party" veranstalten, zu der auch zusätzliche Mitarbeiter eingeladen werden. Alle Beteiligten bekämen die Möglichkeit, den ersten Erfolg gemeinsam zu feiern. In diesem Rahmen könnten auch Einzelleistungen in Form einer individuellen „Belohnung", die vor versammelter Mannschaft überreicht wird, honoriert werden. Warum nicht besonders engagierte Teammitglieder Ihres Unternehmens für ihren Beitrag im Projekt mit einer Flasche Champagner oder einem guten Wein belohnen? Lassen Sie sich hier etwas einfallen! Sie kennen Ihre Kollegen oder Mitarbeiter am besten und sollten wissen, was diese „hinter dem Ofen hervorlockt" oder dazu führt, dass ihr Engagement steigt. Das Mindeste, was Sie damit erreichen sollten, ist es, ggf. die „Meckerer" und Störer im Projekt ruhiger zustellen.

Die externe Motivation

Wer denkt, dass ein Auftrag durch ihr Unternehmen an den Anbieter genug Motivation bietet, liegt nicht ganz richtig. Bedenken Sie, dass beim Anbieter viele Personengruppen und Einzelindividuen in die Auswahl des Projekts involviert sind:

- Geschäftsführung/Vorstand

- Vertriebsleitung

- Vertriebsbeauftragter

- Presales-Berater

- Projektleiter

- Berater

- Implementierungsleitung/Beratungsleitung

- Telefon/Kundensupport

- Techniker (Hardware)

- Temporäre Mitarbeiter

Machen Sie sich deshalb Gedanken darüber, ob es eine Möglichkeit gibt, die für Ihr Projekt wichtigen externen Personen zusätzlich zu motivieren. Sei es mit einer angenehmen Arbeitsumgebung, einer gelegentlichen Einladung zum Essen oder mit der Teilnahme an einer der zuvor genannten Firmen- oder Projektveranstaltungen. Unterschätzen Sie nicht, dass auch externe Mitarbeiter Ihrer Wertschätzung bedürfen und sich in der Regel freuen, wenn Sie diese offen kundtun.

Expertentipp: Es lohnt sich, sich mit den Motivationsfaktoren Ihrer Lieferanten, Berater oder sonstiger involvierter Parteien auseinanderzusetzen. Jedes Teammitglied hat seine persönliche Agenda und das Wissen und Verständnis darüber kann oft sehr hilfreich sein.

10.2   Der Management-Sponsor

Projekte, die von der Geschäftsführung nicht voll und ganz mitgetragen werden, sind in der Regel zum Scheitern verurteilt. Deswegen läuft ohne Management-Sponsor im IT-Projekt nichts (**Abbildung 10.1**). Erfolgreiche Projekte verfügen über einen Management-Sponsor, der nicht nur zu Beginn, sondern während des kompletten Projekts, sei es bei der Auswahl, der Einführung oder der Optimierung, Interesse zeigt und der Projektleitung ggf. mit Rat und Tat zur Seite steht.

Abbildung 10.1   Der Sponsor (Quelle: Shutterstock)

Was sind die Aufgaben eines Management-Sponsors?

- Die generellen Ziele des Projekts vorgeben – Was soll erreicht werden?

- Die Zurverfügungstellung von Ressourcen, sei es monetär oder personell

- Die Motivation des Projektteams, damit auch bei erhöhter Belastung durch das Projekt weder Einsatzbereitschaft noch Qualität leiden

- Die Teilnahme an wichtigen Meetings und Entscheidungen

- Bei Unstimmigkeiten mit dem Anbieter im Projekt gemeinsam mit interner und externer Projektleitung sowie der Geschäftsführung des Anbieters eine gemeinschaftliche Lösung zu erarbeiten

Selbstverständlich ist diese Rolle je nach Unternehmensgröße unterschiedlich zu bewerten.

Expertentipp: Es ist sehr wichtig, dass der Management-Sponsor keine unnahbare Person darstellt. Er sollte als Punching Partner für die interne Projektleitung und für den eventuell angeheuerten externen Berater zur Verfügung stehen.

10.3   Das interne Projektmarketing

Ohne die Mitarbeiter geht kein Projekt voran. Deswegen verwundert es immer wieder, dass Projekte im eigenen Unternehmen gar nicht „vermarktet" werden. Das Management und die Projektleitung sollten sich deshalb überlegen, wie sie das IT-Projekt intern am besten präsentieren. Schließlich müssen alle betroffenen Mitarbeiter während des Projektverlaufs zusätzlich zum Tagesgeschäft ein extra Pensum Projektarbeit bewältigen. Die wichtigste Argumentation und Motivation ist dabei, dass jeder Mitarbeiter auch zukünftig einen Mehrwert aus der neuen Lösung ziehen kann. Ermitteln Sie daher bereits bei der Bedarfsanalyse den Mehrwert für jeden Bereich, jede Mitarbeitergruppe und weisen Sie durchgängig darauf hin.

Der persönliche Mehrwert könnte unter anderem sein:

- Manuelle Auswertungen (z. B. Basis MS-Excel®) werden künftig vom System automatisch erstellt.

- Die mögliche Prozessoptimierung erzeugt weniger Aufwand, so dass Überstunden reduziert werden können. (Dies ist natürlich nur relevant, wenn Überstunden nicht vergütet werden.)

- Manuelle Vorgänge (z. B. Planungen) werden künftig von Systemfunktionen abgedeckt.

- Aufwendige Arbeiten, z. B. das Suchen nach Dokumenten, fallen künftig nicht mehr an.

Letztendlich sollte ein gutes, neues System unliebsame Arbeiten automatisieren oder gar überflüssig machen. Wenn dies der Fall ist, können Ihre Mitarbeiter das nicht früh genug wissen und sich somit auf das System freuen.

Wie könnte eine Projektmarketing-Aktion aussehen?

- Veröffentlichen Sie einen Artikel in Ihrem Newsletter oder eine Rundmail, um alle Mitarbeiter über das Projekt zu informieren.

- Führen Sie eine Informationsveranstaltung zum Thema durch.

- Weisen Sie bei den Workshops explizit auf den ermittelten Mehrwert für die Teilnehmer hin.

Expertentipp: Ein intern gut beworbenes Projekt „verkauft" sich besser und führt dazu, dass die Mitarbeiter motiviert mitarbeiten.

10.4   Das interne Auswahlteam

Holen Sie bei der Entscheidungsfindung für eine neue Logistiklösung unbedingt alle Beteiligten mit ins Boot. Andernfalls bekommen Sie u. U. schon bei der Auswahl Probleme. Bei den Amerikanern gibt es einen schönen Spruch der Ablehnung: *„not invented here"* (hier nicht erfunden). Man könnte auch sagen: „Was der Bauer nicht kennt, das frisst er nicht." Machen Sie deshalb allen Beteiligten die Teilnahme an der Auswahl und Umsetzung schmackhaft! Wie könnte das konkret aussehen? Nur gutes Zureden oder einen „Befehl" zu erteilen hilft häufig nicht weiter. Sei es bei der Auswahl oder bei der Umsetzung, es wird immer wieder vorkommen, dass die Auswahltätigkeit zusätzlich zum üblichen Tagesgeschäft erledigt werden muss. Nicht jeder Mitarbeiter wird mit diesem extra Stress fertig. Um die Folgen zu mildern, könnten Sie z. B.:

- Tätigkeiten verlagern, so dass der/die Mitarbeiter mehr Zeit hat und sich ausreichend dem Projekt widmen kann.

- Teambildungsmaßnahmen durchführen, z. B. Workshops, gemeinsame Essen etc. So wächst der Zusammenhalt in der Gruppe und alle ziehen bestmöglich an einem Strang.

- Loben Sie eine Prämie für die Projektteilnehmer aus, wenn vorab definierte Ziele fristgerecht erreicht werden.

- Je nach Unternehmenskultur können weitere Prämien in Aussicht gestellt werden.

Wie stellt man das Auswahlteam zusammen? Der Umfang und die Anzahl der Teilnehmer hängen von folgenden Kriterien ab:

- Die Anzahl der betroffenen Abteilungen, Prozesse oder Funktionen

- Die Anzahl der Mitarbeiter

- Die aktuelle Aufbauorganisation im Unternehmen

- Die vorhandenen Kenntnisse und Fähigkeiten

- Die Akzeptanz bei Kolleginnen und Kollegen, aber auch bei Vorgesetzten

Achten Sie darauf, dass Sie Mitarbeiter(innen) aus allen Ebenen mit ins Team nehmen. Nur so bekommen Sie auch die Zustimmung jener Mitarbeiter, die später die Umsetzung tragen und die bei der täglichen Nutzung gefragt sind. Jeder Bereich, der durch die neue IT-Lösung beeinflusst wird, sollte vertreten sein (**Abbildung 10.2**).

Abbildung 10.2   Das Auswahlteam (Quelle: Shutterstock)

Fallbeispiel

Ein Speditionsunternehmen mit 50 Mitarbeitern in der Verwaltung sucht eine Komplett-lösung für die speditionelle Abwicklung inkl. Finanzen und Telematik.

Mögliches Projektteam (Funktion bzw. Bereich):

1.   Geschäftsführer/Inhaber

2.   Speditionsleiter

3.   Leiter der Disposition

4.   Disponent

5.   Palettenverwaltung

6.   Fahrer

7.   Finanzbuchhaltung

8.   Lohnabrechnung (Fokus Reisekostenabrechnung)

9.   IT

Wie man sieht, beläuft sich die Anzahl der Projektteam-Mitglieder selbst in einem Unter-nehmen mit „nur" 50 Mitarbeitern schnell auf 9 bis 10 Personen. Natürlich können einige der Funktionen auch in Personalunion wahrgenommen werden. Beachten Sie aber immer, dass eine ausreichende Verfügbarkeit gewährleistet werden muss. Deswegen ist es nicht empfehlenswert, die komplette Verantwortung auf zu wenige Personen abzuwälzen. Ganz rot sollte Ihr Alarm aufleuchten, wenn die IT denkt, nur sie allein sei in der Lage, all diesen Verantwortungen selbstständig gerecht zu werden. Auch wenn es sich seltsam anhört: Die IT sollte nicht federführend im IT-Projekt sein, sondern sich als „interner Dienstleister" verstehen. Ähnliches gilt auch für die Projektleitung.

Wie viel Personalaufwand muss vom Team betrieben werden?

Damit das Projekt rund läuft, müssen Sie sich darüber im Klaren sein, dass das Auswahl-projekt nicht nur mal so nebenbei auf die Beine gestellt werden kann. Nachfolgend (**Abbildung 10.3**) haben wir wichtige Schritte definiert und auf Basis der zuvor genannten Firma und der Teamzusammenstellung hochgerechnet, wie viele Tage Sie in ein gut durch-geführtes Auswahlprojekt investieren müssen.

Abbildung 10.3   Interner Aufwand und Auswahlteam

Tätigkeit	Aufwand in Tagen	ø Anzahl Personen intern	Gesamt
Zieldefinition aus Sicht des Managements	0,5	3	1,5
Kickoff Meeting Auswahlprojekt	0,5	8	4
Erstellung der Anfrage, Projektbeschreibung, Unterlagen	1	2	2
Erstellung Beispielprozesse für die Workshops	1	4	4
Interne Bearbeitung des Lastenheftes	2	8	16
Auswertung der Angebote	2	2	4
Vortertermine von 3 Anbietern zur besseren Vorbereitung der Workshops	1,5	1	1,5
3 Anbieterworkshops zu je 1 Tag	3	8	24
Analyse und Auswertung der Workshops	1	2	2
Nachbesprechung Anbieterworkshops	0,25	8	2
Anpassung der Anforderungen nach den Workshops	1	3	3
Klärung offener fachlicher Punkte	0,5	3	1,5
Initiale Prüfung 2er Anbieterverträge	1	1	1
Referenzbesuch bei je einem Kunden von 2 Anbietern	2	3	6
Verhandlung mit den Anbietern	1	2	2
Finale Prüfung der Verträge	0,25	1	0,25
Vorbereitung des Implementierungs Kickmeetings	0,5	1	0,5
Implementierung Kickoff Meeting	0,5	8	4
Gesamt-Personalaufwand eines Auswahlprojektes			**79,25**

Sie sehen, der interne Aufwand kann durchaus beachtlich sein. Sie sollten dabei im Übrigen auch bedenken, dass die Aufwände, z. B. im Verbund mit einem ERP-Projekt, ggf. steuerli-che Auswirkungen haben und aktiviert werden müssen.

Expertentipp: Beziehen Sie ausreichend Mitarbeiter mit entsprechenden Qualifikatio-nen aus allen Bereichen und Verantwortungsebenen des Unternehmens ein. Machen Sie es dem Team „schmackhaft", Ziele zu definieren und daran mitzuarbeiten, diese zu erreichen.

10.5   Der ideale interne Projektleiter

Wer sollte ein IT-Projekt leiten, wenn nicht die IT-Abteilung. Klar, oder? Doch ist dies wirklich die richtige Wahl? Leider nein! Aber warum ist das so? Ein IT-Projekt ist doch Aufgabe der IT-Abteilung? Eigentlich schon, aber bei der Einführung einer neuen Logistiklösung werden die operativen Prozesse meist gravierend verändert, besonders dann, wenn man mit der Einführung der IT-Lösung auch die Prozesse optimieren möchte. Deswegen ist es immer sinnvoller, Mitarbeiter aus der „operativen Front" intensiv in das Projekt mit einzubeziehen. Führt man eine neue Speditionssoftware ein, kann es der Dispositionsleiter oder gar der Speditionsleiter sein. Letztendlich sollten Sie immer die Personen wählen, die vom Einsatz der neuen IT-Lösung am meisten profitieren. Das ist bei der IT wohl eher selten der Fall. Natürlich ist diese Mehrbelastung wie immer ein Thema, das Sie bei dieser Gelegenheit adressieren müssen. Die bessere und effektivere Lösung ist es allemal. Wenn die operativen Mitarbeiter keine ausreichende Erfahrung in derartigen Projekten haben (was fast immer der Fall sein wird), dann sollten Sie sich überlegen, einen erfahrenen Berater mit einzubinden, der die Projektleitung mit Methodik und Know-how unterstützt und als „Punching Partner" zur Verfügung steht.

Akzeptanz und Weisungsbefugnis

Wichtig ist natürlich auch, dass die ausgewählte Projektleitung im Unternehmen Akzeptanz findet, sei es auf Basis der erfolgreichen Mitarbeit in anderen Projekten oder kraft ihrer Position. Auf jeden Fall muss ausreichend Weisungsbefugnis gegenüber Dritten im Projekt und den Mitarbeitern des Anbieters vorhanden sein. Ansonsten kann es passieren, dass selbst der beste, fleißigste und innovativste Projektleiter schnell ins Leere läuft.

Nicht immer kehren neue Besen gut

Sei es aus aktuellem Personalmangel oder weil keiner aus der Belegschaft seine Bereitschaft zeigt: Manch ein Unternehmen plant schnell die Einstellung eines neuen Projektleiters zur Lösung aller Probleme. Generell ist das natürlich eine Möglichkeit, doch achten Sie darauf, dass der Schuss nicht nach hinten losgeht. Neue Mitarbeiter kennen sich nämlich noch viel zu wenig in Ihrem Unternehmen aus. Selbst bei kleineren Unternehmen gibt es schon Politik, die ein Projekt erheblich stören kann. Wenn dann „Der Neue" kommt und plötzlich allen befiehlt, wann sie nach links oder rechts zu springen haben, kann dies problematisch werden und im schlimmsten Fall in einer Meuterei der gesamten Mannschaft im Projekt enden. Stellen Sie deshalb dem neuen Mitarbeiter einen „Paten" zur Seite, der ihn bei seinen „ersten Schritten" im Unternehmen unterstützt und ihm hilft, die entsprechenden Probleme zu umschiffen. Teuer eingekauftes Personal hilft Ihnen wenig, wenn internes Wissen fehlt und die Akzeptanz nicht vorhanden ist.

Warum nicht einfach einen externen Projektleiter als internen Projektleiter „einkaufen"?

Je nach Marktlage könnte es auch eine Idee sein, einen freiberuflichen Mitarbeiter, der ja eigentlich viel Erfahrung mit der Leitung von Projekten haben sollte, mit einem Zeitvertrag einzustellen oder zu beauftragen. Leider ist auch dies keine gute Idee. Warum?

1. Der Projektleiter muss ständig vor Ort sein. Fünf Tage die Woche, ansonsten ist eine echte Projektleitung kaum möglich. Schließlich benötigen die Teammitglieder einen permanent und auf dem kurzen Dienstweg (Gang über den Flur) erreichbaren Ansprechpartner.

2. Akzeptanz und Firmen-Know-how müssen vorhanden sein (wie bereits beschrieben).

3. Der Projektleiter sollte auch nach der Projektdurchführung noch verfügbar sein. Was nützt Ihnen das aufgebaute Know-how, wenn es nach Abschluss des Projekts das Unternehmen wieder verlässt?

Der einzig gangbare Weg wäre dann, dem Projektleiter am Ende des Projekts eine interessante Position im Unternehmen anzubieten. Nur so bleibt Ihnen Ihre „Investition" erhalten.

Aus der Praxis

Der IT-Leiter legt in seiner Funktion als Projektleiter im Auswahlprojekt einen viel zu großen Wert auf technische Anforderungen, die ihm das Leben erleichtern und die er der Geschäftsführung gegenüber als unbedingt notwendig darstellt. Dies führt bei der Auswahl dazu, dass ca. 80% der potenziellen Anbieter von Anfang an keine Chance für eine Anfrage erhalten.

Das Unternehmen wählt letztendlich den Weg einer nicht so optimalen, aber technisch kompatiblen Lösung, die am Ende ca. 40% teurer ist als die anderen Lösungen, die aus technischen Gründen nicht berücksichtigt wurden.

Dieses Beispiel stellt nur eines der möglichen Risiken dar, wenn Sie der IT-Abteilung zu viel Kontrolle über Ihr Projekt geben. Dies geht nur dann, wenn Sie weiter am Steuer bleiben und die IT das Gesamtziel im Unternehmen und nicht die eigenen Ziele in den Vordergrund rückt.

Expertentipp: Ernennen Sie immer einen operativen Mitarbeiter zum Projektleiter, der vom Erfolg des Projekts hochgradig profitiert. Unterstützen Sie ihn aktiv und geben Sie ihm die notwendige Entscheidungs- und Weisungsbefugnis.

10.6   Sind Ihre Mitarbeiter gut fürs Projekt gerüstet?

In den meisten Projekten wird einer der wichtigsten Faktoren, die für den Erfolg des Projekts stehen, vergessen: die Mitarbeiter im eigenen Unternehmen. Lösungen werden intensiv begutachtet, Projektleiter sorgfältig ausgewählt und die Anbieterunternehmen bewertet. Die „armen" Mitarbeiter jedoch wirft man in 99% der Softwareprojekte ins kalte Wasser.

Auch die Mitarbeit in einem Softwareprojekt will gelernt sein. Die Erwartungshaltung auf beiden Seiten muss stimmen, die Fähigkeiten müssen am richtigen Ort und zum richtigen Zeitpunkt eingesetzt werden. Genauso wenig, wie Sie in die „Falle der Annahmen" (siehe Kapitel 9.13 „Die Annahme als Kardinalfehler in jedem Projekt") bei Anbietern oder Lösungen fallen sollten, genauso wenig sollten Sie annehmen, dass Ihre Mitarbeiter oder Kollegen „das schon hinbekommen" werden. Manche sind vielleicht mit dieser neuen Aufgabenstellung schlichtweg überfordert und geben das nur ungern zu. Zumindest das Management-Team und das Team der Key User müssen fürs Projekt fit gemacht werden und auf einer abgestimmten Linie arbeiten. Sonst kann es passieren, dass Mitarbeiter mit Profilneurose sich besonders im Projekt einbringen, egal ob notwendig, sinnvoll oder nicht. Andere Mitarbeiter hingegen ziehen sich in ihr Schneckenhaus zurück oder die Fraktion der Meckerer und Nörgler verbreitet schlechte Stimmung. Diese Schieflage wieder zu korrigieren kann extrem aufwendig oder gar unmöglich sein und sowohl Zeitverzögerungen als auch Zusatzkosten verursachen.

Investieren Sie also ausreichend Zeit in die Vorbereitung Ihrer Mitarbeiter!

Gehen Sie zur Adressierung dieses Problem in zwei Phasen vor

Phase I – Selbsteinschätzung und Einschätzung

Die simple Frage, wer schon wie oft in einem Softwareprojekt involviert war und welche Erfahrungen gemacht wurden, ist für den Anfang hilfreich. Versuchen Sie herauszufinden, welche Aufgaben wahrgenommen wurden und wo jedes Teammitglied seine Stärken sieht. Wer weiß, vielleicht schlummern in Ihrem Unternehmen noch unbekannte Mitarbeiterschätze, die im Projekt effizient eingesetzt werden können? Nach dieser ersten Analyse sollten die Projektleiter (intern und extern) oder der interne Projektleiter gemeinsam mit dem Auswahlberater einschätzen können, wer wie am besten zum Einsatz kommt. Dabei sollte man berücksichtigen, dass gewisse Aufgaben über Abteilungen hinweg wahrgenommen werden können.

Phase II – Workshop und Aufgaben/Verantwortungsverteilung

Die Aufgaben in einem Softwareprojekt müssen allen Beteiligten vermittelt werden. Planen Sie dafür am besten einen Workshop ein (1/2 Tag bis 1 Tag), bei dem nachfolgende Themen behandelt werden sollten:

- Erwartungshaltung im Projekt – von den Anwendern und an die Anwender, von den Anbietern und an die Anbieter

- Zieldefinition und Verfolgung

- Disziplin im Projekt – potenzielle Auswirkungen

- Rollen und Verantwortlichkeiten im internen Team – Aufgabenverteilung

- Setzen von Prioritäten

- Kosten- und Terminüberwachung

- Umgang mit Änderungs- und Anpassungsanforderungen (Change Request)

- Dokumentationsanforderungen

- Lastenheft-Controlling

- Umgang mit Problemen im Projekt

- etc.

Der Workshop wird sich mit Sicherheit lohnen und Ihr Team noch besser zusammen-schweißen.

Auch Ihr Projektleiter sollte übrigens gerüstet sein. Wenn er bisher noch keine Softwareein-führung in ähnlicher Position begleitet hat, wäre ein Training zum Thema gut angelegtes Geld sinnvoll.

Expertentipp: Lassen Sie Ihre Mitarbeiter nicht einfach ins „kalte Projektwasser" sprin-gen, sondern begleiten und unterstützen Sie sie, damit sie sich im Projekt wohlfühlen und so einen erheblich höheren Mehrwert liefern werden.

10.7 Der ideale externe Projektleiter beim Anbieter

Wer auf die richtige Auswahl des internen Projektleiters Wert legt, sollte noch viel mehr Wert darauf legen, bei der Festlegung des externen Projektleiters vom Softwareanbieter ein Wörtchen mitreden zu können. Nicht jeder Projektleiter, der Ihnen vor die Nase gesetzt wird, passt zu Ihrem Projekt, Ihren Mitarbeitern und zu Ihrem Unternehmen und kann mit Ihnen gemeinsam sicherstellen, dass Ihr Projekt ein Erfolg wird. Langjährige Erfahrung beim Anbieter und viele Projekte sind nicht immer der Garant dafür, dass alles glatt läuft. Der vorgeschlagene Projektleiter muss für Sie nicht zwingend der Beste sein. Deswegen kann es durchaus Sinn machen, ggf. eine „Alternative" kennenzulernen und sich erst dann zu entscheiden. Hören Sie nicht nur auf Ihr „Bauchgefühl", sondern testen Sie den desig-nierten Projektleiter auch auf „Herz und Nieren". Besonders wichtig ist, dass Sie den Pro-jektleiter bereits zu einem möglichst frühen Projektzeitpunkt kennenlernen. Wenn dieser erst nach Vertragsabschluss vorgestellt wird, kann es zu spät sein. Am besten nimmt der Projektleiter eine maßgebliche Rolle z. B. bei der Lösungspräsentation wahr. So können Sie rechtzeitig erkennen, dass die Software vielleicht die richtige ist, der Projektleiter aber nicht zu Ihnen passt. Eine schlechtere Software können Sie durchaus mit einem sehr guten Pro-jektleiter erfolgreich einführen. Bei einer guten Software kann der schlechte Projektleiter hingegen ein Grund für das Scheitern des ganzen Projekts sein.

Welche Kriterien sollte man an einen externen Projektleiter stellen?

■ Zeitliche Verfügbarkeit bis zum Projektende (auch bei Terminverschiebungen)

■ Erfahrung in ähnlichen Projekten mit der ausgewählten Lösung

■ Persönliche Referenzen

■ Akzeptanz durch das interne Projektteam

■ Akzeptanz und Zusammenarbeit mit dem internen Projektleiter

Übrigens ist es besonders ärgerlich, wenn ein Projektleiter kurz nach Projektbeginn plötzlich ausgetauscht wird. Dies kann ggf. nur durch eine vertragliche Regelung verhindert werden, in der z. B. geregelt ist, dass Sie einem Wechsel vorab zustimmen müssen. Auf keinen Fall sollten Sie feststellen, dass ein „besserer" Kunde Ihnen den begehrten und ggf. auch schon bei Ihnen bewährten Projektleiter wegschnappt.

Was sollte bezüglich des externen Projektleiters ggf. im Vertrag festgelegt werden?

■ Namentliche Nennung und Verpflichtung

■ Ablehnungsrecht des Kunden/Verpflichtung zum Austausch

■ Regelung im Fall einer Projektverzögerung (Beibehaltung des Projektleiters)

■ Genaue Aufgabenstellung und Verantwortungsbereich des Projektleiters

Wenn Sie die Option erhalten wollen, den Projektleiter auszutauschen, dann sollten Sie sich vorab versichern, dass weitere für Ihr Projekt und den regionalen Einsatz verbundene Projektleiter zur Verfügung stehen. Nicht in jedem Unternehmen ist das der Fall.

Die Projektleiterreferenz

Fast jeder fragt einen Softwareanbieter nach Referenzen, doch fast niemand fragt den Projektleiter danach. Tun Sie genau das, denn der Projektleiter sollte sich für Ihr Projekt, ähnlich einem neuen Mitarbeiter, bewerben (**Abbildung 10.4**). Fragen Sie deshalb nach dem Lebenslauf, den bisher betreuten Projekten und persönlichen Referenzen bei Anwenderunternehmen, bei denen der Projektleiter bereits tätig war. Nur so können Sie sicherstellen, dass der gewonnene Eindruck der Wahrheit entspricht und auch andere Unternehmen schon erfolgreich mit Ihrem designierten Projektleiter zusammengearbeitet haben.

Abbildung 10.4 Referenzen des Projektleiters abfragen (Quelle: Shutterstock)

Das Branchen-Know-how prüfen

Vergessen Sie bei der Bewertung nicht nachzufragen, wie viel Branchen-Know-how vorhanden ist. Verfügt der Projektleiter über kein Know-how in Ihrer Branche, sollten Sie bei den Referenzen auf jeden Fall nachfragen, wie gut seine Auffassungsgabe ist. Wer schnell alle relevanten Themen versteht und umsetzen kann, muss ggf. nicht der Branchenexperte sein, um Sie trotzdem effizient zu unterstützen.

Ähnliches gilt im Übrigen auch für alle anderen Berater des Anbieters. Bitten Sie wenigstens um ein kurzes CV. Ggf. sollte der Berater sich auch vorstellen, damit Sie nicht überraschend mit jemandem konfrontiert sind, der weder fachlich noch menschlich zu Ihnen ins Team passt.

Aus der Praxis

Das Unternehmen X hatte keine genauen Nachforschungen zum vorgestellten Projektleiter des Softwareanbieters betrieben. Der vorgeschlagene Mitarbeiter, Herr Y, schien kompetent und wurde auf der persönlichen Ebene von den Teamkollegen im Auswahlprojekt als sympathisch eingestuft. Doch dann traten Probleme im Projekt auf, die Herr Y einfach nicht in den Griff bekam. Wo eigentlich ein „kräftiger Schwung mit der Peitsche" notwendig gewesen wäre, um das Team wieder in die richtige Bahn zu lenken, schien Herr Y viel zu sanft, aber leider erfolglos überzeugen zu wollen, anstatt zu führen. Erst jetzt fragte man nach, welche Vorbildung Herr Y eigentlich hatte. Wen wundert es, als sich herausstellte, dass Herr Y vor seiner Umschulung und Einstellung beim Softwareanbieter Theologie studiert hatte? Das Beten schien ihm wohl die bessere Lösung, anstatt hart durchzugreifen, was im Projekt sicher die passendere Wahl gewesen wäre.

Expertentipp: Fragen Sie nicht nur den Anbieter nach Referenzen seiner Lösung, sondern auch den Projektleiter nach persönlichen Referenzen aus durchgeführten Projekten mit der ausgewählten Lösung. So können Sie sicherstellen, dass Sie auch eine gute Wahl getroffen haben. Dabei sollten Sie daran denken, nicht die IT im Referenzunternehmen zu fragen, sondern am besten Mitglieder des Projektteams aus einer anderen Abteilung.

10.8 Die interne IT als Dienstleister im Unternehmen und im Projekt

Zugegeben, in einem Softwareprojekt spielt die IT-Abteilung eine große Rolle. Doch man sollte wissen, dass die meisten Projekte viel mehr die Organisation beeinflussen als die IT. Auch und gerade bei IT-Projekten, die die operativen Fähigkeiten eines Unternehmens gravierend beeinflussen, müssen sich sowohl die Geschäftsführung als auch die IT selbst im Klaren darüber sein, dass die IT-Abteilung als „interner Dienstleister" gegenüber dem Unternehmen auftritt und als Berater zur Seite stehen sollte, aber nicht federführend die Entscheidungen treffen darf. Im Rahmen der Entscheidung zur internen Projektleitung ist dies auch beispielhaft ausführlich beschrieben. In einigen Unternehmen ist das Dienstleistungsprinzip der IT noch lange nicht verinnerlicht worden. Das bringt gewisse Gefahren mit sich. Achten Sie also darauf, dass die Rollen im Projekt richtig verteilt sind und die Entscheidungen nicht allein unter dem Einfluss Ihrer IT getroffen werden. Der Fokus muss ganz klar auf den Unternehmenszielen liegen, die die neue IT-Lösung unterstützen soll, und nicht auf der Befriedigung technischer Anforderungen seitens der IT-Abteilung. Keine Frage, eine technische Richtlinie sollte es geben. Die IT sollte die IT-Landschaft konsolidieren und einem Wildwuchs an Lösungen entgegenwirken. Auch sollte die notwendige Technologie im Hintergrund bereitgestellt werden etc. Was keinesfalls passieren darf, ist, dass die IT die „Herrschaft" über die Unternehmensprozesse erhält. Die Rolle der IT sollte deswegen – zumindest für das Projekt – genau definiert werden.

Welche Regeln sollten für die IT gelten?

- Die IT unterstützt Entscheidungen, sie trifft diese aber nicht.

- Die IT beeinflusst Entscheider nicht auf einer rein technischen Basis (gilt ganz besonders bei betriebswirtschaftlich orientierten Projekten).

- Die IT spricht technische Empfehlungen mit Pro und Contra zu möglichen Varianten aus.

- Die IT stellt die Infrastruktur zur Durchführung des Projekts bereit.

- Die IT stellt die technischen Anforderungen im Rahmen von Lastenheften zusammen.

- Die IT stellt geschultes Personal zur Verfügung, um technische und systemverwaltungsorientierte Aufgaben wahrnehmen zu können.

- etc.

Selbstverständlich können diese Regeln auch ganz vom Projekt und der Unternehmensgröße abweichen. Auf jeden Fall ist es sinnvoll, sich Gedanken darüber zu machen, wie die IT im IT-Projekt künftig ihre eigentliche Rolle als Dienstleister effizient und erfolgreich umsetzen kann.

Expertentipp: Die IT sollte unterstützend tätig sein, das Projekt aber nicht bestimmen oder gar technisch so beeinflussen, dass von vornherein Anbieter und Lösung aus einer rein technischen Sicht ausgeschlossen werden und damit ggf. die Unternehmensziele unterminiert werden.

10.9 Was machen wir mit dem Betriebsrat?

Damit sind wir bei einem heiklen Thema angelangt, dem Betriebsrat. Manchmal wundert es einen, wie negativ der Betriebsrat neuen IT-Lösungen gegenübersteht oder in welch schlechtes Licht der Betriebsrat gestellt und damit quasi von vornherein als „Verhinderer" jeglicher Neuerungen personifiziert wird. Es kann durchaus vorkommen, dass gleich die schlimmsten Visionen des Überwachungsstaates auf Basis der neuen IT-Lösung entworfen werden. Doch ist die Angst berechtigt? In den meisten Fällen sicher nicht. Trotzdem sollte man genau diesen Aspekt nicht unterschätzen und unter allen Umständen darauf achten, eine Lösung zu konzipieren oder auszuwählen, die nicht auf eine „Überwachung" ausgelegt ist. Es lohnt sich, rechtzeitig folgende Fragen zu stellen:

- Welchen Mehrwert hat die Belegschaft vom Projekt?

- Wie lässt sich ein Mehrwert für die einzelnen Mitarbeiter erzeugen?

- Wie kann dieser nachgewiesen werden?

- Wie soll der Mehrwert vermittelt werden?

Erst wenn Sie diese Fragen positiv beantworten können, sollten Sie den Betriebsrat zeitnah von Ihren Plänen informieren und diesen einbinden. Informieren Sie die Betriebsräte proaktiv, inwieweit Sie innerhalb des IT-Projekts auf Anforderungen der Mitarbeiter eingegangen sind, wie Sie die Sicherheitsaspekte im Datenbereich berücksichtigen etc. Das ist meist überaus hilfreich.

Dabei ist die Lösung so einfach: Drehen Sie die Überwachung um!

Stellen Sie die Technologie zur Verfügung, die es den Mitarbeitern wenigstens in Teilbereichen ermöglicht, „sich selbst zu überwachen". Damit integrieren Sie sie intensiver in Ihr Projekt und schaffen Transparenz über die gesammelten Daten.

Stellen Sie Ihren Mitarbeitern Werkzeuge zur Verfügung, mit denen sie selbstständig auf die erfassten Daten zugreifen und diese auswerten können. Das kann z. B. durch einen PC als Informationsterminal erfolgen. Und warum sollte ein Mitarbeiter nicht in die Lage versetzt werden, sich die von ihm erfassten Daten auf Tagesbasis an einem Infoterminal anzusehen und ggf. auszudrucken? Der Aufwand hierfür ist recht gering. Der Andrang wird am Anfang hoch sein, das Interesse aber mit der Zeit nachlassen. Vergessen Sie trotzdem nicht, beim Einsatz dieser Lösung die Informationsterminals in die Lizensierung der Software mit einzubeziehen bzw. zu prüfen, welche Kosten hierfür anfallen können.

Wie sollte eine solche Lösung / ein solches Infoterminal aussehen?

- Zugriffsschutz, damit jeder nur auf seine eigenen Daten zugreifen kann

- Wenige Menüpunkte

- Fix und fertige Auswertungen auf Knopfdruck

- Möglichkeit des direkten Ausdrucks

Expertentipp: Warten Sie nicht, bis der Betriebsrat beim neuen IT-Projekt von sich aus tätig wird und ggf. das Projekt verzögert. Binden Sie die Räte vorab proaktiv ein. Denn meistens will der Betriebsrat nur richtig eingebunden und nicht einfach vor vollendete Tatsachen gestellt werden. Es erleichtert die Abläufe, wenn im Auswahlteam auch ein Mitglied des Betriebsrats sitzt.

11 Externe Unterstützung bei der Softwareauswahl und -einführung

11.1 Wer kann oder sollte Sie im Projekt beraten?

Ein „Berater" oder Unternehmensberater? Da diese Berufsbezeichnung nicht gesetzlich geschützt ist, kann sich letztlich jeder so nennen. Das erleichtert die Auswahl keineswegs, vor allem wenn man noch gar nicht weiß, wo man eigentlich anfangen soll. Schließlich erwarten Sie von der Beratung auch einen Mehrwert. Sie soll Sie dabei unterstützen, die bestmögliche Lösung zu finden und dabei wenige – oder besser: gar keine – Fehler zu machen. Aber schauen wir erst einmal, was für Beratertypen sich auf dem Markt befinden:

Der Softwareanbieter als Berater – mit möglicher eigener Lösung
Kaum zu glauben, aber wahr! Viele Softwareanbieter nehmen für sich in Anspruch, ein Anwenderunternehmen bei der Bedarfsermittlung und Auswahl seiner neuen Softwarelösung unterstützen zu können!

Eigentlich ein Widerspruch in sich, denn – Hand aufs Herz! – was bei dieser Analyse und Auswahl herauskommt, ist unschwer zu erraten. Wie durch Zufall werden Probleme analysiert, die – oh Wunder! – hervorragend durch die vom Anbieter zur Verfügung gestellte Software gelöst werden können. Wenn also die durch den „Berater" des Softwareanbieters ermittelten Probleme gleich reihenweise durch Funktionen der angebotenen Software gelöst werden können, dann sollte Ihnen das spanisch vorkommen! Wer mit dem Gedanken spielt, ein Softwareunternehmen mit der Bedarfsermittlung und Auswahl einer Software zu beauftragen, hat sich eigentlich schon für diesen Anbieter entschieden.

Sicherlich ist es auf den ersten Blick attraktiv, wenn Ihnen der Anbieter gleich ein fix und fertiges Lastenheft zur Verfügung stellt, welches Sie nur noch an Ihre Belange anpassen müssen. Gehen Sie aber davon aus, dass in diesem Lastenheft der Fokus auf einem hervorragenden Abschneiden des großzügigen „Spenders" liegt und alle Bereiche, in denen dieser Anbieter schwach ist oder die er gar nicht abdeckt, komplett fehlen oder nur „unterbelichtet" betrachtet werden. Dass Sie sich mit dieser Vorgehensweise von Anfang an abhängig machen und ggf. sogar viele Chancen verpassen, möglicherweise eine bessere, kostengünstigere und geeignetere Lösung zu finden, müsste Ihnen klar sein. Ich kann Ihnen von dieser Vorgehensweise nur dringend abraten.

Der Softwareanbieter als Berater – ohne mögliche eigene Lösung
Hier kommen wir einer möglichen Auswahlunterstützung schon näher, aber ist sie nah und ist auch neutral genug? Leider nicht! Wie heißt es so schön: „Der Zweck heiligt die Mittel." Mittel, die höchstwahrscheinlich dem Softwareanbieter A („Berater") eine durchaus lukrative Provision vom ausgewählten Anbieter B versprechen. Zumal, wie es der Zufall so will, Anbieter A zu einem späteren Zeitpunkt die Möglichkeit des „Upselling" sieht (z. B. Ihnen

© Springer Fachmedien Wiesbaden GmbH, ein Teil von Springer Nature 2019
C. Groß und R. Pfennig, *Digitalisierung in Industrie, Handel und Logistik*,
https://doi.org/10.1007/978-3-658-26095-8_11

seine aktuelle Software, die Sie nicht benötigen, später zu verkaufen). Auch diese Variante wird Sie nicht glücklich machen.

Die interne IT-Abteilung

Klingt doch logisch, oder? Die interne IT ist schließlich genau dafür da. Warum sollte man also externe Dritte für Tätigkeiten teuer bezahlen, die auf Basis von „Eh da"-Kosten viel günstiger erbracht werden können? Aber aufgepasst: Bei der internen IT-Abteilung müssen Sie sicherstellen, dass die Mitarbeiter neutral beraten und nicht nur Wert auf die Protektion ihres eigenen Bereichs legen.

Aus der Praxis

Nehmen wir an, Ihre IT hat bisher ausschließlich mit einem System, basierend auf „IBM e-series" (früher AS/400), gearbeitet. Es ist meist unmöglich, die Mitarbeiter davon zu überzeugen, mit offenem Blick auch andere Systeme zu berücksichtigen. Mit dieser Zielsetzung ist es schon fast sicher, dass viele potenziell gute oder bessere Systeme nicht zum Zug kommen, weil sie es wegen des K.o.-Kriteriums „IBM e-series" erst gar nicht bis zur Anfrage schaffen. Dies kann nicht im Sinne des Unternehmens sein. Lassen Sie deswegen Drittsysteme wenigstens zur Anfrage zu. Wenn es dann Systeme, die nicht auf i-Series basieren, schaffen, die Konkurrenz in den Schatten zu stellen, was Kosten, Nutzen, Funktionen etc. angeht, sollten Sie sich noch einmal überlegen, ob Sie der dringenden Empfehlung Ihrer IT-Abteilung folgen, die Entscheidung maßgeblich von der Technologie abhängig zu machen, nur um die Jobs in der IT zu schützen.

Die interne IT ist übrigens genauso wenig dafür prädestiniert, den Projektleiter zu stellen. Machen Sie also Ihre IT nicht zum Hauptverantwortlichen für die Auswahl einer neuen IT-Lösung. Zu oft weichen deren Vorstellungen und die „persönliche Agenda" der IT-Mitarbeiter von den Zielen des Unternehmens ab. Außerdem stoßen wir hier – wie bei fast allen anderen Beratern auch – auf das Problem, dass in der IT die Marktkenntnisse, die Werkzeuge und die Erfahrung nicht in ausreichendem Maß vorhanden sind.

Der Steuerberater, der befreundete Berater, der gute Freund, einfach derjenige mit Erfahrung (aus Ihrer Sicht)

Freunde und Tipp-Geber sind immer gut. Sie bereichern das Leben, aber sie sollten sich bitte auf ihre Kernkompetenz konzentrieren. Nehmen Sie den Tipp vom Golfplatz freundlich an, aber lassen Sie sich nicht derart beeinflussen, dass Sie Ihre Entscheidung davon abhängig machen. „Schuster, bleib bei deinen Leisten", heißt es so schön, und genauso sollten Sie diese angebotene Unterstützung einordnen. Sie reicht meist nur so weit, ohnehin anstehende Fehler minimal zu reduzieren, aber nicht, die richtige Lösung für Ihr Unternehmen zu finden. Bewerten Sie, wie auch bei allen anderen Beratertypen, die Erfahrung. Dann wird die Analyse auch hier schnell zeigen, dass Sie nicht richtig aufgehoben sind.

Der allgemeine Unternehmensberater

Liegt diesem Berater wirklich am Projekt der Auswahlberatung oder eher an anderen Bereichen, in denen er sich besser auskennt? Vielleicht hat der Unternehmensberater sogar schon die eine oder andere Softwareauswahl getroffen. Doch ist er noch „in Übung"?

Marktkenntnisse haben eine kurze Verfallszeit. Wer hier nicht regelmäßig tätig ist, verliert schnell das für Ihr Projekt notwendige aktuelle Wissen. Stellen Sie sicher, dass der Berater den Anforderungen eines „guten" Beraters, wie nachfolgend beschrieben, entspricht, und achten Sie darauf, dass hier nicht mehr als notwendig unternehmensberaterische Tätigkeiten Kosten erzeugen, die im einen oder anderen Fall zwar einen Mehrwert haben können, von der eigentlichen Zielsetzung der Auswahl und Einführung aber deutlich abweichen.

Der auf Softwareauswahl und Einführung spezialisierte Unternehmensberater
Das Beste kommt bekanntlich immer zum Schluss: Bei einem auf die Auswahl von Softwarelösungen spezialisierten Berater sind Sie in der Regel am besten aufgehoben. Von ihm können Sie nicht nur vorhandene Methoden und Werkzeuge erwarten, sondern auch profunde Markt- und Anbieterkenntnisse. Seine Referenzen sollten erfolgreiche Auswahlprojekte umfassen und seine Aktivitäten im Marketing und Vertrieb nicht nur bei Ihrem Projekt – mit der Zielsetzung, Ihren Auftrag zu erhalten – zum Vorschein kommen. Am besten vergewissern Sie sich auf der Website des Beraters, inwieweit eine Spezialisierung auf die Auswahlberatung vorliegt.

Expertentipp: Gehen Sie lieber gleich zum Spezialisten mit Erfahrung. Nutzen Sie andere Berater maximal, um deren Wissen abzuschöpfen. Lassen Sie sich keinesfalls auf Berater ein, die nicht neutral sind und die nur ihre eigenen Ziele verfolgen, nämlich Software zu verkaufen oder indirekt daran zu verdienen.

11.2   Welche Unterstützung sollte der Berater bei der Auswahl und der Einführung bieten?

Viel Beratung ist immer gut, oder ist weniger doch besser? Weder noch! Im IT-Projekt müssen Sie jeweils abwägen, in welchen Bereichen Sie wie viel Unterstützung benötigen. Dabei gilt es zu entscheiden, welche Themen abgedeckt werden und in welchem Umfang dies geschehen soll.

So kann sich ein Berater mit einer Return-on-Invest-Analyse 1-x Tage oder gar Wochen beschäftigen. Sie müssen sich dann selbst darüber klarwerden, ob der Mehraufwand im Verhältnis zum erzielbaren Mehrwert steht.

Kriterien für die Notwendigkeit und die Art der Unterstützung

- Sie haben keine oder wenig Erfahrung mit der Auswahl und Einführung von Software.

- Sie erwarten eine Minimierung der Kosten, Aufwände und Risiken im Projekt durch die Unterstützung.

- Sie haben zu wenig personelle Ressourcen, um sich im notwendigen Rahmen um das Projekt zu kümmern.

- Sie haben bereits einmal schlechte Erfahrungen mit einer Softwareauswahl und/oder -einführung gemacht.

- Das Projektbudget und die abgeleiteten Budgetkosten des Beraters als resultierendes Budget für die externe Beratung.

Jetzt, da die Notwendigkeit begründet ist, stellt sich die folgende Frage:

In welchen Bereichen kann Sie der Berater bei der Auswahl oder Einführung der Software unterstützen?

Bei der Softwarebedarfsermittlung und -auswahl:

- Schulung der Key User des Auswahlprojekts

- Analyse und Dokumentation der Prozesse

- Definition der Soll-Prozesse

- Ermittlung des ROI (Return on Invest) im Projekt

- Erstellung eines Lastenheftes mit möglichst detaillierten Anforderungen

- Erstellung der Anfrageunterlagen und einer Projektbeschreibung

- Erstellung, Versand und Überwachung der Anfrage

- Analyse der Angebote und Bewertung von Kosten, Funktionen, Referenzen etc.

- Erstellung eines Workshop-Ablaufplans

- Erstellung von Beispielprozessen

- Erstellung von Bewertungsbögen für Workshops und andere Anbieteraktivitäten

- Überarbeitung von Lastenheften nach den Workshops

- Kaufmännische Vertragsprüfung

- Verhandlung mit den Anbietern

- Teilnahme am Projekt-Kick-off-Meeting

Bei der Implementierung:

- Definition der Detailziele im Verbund mit der ausgewählten Lösung

- Mitwirkung/Controlling bei der Feinkonzeption des Pflichtenheftdesigns in selektierten Bereichen, z. B. Disposition, Lager, Projektmanagement, Telematik oder Finanzen

- Lastenheft-Controlling – Lastenheft vs. Istzustand in der Feinkonzeption und Ergebnis in der Abnahme

- Projektcontrolling mit Fokus auf Qualität und Einhaltung der gemeinsam mit dem Anbieter gesetzten Ziele

- Projekt- und Kostencontrolling gemeinsam mit der Projektleitung und dem Anbieter

- Teilnahme und Mitwirkung bei den Abnahmen im Projekt (Konzept und fertige Lösung) inkl. Prüfung der Go-Live-Entscheidungen

- Hintergrundarbeiten, Coaching, Ansprechpartner für Rückfragen zum Projekt allgemein, „Punching Partner" für Projektleitung und Geschäftsführung

- Kontrolle der vom Anbieter eingesetzten Werkzeuge bei der Einführung, ggf. mit Aufzeigen von Alternativen, falls diese das Projekt nicht zielführend unterstützen

- Statusprüfungen und -bericht des Fortschritts der Anwender durch spezifische Übungen (Audit der Mitarbeiter)

- Vermittlung mit dem Anbieter bei etwaigen Unstimmigkeiten, beispielsweise als Verhandlungsführer, sollte der Anbieter im Rahmen der Lastenheft-Kontrolle versuchen, Zusatzkosten im Projekt durchzusetzen.

Nach der Implementierung:

- Durchführung eines Projektaudits

- Ermittlung und Erarbeitung von Optimierungspotenzialen

- Prüfung der Umsetzung der ursprünglichen Projektziele

Allgemeine Themen:

- Moderation von Workshops und Meetings

- Dokumentation bei Workshops und Meetings

Weitere potenzielle Beratungsthemen

Mit dem IT-Projekt gehen in der Regel auch immer organisatorische Änderungen einher. Die Aufgaben der Mitarbeiter ändern sich, ggf. werden sogar neue Stellen geschaffen, die es so bisher nicht gab. Daraus resultierend können auch folgende Aufgaben anstehen:

- Erstellung von Stellenbeschreibungen

- Suche nach neuem Personal (operativ oder auch in der IT)

Unternehmensberaterische Themen

Damit die alten Zöpfe gekappt werden können und die neue Software mit ihren Fähigkeiten entsprechend zur Geltung kommt, bedarf es oft auch der Umstrukturierung von Daten und Informationen im Unternehmen. Auch in diesem Bereich sollte Ihnen Ihr Berater mit Rat und Tat zur Seite stehen. Folgende Themen wären z. B. denkbar:

- Neue Nummernsysteme (Artikel, Fahrzeuge, Lager)

- Neuer Kostenstellenplan, Kostenartenplan, Kostenträgerplan

- Neues Kalkulationsschema erstellen

- Stundensatz oder Gemeinkostenermittlung fürs neue Controlling und die Kosten-rechnung

Der ideale Berater kann diese Themen alle in Personalunion abdecken. Es müssen daher nicht immer Heerscharen von Beratern Ihr Unternehmen stürmen, die meist auch nicht mehr Erfahrung haben, aber auf jeden Fall mehr Geld kosten.

Wenn Sie also sich mit diesen Punkten beschäftigen, bedeutet das, dass Sie alle Punkte in einem Auswahl- oder Einführungsprojekt selbstständig abdecken müssen, sofern Sie dabei kein Berater unterstützt. Details zu den Aufgaben finden Sie auch im Kapitel 15.3 „Projekt-planung und Detailschritte im Auswahlprojekt" und im Kapitel 22 „Die Implementie-rung/Einführung der Lösung".

Expertentipp: Bewerten Sie den potenziellen Beratereinsatz im Projekt individuell auf Basis des erzielbaren Mehrwerts oder der potenziellen Reduzierung des Risikos. Ver-gessen Sie dabei nicht, dass nicht jeder Berater persönlich unbedingt alle Bereiche kom-plett abdecken kann, und analysieren Sie auch die vom Berater genutzten Werkzeuge.

11.3   Neutrale Berater - so trennen Sie die Spreu vom Weizen

Das Wort „neutral" wird in Beraterkreisen immer wieder gerne zur Aufwertung der Bera-tungstätigkeit herangezogen. Es soll suggerieren, dass der Berater ausschließlich Ihr Projekt im Fokus hat und sich von äußeren Einflüssen, die nur für den Berater von Vorteil sind, nicht beeinflussen lässt. Aber Hand aufs Herz: Wenn Ihnen jemand sagt, dass er oder sie eine neutrale Beratung nur für Sie und ausschließlich in Ihrem Interesse durchführen wird, glauben Sie das dann wirklich? Wohl eher nicht! Hinterfragen Sie diese „Neutralität" erst einmal gründlich, denn eine Beratung kann nur so neutral sein wie das Wissen und die Informationen, auf der die Beratung basiert. Dabei ist es besonders wichtig, dass dieses Wissen nicht nur dem Berater zur Verfügung steht, sondern auch Dritten für die Entschei-dungsfindung zugänglich gemacht wird. Nur so können Sie als Entscheider die Entschei-dung, den Vorschlag oder eine Empfehlung nachvollziehen und auch für sich bewerten.

Die nicht dokumentierte „Erfahrung" hilft nicht weiter, denn ihr müssten Sie schlichtweg glauben. Damit wären wir erneut bei der berühmten „Glaubensfrage" angekommen. Wer hat also das größtmögliche Wissen und die Informationen, um möglichst neutral beraten zu können? Von einer 100%igen Neutralität können Sie sich von vornherein verabschieden, weil es diese nicht geben kann. Trotzdem sollten Sie im eigenen Interesse sicherstellen, dass der Berater wirklich neutral und in Ihrem Sinne agiert.

Ein externer Berater ist neutral, wenn:

- er in einem definierten Zeitraum in Projekte involviert war, die eine möglichst große Vielfalt von ausgewählten Anbietern aufweisen. Das heißt, dass beispielsweise bei 10 Projekten nicht nur ein oder zwei Anbieter als Ergebnis offengelegt werden sollten.

- er entweder keine oder eine in ihrer Höhe offen gelegte Provision oder sonstige Zuwendung vom Gewinner Ihrer Ausschreibung erhält.

- er die gleiche Provision von jedem der möglichen Gewinner erhält, damit es ihm eigentlich egal sein kann, wer den Auftrag erhält.

- er Ihnen die Neutralität vertraglich zusichert. Am besten gleich mit einer „Geld-zurück-Garantie" für seine Beratungsleistung, falls Sie herausfinden sollten, dass dies nicht der Fall war.

- er möglichst den kompletten Markt für Ihre Lösung durchsucht.

- er keine „Vorschläge" macht, unter denen Sie dann auswählen dürfen.

> **Expertentipp:** Lassen Sie sich die Neutralität von Ihrem Berater vertraglich zusichern, am besten im Zusammenhang mit einer empfindlichen „Bestrafung", falls sich herausstellen sollte, dass doch nicht nur in Ihrem Sinne beraten wurde, z. B. mit einer „Neutral-beraten-oder-Geld-zurück-Garantie"!

11.4   Wie bewertet man den richtigen Auswahl- und Einführungsberater und wie wählt man ihn aus?

Was macht eigentlich einen guten Berater aus? Die Antwort sollte eigentlich ganz einfach sein, denn der richtige Berater ist derjenige, der Sie als Anwenderunternehmen am besten beraten kann. Die Kriterien für einen guten Berater sind dabei schnell definiert.

50% oder mehr seiner Tätigkeit im Umfeld der Softwareauswahl-Beratung tätig

Warum? – Wer regelmäßig Auswahlprojekte betreut, bringt mehr Erfahrung, mehr Werkzeuge und mehr Marktkenntnisse mit.

Betreuung von mehreren Auswahl- und/oder Einführungsprojekten pro Jahr

Warum? – Übung macht bekanntlich den Meister. Drei bis fünf Projekte pro Jahr sollten es mindestens sein, die der Berater (nicht das Beratungsunternehmen als solches) begleitet. Wer vor fünf Jahren einmal ein Auswahlprojekt betreut hat, ist definitiv nicht auf dem Laufenden und zudem aus der Übung. Etwas mehr aktuelle Erfahrung sollte schon vorhanden sein.

Nutzung von spezialisierten Methoden und Werkzeugen, die regelmäßig optimiert und erweitert werden

Warum? – Ob Internetplattform zur Auswahl, ob fertige Lastenheft-Vorlagen in diversen Bereichen oder standardisierte Auswertungen mit Software oder via Excel, ob Checklisten für Anbieter, Referenzbesuche oder Workshops: Wer nicht über diese Werkzeuge verfügt und sie ständig in laufenden Projekten weiter optimiert, nutzt sie nicht zum Vorteil der Dokumentation und damit zum Vorteil des Anwenders, nämlich Ihnen. Wenn der Berater diese Tools erst in Ihrem Projekt erstellt, kommt Sie das nicht nur teuer zu stehen, sondern Sie erhalten auf Basis der „opportunistischen" Anwendung auch nicht die Qualität, die Sie benötigen und bezahlt haben.

Die persönliche Erfahrung des Beraters ist viel wichtiger als die Größe des Beratungsunternehmens

Warum? – Gerade größere Beratungsunternehmen suggerieren gerne, dass viele Berater auch viel Erfahrung haben. Das kann sein, wenn man die Anzahl der Projekte einfach zu-sammenzählt. So einfach geht es aber nicht. Gerade bei größeren Beratungsunternehmen sollten Sie auf die persönliche Erfahrung des einzelnen Beraters achten. Wichtig ist zudem, dass der vorgestellte „Berater mit Erfahrung" Sie später auch tatsächlich berät. Es kann schnell passieren, dass ein „Junior-Berater" eingeschmuggelt wird, der zum Preis des erfah-renen Beraters arbeitet. Das tut weder Ihrem Projekt noch Ihrem Geldbeutel gut! Um Bera-ter bzw. Beratungsunternehmen zu vergleichen, reicht eine simple Rechnung:

Beratungsprojekte
-- = Durchschnittliche Anzahl Projekte pro Berater
Anzahl Berater im Unternehmen

Sie können gespannt sein, wie das große Beratungsunternehmen nach dieser Rechnung dasteht.

Die Aufgaben des Beraters

Wie der Name schon sagt: Ein Berater ist zum Beraten da. Er ist nicht Ihr Projektleiter, er fällt nicht Ihre Entscheidungen und er ist auch nicht dazu da, alle Tätigkeiten selbstständig durchzuführen und Ihnen einen Anbieter auf dem silbernen Tablett zu liefern. Einige Un-ternehmen versprechen sich vom Berater alle beschriebenen Funktionen, und viele Berater nehmen diese Aufgabe liebend gerne an. Wen wundert es, denn das bedeutet mehr Bera-tungstage und somit mehr Umsatz. Ein guter Berater ist ein guter Coach oder auch „Pun-ching Partner" in Ihrem Auswahl- oder Einführungsprojekt, der Ihnen mit Rat und Tat zur Seite steht. Das klingt vielleicht klischeehaft, entspricht aber den Tatsachen. Details hierzu finden Sie im Kapitel 11.2 „Welche Unterstützung sollte der Berater bei der Auswahl und der Einführung bieten?"

Ein guter Berater macht Sie unabhängig vom Berater

Viele Berater „predigen Wasser, aber trinken Wein", wenn Themen berührt werden wie die offene Kommunikation oder die Zurverfügungstellung von Hintergrundinformationen und Werkzeugen im Projekt. Wenn Sie z. B. nur das Ergebnis einer Angebotsanalyse erhalten, nicht aber das umfangreiche Kalkulationsblatt, mit dem die Kalkulation nachvollziehbar erstellt wurde, dann ist dies nicht in Ordnung. Wenn Sie keinen eigenen Zugriff auf die Plattform und die Daten haben, die Ihre Berater bei der Auswahl oder Einführung einge- setzt haben, dann sollten bei Ihnen die roten Lämpchen aufleuchten. Es gibt keinen Grund, Ihnen diese Werkzeuge vorzuenthalten! Es dient lediglich dazu, Ihre Abhängigkeit vom Berater zu erhöhen. Sie sollten Ihrem potenziellen Berater also die Frage stellen, ob Sie Zugriff auf alle Daten, Werkzeuge oder Plattformen erhalten. Verneint er dies, stellt sich im Gegenzug die Frage, ob er der geeignete Berater für Ihr Projekt ist.

Wie viele Berater braucht man eigentlich im Projekt?

Größere Unternehmen sind oft der Meinung, dass „Viel" besser ist. Doch je nach Projekt muss das ganz und gar nicht der Fall sein! Gute und erfahrene Berater können ein Aus- wahl- oder Einführungsprojekt auch selbstständig betreuen. Weitere Berater werden dann sinnvoll, wenn es Spezialbereiche gibt, die der Hauptberater nicht abdecken kann, bei- spielsweise die typische Rechtsberatung, wo ein Anwalt unterstützend ins Spiel kommt, oder auch im technischen Umfeld, wo es um die Beratung bei der Infrastruktur geht.

Sollten mehrere Berater z. B. bei der Prozessanalyse zum Einsatz kommen, dann legen Sie Wert auf eine einheitliche Vorgehensweise in der Befragung und der Dokumentation, aber auch im Detaillierungsgrad. Zudem sollten sich die Berater permanent abstimmen, um doppelte Analysen zu vermeiden oder die Analyse in eine Richtung zu steuern, die gänz- lich von der in einem anderen Bereich mit einem anderen Berater abweicht. Mehr Berater müssen also nicht mehr Effizienz und schnellere Durchlaufzeiten bedeuten. Unter Umstän- den kann sogar genau das Gegenteil eintreten.

Welchen Hintergrund sollte ein Berater haben?

„Praktiker an den Anfang der Schlange, bitte!" Keine Frage, auch ein Professor oder Doktor kann Sie gut beraten, es stellt sich allerdings die Frage, wie er an die Sache herangeht (tech- nisch, wissenschaftlich?) und auch, ob er genug Praxiserfahrung aus konkreten Projekten mitbringt. Letztendlich zählen immer die Erfahrung und die persönlich nachweisbaren Referenzen des Beraters.

Wie wichtig sind die Referenzen des Beraters?

Bei der Wahl Ihres Softwareanbieters legen die meisten Unternehmen viel Wert auf Refe- renzen. Viele rufen reihenweise andere Anwenderunternehmen an oder machen Referenz- besuche. Bei der Wahl der Berater hingegen geben sich viele Unternehmen mit einfachen Referenzlisten zufrieden, solange dort nur namhafte Unternehmen genannt werden. Dabei weiß oft niemand, welcher der Berater bei welchem der gelisteten Kunden tätig war. Aber gerade das ist eine für Ihre Entscheidung wichtige Information! Schließlich wollen Sie den Berater haben, der die meiste Erfahrung hat und welcher für die für Sie am interessantesten Referenzen gearbeitet hat. Nur so können Sie Synergieeffekte vom Berater beim Einsatz in Ihrem Hause erwarten. Übrigens fehlen oft schriftliche Bestätigungen wie Referenzzitate oder Referenzschreiben. Mit einer einfachen Namensliste sollten Sie sich nie zufriedengeben. Wenn kein Ansprechpartner genannt wird, dann rufen Sie einfach dort an und fragen Sie sich durch. Genau diese Vorgehensweise ist auch empfehlenswert bei der Abfrage von Referenzen von Softwareanbietern während des Auswahlprozesses.

Wann hört die externe Beratung sinnvollerweise auf?

Das Ende der Beratung hängt ab vom Projekt, Ihrem Geldbeutel, der Qualifikation des Beraters etc. Es gibt in jedem Gesamtprozess Meilensteine, die es ermöglichen, die externe Beratung zu beenden. Für Ihre Entscheidung ist auch relevant, von welchem Zeitpunkt an Sie sich in der Lage sehen, den Prozess selbstständig weiterzuführen und Ihre Entscheidungen selbst zu treffen. Das geht natürlich nur, wenn der Berater Sie ausreichend gecoacht hat und Ihnen diese Unabhängigkeit ermöglicht. Generell sollten Sie immer die Möglichkeit haben, die Beratung in sinnvollen „Tranchen" zu beauftragen. Erteilen Sie nicht gleich den Auftrag über alle Beratungsleistungen auf einmal. Das beste Argument, um dies zu erreichen, ist die Verfügbarkeit der Berater. Es reicht aber sicher, wenn Sie einige Monate im Voraus den Auftrag erteilen und nicht über 12 Monate oder mehr hinweg.

Mögliche Meilensteine zur Beendigung der externen Beratung

- Nach der Auswertung der Budgetangebote und Entscheidung für die Top-3-Anbieter

- Nach der Verhandlung

- Nach dem durchgeführten Kick-off-Meeting

- Nach erfolgreicher Einführung und Abnahme

- Nach erfolgreichem Vorprojekt bei der Einführung

- Nach dem Go Live des Gesamtprojekts

- Nach der Optimierung des Projekts nach dem Go Live

Die Achillesferse vieler Berater: Ihr eigener Vertrag!

Sie wollen einen Berater anheuern, der Ihnen hilft, durch eine strukturierte Vorgehensweise und Methodik gut dokumentiert und vertraglich abgesichert Entscheidungen zu treffen. Doch wie so oft scheint auch hier der „Schuster den schlechtesten Leisten zu haben". Ein Projektplan, Tätigkeitsbeschreibungen, Aufgaben, Zielvorgaben, AGB und ein Vertrag, der die Leistungen eindeutig beschreibt, ist unzureichend oder teilweise gar nicht vorhanden! Stellen Sie sich deshalb folgende Fragen:

1. Hat der Berater AGB, die das Vertragsverhältnis genau regeln?

2. Sind die Aufgaben und Tätigkeiten sowie die damit verbundenen Kosten genau definiert?

3. Ist die Zeiterfassung genau geregelt?

4. Ist ein Projektplan vorhanden?

5. Sind die Termine und die notwendigen Teilnehmer definiert?

Eine Auftragsbestätigung nach dem Motto „20 Tage Beratung bei der Auswahl Ihrer Software" sollte Ihnen nicht genügen. Trauen Sie Ihrem Berater genauso wenig wie dem Softwareanbieter. Auch hier gilt das Motto „Wer schreibt, der bleibt."

Die Kombination von AGB und einem Leistungsschein, der phasenbezogen die Leistungen und Kosten definiert, ist im Übrigen eine ideale Vertragskombination und am leichtesten für Sie nachvollziehbar.

Rüsten Sie sich für den Fall der Fälle

Sollte trotz aller Verträge und guten Worten einmal etwas im Auswahlprojekt oder bei der Einführung schiefgehen, wofür Sie den Berater verantwortlich machen, dann wäre es gut zu wissen, ob und mit welcher Abdeckung eine Betriebshaftpflichtversicherung besteht. Fragen Sie Ihren Berater vor Vertragsabschluss danach.

Und was verdient ein nicht-neutraler, Tipp-gebender Berater eigentlich?

Neutralität reicht bekanntlich nur so weit wie die Vermittlungsprozente, die fließen. Doch über welche Summen sprechen wir hier eigentlich? Die Prozente weichen erheblich voneinander ab. So muss man definitiv zwischen einem Vermittler und einem Händler unterscheiden. Dennoch kann eine „nicht neutrale" Vermittlung sehr attraktiv sein. Beispielhafte Vermittlungsprovisionen:

■ Software von 3% bis 20% (in der Regel 5% bis 10%)

■ Dienstleistungen von 3% bis 15% (in der Regel ca. 10%)

Mit diesem Wissen wird es durchaus verständlich, warum ein Berater selbst bei einem geringeren Prozentsatz seine Neutralität schnell an den Nagel hängt. Denn mit einem guten Vermittlungsprojekt lässt sich oft mehr verdienen als mit einem Beratungsprojekt beim Kunden.

Idealerweise vereinbaren Sie Neutralität mit einer „Geld-zurück-Strafe", wenn der Berater nachweisbar versteckte Provisionen von einem Anbieter erhält, zu dem er Sie „hin beraten" hat. Wer darauf nicht eingeht, sollte sofort als potenzieller Berater in Ihrem Projekt ausscheiden.

Stellen Sie den Berater bei der Präsentation auf die Probe

Sobald mehrere Berater für Ihr Projekt infrage kommen, werden Sie sicherlich entsprechende Vorstellungstermine in Ihrem Hause vereinbaren. Nehmen Sie sich für diese Termine ausreichend Zeit und laden Sie wichtige Entscheider, z. B. einige Key User, die Projektleitung oder auch die Geschäftsführung, mit dazu ein. Der Berater sollte einem möglichst breiten Publikum vorgestellt werden, um dort die mögliche Akzeptanz zu testen.

Welche Themen sollte ein solcher Termin beinhalten?

- Vorstellung des Beraters (der auch später in Ihrem Projekt arbeitet)

- Referenzen des Beraters

- Vorgehensweise und Aufgaben bei der Analyse und Auswahlberatung

- Vorgehensweise und Aufgaben bei der Einführungsunterstützung

- Möglicher Projektplan

- Mögliche Beratungskosten inkl. allen Nebenkosten (Komplettpreis)

- Verträge und Konditionen

Der ideale Berater...

- hat sich gut auf Ihr Unternehmen vorbereitet und kennt die möglichen Anforderungen bzw. Herausforderungen.

- hat bereits einen potenziellen Projektplan erstellt.

- hat eine bereits an Ihre Anforderungen angepasste Präsentation dabei.

- hat einen Vertragsvorschlag in petto.

- hat alle relevanten Unterlagen auch in Form von Ausdrucken dabei (Infomappe/Ordner).

- hat seinen Terminplan so im Griff, dass er gleich Termine mit Ihnen auf Basis seines Projektplans vereinbaren kann.

Denken Sie immer daran, dass Berater sich gern auf ihre Erfahrung berufen. Warum sollten Sie dann nicht erwarten können, dass er besonders gut vorbereitet bei Ihnen antritt, und zwar inklusive Vertragsvorschlag? Anpassungen kann es immer geben, aber die Richtung sollte stimmen. Zumal Sie auch nicht wochenlang auf ein Angebot warten wollen.

Erwarten Sie also mehr als nur eine Präsentation wie im „Schönheitswettbewerb", sondern vielmehr eine Grundlage, um direkt vor Ort eine Entscheidung fällen zu können.

Bewerten Sie Ihren potenziellen Berater mit Pro und Contra, so wie Ihre potenziellen Anbieter auch

Es gibt also viele Aspekte, die bei der Auswahl Ihres Beraters eine Rolle spielen. Um die Entscheidung zu vereinfachen, finden Sie nachfolgend eine Pro-und-Contra-Liste, mit deren Hilfe Sie Ihre Entscheidung auf eine fundierte Grundlage stellen können.

Pro: Der „Bessere Berater" +

- Garantie der Neutralität, die bei Nichteinhaltung für den Berater negative finanzielle Auswirkungen hat

- Nachweise der bisher durch die Kunden des Beraters ausgewählten Anbieter – möglichst viele verschiedene

- Nachweisbare Referenzen mit entsprechendem, extern kommuniziertem Mehrwert des Beratereinsatzes

- Moderne Werkzeuge, die sowohl Marktrecherchen, Anfragen und Ausschreibungen als auch Angebotsvergleiche ohne großen manuellen Aufwand gewährleisten

- Alle Entscheidungskriterien für die Vor- und Endauswahl sind von Ihnen beeinflussbar

- Nutzung von standardisierten Lastenheften, die in relevanten Bereichen kundenspezifisch angepasst sind

- Umsatzanteil des Gesamtumsatzes beim Berater > 70% p. a. (= Fokus auf der Auswahl)

- Unterteilung der Beratung ggf. in Einzelschritte mit überschaubaren Kosten

- Notfalls jederzeit möglicher Austausch des Beraters durch Dokumentation während des Prozesses

- Detaillierter Vertrag inkl. Projektplan und Verantwortlichkeiten

Contra: Der „Zweite-Wahl-Berater" –

- Sehr aufwendige Prozessanalysen, die in keinem Verhältnis zur späteren Lösung stehen (Investitionsabschöpfung durch den Berater)

- Vorschlag bekannter Anbieter und Lösungen durch den Berater, ohne aktuell den gesamten Markt zu scannen

- Keine 100%ige Nachvollziehbarkeit der Kriterien der Vorauswahl (= vorgeschlagene Anbieter des Beraters)

- Individuelle und damit fehlerträchtige, aufwendige Erstellung von Lastenheften

- Umsatzanteil des Gesamtumsatzes beim Berater < 70% p. a. (= kein Fokus auf der Auswahl)

- Softwareauswahl als Kerngeschäft nicht ersichtlich aus Unterlagen, Website und Marketing

- Fokus des Beraters auf diversen anderen angebotenen Dienstleistungen, die mit der Softwareauswahl nichts zu tun haben

- Fehlende Dokumente wie Projektplan, Checklisten, Projektbeschreibungen etc.

- Keine Softwareauswahl-spezifischen Aktivitäten in der Öffentlichkeit, z. B. Vorträge, Veröffentlichungen, Messen, Seminare etc.

- Kostspielige Schritte zur Einarbeitung beim Ausfall des Beraters wegen der schlechten Dokumentation

- Auftragserteilung nur in großen Blöcken möglich; ein Ausstieg ist ggf. sehr kostenintensiv

Wählen Sie Ihren Berater mit der gleichen Sorgfalt aus wie später Ihre neue Softwarelösung. Gegen eine Empfehlung auf dem Golfplatz oder von befreundeten Unternehmern spricht nichts, solange sich alle Berater einer ausführlichen Vergleichsanalyse unterziehen und sachlich korrekt bewertet werden. Die Foflgen eines Beraters mit wenig Erfahrung, keinen bewährten Werkzeugen und Methoden und ohne ausreichende persönliche Referenzen müssen Sie selbst verantworten. Wer mit Unterstützung des falschen Beraters einen Auswahlprozess oder eine Einführung vornimmt und dadurch Fehler bei der Auswahl, dem Vertrag und der Implementierung macht, gefährdet schließlich nicht nur seine eigene Existenz, sondern ggf. auch die des Unternehmens!

Expertentipp: Erstellen Sie sich eine Berater-Checkliste für den Vergleich und die Auswahl. Interviewen Sie auf Basis dieser Checkliste alle infrage kommenden Berater und entscheiden Sie dann.

12 Die Informationssammlung

12.1 Findet Google® auch Ihre neue Lösung?

Nein. Oder vielleicht. – Warum das? Weil eigentlich nur die Anbieter schnell gefunden werden, die viel und intensiv im Internet unterwegs sind, sei es mit ihrer Website oder in den sozialen Medien (Facebook®, Xing® etc.). In der Regel haben alle Anbieter eine Website, Qualität und „Googlefähigkeit" unterscheiden sich allerdings extrem. Dabei sind die Regeln, wer, wie, wann und warum bei Google® gefunden wird, mittlerweile sehr komplex. Kleinere Unternehmen sind sich dieser Anforderungen oft gar nicht bewusst und legen deswegen viel zu wenig Wert auf ihre „Auffindbarkeit" im Internet. Was zum Beispiel beeinflusst die Auffindbarkeit durch Google® im Netz (**Abbildung 12.1**)?

Abbildung 12.1   Die Suche im Internet (Quelle: Shutterstock)

- Die genutzte Technologie

- Die stetigen Neuerungen

- Neue Referenzen, Presseerklärungen, Veranstaltungen

- Verlinkungen zu anderen Websites

- Inhalte und deren Formulierung

- Verlinkte Unterlagen, wie z. B. Fachartikel etc.

Es kann deshalb vorkommen, dass der mögliche Nischenanbieter in einem Entwicklungs- und nicht marketingorientierten Unternehmen nur schwer gefunden wird. Wenn Ihre Firma eine Website hat, dann probieren Sie doch selbst einmal aus, ob und wie diese von Suchmaschinen gefunden wird. Nach dem eigenen Namen suchen zählt dabei nicht.

> **Expertentipp:** Verlassen Sie sich nicht auf Google® & Co., um Ihren möglichen Anbieter zu finden. Nutzen Sie auch Messen, Kongresse etc. Weitere Details zur bestmöglichen Suche finden Sie im Kapitel 14.2 „Die Marktrecherche und Anbieterfindung".

© Springer Fachmedien Wiesbaden GmbH, ein Teil von Springer Nature 2019
C. Groß und R. Pfennig, *Digitalisierung in Industrie, Handel und Logistik*,
https://doi.org/10.1007/978-3-658-26095-8_12

12.2   Lohnt sich ein Messe- oder Kongressbesuch?

Jein! Eigentlich ist die Frage einfach: Wollen Sie eine Lustreise machen oder einen Mehrwert durch den Besuch erzielen? Da sicher Letzteres das Ziel sein sollte, ist eines ganz besonders wichtig: Ihre Vorbereitung! Eines sollten Sie dabei direkt berücksichtigen: Auf
einer Messe sind nie alle potenziellen Anbieter vertreten. Legen Sie deswegen keine besondere Gewichtung darauf, ob ein Anbieter auf der Messe vertreten ist oder nicht, auch wenn
Mitbewerber gerne darüber spekulieren, dass die anderen wohl finanzielle Probleme hätten
und sich die Messe nicht mehr leisten könnten.

Lohnt sich denn der Aufwand für die Aussteller?

Für viele Anbieter bringt eine andere Art des Marketings mehr Effekt fürs investierte Geld.
Wer einmal an einer Messe als Aussteller teilgenommen hat, weiß, wovon wir reden. Nehmen wir z. B. die alle zwei Jahre stattfindende Messe Transport-Logistic in München: 12
Quadratmeter Stand (kein individueller!) inkl. Personalkosten, Marketingaktionen etc.
schlagen schnell mit mindestens 8.000 € zu Buche. Der Stand eines typischen Logistik-
Softwareunternehmens mit seinen 40 qm mit allem Drum und Dran liegt sicherlich bei
geschätzten 40-50.000 €. Selbst als Mitbeschicker eines Gemeinschaftsstandes zahlt ein Aussteller mindestens 2.500 € für einen einzelnen Arbeitsplatz auf 2 qm (reine Standkosten).
Dass diese Kosten erst wieder erwirtschaftet werden müssen, sollte jedem klar sein.

Die Messevorbereitung

Wie schaut es nun mit Ihrer eigenen Vorbereitung aus? Es ist sicher sinnvoll, sich schon im
Vorfeld Gedanken zu machen über die Zielsetzung Ihres Messebesuchs.

Erstellen Sie sich am besten eine Checkliste, die Sie bei jedem Standbesuch abhaken.

Ihr Plan für den Messe- und Kongressbesuch

Machen Sie sich vorher einen Plan und vergleichen Sie nach der Veranstaltung, ob Sie Ihrem Plan auch gerecht wurden.

- Ziele definieren

- Anbieter vorher auswählen

- Termine machen

- Skript abfragen

- Auswertung erstellen

- Erfolg/Misserfolg als Fazit festhalten

Was kann man von einer solchen Veranstaltung erwarten?

Das kommt ganz auf Ihre Vorbereitung an. Ohne Zielsetzung, ohne Plan, ohne Checkliste etc. kann jeder Messebesuch zu einem netten Ausflug mit schönen, neuen, bunten Bildschirmen werden – nur leider völlig ohne Mehrwert!

Stundenlange Präsentationen oder nicht?

Messen und Ausstellungen dienen eigentlich dazu, einen ersten Eindruck zu gewinnen und nicht unbedingt eine komplette Präsentation der Lösung zu erhalten. Viel sinnvoller ist es, einen kleinen Beispielprozess vorzubereiten, den Sie bei jedem Anbieter einsehen wollen. Dieser sollte als machbar gelten und eigentlich ohne große Vorbereitung möglich sein. Die einzige Frage, die sich stellt, ist, ob Sie den Anbietern das Beispiel im Vorfeld schon mitteilen. Sollten Sie das tun, dann vergessen Sie bitte nicht, nach erfolgter Präsentation zu fragen, wie lange der Anbieter für die Vorbereitung gebraucht hat. Eines der Ziele hierbei ist zu erkennen, wie aufwendig die einzelnen Lösungen in der täglichen Nutzung sind.

Wie kann ein vordefinierter Beispielprozess aussehen?

Nehmen wir einmal an, Sie planen die Anschaffung einer Telematiklösung. Ein Beispielprozess, den Ihnen der Anbieter zeigen sollte, könnte aussehen, wie im Folgenden anhand der Übernahme der Tagestour aus der Tourenplanung inkl. Weiterverarbeitung und Eingehen auf Abweichungen skizziert.

- Tagestour wird an Telematik übergeben

- Fahrer bestätigt Erhalt und beginnt Auslieferung

- Stau, Verspätungsmeldung durch den Fahrer

- Meldung an Disposition mit Umplanung der Tour

- Weitergabe eines Abholpunktes an einen anderen Fahrer, weil verspäteter Fahrer dies nicht mehr schaft

- Analyse der Auswirkung und Kosten der beiden Touren

Dieser kleine Beispielprozess hat es in sich. Der Teufel liegt hier im Detail. Das Beispiel zeigt neben der echten Integration auch die finanziellen Auswirkungen transparent auf. Besonders bei Anbietern, die von sich behaupten, von der Speditionslösung bis zum Dokumentenmanagement alles anzubieten, wird es Sie überraschen, wie wenig – außer der reinen Basislösung – oft auf einer Messe oder einem Kongress gezeigt wird. Nehmen Sie also nicht an, dass es später schon funktionieren wird, sondern stellen Sie die Anbieter auf die Probe mit Funktionen, die als selbstverständlich gelten, obwohl sie das eigentlich gar nicht sind, so z. B.:

- Einscannen und Zuordnen von Dokumenten (am Arbeitsplatz oder via Barcode)

- Formularanpassung (Transportauftrag, Gutschrift etc.)

- Direktversand via E-Mail-Angebot eines Transportauftrags aus der Speditionssoftware – Form und Gestaltung

- Änderungsdokumentation (z. B. bei Tarifdatenänderungen)

Anstatt sich oberflächlich mit vielen Bereichen einer Lösung zu beschäftigen, die zugegebenermaßen viele Anwender auf den ersten Blick begeistern, können Sie an nur einem Vorgang sehr detailliert die Einsatztauglichkeit in Ihrem Unternehmen testen. Suchen Sie sich ein kniffliges Beispiel aus und lassen Sie sich das vorführen. 08/15-Präsentationen helfen Ihnen bei Ihrer Entscheidung nicht weiter (**Abbildung 12.2**).

Abbildung 12.2   Zu viele Unterlagen und Informationen helfen auch nicht weiter
(Quelle: Shutterstock)

Sind Terminvereinbarungen sinnvoll?

Ganz bestimmt! Planen Sie nicht nur, was Sie unbedingt sehen wollen, sondern auch, wen Sie besuchen wollen und wie lange. Ein Termin sollte nicht viel länger als 45 Minuten dauern. Wenn Sie dann noch 15 Minuten Pause zum nächsten Termin einplanen, bleibt noch genug Zeit. Auf diese Weise bekommen Sie einen recht guten Einblick von bis zu acht Anbietern an einem Messetag. Terminvereinbarungen sind auch deshalb sinnvoll, weil Sie auf diese Weise sicherstellen können, dass der von Ihnen gewünschte Fachmann verfügbar ist. Wer einfach mal kurz am Messestand vorbeischaut, darf sich nicht wundern, wenn er nur an die „Dritte-Wahl-Berater" gerät, da alle anderen ggf. mit weiteren Interessenten beschäftigt sind.

Wie sieht es mit kostenlosen Eintrittskarten aus?

Um eine möglichst hohe Besucherzahl zu erreichen, sind einige Messen dazu übergegangen, den Ausstellern (kostenlos) Besucherkarten (z. B. basierend auf der Größe des Messestands) zu überlassen. In der Regel brauchen Sie als Besucher also kein schlechtes Gewissen zu haben, wenn Sie nach ein oder zwei Karten mehr fragen.

Welches ist der beste Tag für einen Messebesuch?

Wer im Voraus Terminvereinbarungen trifft, kann die Messe an jedem Tag besuchen, vorausgesetzt er hat kein Problem damit, wenn der nächste Termin schon auf den Aussteller wartet. Bei einer Messe, die von Dienstag bis Samstag geht, sind in der Regel Mittwoch und Donnerstag die Tage mit den meisten Besuchern. Ideal für Terminvereinbarungen wären demnach Dienstag, Freitag oder Samstag. Dabei sollten Sie natürlich darauf achten, dass die von Ihnen benötigten Experten auch am Stand sind. Ab Freitagnachmittag herrscht Aufbruchstimmung und am Samstag ist meist nur noch die Notbesetzung präsent. Also planen Sie, um böse Überraschungen zu vermeiden.

Und wie sieht es auf einem Kongress aus?

Wer sich nun überlegt, doch an einem Fachkongress teilzunehmen, sollte ganz andere Themen berücksichtigen, nicht zuletzt den Preis einer derartigen Veranstaltung, die leider oft nicht ihre Teilnahmegebühr wert ist. Trotzdem sollte die Zielsetzung sein, möglichst viele Informationen – besonders was Präsentationen von IT-Projekten angeht! – mitzunehmen. Die Anwenderpräsentationen auf solchen Veranstaltungen stammen oft von Beratern, die dem Unternehmen beim Projekt zur Seite standen. Man sollte also die hübschen Präsentationen mit Vorsicht genießen. Manch ein Redner hält selbst ein Projekt, das überhaupt nicht gut lief, für präsentationsfähig. Fakt ist, dass einer gut gehaltenen Präsentation ein neues Jobangebot folgen kann, worauf der eine oder andere schon im Vorfeld zu spekulieren scheint. Deswegen ist es besonders wichtig, sich auf den Kongress intensiv vorzubereiten und eine Zusammenstellung aller Sequenzen zu erstellen, die Sie besuchen wollen.

Was ist besser? Eine Fachmesse oder die Generalisten?

Die Wahl der Veranstaltung hängt natürlich ganz von der Lösung ab, die Sie suchen. Es gilt also, vorab zu recherchieren, auf welcher Veranstaltung welche Lösungen und Anbieter ausstellen. Dabei kann es durchaus sinnvoll sein, eine Fachmesse mit weniger Anbietern zu besuchen, da Sie definitiv davon ausgehen können, dass die angebotenen Lösungen zu Ihren Belangen passen. Wer z. B. eine Telematiklösung sucht, ist auf der CeBit weniger gut aufgehoben als auf der IAA oder der Transport-Logistik. Natürlich ist auch der regionale Aspekt ein Thema. Es bringt Sie nicht weiter, wenn Sie auf einer internationalen Messe Anbieter aus dem Ausland finden, die zwar die perfekte Lösung haben, aber keinerlei Kunden oder Support in Deutschland anbieten.

> **Expertentipp:** Verlangen Sie als Vorgesetzter von Ihren Mitarbeitern einen Plan und eine schriftliche Beurteilung von Messe oder Kongress und versuchen Sie auf diese Weise, möglichst viel Mehrwert zu generieren, der auch denjenigen, die die Veranstaltung nicht besucht haben, etwas bringt. Besprechen Sie die Ergebnisse und die gemachten Erfahrungen in Ihrem Team.

12.3   Das Webinar als Informationsquelle

Veranstaltungen und Vor-Ort-Präsentationen waren gestern, Webinare sind heute! Eigentlich sollte man annehmen, dass die modernen Technologien besonders von Softwareanbietern intensiv zum eigenen Vorteil genutzt werden. Leider ist dies noch nicht ausreichend der Fall. Dabei ermöglicht ein Webinar dem Anbieter, mit wenig Aufwand und Kosten viele Personen zu erreichen und damit entweder einen Fuß in die Tür zu bekommen und Interessenten auch über Themenbereiche zu informieren, für die sie sich normalerweise kaum die Zeit nehmen würden, oder Kunden durch fortlaufende Informationen an sich zu binden. Wenn Sie sich in der Informationsphase eines Softwareauswahl-Projekts befinden, sollten Sie die Teilnahme an Webinaren in Erwägung ziehen. Dabei ist es oft sogar unerheblich, ob das Webinar vom Anbieter gehalten wird, der bei Ihnen bereits in der engeren Wahl steht, oder von einem seiner Mitbewerber. Mit wenig Aufwand können Sie aus fast jedem Webinar interessante Ideen und Informationen mitnehmen. Unter Umständen bekommen Sie sogar Anregungen für ein bereits abgeschlossenes Projekt in Bezug auf den Projektausbau oder die Optimierung der aktuellen Installation.

Die Vorteile eines Webinars für den Anwender

- Dauer in der Regel max. eine Stunde, also wenig Zeitaufwand

- Keine Reisetätigkeit, Informationsgewinn quasi während der Arbeit

- Wenn es nicht zusagt: ausklinken und weiterarbeiten

- Wenn es interessant ist: Link zur Aufnahme (wenn vorhanden) an Kollegen weiterleiten

- Information ohne direkte „Belästigung" des Softwareverkäufers

Bei einem guten Webinar sollte man

- Fragen stellen können und noch während oder gleich nach dem Webinar Antworten erhalten.

- die Aufzeichnung (z. B. via Hyperlink) auch noch zu einem späteren Zeitpunkt aufrufen können.

- die Unterlagen, gehaltenen Präsentationen etc. zum späteren Nachlesen anfordern können.

Dass der Anbieter aufgrund Ihrer Registrierung eventuell zu einem späteren Zeitpunkt auf Sie zukommt, müssen Sie dafür in Kauf nehmen.

Das ideale Webinar ist im Übrigen moderiert und begleitet Sie anregend durch den Vortrag. Monotone Vorträge im Präsentationsformat haben im Internet nichts mehr zu suchen. Leider haben dies bisher nur wenige Anbieter erkannt.

Expertentipp: Nutzen Sie in der Informationsphase oder nach Projektfertigstellung Webinare, um sich über verschiedenste Themen mit wenig Aufwand und Kosten zu informieren, und das nicht nur bei infrage kommenden Anbietern.

12.4 Was bringen Zufriedenheitsstudien oder Marktübersichten?

Die Auswahl einer neuen Softwarelösung gehört bei IT-Fachleuten oder operativ tätigen Mitarbeitern eigentlich nicht zum Tagesgeschäft. Deswegen ist es durchaus sinnvoll, zur Entscheidungsfindung Dritte zu Rate zu ziehen. Dabei muss es nicht immer gleich ein externer Berater sein, der natürlich mit entsprechenden Kosten zu Buche schlägt. Eine interessante Alternative bieten hierfür verschiedene Zufriedenheitsstudien oder Marktspiegel. Aber was kann man von diesen Unterlagen erwarten und worin unterscheiden sie sich?

Die Zufriedenheitsstudie

In der Zufriedenheitsstudie werden die Anwender von Softwarelösungen vom Ersteller der Studie befragt, die Ergebnisse analysiert und in der Studie veröffentlicht. In der Regel ist diese Studie kostenpflichtig, da der Aufwand zur Datensammlung und Analyse erheblich ist.

Wie erkennt man eine gute Zufriedenheitsstudie?

Echte Zufriedenheitsstudien gibt es nur wenige. Die Qualität und somit Nutzbarkeit für Ihre Entscheidungsfindung kann dabei sehr unterschiedlich sein. Bewerten Sie deshalb diese Analyse nach den folgenden Kriterien:

- Anzahl und Regelmäßigkeit der Veröffentlichungen, z. B. einmal pro Jahr

- Anzahl der Jahre, in denen diese Studie bereits erschienen ist

- Anzahl der befragten Unternehmen – sinnvollerweise jedes Jahr mehr – in Kombination mit der potenziellen Anzahl von Unternehmen

- Anzahl der auswertbaren Antworten

- Regionale Abdeckung – nur Deutschland oder auch Österreich und die Schweiz

- Umfang/Detail der Analysen

Die Marktübersichten/der Marktspiegel

Bei einer Marktübersicht handelt es sich oft um die gesammelte Werbung der Softwareanbieter, ganz besonders dann, wenn der Eintrag für den Anbieter kostenpflichtig ist. Herausgeber kann ein Verlag, eine Zeitschrift, aber auch der Ersteller der zuvor genannten Zufriedenheitsstudie sein, der seine in der Studie gesammelten Daten als Basis für die Marktübersicht verwendet. Die Marktübersicht kann in Listenform, Katalogform (gedruckt oder online) oder auch in Form einer Informationsdatenbank zur Verfügung stehen. Bei einigen Marktübersichten müssen die Anbieter für die Teilnahme/Listung bezahlen. Dadurch ergibt sich das Problem, dass die angepriesene Marktübersicht eigentlich nicht repräsentativ ist, sondern meist nur die ohnehin bekannten Kandidaten beinhaltet, die man sowieso auf Messen und Ausstellungen trifft. Nischenanbieter oder kleinere Unternehmen sind hier kaum zu finden. Und wenn sie sich doch einmal ausnahmsweise zur Teilnahme entschlossen haben, werden sie im Folgejahr wieder fehlen, weil sie festgestellt haben, dass diese Investition kein Mehr an Interessenten geliefert hat. Im Zweifelsfall greifen Sie lieber auf eine für Sie kostenpflichtige Marktübersicht zurück, die den nachfolgend genannten Kriterien entspricht.

Wie erkennt man eine gute Marktübersicht?

- Anzahl und Regelmäßigkeit der Veröffentlichungen, z. B. einmal pro Jahr (nicht nur einmalig für einen Fachartikel)

- Anzahl der gelisteten Anbieter – sinnvollerweise jedes Jahr mehr

- Spezialisierung, z. B. nur ERP, nur Speditionssoftware etc. Kein Sammelsurium aller möglichen Lösungen

- Regionale Abdeckung – nur Deutschland oder auch Österreich und die Schweiz

- Umfang/Detail der Analysen und bewertbaren Kriterien, z. B. in Reflexion der Spezialisierung

- Kostenlose Teilnahme der Anbieter – stellt höhere Teilnahme und Neutralität der Aussagen sicher. Der potenzielle Kunde zahlt für den Erwerb

Als Fazit lässt sich festhalten: Besonders Marktspiegel, deren Eintrag kostenpflichtig ist, tendieren dazu, keine neutrale Sicht der auf dem Markt verfügbaren Softwarelösungen und -anbieter abzubilden. Häufig stellen sie eher bezahlte Werbung dar. Diese Übersichten sind eher mit Vorsicht zu genießen.

Expertentipp: Zufriedenheitsstudien oder Marktspiegel können bei der Auswahl einer neuen Software hilfreich sein. Sie ersetzen aber weder die eigene Marktrecherche noch einen kritischen Auswahlprozess.

13 Softwarearten und -kriterien

13.1 Wie erkennt man einen guten Anbieter und moderne Softwarelösungen?

Bei der Softwareauswahl sieht man schnell den Wald vor lauter Bäumen nicht mehr. Deswegen machen es sich manche Anwender leicht und enden bei der Bewertung schnell mit einem „Gut", indem sie folgende Annahmen treffen:

1. Großes Unternehmen = gut

2. „Marktführer in der Branche" = gut

3. Viel Umsatz = gut

4. Viele Mitarbeiter = gut

5. Viele Kunden (Installationen) = gut

6. Modern aussehende Software = gut

7. Internetbrowser-basierte Software = gut

8. Riesiger Funktionalitätsumfang = gut

9. Toller Messestand = gut

10. Lange Referenzliste = gut

Schade, dass man verpasst hat, hinter die Kulissen zu schauen. Denn dann wäre die Bewertung wahrscheinlich anders ausgefallen. Damit Ihnen das nicht passiert, sollten Sie den nachfolgenden „Schnelltest" mit Anbieter und Lösung machen. Lassen Sie sich leiten von dem Motto: „Der Anbieter/die Lösung etc. ist gut wenn …" Wer alle Fragen mit einem JA beantworten kann, hat gewonnen (**Abbildung 13.1**).

Abbildung 13.1 Gewinner und Verlierer (Quelle: Shutterstock)

© Springer Fachmedien Wiesbaden GmbH, ein Teil von Springer Nature 2019
C. Groß und R. Pfennig, *Digitalisierung in Industrie, Handel und Logistik*,
https://doi.org/10.1007/978-3-658-26095-8_13

Der Schnelltest im Detail

Das Unternehmen ist gut, wenn …

- die Finanzsituation einsehbar und analysierbar ist, z. B. im Bundesanzeiger … und die Zahlen stimmen, also vorher reinschauen!

- der Umsatz zu einem großen Teil aus Neugeschäft und nicht nur aus Wartung generiert wird. Ansonsten besteht das Risiko, dass das Unternehmen von der Substanz lebt.

- das Unternehmen nicht nur durch Zukäufe, sondern auch durch eigenes Wachstum groß geworden ist.

- es idealerweise Zukäufe und eigenes Wachstum kombiniert hat. Zukäufe ergeben Reibungsverluste, durch Matchkämpfe bleiben Kunden oft auf der Strecke.

- die Fluktuation sich beim Anbieter in Grenzen hält. Deswegen einfach mal bei Workshops etc. nachfragen, wie es in diesem Bereich aussieht.

- es die eigene Software auch im eigenen Unternehmen einsetzt und mit Upgrades IMMER auch die neueste Version nutzt!

Die Mitarbeiter sind gut, wenn …

- sie auch über Branchenkenntnisse und nicht nur über IT-Kenntnisse verfügen. Idealerweise haben sie das Produkt bei einem vorherigen Arbeitgeber bereits implementiert.

- sie das, was sie machen, auch gelernt haben und nicht nur durch Learning by Doing „ausgebildet" wurden. Beispiel: Studierter Theologe wird Projektleiter, im Krisenfall im Projekt fragen sich alle, warum er nicht rigoros durchgreift. Also: Lebensläufe wichtiger Mitarbeiter erfragen!

- sie regelmäßig eine Weiterbildung erhalten (Technik, Projektmanagement, Führungsfähigkeiten, Vertrieb).

- wenn der „Guru" nicht der einzige fähige Mitarbeiter ist. Er wird oft im Vertrieb eingesetzt, nach Vertragsabschluss sieht man ihn nie wieder.

- Vertretungsregelungen greifen bei Krankheit, Kündigung etc.

- sie vom Unternehmen mit modernster Technologie ausgestattet werden, damit sie die ihnen gestellten Aufgaben professionell wahrnehmen können.

- sie eine gewisse Entscheidungsbefugnis haben und nicht alles vom Vorgesetzten freigeben lassen müssen.

Die Referenzen sind gut, wenn …

- alle Referenzen auf der Referenzliste tatsächlich noch die beworbene Software nutzen.

- ein Großteil der Referenzen auch die neueste Version der Lösung einsetzt.

- man nicht nur mit der IT, sondern auch mit operativen Benutzern sprechen und den Einsatz live sehen kann.

- ein nachweisbarer Mehrwert durch die Implementierung erzielt wurde (Zeit, Euro, Fehlervermeidung, mehr Umsatz bei gleichem Personal, Personalreduzierung etc.).

- sie durch freigegebene Zitate oder Referenzschreiben im Detail belegt sind (nicht nur durch Freigabe des Logos).

- genau bekannt ist, welche Module und Funktionen bei wie vielen Benutzern im Einsatz sind und welche anderen Systeme noch genutzt werden (trotz XY als Konzernstandard – „MS-Excel als Lückenfüller").

Die Technologie ist gut, wenn ...

- die Applikation auch neue Technologien unterstützt. Dies gilt auch in der Entwicklung. Beispiel: Der MS SQL-Server 2005 wird noch unterstützt. Kann die Lösung dann Funktionen neuerer SQL-Server (2008, 2012, 2014, ...) überhaupt nutzen?

- der Kunde Anpassungen (Formulare, Masken, Felder, Auswertungen, Prozesse, Zusatzfunktionen) selbstständig vornehmen kann – immer vorausgesetzt, er möchte selbst tätig werden –, ohne dass die Upgradefähigkeit davon betroffen ist (direkt im Live-System, ohne „Hoch-/Runterfahren" des Systems).

- die Anpassung *ohne* echte Programmierung auskommt, sondern nur mit Konfiguration.

- die Applikation geräteübergreifend läuft, aber trotzdem individuelle Apps, beispielsweise für Tablet oder Smartphone, verfügbar sind. Der Internetbrowser läuft zwar auf dem Smartphone, ist aber von der Oberfläche im Standard völlig ungeeignet für die Applikation.

- Technologieupdates (z. B. eine neue Oberfläche) keinen „Flickenteppich" an Masken erzeugen. Fast immer wird bei der Entwicklung der „kleinste gemeinsame Nenner" in der Entwicklung genutzt, damit „Altes" und „Neues" parallel laufen.

Die Software ist modern, wenn ...

- man Workflows *und* die darunterliegenden Funktionen anpassen kann.

- Alles, was geändert wird, auch voll upgradefähig ist.

- ein Hilfesystem existiert, das seinen Namen auch verdient und durch anwenderspezifische Informationen erweitert werden kann – inkl. der Datenbankdokumentation.

- es umfangreiche Suchfunktionen „à la Google" gibt, die alles finden, egal wo es liegt (mit Ergebniseingrenzung und damit ohne tausende von Treffern).

- Office- und Groupwarefunktionen tatsächlich voll integriert sind und ggf. über einen eigenen Client abgedeckt werden.

- sie einen WYSIWYG (What You See Is What You Get) Masken- und Formulargenerator bietet.

- Funktionen wie DMS (Dokumentenmanagement) durch ihre reibungslose Integration gar nicht erkennen lassen, dass es sich hier um ein „Fremdprodukt" handelt.

- Pivot- und Analysefunktionen direkt ins System integriert sind.

Die Workshops sind gut, wenn ...

- man mehr als nur MS-Powerpoint®-Präsentationen sieht. Idealerweise werden die Funktionen an echten Prozessen mit den Beispieldaten des Kunden „bewiesen".

- man auch technologisches Know-how demonstriert bekommt, z. B. scannen, E-Mail-Verkehr, Office, Integration Telefonie etc.

- nicht nur die eigene Software live präsentiert wird, sondern auch integrierte Systeme (Finanzbuchhaltung, Telematik etc.).

- es eine begleitende Dokumentation (z. B. als Powerpoint®-Präsentation) gibt und nicht nur das „aufgeklappte Notebook" mit der laufenden Software.

- die Präsentation mit Inhalt und Funktionen vorher abgestimmt wurde.

- sie nicht nur auf „Annahmen" oder dem Präsentationsmodus „Ich liebe meine Software" gründen.

- die Präsentation heutige Technologie nutzt (zwei Beamer, Präsentatorwechsel ohne „Stecker und Sitzplatztausch" etc.).

- sie nicht in einer zentralen Demo-Umgebung stattfinden (die kaum jemand im Griff hat).

Das Angebot ist gut, wenn ...

- es eine Investitionsübersicht enthält.

- man den möglichen Gesamtpreises nicht mühsam „zusammensuchen" muss.

- Inhalt und Aufbau mit der Anfrage/Ausschreibung korrespondieren. Andernfalls vergleicht man „Äpfel mit Birnen".

- die ausgeschlossenen Funktionen und/oder Dienstleistungen aufgelistet sind.

- Details zu den Dienstleistungen erläutert werden. Was ist eigentlich Datenmigration und was nicht?

- eine Preisliste nicht gekaufter Module sowie Preise für zusätzliche Benutzer genannt werden (Folgekosten, Preisbindung etc.).

- alle notwendigen Unterlagen vorhanden sind (AGB, Nutzungs- und Wartungsbedingungen etc.).

- nicht angebotsrelevante Informationen der besseren Übersichtlichkeit halber fehlen (Werbung etc.).

Der Vertrag ist gut, wenn ...

- ein Vorvertrag mit Rücktrittsrecht möglich ist.

- alle Rollen und Verantwortlichkeiten genau geregelt sind.

- alle Kosten fixiert oder gedeckelt sind.

- alle Folgekosten und optionalen Kosten in Form von Preislisten festgehalten wurden.

- das Lastenheft aus der Anfrage ohne Rückfragen schon als Vertragsbestandteil enthalten ist.

- der Kunde im Streitfall nicht nur Pflichten, sondern auch Rechte hat.

- alle Abweichungen vom Standard genau im Anhang geregelt sind.

- das zu unterschreibende Dokument ein echter Vertrag und nicht nur das bestätigte Angebot ist.

- mitverkaufte Fremdprodukte nicht eine ganz andere Preis- und Supportstruktur mit separaten Nutzungs- und Wartungskonditionen enthalten.

Die Implementierung ist gut, wenn ...

- eine „gelebte" Implementierungsmethodik existiert.

- es eine nachvollziehbare und genutzte Kosten- und Aufwandserfassung gibt.

- es einen Projektplan gibt, der auch weitergepflegt wird.

- der Projektplan in einer geeigneten Software erstellt wird, nicht nur in MS-Project® oder gar in MS-Excel®.

- der Projektplan integriert ist in Kosten und Budget.

- es ein Aufgabenmanagement (To-do-Listen) gibt, das von *allen* Projektbeteiligten intensiv genutzt wird.

- ein Zielcontrolling existiert, das das ursprüngliche Lastenheft nicht vergisst.

- regelmäßige Telefonate und Meetings stattfinden, um den Projektfortschritt zu kommunizieren und Probleme zu adressieren

- auf neue Probleme nicht nur „reaktiv" eingegangen wird.

- es einen im Vorfeld vom Kunden „geprüften" Projektleiter gibt.

- Schulungen auf anpassbaren und für das Projekt individualisierten Unterlagen basieren.

Der laufende Support ist gut, wenn ...

- der Anbieter ein Ticketsystem für Verbesserungen, Fehler etc. nutzt.

- das Ticketsystem mit eigenen und anderen bekannten Problemen eingesehen werden kann.

- ein Web-Portal für den Support existiert (Informationen, Unterlagen, Patches, Schulungsunterlagen etc. zum Download).

- es eine „User Group" gibt, in der man sich mit anderen Kunden austauschen oder idealerweise sogar die Entwicklung beeinflussen kann.

- „Patches" zur Verfügung stehen, die einen oder mehrere Fehler beheben, *ohne* Sie gleich zum Komplettupdate zu zwingen.

- es einen Newsletter gibt, der nicht nur aus Marketingversprechen besteht, sondern Anwender regelmäßig über alle Produkt- und Funktionsneuigkeiten informiert.

Die Weiterentwicklung ist gut, wenn ...

- es einen kommunizierten Entwicklungsplan gibt.

- bekannt ist, wie viel vom Umsatz in die Weiterentwicklung fließt.

- Kunden in die Weiterentwicklung mit eingebunden werden.

- es in kalkulierbaren Abständen neue Versionen mit echter neuer Funktionalität gibt (nicht alle zwei Wochen oder alle zwei Jahre, sondern ggf. alle 6 bis 12 Monate).

- Updates auch übersprungen werden können.

- die Entwicklung auch die eigene Branche betrifft und hierfür ein eigenes Entwicklungsteam mit Branchenkenntnissen vorhanden ist.

- die Entwicklung nicht nur im Ausland, sondern auch im Inland mit lokalem Know-how erbracht wird (deutsche Finanzbuchhaltung, Hilfesystem aus Indien, …?).

- es „Release Notes" von neuen Versionen gibt, die mit mehr als nur einer Zeile neue Funktionen beschreiben (Detailinformationen, Erweiterung Hilfesystem etc.)

13.2   Was für Typen oder Arten von Software gibt es?

Wussten Sie, dass es im deutschsprachigen Raum mehr als 600 ERP-Anbieter und über 200 CRM-Lösungen gibt? Selbst in der Logistik bieten hunderte von Anbietern in den verschiedensten Softwarebereichen ihre Dienste an. Da fällt die Auswahl schwer und schnell sieht man den Wald vor lauter Bäumen nicht mehr. Deswegen sollten Sie bei der Einordnung Ihrer Anforderungen erst einmal definieren, wonach genau Sie eigentlich suchen.

Verschiedene Arten von Softwarelösungen

Branchenlösung

Eine Lösung, die einer Branche zugeordnet ist und die in dieser Branche typischen Funktionen im Standardumfang enthalten sollte, z. B. Spedition, Paketdienst etc.

Branchenneutrale Lösung

Eine Lösung, die in beliebigen Branchen zum Einsatz kommen kann. Oft sind dies gleichzeitig Erweiterungslösungen, z. B. ein Daten-Analysetool (BI-Lösung)

Spezial- oder Nischenlösung

Eine Lösung, die in einer limitierten Nische eingesetzt werden kann, z. B. Lösungen für den Stahlhandel oder zur Zollabwicklung

Standardlösung

Eine Lösung, die im Standard direkt nach der Installation sofort einsetzbar ist. Kundenindividuelle Anpassungen sind nicht vorgesehen, maximal die Parametrisierung, das heißt eine Steuerung des Verhaltens der Software durch Einstellen vordefinierter Parameter in der Software, ist möglich. Das macht beispielsweise das Einspielen von Updates „auf Knopfdruck" möglich.

Toolbox-Lösung

Hier erhalten Sie keine fix- und fertige Lösung, sondern einen Grundstock an Funktionen und Werkzeugen, mit denen Sie in Eigenregie oder durch Unterstützung durch den Verkäufer arbeiten können.

App

Die App (kurz für Applikation) kennen Sie von Ihrem Smartphone. Immer mehr Softwareanbieter gehen dazu über, Ihre Lösung als App zu bezeichnen. Dies hört sich auf jeden Fall moderner an. Im eigentlichen Wortsinn sollte eine App aber eine Lösung kennzeichnen, die direkt auf mobilen Endgeräten wie Tablets oder Telefonen genutzt werden kann und die besonders einfach und intuitiv zu bedienen ist.

Zusatz- oder Erweiterungslösung

Eine Lösung, die die Funktionen einer anderen Softwarelösung ergänzt oder ersetzt. Ein typisches Beispiel ist ein Formulargenerator, den der Hauptanbieter nicht selbst entwickelt, sondern einkauft und in seine Lösung einbindet.

Entwicklungstool

Eine Lösung zur Entwicklung eigener Programme oder Applikationen, z. B. zur Erstellung individueller Bildschirmmasken etc.

Jede der zuvor genannten Softwarearten hat ihre Berechtigung und die entsprechenden Vor- und Nachteile. Wählen Sie einfach die Software, die Ihren Anforderungen am besten gerecht wird. Bevor Sie mit der Recherche beginnen, sollten Sie in Ihrem Projekt einordnen, was für einen Typ von Softwarelösung Sie überhaupt suchen. Zusätzlich können auch die verschiedensten Typen von Software in Bezug auf die unterstützten Geschäftsprozesse im Unternehmen definiert werden. Die folgenden Beispiele zeigen Softwaretypen, geordnet nach Prozessen, die sie im Unternehmen unterstützen.

Verschiedene Typen von Softwarelösungen:

Bei einem Anbieter ist die Funktion integriert, beim anderen ein separates Modul und bei einem Dritten ist es gar eine, in sich lauffähige Lösung. Je nach Spezialisierungsgrad der Anbieter kann dies der Fall sein. Beim vierten Anbieter ist die gewünschte Funktion nur über die Integration einer anderen Lösung abdeckbar.

Auf Basis Ihrer Detailanforderungen müssen Sie sich deswegen entscheiden ob Sie den „Alleskönner" suchen, der viel, aber nicht unbedingt Alles kann oder direkt zum Spezialisten gehen.

In der nachfolgenden Liste finden Sie eine Vielzahl von Typen von Softwarelösungen die erst einmal rein funktionell aber nicht auf Basis Branche aufgeführt sind.

ERP

- ERP-/PPS-System für Industrieunternehmen (Diskrete Fertigung)

- ERP-/PPS-System für Industrieunternehmen (Prozessfertigung)

- ERP-/WWS-System für Handelsunternehmen

- ERP-System für Dienstleistungsunternehmen

Produktentwicklung

- Product Lifecycle Management (PLM)

- Produktdatenmanagement (PDM)

- Computer Aided Design (CAD)

- Laborinformationssystem (LIMS)

- Technische Dokumentation

- Digitale Fabrikplanung

Marketing & Vertrieb

- Customer Relationship Management (CRM/xRM)
- Vertriebsplanung & -steuerung
- Marketing-Automation
- E-Commerce- bzw. Shop-System
- CPQ: Configure Price Quote / Angebots- / Produktkonfigurator
- Produkt-/ Variantenkonfigurator
- Produktinformationsmanagement (PIM)
- MAM (Media Asset Management)
- Kassensystem
- Kaufmännische Auftragsabwicklung
- Kontakt-/ Aktivitätenmanagement
- Customer Experience Management (CXM/CEM)
- Social CRM
- Mobile CRM
- Analytisches CRM
- Veranstaltungs-/Seminarmanagement
- Call-Center

Planung und Disposition

- Projektmanagement (PMS)
- Produktionsplanung & steuerung (PPS)
- Personaleinsatzplanung (PEP)
- Supply Chain Management (SCM)
- Bestandsmanagement & -optimierung (BMO)
- Gerätedisposition

Einkauf/E-Procurement

- E-Procurement-Suite
- Controlling / Spend-Analyse
- Plan-to-Strategy

- Source-to-Contract

- Request / Purchase-to-pay

- Supplier Relationship Management (SRM)

- Compliance / Substainability / Risk

Lager & Logistik

- Warenwirtschaft (WWS)

- Just-in-Time- / Just-in-Sequence Management (JIT/JIS)

- Lagerverwaltung (LVS/WMS)

- Steuerung für automatisierte Lagertechnik

- Gefahrgut-, Gefahrstoffmanagement

- Yard-Management

- Transportoptimierung & -management (TOM)

- Speditionssoftware

- Fuhrpark-Management

- Tourenplanung

- Mobiles Auftragsmanagement (Telematik, Navigation)

- Zollabwicklung

- Electronic Data Interchange (EDI)

Betrieb und Produktion

- Manufacturing Execution System (MES)

- Produktionsoptimierung, Advanced Planning (APS)

- Betriebsdatenerfassung (BDE)

- Maschinendatenerfassung (MDE)

- Qualitätsmanagement (CAQ/QMS)

- Werkzeugmanagement

- Auto-ID

Service, Wartung und IT

- Instandhaltung (IPS)

- Service & Kundendienst (SMS)

- Workforce-Management

- Facility Management, Gebäudewirtschaft

- Energiemanagement

- IT-Service-Management

- Information Security Management System (ISMS)

- Help Desk

Finanz und Personalwesen

- Finanzbuchhaltung, Rechnungswesen

- Zahlungsabwicklung

- Anlagenbuchhaltung (AnBu)

- Controlling, Kostenrechnung

- Personalverwaltung (HRM)

- Lohn- & Gehaltsabrechnung

- Bewerber-Management (Recruiting)

- Reisekostenabrechnung

- Personalzeiterfassung (PZE)

Business Intelligence - BI und Controlling

- Business Intelligence (BI)

- Reporting

- Dashboarding

- Analyse

- Planung

- Konsolidierung

- Data Warehouse

- Risk Management & Compliance

- Relationales Datenbanksystem

- Multidimensionales Datenbanksystem

Enterprise Content Management (ECM)

- Enterprise Content Management (ECM)
- Capture/Input Management
- Web Content Management (WCM)
- Dokumentenmanagement (DMS)
- Vertragsmanagement
- Automatisierte Rechnungsbearbeitung (Invoicing)
- E-Mail-Management
- Social Software / Wissensmanagement
- Groupware, Collaboration-Software
- Social Business Collaboration
- Archiv/Ablage
- Deliver/Output Management
- Elektronische Signatur
- Dokumentenkonvertierung
- Lösung für Informationssuche (Search)

Business Process & Workflow Management

- Business Process Management / Workflow
- Prozessplanung / -modellierung
- Prozessdokumentation
- Workflow Engine
- Prozessüberwachung / -analyse

Daten-Management

- Daten-Integration (DI)
- Datenqualität (DQ)
- Master Data Management

Infrastruktursoftware

- Datenbanken

- Virtualisierungssoftware

- Portale

- Middleware, Integrationssoftware (EAI)

- Security-Software

- Entwicklungsumgebung, -plattform

- Mobil-Plattform

- Unified Messaging

- Computer Telephony Integration (CTI)

- Voice over IP (VoIP)

- Telefonkonferenzen

- Videokonferenzen

- u.v.m.

Die Liste ist in Anlehnung an die Recherchemöglichkeiten des IT-Matchmakers erstellt worden. Suchen Sie nach all diesen Lösungen kostenfrei auf der Plattform **www.der-digitalisierungsberater.de**, Menüpunkt **„Softwaresuche"**.

Sie sehen, es gibt jede Menge verschiedene Softwaretypen. Teilprozesse werden meist mit integrierten Lösungen abgedeckt. Wenn das nicht reicht, gibt es den universellen Lückenfüller: MS-Excel®.

13.3   Was zeichnet eine Mittelstandslösung aus?

In Deutschland gibt es viele mittelständische Unternehmen, kurz auch KMUs genannt. Softwareanbieter werben häufig damit, dass ihre Lösung „speziell für den Mittelstand" geeignet sei. Doch was bedeutet das konkret für Ihre Entscheidung? Definieren Sie zunächst einmal genauer, was Sie unter einem Mittelständler verstehen. Erst wenn zwischen Ihnen und den Anbietern darüber Einigkeit herrscht, sind Sie auf dem richtigen Weg. Ansonsten kann es sein, dass Sie sich als Unternehmen mit 25 Mitarbeitern als Mittelständler sehen, der Anbieter aber die Grenze bei 200 Mitarbeitern festlegt. Da sich familiengeführte Unternehmen mit mehreren tausend Mitarbeitern oft ebenfalls als Mittelstand bezeichnen, sollte man diese Begrifflichkeit definitiv vorab klären. Es ist also nicht möglich, eine Lösung, d. h. eine Software, nur auf Basis der Unternehmensgröße als Mittelstandslösung zu bezeichnen. Viel wichtiger ist, wie sich Anbieter und Anwender als Unternehmen in ihren Entscheidungen etc. verhalten und wie gut dieses Verhalten zusammenpasst. Fakt ist also, dass man wahrscheinlich schlechter zusammenpasst, wenn die Unternehmensstrukturen zwischen Anbieter und Anwender erheblich in Größe und Art abweichen. Trotzdem kann man Kriterien definieren, die gerade bei kleineren und mittleren Unternehmen, die nicht über eine große IT-Abteilung oder dedizierte IT-Mitarbeiter verfügen (meist Unternehmen bis ca. 100 Mitarbeiter), über Erfolg oder Misserfolg entscheiden.

Softwarekriterien für KMUs und Unternehmen anderer Größen

Internes Personal

Die Software sollte möglichst wenige Personalressourcen beanspruchen, aber trotzdem noch im Rahmen von Updates weiterentwickelt werden.

Formulare, Auswertungen, Analysen, Masken

Der Anwender sollte in der Lage sein, die genannten Funktionen und Bereiche ohne Programmierkenntnisse updatefähig anzupassen. Eine Schulung kann notwendig sein, aber möglichst ohne dediziertes Personal mit Spezialkenntnissen.

Einfluss auf die Weiterentwicklung

Unabhängig von der Größe des anwendenden Unternehmens muss es einen definierten Weg geben, über den jeder Kunde Einfluss auf die Weiterentwicklung der Lösung beim Anbieter nehmen kann.

Dokumentation der Software

Die Software sollte über eine einfach verständliche und umfängliche Dokumentation verfügen, die der Anwender ggf. auch für interne Zwecke anpassen und erweitern kann.

Prozessflexibilität

Die Software muss es ermöglichen, Prozessschritte auch einmal umgehen zu können, wenn es die jeweilige Situation erfordert. Es darf nicht sein, dass es nur „einen Weg nach Rom" gibt und der Anwender ohne das Eingreifen des Anbieters keine Möglichkeit hat, dies zu ändern.

Kalkulierbarkeit von Anpassungen

Durch den Einsatz von auch für Anwender verständlicher Technologie sollte es leicht möglich sein, Anpassungen und Erweiterungen aus Kostensicht zu bewerten.

Expertentipp: Egal was das Marketing des Anbieters sagt, eine Software und ein Anbieter eignen sich für Sie als Mittelständler nur dann, wenn Denken und Handeln zusammenpassen und wenn Sie sich nicht in allen Bereichen dem Anbieter unterordnen müssen, sondern ihm als „erwachsener" Kunden auf gleicher Ebene begegnen.

13.4   Die Lösung auf Basis der Anforderungen - oder umgekehrt?

Wenn Ihr Anbieter zu Ihnen sagt: „Sie müssen sich nicht an unsere Software anpassen, wir passen uns an Ihre Prozesse an", dann ist das gutes Marketing, aber mehr auch nicht. Es steht außer Frage, dass die ausgewählte Lösung auf Ihre Branche und Prozesse abgestimmt sein muss. Doch haben in den vergangenen Jahrzehnten oft neue Technologien eine völlig neue Gestaltung und Flexibilität von Prozessen und eingesetzter Software ermöglicht. Wenn sich eine Software allzu umfangreich an Ihre Prozesse anpassen muss, dann sollten Sie erst einmal davon ausgehen, dass Sie gerade den falschen Anbieter evaluieren. Deswegen heißt es „Augen auf", denn manchmal können IT-basierte Funktionalitäten in Standard- oder Branchenlösungen durchaus eine Basis für geänderte oder neue Geschäftsprozesse schaffen. Ein guter Anbieter-Berater erkennt diese Potenziale für Ihr Projekt und wird sich nicht scheuen, den Mehrwert einer Lösung aufzuzeigen, bei der Sie Ihre Prozesse an die Software anpassen. Eine reine Duplizierung der über Jahrzehnte gewachsenen Prozesse im eigenen Unternehmen, die oft gewünscht wird, schränkt das Potenzial neuer IT-Lösungen unter Umständen kräftig ein. Sie sollten dem Anbieter zwar Ihre Prozesse und Anforderungen offen darlegen, wenn aber eine echte Branchenlösung vorhanden ist, die auf jahrzehntelanger Erfahrung und gemeinschaftlicher Kundenentwicklung basiert, dann ist es vielleicht viel effizienter für Ihr Projekt, wenn Sie sich an die Software anpassen und nicht die Software sich an Sie. Bitten Sie den Anbieter also nicht um eine 1:1-Nachbildung Ihrer bisherigen Abläufe, sondern seien Sie offen für mögliche „Best of Breed"-Prozesse und -Funktionen in einer neuen Lösung. Gute Lösungen und erfahrene Berater können Ihnen genau das liefern.

> **Expertentipp:** Nur die falsche Lösung bedarf vieler Anpassungen, damit sie so funktioniert, wie Sie es wollen oder brauchen. Suchen Sie mit offenen Augen nach der richtigen Lösung. Prüfen Sie, ob es sich lohnt, die eigenen Prozesse an die Software anzupassen, weil die dort abgebildeten Funktionalitäten praktikabler sind als Ihre aktuellen.

13.5   „Best of Breed" oder die Lösung vom Komplettanbieter?

Je komplexer und umfangreicher Ihre Anforderungen an eine neue Lösung sind und je mehr Geschäftsbereiche abgedeckt werden müssen, desto unwahrscheinlicher wird es, dass ein einziger Lieferant in der Lage ist, Ihnen eine Komplettlösung zu liefern. Auf den ersten Blick mag es vielleicht Anbieter geben, die den Umfang in der Breite abdecken, aber können sie es auch in der Tiefe der Funktionalität? Wahrscheinlich eher nicht. Deswegen gehen viele Anwenderunternehmen spätestens nach dem ersten Fehlschlag dazu über, die sogenannte „Best of Breed"-Lösung (**Abbildung 13.2**) zu implementieren. Hier wird vom Softwaremarkt für jeden Bereich die beste Lösung ausgewählt und mit den anderen besten Lösungen kombiniert. Diese Vorgehensweise birgt natürlich gewisse Risiken in Form von

Integrationsproblemen. Dennoch stellt sie sicher, dass Programme zum Einsatz kommen, die die Anforderungen auch in der Tiefe möglichst gut abdecken.

Abbildung 13.2   Best of Breed 1

Einige Beispiele	Vom Komplettanbieter	Komplettanbieter oder Partner	In der Regel vom Partner
Modulbereich			
Speditionelle Abwicklung	x		
Echte Tourenoptimierung		x	x
Lagerverwaltung		x	x
Telematik		x	x
Finanzbuchhaltung			x
Reisekostenabrechnung			x
Lohnabrechnung			x
Dokumentenmanagenent			x
BI-Business Intelligence			x

Beispiel: Dokumentenmanagement

Viele Softwarelösungen bieten mittlerweile ein eigenes Dokumentenmanagement (DMS). Dabei stellt sich die Frage, ob dieses Dokumentenmanagement genauso umfangreich und leicht bedienbar ist wie ein DMS, das von einem Hersteller stammt, der sich ausschließlich mit dem Thema Dokumentenmanagement beschäftigt. In der Regel kommt dies eher selten vor. Deswegen ist es sinnvoll, die Top-10-Anforderungen zu vergleichen. Bei einem Dokumentenmanagement (DMS) könnte z. B. Folgendes relevant sein (**Abbildung 13.3**):

Abbildung 13.3   Best of Breed 2

TOP	Funktion	J/N
1	Direktes Scanning am Arbeitsplatz in den aktuellen Vorgang	J
2	Späteres Scannen und automatische Ablage im Vorgang auf Basis eines eingescannten Barcodes	J
3	Checkin/Checkout Funktion zur Bearbeitung von Dokumenten	J
4	Ablage Dokument	J
5	Viewer für alle relevanten Dokumente	J
6	Speicherung beliebiger Dokumente in beliebigen Dateiformaten	J
7	Volltextsuche in allen Dokumenten	J
8	Indizierte Suche in Schlüsselfeldern des Dokuments	J
9	Versionierung der Dokumente	J
10	Speicherung einer beliebigen Anzahl von Versionen	J

Wenn Ihr Anbieter alle aufgelisteten Funktionen im eigenen Dokumentenmanagement realisiert hat, brauchen Sie wahrscheinlich kein separates DMS. Fehlen gravierende Funktionen und ist der Anbieter nicht bereit, diese in die Standardfunktionalität mit aufzunehmen (kostenfrei oder gegen Entwicklungsgebühren), dann sollten Sie besser die Kombination mit einem externen DMS wählen. Achten Sie in diesem Fall darauf, dass die Integration ausreichend und in allen Bereichen gleich umfänglich vorhanden ist. Treffen Sie Ihre Entscheidung erst nach genauer Prüfung. Hat der DMS-Spezialist ggf. andere Schwächen, die es, je nach Projekt, zu bewerten gilt? Betrachten Sie bei Ihrer Entscheidung deswegen auch folgende Punkte:

- Wie oft wurde diese Kombination bereits umgesetzt?

  – Je seltener, desto schlechter

- Wie kompatibel ist die Technologie und Integration wirklich?

  – Wie bewährt? Was passiert bei neuen Versionen der Partner?

- Wo genau liegen die Vor- und Nachteile der Option?

  – Lastenheftvergleich

- Wie wahrscheinlich ist die zukünftige Verfügbarkeit der Anforderung beim Komplettanbieter? Wie wahrscheinlich ist, dass die aktuelle Kombination der Einzelanbieter auch noch in den nächsten Jahren existiert?

13.6   Warum nicht gleich Open-Source-Software nutzen?

Es hört sich verlockend an: Kostenlose Software inklusive Source Code für Ihr Unternehmen, nur die Dienstleistungen sind kostenpflichtig. Eigentlich sollte man da gleich zugreifen, oder? Schließlich sind die Initial-Investitionen durch Wegfall der Softwarelizenzen bis zu 50% niedriger. Und Wartungskosten kommen keine hinzu. Das verringert die laufenden Kosten erheblich! Doch wie immer gilt: „Irgendwo muss ein Haken sein." Deswegen sollten wir dieses Geschäftsmodell einmal genauer durchleuchten.

Welche für Sie relevanten Arten von Open-Source-Software gibt es?

Technische Software

Bestes Beispiel hierfür ist das Betriebssystem LINUX®. Es steht außer Frage, dass ein Einsatz schon wegen der extrem hohen Benutzerzahl unproblematisch ist. Außerdem haben viele User ein starkes Interesse daran, das System weiterzuentwickeln oder wenigstens in der bisherigen Form am Markt zu halten.

Operative Software

Oft sind dies ERP-Lösungen, die als Open Source angeboten werden (**Abbildung 13.4**). Am Markt sind mittlerweile mehr Anbieter und die dazugehörigen Dienstleister vertreten, als man gemeinhin erwarten sollte.

Abbildung 13.4   Open Source (Quelle: Shutterstock)

OPEN SOURCE

Für wen ist dieses Modell zu empfehlen?

Auf diese Frage gibt es leider keine allgemeine Antwort. Auf jeden Fall können Sie sich als Nutzer von Open-Source-Software weniger zurücklehnen und abwarten als ein Anwenderunternehmen, das Standardsoftware kauft und implementiert. Meist muss etwas mehr koordiniert und flexibler nach Problemlösungen gesucht werden. Wer vorher die komplette Unternehmenssoftware selbst entwickelt hat und nun nach einer adäquaten Ablösung sucht, der kann mit der richtigen Open-Source-Lösung gut bedient sein, besonders wenn die eigenen Entwickler damit weiterbeschäftigt werden können. Ob diese in der Lage sind, die ggf. neue Technologie effizient umzusetzen, ist dabei ein anderes Thema.

Woher kommt das Geld für die Entwicklung? Wovon leben die Unternehmen?

Ganz einfach: von den Anwendern! Wenn der Erlös nicht über Lizenzen oder Wartungsverträge erzielt wird, dann kann dies nur über Anpassungsprogrammierungen und andere Dienstleistungen erfolgen. Dabei versuchen Open-Source-Anbieter oft, mehrere Anwender an einen Tisch zu bekommen, um auf diese Weise die Kosten zu teilen und die entwickelte Lösung universeller anwenden zu können. Oder sie entwickeln auf Basis des „Open-Source-Skeletts" individuelle Lösungen für ihre Kunden. Wer denkt, dass Open Source = kostenfrei ist, der irrt. Schließlich bietet Open Source – anders als Standardsoftware – keinen „garantierten" Funktionsumfang. Alles was fehlt, muss zugekauft oder entwickelt werden (fragt sich, wo und bei wem). Ob derart viel Individualität für das eigene Unternehmen die richtige Lösung ist, muss jeder für sich selbst entscheiden.

Wie abhängig werden Sie von dieser Lösung?

Letztendlich sind Sie von einer Open-Source-Lösung genauso abhängig wie von einer normal gekauften Software. Ein Unterschied ist sicherlich, dass „reguläre" Softwareanbieter meist größer sind und weniger Freelancer in diesem Umfeld beschäftigen (Ausnahmen bestätigen wie immer die Regel), während gerade bei erfolgreichen Open-Source-Systemen die Anzahl der Freelancer überproportional ansteigt. Hier den richtigen zu finden ist oft nicht so einfach. Deshalb sollten Anwender von Open-Source-Software in der Regel bereit sein, eigenes Entwicklungspersonal aufzubauen. Damit sind sie zwar abhängig vom eigenen Personal, aber das ist immer noch besser, als am Tropf von externen Entwicklern zu hängen.

Wer bietet diese Lösungen an?

Es gibt mehr Anbieter, als man denkt! Je internationaler Sie aufgestellt sind, desto einfacher wird es für Sie, eine Lösung auf Basis von Englisch als Lösungssprache zu finden. Je lokaler Sie agieren, umso schwieriger wird es.

Welchen Mehrwert bietet Open Source?

Keine Frage, kostenlose Lizenzen oder der mitgelieferte Source Code können durchaus einen Mehrwert für Ihr Unternehmen darstellen, beispielsweise dann, wenn dieser gut dokumentiert ist und die Werkzeuge zur Entwicklung und Versionsverwaltung zur Verfügung stehen. Definitiv haben Sie mit dieser Lösung viel mehr Anpassungsflexibilität. Sie müssen diese aber auch kontrollieren können.

Welche Risiken birgt Open Source?

Sinken die Anwenderzahlen oder der Umsatz, der über Zusatzprogrammierung und andere Dienstleistungen Geld ins Open-Source-Anbieterunternehmen bringt, kann es sein, dass der Anbieter das Produkt gar nicht mehr weiterentwickelt. Wenn zu wenig externe Berater bzw. Entwickler zur Verfügung stehen, müssen Sie vielleicht irgendwann ohne Support auskommen. In diesem Fall ist es angeraten, eigene Ressourcen aufzubauen, um das System im Status quo zu erhalten oder sogar weiterzuentwickeln.

Was sollten Sie bei der Entscheidung für eine Open-Source-Lösung berücksichtigen?

- Entwicklungsstatus der Software – „Alter" der Lösung

- Verfügbare Werkzeuge zur Entwicklung und Versionsverwaltung

- Info über Updateverfügbarkeit und Verbesserungen der Lösung

- Info zur Fehlerbehebung inklusive rechtlicher Verantwortung

- Info zur Entwicklung neuer Technologien

- Anzahl der verfügbaren Vertriebspartner

- Anzahl der verfügbaren Berater oder Entwickler

Vorsicht vor „Pseudo-Open-Source-Anbietern"!

Es gibt Anbieter, die von heute auf morgen ihre Software als Open-Source-Lösung deklarieren. Dies geschieht meist dann, wenn ein Unternehmen nicht mehr die finanziellen Ressourcen zur Weiterentwicklung oder zur technologischen Neuentwicklung hat. Um dann die Firma und damit die Jobs der Mitarbeiter zu retten, wird die Software einfach unter dem Deckmantel „Open Source" verschenkt. Also aufgepasst! Wenn Sie eine technisch veraltete Software entdecken, die zuvor als Lizenzsoftware verkauft wurde, dann sollten bei Ihnen die roten Lämpchen aufleuchten! Echte Open-Source-Software zeichnet sich dadurch aus, dass viele Unternehmen und Freelancer ein Interesse an der ständigen technologischen und funktionellen Weiterentwicklung haben. Das ist bei der beschriebenen Variante kaum der Fall, bei der es eher um das Überleben eines einzelnen Anbieters geht.

Open-Source-Lösungen werden Sie in Marktspiegeln, auf Informationsplattformen, bei Vergleichstests oder in Zufriedenheitsstudien übrigens nur selten finden. Wer eine solche Lösung sucht, ist in der Regel auf das gute, alte Internet angewiesen.

Expertentipp: Prüfen Sie genau, ob Ihr Unternehmen auch auf Dauer mit einer Open-Source-Lösung gut bedient ist, sowohl aus internen Gründen (eigene Ressourcen) als auch aus rechtlichen. Denn wo kein oder wenig Geld fließt, ist auch niemand bereit, Verantwortung zu übernehmen.

13.7   Wie wäre es mit gebrauchter Software?

Wer es noch nicht wusste, wird überrascht sein: Auch auf gewerblicher Ebene können Sie mittlerweile gebrauchte Software kaufen. Dem einen oder anderen Softwareanbieter mag diese Praxis nicht gefallen, doch mittlerweile gibt es genug Gerichtsurteile, die Kunden dieses Recht zugestehen. Allerdings haben sich bisher nur wenige Unternehmen auf den An- und Verkauf gebrauchter Software spezialisiert. Wer auf eine neue Software umsteigt, kann durchaus einmal prüfen, ob er ggf. einen Abnehmer für seine „alte" Software findet. Dabei gilt: Je exotischer und älter Ihre Software, desto unwahrscheinlicher ist es, dass Sie beim Verkauf Glück haben.

Auch beim Kauf gebrauchter Software sind nicht alle gewünschten Lösungen verfügbar. Doch ein Vergleich lohnt sich – vielleicht finden Sie ja eine gebrauchte SAP®- oder Micro-soft®-Office-Lösung im Angebot. Wer gebrauchte Software kauft, sollte auf jeden Fall darauf achten, dass alles mit rechten Dingen zugeht. Die Quellen müssen stimmen und die Verträge geprüft sein. Andernfalls kann es später zu einem bösen Erwachen kommen. Sollten Sie sich nun Hoffnungen machen, dass Sie Ihre bisherige Software noch versilbern können: Wenn diese nicht zum aktuellen „Mainstream" und den entsprechenden Markt-führern gehört, werden Ihre Bemühungen wohl nicht von Erfolg gekrönt werden.

Trotzdem, eine Recherche lohnt sich auf jeden Fall! Vielleicht haben Sie ja gerade von einem Unternehmen gehört, dass genau die Software ablösen will, die Sie aktuell kaufen möchten. Vielleicht könnten Sie sogar deren Lizenzen käuflich übernehmen.

13.8   Kaufen, mieten oder Software aus der „Cloud"?

Wer den Einsatz einer neuen Softwarelösung plant, muss sich auch damit auseinandersetzen, welche Vertragsform der Lösung am besten zugrunde liegt. Lange Zeit war es üblich, Software zu „lizensieren", also zu kaufen. Erst in den letzten Jahren kam der Trend auf, Software zu mieten bzw. als Dienstleistung (Stichwort „Software aus der Cloud") zu nutzen.

Welche Nutzungsmodelle gibt es und wann sind diese sinnvoll?

Das Kauf- oder Lizensierungsmodell

Da die deutsche Gesetzgebung kein „Lizensierungsrecht" beinhaltet, sondern auf Kauf- oder Mietverträge beschränkt ist, ist in der Regel eine in Verträgen sogenannte „lizensierte Software" auch eine gekaufte Software. Leider ist diese Tatsache in vielen Verträgen oder AGB der Anbieter nicht korrekt formuliert. Sie kaufen also die Lösung und installieren sie auf der eigenen Hardware unter Nutzung einer eigenen Datenbank im Unternehmen. Bei größeren Unternehmen kommt es auch vor, dass die Software in einem externen Rechen-zentrum installiert ist. Die Eigentums- und Nutzungsverhältnisse bleiben jedoch hiervon unberührt. Zusätzlich zum Kaufvertrag wird in der Regel ein Wartungs- und Supportvertrag abgeschlossen. So stellen Sie sicher, dass Ihnen immer die aktuelle Version zur Verfügung steht und Sie auch von den Weiterentwicklungen der Software profitieren.

Das Mietmodell

Vom Mietmodell gibt es zwei Versionen: Den Mietkauf, gleichzusetzen mit einem Kaufvertrag, allerdings nur mit Teilzahlungsschritten, oder die echte Miete, bei der das Eigentum nicht an Sie übergeht und für die Nutzung monatliche oder jährliche Gebühren mit dem Anbieter vereinbart werden. In der Regel wird gemietete Software aber trotzdem bei Ihnen im Unternehmen installiert.

Abbildung 13.5   Software aus der Cloud (Quelle: Shutterstock)

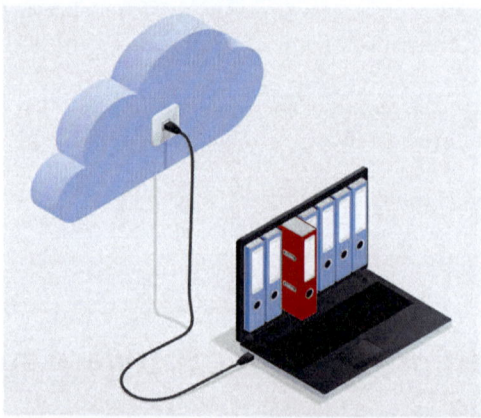

ASP, SaaS – Application Service Providing oder Software as a Service, Cloud Computing

Ohne Cloud-Software (Abbildung 13.5) geht heutzutage nichts mehr. Einfacher und günstiger wohl auch kaum. Doch auch hier müssen Sie genau hinsehen, bewerten und sich erst danach entscheiden, ob der Weg in die Cloud der richtige für Sie ist. Der nachfolgende Auszug aus einer langen Reihe von Fragen, die Sie sich oder Ihrem Anbieter stellen sollten, kann Ihnen helfen, eine fundierte Entscheidung Pro oder Contra einer möglichen Cloud-Lösung zu treffen:

- Ist unsere Internetleitung ausreichend, um performant zu arbeiten?

- Gibt es garantierte Antwortzeiten, solange wir die technischen Anforderungen gewährleisten können?

- Wie sind die Daten vor fremdem Zugriff geschützt?

- Können wir auf *alle* Daten dokumentiert und ohne Hilfe des Anbieters zugreifen?

■ Erhalten wir *alle* unsere Daten nach einer Kündigung zurück und werden diese auch nachhaltig aus der Cloud gelöscht?

■ Können wir neue Versionen auch verhindern?

■ Bleibt unsere Parametrisierung auch nach Updates garantiert bestehen?

■ Ist ein Upgrading oder auch Downgrading von Benutzertypen möglich?

■ Wie ist der Zugriff auf Daten und Programme beim Konkurs des Anbieters geregelt?

■ Ist sichergestellt, dass der Anbieter technische Anforderungen wie Internetbrowser & Co. nicht von heute auf morgen ändert?

■ Ist eine Anpassung der Software möglich oder arbeiten wir ausschließlich mit dem reinen Standard?

■ Können wir bei Vertragsende einen User als „Archivuser behalten? Wenn ja, zu welchen Kosten?

■ u. v. m.

Achtung, „Patriot Act"!

Mit dem Patriot Act erhalten US-amerikanische Behörden seit geraumer Zeit Zugriff auf alle Daten, die in Systemen gespeichert sind, welche zu US-Anbieterunternehmen gehören. Wenn Ihr Unternehmen großen Wert auf Datenschutz legt oder streng geheime Kunden- oder Lieferantendaten in der Lösung speichert, kann das zu einem Problem werden. Einige der dann relevanten Fragen könnten sein:

■ Wo werden die Daten gespeichert?

■ Wo werden die Daten gesichert?

■ Gibt es ein Sonderkündigungsrecht, falls sich der Speicher- und/oder Sicherungsort ändert?

■ Kann man die Änderung des Speicherortes verhindern?

■ Werden die Daten an einem oder mehreren Orten gespeichert?

Die externe Datenspeicherung

Aktuell existieren für Cloud-Software nur zwei Varianten der Datenspeicherung:

Eine Datenbank mit Aufteilung der Daten über ein „Mandantenkennzeichen" in jeder Datei

In dieser Variante sind Datensätze von vielen Anwenderunternehmen in einer Datenbank gespeichert. In den einzelnen Tabellen wird ein Datensatz mit einer Mandantennummer gekennzeichnet, um Anzeige und Zugriff zu regeln, ganz nach dem Motto „Welchem Cloud-Kunden gehören diese Daten?" Zwei Themen stehen daher zur Diskussion:

1. Lässt sich wirklich sicherstellen, dass kein Anwenderunternehmen auf die Daten eines anderen Anwenderunternehmens zugreifen kann?

2. Ist es möglich, bei einer Extraktion und/oder gewünschten Löschung von Daten tatsächlich alle Daten eines Anwenderunternehmens in allen Tabellen des Systems zu löschen oder zu extrahieren? Und gilt dies auch für bereits vorhandene Datensicherungen?

Eine Datenbank pro Mandanten

Wie bei der Installation im eigenen Unternehmen steht Ihnen hier eine eigene Datenbankinstanz in der Cloud zur Verfügung, in der *nur* Ihre Daten gespeichert werden. Bevorzugen Sie auf jeden Fall diese Variante, wenn Sie eine Wahl haben. Leider ist das bei groß angelegten Cloud-Lösungen oft nicht möglich. Im Idealfall stellt Ihnen der Anbieter auf Anforderung oder bei Kündigung diese Datenbank zur Verfügung. Das würde eine Datenmigration erheblich erleichtern, immer vorausgesetzt, dass die Datenstruktur ausreichend dokumentiert ist.

Wartung und Fehlerbehebung sind bei Cloud und Miete inklusive!

Wer eine Software in der Cloud abonniert oder mietet, kann sich freuen. Denn in der gezahlten turnusmäßigen Summe muss lt. deutschem Recht die Wartung enthalten sein. Da der „Vermieter" wie bei einer Wohnung auch dafür sorgen muss, dass die Mietsache vom Anwender gemäß dem Nutzungszweck verwendet werden kann, muss er alle Anstrengungen unternehmen, dass dies auch der Fall ist. Ein automatisches Recht auf neue Versionen besteht aber nicht. Genauso wenig wie Sie als Mieter einer Wohnung verlangen können, dass kostenfrei ein neues Bad eingebaut wird. Da die Anbieter Ihnen, besonders bei Cloud-Lösungen, das Leben möglichst einfach machen wollen, werden neue Funktionen und Fehlerbehebungen oft automatisch gemeinsam freigeschaltet. Pech für Sie, wenn die Software es nicht zulässt, dass Sie diese Funktionen wieder deaktivieren. Dann müssen Sie mit den aktualisierten Funktionen und Änderungen leben, auch wenn Sie sie nicht wollen.

Und was passiert am Ende eines SaaS- oder Cloud-Vertrags?

So komfortabel es auch sein mag, sich während der Nutzung weder um Updates noch um die Sicherung Ihrer Daten kümmern zu müssen, spätestens zum Ende des Vertrags erhalten Ihre Daten bzw. deren Verfügbarkeit plötzlich erhöhte Aufmerksamkeit. Spätestens jetzt stellt sich die Frage, wie und in welcher Form die Daten übernommen werden können. Wer eine einfache Adressverwaltung in der Cloud nutzt, der muss sich darüber sicherlich wenig Sorgen machen. In diesem Fall wird eine einfache Übertragung, z. B. im MS-Excel®- oder CSV-Format, ausreichen. Was aber geschieht, wenn Sie eine komplette ERP-Lösung genutzt haben, die letztendlich aus tausenden von Dateien in der Datenstruktur zusammengesetzt ist? tausende von MS-Excel®-Dateien sind hier wohl kaum die Lösung. Sie müssen daher schon vor Vertragsabschluss die technischen Rahmenbedingungen klären, unter denen später auch eine „Scheidung" möglich ist. Wenn diese für Sie nicht akzeptabel sind: Finger weg vom Cloud-Vertrag! Ansonsten gefährden Sie u. U. den Bestand Ihrer Daten und damit des Unternehmens!

Aus der Praxis

Nicht jeder, der sich „Cloud-Anbieter" schimpft, ist auch einer! Für viele Anbieter gehört es einfach dazu, ihre Software auch in der Cloud anzubieten. Einfach die Software online verfügbar zu machen reicht aber nicht aus. Echte Cloud-Software wurde speziell für den Einsatz in der Cloud entwickelt und verfügt technisch und funktionell über Möglichkeiten, die eine „ins Internet transportierte" Software gar nicht bieten kann. Achten Sie also darauf, dass Sie nicht versehentlich an ein „Cloud-Plagiat" geraten.

Wann ist eine Cloud-Software eigentlich gar keine?

- Wenn Sie keinen direkten Zugriff über das Internet haben, sondern z. B. eine VM-Ware zum Einsatz kommt.

- Wenn die Software nicht nur mit einem Internetbrowser genutzt werden kann (z. B. nur als „Fat Client" mit VM-Ware etc.).

- Wenn es auch noch eine „inhouse installierte" Version der Software (bei Ihnen im Haus) gibt, die genau die gleichen Funktionen und Fähigkeiten hat.

- Wenn man die Cloud-Version *nur* für Ihr Projekt erstellt.

- Wenn die Wartung separat bezahlt werden soll.

- etc.

Passen Sie auf, dass man Ihnen „keinen Bären aufbindet" und Sie weder technisch noch finanziell von den möglichen Vorteilen einer Cloud-Software profitieren.

Expertentipp: Wägen Sie Vor- und Nachteile, Einsparungen und Risiken genau ab, bevor Sie sich für eine SaaS- oder Cloud-Lösung entscheiden. Der Weg dorthin ist einfach, zurück ist er schon aufwendiger. Die initial geringeren Cloud-Kosten kommen – auf zehn Jahre gerechnet – meist weitaus teurer als ein direkter Kauf. Hier ist eine TCO-Kalkulation gefragt.

13.9   Wo kaufen? Beim Hersteller oder beim Händler?

Manchmal steht man vor der Wahl: Kauft man die Software und/oder Dienstleistungen direkt beim Hersteller oder doch besser bei einem Händler? Leider ist das nicht immer Ihre eigene Entscheidung. Besonders der Hersteller will dabei des Öfteren ein Wörtchen mitreden.

Bei den Hersteller-/Händler-Konstellationen gibt es verschiedene Varianten, die man kennen sollte.

Typ I

Der Hersteller verkauft direkt an Großunternehmen oder Konzerne. Händler werden bei dieser Kundengruppe maximal als Dienstleister in Form eines Subunternehmers eingesetzt. Die Händler wiederum verkaufen selbstständig im Mittelstand und bei kleineren Unternehmen. Es kann vorkommen, dass Ihre Anfrage, die Sie direkt an den Hersteller gerichtet haben, ohne Rückfrage bei irgendeinem Händler landet. Lassen Sie dies nur nach vorheriger Freigabe zu. Beachten Sie auch, dass Sie, wenn der Hersteller kein besonderes Interesse an Ihrem Projekt hat, den Auftrag aber dennoch annimmt, vielleicht nur ein unwichtiger Kunde sind und nicht die von Ihnen erwartete Aufmerksamkeit erfahren. Was diesen Punkt angeht, sind Sie bei einem Händler ggf. besser aufgehoben.

Typ II

Der Hersteller verkauft überregional. Die Händler sind regional aufgeteilt. Wer Sie betreut, hängt von Ihrer Postleitzahl ab. Leider kommt es bei diesem System öfter vor, dass der Ihnen zugewiesene Händler nicht Ihr Wunschkandidat ist oder nicht der beste Händler für Ihr Projekt. Lassen Sie sich nicht gleich abwimmeln, sondern nehmen Sie sich die Freiheit, selbst mitzuentscheiden, von wem Sie kaufen und sich betreuen lassen. Verkauft der Hersteller überregional, könnte es auch zu einer Konkurrenz zwischen Händler und Hersteller kommen. Dies kann zu Ihren Gunsten, aber auch zu Ihren Lasten ausfallen. Übrigens: Aus aktueller Compliance-Sicht ist das fixe Abdecken von Gebieten kritisch zu betrachten.

Typ III

Der Hersteller vertreibt nicht direkt, sondern nur über das Händlernetzwerk, abweichend vom Typ II.

Wie viel Provision bleibt dem Händler?

Provisionen bei Händlersystemen können drastisch von Produkt zu Produkt, je nach Herstellergröße oder Anzahl der Händler variieren. Die Zahlen reichen dabei von 10% bis zu 50% vom Listenpreis, in wenigen Ausnahmen ist es sogar noch etwas mehr. Achten Sie also beim Verhandeln darauf, dass dem Händler noch Marge bleibt, sonst wird er sich das im späteren Projektverlauf wieder zurückholen. Bei Sonderprojekten oder besonders interessanten Kunden (Referenz etc.) kann es vorkommen, dass der Hersteller die Marge des Händlers erhöht, damit dieser Ihnen ggf. einen höheren Rabatt einräumen kann. Sollten Sie also die Meinung vertreten, als Kunde für den Hersteller besonders attraktiv zu sein, dann sprechen Sie Ihren Händler auf diese Sonderkonditionen an. Wer weiß, vielleicht haben Sie ja Glück.

Wo bekommt man den besseren Preis?

Nur weil der Hersteller den Preis kontrolliert, heißt das noch lange nicht, dass Sie bei ihm auch den besten Preis bzw. den höchsten Rabatt erhalten. Händler sind oft gewillt, auf einen Teil ihrer Marge zu verzichten, wenn Sie mit Ihrem Projekt ihr Personal auslasten können. Hier hat in der Regel die Konjunktur ein Wörtchen mitzureden: Ist ein Händler unter Umständen auf Ihren Auftrag angewiesen, um aktuell sein Personal zu halten, wird er ggf. sogar auf den Großteil seiner Marge verzichten.

Wer liefert den besseren Service?

Hierfür gibt es keine allgemeine Regel. Holen Sie Referenzen ein zu dieser Frage, lassen Sie sich die Servicestruktur, die Dienstleistungen sowie die genutzten Werkzeuge vorstellen und vergleichen Sie dann. Oder fragen Sie einfach den Händler, was er mehr bietet als der Hersteller.

Aus der Praxis

Der Händler eines sehr großen Herstellers übergibt dem Kunden die Lizenz- und Wartungsverträge im Rahmen des Angebotes. Dabei stellt sich heraus, dass in einer Rubrik die Konditionen des Händlers und in einer anderen Rubrik die des Herstellers gelten. Auf Änderungswünsche angesprochen, zieht sich der Händler darauf zurück, dass er die Konditionen des Herstellers nicht ändern könne, auch wenn diese für den Kunden nicht vorteilhaft ausfielen. Ob Ausrede oder nicht, der Händler versteckt sich hier hinter den Herstellerverträgen zugunsten seines eigenen Vorteils. Also aufgepasst, dass Sie nicht erst bei der Verhandlung von derartigen Konstellationen erfahren, an denen Sie nicht viel ändern können.

Wo erhalten Sie die meisten Funktionalitäten?

Die meisten Funktionalitäten bietet in der Regel der Händler und nicht der Hersteller. Denn Händler sind gezwungen, die „Löcher" in der vom Hersteller entwickelten Standardsoftware zu füllen. Händler sind dabei meist viel flexibler und erstellen in der Regel auch entsprechende Branchenlösungen. Achten Sie dabei unbedingt darauf, dass die Zusatzentwicklung so erfolgt, dass die Updates vom Hersteller ohne Probleme trotzdem genutzt werden können. Das sollten Sie am besten im Rahmen Ihres Wartungsvertrages mit dem Händler vereinbaren.

Hersteller und Händler anfragen und dann vergleichen, oder?

Schön wäre, das würde so einfach funktionieren. Da viele Hersteller und Händler Vereinbarungen zum Kundenschutz getroffen haben, kann es passieren, dass nur einer der beiden anbieten will oder darf. Auf diese Weise will man sich unter anderem die doppelte Arbeit sparen, verkennt aber, dass, wenn die gleiche Lösung mehrfach angefragt wird, damit auch die Wahrscheinlichkeit für einen Zuschlag im Projekt automatisch wächst. Für den Händler ist dies ganz bestimmt von Vorteil.

Expertentipp: Eruieren Sie, ob Sie überhaupt in die Zielgruppe von Hersteller oder Händler passen (Größe, regionale Abdeckung, Branche etc.) und entscheiden Sie dann, bei wem Sie anfragen. Wählen Sie in einem regionalen Händlersystem nicht einfach den Ihnen „zugewiesenen" Händler, sondern recherchieren Sie ggf. auch über die Region hinaus. Wie beim Taxi am Taxistand müssen Sie sich nicht mit dem erstbesten Händler abfinden, der Ihnen vorgeschlagen wird.

14 Die Anbietersuche und Vorbewertung

14.1 Trichterauswahlverfahren - oder geht es auch anders?

Wer nach einer Software sucht, um sie in seinem Ausschreibungsverfahren zu berücksichtigen, wählt entweder die Top-down-, die Bottom-up- oder die Direct-hit-Methodik. Was ist der Unterschied zwischen den Verfahren?

Das Bottom-up-Verfahren

Im Bottom-up-Verfahren beginnt man mit der Suche bei bekannten oder einfach zu findenden Anbieterunternehmen, z. B. durch

- die Einbeziehung persönlich bekannter Unternehmen
- die Suche bei Google®
- die Empfehlung durch bekannte Unternehmen oder Mitarbeiter
- die Suche auf einer Messe, einem Kongress oder einer sonstigen Veranstaltung

Bei diesem Verfahren fühlen sich die meisten Anwender am wohlsten, wahrscheinlich weil Sie es nicht anders kennen. Dieser Ansatz birgt allerdings die Gefahr, dass der für Sie richtige Anbieter nicht dabei ist, einfach weil Sie ihn nicht „schnell und einfach" gefunden haben oder er wenig Marketing macht und deswegen auf keiner Messe ausstellt etc.

Das Top-down- oder Trichterverfahren

Abbildung 14.1 Trichterauswahlverfahren

© Springer Fachmedien Wiesbaden GmbH, ein Teil von Springer Nature 2019
C. Groß und R. Pfennig, *Digitalisierung in Industrie, Handel und Logistik*,
https://doi.org/10.1007/978-3-658-26095-8_14

Die bessere Methodik ist das Top-down-Verfahren, auch Trichterverfahren genannt
(**Abbildung 14.1** und **Abbildung 14.2**). Je mehr Anbieter Sie oben in den Trichter füllen,
desto wahrscheinlicher wird es, dass der ideale Anbieter für Ihr Unternehmen als Ergebnis
unten herausfällt. Dies leuchtet ein. Vorausgesetzt Sie sind in der Lage, die Regeln, nach
denen ausgefiltert wird, zu bestimmen und zu kontrollieren. Da Sie kaum alle infrage
kommenden Anbieter am Markt kennen dürften, sollten Sie sich spezialisierte Suchmaschinen und Plattformen zunutze machen. Eine mögliche Plattform ist dabei der IT-
Matchmaker®, der die nachfolgende Top-down-Analyse ermöglicht.

Abbildung 14.2   Trichterverfahren

1	Verfügbare Anbieter und Lösungen*	1600+
2	Davon Lösungen im gewünschten Bereich - Beispiel TOM	50+
3	Relevant lt. Ihren Kriterien	25
4	Davon Versand der Anfrage	10
5	Erhaltene Angebote	7
6	Auswahl der Finalisten	3
7	Vertragsabschluß	1

TOM= Transport Optimierung und Management
*=Datenbasis IT-Matchmaker ® Datenbank auf www.scc-center.de

Das Top-down-Verfahren enthält folgende Schritte:

1. Die gesamte Anzahl der Anbieter oder Lösungen oder Anbieter auf der Plattform.

2. Anteilige Anzahl der Anbieter, die für sich in Anspruch nehmen, eine Lösung im Bereich Transportoptimierung und -management anzubieten.

3. Nach weiterer Recherche verbleiben 25 potenzielle Anbieter, die generell den Anforderungen der Anfrage gerecht werden.

4. Nur zehn Anbieter werden angeschrieben, z. B. auf Basis ihrer Referenzen, der räumli-
   chen Nähe, ihrer bisherigen Erfahrungen etc.

5. Von den angeschriebenen zehn Anbietern erhalten Sie sieben Angebote. Die Gründe
   können vielfältig sein, sei es, dass der Anbieter Ihre Anforderungen nicht abdecken
   kann oder will, ihm das Projekt zu klein ist oder er aktuell keine Ressourcen verfügbar
   hat.

6. Nach Auswertung der erhaltenen Angebote nach Preis, Leistung, Referenzen etc. werden drei Anbieter eingeladen, um sich vorzustellen.

7. Mit dem Finalisten wird nach Verhandlung ein Vertrag geschlossen.

Wer gar keine Zeit hat und gerne Risiken eingeht, kann aber auch eine Abkürzung wählen
und sich direkt mit seinem „Favoriten" beschäftigen.

Das Direct-Hit-Verfahren

Bei diesem Verfahren setzt der Anwender darauf, gleich mit dem ersten Anbieter quasi den „Nagel auf den Kopf" getroffen zu haben. Bei der Direct-Hit-Methodik fragen Sie nur einen Anbieter an (idealerweise natürlich trotzdem mit einem Lastenheft), gestalten Workshops oder gar ein Vorprojekt mit ihm. Eine Alternative kommt nur dann zum Zug, wenn der Anbieter bei einer der Aktivitäten versagt. Das Risiko bei dieser Vorgehensweise liegt darin, dass die Wahl des einen Anbieters meist vom Management politisch beeinflusst ist und eher selten der tatsächlich besten Lösung für das Unternehmen entspricht. Damit wird ein Projektabbruch höchst unwahrscheinlich, selbst wenn der Anbieter Kosten und Termine überschreitet oder andere gravierende Fehler macht. Kein Wunder, denn das Management, das diese Lösung propagiert hat, wird kaum sein Gesicht verlieren wollen. Die Wahrscheinlichkeit, dass bei dieser Art der Anbieterauswahl ein für das Unternehmen schlechtes Ergebnis erzielt wird, ist deswegen verhältnismäßig hoch.

Expertentipp: Mit den richtigen Werkzeugen und Informationen ist die Top-down-Methode immer die beste Option zur Auswahl der besten Lösung und des besten Anbieters für Ihr Projekt. Alle anderen Methoden bergen einfach zu viele Risiken in sich.

14.2   Marktrecherche und Anbieterfindung

Den richtigen potenziellen Anbieter mit der passenden Lösung zu finden ist nicht so einfach. Je nach Softwarebereich können mehrere hundert Lösungen und Anbieter zur Wahl stehen. Wer hier nicht systematisch vorgeht, sieht bald den Wald vor lauter Bäumen nicht mehr. Dabei machen viele Anwender den Fehler, aus Frust am Ende auf die altbekannten Anbieter in der Auswahl zurückzugreifen. Anbieter, die man von befreundeten Unternehmen, von Messen oder aus der Presse/Werbung kennt. Fraglich ist jedoch, ob zu dieser Gruppe tatsächlich der Anbieter gehört ist, der die beste Lösung für Ihr Unternehmen darstellt. Das ist nicht immer der Fall. Deshalb ist es wichtig, möglichst breit zu recherchieren und dabei auf die Reihenfolge der einzelnen Aktivitäten zu achten. So ist es z. B. wenig sinnvoll, gleich am Anfang einer Recherche an einem Workshop eines spezifischen Anbieters teilzunehmen. Sollte sich dieser Anbieter später als unpassend herausstellen, haben Sie Zeit und Geld verschwendet. Derartige Aktivitäten sollten nur mit Anbietern stattfinden, die ohnehin in der engeren Auswahl oder bereits in der Endauswahl stehen.

Wo und wie finde ich einen potenziellen Anbieter und die passende Lösung?

Über bekannte Unternehmen

Befreundete Unternehmen können Sie zwar befragen, dies ersetzt aber keine echte Recherche und kann maximal zu Referenzzwecken genutzt werden.

Anbieterveranstaltung

Anbieterveranstaltungen sind nicht neutral und nur dann zu empfehlen, wenn Sie einen Anbieter bereits in die engere Auswahl gezogen haben. Der Informationsgehalt und die Qualität fallen von Anbieter zu Anbieter höchst unterschiedlich aus.

Seminar/Workshop

Seminare und Workshops sind nie neutral und es ist fraglich, ob die damit verbundenen Kosten das Ergebnis rechtfertigen. Maximal geeignet für einen Anbieter, der es bereits in Ihre Finalrunde geschafft hat.

Kongress

Die teuerste Variante, um Informationen einzuholen, entweder an den meist kleinen Ständen der Anbieter, an denen oft nur wenig zu sehen ist und wo nur Gespräche stattfinden, oder in Vorträgen.

Messe

Eine kostengünstige Alternative, bei der Sie parallel mehrere Anbieter zu den gleichen Themen befragen können. Dies reicht für einen ersten Eindruck sicherlich aus. Leider sind auf Messen nicht alle relevanten Anbieter präsent.

Internet

Hier trifft man nicht nur auf die üblichen Kandidaten, sondern auch auf den einen oder anderen bisher unbekannten Anbieter. Allerdings will das richtige Suchen gelernt sein. Ein passender Anbieter kann am Ende der Suchergebnisse stehen. Es ist fraglich, ob Sie es bis dahin schaffen. Die Webseiten, auf die man bei der Suche stößt, sind von höchst unterschiedlicher Qualität. Der Aufwand bei der Recherche kann also erheblich sein.

Informationsplattform

Informationsplattformen bieten in der Regel eine breite Masse an Anbietern, verbunden mit dem Nachteil geringer Informationstiefe. Um den Anbieter überhaupt zu finden und bei ihm Informationen anzufordern, sind die Plattformen gut geeignet. Der Vergleich muss aber auf einem anderen Wege stattfinden.

Marktrechercheplattform

Die sicherlich detaillierteste Form der Voranalyse. Meist auf Basis vergleichbarer Kriterien mit entsprechenden Reports. Aber auch hier weicht die Anzahl der auswertbaren Kriterien oder der Anbieter eines bestimmten Lösungsbereiches stark voneinander ab. Zudem kann es sein, dass Sie bei der Suche nach einer Nischenapplikation auf diesen Plattformen nicht fündig werden.

Bei der Wahl der Methodik Ihrer Recherche sollten Sie auch Kosten und Nutzen berücksichtigen. Nicht jeder „Weg nach Rom" eignet sich für Ihre Aufgabenstellung, besonders wenn Sie schnell und effizient zu einem Ergebnis kommen wollen.

Nachfolgend (**Abbildung 14.3**) finden Sie eine entsprechende Aufstellung als Bewertung der verschiedenen Rechercheformen.

Abbildung 14.3   Marktrecherche

Art	Informationsvielfalt	Informationsmenge	Informationsqualität	Effizienz	Anzahl der Anbieter	Kosten
Über bekannte Unternehmen	(+)	(+)	(+)	(+)	()	()
Seminar/Workshop	(+)	(+++)	(++)	(++)	()	(€€€)
Anbieterveranstaltung	(++)	(++)	(++)	(+)	()	(€)
Kongress	(++)	(++)	(++)	(++)	(+)	(€€€)
Messe	(+++)	(+++)	(++)	(++)	(++)	(€)
Internet	(+++)	(+++)	(+)	(+)	(++)	()
Informationsplattform/Info Anforderung	(+++)	(+++)	(+)	(++)	(+++)	()
Marktrechercheplattform	(+++)	(+++)	(+++)	(+++)	(+++)	()

Legende
Aufwand (+ = wenig, ++ = mittel, +++ = hoch)
Kosten (€ = wenig, €€ = mittel, +++ = hoch)

Expertentipp: Kombinieren Sie die verschiedenen Quellen für Ihre Marktrecherche und verlassen Sie sich nicht nur auf eine Methodik, um den potenziell besten Anbieter zu finden. Achten Sie dabei darauf, dass Sie sich nicht in einer endlosen Suche ohne messbares Ergebnis verzetteln.

14.3   Softwarerecherche und Ausschreibungsplattformen

Mit tausenden von Softwarelösungen und ebenso vielen potenziellen Anbietern ist eine Softwarerecherche und die damit verbundene Auswahl nicht gerade einfach. Nur die üblichen Anbieter anzufragen, die fleißig Werbung machen oder auf Messen vertreten sind, kann dazu führen, dass Sie den besten Anbieter mit der für Sie besten Lösung nicht finden. Um diesen Recherche- und Auswahlmarkt zu adressieren, sind in den letzten Jahren immer mehr Internet-basierte Plattformen entstanden, die Ihnen als Anwender die Auswahl erleichtern wollen. Bevor Sie sich auf einen der Plattformanbieter stürzen, sollten Sie aber auch hier eine Auswahl treffen, die Ihren eigenen Anforderungen am besten gerecht wird.

Welche unterschiedlichen Rechercheplattformen gibt es?

Die einfache Unternehmens-/Lösungslistung

Hier finden Sie meist nur Kontaktadressen inkl. Verlinkung zu den Websites der Anbieter. Die Recherche kostet zwar kein Geld, aber der Mehrwert geht oft nicht über eine eigene Recherche im Internet hinaus. Diese Plattformen werden meist im Verbund mit allgemeinen Informationsplattformen von Verbänden oder Verlagen angeboten. Jeder eingetragene Anbieter sorgt selbst für die Qualität und den Umfang seiner gelisteten Informationen. Echte Details zum Anbieter, zur Lösung oder zu den Referenzen finden Sie hier leider nicht.

Die Anfrageplattform für Unterlagen

Eine Recherchemöglichkeit mit der Option, direkt auf der Plattform Unterlagen und Informationen über einen ausgewählten Anbieter, ggf. sogar eine Demoversion, abzurufen. Die Qualitätssicherung liegt beim eingetragenen Anbieter, daher kann auch hier der Umfang der online angebotenen Informationen von Anbieter zu Anbieter stark variieren.

Die geschlossene Recherche- und Ausschreibungsplattform

Hierbei handelt es sich um Plattformen, die ausschließlich von Beratungsunternehmen betrieben werden. Der Endanwender erhält in der Regel keinen direkten Zugriff auf die Daten. Nur im Falle einer Auftragserteilung an den Berater wird auf die Daten zugegriffen, meist aber nur durch den Berater selbst. Der Kunde kann Daten nicht immer selbstständig recherchieren oder auswerten.

Inwiefern derartige Plattformen also eine neutrale Bewertungsbasis darstellen, ist fraglich. Sie sollten vorsichtig sein, wenn Berater sich rühmen, über eine umfangreiche Internetplattform zur Recherche zu verfügen, Sie selbst aber keinen Zugriff erhalten. In der Regel filtert der Berater dann nämlich die für ihn vorteilhaften Informationen heraus, die nicht immer in Ihrem Interesse ausgewertet werden.

Die offene Recherche- und Ausschreibungsplattform

Hier kann man kostenlos nach einem ausführlichen Fragebogen recherchieren, meist lassen sich Detaildaten aber erst nach einer Registrierung abfragen. Der Vorteil der offenen Plattform: Sie liefert die meisten und ausführlichsten Daten, die ohne Ihr Wissen auch nicht vorher vom Berater „gefiltert" werden können. Die anschließende Interpretation der Daten kann allerdings eine Herausforderung darstellen.

Nach welchen Kriterien kann man eine solche Plattform bewerten?

Damit Sie die richte Plattform für Ihren Informationsbedarf und die von Ihnen gewünschte Analyse finden, sollten Sie diese auch bewerten können, natürlich je nach Zielsetzung. Nachfolgend einige Kriterien, auf die Sie Wert legen sollten und die für einen Vergleich herangezogen werden können.

Allgemeine Kriterien

■ Gründungsjahr der Plattform mit erster Nutzung

■ Anzahl der gelisteten Anbieter

■ Anzahl der gelisteten Lösungen

■ Anzahl der gelisteten Referenzen

■ Anzahl der abgewickelten Marktrecherchen p. a.

■ Umfang des Fragekataloges zur Recherche (Anzahl Kriterien)

■ Detaillierungsgrad der erhaltenen Informationen

■ Auswertbarkeit der angezeigten Informationen – nur Textblock oder elektronisch vergleichbare Kriterien

■ Auswertungsformen – simple Liste, einfache Anzeige oder ausführlicher Report oder Bericht

■ Offenheit der Plattform – direkte Zugriffsmöglichkeit der Anwender

■ Aktualität der Daten

Zusätzliche Kriterien für die Abwicklung einer Ausschreibung

Wenn Sie in Ihrem Projekt nicht nur die Softwarerecherche, sondern auch die daraus resultierende Ausschreibung online abwickeln wollen, dann sollten Sie auf weitere Kriterien Wert legen:

■ Anzahl der verfügbaren Lastenheft-Bereiche – für verschiedene Softwaretypen (Transportmanagement, Lager, Finanzen, ERP, CRM etc.)

■ Anzahl der abgewickelten Ausschreibungen p. a.

■ Umfang der Lastenheft-Vorlagen – Anzahl Fragen/Kriterien

■ Einfache Möglichkeiten, die Lastenheft-Vorlagen anzupassen, zu erweitern oder zu kombinieren

■ Umfang der Online-Anfragebearbeitung – Erstellung, Überwachung etc.

■ Online- und Offline-Auswertungsmöglichkeiten des erstellen Angebotes

Übrigens: Auch Fragen will gelernt sein!

Manche Anfrageplattform macht es einem leicht, ggf. hunderte von Kriterien auszuwählen, die bei der Recherche berücksichtigt werden sollen. Machen Sie sich besser vorher darüber Gedanken und kreuzen Sie nicht alles wild an wie bei einer „Weihnachtswunschliste". Wer Pech hat, findet sonst zum Schluss womöglich keinen passenden Anbieter, wobei das oft mehr am Fragenden als an den Möglichkeiten der Plattform liegt. Es kann durchaus sinnvoll sein, bei der Recherche einen Berater zu Rate zu ziehen.

Im Zweifelsfall mehrere Plattformen bei der Recherche nutzen

Beschränken Sie sich bei der Recherche nicht nur auf eine Plattform, sondern nutzen Sie die Kombination von Internetsuche und Rechercheplattformen. Nicht jeder Anbieter ist auf jeder Plattform gelistet.

Mehr als nur Recherche – warum nicht gleich die komplette Ausschreibung online abwickeln?

Einige Plattformanbieter gehen weit über die Recherchefunktion hinaus. Dort finden Sie nicht nur Anbieter, sondern können auch gleich Ihr Lastenheft erstellen, die Anfrage versenden und die danach erhaltenen Angebote auswerten. Eine sehr komfortable Methode, aber vergewissern Sie sich, dass Sie auch die Plattform wählen, die sich für Ihr Projekt am besten eignet.

In der Regel kann die Anfrage auch nur an die auf der Plattform gelisteten Anbieter verschickt werden. Das bedeutet, dass höchstwahrscheinlich die Plattform mit den meisten Anbietern und der größten Spezialisierung auf den von Ihnen angefragten Softwarebereich die beste Wahl für Sie ist.

Welche Funktionen sollte eine gute Ausschreibungsplattform beinhalten?

- Online- und Offline-Bearbeitung der Anfragedaten

- Online- und Offline-Bearbeitung des Lastenheftes

- Versand der Anfrage an gewählte Anbieter

- Überwachung des Fortschritts der angefragten Anbieter

- Online- und Offline-Auswertung der erhaltenen Angebote inkl. Möglichkeit zur Individualisierung der Angebotsanalyse

Die Geschäftsmodelle der Plattformanbieter - umsonst gibt's nix!

Für die Softwareanbieter

Die Anbieter der Plattformen verdienen ihr Geld auf unterschiedlichsten Wegen. Schließlich ist der Aufwand zur Bereitstellung und Pflege der Plattform nicht unerheblich.

Einige der Erlöskanäle sind unter anderem

- Kostenlose Basislistung, aber kostenpflichte Listung mit Anbieter-Logo und zusätzlichen Daten

- Kostenfreie Basislistung, aber Gebühr für weitergeleitete Interessenten-Adressen, die Informationen anfordern

- Kostenpflichtige Listung eines Eintrages

- Werbung und Anzeigen auf der Plattform

- Vermittlungsprovision bei der Vermittlung eines Auftrages

- Verkauf von Interessenten-Adressen der potenziellen Interessenten eines Anbieters

Für die suchenden Anwender

Anwender profitieren auf Basis dieser Geschäftsmodelle zwar in der Regel von der kostenfreien Marktrecherche, für die Anfrageabwicklung und die Nutzung der Lastenheft-Vorlagen fallen aber meist separate Gebühren an. Ist dies nicht der Fall, dann ist häufig die Plattform- und Lastenheft-Nutzung nur im Verbund mit einer entsprechenden Beratung möglich, deren Kosten voraussichtlich nicht unerheblich sein werden.

Leistungen für die Anwender sind unter anderem

- Kostenfreie Marktrecherche

- Kostenpflichtige Nutzung der Plattform für die Ausschreibung und für Lastenheft-Vorlagen

Seriöse Plattformen legen dabei ihr Preismodell im Internet offen. Es ist schließlich keine Schande, dass die Plattformanbieter mit ihrer Dienstleistung auch Geld verdienen wollen. Legen Sie Wert darauf zu erkennen, wie der Plattformanbieter Geld an Ihrem Informationsbedarf verdient. Das schafft Vertrauen bei den Anwendern. Sollten Plattformanbieter behaupten, dass die Nutzung für alle Parteien kostenfrei ist, dann seien Sie vorsichtig. Barmherzige Samariter sind in diesem Geschäftsumfeld höchst selten anzutreffen.

Setzt ein Berater in Ihrem Projekt eine derartige Plattform ein, dann achten Sie vor allem darauf, auch selbst Zugriff auf die verfügbaren Daten und Informationen zu bekommen. Sonst kann es passieren, dass die Analyse nicht in Ihrem Sinne, sondern in der des Beraters erfolgt.

Expertentipp: Wählen Sie eine Informations- oder Ausschreibungsplattform nach Ihren tatsächlichen Anforderungen und dem Angebot der Plattformanbieter. Wer kritisch vergleicht und nicht sofort die erstbeste Plattform nutzt, wird sie effizient im eigenen Projekt einsetzen können und damit viel Zeit und Geld sparen.

14.4   Wie kann man die Internetseiten von Anbietern bewerten?

Internetseiten sind heutzutage die Visitenkarte eines Unternehmens. Ein gutes Unternehmen zeichnet sich durch die Offenlegung vielfältiger Informationen aus. Dafür sind Internetseiten natürlich bestens geeignet.

Für Ihre Entscheidungsfindung ist es wichtig, dass Sie den Eindruck bekommen, Ihnen würde nichts vorenthalten. Die Beurteilung der Website des Anbieters ist deswegen eine sinnvolle Aktion im Rahmen der Auswahl.

Was sollte die Website eines guten Softwareanbieters beinhalten?

Unternehmensinformationen

Strukturen und Firmendaten in Bezug auf Umsatz, Installationen, Mitarbeiter etc.

Referenzen

Mit mehr als nur dem Logo des Kunden, sondern zusätzlich mit kurzer Information zum Projekt, einem Referenzzitat oder – noch besser – mit einem Referenzschreiben. Bei Nutzung von Partnernetzwerken sollten natürlich auch diese in den Referenzen berücksichtigt sein. Sie müssen jedoch ganz klar erkennen können, ob die Referenz vom Händler/Partner oder vom Hersteller stammt.

Softwareinformation

Mit einer detaillierten Information zur Funktionalität, Modulen oder der Technologie inklusive Screenshots, damit Sie einen ersten Eindruck von der Lösung bekommen.

Dienstleistungen

Informationen zu den angebotenen Dienstleistungen mit Fokus auf Beratung, Implementierung, Service oder Entwicklung.

Kompetenzen

Branchenfokussierung, besondere Fähigkeiten oder Leistungen.

Partnerbereich

Inklusive der Information, was genau zusammen mit dem Partner gemacht wird. Aufteilung in Vertriebspartner, Implementierungspartner, Beratungspartner, Partner mit ergänzenden Lösungen.

Downloadbereich

Allgemeine Unterlagen und Broschüren sollten auch ohne Registrierung zum Download bereitstehen.

Newsletter

Die Anmeldung zum turnusmäßigen bzw. monatlichen Newsletter und der Abruf der bisherigen Ausgaben.

Veranstaltungen

Informationen zu bisherigen oder zukünftigen Veranstaltungen.

Kontaktdaten

Idealerweise auch vom zuständigen Vertriebsmitarbeiter, damit Sie diesen im Bedarfsfall direkt kontaktieren können.

Kundenbereich

Mit Info und Zugriff auf das Kundenportal und den Servicebereich.

Es reicht im Übrigen nicht aus, nur jede Menge Logos von Partnern, Partnerlösungen oder Kunden aufzuführen ohne eine entsprechende Erläuterung dazu. Die Listung eines namhaften Unternehmens sagt nichts darüber aus, ob hier ein Mini-Projekt oder ein Projekt mit Relevanz zu Ihren Anforderungen begleitet wurde. Erliegen Sie nicht dem „Annahmefehler", dass große Namen auch große Projekte bedeuten.

> **Expertentipp**: Sondieren Sie mögliche Anbieter immer auch über deren Website und die darin enthaltenen Informationen und Daten. Wer hier bereits einen schlechten oder mangelhaften Eindruck hinterlässt, den sollten Sie später – wenn überhaupt – ganz genau begutachten.

14.5 Der Umgang mit Anbietern in Zeiten der Hochkonjunktur

Schlechte Präsentationen, mangelhaftes Interesse, unzureichendes Reaktionsverhalten auf E-Mails oder Anrufe, das Gefühl, dass Sie dem Anbieter schlichtweg egal sind und die völlig fehlende Bereitschaft, den Preis zu verhandeln, sind eindeutige Anzeichen dafür, dass Sie sich in einer Hochkonjunkturphase befinden (**Abbildung 14.4**). Als Kunde würde man nun gerne dem einen oder anderen Anbieter die „kalte Schulter" zeigen. Schließlich sind Sie ja der zahlende Kunde und wollen gerade viel Geld ausgeben. Was aber, wenn Sie gerade den aus Ihrer Sicht besten Anbieter gefunden haben? Hier ist nun guter Rat wortwörtlich teuer und wer nicht gut organisiert ist und die Zeichen der Zeit nicht erkennt, kann schnell mal draufzahlen. Machen Sie sich übrigens auch darauf gefasst, dass es so schnell nicht besser, sondern maximal „anders" wird.

Woran erkennt man die Zeichen der Hochkonjunktur in der IT?

- Anbieter antworten nicht auf Anfragen oder rufen nur schleppend zurück.

- Anbieter sagen oft wegen (aus Ihrer Sicht) „fadenscheiniger" Gründe die Teilnahme an Ihrer Ausschreibung ab.

- Termine können nur mit einer ungewöhnlich langen Vorlaufzeit zustande kommen (manchmal erst in einigen Monaten).

- Es wird immer wieder auf die vollen Auftragsbücher und auf einen als aktuell nicht bestimmbaren Beginn des Einführungsprojekts verwiesen.

- Der Anbieter hat anscheinend keine ausreichende Zeit für die Vorbereitung von Terminen oder Workshops und liefert damit eine manchmal „unterirdische" Qualität ab.

- Die Ausarbeitungsqualität und der quantitative Inhalt sind völlig unbefriedigend und scheinen auf einer 0/8/15-Ausarbeitung ohne ausreichendes Eingehen auf Ihre Anforderungen zu basieren.

- Die Verhandlungsbereitschaft in Bezug auf Lizenzen, Dienstleistungen oder Reisekosten geht gegen Null.

- u.v.m.

Abbildung 14.4   Hochkonjunktur (Quelle: Shutterstock)

Sie müssen sich nun auf eine Gratwanderung begeben, denn auf der einen Seite möchten Sie beim Anbieter nicht zum Bittsteller werden und Ihr Gesicht verlieren, auf der anderen Seite wollen Sie das Beste für Ihr Unternehmen und das Projekt herausholen. Das ist bestimmt nicht einfach. Der Schlüssel ist dabei, dass Sie nicht einknicken und auch mal „Fünf gerade sein lassen". Denn es gibt nur einen, der letztendlich die Rechnung dafür bezahlt, und das sind SIE!

„Zuckerbrot und Peitsche" als Methodik, damit umzugehen, trifft es ganz gut. Zum einen müssen Sie es dem Anbieter und dessen Mitarbeitern schmackhaft machen, gerade in Ihrem Projekt nicht nur motiviert, sondern dort auch mit einer hohen Priorität tätig zu sein, zum andern müssen Sie sicherstellen, dass Sie Ihre Ziele erreichen, das Budget nicht überschritten wird und alle Beteiligten am Ende zufrieden sind.

Ein weiteres Schlüsselkriterium, um in dieser Situation nicht als Verlierer dazustehen, ist es, ganz einfach selbst mehr Kontrolle im Projekt zu übernehmen. In Zeiten der Hochkonjunktur und Überarbeitung der Mitarbeiter Ihrer Anbieter ist es einfach nicht möglich, sich darauf zu verlassen, dass der Profi, der ja schließlich dafür bezahlt wird, das Ganze schon regelt. Dann ist es angebracht, dass Sie selbst aktiv werden und die Koordinierung, die Überwachung und Kontrolle übernehmen. Dabei ist es völlig egal, ob es sich um einen großen, multinationalen Anbieter oder um das kleine Systemhaus um die Ecke handelt. Überfordert können die Mitarbeiter und Organisationen jeglicher Anbieterunternehmen sein. Also auch hier: Keine Annahme treffen, auf deren Basis Sie zum Schluss die Folgen selbst tragen müssen. Überlegen Sie sich Ihre Vorgehensweise in dieser Phase gut und vermeiden Sie Folgendes:

- Zu viel Zeitdruck auf den Anbieter ausüben, z.B. mit Terminen bei der Angebotsabgabe oder der Durchführung von Workshops

- Zu viele Aktivitäten mit zu viel Konkurrenz im Nacken des Anbieters (eine Ausschreibung an 30 Anbieter zeigt eher, dass Sie kopflos sind, und den Anbietern, dass deren Teilnahme keine große „Gewinnchance" hat)

- Permanent neue Termine und Aufwände für die Anbieter ohne einen realistischen Zeitpunkt, wann Sie einen Vertrag unterzeichnen wollen

- Keine Ersttermine oder erste Workshops zum Jahresende, die erst nach 6 Monaten zu einem Auftrag führen wollen. Die Anbieter sind da eher mit deren Endjahresgeschäft beschäftigt.

Expertentipp: Wenden Sie in Zeiten der Hochkonjunktur die „Zuckerbrot und Peitsche"-Methodik an. Machen Sie es dem Anwender schmackhaft, in Ihrem Projekt zu arbeiten, bestehen Sie dafür aber auch permanent auf Qualität und Engagement und vernachlässigen Sie Ihre Anforderungen nicht. Nehmen Sie das Heft und damit die Kontrolle des Projekts in die Hand, auch wenn dies mehr Aufwand für Sie bedeutet.

14.6 Ist ein Anbieter mit mehreren Lösungen der Bessere?

Manch ein Softwareanbieter offeriert nicht nur eine Software, sondern gleich mehrere Lösungen. Das heißt, Sie können oder müssen eine Wahl treffen. So gibt es z. B. einige Dienstleistungsunternehmen oder Händler (VAR) speziell im ERP-Umfeld, die sich gleich auf zwei oder gar drei Lösungen spezialisiert haben, frei nach dem Motto „Sie suchen es, wir haben es." In der Logistik kommt das zwar seltener vor, aber es kann durchaus sein, dass ein Anbieter seine über Jahrzehnte entwickelte Software aktiv vertreibt und – anstatt diese auf Basis neuerer Technologien weiterzuentwickeln – parallel dazu ein ganz neues System aufbaut, das völlig losgelöst von der bisherigen Software angeboten wird. Womöglich greift er sogar auf eine Drittlösung eines vorherigen Mitbewerbers zurück. Noch interessanter wird es, wenn ein Anbieter gleich mehrere Lösungen verschiedener Hersteller vertreibt und implementiert.

Sind Sie bei einem solchen Anbieter wirklich gut aufgehoben? Wie viele Lösungen kann ein einziges Anbieterunternehmen sinnvoll und unter Einhaltung der Qualitätsanforderungen verkaufen oder implementieren? Um entscheiden zu können, was für Auswirkungen das auf Ihr Projekt haben kann, sollten Sie die Vor- und Nachteile abwägen.

Bewerten Sie den Anbieter nach diesen Kriterien:

- Wie hoch ist der Umsatzanteil der jeweiligen Lösung?

- Sind die einzelnen Berater auf eine Lösung spezialisiert oder werden sie bei mehreren Lösungen eingesetzt?

- Werden die Lösungen nur im reinen Standard oder auch inklusive eigens entwickelten Zusatzmodulen verkauft?

- Wie viel Entwicklungsbudget wird in die Weiterentwicklung dieser spezifischen Lösungen pro Lösung investiert?

- Worin unterscheiden sich die Lösungen, speziell in Bezug auf die Technologie?

- Wie viele Techniker oder Entwickler stehen für jede Lösung zur Verfügung?

- Sind die einzelnen Bereiche als Profitcenter aufgestellt oder werden alle dem „gleichen Topf" zugeordnet?

- etc.

Ganz nach dem Motto „Ein bisschen schwanger geht nicht" sollten Sie abwägen, ob der Anbieter sich wirklich ausreichend auf die von Ihnen gewählte Lösung fokussiert.

Potenziale bei der Auswahl eines Anbieters mit mehreren Lösungen

- Umstieg von der einen Lösung auf eine andere während des Auswahlprozesses

- Vom Know-how aus den anderen Lösungsbereichen profitieren

Risiken bei der Auswahl eines Anbieters mit mehreren Lösungen

- Möglicherweise nicht ausreichend Personal für Beratung, Entwicklung und Technik pro Lösung

- Unzureichende Fachkenntnisse der Mitarbeiter, wenn diese mehrere Lösungen bedienen

- Unausgewogene Investition in die einzelne Lösung, vom Marketing bis hin zum Support

- Im Falle wirtschaftlicher Schwierigkeiten wird nur die lukrativste Lösung überleben, die vielleicht nicht die von Ihnen gewählte ist

Fazit: Ein Anbieter, der auf mehreren Hochzeiten gleichzeitig tanzt, ist nicht bei allen Herstellern gleich beliebt. Jeder Hersteller sähe es natürlich gern, dass ein Anbieter sich nur auf seine Lösung konzentriert. Manche Hersteller untersagen Anbietern sogar, dass weitere Lösungen der gleichen Art angeboten werden, und machen dies zur Voraussetzung für eine vertragliche Bindung.

> **Expertentipp:** Wenn Sie einen derartigen Anbieter bewerten, sollten Sie durch die Bereitstellung der relevanten Informationen in der Lage sein, jede Lösung wie ein Profitcenter bewerten zu können. Bewerten Sie also nicht nur das Gesamtunternehmen mit seiner Gesamtbilanz.

14.7 Was bringen externe Live-Tests von Softwareanbietern?

Auf Messen oder in separaten Veranstaltungen bieten Unternehmensberatungen, Institute oder die Messeleitung oft sogenannte „Wettbewerbe" oder „Live-Tests" unter Anbietern an. Diese Wettbewerbe sollen einen direkten Vergleich zwischen Anbietern auf Basis vorgegebener Beispielprozesse, Daten und ggf. sogar Ergebnissen ermöglichen. Für Ihr Auswahlprojekt kann das durchaus interessant sein, wobei man nicht nur den „Showfaktor" berücksichtigen darf.

Für die Bewertung eines Live-Tests sollten Sie deshalb Folgendes beachten:

- In der Regel bezahlen die Anbieter die Teilnahme. Die für Ihr Unternehmen relevante Lösung muss also nicht unbedingt dabei sein.

- Die Vorgaben der Veranstalter sind nicht zwingend mit dem vergleichbar, was in Ihrem Unternehmen geschieht.

- Für die Vorbereitung und Vorführung stellen die Anbieter meist ihre besten Mitarbeiter zur Verfügung. Fraglich ist, ob Sie für Ihr Projekt die gleiche Qualität/dieselben Mitarbeiter bekommen. Selbst bei einer mit dem Test vergleichbaren Installation kann Ihr Ergebnis deshalb völlig anders ausfallen.

„Guided Tours" bei Messen

Eine vereinfachte Variante stellen die sogenannten „Guided Tours" bei Messen dar. Hier besuchen Sie als Teilnehmer, begleitet vom Veranstalter, am gleichen Tag auf einer Messe mehrere Softwareanbieter, die Ihnen die relevante Lösung anhand einer definierten Präsentationsvorlage vorführen. Der Einblick dauert in der Regel etwa 30 Minuten und erlaubt Ihnen, die wichtigsten Unterschiede der besuchten Anbieter zu erkennen und einen „Geschmack" für deren Lösungen zu bekommen.

Bei solchen Veranstaltungen kann man das Ergebnis übrigens besser bewerten, wenn man den Anbietern folgende Fragen stellt:

- Wie viel Vorbereitungszeit (Durchlaufzeit) stand zur Verfügung?

- Wie viel Netto-Aufwand (in Stunden) wurde dafür betrieben?

- Wie viele Mitarbeiter waren involviert?

- Wurde die Software mit 100% Standard bei der Präsentation genutzt?

- Wurde etwas programmiert, um dem vorgegebenen Präsentationsskript gerecht zu werden?

Meist relativieren sich Präsentation und Ergebnis für Ihre Bewertung mit diesen Antworten, natürlich immer vorausgesetzt, dass der Anbieter auch ehrlich ist. Wenn Fragen offen bleiben, sollten bei Ihnen die Alarmglocken läuten.

Übrigens: Da bei „Guided Tours" nicht alle Anbieter bzw. Berater das vorgegebene Präsentationsskript nutzen müssen, führen manche ganz andere, aus ihrer Sicht interessantere Funktionalitäten vor. Deshalb ist der Nutzen dieser Art von Präsentation mehr als fraglich. Zudem gibt es Anbieter, die an „Guided Tours" nur teilnehmen, um auf diesem Weg an die Kontaktdaten der Unternehmen zu gelangen, die sich höchstwahrscheinlich gerade in der aktiven Auswahlphase befinden.

Erstellen Sie für Ihr Unternehmen besser einige Beispielprozesse und bitten Sie die Anbieter, diese ohne entsprechende Vorbereitung direkt zu präsentieren. Das erfordert zwar mehr Vorbereitung Ihrerseits, ist aber weitaus effektiver.

Expertentipp: Bewerten Sie diese Wettbewerbe nicht zu hoch! Letztendlich muss sich ein Anbieter in Ihrem Projekt bewähren und nicht auf der „Showbühne". Erstellen Sie Ihr eigenes Präsentationsskript und besuchen Sie die Anbieter selbstständig, statt eine „Guided Tour" zu buchen.

15 Das Auswahlverfahren

15.1 Der Auswahlprozess muss strukturiert sein

Ob mit oder ohne Berater, wer keinen strukturierten Auswahlprozess anwendet, hat von Anfang an verloren. Seien es die Zielsetzung, der Projekt- oder Terminplan oder die einzelnen Aufgaben: Sie sollten immer wissen, was Sie tun und wer was als Nächstes zu machen hat. Wie sollen Sie sonst sicherstellen, dass Sie keine Themen vergessen haben, oder eine Bewertung abgeben bzw. den Erfolg messen? Wer einen Auswahlprozess ohne detaillierten Plan startet, geht ein viel zu großes Risiko ein. Egal wie groß oder klein Ihr Unternehmen oder Projekt ist. Planlosigkeit rächt sich immer.

Expertentipp: Machen Sie es sich einfacher, indem Sie entweder den Anleitungen dieses Buches genau folgen (gerade bei kleineren Unternehmen sinnvoll), oder heuern Sie einen erfahrenen Berater an, der genau diese Struktur ins Projekt mitbringt und sicherstellt, dass Sie diese auch umsetzen.

15.2 Wie machen Sie Anbieter und Lösungen vergleichbar?

Wenn Sie heute eine allgemeine Anfrage z. B. für eine Tourenplanungslösung versenden und nach einem Budgetangebot für 20 Benutzer und die Optimierung von 100 Fahrzeugen fragen, dann werden Sie eines bekommen: X völlig nicht vergleichbare Angebote. Jeder Anbieter strukturiert sein Angebot unterschiedlich. Jeder hat eine andere Preisstruktur. Der eine macht einen Komplettpreis, der nächste eine sehr detaillierte Kalkulation. Der eine Anbieter schildert detailliert seine Vorgehensweise, der andere gibt einfach einen Tagessatz mit Anzahl Tagen an, der Dritte schreibt einfach „nach Aufwand" ins Angebot. Wenn Sie das dann noch mit einem Stapel von Unterlagen, Mappen und Broschüren kombinieren, dann heiße ich Sie im „Angebotschaosclub" willkommen! Sollten Sie eine abgesicherte Entscheidung fällen und nicht nur Ihr Bauchgefühl und einen prallgefüllten Geldbeutel berücksichtigen wollen, dann müssen Sie nicht nur Struktur, sondern auch ganz gezielte Vorgaben in Ihren Anfrage- und Auswahlprozess einbauen (**Abbildung 15.1**).

Abbildung 15.1 Vergleichbarkeit herstellen (Quelle: Shutterstock)

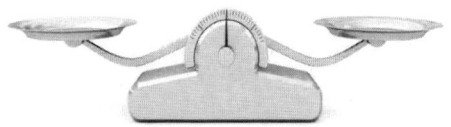

© Springer Fachmedien Wiesbaden GmbH, ein Teil von Springer Nature 2019
C. Groß und R. Pfennig, *Digitalisierung in Industrie, Handel und Logistik*,
https://doi.org/10.1007/978-3-658-26095-8_15

Was ist zu tun?

1. Erstellen Sie einen Fragebogen mit Fragen:

   a. zum Unternehmen
   b. zur Erfahrung
   c. zu Referenzen etc.

2. Erstellen Sie ein Lastenheft mit Ihren:

   a. technischen Anforderungen
   b. funktionellen Anforderungen

3. Erstellen Sie eine Angebots-Vergleichsmatrix der Kostenobjekte und zwingen Sie die Anbieter, diese auszufüllen mit Posten wie:

   a. Software
   b. Anpassungen
   c. Einführung
   d. Wartung
   e. Hardware
   f. Spesen

4. Erstellen Sie Beispielprozesse für Präsentationen und Workshops und machen Sie die Lösungen vergleichbar, indem Sie die Anbieter zwingen, jeweils die genau gleichen Prozesse zu präsentieren.

5. Erstellen Sie eine Referenzcheckliste, um die Referenzen der Anbieter im Detail zu vergleichen.

Plus weitere projektabhängige Vorgaben für die Vergleiche.

Details zu den einzelnen Bereichen finden Sie in den jeweiligen Kapiteln.

Wichtig ist, dass alle Fragen als „geschlossene Fragen" angelegt werden müssen, mit standardisierten Antworten wie z. B.: Ja, Nein, Teilweise etc. Textantworten können Sie nicht vergleichen. Außerdem wird keiner dutzende oder gar hunderte von Textbausteinen lesen und vergleichen. Diese werden dann meist ignoriert, worüber sich der Anbieter im Bedarfsfall freuen kann. Schlicht und einfach, weil genau im Text, den Sie nicht gelesen haben, Einschränkungen oder Ausschlüsse enthalten waren, die später im Projekt für böse Überraschungen sorgen.

Achten Sie also darauf, dass die Antworten maschinell lesbar sind (und sei es nur auf MS-Excel®-Basis).

Expertentipp: Eruieren Sie auch, welche Methoden und Werkzeuge bei der Implementierung zum Einsatz kommen. Viele Anbieter versprechen hierbei viel in der Vertriebsphase, verfallen aber auf eine manuelle oder MS-Excel®-basierte Methode in der Implementierung. Dadurch verlieren Sie Effizienz und Controlling Möglichkeiten und gefährden den reibungslosen Einführungsprozess.

15.3 Die Projektplanung und Detailschritte im Auswahlprojekt

Wer ein Auswahlprojekt durchführen will, sollte sich von Anfang an über die notwendigen Schritte, den damit verbundenen Aufwand und die notwendige Durchlaufzeit im Klaren sein. Dies geht jedoch nur, wenn Sie sich zuvor einen Plan gemacht haben.

Nachfolgend (**Abbildung 15.2**) finden Sie einen *beispielhaften* Projektplan. Selbstverständlich muss dieser in jedem Projekt und je nach Zielsetzung angepasst werden.

Abbildung 15.2   Projektplan

Nr.	Vorgangsname	Dauer	Anfang	Ende	V	Text2
1	Basisworkshop	1 Tag	Die 16.05.17	Die 16.05.17		Projektstart und Analyse
2	Interne Vorbereitung & Unterlagensammlung	10 Tage	Mit 17.05.17	Die 30.05.17	1	Projektstart und Analyse
3	Prozess, Potential und ROI Analyse	2 Tage	Mit 31.05.17	Don 01.06.17	2	Projektstart und Analyse
4	Ergebnisaufbereitung und Präsentation	1 Tag	Fre 02.06.17	Fre 02.06.17	3	Projektstart und Analyse
5	Basisworkshop Teil II	1 Tag	Don 15.06.17	Don 15.06.17	4	Lastenheftherstellung und Dokumentation
6	Interne Lastenheftbearbeitung & Unterlagensammlung	25 Tage	Mit 17.05.17	Die 20.06.17	1	Lastenheftherstellung und Dokumentation
7	Überarbeitung Lastenheft für Ausschreibung	1 Tag	Mit 21.06.17	Mit 21.06.17	6	Lastenheftherstellung und Dokumentation
8	Definition Workshop Anbieter	1 Tag	Don 22.06.17	Don 22.06.17	7	Lastenheftherstellung und Dokumentation
9	Ausarbeitung Anfrage & Versand	1 Tag	Fre 23.06.17	Fre 23.06.17	8	Anfragerunde I
10	Ausarbeitung durch die Anbieter	19 Tage	Mon 26.06.17	Don 20.07.17	9	Anfragerunde I
11	Sichtung und Bewertung der Kostenabschätzungen	1 Tag	Mit 26.07.17	Mit 26.07.17	10	Anfragerunde I
12	Ergebnispräsentation Anfrageauswertung	0,5 Tage	Don 27.07.17	Don 27.07.17	11	Anfragerunde I
13	Vor-Termin Anbieter I	1 Tag	Don 03.08.17	Don 03.08.17	12	Anbieterworkshops
14	Vor-Termin Anbieter II	1 Tag	Fre 04.08.17	Fre 04.08.17	13	Anbieterworkshops
15	Vor-Termin Anbieter III	1 Tag	Mon 07.08.17	Mon 07.08.17	14	Anbieterworkshops
16	Workshop Vorbereitung der Anbieter	12 Tage	Die 08.08.17	Mit 23.08.17	15	Anbieterworkshops
17	Anbieter Workshop Anbieter A	1 Tag	Don 24.08.17	Don 24.08.17	16	Anbieterworkshops
18	Anbieter Workshop Anbieter B	1 Tag	Fre 25.08.17	Fre 25.08.17	17	Anbieterworkshops
19	Anbieter Workshop Anbieter C	1 Tag	Mon 28.08.17	Mon 28.08.17	18	Anbieterworkshops
20	Überarbeitung Ausschreibung & Versand	1 Tag	Die 29.08.17	Die 29.08.17	19	Anfragerunde II
21	Überarbeitung durch die Anbieter	5 Tage	Mit 30.08.17	Die 05.09.17	20	Anfragerunde II
22	Projektleitertag	1 Tag	Mit 06.09.17	Mit 06.09.17	21	Anfragerunde II
23	Referenzbesuch gewählter Anbieter	1 Tag	Don 07.09.17	Don 07.09.17	22	Anfragerunde II
24	Sichtung finale Angebote & Entscheidung	1 Tag	Fre 08.09.17	Fre 08.09.17	23	Anfragerunde II
25	Verhandlung gewählter Anbieter	1 Tag	Mon 11.09.17	Mon 11.09.17	24	Verhandlung und Abschluß
26	Vertragsunterzeichnung	1 Tag	Die 12.09.17	Die 12.09.17	25	Verhandlung und Abschluß
27	Vorbereitung Projekt Anbieter und intern	12 Tage	Mit 13.09.17	Don 28.09.17	26	Verhandlung und Abschluß
28	Projekt Kickoff Meeting	1 Tag	Fre 29.09.17	Fre 29.09.17	27	Implementierung
29	Implementierung der Lösung	130 Tage	Mon 02.10.17	Fre 30.03.18	28	Implementierung
30	Go-Live	130 Tage	Mon 02.04.18	Fre 28.09.18	29	Implementierung

Was sind die wichtigen Meilensteine?

Der Sinn der Meilensteine ist nicht nur eine Strukturierung, sondern auch die Möglichkeit, zu gewissen Meilensteinen eine mögliche Go-No-Go-Entscheidung treffen zu können. Stellt sich z. B. der erhoffte Mehrwert bei der ersten Analyse nicht ein, dann könnte man das

Projekt hier abbrechen. Genauso wie nach der Sichtung und Analyse der initialen Angebote. Sollten Sie externe Beratung erwägen, dann könnten dies z. B. Meilensteine sein, die Ihnen ein Rücktrittsrecht vom Beratungsauftrag einräumen, wenn sich das geplante Ergebnis nicht einstellt. Ein Tipp, den Berater zwar nicht mögen, der aber bei dem einen oder anderen Projekt sinnvoll sein kann. Generell sollten Sie aber so nicht vorgehen, wenn ohnehin bekannt ist, dass das Projekt weitergeführt wird und die Leistung des Beraters passt.

Projektstart und Analyse

Machen Sie ein „Kickoff Meeting" zum Projekt, in dem Sie die Rahmenbedingungen, Rollen, Verantwortlichkeiten, Termine und die Vorgehensweise erläutern und mit einer ersten Teambildung beginnen. Danach geht es weiter mit der Prozessanalyse, einer ROI-Return-On-Invest-Analyse. Die Ergebnisse können Sie dann der Geschäftsführung vorstellen.

Lastenhefterstellung und Dokumentation

Jetzt geht's ans Eingemachte. Sie erstellen Lastenhefte, Prozessdokumentationen, Beispielprozesse für die Workshops und weitere Informationen. Dies kann durchaus einige Zeit in Anspruch nehmen. Wenn Sie z. B. mit bereits vorhandenen Lastenheftvorlagen arbeiten, dann lässt sich auch der Aufwand, sei er extern oder intern, drastisch reduzieren.

Anfragerunde I

Erstellen Sie Ihre Anfragedokumente und wählen Sie die anzuschreibenden Anbieter aus. Versenden Sie die Anfrage und werten Sie diese nach Erhalt aus. Anschließend stellen Sie das Ergebnis vor und entscheiden sich für 2 bis 4 Kandidaten für die nächste Runde.

Anbieterworkshops

Laden Sie die Anbieter zu den Vorterminen ein, Ihr Unternehmen und Ihre Anforderungen genau kennenzulernen. Auf der Basis der erhaltenen Unterlagen, Lastenhefte und Beispielprozesse führen Sie dann die Anbieterworkshops durch und bewerten diese anschließend.

Anfragerunde II

Zum Schluss passen Sie Ihr Lastenheft auf Basis der in den Workshops gewonnenen Erkenntnisse an. Dies ist wichtig, da diese Anforderungen dann Vertragsbestandteil werden müssen. Nach Versand erhalten Sie von einem oder ggf. allen Anbietern ein Angebot.

Verhandlung und Abschluss

Verhandeln Sie mit einem, max. zwei Anbietern den finalen Vertrag und schließen diesen ab.

Implementierung

Beginnen Sie mit der Einführung der Lösung. Führen Sie die Implementierung durch und schließen Sie diese mit dem Go Live ab.

Definieren Sie Ziele für jeden Projektschritt

Was soll eigentlich mit den Workshops erreicht werden? Wenn Sie dies für den folgenden und die anderen Schritte nicht definieren, dann werden Sie den Punkt vielleicht abschließen, aber damit nicht unbedingt zu einem Ziel kommen. Die einfache „Abarbeitung" der Prozesse ist dabei nicht genug.

Legen Sie die Teilnahme aller Teammitglieder für jeden Schritt fest

Ein Auswahlprojekt ist keine Veranstaltung der Projektleitung oder einiger Key User. Nur wenn alle Entscheidungsträger an den relevanten Terminen teilnehmen werden, können diese auch mitentscheiden. Welche Teilnehmer(gruppen) können dies sein?

- Projektleitung
- Geschäftsführung
- Key User
- Ergänzende Key User
- Externer Auswahlberater
- Geschäftsführung Anbieter
- Projektleitung Anbieter
- Berater Anbieter
- Verkäufer Anbieter

Lassen Sie sich Zeit, aber übertreiben Sie es nicht!

Wer ausreichend Zeit hat, der sollte diese sinnvoll einteilen und auch nutzen. Für den gesamten Auswahlprozess sollten Sie 4 bis 6 Monate einplanen. Das ermöglicht stressfrei die komplette Abarbeitung aller Prozessschritte. Zwischen den einzelnen Schritten sollen Sie aber nicht zu viel Zeit lassen. Z. B. für die Angebotserstellung. Ob Sie sich hierfür 4 oder 6 Wochen Zeit nehmen, macht keinen Unterschied. Die Anbieter liefern in der Regel ohnehin immer nur auf die letzte Sekunde.

Lassen Sie lieber etwas „Luft" im Plan, ohne dies jedoch gleich von Anfang an zu kommunizieren.

Kommunizieren Sie Ihren Plan

Der Projektplan sollte nicht nur der Geschäftsführung oder der Projektleitung bekannt sein. Ob intern oder extern, es ist immer wichtig, dass alle relevanten Teilnehmer wissen, wann was geplant ist. Nur so können Sie alle auch längerfristig bei Laune halten. Dies gilt besonders für Anbieter in Zeiten einer konjunkturellen Hochphase. Nur wenn diese wissen, wann ein Auftrag möglich ist, können Sie die Verfügbarkeit der Beratungsressourcen sicherstellen. Dass ein Plan geändert werden, kann sollte dabei ohnehin jedem klar sein. Bei der Erstellung des Projektplans wurden folgende Annahmen getroffen:

1. Die Auswahl wird durch einen Berater begleitet.

2. Es wird auf vorhandenen Lastenheftvorlagen zurückgegriffen, die im Projekt individualisiert werden.

3. Es wird eine Ausschreibungsplattform bei der Auswahl genutzt.

4. 1 Tag = 1 Werktag Mo-Fr.

Nutzen Sie ein einfaches Planungstool und nicht nur MS-Excel®

MS-Excel® ist kein geeignetes Tool zur Projektplanung! Ob MS-Project® oder andere Werkzeuge (auch im Freeware-Umfeld), es gibt viele Systeme, die hierfür besser geeignet sind. Allein schon sofort zu erkennen, wann Ihr Projekt fertig ist, ist eine der absolut notwendigen Funktionen in einem Planungstool für Projekte. Die Möglichkeit, mit den Planungsterminen hin und her zu „spielen", ist eine wichtige Funktion, die Sie in einer Tabellenkalkulation nicht abdecken können. Es erleichtert Ihnen die Planung und gibt sofort Auskunft über die Auswirkung einer Änderung in der Planung. Zum Beispiel, wenn sich ein geplanter Termin um zwei Wochen verschiebt. Denn wer seine Termine und die Auswirkungen von Änderungen nicht im Griff hat, hat sein komplettes Projekt nicht im Griff.

Expertentipp: Machen Sie sich zu Beginn Ihres Auswahlprozesses einen genauen Plan und versuchen Sie, diesen bestmöglich einzuhalten. Ständige Termin- und Entscheidungsverschiebungen helfen weder bei der internen noch der externen Motivation. Nur wer einen definierten Prozess hat, kann diesen auch kontrollieren und somit ein zuvor geplantes Ergebnis sicherstellen.

15.4 Die Einbindung von Kunden und Lieferanten in die Auswahl

Hat die Implementierung Ihrer neuen Lösung eine direkte, positive Auswirkung auf Ihre Kunden oder Lieferanten? Müssen Sie mit der neuen Lösung auf Kundenanforderungen eingehen, um weiterhin als Lieferant oder Dienstleister beim Kunden tätig sein zu können? Wenn ja, dann kann es durchaus plausibel sein, diese Geschäftspartner bis zu einem gewissen Maße in Ihre Auswahl mit einzubeziehen.

Isolieren Sie Ihre Entscheidung nicht von Ihren Geschäftspartnern, denn auch diese haben sicherlich einige Erfahrung mit anderen Softwareanbietern und Lösungen und können Ihnen durchaus einige gute Tipps geben. So kann z. B. gerade die verbesserte Kommunikation von Bestell- oder Auftragsdaten für manch ein Kunden- oder Lieferantensystem eine große Verbesserung darstellen. Nach dem Prinzip „Wenn wir diese Information bei einer Auftragserteilung erhalten könnten, dann wäre es uns möglich gewesen …"

Gerade in der Logistik gibt es intensive Integrationsanforderungen. Sei es bei der Auftragserteilung über Kundenplattformen, der Weitergabe von Statusmeldungen oder der Abrechnung im Gutschriftverfahren. Außerdem kann es ja durchaus sein, dass neue Funktionalitäten, wie z. B. die Online-Überwachung der eigenen Transportaufträge über das Internet, für Ihr Unternehmen einen Konkurrenzvorteil darstellen. Wenn das Ihre Annahme ist, dann sollten Sie dies ggf. auch bei Ihren Kunden verifizieren. Deswegen ist es unter Umständen sinnvoll, diese Funktionen mit Ihren Kunden gemeinsam zu eruieren, damit Sie auch hier „den Nagel auf den Kopf treffen" und nicht eine vermeintliche Lösung implementieren, diese Ihren Kunden begeistert vorstellen und dann nur auf mäßigen Beifall stoßen.

Richtig positioniert kann eine neue Funktionalität in Form einer erweiterten Dienstleistung Sie zu einem interessanteren und lukrativeren Partner machen, und das sollte sicherlich auch in Ihrem Interesse liegen. Letztendlich soll bei der Integration von Kunden oder Lieferanten eine Optimierung der gemeinsamen Prozesse das Ergebnis sein.

Achtung: Schlafende Hunde!

Trotzdem sollten Sie darauf achten, dass Sie mit dieser Aktion bei Ihren Partnerunternehmen keine „schlafenden Hunde" wecken. Nicht, dass plötzlich die Anforderungen dieser Geschäftspartner Ihr Projekt teurer machen oder gar verzögern. Dann hätten Sie genau das Gegenteil von dem erreicht, was eigentlich Ihr Ziel war.

> **Expertentipp:** Binden Sie Kunden und Lieferanten direkt oder indirekt in Ihr Auswahlprojekt ein, wenn Sie meinen, dadurch profitieren zu können.

15.5 Machen anonyme Softwareausschreibungen einen Sinn?

In dem einen oder anderen Ausschreibungsprozess schlägt der Berater vor, diesen doch in der ersten Phase der Anfrage anonym vorzunehmen. Das hört sich erst einmal ganz plausibel an. Denn der Berater hält Ihnen damit die lästigen Softwareanbieter vom Hals und regelt zunächst alle wichtigen Themen selbstständig, natürlich in Rücksprache mit Ihnen. Auf den zweiten Blick erscheint diese Vorgehensweise aber schon etwas fragwürdiger (**Abbildung 15.3**).

Stellen Sie sich einmal vor, Sie erhielten eine Anfrage von einem Berater, der sich weigert, Ihnen zu sagen wer eigentlich hinter der Anfrage steckt. Die Wahrscheinlichkeit, dass Sie diese Anfrage nicht ernst nehmen würden, ist sicherlich hoch.

Das größte Risiko liegt darin, dass Sie als Projektleiter oder Entscheider von Informationen abgeschnitten sind und diese nur „gefiltert" vom Berater erhalten. Wie jedoch soll ein externer Berater entscheiden, was für Sie wirklich relevant ist oder nicht? Es kann auf diese Weise vorkommen, dass hier nicht nur Schlechtes, sondern aus Ihrer Sicht auch Gutes nicht bei Ihnen ankommt und Sie letztendlich eine Entscheidung auf Basis falscher oder fehlender Informationen treffen. Fragen Sie sich also, wem die anonyme Anfrage wirklich hilft und ob der von Ihnen gewählte Berater die Anfrage überhaupt neutral abwickeln kann. Am besten vereinbaren Sie deswegen eine „Neutral-beraten-oder-Geld-zurück-Garantie". Wenn der Berater dies verweigert, sollen Sie tunlichst die Finger von der Zusammenarbeit lassen.

Um eine Entscheidung über die Art des Versandes an die Anbieter treffen zu können, müssen Sie sich einfach die Pros und Contras genauer vor Augen führen. In jedem Projekt weichen diese natürlich etwas voneinander ab. Um die wichtigsten Themen zu verdeutlichen, haben wir eine entsprechende Vergleichstabelle vorbereitet.

Pro anonyme Ausschreibung

- Keine nervigen Anrufe von Softwareanbietern

- Man kann sich ums Tagesgeschäft kümmern, der Berater regelt alle Fragen

- Keine eigene Terminüberwachung notwendig

- Sie erhalten das fertige Ergebnis

- Sie verlassen sich auf die Erfahrung des Beraters

Abbildung 15.3   Anonymität bei Ausschreibungen ist Blödsinn (Quelle: Shutterstock)

Contra anonyme Ausschreibung

- Sehr ausführliche und sehr gute Beschreibung des Unternehmens und der Anforderungen notwendig, um möglichst genaue Angebote zu erhalten (= hoher Aufwand)

- Der für Sie beste Anbieter sagt möglicherweise ab, da er keine anonymen Ausschreibungen beantwortet

- Kein erster persönlicher Eindruck der Kompetenz des Anbieters möglich – kompetentes Nachfragen

- Etwas nachlässigere Bearbeitung Ihrer Anfrage, da Sie Ihr Unternehmen und dessen Mehrwert auf der Referenzliste des Anbieters anonym so nicht verkaufen konnten – nicht-anonyme Anfragen haben Vorrang

- Anbieterspezifische Funktionen, die nicht angefragt wurden, haben keine Chance, erkannt zu werden, da der Anbieter ja nicht nachfragen darf, ob diese ggf. einen Mehrwert liefern – Berater wiegeln da meist mit Verweis auf das durchdachte Lastenheft ab

- Nicht wirklich sicher, dass der Anbieter alle relevanten Bereiche erkannt hat

- Relevante Referenzen werden ggf. nicht genannt, da der Anbieter auf Basis unserer Unterlagen gar nicht erkennen konnte, dass diese vorhanden sind

- Der Berater filtert Anfragen und deren Weiterleitung nach eigenem Ermessen, wobei Sie ggf. wertvolle Erkenntnisse verlieren, was nicht wirklich neutral erscheint

- Sie sind der Erfahrung des Beraters ausgeliefert

- Entscheidung über die Endauswahl auf ggf. falscher Basis, mit fehlerhaften Annahmen und Informationen

- Plus weitere mögliche Nachteile, je nach Kunde und Projekt

Fazit: Die Contra-Seite überwiegt erheblich, was darauf hindeutet, dass diese Analyse vor dem Versand einer anonymen Ausschreibung von enormer Wichtigkeit ist. Nur so können Sie mögliche Konsequenzen erkennen.

Expertentipp: Der Versand anonymer Ausschreibungen ist unsinnig. Die Nachteile überwiegen im Vergleich mit den Vorteilen. Überlegen Sie es sich also genau, bevor Sie sich auf einen solchen Vorschlag Ihres Beraters einlassen und sich in eine entsprechende Abhängigkeit begeben.

15.6   Was ist, wenn der Anbieter die Spielregeln im Auswahlprozess ändern will?

Nicht umsonst haben Sie Ihren Auswahlprozess strukturiert und die Teilziele sowie Gesamtziele definiert. Doch plötzlich taucht ein vermeintlich wichtiger Anbieter auf, der Ihre Geschäftsführung davon überzeugen will, dass es doch viel besser und effizienter wäre, wenn Sie die Auswahl etwas anpassen oder gar vollkommen umstrukturieren würden. Man braucht sich wohl kaum zu fragen, warum er dies tut. Bestimmt nicht, weil er nur Ihr Bestes will. Oder doch? Stimmt, wenn Ihr Bestes Ihr Auftrag und Ihr Geld sind!

Welche Änderungen könnte der Anbieter vorschlagen?

- Einen direkten Termin zwischen den Geschäftsführern
  Ziel: der direkte Draht und direkte Beeinflussung

- Eine Abgabe über das Ausschreibungsportal vermeiden
  Ziel: Vergleichbarkeit eliminieren

- Keine Erfassung der Kosten im vorgegebenen Format
  Ziel: Vergleichbarkeit eliminieren

- Verschiebung des Workshoptermins, damit man als Letzter präsentiert
  Ziel: als letzte Anbieter womöglich den bleibenden Eindruck zu hinterlassen

Passen Sie auf, dass der Anbieter auf diese Weise nicht die Kontrolle über den Auswahlprozess gewinnt. Besonders wenn sich Anbieter weigern, elektronische Medien zu verwenden, die Ihnen die Vergleichbarkeit vereinfachen (Auswahlplattform mit Fragebögen oder auch nur ein strukturiert auswertbarer MS-Excel®-basierter Fragebogen), dann sollten bei Ihnen die Alarmglocken läuten. Dies erhöht nicht nur Ihren eigenen Aufwand, es macht die Anbieter und Lösungen weniger leicht vergleichbar und führt oft dazu, dass Sie daran gehindert werden, ggf. negative Punkte, fehlende Funktionen etc. einfach und schnell zu identifizieren. Wenn Ihnen etwas an einer fairen Auswahl liegt, dann sollten Sie sich auch Gedanken machen, ob diese Änderungen dem Gedanken der fairen Ausschreibung widersprechen. Im einen oder anderen Unternehmen könnte dies dann sogar gegen interne Richtlinien verstoßen.

> **Expertentipp:** Lassen Sie eine Änderung im Prozess nur zu, wenn Sie sich tatsächlich Vorteile hiervon versprechen. Falls dies aber eher für den Anbieter etwas vorteilhaft ändert, sollten Sie darauf beharren, dass der von Ihnen vorgegebene Prozess eingehalten wird.

15.7 Nach welchen Kriterien kann man Softwareanbieter bewerten?

„Die guten ins Töpfchen, die schlechten ins Kröpfen", so heißt es in einem altbekannten Märchen. Doch wann ist ein Anbieter gut, wann schlecht? Dies ist eine sehr subjektive Frage. In Ihrem Auswahlprojekt sollten Sie deshalb das Bauchgefühl ausschalten und die Bewertung auf Basis möglichst detailliert definierter Fakten vornehmen. Folgende Bereiche (**Abbildung 15.4**) können Sie dabei bewerten:

Abbildung 15.4   Softwareanbieterbewertung

Die wichtigsten Kriterienbereiche

Die funktionelle Bewertung

Die funktionelle Bewertung ist ein durchaus schwieriges Thema, denn selbstverständlich gibt es außer den ganz offensichtlichen Anforderungen, die mit „Muss", „K.O." und Punktezahl „XX" bewertet werden, auch viele andere Kriterien, die oft außer Acht gelassen werden, so z. B. der Mehrwert, den einzelne Funktionalitäten wirklich liefern. Zumal eine punktbezogene Bewertung, die nicht die Effekte in anderen betroffenen Bereichen berücksichtigt, auch das Ergebnis verfälschen kann.

Denken Sie hierbei an den „Domino-Effekt" und bewerten Sie Funktionalität, die nur lokal relevant ist, anders als solche, die massive Einwirkungen auf andere Bereiche hat. Um eine funktionelle Bewertung vornehmen zu können, müssen Sie ein auswertbares Lastenheft erstellen.

Die Kostenbewertung

Die Kostenbewertung reicht von den initialen Lizenz-/Softwarekosten bis zu den Folgekosten in den nächsten Jahren, den Dienstleistungen oder internen Kosten. Am besten, Sie erstellen sich eine Kostenmatrix mit allen Kosten auf die nächsten zehn Jahre. Um eine

Kostenbewertung machen zu können, benötigen Sie ein vorher definiertes Kostenkalkulationsschema.

Die Referenzbewertung

Vergleichen Sie nicht nur ähnliche Unternehmen, sondern auch ähnliche Aufgabenstellungen etc. Um die Referenzen bewerten zu können, benötigen Sie einen Fragenbogen mit Gewichtung der Referenzkriterien.

Die generelle Bewertung

Zur Bewertung eines Anbieters gehört meist mehr als nur die funktionelle Lösung. Bedenken Sie genau, welche anderen Kriterien hierbei relevant sind:

- Zukunftsfähigkeit des Anbieters – wird dieser in 10 Jahren noch existieren?

- Investitionsfähigkeit in die Weiterentwicklung der Lösung

- Nachgewiesene Branchen- und Problemlösungskompetenz

- Implementierbarkeit der Lösung

- Erzielbarer Return-on-Invest

- Stimmt die Chemie zwischen den Beratern des Anbieters und Ihrem Personal?

- Internationalität – falls relevant für Ihr Unternehmen

- Partnernetzwerk und Applikationen

Um eine allgemeine Bewertung vornehmen zu können, müssen Sie einen auswertbaren Fragebogen erstellen.

Viele Auswahlprojekte konzentrieren sich zu stark auf die reine Funktionalität, ohne weitere für den Erfolg und die Nachhaltigkeit wichtige Themen ausreichend zu honorieren. Machen Sie sich daher genaue Gedanken, welche zusätzlichen Kriterienbereiche mit welcher Gewichtung bewertet werden sollen, und bringen Sie durchaus auch einen „Bauchgefühlfaktor" mit in die Analyse ein, lassen diesen aber gut begründen.

Eine Gewichtung ist wichtig!

Bei der Bewertung sollten Sie eine Gewichtung der einzelnen Bereiche bzw. Unterbereiche definieren. Seien dies Funktion, Kosten, Aufwand, Folgekosten etc. Jedes Anwenderunternehmen kann die einzelnen Bereiche unterschiedlich gewichten. Bei einem Unternehmen legt man vielleicht nur Wert auf Kosten, beim anderen auf die Funktionalitäten.

Expertentipp: Erstellen Sie eine Bewertungsmatrix und versehen Sie die Bereiche mit einer Gewichtung, um auf diese Weise eine realistische Bewertung vornehmen zu können.

Details zu den einzelnen Bereichen finden Sie in den nachfolgenden Kapiteln.

15.8   Der Akquiseaufwand der Anbieter im Vertriebsprozess

Haben Sie sich eigentlich schon einmal Gedanken darüber gemacht, welchen Aufwand ein Anbieter bei einem typischen Auswahlprojekt betreiben muss, um den Auftrag zu gewinnen? Kein Zweifel, je nach Projekt können der Umsatz und der damit verbundene Deckungsbeitrag gerade bei Softwareunternehmen recht beachtlich sein. Deswegen haben Sie als Anwender durchaus das Recht, einen entsprechenden Voraufwand zu verlangen. Trotzdem sollten Sie sich immer bewusst sein, dass Aufwand und Ergebnis im guten Verhältnis stehen müssen. Ansonsten kann es sein, dass ein Softwareanbieter im Vertriebsprozess die Lust verliert oder diesen gar nicht erst beginnt. Fatal wäre es dann, wenn der Anbieter, der abspringt, gar Ihr Favorit war und Sie wegen zu umfangreicher Aufwandsanforderungen nun auf diesen verzichten müssten. In der **Abbildung 15.5** erhalten Sie einen Überblick über die durchzuführenden typischen Vertriebsaktivitäten und den damit verbundenen Aufwand. Die Kalkulation hängt natürlich auch vom Gehaltsgefüge der Mitarbeiter des Anbieters ab.

Abbildung 15.5   Anbieteraufwand

Aktivität	Min. Teilnehmer	Max. Teilnehmer	Min. Aufwand pro Teilnehmer	Max. Aufwand pro Teilnehmer	Min. Aufwand Gesamt	Max. Aufwand Gesamt
Bearbeitung Lastenheft & Anfrage	1	3	1	3	1	9
Vortermin beim Kunden	1	3	1	1	1	3
Vorbereitung der Präsentation/Workshop	1	3	1	2	1	6
Workshop	2	3	1	1	2	3
Nachbereitung nach Workshop	1	2	0,5	1	0,5	2
Referenzbesuch	1	2	1	1	1	2
Vertragsgestaltung	1	2	0,5	1	0,5	2
Verhandlung	1	2	0,5	1	0,5	2
Gesamt - In Anzahl Tagen					7,5	29
Kalkulatorische Musterrechnung						
Beim internen Tagessatz des Anbieters von	400 €				3.000 €	11.600 €
Beim internen Tagessatz des Anbieters von	650 €				4.875 €	18.850 €
(ohne Berücksichtigung von Reisekosten und Spesen für die Fahrten)						

Muss man eigentlich für Softwarepräsentationen bezahlen?

In der Regel nicht, solange sich, wie bereits gesagt, Aufwand und Ergebnis die Waage halten. Sollte ein Anbieter für eine „Standardpräsentation" bereits eine Vergütung verlangen, dann sollten bei Ihnen die Alarmglocken läuten. Aber keine Angst, in der Regel liegt der Prozentsatz der Anbieter, die dies verlangen, unter 1%. Berechtigt ist dies allemal nur, wenn ein unverhältnismäßig hoher Aufwand getrieben werden soll und der Anbieter sehr individuell bei der Vorbereitung und Präsentation auf Ihre Anforderungen eingehen soll.

Expertentipp: Vereinbaren Sie mit den Anbietern einen Projektplan, der alle möglichen Termine und Workshops enthält. So kann jeder bereits im Vorfeld entscheiden, ob er sich auf den Aufwand und das damit verbundene Risiko einlassen will oder nicht.

Zusammenfassend lässt sich feststellen: Je kleiner das Projekt, desto geringer der Aufwand, den Sie vom Anbieter als kostenfreie Leistung im Akquiseprojekt verlangen können. Generell gilt aber: Präsentationen und andere Vertriebsaktivitäten muss der Anbieter im Rahmen seines unternehmerischen Risikos verantworten. Wer unendlich viele Termine und Präsentationen bei Kunden macht und eigentlich nie eine Chance hatte, hat selbst schuld. Hört sich hart an, ist aber so!

16 Anforderungen an die Softwarelösung

16.1 Bedeutet moderne Technologie immer die modernste Lösung?

Manch ein Anbieter verkauft gerne den Einsatz seiner modernen Technologie als Vorteil für Sie als Kunden. Als normaler Anwender schaut man dabei in der Regel zu allererst auf das äußere Erscheinungsbild, die Benutzeroberfläche. Doch moderne Technologie sollte nicht nur an der Oberfläche erkennbar sein, auch die „inneren Werte" zählen.

Aber in welchen Bereichen ist die Technologie bei einer Softwarelösung relevant?

Bei der Benutzeroberfläche: Zum Beispiel im beliebigen Webbrowser nutzbar

Bei der Maskengestaltung: Individuell bis zum einzelnen Anwender anpassbar

Bei der Entwicklungsumgebung und Verwaltung: Inkl. Versionsverwaltung zur Absicherung der Upgradefähigkeit und Verwaltung kundenindividueller Entwicklungen

Bei der Datenbank: Relationale Datenbanken sind hier gefragt.

Bei den Integrationsmöglichkeiten zu Drittsystemen: Einbindung von Lösungen ganz ohne Programmierung

Bei der Formulargestaltung: Mit einem Formulargenerator, der auch vom geschulten Anwender genutzt werden kann

Woran erkennt man eine „moderne" Software?

Bei einer modernen Software ist ein Leitsatz der wichtigste: „Programmieren ist out, konfigurieren ist in". Ob bei den Formularen, den Anwendermasken, den Auswertungen oder den Schnittstellen, moderne Lösungen haben entsprechende Werkzeuge, um diese Tätigkeiten komplett ohne Programmierung durchzuführen. Dabei ist es immer mehr so, dass geschulte Anwender diese Aufgaben selbstständig durchführen, ohne dass dies die Upgradefähigkeit der Software negativ beeinflusst.

Umdenken bei den Anbietern ist angefragt

Gerade bei der Umstellung auf eine neue Entwicklungstechnologie muss man bei vielen Anbietern feststellen, dass hier nicht genug in „modernen Strukturen" gedacht wird. Der Entwickler, der bisher in Cobol® oder C++® entwickelt hat, und nun „objektorientiert"

© Springer Fachmedien Wiesbaden GmbH, ein Teil von Springer Nature 2019
C. Groß und R. Pfennig, *Digitalisierung in Industrie, Handel und Logistik*,
https://doi.org/10.1007/978-3-658-26095-8_16

denken soll, wird Probleme haben, die vorhandenen Möglichkeiten in der neuen Technologie umzusetzen. Vergleichen Sie dies einfach mit einem Mofafahrer, der ab morgen einen Formel-I-Rennwagen fahren soll. In diesem Szenario ist es wahrscheinlich, dass er den Wagen bei der ersten Fahrt entweder an den Baum setzt oder aus lauter Angst davor mit 10 km/h auf der Autobahn herumschleicht. Mit einer neuen Softwaregeneration muss auch zwangsweise die Entwicklergeneration „verjüngt" werden. Ansonsten entwickeln Sie quasi „alten Wein" in neuen Schläuchen. Hört sich gut an, ist aber ganz und gar nicht gut.

Ab wann ist der Einsatz einer „neuen" Software zu empfehlen?

Neue Lösungen haben in der Regel die üblichen Kinderkrankheiten. Auch wenn Software nie fehlerfrei ausgeliefert wird, weil dies gar nicht möglich ist, sollten Sie ein Release oder ca. ein Jahr ab erster Auslieferung abwarten. Berücksichtigen Sie dabei, dass einzelne Module der Lösung ggf. zu unterschiedlichen Terminen erstmals freigegeben wurden und sich somit nicht im gleichen „Reifegrad" befinden. Um sicherzugehen, sollten Sie Anwender der neuen Lösung im Rahmen einer Referenz befragen. Am besten ohne vorherige Rückfrage und nicht bei der IT, sondern direkt beim Anwender. Wenn dies in zwei oder drei Unternehmen mit positiven Aussagen endet, dürften Sie auf der sicheren Seite sein.

Aus der Praxis

Ein Softwareanbieter rühmt sich, seine Software komplett auf Basis der modernen MS.Net®-Plattform neu entwickelt zu haben. Doch wer die bisherige Lösung kennt, wundert sich, wenn er die „neue" Lösung sieht. Selbstverständlich hat sich die Oberfläche geändert, doch der Anbieter scheint sich bei der Neuentwicklung erst einmal auf die Übernahme der bestehenden Funktionen fokussiert zu haben. Verbesserte Menüführung, erweiterte Suchfunktionen, konfigurierbare Listen etc. fehlen anscheinend total. Das ist schlecht. Denn der Anbieter hat damit viele der technologischen Funktionen, die das Leben eines Anwenders erheblich erleichtern, einfach nicht umgesetzt. Eine derartige „Renovierung" nennt der Amerikaner zu Recht „new paint on an old car", also „neue Farbe auf einem alten Auto". Keine besonders schmeichelhafte Formulierung, aber gar nicht mal so falsch. Das Auto schaut zwar ein bisschen hübscher aus, ist und bleibt aber ein altes Auto.

Woran erkennt man eine „renovierte" Software?

Vor einiger Zeit noch an der Performance der Software. Als diese noch mit entsprechend großer und teurer Hardware verbunden war, mussten sich die Anbieter Gedanken zum Thema „Suchen" machen. Die Lösung war ein Feld mit der Bezeichnung „Matchcode". Besonders beliebt in Tabellen wie dem Artikelstamm, aber auch in anderen Bereichen.

In modernen Lösungen kann man in der Regel oft schon in Form einer „Volltextsuche" über alle Felder einer Datenbank suchen. Wer also das „Matchcode-Feld" in seiner Software findet, der kann sicher sein, dass der Ursprung dieser Lösung sicherlich 20 Jahre oder gar länger zurückliegt.

Ein weiteres Kriterium sind die Ausdrucke der Software. Nadeldrucker waren gestern, Laserdrucker haben schon lange die Unternehmen erobert. Doch wenn man die Ausdrucke einiger Anbieter anschaut, dann stellt man schnell fest, dass hier die Neuzeit anscheinend noch nicht angekommen ist. Gepunktete Linien oder einfachste Listen, modern und zeitgemäß sieht anders aus. Dabei muss das bei moderner Software eigentlich nicht sein. Da man argumentiert, dass ohnehin alle Daten auf Papier verfügbar sind, sind wenige Anbieter bereit, deren Ausdrucke ebenfalls zu modernisieren. Leider nicht unbedingt zur Freude der Anwender.

Natürlich sind dies nicht die einzigen Kriterien zur Erkennung einer „renovierten" Software, aber sicherlich die prägnantesten.

Fazit: Nur der Einsatz moderner Entwicklungstechnologien (z. B. HTML5) bedeutet noch lange nicht, dass alle Möglichkeiten ausgeschöpft und in der neuen Lösung umgesetzt werden. Besonders Anbieter, die schon lange am Markt sind, neigen zu dieser Problematik. Gänzlich neue Lösungen sind zwar technologisch modern aber funktionell oft unzureichend ausgestattet. Bei Ihrer Auswahl müssen Sie beide Welten gegeneinander abwägen und dann entscheiden, welche für Ihre Anforderungen die Beste ist.

Expertentipp: Fragen Sie einfach einmal nach, wann genau die Ihnen vorgestellte Software zum ersten Mal ausgeliefert wurde. Wenn die Software neu ist, dann sollten Sie sich Ihre „Versuchskaninchen-Position" mit einem hohen Rabatt vergüten lassen und sich bewusst sein, dass dies Probleme mit sich bringen kann.

16.2 Kein MS-Excel®, MS-Access® & Co. als Ersatz für operative Softwarelösungen

Wer eine neue Softwarelösung einführt, sollte Wert darauf legen, möglichst wenige, idealerweise keine MS-Excel®- und MS-Access®-Nebenbuhler & Co. mehr zur Abdeckung fehlender Funktionalität einzusetzen. Das wird sicherlich schwerfallen, denn in jedem Unternehmen gibt es meist eine Masse von Auswertungen, Analysen oder kleineren, gar größeren Zusatzprogrammen. Diese sollen oft die „Unfähigkeiten" nicht nur der Software, sondern manchmal auch der Anwender wettmachen und schnell zum gewünschten Ergebnis, meist bei Auswertungen und Kalkulationen, führen. Kein Wunder also, dass es in manch einem Unternehmen einen nicht mehr überblickbaren Wust an Zusatzfunktionalitäten auf derartiger Basis gibt, welche nicht gerade zur Effizienz oder Transparenz von Daten und Informationen beitragen. Redundante (doppelte) Daten, die auch noch gänzlich anders interpretiert werden, sind dabei ein echter Risikofaktor. Zu schnell trifft man Entscheidungen auf einer Datenbasis, deren Entstehung gar nicht mehr nachvollzogen werden kann.

Aus der Praxis

Bei einem mittelständischen Softwareanbieter wird MS-Excel® zur Auswertung der Verkaufszahlen im Vertrieb in Bezug auf die Zielerreichung der Vertriebsmitarbeiter, Vertriebsleitung und Management genutzt. Im Januar feiern noch alle ihre Erfolge. Die Basis der Analyse war Grund für eine Asienreise der Mitarbeiter, die den 100%-Club erreicht haben (Vorgaben erreicht bzw. übertroffen).

Leider stellt man im März fest, dass die Verkaufszahlen wohl „versehentlich" doppelt gerechnet wurden. Die resultierende betriebswirtschaftliche Bewertung des Unternehmens zeigt auf, dass man kurz vor der Insolvenz steht! Als Reaktion reduziert das Unternehmen die Anzahl der Mitarbeiter von 160 auf 25!

So viel zur Erfahrung mit MS-Excel®-basierten Auswertungen für Managemententscheidungen am eigenen Leib. Sie können sich vorstellen, dass für mich nach dieser Erfahrung MS-Excel® für unternehmensrelevante Entscheidungen ein absolut rotes Tuch war.

Braucht man MS-Excel eigentlich noch?

Moderne IT-Lösungen brauchen MS-Excel® & Co. eigentlich immer seltener. Denn wer über eine entsprechende Datenbank und Auswertungstools verfügt, kann seine Daten in beliebiger Form auswerten und fehlende Informationen ggf. in einer „Schattendatenbank" hinterlegen. Das Ganze jedoch voll integriert in die bestehende Applikation.

Wer damit Insellösungen als Nebenbuhler ausschaltet, wird meist auch einen viel höheren Nutzungsgrad der neuen Applikation erzielen. Denn so manch ein Anwender greift auf die Schnelle auf aus Excel erstellte Zusatzlösungen zurück, anstatt sich damit zu beschäftigen, wie er die Antworten auf seine Fragen aus den im System vorhandenen Daten direkt ableiten kann.

Dies soll nicht bedeuten, dass MS-Excel® & Co. gänzlich verboten gehören, als reine „Datenjongliertools", basierend auf Informationen, die direkt aus der Softwarelösung extrahiert wurden, sind sie jedoch überhaupt nicht sinnvoll.

Die Manipulation in MS-Excel® & Co. zu Entscheidungszwecken auf Basis fehlender Funktionalität und Rückführung der so manipulierten Daten zur Weiterverarbeitung im System sollte tunlichst vermieden werden. Dies ist extrem risikobehaftet!

Wird dies eingehalten, können Sie auch vermeiden, dass „Informationsinseln" aufgebaut werden, von denen manchmal nur einer oder wenige Anwender im Unternehmen profitieren. „Geheim gehaltene" Daten und Auswertungen dienen meist nur dem Ersteller und weniger der Allgemeinheit.

Expertentipp: MS-Excel® & Co. möglichst nur zur Visualisierung und externen Datenmanipulation, aber nicht zum Ersatz fehlender Funktionalität im neuen System nutzen und mit den dort manipulierten Daten im zentralen System weiterarbeiten. Das Risiko ist zu hoch, dass sich hierbei gravierende Fehler einschleichen.

16.3　　Integrierte Software oder per „Schnittstelle" angebunden?

Gerade Logistiker haben meist viele verschiedene Softwarelösungen im Einsatz. Da wird die Integration der verschiedenen Systeme zu einem wichtigen Thema. Denn schließlich will niemand Daten doppelt erfassen, sondern überall mit aktuellen Daten arbeiten und auch Ergebnisse von Lösung A in Lösung B nutzen, um mit diesen Daten dort weiterarbeiten zu können. Nehmen wir z. B. ein typisches mittelständisches Speditionsunternehmen mit 300 Mitarbeitern, um an diesem Fallbeispiel die Themen genauer zu durchleuchten.

Fallbeispiel

Welche Software ist typischerweise im Einsatz?

1. Speditionssoftware – von der Planung bis zur Abrechnung

2. Telematiklösung – Transportauftragsabarbeitung und Rückmeldung

3. Finanzbuchhaltung (im Haus oder DATeV ®)

4. Lohnabrechnung (im Hause oder DATeV ®)

5. Reisekostenabrechnung

6. Analysetools

7. Integrationsplattform für Kundenintegration

Das sind schon einmal 7 Lösungen, die idealerweise miteinander „reden" sollten.

Sollten Sie nicht in der Lage sein, einen einzigen Anbieter zu finden, der Ihnen alle Lösungen „aus einem Guss" liefert, dann müssen Sie sich intensiver mit der Integration der verbleibenden Lösungen auseinandersetzen.

Was bedeutet das für die Integration?

Wir würden uns wünschen, dass alle Lösungen auf die gleiche Datenbank zugreifen und wir, egal wo, Daten erfassen und ändern können, die dann direkt in den anderen Modulen zur Verfügung stehen. Verabschieden Sie sich erst einmal von diesem Wunschdenken. Das wird es in diesem Umfeld nicht so schnell geben.

Was ist eine Standardschnittstelle?

Viele Anbieter werben mit einer Standardschnittstelle von deren Lösung zu einem anderen Produkt – z. B. die Finanzbuchhaltung von DATeV ®. Was aber ist eigentlich „Standard"? Was sollte alles enthalten sein? Eine Schnittstelle kann sich eine „Standardschnittstellen" nennen, wenn:

- es einen Festpreis für das Modul gibt und für die weitere Integration *keine* Kosten anfallen.

- die Schnittstelle im Rahmen des Wartungsvertrages immer weiterentwickelt wird.

- die Schnittstelle für jede aktuelle Version der eigenen Software des Anbieters und die aktuelle Version der einzubindenden Lösung existiert.

- die Schnittstelle bidirektional Daten verarbeitet.

Welche Arten von Integration gibt es?

„Integration by adidas®" – alles zu Fuß

Sie pflegen die Daten komplett in allen Systemen und haben damit natürlich das Problem, dass Sie nie alle Daten auf dem gleichen Stand haben werden. Der Aufwand ist hier sehr hoch, das Risiko von Fehlern ebenfalls.

Integration über Dateien

Ob manuell oder automatisch, Sie oder das System exportieren Daten im System A und lesen diese wieder im System B ein. Dabei wird meist ein CSV der XML-Datenformate verwendet.

Direkte Datenbankintegration

Von System A wird direkt auf Daten in der Datenbank von System B zugegriffen. Dies nur zur Anzeige oder auch direkt zur Pflege. Die Daten werden damit nur einmal gehalten. Es existiert somit eine gemeinsame Datenquelle. Da dies leider sehr komplex ist und viele Anbieter diese Option aus Sicherheitsgründen nicht wollen, kommt sie leider eher selten vor.

Über einen Webservice

Ein Webservice basiert auf neuester Technologie und stellt quasi eine Integrationsplattform dar, die in strukturierter und normierter Weise Datenanfragen von Drittsystemen beantwortet und diese Daten dem Drittsystem zur Verfügung stellt.

Wichtig bei allen Integrationen

Es muss eine gute Dokumentation der Tabellen und Felder in der Datenbank vorliegen, damit man die Integration überhaupt vornehmen kann. Wenn man nicht weiß, wo welcher Wert gespeichert ist, den Sie gerade am Bildschirm sehen, dann wird es problematisch. Noch problematischer wird es, wenn der Wert erst gar nicht gespeichert, sondern während der Nutzung der Lösung berechnet wird (siehe hierzu Kapitel 16.7 „Ohne Data Dictionary gibt's keine Auswertungen").

Themen bei der Integration

Redundanz von Daten

Sobald nicht alle Daten auf die gleiche Datenquelle zurückgreifen, kommt es vor, dass nicht in allen Systemen die gleichen Daten oder die gleiche Version der Daten vorliegen.

Bidirektionale Kommunikation

Nehmen wir das Beispiel der Kundendaten/Debitoren. Hier sollte eine Datenpflege sowohl in der Finanzbuchhaltung als auch in der Anbieterlösung möglich sein und die jeweils andere Lösung automatisch mit den geänderten Daten versorgt werden (**Abbildung 16.1**).

Abbildung 16.1   Integration (Quelle: Shutterstock)

Datenhoheit

Wenn keine bidirektionale Datenpflege möglich ist, dann sollte eine der Lösungen die „Hoheit" über die Daten haben. Dies geschieht entweder durch Sperrung der Pflegefunktion in der Software, die die Hoheit nicht hat, oder die Daten aus der „hoheitlichen" Lösung werden einfach automatisch in die andere Lösung geschrieben und überschreiben damit im Notfall bereits in der Lösung erfasste Daten.

In fast jeder Spedition ist die Finanzbuchhaltung integriert oder wird über den Steuerberater, meist mit DATeV® abgewickelt. Deswegen geben fast alle Anbieter von Speditionslösungen an, eine Standardschnittstelle zu DATeV® zu besitzen. Doch welche Bereiche betrifft dies eigentlich, wenn man eine echte Integration vornehmen will?

Betroffene Tabellen bei der Integration der Finanzbuchhaltung

- Kunden – Debitoren
  - Adressen
  - Ansprechpartner
  - Zahlungskonditionen

■ Lieferanten – Kreditoren

    – Adressen
    – Ansprechpartner
    – Zahlungskonditionen

■ Konten

■ Kostenstellen

■ Kostenträger

■ Ausgangsrechnungen

■ Geprüfte Eingangsrechnungen auf Basis der Bestellungen

Wie man sieht, ist eine echte Integration viel mehr, als nur die geprüften Eingangsrechnungen per Datei an die Finanzbuchhaltung zu schicken und diese dort hochzuladen. Testen Sie deswegen doch einfach einmal die Finanzbuchhaltung -Integration anhand des nachfolgenden Fallbeispiels.

Lassen Sie sich im Übrigen eine Schnittstelle immer präsentieren und glauben Sie nicht einfach, dass es nur funktioniert, weil der Posten auf der Preisliste steht. Referenzen sind auch hervorragend geeignet, um nachzufragen, was und wie integriert wurde und wie reibungslos dies funktioniert.

Fallbeispiel

Ein beispielhafter Test für die Integration:

1. Erfassen Sie einen Kunden in der Speditionssoftware,

2. inkl. Adresse, Ansprechpartner und Zahlungskonditionen.

3. Schauen Sie in die Finanzbuchhaltung, um zu prüfen, ob die Daten direkt nach Erfassung dort angekommen sind.

4. Übertragen Sie ggf. die Kundendaten an die Finanzbuchhaltung.

5. Erfassen Sie einen Transportauftrag und rechnen Sie diesen ab.

6. Übertragen Sie die Rechnung an die Finanzbuchhaltung.

7. Übernehmen Sie die Rechnung in die Finanzbuchhaltung. Ändern Sie das Buchungskonto und die Zahlungskonditionen (nicht einmalig, sondern in den Kundenstammdaten).

8. Prüfen Sie, ob die Änderungen der Zahlungskonditionen in der Speditionssoftware ankommen.

9. Erstellen Sie eine Auswertung zu abgerechneten Aufträgen und prüfen Sie, ob dabei die neuen Zahlungskonditionen berücksichtigt werden.

10. Versuchen Sie, den bereits abgerechneten und verbuchten Auftrag zu ändern (darf nicht mehr möglich sein).

Die Tests können Sie beliebig komplex gestalten, solange die Komplexität die Abwicklung Ihres Tagesgeschäftes widerspiegelt. Testen Sie auch weitere Transaktionen z. B. im Bereich:

- Stammdatenänderungen

- Eingangsrechnungen etc.

Worin liegt der Sinn dieser Tests vor dem Kauf?

Der Sinn solcher Tests liegt auch darin, die tägliche Abwicklung zu prüfen und festzustellen, ob diese überhaupt so funktioniert. Bei einer schlechten Integration wird der Ablauf oft sehr umständlich und ist in der Umsetzung nicht praktikabel. Dann freut sich der Anbieter, weil er zusätzliche Dienstleistungen verkaufen kann, um den Einsatz zu optimieren. Bei einer echten und guten Integration wäre das eigentlich nicht notwendig. Besonders wenn der Anbieter sich darauf bezieht, schon hunderte Kunden mit dieser Integration versehen zu haben, fragt man sich als Kunde, warum die Integration dann nicht schon lange im Rahmen der Wartungsverträge verbessert wurde.

Expertentipp: Sobald Schnittstellen oder Integrationen ins Spiel kommen, müssen Sie ganz genau definieren, was an der Schnittstelle passieren soll, wo die Datenhoheit liegt, wie es technisch funktioniert und wer den Hut dafür aufhat. Ansonsten kann es sehr schnell sehr teuer werden. Schnittstellen sind ein Hauptgrund für die Budgetüberschreitung im Projekt.

16.4   Die Umsetzung von Fremdsprachen in der neuen Lösung

Mittlerweile gibt es jede Menge Softwarelösungen bereits in vielen verschiedenen Sprachen (**Abbildung 16.2**). Das ist natürlich besonders für internationale Unternehmen sehr vorteilhaft. Sobald die Sprachversionen für Sie eine Rolle spielen, sollten Sie auf jeden Fall einmal die Übersetzungen prüfen. Nicht jeder Anbieter legt hier den gleichen Wert auf Qualität. Das größte Manko ist dabei die Onlinehilfe. Wenn diese in Deutsch schon recht schlecht ist, dann ist diese in anderen Sprachen entweder gar nicht vorhanden oder absolut unbrauchbar. Manch ein Anbieter liefert dann Sprachversionen kostenfrei mit. Damit versucht er, aus der Verpflichtung der notwendigen Dokumentation zu kommen. Sobald Sie für eine Sprache Geld bezahlen, sollten Sie auf einer durchgängigen mehrsprachigen Dokumentation bestehen, und das bitte auch in der jeweils aktuell verfügbaren Version. Viele Anbieter versuchen nämlich, diese Kosten zu sparen, und übersetzen die Software und Unterlagen nur sehr unregelmäßig.

Abbildung 16.2   Mehrsprachigkeit in der Lösung berücksichtigen (Quelle: Shutterstock)

Welche Softwareobjekte sollten bei einer Sprachversion übersetzt sein?

- Die Bildschirme/Masken

- Die externen Ausdrucke

- Die internen Ausdrucke, Listen oder Analysen

- Fehlermeldungen

- Online und Ausdruck des Handbuchs

- Workflows etc.

Welche technischen Möglichkeiten zur Verwaltung von Sprachen gibt es?

Hart programmiert: Die verschiedenen Sprachen sind direkt im Programmcode der Lösung vorhanden. Dies ist sicherlich die schlechteste der drei Varianten, da in der Regel nur der Anbieter diese Daten ändern kann. Bei Fehleingaben kann auch durchaus ein Fehler im Ablauf der Software erzeugt werden. Wenn Ihr Anbieter diese Version unterstützt, greift er nicht auf moderne Entwicklungstechniken zurück. Sie sollten Vorsicht walten lassen.

In Übersetzungsdateien: Die verschiedenen Sprachen sind in Dateien gespeichert, deren Inhalt bei Nutzung der Software abgerufen wird. Dies ist die zweitbeste Variante. Sie lässt es zu, dass auch Dritte die Übersetzung vornehmen. Ein Nachteil ist in der Regel, dass die Datei nur direkt bearbeitet werden kann. Es stehen meist keine Administrationswerkzeuge zur Verfügung.

In Übersetzungsdatenbanken: Die beste Lösung. Hier kann die Übersetzung am einfachsten und kontrolliert vorgenommen werden. Das Hinzufügen weiterer Sprachen ist in der Regel einfach. Die Administration inkl. Zugriffsrechte ist meist geregelt.

Bei Übersetzungsdateien oder Datenbanken ist immer zu beachten, ob Sie ein Wort nur einmal übersetzen müssen oder ob dies pro Maske, Ausdruck etc. zu erfolgen hat. Eine einmalige Übersetzung ist ideal, solange man Abweichungen zulässt, so z. B., wenn der Platz in einer Maske oder auf einem Ausdruck nicht ausreicht und Sie z. B. das Wort abkürzen müssen.

Expertentipp: Wenn Sprachen für Sie wichtig sind und Sie ggf. sogar fehlende Sprachen selbstständig ergänzen wollen, dann ist die Technologie, wie die Sprachen im System integriert werden, wesentlich. Prüfen Sie dann auch im Rahmen Ihrer Auswahl, wie Sprachen im System technisch abgewickelt werden.

16.5   Wie wichtig ist die Auswahl der Datenbank?

Bei der Auswahl sollte man die richtige Datenbank nicht ganz vernachlässigen.

Welche „Datenbanktypen" gibt es bei den Herstellern?

Der „Alleskönner"

Dieser Anbieter kann mehrere verschiedene Datenbanken mit seiner Technologie und seiner Lösung integrieren. Wenn dann noch die von Ihnen präferierte Datenbank mit dabei ist, dann ist dies sicherlich von Vorteil. Bei der Entwicklung muss sich der Alleskönner allerdings einschränken, da er, abhängig von der Auswahl der Datenbanken, technische Spezifika, die in Datenbank A, aber nicht in Datenbank B funktionieren, nicht generell umsetzen kann. Dies kann durchaus zu Einschränkungen der Funktionalitäten führen. Auch muss der Alleskönner theoretisch Know-how und Support für alle Datenbankintegrationen vorhalten, auch wenn die eine oder andere Kombination in der Wirklichkeit eher selten bis gar nicht vorkommt. Freuen Sie sich also nicht zu früh, wenn Ihr Anbieter zu flexibel ist. In Wahrheit kann es dazu führen, dass es insgesamt an Know-how und Umsetzungsfähigkeit fehlt.

Der „eingeschränkt Flexible"

Technisch wäre es theoretisch möglich, verschiedene Datenbanken zu nutzen, der Anbieter hat sich aber in der Regel für eine Datenbank entschieden. Dies kommt dem Support und dem Know-how entgegen. Hier sind Sie meist gut aufgehoben. Die Entwicklung und der Support fokussieren sich auf wenig und machen dies in der Regel besser als der zuvor genannte „Alleskönner".

Der „ewig Gebundene"

Der Anbieter kann nur mit einer einzigen Datenbank arbeiten (z. B.: ORACLE® oder Microsoft SQL-Server®). Allein aus technischen Gründen ist kein Einsatz anderer Datenbanken möglich. Dies kann daran liegen, dass die Entwicklungsumgebung und die Datenbanken vom gleichen Anbieter kommen. In der Regel ist dies von Vorteil, da beide Systeme besser aufeinander abgestimmt sind. Diese Variante ist am ehesten mit dem zuvor genannten „eingeschränkt Flexiblen" vergleichbar.

Der „Eigenbrötler"

Der Anbieter hat eine eigene Datenbank entwickelt, oft auch eine eigene Entwicklungsumgebung geschaffen. Auf den ersten Blick scheint dies ideal zu sein, da der Anbieter die Technologie nach Belieben anpassen kann. Auf den zweiten Blick stellt sich die Frage, ob er personell und finanziell überhaupt dazu in der Lage ist, mit den allgemeinen technologischen Entwicklungen mitzuhalten. Während weltbekannte Datenbankanbieter sicherlich Entwicklungssummen in zwei oder dreistelliger Millionenhöhe pro Jahr investieren, dürfte ein mittelständischer Anbieter damit Probleme haben. Wenn es hart auf hart kommt, steckt dieser sein Entwicklungsbudget dann wohl auch in erster Linie in neue Funktionen und nicht in neue Technologie, die im schlechtesten Fall nach außen hin gar keinen Unterschied erkennen lässt. Ganz klar ist, dass, wenn Sie sich später einmal entscheiden, die Lösung zu wechseln, Sie diese Datenbank definitiv nicht weiter nutzen können. Berücksichtigen Sie bei Ihrer Entscheidung auch, dass es in der Regel viel schwerer, wenn nicht gar unmöglich ist, Techniker oder Entwickler auf dem freien Markt zu finden, die über Kenntnisse in dieser Datenbanktechnologie verfügen. Ggf. müssen Sie hierfür etwas tiefer in die Tasche greifen.

Das Know-how im eigenen Unternehmen

In vielen Unternehmen spielt das bereits vorhandene Datenbank-Know-how eine besondere Rolle bei der Auswahl der Lösung. Sie sollten jedoch darauf achten, dass Sie sich nicht allzu stark hiervon beeinflussen lassen. Denn wenn Sie einen Anbieter aufgrund der falschen Datenbank disqualifizieren und damit ggf. den funktionell besten Anbieter verlieren, sollten hier nicht nur die IT, sondern auch die Key User ein Wort mitreden. Den Key Usern und Anwendern ist es schlichtweg egal, welche Datenbank hinter der Lösung steckt. Hauptsache, die Prozesse sind effizient abgebildet und alle Anforderungen an die Funktionen der Lösung erfüllt (übrigens ein weiterer Grund, warum die IT nicht die Projektleitung stellen sollte. Ggf. werden ansonsten Entscheidungen im Sinne der IT und nicht im Sinne des Unternehmens getroffen!).

Die Abhängigkeit vom Anbieter

Eines sollte aber immer klar sein: Wenn man sich einmal mit einem Anbieter „verheiratet", dann heiratet man die Technologie und die damit verbundene Datenbank mit. Unter all den genannten Aspekten sollte man also eine Entscheidung genau überdenken.

Welche Datenbanken gibt es eigentlich?

Wie in allen technischen Bereichen gibt es mehr oder wenige bekannte Datenbanksysteme. Die aktuell bekanntesten sind:

- MS-SQL-Server®

- ORACLE®

- SAP HANA®

Weitere mögliche Datenbanken sind:

- Sybase®

- Ingres®

- Informix®

- Progress®

- PostgreSQL®

Es gibt auch kostenfreie Datenbankversionen wie:

- MS-SQL-Server Express®

- MySQL®

Sollten Sie sich für die „Freeware"-Datenbank entscheiden, wäre es sinnvoll zu vereinbaren, dass Sie ggf. später auch zu einer kostenpflichtigen Datenbank wechseln können.

Hardwareanforderungen der Datenbank und Zertifizierung

Auf jeden Fall sollten Sie sich Gedanken zu den Anforderungen der Datenbank an die zu installierende Hardware machen. Diese können erheblich voneinander abweichen. Ein Problem könnte dann eintreten, wenn die Anforderungen extrem hoch sind (RAM-Speicher, Anzahl Prozessoren etc.) und die Hardware gar vom Hersteller „zertifiziert", d. h. freigegeben sein muss. Dies kann sehr schnell sehr kostspielig werden, da zertifizierte Hardware immer viel teurer ist als genau die gleiche Hardware ohne Zertifizierung. Mit 100% Aufpreis ist hier durchaus zu rechnen. Denn leider lassen sich manche Hersteller die Zertifizierung teuer bezahlen. Ein echter Mehrwert für Sie als Kunden ist dabei jedoch zu bezweifeln. Wer sich für eine bestimmte Software in Kombination mit einer zertifizierten Hardware entschieden hat, muss letztlich mit den Mehrkosten leben. Eine Zertifizierung limitiert im Übrigen auch direkt die Auswahl an Hardwareanbietern und Geräten, Servern etc., die Sie im Rahmen des Projekts kaufen können.

Spezielle Datenbankversionen eines Anbieters

Da die Datenbank durchaus einen kostspieligen Aspekt einer Softwareinvestition darstellt, haben manche Anbieter mit dem Datenbankhersteller Sonderkonditionen vereinbart, wenn die Datenbank in Kombination mit der Software erworben wird. Doch aufgepasst: Die Nutzungsrechte gelten dann *nur* in Kombination mit der erworbenen Software. Sollten Sie später ein anderes System kaufen, das die gleiche Datenbank nutzt, dann können Sie nicht einfach die Benutzer der Datenbank von System A auf B verlagern. Im ungünstigsten Fall kann es sein, dass Sie die Lizenz neu erwerben müssen.

Und wie wichtig ist die Datenbankversion?

Wenn wir heute das Jahr 2017 schreiben, dann sollte die Datenbankversion, die zum Einsatz kommt, möglichst nicht schon 10 Jahre alt sein. Es gibt zwar keine allgemeine Regel, wie „veraltet" eine Datenbankversion sein darf, jedoch sollten Sie berücksichtigen, dass neuere Versionen in der Regel auch mehr technische Funktionalität und höhere Performance (z. B. Verarbeitungsgeschwindigkeit) bedeuten. Auf jeden Fall ist es wichtig, dass Ihr Anbieter regelmäßig neuere Datenbankversionen unterstützt. Entscheidend ist dabei auch, ab wann ein Anwender gezwungen wird, auf die neue Technologie umzusteigen, denn auch dies ist in der Regel mit Kosten und Aufwand für Sie verbunden. Deswegen sollten sich die Nutzung neuerer Technologie und der Zwang zur Umsetzung die Waage halten. Die Relevanz können Sie aber immer nur von Projekt zu Projekt bestimmen.

Kann man eine Datenbank einfach wechseln?

Dies ist generell natürlich nur bei den Anbietern möglich, die über eine Auswahl verschiedener Datenbanken verfügen. Hierzu anraten würde ich aber auf keinen Fall. Wer sich einmal für eine Datenbank entschieden hat, sollte bei der installierten Lösung auch bleiben. Es sei denn, dass die Datenbank abgekündigt wurde (nicht mehr weiterentwickelt, verkauft und unterstützt wird). Bei einem Wechsel sollten Sie u. a. folgende Fragen beachten:

- Welche Kosten sind damit verbunden (Lizenzen, Dienstleistungen, neue Hardware etc.)?

- Wie erfolgt die Konvertierung der Daten (automatisiert oder manuell)?

- Sind alle anderen Systeme, die z. B. über Schnittstellen angebunden wurden, auch noch lauffähig?

- Darf das „Altsystem" aus Sicherheitsgründen noch laufen oder ist dies gänzlich unmöglich?

- Werden irgendwelche Kosten aus dem Kauf bisheriger Datenbanken angerechnet oder muss komplett neu investiert werden?

Insgesamt gilt es zu beachten: Evaluieren Sie nicht nur die Software, sondern auch die Datenbank, wenn es zu Kosten, Technologie, Wartungsaufwand, Know-how-Aufbau oder Weiterentwicklung kommt. Entscheiden Sie erst danach, wie wichtig diese Kriterien sind und welche Rolle damit die Entscheidung für eine bestimmte Datenbank in Ihrem Projekt spielt.

16.6   Wo liegt der Mehrwert von integriertem Workflow Management?

Als Workflow bezeichnet man den kontrollierten und gesteuerten Ablauf von Tätigkeiten, Aufgaben und Prozessen in der Software bzw. in der von der Software unterstützten Organisation im Unternehmen (**Abbildung 16.3**). Dabei ist Workflow jedoch nicht gleich Workflow. Viele Unternehmen, aber auch Anbieter haben ein gänzlich unterschiedliches Verständnis von diesem Begriff. Workflow ist bei vielen Anbietern zu einem „Modewort" geworden, mit dem sie sich gerne schmücken, ohne die entsprechende Funktionalität mit der notwendigen Automatisierung und flexiblen Anpassungsmöglichkeit zu liefern.

Für den einen bedeutet Workflow, eine Reihenfolge von Aktivitäten abzuarbeiten, für den anderen, aufgabenorientiert Funktionen hintereinander im System abzuarbeiten, für den nächsten einfach nur eine Menüstruktur, die man pro Anwender oder Anwendergruppe festlegt und damit nacheinander aufrufen kann. Der eine erwartet eine grafische Darstellung des Ablaufs, dem anderen genügt es, wenn der Ablauf in einer Tabelle erscheint, während der Nächste gar keine Vorstellung davon hat. Die „Geschmäcker" und Anforderungen sind diesbezüglich sehr unterschiedlich. Deswegen ist es sinnvoll, für sich und den Anbieter zu beschreiben, was Sie eigentlich unter Workflow verstehen, oder sich unvoreingenommen zeigen zu lassen, wie dies der potenzielle Anbieter sieht. – Idealerweise, bevor Sie Ihre Anforderungen in Form eines Lastenhefts definieren oder sich schon für einen Anbieter entschieden haben. Ein Anbieter, der das Verhalten seiner Software nicht über Workflows steuern kann, kann diese auch nicht so einfach einbauen oder Drittsysteme hierfür hinzukaufen.

Abbildung 16.3   Workflow Management (Quelle: Shutterstock)

Vielleicht ist es sinnvoll, die wichtigsten Themen zunächst einmal zu adressieren, damit wir hier etwas mehr Licht ins Dunkel bringen. Erst dann können Sie entscheiden, welche IT-Unterstützung Ihnen das System hier überhaupt bieten muss. Nachfolgend sei dies anhand einiger Beispiele erklärt:

Der „einfache" Workflow

Hier ist meist die Steuerung sequentieller Aufgaben durch das System gemeint. Etwa nach dem Schema, wenn Aufgabe A erledigt ist, kann Aufgabe B starten.

1. Nach der Erfassung eines Transportauftrags durch Person A

2. erfolgt die Einplanung durch Person B

3. und die finale Freigabe durch Person C.

Hier erhalten die Personen B und C in ihrer jeweiligen Ansicht immer nur die zuvor fertig-gestellten Aufträge.

Der Genehmigungsworkflow

Ein Kunde verlangt einen Preis, der geringer als Ihre Preisuntergrenze ist. Diesen Preis muss der Speditionsleiter freigeben.

1. Nach Erfassung des Auftrags wird dieser Preis automatisch gesperrt, da die Preisunter-grenze erreicht ist.

2. Es wird automatisch eine Aufgabe zur Freigabe erzeugt und an den Speditionsleiter weitergeleitet. Der erhält die Aufgabe in seiner „Aufgabenbox".

3. Nach Prüfung des Auftrags gibt er diesen mit einem einfachen „Häkchen" nachvoll-ziehbar frei.

4. Der Anfordernde wird informiert und kann weiterarbeiten.

Der Ad-hoc-Workflow

Der Disponent legt einen neuen Kunden an. Ihm fehlt aber zur Vollständigkeit der An-sprechpartner aus der Finanzbuchhaltungsabteilung.

1. Der Disponent legt eine Aufgabe zur Einholung der Daten durch die eigene Finanz-buchhaltung an.

2. Die Aufgabe mit verlinktem Datensatz und Fälligkeitstermin landet bei der Gruppe „Finanzbuchhaltung".

3. Die Finanzbuchhaltung fragt die Daten an, erfasst diese im System und schließt die Aufgabe ab.

4. Der Anfordernde wird informiert und kann weiterarbeiten.

Ein Ad-hoc-Workflow zeichnet sich also dadurch aus, dass er beliebige Aktionen startet, diese zuordnet, die Abarbeitung überwacht und ggf. dem Anfordernden meldet, dass die Aufgabe erledigt wurde. Dieser Workflow kann jedes Mal anders sein und wird deswegen so nicht vordefiniert. Kommt er regelmäßig vor, dann ist es ggf. sinnvoll, einen Standard-workflow zu definieren.

Der Vertretungsworkflow

Disponent A hat Urlaub, aber noch jede Menge unverplante Transportaufträge von seinen Kunden.

1. Da Disponent B als Vertretung im System definiert wurde, erscheinen alle unverplanten Aufträge ab Urlaubsbeginn auf der Dispotafel von Disponent B.

2. Er arbeitet diese wie üblich ab.

3. Am ersten Arbeitstag von Disponent A nach seinem Urlaub erscheinen alle seine Aufträge, auf Basis der zugeordneten Kunden, direkt beim ihm auf der Dispotafel. Er kann wie gewohnt damit arbeiten.

Vertretungsworkflows sollten in allen Bereichen der Lösung möglich sein. Bei Aktivitäten, Aufträgen oder Aufgaben.

Wie verhalten sich Workflows? Einige Beispiele:

Parallele Prozesse

Diese können z. B. bei Aufgaben notwendigerweise gleichzeitig, also parallel von mehreren Anwendern bearbeitet werden. Wenn alle fertig sind, kann der nächste Schritt gestartet werden.

Sequenzielle Prozesse

Dies sind Aufgaben, die zwingend nacheinander ablaufen müssen. Zum Beispiel muss die Genehmigung erst durch den Abteilungsleiter erfolgen, erst dann wird der Geschäftsführer genehmigen. Die Aufgaben werden hintereinander, also sequentiell abgearbeitet.

Der „Wenn-dann"-Prozess

In diesem Fall werden gewisse Funktionen oder Aufgaben nur dann angesteuert, wenn ein gewisser Fall eintritt. Auch in Kombination. Zum Beispiel wenn Gefahrengut, dann an Disponent A und wenn zusätzlich neuer Kunde, dann an Disponent C. Selbstverständlich kann es in komplexen Workflows vorkommen, dass diese verschiedenen Arten in Kombination genutzt werden. Die Steuerungsmöglichkeiten sind dann weitaus umfangreicher. Wichtig ist natürlich, dass die Lösung diese Kombinationen und komplexen Regeln auch einfach abbilden kann.

Dokumentation und Definition von Workflows

Die Erstellung der Workflows und der damit verbundenen Dokumentation kann im System auf verschiedene Weise erfolgen. Dabei lautet die Regel: Je grafischer, desto moderner, je mehr Programmierung, desto mehr ist die Lösung technisch veraltet.

Programmierung

Der Workflow wird „hart" im System programmiert. Dies stellt die am wenigsten flexible Vorgehensweise dar, besonders auch, wenn es zu Programmupdates kommt.

Skripterstellung

Hier wird ein Workflow über ein Programm Skript erstellt und steuert den Ablauf und das Verhalten in der Software. Ohne entsprechende Entwicklerkenntnisse geht dies kaum.

Tabellarische Darstellung

Der Workflow wird in einer Datenbanktabelle definiert. Meist in Kombination mit Skripten, die das Verhalten steuern.

Grafische Darstellung

Bei der grafischen Darstellung wird auf eine Visualisierung wie z. B. bei MS-Visio® zurückgegriffen. Im Hintergrund werden dann die Regeln für den Ablauf per Tabelle oder Skript definiert. Achten Sie darauf, dass hier nicht nur bunte Bilder gezeichnet werden, sondern hinter den Bildern auch die Konfiguration der Software tatsächlich stattfinden kann. Nur Visualisieren können Sie auch mit Freeware Software. Der Clou ist, wenn der visuell definierte Workflow das Verhalten der Software, des einzelnen in der Software genutzten Prozesses steuert.

Übrigens: Wenn Ihr Unternehmensberater vorschlägt, die Prozesse bereits im Rahmen der Prozessanalyse zu visualisieren, dann sollten Sie fragen, was mit diesen Daten später geschieht. Nicht dass Sie die Arbeit komplett in der dann ausgewählten Lösung nachbilden müssen. Das wäre recht kontraproduktiv.

Die höhere Schule des Workflows: Kalkulation, Simulation, Zeit und Kosten

Je nach Softwarelösung kann das Workflow Management noch viel weitergehen. Achten Sie also bei der Auswahl darauf, ob die nachfolgenden Funktionen für Sie relevant sind. Der Tausch eines integrierten Workflow-Tools in ein externes System ist nämlich fast nie möglich. Ein gutes Workflow-Management-System bietet folgende Möglichkeiten:

- Erstellung und Bearbeitung ohne die Notwendigkeit zur Entwicklung (nur durch Konfiguration)

- Funktionelle Integration in den Prozessablauf

- Simulation von Prozesszeiten und Kosten

- Vergleichen verschiedener Prozessszenarien

- Detaillierte Beschreibung der Prozessschritte bis hin zur Integration von Lastenheften

- Mehrsprachigkeit, auch der Prozessinformationen (wichtig bei internationalen Projekten)

- Versionsverwaltung

- Überwachung der Ist-Prozesse und Status durch Aktivitäten in der eigentlichen Anwendung

> **Expertentipp:** Bevor Sie mit den Anbietern über das Thema Workflow sprechen, sollten Sie sich intern erst einmal darüber im Klaren sein, was Sie darunter verstehen und damit im Unternehmen bezwecken wollen. Erst dann können Sie dies im Lastenheft oder in Ihren Anforderungen verankern und in Ihr IT-Projekt integrieren.

16.7 Ohne Data Dictionary gibt es keine Auswertungen

Haben Sie schon einmal versucht, eine Auswertung in Ihrer Softwareapplikation mit einem externen Analysetool oder auch direkt mit dem vom Anbieter gelieferten Reportprogramm selbst zu erstellen? Im Zeitalter moderner Auswertungswerkzeuge sollte dies eigentlich keine allzu schwierige Aufgabe sein, besonders wenn die Anbieter suggerieren, dass jeder Anwender mit wenigen Klicks, per Drag und Drop selbst die anspruchsvollsten Auswertungen erstellen kann.

Eine simple Liste der Daten z. B. des Artikelstamms (basierend auf einer einzelnen Datei) mag da noch eine machbare Aufgabe darstellen, doch wenn es komplizierter wird und mehrere, im System verteilte Daten die Basis darstellen, müssen viele Anwender schnell die „Waffen strecken" und den Softwareanbieter kostenpflichtig zu Hilfe rufen.

Doch muss das überhaupt sein? Eigentlich nicht, wenn der Anbieter ein ausführliches Data Dictionary, quasi das „Wörterbuch" Ihrer Softwarelösung, zur Verfügung stellt. Es spiegelt alle Datenstrukturen, Inhalte und Verknüpfungen der Daten der Software wider und ist natürlich abhängig von der eingesetzten Datenbank.

Achtung aufgepasst! Einige wenige Anbieter verschlüsseln doch tatsächlich die Daten im Data Dictionary und machen somit einen unabhängigen Zugriff gänzlich unmöglich. Ob das überhaupt rechtlich zulässig ist, ist fraglich. Deswegen sollten Sie vorher prüfen, ob dies der Fall ist. Nach dem Softwarekauf ist Ihre Verhandlungsposition in diesem Bereich ansonsten mehr als schwach. Wenn die Informationen zu Tabellen und Feldern dann nur verschlüsselt zur Verfügung stehen sind Sie definitiv zu 100% vom Anbieter abhängig und werden zu Kasse gebeten.

Was sollte ein gutes Data Dictionary enthalten?

- Die kompletten Tabellenstrukturen und deren Verknüpfungen und Abhängigkeiten untereinander

- Die Datenfelder einer Tabelle inkl. Feldkriterien (numerisch, alphanumerisch, logisch, zeitlich etc.) sowie die entsprechenden Feldlängen/Feldgrößen

- Zugriffs- oder Eingabekriterien wie Pflichtfeldangaben

- Verzweigungsinformationen zu Stammdatentabellen (Feld Mengeneinheit greift auf Stammdatentabelle der Mengeneinheiten zurück)

- Detailbeschreibung zum einzelnen Feld, um die meist kryptischen Feldnamen zu beschreiben (oder wissen Sie, was im Feld „ITNR", „ART_NR", „PN" steht? In allen Fällen *könnte* es die „Item-Number", Artikelnummer oder Produktnummer sein. Mit der Betonung auf „könnte"!)

- Informationen über indizierte Felder in der Datenbank

Im Idealfall sind die Datenstrukturen auch grafisch darstellbar (Tabellenstruktur: vgl. **Abbildung 16.4**, Inhalt Data Dictionary: vgl. **Abbildung 16.5**).

Abbildung 16.4   Tabellenstrukturen

Tabelle	Subtabelle	Stammdantenverknüpfungen
Artikelstamm Basisdaten	Verkaufsdaten	
	Einkaufsdaten	
	Dispositionsdaten	
		Mengeneinheiten
Tabelle	**Subtabelle**	**Stammdantenverknüpfungen**
Einkaufsbestellung	Kopfdaten	
	Positionsdaten	
	Fussdaten	
		Mengeneinheiten

Abbildung 16.5   Data Dictionary

Tabelle	Feldname	Feld-bezeichnung	Typ	Länge	Index	Stammdatenverweis	Detailinfo
Artikelstamm	ART_NR	Artikelnummer	Alphanumerisch	30	Ja	keiner	Die Artikelnummer ist der primäre Schlüssel und wird in allen Bereich der Lösung angewendet
Artikelstamm	ME	Mengeneinheit	Alphanumerisch	5	Nein	Stammdanten Mengen	Die Basismengeneinheit des Artikels in dem alle Bewegungen

Achten Sie auch darauf, dass Daten für *alle* Bereiche der Anwendung zur Verfügung stehen und dass diese auch mit jedem Softwareupdate erweitert und gepflegt werden.

Wie sollte man auf das Data Dictionary zugreifen können?

Im Idealfall sollten Sie in der Lage sein, direkt aus der Anwendung heraus im Datenfeld, in dem sich der Cursor befindet, die zugehörigen Dateiinformationen aufzurufen. Nichts ist frustrierender, als im Data Dictionary nach einem Feld suchen zu müssen. Das Problem ist oft, dass einzelne Felder aus Tabellen angezeigt werden, die auf den ersten Blick nicht logisch verknüpft sind (Entwickler sind nun einmal nicht immer logisch). Achten Sie aber darauf, dass die Tabelleninformationen auch von Feldern abgerufen werden können, die nur als Anzeige, nicht aber als Eingabefeld definiert sind. Ansonsten können Sie dieses Feld ja nie mit dem Cursor markieren. Klären Sie also auf jeden Fall im Vorfeld, dass die Daten in einer Sprache zur Verfügung stehen, mit der Sie auch etwas anfangen können.

Der Test – eine komplexe Auswertung

Um zu testen, wie einfach oder kompliziert die Erstellung eigener Auswertungen ist, sollten Sie ein entsprechendes Fallbeispiel erstellen und mit dem Anbieter durchspielen.

Fallbeispiel

Ein Vorschlag hierfür: Eine Cashflow-Auswertung über mehrere Ebenen.

Aufgabenstellung: Berechnen Sie den Cashflow der geplanten Einnahmen für eine Gruppe von Kunden vom Angebot bis zum Zahlungseingang auf der Zeitachse

Betroffene Dateien: Kundenstamm, Kundengruppenstamm, Angebote, Lieferscheine, Rechnungen, Zahlungseingang

Mit einem derartigen Beispiel werden Sie schnell erkennen, wie gut die Dokumentation und wie einfach die Erstellung einer Auswertung wirklich ist.

Wer eine internationale Softwarelösung kauft, muss im Übrigen davon ausgehen, dass das Data Dictionary und damit die komplette Datenbankdokumentation nur auf Englisch oder gar in einer anderen Fremdsprache zur Verfügung steht. Wenn dann die Dateien und Dateinamen mit obskuren und nicht dokumentierten Abkürzungen versehen sind, kann es sein, dass Sie schnell aufgeben.

Expertentipp: Testen Sie den Anbieter mit einem Fallbeispiel in der Auswertung, um zu erkennen, wie gut und leicht umsetzbar die Datendokumentation im System ist. Ansonsten kann es sein, dass zukünftige Auswertungen extrem aufwendig zu erstellen sind oder Sie total in die Abhängigkeit des Anbieters geraten. Von den daraus resultierenden Kosten gar nicht zu sprechen.

16.8   Auswertungen, Analysen, MIS und Cockpits & Co.

Eigentlich sollte man davon ausgehen, dass es bei modernen Datenbank-basierten Systemen sehr einfach möglich ist, beliebige Auswertungen und Analysen zu erstellen. Doch leider ist dies bei vielen Lösungen nur ein Trugschluss. Die Daten stehen zwar generell zur Verfügung, doch stellt sich die Frage: „wie rankommen?". Das ist nicht bei allen Lösungen unbedingt einfach. Speziell wenn die Datenbank und die darin enthaltenen Dateistrukturen und Datenfelder nicht gut oder gar nicht dokumentiert sind. Wenn Sie ein Feld, das Sie gerade am Bildschirm sehen, nicht in der Datenbank finden können, dann ist es wohl kaum möglich, dieses auch in eine Auswertung mit einzubeziehen. Damit dies möglich ist, sollte das sogenannte „Data Dictionary" vorhanden sein. (Siehe hierzu auch das Kapitel 16.7

„Ohne Data Dictionary gibt's keine Auswertungen".) Beim Auswerten gibt es dabei verschieden Stufen in Komplexität und Inhalt wie etwa:

Die Auswertung

Mitunter eine einfache Listendarstellung von Daten, z. B. basierend auf einem Datengrid (tabellarische Darstellung von Daten, ähnlich wie bei MS-Excel, aufgeteilt in Spalten und Zeilen)

Die Analyse

Komplexere Auswertung, die auch viele Rechenfunktionen innerhalb der Auswertung beinhaltet (z. B. Zwischensummen, Summen etc.) und der eine komplexere Selektion von Daten vorausgegangen ist (z. B. „von/bis"-Auswahl von Daten, Ausschluss von Daten über eine Selektion etc.)

MIS: Management-Informationssysteme

Analysen, bei denen der Fokus nicht auf der Detailebene, sondern auf einer Aggregation von Daten mit limitierter Detaillierung liegt und die sich dabei in der Regel auf Zahlen, die für das Management von Interesse sind, wie z. B. Umsatz, Absatz etc. fokussieren.

Cockpits

Analysen, die in der Regel auf einen Bereich bezogen sind (z. B. Fuhrpark, Disposition, Abrechnung etc.). Cockpits sind dabei eher grafiklastig. D. h., Sie finden hier die grafische anstatt der tabellarischen Darstellung wie Ampelsysteme, Tachoanzeigen etc.

Data Warehouse

Bei dieser Auswertung werden Daten im Vorfeld aggregiert und in einer speziellen separaten Datenbank gespeichert, um diese danach schneller und einfacher analysieren zu können. Zum Beispiel bereits die Umsatzzahlen pro Geschäftsbereich pro Monat der letzten 12 Monate. Der einzelne Auftrag ist damit nicht mehr relevant. Auf die einzelne Auftragsposition kann im Data Warehouse dann aber auch nicht mehr direkt zurückgegriffen werden. Die aggregierten Daten werden dabei in regelmäßigen Abständen in das Data Warehouse kopiert. Dies soll auch dazu dienen, dass das System, auf dem die Anwender arbeiten, nicht beim Start von größeren Auswertungen „in die Knie geht".

Big-Data-Analysen

Wie der Name schon sagt, werden hier meist enorm große Datenmengen mit auf diesen Umfang spezialisierten Lösungen ausgewertet. Bedarf für derartige Lösungen besteht in der Regel nur bei Großunternehmen und Konzernen. Gute Analysetools haben dabei folgende Eigenschaften:

- Es kann auf *alle* Felder in der Datenbank zurückgegriffen werden. In jedem Menü gibt es bereits verschiedene Analysen.

- Vorhandene Analysen können durch den Anwender angepasst werden.

- Analysen können auch in neue Softwareversionen übernommen werden.

- Die Ergebnisse können exportiert und z. B. direkt mit MS-Excel® weiterverarbeitet werden.

- Analysen können auch ohne Mitwirkung des Anbieters erstellt werden.

- Analysen und Auswertungen können im WYSIWYG-Modus erstellt werden.

Generell sollten Sie bei der Bewertung der Werkzeuge beurteilen, ob und mit welchem Aufwand Sie selbst in die Lage versetzt werden, alle die von Ihnen benötigten Auswertungen, Analysen etc. selbstständig zu erstellen. Dabei sollten Sie aber unbedingt die Möglichkeit haben, auf bereits vorhandene Analysen zurückzugreifen.

Dieses Thema wird von manch einem Anbieter gerne genutzt, um zusätzliche Dienstleistungen zu verkaufen. Die Aussage, dass jeder Kunde ganz andere Auswertungen braucht und die Software deswegen nicht viele Standardauswertungen aufweist, ist schlichtweg falsch. Viele Anbieter sehen einfach für sich selbst keinen Mehrwert darin, Auswertungen im Vorfeld zu erstellen, wenn bei jedem Kunden erneut abkassiert werden kann.

Expertentipp: Definieren Sie genau, welche Art von Analyse und Auswertungen Sie benötigen, und entscheiden Sie nach eingehender Prüfung, ob die Funktionen der Anbieterlösung ausreichen oder Sie ein externes Werkzeug benötigen.

16.9   Was ist bei der Update- und Upgradefähigkeit zu beachten?

Wer heute eine Software kauft, der will mindestens 10 oder gar 15 Jahre davon profitieren. Aus diesem Grund schließt man in der Regel einen Wartungsvertrag ab, der den Erhalt der neuesten Versionen sicherstellen soll. Doch aufgepasst; nicht jede Software und Technologie ermöglicht Ihnen immer direkt und mit wenig Aufwand von den Neuerungen zu profitieren.

Was ist der Unterschied zwischen Update und Upgrade?

Update

Ein Update stellt meist eine kleinere Neuerung der Lösung dar. Oft sind dies Fehlerbehebungen oder Verbesserungen. Ein Anbieter kann wenige oder viele Updates pro Jahr anbieten. Erwarten Sie aber nicht unbedingt viele neue Funktionen mit echtem Mehrwert fürs eigene Unternehmen. Updates sind meist in Ihrem Wartungsvertrag enthalten. Prüfen Sie auf jeden Fall, ob dies auch so ist. Da Updates das System eigentlich nicht maßgeblich be-einflussen, sollte deren Installation auch einfach, z. B. über ein Skript oder ein anderes Pro-gramm möglich sein. Das einfachste Beispiel ist hier z. B. das Update neuer Versionen wie bei Ihrem Smartphone. Die neue Version ersetzt dabei einfach die bisherige Version, ohne relevanten Installationsaufwand.

Upgrade

Ein Upgrade umfasst meist erhebliche Neuerungen in der Lösung oder technische Ände-rungen. Beispiele für Upgrades:

- Ein Modul wurde komplett neu entwickelt und ersetzt nun das bisherige Modul.

- Die Lösung unterstützt nicht nur eine Datenbank, sondern ab Version X verschiedene Datenbanken.

- Die Lösung unterstützt ab Version X neue Betriebssysteme.

- Die Lösung hat ab Version X eine komplett neue Oberfläche (vorher als „Fat Client", jetzt Internetbrowser-basiert).

Dementsprechend gibt es Upgrades eher selten. Bei manchen Unternehmen ein- oder zweimal pro Jahr, bei anderen Unternehmen nur alle zwei oder drei Jahre. Prüfen Sie des-halb den Zyklus und informieren Sie sich über den Umfang der Upgrades der letzten X Jahre.

Wann werden Updates oder Upgrades zum Problem?

Wenn es zu viele gibt

Einige wenige Anbieter bringen Updates im Wochenzyklus heraus. Das kann schnell zu viel werden. Wenn dieser Prozess dann nicht automatisiert ablaufen kann, stehen Sie vor einer besonderen Herausforderung.

Wenn man Updates oder Upgrades nicht überspringen kann

Bei zu vielen Updates ist ein Überspringen sinnvoll. Gleiches gilt, wenn man Upgrades nicht mitmachen will, z. B. wegen zu vieler Anpassungen in der genutzten Version. Gut ist es dann, wenn man alle „gesammelten Updates" in einem Update vollziehen kann. An-sonsten müsste man ein Update nach dem anderen durchführen.

Wenn Kundenentwicklung und Updates nicht abgestimmt sind

Wenn der Anbieter freizügig Anpassungen im Kundenprojekt vornimmt oder dem Kunden gar die Möglichkeit gibt, dies selbst zu tun, kann es problematisch werden. Meist dann, wenn diese Anpassungen nicht korrekt verwaltet werden und nicht automatisiert in die neuen Versionen überführt werden können. Dann heißt es nämlich „nachentwickeln".

Wenn es keine Versionsverwaltung gibt

Wenn jeder Entwickler einfach „vor sich hin entwickelt" und es keine echte Versionsverwaltung gibt, wird es mit den Updates kritisch. Meist werden dann updateunfähige Systeme erzeugt. Im schlimmsten Fall endet dies in einer kompletten Neuinstallation der neuesten Softwareversion.

Wenn Schnittstellen und Fremdsysteme im Spiel sind

Toll, wenn Ihr Anbieter eine neue Version ankündigt, die integrierten Lösungen aber nicht mit deren Integration zeitnah hinterherkommen. Was nützt es Ihnen, wenn eines der Systeme neue Funktionen hat, aber Sie diese aus besagtem Grund nicht nutzen können? Dies können Sie in der Regel nur durch eine entsprechende vertragliche Vereinbarung lösen, in der die Verfügbarkeit von Schnittstellen oder integrierten Drittsystemen geregelt ist.

Dienstleistungen kosten extra

Nur sehr wenige Anbieter sind bereit, das Dienstleistungsrisiko auf sich zu nehmen, und bieten Ihnen an, im Rahmen des Wartungsvertrages die Updates oder Upgrades mit Ihrer vorhandenen Lösung auch umzusetzen. Planen Sie diese Kosten deswegen in Ihrer 10-Jahres-Kalkulation mit ein und befragen Sie Referenzen über deren Erfahrung.

Die Technologie-Upgrade-Falle vermeiden

Einige wenige Anbieter verlangen einen Neukauf der Lösung insofern man, aus Sicht des Anbieters, gravierende technische Neuerungen zur Verfügung stellt. Dies kann passieren, wenn z. B., wie zuvor beschrieben, die Benutzeroberfläche von MS-Windows® auf Internetbrowser umgestellt wird. Achten Sie also darauf, dass Ihnen dies nicht passiert und auch diese Neuerungen in Ihrem Upgrade-Vertrages enthalten sind.

> **Expertentipp:** Halten Sie die zugesicherte Update- oder Upgradefähigkeit vertraglich fest. Kalkulieren Sie auch den jährlichen Update- und Upgradeaufwand, um immer mit der neuesten Version arbeiten zu können. Nur so können Sie sicherstellen, auch von den Weiterentwicklungen zu profitieren, für die Sie meist viel Geld im Rahmen Ihres Wartungsvertrags bezahlen.

16.10 Die DSGVO als Prozessbestandteil in Ihren neuen IT-Lösungen

Mittlerweile sollten alle Leser dieses Werkes schon einmal mit der **DSGVO** (DatenSchutz-GrundVerOrdnung) in Kontakt gekommen sein (**Abbildung 16.6**), sei es als Endverbraucher, der eine E-Mail zur Freigabe der weiteren Kontaktaufnahme und Nutzung seiner Daten von verschiedensten Unternehmen erhalten hat, oder als Mitarbeiter in einem Unternehmen, welches sich genau mit diesem Thema beschäftigen musste.

Mit diesem Abschnitt wollen wir Ihnen nicht noch eine weitere Anleitung mit allen Details zur DSGVO anbieten. Darüber sind schon mehr als genügend Artikel und Bücher geschrieben worden. Wichtig ist an dieser Stelle, dass es sich hierbei immer um Daten von natürlichen Personen handelt, über die man eine Person identifizieren und weitere Daten z.B. für Analyse hiervon ableiten kann.

Einige Schlagwörter gibt es auf jeden Fall, die man mit der DSGVO verbinden kann, so z.B.:

- Das Recht auf „Vergessen"

- Das Recht auf die Löschung der eigenen Daten

- Nachweisbare Datenlöschung

- Sie müssen auf Anfrage nachweisen, dass und wie Sie die Daten gelöscht haben

- (auch in allen vorherigen Datensicherungen!).

- Pseudonymisierung

  Aus einer über den Namen oder die E-Mail erkennbare Person wird ein Pseudonym in der Datenbank erstellt (z.B.: aus hans.huber@hubergmbh.de wird xxx.yyy@zz.de)

Wichtig: Gesetzliche Aufbewahrungspflichten stechen immer die DSGVO aus. Im Business-to-Customer-Umfeld ist deswegen die Relevanz besonders hoch.

Wer sich als Datenschutzbeauftragter mit diesem Thema intensiver beschäftigt hat und immer noch bei der Sache ist, dem spreche ich meine Hochachtung aus. In einer Welt mit schier unendlichen „Datentöpfen" zu arbeiten und für die korrekte Einhaltung dieser Regeln verantwortlich zu sein, ist eine mehr als große Aufgabe.

Abbildung 16.6 DSGVO (Quelle: Shutterstock)

Denn die Regeln sollten im täglichen Umgang mit den betroffenen Daten auch umgesetzt werden. Lediglich die Anlage von Verfahrensverzeichnissen oder die Erstellung einer Datenverarbeitungsvereinbarung, ohne diese permanent zu nutzen, zu pflegen und zu überwachen, hilft Ihnen bei einer amtlichen Prüfung auch nicht weiter.

Was liegt da näher, als sich von neuen IT-Lösungen im Rahmen Ihrer Digitalisierungsprojekte bei der Einhaltung dieser Regeln unterstützen oder diese den Umgang damit gar vollumfänglich abdecken zu lassen? Viele tun auch bereits genau das. Meist dann, wenn die Lösungen sehr nahe am Endkunden, also im B2C-Umfeld (Business to Customer/Endkundenumfeld) zum Einsatz kommen.

Wie viele „Datentöpfe" gibt es eigentlich? Oder: Jetzt wird Datenredundanz wirklich teuer!

Dass einzelne Lösungen bereits DSGVO-orientierte Funktionen anbieten, ist sicher nicht von der Hand zu weisen. In wie vielen Systemen in Ihrem Unternehmen können aber genau die gleichen Daten oder Teile daraus vorhanden sein? In mehr, als Sie gerade denken!

Früher war die Eliminierung von redundanten Daten oft eine Frage des x-fachen Pflegeaufwandes und den damit verbundenen Kosten oder möglichen Fehlerquellen. Mit der DSGVO hat sich das geändert. Denn ein gemäß DSGVO nachvollziehbar verwaltetes System bedeutet immer noch nicht, dass die hier betroffenen Daten tatsächlichen in **allen Systemen** und Daten gleichbehandelt werden. Deswegen ist es sehr sinnvoll, sich einmal eine Liste von allen Lösungen und Systemen zu erstellen, in denen die von der DSGVO betroffenen Daten gespeichert oder verwaltet werden.

Nehmen wir ein Industrieunternehmen im Maschinenbau. Wo z.B. können sich überall personenbezogene Daten befinden?

- Im CRM im Vertrieb, im Rahmen von Angeboten

- Im ERP im Rahmen von Auftrag und Abrechnung

- In der Serviceabwicklung im Rahmen von Reparaturen

- Für diverse Newsletter im Rahmen von Mailings

- In BI-Analysesystem gespeicherte Daten

Weitaus relevanter sind alle nur MS-Excel®-basierten „Nebensysteme" wie z.B.:

- Veranstaltungslisten

- Messekontakte

- Manuell geführte Listen und Auswertungen

Und weil jeder Mitarbeiter in MS-Outlook® arbeitet, haben alle sicherlich noch „private" oder eigene Kontaktdaten lokal auf ihren PCs oder Smartphones gespeichert. Stellen Sie sich einfach vor, dass Interessent A mit seinen Kontaktdaten in allen der zuvor genannten Systeme und Datentöpfe gespeichert ist (Ausnahme ERP und Service, weil er noch kein Kunde ist). Wie stellt Ihre neue IT-Lösung nun sicher, dass die vom Interessent A angefragte Löschung seiner Daten auch tatsächlich in allen dieser Datentöpfe parallel gewährleistet wird, bis hin zum Smartphone Ihres Vertrieblers, der die Daten von Interessent A ursprünglich erfasst hat?

Technisch ist dies mehr als herausfordernd. Ehrlich gesagt kenne ich bisher kein einziges Unternehmen in meinem Kunden- und Interessentenumfeld, das diese Anforderungen nachweislich abdecken kann.

Fazit: Am besten wird das DSGVO-Thema in zentral organisierten Systemen umgesetzt, mit denen Sie sicherstellen können, dass die Daten in nur einer Quelle gepflegt werden und auch der verbundene Zugriff auf diese Daten viel einfacher geregelt werden kann.

Bei der Auswahl neuer IT-Lösungen sollten Sie auf jeden Fall einen Teil des Lastenheftes DSGVO-bezogenen Themen widmen und sich vom Anbieter diese Funktionen genau präsentieren lassen. Das wird Ihren Umgang mit dieser Verordnung wesentlich erleichtern und auch das damit verbundene potenzielle Risiko minimieren, wenn nicht gar eliminieren.

Expertentipp: Vergessen Sie bei Ihrem Digitalisierungsprojekt die DSGVO nicht. Listen Sie alle Systeme, in denen personenbezogenen Daten gespeichert werden. Integrieren Sie DSGVO-orientierte Anforderungen bei der Ausschreibung in Ihre Lastenhefte und fordern den neuen Anbieter, z.B. bei im Rahmen einer neuen ERP-Komplettlösung, auf, Ihnen das technische Konzept auf Basis seiner IT-Lösung zur Einhaltung der DSGVO-Anforderungen aufzuzeigen.

17 Allgemeine Regeln und Themen im Auswahlprojekt

17.1 Softwareauswahl ist Chefsache

In der Regel beeinflusst ein Softwareprojekt weite Teile im Unternehmen. Deswegen ist es manchmal verwunderlich, dass sich die Geschäftsführung oder der Firmeninhaber im Auswahlprozess rarmachen. Wenn Sie als Geschäftsführer, Vorstand oder Inhaber meinen, dass Sie Ihre Mitarbeiter haben, die für Sie die Entscheidungsvorbereitung im Rahmen ihrer Aufgaben im Unternehmen vornehmen und Sie diese dann nur noch abzunicken brauchen, bedenken Sie, dass Sie rechtlich nicht nur für die Auswahl und die damit verbundenen Konsequenzen verantwortlich sind, sondern natürlich auch mit der vorgeschlagenen Lösung leben müssen.

Im Auswahlprozess sollten Sie deswegen nicht unterschätzen, dass die fehlende Teilnahme der Geschäftsführung z. B. an Terminen mit Anbietern schnell den Eindruck erweckt, dass im Unternehmen gar kein echtes Interesse am Projekt besteht. Dies kann durchaus dazu führen, dass ein für Sie relevanter und vielleicht sogar favorisierter Anbieter nicht mit dem notwendigen Engagement bei der Auswahl mitarbeitet.

Als „Chef" sollten Sie daher ein Minimum an Engagement für das Projekt zu erkennen geben. Sicherlich auch Ihrem Projektteam gegenüber. Meist stärkt ein positives Engagement des Managements auch die Motivation im Team. Auf jeden Fall sollten Sie über den Prozess und Status jederzeit genau informiert sein. Lassen Sie sich die Vorgehensweise, Gründe, Ergebnisse und Entscheidungen gründlich erläutern und geben Sie klare Ziele vor, welche Sie erreichen wollen. Kontrollieren Sie dies regelmäßig und nehmen Sie Ihre Verantwortung wahr. Denken Sie daran, dass bei größeren Softwareinvestitionen Ihre Entscheidung einer „Hochzeit" gleichkommt und dass Scheidungen sehr teuer sein können.

Die Option, bei später aufkommenden Problemen mit dem Finger auf das Projektteam und den designierten Projektleiter zu zeigen, sollte eigentlich gar nicht als Option angesehen werden. Auch Geschäftsführer, die meinen, nur zur Preisverhandlung im Projekt auftauchen zu müssen, sollten bedenken, dass sie bis dahin nicht in der Lage waren, ein positives Verhältnis zum Anbieter aufzubauen. Sie sind bei der Verhandlung ganz bestimmt erfolgreicher, wenn zum Anbieter schon vor der Verhandlung ein persönlicher Kontakt bestand und Sie nun nicht nur die Rolle des Preisdrückers spielen.

> **Expertentipp:** Die Geschäftsführung sollte möglichst intensiv in den Auswahlprozess involviert sein und Entscheidungen sollten gemeinsam getragen werden. Nur so kann sichergestellt werden, dass Vorgaben und Ziele im Projekt auch mit denen der Geschäftsführung übereinstimmen.

© Springer Fachmedien Wiesbaden GmbH, ein Teil von Springer Nature 2019
C. Groß und R. Pfennig, *Digitalisierung in Industrie, Handel und Logistik*,
https://doi.org/10.1007/978-3-658-26095-8_17

17.2   Risikoerkennung, Bewertung und Minimierung

In jeder Auswahl oder in jedem Projekt tauchen Probleme auf. Viele können jedoch durchaus vorhergesehen und entsprechend vorbeugend bewertet werden. Für die Entscheidung, wie zu reagieren ist, wird gerade diese Bewertung benötigt (**Abbildung 17.1**).

Fragen bei der Risikobewertung

- Welche möglichen Risiken gibt es im Projekt?

- Wo sind die Auswirkungen zu sehen? Finanziell, persönlich, oder sind gar Kunden oder Lieferanten direkt davon betroffen?

- Sind es Verzögerungen, fehlende Funktionalität bzw. nur unzulänglich unterstützte Prozesse?

- Wann addieren sich die aufgetretenen Probleme derartig, dass ein Projekt als gescheitert angesehen werden kann?

- Wie kann das potenzielle Risiko vermieden werden?

Abbildung 17.1   Risiken im Projekt erkennen und bewerten (Quelle: Shutterstock)

Genauso wie ein Mehrwert durch Einsatz der neuen Lösung ermittelt werden kann, so kann auch das Fehlen eines solchen als ein „negativer Mehrwert" bewertet werden. Das größte Risiko eines Auswahlprojekts ist jedoch die Entscheidung, keine Entscheidung zu treffen! Somit ist nicht nur der bis zur Entscheidung des Projektabbruchs getätigte Aufwand größtenteils nutzlos, es wurden auch Kosten erzeugt ohne einen entsprechenden Mehrwert im Unternehmen zu generieren. Viel schlimmer ist aber, dass die Mitarbeiter auf diese Weise nicht gerade motiviert werden, beim ggf. nächsten Anlauf wieder mit vollem Engagement mitzumachen. Ist der potenzielle Mehrwert zu Beginn des Projekts genau definiert und bekannt, ist eine derartige Entscheidung durchaus unwahrscheinlicher. Beugen Sie also entsprechend vor und versuchen Sie den Entscheidungsträgern die entsprechenden Konsequenzen zu verdeutlichen.

Expertentipp: Beschäftigen Sie sich von Anfang an auch mit den potenziellen Risiken. Definieren und kommunizieren Sie diese und versuchen Sie diese möglichst zu vermeiden.

17.3   So dokumentieren Sie richtig

„Wer schreibt, der bleibt!" Nie war dieses Sprichwort relevanter als in einem Softwareprojekt. Doch leider kommt die Dokumentation in vielen Projekten zu kurz. Der Anwender erwartet, dass der bezahlte Berater dies schon erledigt, während der Anbieter meist die Kosten und Aufwände hierfür scheut.

Sie unterliegen hier leider wieder dem Phänomen der „Annahme". Wenn es nicht ausdrücklich festgelegt ist, dass der Anbieter für die Dokumentation verantwortlich ist, dann ist die Wahrscheinlichkeit hoch, dass dies nicht der Fall ist. Umso wichtiger ist es als Anwender, selbst die Initiative zu ergreifen und schon aus dem eigenen Interesse heraus lieber etwas zu viel als zu wenig zu dokumentieren (**Abbildung 17.2**).

Sei es Anbieter oder Anwender, der natürliche Drang zur Bequemlichkeit überwiegt leider meistens. Dem sollten Sie gleich von Anfang an im Projekt entgegenwirken und nicht erst, wenn es bereits Probleme gibt und Sie sich dazu entscheiden, dass ab sofort alles besser dokumentiert werden muss.

Was sollte man dokumentieren?

- Alle Meetings, intern oder extern

- Alle Änderungen am vorhandenen Lastenheft/Pflichtenheft

- Neue Anforderungen oder der Wegfall von Anforderungen

- Änderungen der Verantwortung im Projekt

- Geänderte Termine

- Mehr- oder Minderaufwände

- etc.

Wie sollte man dokumentieren?

Natürlich schriftlich. Dabei sollte man einen gemeinsam vereinbarten, formellen Weg einhalten. Auch wenn der Aufwand höher erscheint, sollten doch entsprechende Protokolle erstellt werden. Der E-Mail-Verkehr im Projekt sollte gesichert, und wenn er mehrere Teammitglieder betrifft, natürlich diesen auch zugänglich gemacht werden. Eine Möglichkeit ist es z. B., projektbezogene E-Mail-Adressen anzulegen, wie z. B. „Projektleitung@IhreFirma.com" oder „Einkauf@IhreFirma.com". Alle relevanten Teammitglieder erhalten Zugriff und können diesen zur Kommunikation mit dem Anbieter verwenden. „Private" Nachrichten im eigenen Postfach sollten möglichst vermieden werden.

Das Meeting-Protokoll

Sofern im Projekt jede Menge Meetings stattfinden, sollten Sie besonderen Wert auf deren Dokumentation legen. Dabei ist es nicht relevant, ob diese nur intern oder in Zusammenarbeit mit dem Softwareanbieter stattfindet. Ein ausführliches und von allen Teilnehmern anerkanntes Protokoll ist hierfür das „A und O". Dabei sollte das Protokoll natürlich auch alle wichtigen Bereiche adressieren.

Welche Bestandteile sollte ein Meeting-Protokoll haben?

- Projektbezeichnung

- Teilnehmer

- Verteiler

- Verfasser des Protokolls

- Änderungsversion

- Datum und Dauer

- Klassifikation der Notizen

- A = Aktion, B = Beschluss, E = Empfehlung, I = Information

- Terminierung der Notizen

Abbildung 17.2   Dokumentation ist wichtig. Übertreiben Sie es aber nicht.
                      (Quelle: Shutterstock)

Worin sollte man dokumentieren?

Die Dokumente sollten jedem Teammitglied, ob intern oder extern, jederzeit zur Verfügung stehen. Idealerweise im Internet oder im direkten Zugriff, auch wenn der externe Berater oder das Teammitglied sich nicht im Unternehmen befindet. Die beste Lösung ist dabei die Nutzung eines Dokumentenmanagement-Systems. Besonders bei der Einführung einer ERP-Lösung wird dieses oft parallel implementiert. Was liegt da näher, als dieses System zur Dokumentation am Anfang des Projekts zu nutzen. Es wird sich für Sie auszahlen. Steht kein entsprechendes Dokument zur Verfügung, dann nutzen manche Anbieter deren

Supportsystem zur Verwaltung der Dokumente. Steht dieses ebenfalls nicht zur Verfügung, dann sollten Sie einen Projektbereich in der Dateiablage Ihres Netzwerkes zur Verfügung stellen. Machen Sie sich dann aber Gedanken, wie Sie mit der Versionierung der Dateien und der Dokumentenhoheit umgehen, und kommunizieren Sie dies auch gegenüber allen Teammitgliedern.

Wann sollte die Dokumentation erstellt werden?

Wenn es um Meeting-Protokolle geht, sollten Sie Wert darauf legen, dass das Protokoll zum Ende eines jeden Meetings fertiggestellt ist. Nur zu diesem Zeitpunkt können Sie die Teilnehmer auch dazu bekommen, dieses ggf. zu unterzeichnen. Es muss also immer einer der Teilnehmer in den „sauren Apfel" beißen und mitschreiben. Der Vorteil hiervon ist natürlich auch, dass der Anbieter für die spätere Erstellung des Protokolls keine weiteren Kosten abrechnen kann.

Nutzen Sie eine einheitliche Dateibeschreibung

Bei der Pflege von Dateien in einem manuellen System (einfache Dateiablage) ist es hilfreich, sich auf ein gemeinsam genutztes Format der Namensgebung der Dateien zu einigen.

Beispiel: 17-01-20-A-Protokoll-Projektplanung

Format = Jahr-Monat-Tag-Version-Typ-Beschreibung

Definieren Sie die eingesetzten Werkzeuge und Technologien

Ein in MS-Project®-definierter Projektplan hilft wenig, wenn der Anwender über keine entsprechende Lizenz verfügt. Der Dokumentenversand im MS-Office®-Format 2010 stellt den Empfänger vor eine akute Herausforderung, wenn dieser nur über die MS-Office®-Version 2003 verfügt. Deswegen ist es wichtig, dass Sie sich am Anfang des Projekts darauf einigen, welche Software und Dateiformate zum Einsatz kommen. Schließlich soll kein Teammitglied oder der Anbieter sagen können, dass er die Datei nicht öffnen konnte und diese deswegen mehrere Tage nicht bearbeitet hat.

Eine Ansprechpartnerliste hilft

Ob intern oder extern: Beim Start eines jeden Projekts sollten alle Teilnehmer über eine vollständige Liste aller Teammitglieder inkl. aller Kommunikationsdaten verfügen. Auch die Anlage von Verteilerlisten in Ihrem E-Mail-System ist hilfreich, damit bei der Kommunikation nicht aus Versehen ein Teammitglied bei der E-Mail-Kommunikation vergessen wird.

Welche Informationen sollte die Ansprechpartnerliste beinhalten?

- Name

- Vorname

- Position

- Rolle im Projekt

- Verantwortungsbereich im Projekt

- Telefon mit Durchwahl

- Mobiltelefon

- E-Mail-Adresse

Regelwerk für die Dokumentation und Kommunikation

Erstellen Sie ein Dokument, in dem Sie die gemeinsam mit dem Anbieter vereinbarten Regeln zusammenfassen und kommunizieren Sie diese auch. Damit erreichen Sie eine höhere Effizienz und vermeiden Missverständnisse oder „Fingerzeigen", um einen Schuldigen anzuprangern.

Und wer soll eigentlich dokumentieren?

Auch wenn es schöner ist, dass der Anbieter dokumentiert, so sollte es Ihnen klar sein, dass die Formulierungen der Anbieter natürlich „anbietergerecht" zu dessen Gunsten verfasst werden. Sie sollten sich daher die Chance nicht entgehen lassen, die Dokumentation selbstständig durchführen. Damit können Sie diese anwendergerecht" verfassen, also zu Ihren Gunsten. Wir alle wissen, dass die Korrektur so eine leidige Sache ist. Je nach Anbieter kann es deswegen wahrscheinlich sein, dass er Ihre Version einfach übernimmt. Diese Version ist viel besser, als die, bei der Sie mit dem Anbieter ggf. über jede mögliche Änderung in eine große Diskussionsrunde gehen.

Und wann sollte man dokumentieren?

Auch da gibt es eine einfache Regel: Immer direkt zum Zeitpunkt, an dem die Informationen anfallen. Planen Sie deswegen am Ende jedes Workshoptages noch einmal 30 Minuten ein, um das Protokoll zu vervollständigen. Damit ist das leidige Dokumentationsthema erst einmal erledigt. Hotelnächte und Wochenenden sind der denkbar schlechteste Zeitpunkt, um Meetings zu dokumentieren, die ggf. schon mehrere Tage zurücklagen und sicherlich nicht das Einzige waren, an das sich der Verfasser noch erinnern sollte.

> **Expertentipp:** Stellen Sie sicher, dass dokumentiert wird. Wenn der Anbieter dies nicht tut, dann ergreifen Sie selbst die Initiative. Wenn es hart auf hart kommt, ist immer derjenige im Vorteil, der den besseren Nachweis erbringt, weil er den Text selbst formuliert hat.

17.4   Den Einkaufs- und den Vertriebsprozess harmonisieren

Erfolgreiche Auswahlprojekte sind solche, bei denen der Einkaufsprozess und der Vertriebsprozess der Anbieter möglichst vollständig harmonisiert sind. Erwartungshaltung und Ergebnis weichen aber in der Praxis recht oft weit voneinander ab. Warum eigentlich? Der Grund ist meistens die abweichende Vorgehensweise in einem „Verkäufer- oder Käuferprojekt". Wie unterscheiden sich die beiden Vorgehensweisen?

Das „Verkäuferprojekt" ist in großen Teilen vom Anbieter getrieben. Es basiert manchmal nicht rein auf den beim Anwender schon bekannten Bedarf, sondern dieser wird vom Anbieter erst geweckt. Der Anwender fügt sich später zwar in die Rolle des „Auswählenden", lässt sich aber in Vorgehensweise und Inhalt der Vertriebsaktionen weitgehend vom Anbieter leiten. So werden z. B. Präsentationen anberaumt, die aus Sicht des Anbieters gestaltet sind (Dauer, Inhalt, Zielsetzung etc.). Der Anwender erwartet dabei in der Regel, dass er bei der Veranstaltung das sieht, was für seine Entscheidung relevant ist. Leider kann hier wieder die „Annahme-Falle" zuschlagen und die Erwartungshaltung wird nicht getroffen. Zusammengefasst ist der Anbieter hier der Lieferant der von ihm beeinflussten Informationen, welche Sie als Anwender dann interpretieren und oft mühsam vergleichen müssen.

Im „Käuferprojekt" hat sich der Anwender genaue Gedanken über seine Anforderungen und die Vorgehensweise im Auswahlprojekt gemacht. Ggf. nutzt er einen externen Berater, mit dem er die von diesem entwickelte Methodik im Auswahlprozess anwendet. Der Anbieter spielt hier mehr die Rolle, den Anforderungen des Anwenders, sei es im Prozess, bei Präsentationen oder im Format des Angebotes, gerecht zu werden. Er muss sich somit in das vom Anwender bestimmte „Korsett" zwängen. Nicht jeder Anbieter ist damit glücklich oder auch in der Lage, dies zufriedenstellend zu tun. Natürlich ergeben sich mit dieser Vorgehensweise erhebliche Vorteile für den Anwender. Sie haben Kontrolle über den Prozess, erhalten die Daten und Informationen in einem Format, in dem Sie die Anbieter viel einfacher vergleichen können, und haben damit eine erheblich bessere Entscheidungs- und Vertragsbasis.

Dass diese zwei Methoden miteinander kollidieren, versteht sich von selbst. Die einzige Möglichkeit, die Reibungen im Prozess zu minimieren, besteht in einer intensiven Kommunikation. Das bedeutet, dass der Anwender dem Softwareanbieter genau seine Erwartungshaltung mitteilt, den Prozess und die Termine kommuniziert und dem Anbieter vielleicht diese Vorgehensweise sogar noch „schmackhaft" macht. Bei einem vom Anwender strukturierten und terminierten Auswahlprozess kann z. B. einer der Vorteile die genaue Kommunikation der Termine sein, natürlich auch einschließlich des Datums der geplanten Vertragsunterzeichnung. Anbieter tendieren dazu, sich auf externe Regeln einzulassen, wenn ihnen verständlich gemacht wird, dass nach den abgeschlossenen Schritten auch eine verbindliche vertragliche Vereinbarung terminiert ist.

> **Expertentipp:** Steuern Sie den Auswahlprozess selbstständig und verlassen Sie sich nicht darauf, dass der Anbieter in Ihrem Sinne handelt. Nur wenn Sie die Kontrolle behalten, werden Sie auch das von Ihnen gewünschte Ergebnis bei der Auswahl erzielen können.

17.5 Der „interne Pförtner" im Projekt — hilfreich oder hinderlich?

Viele Anwenderunternehmen fragen sich, wie intensiv der Anbieterkontakt im Projekt eigentlich sein sollte. Soll der eigene Projektleiter tatsächlich wie ein „Pförtner" alle Anfragen und Kontakte der Anbieter mit dem Auswahlteam moderieren oder gar filtern (**Abbildung 17.3**)? Eigentlich keine gute Idee, denn Anbieter und dessen Mitarbeiter sollten ruhig einen Kontakt zu allen Mitgliedern des Auswahlteams direkt aufbauen können. Wichtig ist lediglich, dass im Team diese Kontakte und der dabei gewonnene Eindruck auch an den Rest des Teams, mindestens aber den Projektleiter kommuniziert werden.

Wer erwartet, dass alle Mitglieder im Projektteam mit Anrufen und Informationen seitens der Anbieter nun überhäuft werden, der wird meist vom Gegenteil belehrt. Nur wenige Anbieter nutzen diese offene Tür tatsächlich, um effizient im Sinne des eigenen Vertriebsprozesses mit den Anwendern zu kommunizieren. Vor einer allzu großen „Belästigung" brauchen Sie also wirklich keine Angst zu haben. Lassen Sie deshalb die „Informationstür" offen. Sie können auf diese Weise auch das Interesse der Anbieter erkennen. Fachlich qualifizierte und relevante Fragen sollten positiv bewertet werden.

Abbildung 17.3   Ein interner „Wachmann" ist meist eher hinderlich
(Quelle: Shutterstock)

Anbieter, die im Auswahlprozess keine Fragen stellen, sollten ebenfalls Ihre Aufmerksamkeit erregen. Denn wer z. B. eine Anfrage ohne Rückfragen bearbeitet, der scheint sich seines Fachwissens und seiner Qualifizierung, auf Ihre Anforderungen mit dem richtigen Angebot zu reagieren, sehr sicher zu sein. Hier macht der Anbieter selbst den im Buch beschriebenen Annahmefehler, der sich nicht nur zu seinen, sondern auch Ihren Ungunsten auswirken kann.

> **Expertentipp:** Blockieren Sie die Kommunikation zwischen Anbietern und Ihrem Auswahlteam nicht unnötig. Unnötiges Filtern verhindert ein besseres Kennenlernen und damit auch eine objektive Bewertung der Anbieter während des Auswahlprozesses.

17.6 Wichtige Kriterien beim Kauf von US-amerikanischen Softwareanbietern

Viele sind schon gekommen und wieder verschwunden: US-amerikanische Softwareanbieter. Zugegeben, manch eine der angebotenen Lösungen ist durchaus innovativ, eröffnet neue Wege zur Prozessoptimierung und ist internationaler als die Lösungen deutscher Anbieter verfügbar. Leider scheitern aber die amerikanischen Anbieter seit Jahrzehnten an den kulturellen Unterschieden. US-amerikanisches Management meint leider immer wieder, mit den für die USA passenden Methoden, geringe Investitionen und Engagement, in Rekordzeit hohe Erlöse im deutschsprachigen Markt erzielen zu können. Allerdings geht diese Rechnung nur allzu selten auf. Damit Sie Ihr Risiko in der Entscheidung drastisch reduzieren können, wurde speziell diesem Anbieterkreis ein eigener Abschnitt gewidmet. Bei US-Softwareanbietern ist also etwas mehr Vorsicht und Umsicht als üblich geboten (**Abbildung 17.4**).

Abbildung 17.4 Bei US-basierten Anbietern müssen Sie genauer hinsehen (Quelle: Shutterstock)

Machen Sie mit dem Anbieter den Investitions- und „Ernsthaftigkeitstest"

US-Firmen ist das Marktpotenzial ihrer Lösungen in Deutschland durchaus bewusst. Kein Wunder, dass man gerne ein Stück vom Kuchen abhaben will. Doch wer ernten will, muss auch sähen. Leider sehen das US-Anbieter etwas anders. Die allgemeine Zielsetzung ist es, die Investitionen möglichst aus den Erlösen der ersten Aufträge zu tätigen. Dass ein Mindestmaß an Initial-Investition getätigt sein muss, die über ein Basisteam vom Account Manager oder Produktberater hinausgeht, stößt dabei eher auf Unverständnis. Doch wer ungenügend investiert, unterliegt später leider der „Sparen, egal was es kostet"-Regel. Dabei hat dies erfahrungsgemäß zur Folge, dass der erste Auftrag oft ein Mehrfaches dessen kostet, was er einbringt, und nicht selten scheitert. Daraus resultiert meist der frühzeitige frustrierte Rückzug vom Markt oder der Fortbestand auf Sparflamme.

> **Vorschlag:** Lassen Sie sich die Investitionspläne für den deutschen Markt erläutern, auch von Unternehmen, die schon „etabliert" sind. Beachten Sie dabei Softwarelokalisierung, Vertrieb, Implementierung, Büros, Marketing etc., aber seien Sie nicht überrascht, wenn das Ergebnis recht mager ausfällt.

Kann der deutsche Manager selbstständig Entscheidungen treffen?

Viele der Manager bei US-Firmen haben beindruckende Titel wie Sales Director, Vice President, Country Manager etc., doch wie viel steckt wirklich dahinter?

Anders als bei deutschen Unternehmen können lokale Töchter von US-Firmen höchst selten autark entscheiden. Selbst Geschäftsführer stehen zwar rechtlich in der Verantwortung, müssen aber für viele Fragen, gerade bei finanziellen, bei ihrer US-Mutter um Genehmigung anfragen. Sogar in sehr großen Unternehmen endet eine Entscheidung oft auf dem Tisch des CEO in den USA. Deswegen muss man sich nicht wundern, dass selbst Angebote vier Wochen und länger dauern können. Das lediglich, weil in manchen Firmen eine Gruppe aus Managern über zu gewährenden Rabatte entscheiden muss, bei denen bei uns im Unternehmen eigentlich eine einzelne Person entscheiden kann. Wundern Sie sich also nicht, wenn Ihnen der Verkäufer eines US-Unternehmens sagt: „So schnell schießen die Preußen nicht!" Übrigens: Ein „Account Manager" hat in der Regel überhaupt nichts zu entscheiden, auch wenn er so tut als ob.

Vorschlag: Erkundigen Sie sich über die Entscheidungsbefugnis Ihres Verhandlungspartners. Befragen Sie ihn über Entscheidungswege und darüber, bei welchen Fragen wo was entschieden wird. Tut man dies nicht, wird man sich über die langen Wege wundern. Der Verkäufer würde Ihnen ja gerne viel schneller die gewünschten Zusagen machen, er kann bzw. darf dies aber einfach nicht.

Immer der beste Motivationsfaktor: „Cash up Front"

Wer US-Unternehmen kennt, weiß, dass diese extrem Cash-getrieben sind. Gute Aufträge sind nicht unbedingt nach deutscher Manier diejenigen Aufträge, die langfristig gute und lukrative Umsätze liefern. Dies liegt daran, dass laut den US-Buchführungsregeln nur Umsätze gutgeschrieben werden können, die in maximal neun bis zwölf Monaten zur Zahlung führen. Längerfristige Verträge sind zwar gut für das Unternehmen, aber für den Vertrieb wenig interessant. Hört sich schlimm an, ist aber so! Bedenken Sie, dass vom Account Manager bis zum CEO nur die Umsätze zählen, bei denen „jetzt" Geld fließt. Besonders, was die Provisionen angeht. Hier zählt die simple Regel, dass nur anrechenbarer Umsatz als Erfolg gilt und nur dieser den Account Manager motivieren kann.

Vorschlag: Wer bei US-Softwareanbietern kauft, der sollte bereit sein, einen größeren Betrag der Lizenzen bei Vertragsabschluss zu bezahlen. Dann ist der Kunde wirklich König. Übrigens: Mehr Geld am Anfang ist ein guter Grund für einen größeren Rabatt.

Legen Sie besonderen Wert auf die Präsentation

Es gibt zwei Extreme bei Lösungspräsentationen: die „deutsche Art" mit Fokus allein auf die Lösung und die „amerikanische Art" mit Fokus auf Philosophie, Folien und Return on Invest. Die optimale Lösung liegt dabei sicherlich in der goldenen Mitte. Doch wenn Sie das dem Anbieter nicht mitteilen, können Sie auch nicht erwarten, dass er Ihren Anforderungen gerecht wird. Die Kernfrage ist erst einmal, ob die Präsentation vom erfahrenen, deutschen

Mitarbeiter oder vom „US-Experten" durchgeführt wird. Gehen Sie nicht davon aus, dass ein US-Mitarbeiter, unabhängig von seiner Betriebszugehörigkeit, so präsentiert, wie Sie dies erwarten. Stellen Sie sicher, dass Sie eine deutschsprachige Version, mit deutscher Funktionalität und deutschen Daten sehen werden. Sollte das nicht zur Verfügung stehen, müssen Sie entscheiden, ob die Lösung so innovativ ist, dass dies weniger relevant ist, auf jeden Fall werden Sie so nicht erst bei der Präsentation davon überrascht. Übrigens: Zusagen, fehlende Funktionalität später zu erhalten, oder Entwicklungspläne, die Erweiterungen ankündigen, sind nur von Belang, wenn diese vertraglich vereinbart wurden. Also vor Vertragsabschluss daran denken. Leider wird Ihnen aber kein US-Softwareanbieter diese Zusicherung geben, da er durch diese Zusage eine Rückstellung bilden muss und somit den Umsatz nicht anrechnen kann, bis die Leistung erbracht wurde – wenig motivierend für den provisionsgetriebenen Vertrieb.

> **Vorschlag:** Geben Sie genau die Vorstellungen des Präsentationsinhaltes vor. Informieren Sie Ihr Gegenüber über Zielsetzung des Termins und die Erwartungshaltung der Teilnehmer. Nehmen Sie sich gegebenenfalls die Zeit und stellen Sie einen Mitarbeiter zur gemeinsamen Vorbereitung frei. Die Erkenntnisse, die dabei gewonnen werden können, sind Gold wert!

Das Wichtigste bei der Vertragsverhandlung

Eigentlich sollte es selbstverständlich sein, dass ein Anbieter, der in Deutschland Geschäfte machen will, auch deutsche Verträge mit deutschem Recht hat. Doch weit gefehlt. Besonders von Unternehmen, die gerade auf den europäischen Markt kommen, kann dies nicht erwartet werden. Wer also noch nie einen englischsprachigen Vertrag mit US-Recht gesehen hat, der wird ihn bald zu sehen bekommen. Die Sturheit der US-Anbieter, auf den eigenen Vertrag zu bestehen, kann eine Einigung oft um Monate verzögern, wenn nicht gar verhindern.

> **Vorschlag:** Fragen Sie gleich am Anfang der Vertriebsaktivitäten nach den Deutschen Musterverträgen. Wenn der Vertriebsmitarbeiter dann ins Stottern gerät, ist Vorsicht geboten. Stellen Sie sicher, dass der Anbieter auch einen deutschen Anwalt hat, der mit Ihnen verhandeln kann. US-Anwälten deutsche Anforderungen näherzubringen, ist oft schlichtweg aussichtslos oder extrem kostspielig.

Beim Implementierungsteam zählt nur die in Ihrem Projekt verwertbare Erfahrung

Experten für die Implementierung oder Erstellung von Anpassungen an der Software kommen höchst selten aus Deutschland, eher aus den USA oder neuerdings aus Indien oder anderen Billiglohnländern der Informationstechnologie. Erwarten Sie weder die „deutsche Gründlichkeit" noch ausreichende Deutschkenntnisse. Wenn Ihr eigenes Projektteam nur schlecht Englisch spricht, ist ein Auffrischungskurs angesagt. Berater von lokalen Partnern sprechen zwar besser Deutsch, mit der echten Erfahrung in der Lösung hapert es aber meist, egal wie oft diese international implementiert wurde.

Übrigens: Wenn Mitarbeiter aus aller Welt eingeflogen werden, um die Lösung hier zu implementieren, kann es durchaus vorkommen, dass Sie auf den Reisekosten sitzen bleiben. Nutzen Sie unterschiedliche Erfahrungen oder ungenügende Sprachkenntnisse für variable Tagessätze.

Vorschlag: Checken Sie die Lebensläufe der Implementierungsberater. Lassen Sie sich die wichtigsten Mitarbeiter persönlich vorstellen. Vereinbaren Sie vertraglich, dass Mitarbeiter nicht wahllos ausgetauscht werden können. Veranlassen Sie ein nachvollziehbares und offengelegtes Projektcontrolling. Auch wenn Sie nicht alles bezahlen, ist es hilfreich zu wissen, wann der Anbieter in die Miesen rutscht. Über ungenügende Qualität und Motivation muss man sich dann jedenfalls nicht mehr wundern.

Ist der CEO des Anbieters wirklich ein Sponsor für Ihr Projekt?

Man trifft sie meist gerne, die Entscheidungsträger beim Anbieter. Zur richtigen Zeit fliegen US-Top-Manager gerne nach Deutschland, um die Wichtigkeit des Auftrages zu untermauern. Doch wie wichtig ist Ihr Auftrag wirklich für den Anbieter? (Siehe Abschnitt „Cash up Front".) Nutzen Sie diese Meetings, um die nötigen Zusagen für Ressourcen und sonstige Bereiche in Ihrem Projekt zu erhalten. Dies ist vielleicht Ihre einzige Gelegenheit, also packen Sie diese am Schopf.

Vorschlag: Stellen Sie sicher, dass der CEO nicht nur ein kurzfristiges „Vertriebsinteresse" an Ihnen hat. Am besten fragt man bei Referenzkunden nach, inwiefern die Involvierung des Topmanagements bei diesem Anbieter wirklich im Projekt oder bei späteren Problemen hilfreich war.

Zusammengefasst: Wenn folgende Punkte nicht positiv beantwortet werden können, ist Vorsicht geboten:

- Deutsche Referenzen, Sprachversion, Funktionalitäten, Handbücher

- Deutsche Verträge – Sprache, Recht und Gerichtsstand, Anwalt

- Deutsche GmbH/Niederlassung

- Deutsche Implementierung, Support, mit lokaler Erfahrung der ausgewählten Lösung

- Lokale Partner – Vertrieb, Implementierung, eingebundene Lösungen mit Schnittstellen

Expertentipp: Wer ernstes Interesse an einer US-Softwarelösung hat, muss sich darauf einstellen, sich den US-Gegebenheiten anzunähern. Tut man dies nicht, könnte man vielleicht sein blaues Wunder erleben. Wer jedoch die Spielregeln beherrscht, kann durchaus Vorteile aus der Zusammenarbeit mit US-Softwareanbietern ziehen.

17.7   Generalunternehmer oder Einzelaufträge?

Wer eine umfangreiche Palette von Softwarefunktionen benötigt, der kann schnell feststellen, dass ein einzelner Anbieter nicht in der Lage sein wird, die komplette Lösung zu liefern. Spätestens dann muss man sich die Frage stellen, ob man auf der Lieferung durch einen Generalunternehmer besteht oder auch bereit ist, separate Aufträge zu erteilen.

In Deutschland tendieren Unternehmen dazu, alle Aufträge an einen Generalunternehmer zu vergeben, da dies als die sichere Lösung gilt. Wer will sich schließlich im Streitfall schon mit mehreren Vertragsparteien auseinandersetzen? Nicht nur aus dieser Sicht sollten Sie anstreben, eher einen als mehrere Vertragsparteien zu haben. Trotzdem sollten Sie sich nicht auf die Aussage der Anbieter verlassen, dass diese die Koordination schon regeln werden. Sie müssen die Partnerschaft hinterfragen und sicherstellen, dass diese auch in Ihrem Projekt funktionieren wird. Dabei ist es für Ihren Vertrag entscheidend, dass Sie darin definieren, wer welche Verantwortung übernimmt. Ansonsten geht im Problemfall das Zeigen mit den Fingern auf die anderen Projektbeteiligten los.

Welche Probleme müssen bei verschiedenen Anbietern im gleichen Projekt adressiert werden?

- Unterschiedliche Benutzerzählung (Named vs. Concurrent)
- Verträge mit verschiedenen Support- und Wartungsregeln
- Abstimmung neuer Versionen und Releasestände
- Tatsächlicher Integrationsgrad
- Verschiedene Anforderungen an die Technologie
- Verschiedene Benutzeroberflächen
- Wissensaustausch der Berater zur jeweils integrierten Lösung
- etc.

Eines sollten Sie aber berücksichtigen: Für einen Generalunternehmervertrag kann man bis zu 30% mehr zahlen als für Einzelaufträge. Manch ein Anbieter lässt sich seine Verantwortung auf diese Weise versilbern. Relevant wird dies meist, wenn es sich um die Übernahme von Verantwortung für Lösungen und Leistungen handelt, die Ihr Vertragspartner nicht direkt übernimmt. Auf jeden Fall sind Sie in der Verhandlung schlechter gestellt, wenn Anbieter A Produkte von Anbieter B mit in den Vertrag aufnimmt. Ganz klar, denn auch er erzielt durch den Einkauf eine geringere Marge und hat somit weniger Spielraum für besondere Konditionen für Sie als Anwender.

Geben Sie sich mit keiner „Zweckehe" zufrieden

Sie sollten außerdem herausfinden, ob der Anbieter nur für Ihr Projekt eine „Zweckehe" eingeht, um den gemeinsamen Vertrag mit Ihnen zu erhalten. Derartige „Partnerschaften" sind in der Regel auf Sand gebaut. Wenn nicht weitere Kunden Schlange stehen, um diese

Produktkombination zu kaufen und der Anbieter dieses auch nicht aktiv vermarktet, dann ist es sehr wahrscheinlich, dass Sie der einzige Kunde bleiben werden.

Was sind die Anzeichen einer Zweckehe?

- Sie sind der einzige oder einer von sehr wenigen Anwendern, die diese Kombination einsetzen.

- Es findet wenig bis gar keine neue Entwicklung in Integration oder gemeinsame Funktionalität statt

- Beim Generalunternehmen steht kein Personal für die Einführung oder den Support der zugekauften Lösung zur Verfügung.

- Es gibt keine allgemein verfügbaren Broschüren, die den Funktionsumfang und die Integration beschreiben.

- Auf der Preisliste ist diese Produktkombination gar nicht gelistet.

Bereiten Sie sich gut vor

Prüfen Sie, inwiefern genau diese oder ähnliche Kombinationen von Lösungen und Dienstleistungen bereits verkauft und erfolgreich vom Generalunternehmer implementiert wurden. Stellen Sie sicher, dass der Generalunternehmer auch die Verträge mit den Lieferanten hat, um die Ihnen zugesagten Leistungen zu erfüllen. Lassen Sie sich ein schlüssiges Gesamtkonzept erstellen, wie die Implementierung, der Support, die Mängelbehebung, die Upgrade-Implementierung gewährleistet wird.

Aus der Praxis

Zur Abdeckung der im Lastenheft definierten Anforderungen stellt der Logistiksoftwareanbieter fest, dass er allein diese nicht befriedigen kann. Er entscheidet sich deswegen zu einem Workshop mit fünf verschiedenen Lösungen und Anbietern, und sieben Personen zu erscheinen. Schlecht nur, dass der Workshop in keiner Weise abgestimmt ist. Jeder Anbieter klappt sein eigenes Notebook auf und fängt an, unabhängig vom gewünschten Gesamtablauf zu präsentieren. Vier verschiedene Benutzeroberflächen tragen zur weiteren Verwirrung bei. Auf die Frage, ob diese Kombination bereits bei einem Kunden installiert wurde, kommt ein verschämtes *nein* als Antwort. Kein Wunder, dass dieser Workshop in einer Katastrophe endet und der Anbieter und dessen Partner am Nachmittag gebeten wird, den Workshop abzubrechen, damit „wir nicht weiter gegenseitig unsere Zeit verschwenden", so der Kunde. Ich denke, dass Sie auf eine derartige Erfahrung verzichten können. Aber nur wenn Sie dies vorher, wie beschrieben, genau prüfen. Auf die Aussagen des Generalunternehmens nach dem Motto „Das kriegen wir schon hin" sollten Sie sich keinesfalls verlassen.

Expertentipp: Versuchen Sie, den Auftrag mit einem einzelnen Anbieter abzuwickeln. Sollte das nicht möglich sein, dann gleichen Sie Verträge und Konditionen ab und regeln Sie die Verantwortlichkeiten aller Parteien in einem genau festgelegten Vertrag.

17.8 Welche Fördermittel oder Zuschüsse gibt es für Softwareprojekte?

Gerade für kleinere oder mittelständische Unternehmen gibt es eine Reihe von Fördermaßnahmen, die im Rahmen der Einführung einer neuen Software zum Tragen kommen könnten (**Abbildung 17.5**). Dabei ist es nicht einfach, sich im Dschungel der Fördermittel zurechtzufinden. Viele Kriterien wie Unternehmensgröße, Bundesland, Umsatz etc. sind dabei zu berücksichtigen.

Komischerweise scheint dies bei fast allen Unternehmen kein Thema zu sein. Deswegen sollten Sie auf jeden Fall die Softwareanbieter auf mögliche Förderungen ansprechen. Sollen die sich doch auch ein paar Gedanken machen. Schrauben Sie Ihre Erwartungen herunter und freuen Sie sich dann über jeden Euro, den es dann trotzdem als Zuschuss gibt. Nachfolgend erhalten Sie schon einmal einige der wichtigsten Kriterien, damit Sie sich entscheiden können, ob Sie dieses Thema im Rahmen Ihres Softwareprojekts vielleicht adressieren wollen.

Abbildung 17.5   Geld vom Staat (Quelle: Shutterstock)

Welche Faktoren sind für die Gewährung eines Zuschusses/Fördermittels relevant?

- Passendes Förderthema vorhanden

- Größe des Unternehmens (kleiner ist besser)

- Umsatz p. a. (weniger ist besser)

- Bisher in Anspruch genommene Fördermaßnahmen/Fördermittel

Welche Arten von Fördermitteln gibt es, die im Softwarebereich interessant sein können?

- Verlorene Zuschüsse

- Zinsgünstige Darlehen

- Investitionszulagen

- Zinszuschüsse

- etc.

Welche Leistungen können z. B. gefördert werden?

- Schulungen

- Beratungen

- Investitionen

Aus welchen „Töpfen" kommen die Fördermittel?

Im Prinzip gibt es drei große Töpfe, aus denen Fördermittel beantragt werden können:

- Fördermittel der Bundesländer

- Fördermittel des Bundes

- Fördermittel der EU

Wie gestaltet sich der Ablauf bei den meisten Fördermitteln?

Je nach Fördermittel müssen Sie Wert darauf legen, dass die Regeln genau eingehalten werden. Wenn Sie den Auftrag vergeben und die Rechnung schon bezahlt haben, kann es sein, dass der Zug für die Fördermittel bereits abgefahren ist. Sie müssen sich also im Vorfeld der Investition genau informieren.

Ein beispielhafter Ablauf im Rahmen der Fördermittelabwicklung

- Fördermittel erstmalig beantragen

- Durchführung der Beratung

- Erstellung eines Beratungsberichts durch einen bekannten Berater

- Abrechnung der Leistung

- Zahlung der Leistung

- Versand der Bestätigung des Zahlungseingangs inklusive der Beratungsbericht und des Antrags

- Kostenerstattung im Falle der Genehmigung des Antrages

Brauchen wir überhaupt einen Berater für die Antragstellung?

Eigentlich ist dies nicht unbedingt notwendig. Allerdings sind die Regeln und Bedingungen oft so komplex und ändern sich ständig, dass das Risiko sehr hoch ist, dass Ihr Antrag abgelehnt wird. Der sichere Weg ist, ggf. einen Berater zu involvieren der sich auf Zuschüsse in diesem Umfeld spezialisiert hat. Doch aufgepasst, Berater ist nicht gleich Berater. Prüfen Sie die Spezialisierung und Referenzen genau. Befragen Sie den Berater auch zu seiner „Ablehnungsquote" und lassen Sie sich nur auf einen Vertrag ein, der ein Honorar auf Erfolgsbasis definiert. Ansonsten kann es vorkommen, dass der Berater abkassiert und Sie leer ausgehen.

Nur in den seltensten Fällen können übrigens Unternehmen die Software verkaufen, auch zuschussfähige Leistungen erbringen und gleichzeitig abrechnen. Dem Softwareunternehmen könnte unterstellt werden, dass es zur eigenen Vorteilsnahme arbeitet. Sollte dies später festgestellt werden, kann es vorkommen, dass Sie die Fördermittel komplett zurückerstatten müssen. Umgehen Sie dieses Risiko durch eine Klausel im Vertrag, wonach in diesem Falle der Softwareanbieter für den entstandenen Schaden aufkommen muss.

Wo können Sie sich allgemein über Fördermittel informieren?

Nutzen Sie als erste Anhaltspunkte einfach die nachfolgenden Websites für eine neutrale Erstinformation: www.kfw.de, www.eu-foerderung.bayern.de, www.foerderdatenbank.de

Bei der Recherche im Internet sollten Sie immer darauf achten, ob die Website von einem Beratungsunternehmen erstellt wurde oder eine offizielle Quelle von Bund, Land, IKH, Handwerkskammer etc. ist. Manch eine Website ist dabei etwas irreführend. Passen Sie also auf, dass Sie bei einem seriösen Berater landen. Die simple Regel: Wahrscheinlich unseriös, wenn die Website offiziell wirkt, sich aber doch als Website eines Beratungsunternehmens herausstellt. Wahrscheinlich seriös, wenn der externe Beratungsansatz sofort ersichtlich ist und Referenzen zur Verfügung stehen.

Ein aktuelles Fördermittelprogramm ist zum Beispiel das **„Go Digital"-Programm** vom BMWI (**Abbildung 17.6**).

Abbildung 17.6 BMWI Förderprogramm - go-digital (Quelle: BMWI)

---

go-digital

Kurz zusammengefasst (Status November 2018):
Unternehmen mit bis zu 100 Mitarbeitern und weniger als 20 Mio. € Umsatz p.a. mit Sitz in Deutschland können hier eine Förderung mit bis zu 50% für 20 Beratertage bei deren Digitalisierungsprojekt erhalten. Ein wichtiger Haken dabei ist allerdings, dass vom Beginn des Projekts bis zum erzielten Ergebnis nach der Implementierung maximal 6 Monate vergehen dürfen. Leider ist das für die meisten Projekte im Bereich Business Software völlig unrealistisch.

Details zum Programm finden Sie unter **www.bmwi-go-digital.de**.

Übrigens: Auf dem Fördermittelmarkt gibt es viele schwarze Schafe, die nur darauf aus sind, ihre eigene Beratung fördern zu lassen. Erkundigen Sie sich also genau vor der Beauftragung eines Beraters, sonst kostet die Fördermittelberatung mehr, als diese Ihnen bringt.

Expertentipp: Prüfen Sie, ob Leistungen im Rahmen der Einführung einer neuen Softwarelösung gefördert werden können. Holen Sie sich einen Berater für Fördermittel ins Haus und vereinbaren Sie mit diesem ein erfolgsorientiertes Honorar.

17.9 Wichtiges zum Thema Softwareinvestition und Finanzamt

Seit dem Jahr 2005 gibt es in Deutschland den sogenannten „ERP-Erlass" des Bundesministeriums der Finanzen (BMF). Dieser regelt die Abschreibung und die Aktivierungen in einem Softwareprojekt mit Fokus auf eine ERP-Lösung. Natürlich kommen diese Regeln auch bei anderen Softwareprojekten zum Einsatz. Wichtig dabei ist, dass das BMF eine ERP-Software als ein einheitliches Wirtschaftsgut ansieht, das als Anlagevermögen zu aktivieren und über 5 Jahre hinweg abzuschreiben ist. Dabei ist es unerheblich, ob es ein oder mehrere Module sind, oder diese von einen oder mehreren Herstellern kommen sowie zu verschiedenen Zeitpunkten angeschafft wurden.

Dies schränkt natürlich den Raum für sofort absetzbare Kosten erheblich ein und zwar auch dann, wenn das Projekt aus mehreren verschiedenen Modulen besteht und diese von verschiedenen Herstellern oder zu verschiedenen Zeitpunkten angeschafft worden sind. Damit wird der Raum für sofort absetzbare Kostenteile von vornherein eingeschränkt.

Was die Frage der Installation und Integration der Lösung durch eigene Mitarbeiter im Unternehmen angeht, so muss man berücksichtigen, dass das eigene Unternehmen durch Einführung einer ERP-Lösung noch nicht selbst zum „Hersteller" wird. Die Anschaffung und deren Kosten sind somit aktivierungspflichtig.

Was ist als Anschaffungskosten aktivierungspflichtig?

- Kosten im Rahmen von Planung, Implementierung oder Schulung der eigenen Mitarbeiter

- Einfache Anpassungen am System (Entwicklung), insofern keine komplett neue Software erstellt wird

- Nachträgliche Erweiterungen in der Software

- Aufwände durch eigene Mitarbeiter im Projekt

Was können Sie sofort als Betriebsausgaben absetzen?

- Kosten der Kaufentscheidung (Beratung)

- Kosten für allgemeine Anwenderschulungen

- Aufwände für einen Piloteinsatz der Software zu Testzwecken

- Übernahme der Altdaten-Datenmigration

Was können Sie als „Erhaltungsaufwendungen" sofort absetzen?

- Kosten aus Wartungsverträgen

- Kosten für Updates der Software

Was ist in 5 Jahren linear abzuschreiben?

- Software nach Go Live (Betriebsbereitschaft)

Diese Angaben sind ohne Gewähr und rein informativ!

Expertentipp: Fragen Sie bei Ihrem Steuerberater oder in Ihrer Finanzabteilung nach, damit Sie die aktuellen Regeln berücksichtigen, Kosten und Aufwand im Projekt von Anfang an richtig erfassen und bewerten. Damit vermeiden Sie späteren Ärger mit Aktivierungen und damit ggf. mit Ihrem Finanzamt.

17.10 Wie und warum sollte man externe Anbieterberater „glücklich machen"?

Ein glücklicher Berater ist ein guter Berater! Wer sich jetzt fragt, was das eigentlich soll, der fragt sich das sicherlich zu Recht.

Beratung ist ein Geschäft mit Menschen. Nur in einem guten Projektklima kann ein Projekt auch erfolgreich sein. Da spreche ich durchaus aus eigener Erfahrung. Machen Sie sich also einige Gedanken, was Sie Ihrem Berater zu bieten haben. So machen Sie Ihr Unternehmen und Ihr Projekt nämlich auch „attraktiv" und sorgen gar dafür, dass ein gut qualifizierter Berater lieber in Ihrem Projekt als in dem eines anderen Kunden arbeitet.

Was trägt zu einem guten Projektklima für einen externen Berater bei?

Das Hotel

Wer wochen- oder gar monatelang an einem fremden Ort arbeitet, will sich wohlfühlen, wenn er am Abend ins Bett steigt. Das 2-Sterne-Hotel mit Bad auf dem Flur ist sicherlich sehr günstig, aber kaum das Richtige. Es muss aber auch kein 5-Sterne-Hotel mit Wellnessanlage sein. Wenn Optionen bestehen, dann sollten Sie sich durchaus Gedanken machen, ob die Unterkunft komfortabel und angebracht ist und ob Sie hier selbst einige Wochen verbringen würden. Ein schlecht ausgeschlafener Berater, der mit einem mickrigen Frühstück verpflegt wurde, hat schlechte Laune, die sich durchaus auf die Effizienz im Projekt auswirken kann. Sparen Sie also nicht 20 oder 30 € pro Übernachtung, sondern seien Sie hier ein bisschen großzügiger. Es lohnt sich.

Der Arbeitsplatz

Der Arbeitsplatz am abgewrackten Schreibtisch in der Ecke vom Lagerraum oder etwa gar kein Arbeitsplatz macht die Arbeit nicht gerade leichter. Auch hier sollte man einen gewissen Komfortfaktor bieten, somit einen gut ausgestatteten und verfügbaren Arbeitsplatz, an dem effiziente Arbeit stattfinden kann. Bedenken Sie auch, dass die technischen Voraussetzungen vom Netzwerkanschluss, dem eigenen Telefon bis zum Drucker geschaffen werden. Idealerweise haben sie einen Projektraum, in dem der oder die Berater ungestört arbeiten und auch Meetings mit ihren Anwendern abhalten können.

Die Bewirtung

Berater, die gut mit Kaffee und Getränken versorgt werden und die, sofern Sie die Verpflegungspauschale „herausverhandelt" haben, auch kostenfrei in der Kantine bewirtet werden, fühlen sich bestimmt wohler. Besonders peinlich wird es, wenn sich zur Mittagszeit Ihre Mitarbeiter verabschieden und den Berater ohne Kantine und Fahrgelegenheit einfach zurücklassen. Die Wahrscheinlichkeit, dass er gerne wieder zu Ihnen kommt, dürfte damit in der Regel deutlich gesunken sein.

Fazit: Sparen, egal was es kostet, bringt beim externen Personal nichts. Im Gegenteil. Wer sich hier etwas großzügiger zeigt, wird garantiert mit dem einen oder anderen Gefallen belohnt und erhält gar das bessere Personal, weil man in Ihrem Projekt einfach lieber arbeitet als woanders. So behandelte Berater schreiben sicherlich auch mal die eine oder andere Stunde weniger auf, arbeiten am Abend etwas länger oder machen auch mal etwas am Wochenende.

Expertentipp: Versuchen Sie beim externen Personal in einem wichtigen Softwareprojekt nicht, an der falschen Stelle zu sparen. Ob Hotel, Umgebung oder Bewirtung: Übermäßiges Sparen kommt Sie auf andere Weise mehrfach teurer zu stehen. Erhöhen Sie den Wohlfühlfaktor und damit auch die externe Effizienz im Verbund mit dem psychologischen Druck, dass man einem so netten Kunden wie Ihnen auch keinen Wunsch abschlagen kann.

18 Projektanfrage an die Anbieter

18.1 Was sollte eine Anfrage erhalten?

Sie kennen sicher das Problem: Die Anfrage einer Software endet in Tonnen von Unterlagen, Broschüren und Dateien. Zuletzt sehen Sie den Wald vor lauter Bäumen nicht mehr. Eine Vergleichbarkeit ist gar unmöglich und eine damit verbundene Entscheidung eigentlich kaum zu treffen.

Deswegen müssen Sie auch bei der Anfrage das Heft in die Hand nehmen und diese genau strukturieren, damit Sie später auch in der Lage sind, die erhaltenen Angebote zu vergleichen. Wer vergleichbare Angebote erhalten will, der sollte schon bei der Anfrage möglichst genau vorgeben, was er von den Anbietern eigentlich erwartet. Bitte gehen Sie nicht davon aus, dass die Qualität und Quantität der Antworten aller Anbieter auf Ihre Anfrage gleich gut sein werden. Einmal mehr könnten Sie sonst in die „Annahmefalle" geraten. Ihrem Projekt hilft es dann herzlich wenig, wenn erst nach Ablauf der Frist ein Großteil der Informationen fehlt, die Sie erwartet haben, um Ihre Angebotsanalyse vornehmen zu können. Auf jeden Fall ist es wichtig, dass Sie den Anbietern möglichst umfangreiche Informationen zur Verfügung stellen, damit Sie sich später von diesen nicht sagen lassen müssen: „Wenn ich das nur gewusst hatte, dann …"

Erfahrungsgemäß erhöhen sich die Preise zwischen einer unstrukturierten Anfrage und einer strukturierten Anfrage erheblich. Wer hier bessere Vorarbeit leistet, profitiert später vom Ergebnis und erlebt in der Regel weniger unangenehme Überraschungen.

Was also sollte eine gute Anfrage enthalten?

- Ein Anschreiben

- Eine Projektbeschreibung

- Ein detailliertes Lastenheft

- Die Beispielprozesse der späteren Workshops

- Begleitende Unterlagen wie z. B. Firmenbroschüre oder Firmenpräsentation

- Ein Kalkulationsschema, das in großen Teilen Ihrem Budget entspricht (am besten als Excel-Tabelle über eine Ausschreibungsplattform auszufüllen)

- Zusätzliche relevante Informationen wie z. B. Beispielanalyse, wenn diese in der Umsetzung für Sie extrem wichtig sind

- Idealerweise eine Checkliste mit allen von Ihnen gewünschten Unterlagen und Informationen

© Springer Fachmedien Wiesbaden GmbH, ein Teil von Springer Nature 2019
C. Groß und R. Pfennig, *Digitalisierung in Industrie, Handel und Logistik*,
https://doi.org/10.1007/978-3-658-26095-8_18

Anmerkung: Beachten Sie zu diesen Anforderungen die jeweiligen Kapitel im Buch, in denen diese im Detail beschrieben sind.

Wer eine derart gut vorbereitete Anfrage versendet, erwartet auch eine entsprechende ausführliche Antwort. Leider sind es nur wenige Anbieter gewohnt, mit Kunden zu arbeiten, die genau wissen, was Sie wollen, und dies auch in beigefügten Unterlagen entsprechend ausformulieren. Gehen Sie deswegen mit den Anbietern die Unterlagen durch, damit sie auch verstehen, warum Sie eigentlich diesen Aufwand treiben und welchen Vorteil dies für alle Beteiligten bringt. Seien Sie offen für Rückfragen und stellen Sie sich hierfür zur Verfügung. Anbieter, die viele kompetente Rückfragen haben, zeigen damit auch ein Interesse an Ihrem Projekt.

Expertentipp: Erstellen Sie ein ausführliches Dokument, das Sie mit der Anfrage versenden, und teilen Sie darin den Anbietern genauesten mit, welche Informationen Sie in welcher Form wünschen. Ansonsten ist die Wahrscheinlichkeit eher gering, diese zu erhalten, es sei denn, Ihre Anforderungen sind es auch.

18.2   Machen Sie Ihr Unternehmen und Projekt für die Anbieter attraktiv

Nicht nur in Zeiten eines „Verkäufermarktes", wenn mehr Anfragen vorliegen, als ein Anbieter abwickeln kann, sollten Sie sich für den Anbieter attraktiv machen.

Wer als Unternehmen nicht gerade besonders bekannt ist oder ein eher kleineres Projekt zur Ausschreibung gibt, der hat durchaus damit zu kämpfen, für manchen Anbieter nicht interessant oder lukrativ genug zu erscheinen. Dabei kann es sein, dass einer der Anbieter, die so denken, genau der richtige für Ihr Unternehmen wäre, über die beste Lösung und auch das beste Personal verfügt. Als anfragendes Unternehmen sollten Sie sich also durchaus Gedanken machen, wie Sie Ihr Projekt oder Ihr Unternehmen im richtigen Licht darstellen und somit Interesse wecken.

Dies gilt nicht nur in Bezug auf den Anbieter, sondern in größerem Maße noch auf dessen Mitarbeiter in der Beratung oder Projektleitung. Auch diese Gruppe, besonders, wenn mit viel Erfahrung ausgestattet und bei den Kunden beliebt, tendiert dazu, bei der Auswahl des Projekts ein Wörtchen mitzureden. Es kommt also öfter mal vor, dass ein Berater es ablehnt, in bestimmten Projekten mitzuarbeiten. Das kann besonders dann der Fall sein, wenn dieser auch am Vertriebserfolg gemessen und entlohnt wird. Demnach ist größer einfach besser. Mehr Umsatz bedeutet für den Berater damit auch mehr Gehalt, Provision oder Erfolgsbeteiligung.

Wer nun denkt, dass Geld gleich Geld ist, der hat in dieser Frage möglicherweise einen großen Fehler gemacht. „Wer zahlt, schafft an" gilt leider nicht bei jedem Anbieter und in jedem Projekt. Umgekehrt gilt aber auch, dass mancher Berater oder Projektleiter nicht zum Kunden will, weil dort einfach die Projektumgebung nicht passt. Wer den Projektbeteiligten des Anbieters ein Büro in der „Abstellkammer" bereitstellt, am besten noch ausgestattet mit einem alten „Restmöbelbestand", und erwartet, dass das Hotel Garni zu 50 € pro Nacht als günstigste Alternative schon ausreichen wird, der kann durchaus damit rechnen, dass der beste Berater nach kurzer Zeit einen „besseren" Kunden finden wird und dann die „zweite Wahl" in Ihr Projekt abkommandiert wird. Geben Sie sich also einen Ruck und sparen Sie nicht zu sehr daran, Ihr Projekt auch für die besten Berater attraktiv zu machen.

Woran kann man die Attraktivität eines Projekts messen?

- Bekanntheitsgrad des Unternehmens

- Größe und Komplexität des Projekts

- Vorhandene Quantität und Qualität der Dokumentation

- Klare Ziele

- Klare Entscheidungsstrukturen

- Lokation des Unternehmens

- Rahmenbedingungen für Berater

Jeder Anbieter und Berater hat gerne Unternehmen auf seiner Referenzliste, mit denen er als Firma oder persönlich glänzen kann. Liefern Sie also genug positive Kriterien, falls diese nicht ohnehin sofort ersichtlich sind.

> **Expertentipp:** „Verkaufen" Sie Ihr Projekt auch extern an die Anbieterunternehmen und deren Berater. Nur so können Sie sicherstellen, dass Sie als kleineres Unternehmen im Kundenkreis der Anbieter auch die gewünschte Priorität erhalten.

18.3 Wie ermittelt man die Anzahl der zu kaufenden Benutzer?

Bei der Ermittlung der richtigen Anzahl der Benutzer für Ihr Softwareprojekt kann es leicht zu Verwirrungen kommen. Named oder Concurrent User? Light oder Professional? Die Softwareanbieter haben sich so einiges ausgedacht, um es dem anfragenden Unternehmen bei der Ermittlung der Benutzer nicht gerade leicht zu machen. Das kann durchaus zur Vertriebstaktik gehören. Denn wer den Benutzer nicht richtig kalkuliert und der falschen Klasse oder dem falschen Typ zuordnet, dem kann es in der Implementierung passieren, dass ein „Upgrade" der Benutzer erfolgen muss. Das kann dann nicht nur im Bereich der Lizenzen kostspielig werden, sondern beeinflusst natürlich auch direkt die jährlichen Wartungsgebühren.

Aus diesem Grund sollten Sie bei der Ermittlung der Benutzerzahlen möglichst genau vorgehen. Am besten ist es, wenn Sie auf Basis Ihrer Personalliste eine ausführliche Auswertung erstellen und Ihre Annahmen mit dem Softwareanbieter prüfen (**Abbildung 18.1**).

Dabei müssen Sie auch berücksichtigen, dass die Anbieter nicht immer das gleiche Schema zur Ermittlung der Benutzer verwenden. Wer hier keinen abgesicherten Abgleich vornimmt, vergleicht aus Sicht von Kosten und Benutzern schnell Äpfel mit Birnen und gründet seine Entscheidung auf falschen Voraussetzungen.

Viel einfacher könnten Sie es sich auch machen, wenn Sie dem Anbieter eine Personalliste zur Verfügung stellen (Namen entfernt), auf der ersichtlich ist, wer welches Modul bzw. welche Funktion nutzten wird. Lassen Sie dann doch den Anbieter einfach auf dieser Basis selbstständig die Anzahl und Art der Nutzer ermitteln. Gehen Sie davon aus, dass dies auch den Anbieter ganz schön ins Schwitzen bringen wird. Diese Vorgehensweise ist zwar ungewöhnlich, das Risiko einer falschen Kalkulation wälzen Sie aber damit auf den Anbieter ab.

Abbildung 18.1   Wer ist eigentlich ein Anwender bei Ihnen? (Quelle: Shutterstock)

Welche Hauptgruppierungen gibt es bei den Benutzern?

Der „Named User"

Stellt einen personenspezifischen Benutzer im Unternehmen dar. Zum Beispiel: Frau Isolde Maier, Sachbearbeiterin der Finanzbuchhaltung. Der Named User hat den Vorteil, dass alle Aktionen und Transaktionen genau auf diesen namentlich benannten Benutzer nachvollzogen werden können. Meist können sich diese Benutzer auch mehrfach am System anmelden, ohne weitere Kosten zu verursachen.

Der „Concurrent User"

Hier wird schlichtweg gemessen, wie viele Benutzer gleichzeitig im System angemeldet sind. Dabei ist es oft nicht relevant, ob tatsächlich gearbeitet wird oder die Software nur „geöffnet" wurde. Um die Benutzerzahlen in diesem Umfeld niedrig zu halten ist z. B. eine Funktion sinnvoll; die Benutzer automatisch abmeldet, wenn es über einen definierten Zeitraum (30 Minuten) zu keiner Aktivität des Benutzers kommt.

Untergruppierungen der Named oder Concurrent User

Zusätzlich zu dieser Hauptgruppierung haben viele Anbieter eine weitere Untergruppierung erstellt, die Sie ebenfalls bei der Ermittlung berücksichtigen müssen. Nicht jeder im Unternehmen nutzt eine Softwarelösung im gleichen Umfang. Während ein Anwender die Lösung operativ intensiv im täglichen Geschäft einsetzt, gibt es Anwender, die nur sporadisch auf die Lösung zugreifen und nur limitierte Teilfunktionen nutzen. Dass der Kunde auf dieser Basis natürlich nicht für jeden Benutzer die gleiche Gebühr bezahlen will, ist verständlich. Bei der Kalkulation müssen Sie jedoch aufpassen, dass Sie sich Ihre Benutzerzahlen mit kostengünstigen Benutzern nicht „schönrechnen". Spätestens im Echtbetrieb kann dieser Schuss nach hinten losgehen. Beispiele für die Untergruppen sind:

Entwicklungsbenutzer

Kann in der Applikation Programme neu entwickeln oder ändern. Ist aber nicht in der operativen Abwicklung der Lösung tätig.

Professional Benutzer

Setzt die Lösung in der täglichen, operativen Arbeit intensiv ein und nutzt große Teile der lizensierten Software.

Info-Benutzer

Ruft z. B. nur Auswertungen und Informationen zur Entscheidungsfindung ab, ohne das System operativ im täglichen Geschäft zu benutzen.

BDE-Benutzer

Dient nur zur Erfassung von Betriebsdaten in der Fertigung.

PZE-Benutzer

Dient nur zur PZE-Personalzeit/Anwesenheitserfassung.

Welche Benutzergruppen beim einzelnen Softwareanbieter berücksichtigt werden, sollten Sie entsprechend abfragen. Besonders bei BDE-Benutzern sollten Sie vorsichtig sein. Hier gibt es nicht bei jedem Anbieter die Option, z. B. als Basis der Benutzerermittlung das Eingabegerät (PC oder Terminal) heranzuziehen. Dies wäre sicherlich die anzustrebende Variante. Im Umfeld der Named User kann es aber vorkommen, dass jeder Mitarbeiter als BDE-Benutzer zählt und somit extra Gebühren kostet.

Lizensieren alle Anbieter bei einer Ausschreibung gleich?

Nein! Selbst in einem Angebot kommt es vor, dass verschiedene Lösungstypen mit verschiedenen Lizenzierungsmodellen arbeiten, so etwa:

- *ERP* – pro Named oder Concurrent User

- *Tourenplanung* – pro geplantes Fahrzeug, Named User, Concurrent User

- *Finanzbuchhaltung* – pro Named oder Concurrent User

- *Lohnabrechnung* – pro User plus pro Gruppen von Mitarbeitern, z. B. bis 100 MA, bis 250 MA etc.

- *Personalzeiterfassung* – pro User und Gruppe von Mitarbeitern

- *Betriebsdatenerfassung* – pro User oder pro Erfassungsterminal

Man sollte also darauf achten, dass diese Werte korrekt berücksichtigt werden und möglichst wenige verschiedene Varianten zum Einsatz kommen. Dies gilt nicht nur bei einem Anbieter, der Eigen- und Fremdsysteme verkauft, sondern teilweise auch bei Anbietern, die einfach verschiedene Lösungen verkaufen, wie z. B. eine Tourenplanung in Kombination mit einer Lohnabrechnung.

Was passiert, wenn Sie zu wenig Benutzer gekauft haben?

Jeder Softwareanbieter reagiert im Tagesgeschäft bei einer unzureichenden Lizensierung anders. Dabei ist es durchaus wichtig, mögliche Spitzen bei der Nutzung der Software vertragstechnisch im Vorfeld abzufangen. Wenn Sie z. B. viel mit Leiharbeitern agieren, dann sollten Sie sich im Klaren sein, dass dies bei einem „Named User"-Modell schnell zum Problem werden kann.

Variante I – Der „Show-Stopper"

In dieser Variante ist es nicht möglich, mehr als die lizensierten Benutzer im System anzulegen (bei Named User) oder sich mit mehr Benutzern am System anzumelden. Die Software gibt eine entsprechende Meldung heraus, nach der Sie sich an den Anbieter wenden und wohl in den sauren Apfel der zusätzlichen Kosten beißen müssen.

Variante II – Der „Überziehungskredit"

In dieser Variante lassen die Anbieter eine temporäre Überziehung, z. B. von 10%, zu. Das bedeutet, dass bei 100 lizensierten Benutzern sich z. B. 10 zusätzlich anmelden können, ohne dass direkt eine Neulizensierung notwendig ist. Aber aufgepasst: Die meisten Anbieter werden mindestens 1 x pro Jahr diese „Überziehung" abfragen und dann ggf. mit weiteren Benutzern als Zusatzlizenzen auf Sie zukommen.

Variante III – Die „offene Lizenz"

In dieser Variante bestehen keinerlei Einschränkungen. Sie können sich mit beliebig viel mehr Benutzern anmelden oder diese anlegen. Aber auch hier sollten Sie aufpassen, denn es kann durchaus vorkommen, dass nach einer „Messung" zum Jahresende die höchstgenutzte Benutzeranzahl nachlizensiert werden muss und automatisch eine Rechnung kommt.

Kann man die Art der Benutzer auch nach dem Kauf wechseln?

Theoretisch geht das schon, aber praktisch kaum, da nur wenige Anbieter beide Modelle der Benutzerermittlung anbieten. Sollte dies der Fall sein, müssen Sie diese Option auf jeden Fall vertraglich vereinbaren und auch einen Umrechnungsfaktor zwischen Named und Concurrent User erstellen.

Wie ermittelt man den Umrechnungsfaktor?

Das ist von Unternehmen zu Unternehmen verschieden. Wenn Sie z. B. bei einem Unternehmen mit 200 Mitarbeitern auch die Groupware (E-Mail & Co.) des Anbieters nutzen, dann ist faktisch 1 Concurrent User mit 1 Named User gleichzusetzen. In anderen Fällen kann es sein, dass im Schichtbetrieb mit insgesamt 100 Mitarbeitern 50 in Schicht 1 und 50 in Schicht 2 arbeiten. Hier wäre der Faktor 1 Concurrent User = 2 Named User. Lassen Sie sich also nicht auf einen vom Anbieter vorgegebenen Faktor ein, der bei Ihnen vielleicht gar nicht stimmt. Denn aufgepasst: Manch ein Anbieter versucht, möglichst wenige Concurrent User im Vergleich zu den Named Usern zu kalkulieren, damit am Anfang die Kosten günstiger erscheinen.

Fazit: Die anfänglich als kundenfreundlich verkaufte Flexibilität bei der „Überziehung" der von Ihnen lizenzierten Benutzerzahlen kann schnell zu einer Kostenlawine führen. Machen Sie sich also im Vorfeld schlau und sichern Sie sich ab, um dies zu vermeiden.

> **Expertentipp:** Gehen Sie bei der Ermittlung der Benutzeranzahl kein Risiko ein. Erstellen Sie eine Personalliste und ordnen Sie jeden Mitarbeiter einer Benutzerklasse zu. Bei der Anfrage ist es dann besser, mit einer etwas höheren Zahl der Benutzer anzufangen. Reduzieren können Sie immer. Preiskorrekturen nach oben durch falsch kalkulierte Benutzerzahlen sind später das größere Übel.

18.4   Der „Musterordner" als Geheimwaffe

Für ein erfolgreiches Projekt und einen guten Stand gegenüber dem Softwareanbieter gibt es eine einfache Regel: Informieren, Informieren, Informieren.

Warten Sie nie nur darauf, dass der Anbieter Ihnen die richtigen Fragen stellt oder alle notwendigen Informationen anfordert. Manch einem Anbieter ist es nämlich lieber, etwas nicht gewusst zu haben. Denn schließlich ist es viel einfacher, die Schuld auf den Kunden abzuwälzen, nämlich, dass Sie ihn nicht richtig informiert haben und nun deswegen höhere Kosten anfallen oder Termine verschoben werden müssen. Diese Chance sollten Sie Ihrem Anbieter jedoch erst gar nicht geben. Eine effiziente Methode, um diesem Problem vorzubeugen, ist die Erstellung eines „Musterordners" (**Abbildung 18.2**).

Abbildung 18.2   Erstellen Sie einen Musterordner (Quelle: Shutterstock)

Was sollte der Musterordner enthalten?

Interne Dokumente – Dispopläne, Umlagerungsschein, Verpackungsstücklisten, Display-Stücklisten, Kalkulationen, Wareneingangsbelege, Inventurliste etc.

Extern versandte Dokumente – Angebot, Speditionsauftrag, Gutschrift, Rechnung, Gutschriftsanforderung, Palettenkonto-Auszug etc.

Wichtige Auswertungen – selbst in MS-Excel® erstellt, aus der aktuell genutzten Applikation etc.

Bildschirmausdrucke – von speziell für Ihr Unternehmen entwickelten Funktionen plus sonstige Dokumente, die mithilfe der neuen Lösung erstellt werden sollen. Sollten Sie im Rahmen einer ISO-Zertifizierung Unterlagen über Prozesse, Genehmigungsverfahren etc. besitzen, kann es durchaus sinnvoll sein, diese ebenfalls dem Ordner beizufügen.

Wer sollte die Informationen sammeln?

Eigentlich sollte jede Abteilung die Unterlagen sammeln und dann an den Projektleiter übergeben.

Wann sollten Sie die Informationen übergeben?

Die Anbieter sollten den Ordner spätestens zum Vortermin des Workshops erhalten. Viel später macht dies wenig Sinn und nützt dann weder dem Anbieter zur Vorbereitung noch Ihnen, um zu versuchen, den Ordner mit in den Vertrag und somit den Lieferumfang einzubauen.

Wie kann der Ordner sonst noch genutzt werden?

In der Projektarbeit kann sich der Musterordner ebenfalls als sehr hilfreich erweisen. Schließlich spiegelt er den Istzustand und die damit verbundenen Prozesse mit den dort erstellen Dokumenten detailliert wider.

Übrigens: Sie sollten sich die Übergabe des Ordners schriftlich bestätigen lassen und dafür sorgen, dass Anbieter, die final nicht zum Zuge kommen, diesen auch wieder zurückgeben. Ansonsten kann es vorkommen, dass der Ordner seinen Weg in die meist private Sammlung eines Beraters des Anbieters findet.

Expertentipp: Erstellen Sie einen Musterordner mit der Sammlung all Ihrer Dokumente und Auswertungen und stellen Sie diesen dem Anbieter rechtzeitig im Auswahlprozess zur Verfügung. Im Idealfall können Sie diese Unterlagen sogar als Vertragsbestandteil unterbringen und sich damit im Projekt erheblich gegenüber dem Anbieter absichern.

18.5 Die Geheimhaltungsvereinbarung

Eigentlich ist es schon verwunderlich, wie sorglos viele Unternehmen mit ihren eigenen Daten und Informationen umgehen, wenn es zur Auswahl einer neuen Softwarelösung kommt. Da werden Unterlagen verteilt und Daten ausgegeben, ohne sich zu vergewissern, was damit eigentlich geschieht. Manchmal werden auch ganze Unterlagensammlungen ausgegeben und es wird ganz „vergessen", diese nach Abschluss des Auswahlprozesses von den Verlierern der Auswahl wieder zurückzufordern. Leider gibt es gerade bei den Softwareanbietern nicht wenige Berater, die vom Lastenheft bis zur Unterlage alles sammeln, was sie in die Finger bekommen. Wen wundert es da, dass selbst in großen renommierten Unternehmen ganze Ordner „verloren" gehen. Eigentlich ein Armutszeugnis, aber trotzdem Realität. Deswegen sollten Sie unbedingt mit einer entsprechenden Geheimhaltungsvereinbarung vorbeugen (**Abbildung 18.3**).

Abbildung 18.3 Eine Geheimhaltungsvereinbarung ist wichtig (Quelle: Shutterstock)

Was sollte eine Geheimhaltungserklärung beinhalten?

- Verpflichtung, keine Daten an Dritte oder Partnerunternehmen ohne Freigabe durch den Anwender weiterzugeben

- Verpflichtung, auch Externe in die Geheimhaltung mit einzubeziehen

- Rückgabe der erhaltenen Unterlagen ohne Aufforderung, falls der Anbieter die Ausschreibung nicht gewinnt

- Die üblichen Daten zu Gerichtsstand & Co.

- In Ausnahmefällen ggf. sogar eine Vertragsstrafe, falls die übergebenen Daten nicht zurückerhalten werden

Besonders bei US-amerikanischen Anbietern kann es passieren, dass sie Ihnen auch eine Geheimhaltungsvereinbarung (NDA) vorlegen. Achten Sie hierbei darauf, dass diese auf Gegenseitigkeit beruht, der Gerichtsstand in Deutschland ist und sie natürlich auch in der deutschen Sprache zur Verfügung steht. Bei dem einen oder anderen Anbieter kann sogar die Präsentation ihrer so geheimen Software bzw. die Unterzeichnung eines NDA die Voraussetzung sein. Entscheiden Sie selbst, ob ein Anbieter, der dies verlangt, ein adäquater Geschäftspartner für Ihr Unternehmen sein kann. Dies gilt auch schon vorausschauend in Bezug auf eventuell abzuschließende Verträge, denn die Vertragsverhandlung stellt sich gerade bei diesen Anbietern als besonders herausfordernd dar.

Expertentipp: Spätestens die zu den Workshops eingeladenen Anbieter in der Endauswahl sollten eine Geheimhaltungserklärung unterzeichnen. Idealerweise geben Sie dabei den Inhalt vor.

18.6   Die Auswahl der Anbieter zum Anfrageversand

Wie viele Angebote hätten Sie gerne? Eine legitime Frage und auch eine wichtige, wenn es dazu kommt, die Anzahl der Anbieter zu wählen, die Sie anschreiben wollen. Denn nicht jeder Anbieter hat Interesse an Ihrem Projekt. Deswegen sollten Sie folgende Rechnung erstellen:

Anzahl der Anfragen	10
Anzahl der Absagen	3
Anzahl mit keiner Reaktion	2
Anzahl der Angebote	5
Anzahl der angestrebten Workshops	3

Sollte mehr als zehn potenzielle Anbieter infrage kommen, dann können Sie auch mehr Anfragen versende. Natürlich nur, sofern Sie diese automatisiert auswerten können. Ansonsten erhöhen Sie den Aufwand Ihrer manuellen Analyse erheblich mit jedem zusätzlich angefragten Anbieter. Doch Vorsicht! Sparen um jeden Preis kann sehr gefährlich sein. Deswegen ist der Versand über eine Ausschreibungsplattform sinnvoll. So können Sie auch viele Angebote erhalten, ohne Ihren Aufwand in der Auswertung gravierend zu erhöhen.

Wenn es nur 3 Anbieter gibt, erübrigt sich die Frage der Angebote natürlich. Dann rückt Ihre „Attraktivität" gegenüber dem Anbieter in den Vordergrund. Gegebenenfalls müssen Sie sich etwas anstrengen, um auch von allen angefragten Anbietern die gewünschten Angebote zu erhalten.

Die Anzahl der erhaltenen Angebote hängt von verschiedenen Themen ab

- Wie „attraktiv" ist Ihr Projekt für den Anbieter – Referenz, Umsatz, Marketing?

- Wie ausgelastet sind die Anbieter aktuell?

- Wie gut passen Ihre Anforderungen zum Standard des Anbieters?

- Wie ist der Anbieter zu Ihren Wunschterminen verfügbar? (Inklusive Implementierung)

- Wie viel Aufwand muss der Anbieter bei der Angebotserstellung treiben?

- Welchen Ruf hat der eventuell angeheuerte Berater in Ihrem Projekt?

Wie Sie sehen, spielen hier verschiedene Faktoren eine Rolle. Der eine oder andere Faktor wird dabei wichtiger, je mehr oder weniger Sie sich im Käufer- oder Verkäufermarkt befinden.

Übrigens: Wenn Sie den Anbieter nur eine Woche Zeit geben, um eine Anfrage mit Dutzenden von Seiten durchzuarbeiten, dann dürfen Sie kein seriöses Angebot erwarten. Drei bis fünf Wochen sollten es, je nach Projektgröße und Thema, schon sein.

Expertentipp: Bewerten Sie Ihre aktuelle Situation nach den zuvor genannten Kriterien und entscheiden Sie dann, wie vielen Anbietern Sie die Anfrage senden.

19 Angebotsauswertung und Anbieterauswahl

19.1 Die Auswertung der Angebote

Die Anfrage ist versendet. Jetzt beginnt die Zeit der Ruhe. Warum Ruhe? Weil unerklärlicherweise sehr viele Anbieter bei gut ausgearbeiteten Anfragen wenig oder keinen Grund zur Rückfrage sehen. Da kann es durchaus vorkommen, dass Sie in den letzten Jahren mit Unterlagen, E-Mails und Anrufen bombardiert wurden, sich aber nun keiner der Verkäufer zur Anfrage meldet. Dies mag uns allen völlig unverständlich sein, ist aber oft so. Dabei könnten die Anbieter gerade jetzt mit ihrer Kompetenz, mit fachlich gut vorbereiteten und auf unser Projekt abgestimmten Fragen glänzen.

Stellen Sie die Teilnahme der wichtigen Anbieter sicher

Wer die Anfrage nicht über eine Ausschreibungsplattform versendet, sollte unbedingt die Teilnahme der angeschriebenen Anbieter sicherstellen. Sie sollten deswegen nicht darauf beharren, dass Sie nun endlich investieren wollen und die Anbieter sich deswegen auf die Beantwortung Ihrer Anfrage zu stürzen haben. Dies gilt übrigens besonders, wenn Sie die Anfrage per E-Mail verschickt haben. Eine Lesebestätigung bedeutet nicht, dass der Anbieter teilnimmt. Versuchen Sie also, bei den für Sie wichtigen Anbietern eine verbindliche Teilnahmezusage zu erhalten.

Was und wie sollte man bei den Angeboten auswerten?

- Die Kosten – idealerweise auf Basis Ihrer Budgetstruktur
- Die Referenzen
- Die Abdeckung im Lastenheft

Besonders wichtig: die Angebotsqualität

Machen Sie auch bei der Erwartung an die Angebotsqualität nicht den Fehler der Annahme. Nur weil eine Firma groß ist, viele Installationen und ein großes Team im Vertrieb hat, muss dies kein Garant für eine hohe Angebotsgenauigkeit und Qualität sein.

Prüfen Sie das Angebot deshalb auch auf Basis folgender Kriterien:

- Alle angeforderten Unterlagen wurden erhalten.
- Angebot wurde auf Ihre Anforderungen hin individualisiert.
- Anbieter hat Rückfragen gestellt.

© Springer Fachmedien Wiesbaden GmbH, ein Teil von Springer Nature 2019
C. Groß und R. Pfennig, *Digitalisierung in Industrie, Handel und Logistik*,
https://doi.org/10.1007/978-3-658-26095-8_19

- Alle Ihre Fragen wurden beantwortet.

- Preise und Kosten wurden erfasst (**Abbildung 19.1**).

- Investitionszusammenfassung wurde erstellt.

Natürlich in Abhängigkeit von Ihren Forderungen im Rahmen der Anfrage.

Abbildung 19.1   Genaue Kostenanalysen sind wichtig, damit die Kosten später nicht ins
Unendliche laufen (Quelle: Shutterstock)

Nehmen Sie nicht alle erhaltenen Zahlen für bare Münze

Auch Anbieter machen Fehler oder arbeiten „schlampige" Angebote aus. Dies passiert oft, wenn man die Anbieter zwingt, Daten in einem strukturierten und auswertbaren Format zu erfassen. Zudem legt nicht jeder der Anbieter Wert auf eine nachvollziehbare Kalkulation. Für manchen Anbieter ist es gut, wenn Sie etwas im „Dunkeln lassen", was die Kosten angeht.

Aus Kostensicht sollten Sie deswegen Folgendes prüfen:

- Wurde die Anzahl der Benutzer korrekt berücksichtigt?

- Ist die Zahl der Projektleitertage realistisch?

- Wurden alle Kosten korrekt in der Kostentabelle eingetragen?

- Wurden keine Kosten „vergessen"?

- Ist der Anpassungsaufwand realistisch?

- Wurden Eigenleistungen durch Mitarbeiter Ihres Unternehmens berücksichtigt?

- Wurde die Wartung korrekt berechnet?

- Sind die Nebenkosten enthalten?

- Gibt es generelle Erfassungsfehler in der Kostentabelle?

Wie viel Aufwand muss man für die Angebotsauswertung einkalkulieren?

Das kommt ganz darauf an, welche Ausschreibungswerkzeuge Sie genutzt haben und ob die Anbieter brav Ihre Vorlagen, falls vorhanden, ausgefüllt haben.

Manuell	3 bis 4 Tage
Mit Vorlagen	1 bis 2 Tage
Über eine Plattform	1 Tag

Unterschätzen Sie also den Aufwand nicht. Die höchste Qualität mit dem geringsten Aufwand können Sie aber nur durch die Nutzung einer Ausschreibungsplattform sicherstellen.

Expertentipp: Legen Sie viel Wert auf die Auswertung der Angebote. Prüfen Sie dabei alle Werte und auch die Angebotsqualität. Wer schon bei der Angebotsabgabe Ihre Anforderungen ignoriert und keinen Wert auf Qualität legt, der wird später im Projekt kaum anders arbeiten. Dies geht dann immer zu Ihren Lasten!

19.2   Die Bewertung von Partnerunternehmen der Anbieter

Viele, meist größere und ausländische Softwareanbieter arbeiten gerne oder gezwungenermaßen, aus Mangel an eigenen lokal verfügbaren Ressourcen, bei der Erbringung der Implementierungsleistungen mit externen Beratungsunternehmen zusammen. Andere wieder nutzen Drittlösungen, um die fehlende Funktionalität der eigenen Lösung abzudecken, verfügen aber nicht über eigenes Personal, um dies auch im Rahmen der Implementierung umzusetzen. Diese Partnerschaften sollten Sie immer genau durchleuchten. Der Spruch „viele Köche verderben den Brei" findet sich hier leider sehr oft bestätigt.

Wichtige Voraussetzung sollte auf jeden Fall sein, dass der Hauptanbieter seine Partner als Subunternehmen einsetzt und dies im Rahmen eines Generalunternehmervertrages tut. Anderenfalls müssen Sie Ihre Verträge genau prüfen. Besonders weil genau geregelt werden muss, was geschieht, wenn Anbieter A versagt aber der Vertrag mit Berater B noch existiert. Hier wird es meist sehr problematisch.

Prüfen Sie daher Partnerschaften nach den folgenden Kriterien:

- Wie lange besteht die Partnerschaft?

- Wie oft wurden Projekte in vergleichbarer Branche und mit ähnlicher Lösung implementiert?

- Wie oft wurde genau diese Kombination verschiedener Partner erfolgreich implementiert?

- Wie sieht es mit gemeinsamen Referenzen aus?

- Wie wurden die Berater ausgebildet und wie erfolgt die regelmäßige Weiterbildung?

- Wie intensiv ist die Zugriffsmöglichkeit auf die Entwicklungs- oder Supportabteilung des Anbieters bei Problemfällen?

- Wie wird sichergestellt, dass die jeweils neueste Softwareversion des Partners mit der jeweils anderen verfügbaren Version integriert ist?

Bei Partnerschaften sind auch die Motivationsfaktoren des jeweiligen Unternehmens wichtig. Wird z. B. ein dedizierter Mitarbeiter, sowohl beim Anbieter, als auch beim Partner, am Erfolg der Zusammenarbeit gemessen, und wenn ja, wie? Oft werden hier Zweckehen eingegangen, um größere Aufträge zu realisieren. Stellen Sie sicher, dass Sie nicht als „Versuchskaninchen" herangezogen werden und letztendlich indirekt die Ausbildungskosten der Berater übernehmen.

Expertentipp: Prüfen Sie Partnerschaften immer auf Nachhaltigkeit und stellen Sie sicher, dass hier keine Zweckehe eingegangen wird, nur um Ihren Auftrag zu erhalten.

19.3   Die Auswahl der Finalisten für die Workshops

Nach der Auswertung der Angebote müssen Sie entscheiden, mit wie vielen Anbietern Sie in die Workshops gehen. Sofern die von Ihnen durchgeführte nachvollziehbare Analyse ein Ranking ermöglicht, sollte dies für Sie kein Problem sein. Bei der Entscheidung sollten Sie weder zu viele noch zu wenige Anbieter wählen, denn bisher haben Sie Informationen nur auf „geduldigem Papier" erhalten, die sich nach einem Workshop in einem gänzlich anderen Licht darstellen könnten. Alternativen sind deshalb immer sinnvoll. Übertreiben Sie es aber nicht, denn auch die Workshops binden wieder viele Ressourcen in Ihrem Unternehmen.

Abbildung 19.2   Ranking der Anbieter - nie mehr als drei bis vier Workshops machen
                     (Quelle: Shutterstock)

Daher sollten Sie minimal zwei, maximal vier Anbieter zu den Workshops einladen (Abbildung 19.2**).** Der Idealfall sind drei Anbieter. Sollten etwa Anbieter 1 und 2 feststehen, Sie sich aber nicht für Anbieter 3 entscheiden können, dann ist es unter Umständen sinnvoll, mit beiden der infrage kommenden Kandidaten den Vortermin im Hause vorzunehmen und erst danach zu entscheiden, wen Sie final zu den Workshops einladen.

Expertentipp: Wählen Sie im Idealfall die Top-3-Anbieter der Angebotsauswertung und laden Sie diese zum Vortermin und zu den Workshops in Ihrem Hause ein.

19.4 Wie sollte man Referenzen auswählen und bewerten?

Referenzen sind oft ein kniffliges Thema, denn meist bestehen sie aus langen Listen, oft mit vielen namhaften Unternehmen darauf. Da muss die Lösung doch gut sein und der Anbieter gute Arbeit im Projekt geleistet haben, oder? Mal wieder hat die Annahme zugeschlagen. Daher sollten Sie die Referenzen immer auf Herz und Nieren prüfen und sich von bunten Logos und berühmten Namen erst einmal nicht allzu sehr beindrucken lassen.

Stellen Sie bei Referenzen erst einmal Folgendes infrage:

- Nutzt jeder der Kunden auf der Liste die Software noch?
  (Oft sind noch Kunden gelistet, welche die Lösungen vor Jahren gekauft haben, dies bezieht sich auch auf Zahlenmaterial der Anzahl an Kunden oder Benutzern.)

- Haben die Kunden die verfügbaren, neuen Versionen installiert, wenn nicht, warum?

- Wie ist das prozentuale Verhältnis zwischen ursprünglichem Angebot und letztendlichen Projektpreis (inkl. interner Aufwände – sofern diese überhaupt gemessen wurden)?

- Gibt es einen erzielten, messbaren ROI im Projekt?

Die Referenz-Checkliste

Ein Referenzbesuch macht es möglich, ein System in der praktischen Anwendung kennenzulernen und Informationen über ein konkretes Einführungsprojekt zu erhalten. Um den/die Referenzkundenbesuch(e) möglichst effizient durchzuführen, ist es erforderlich, im Vorfeld eine entsprechende Check- bzw. Frageliste zu erstellen. Diese sollte im Vorfeld dem Referenzunternehmen kommuniziert werden.

Folgende Aspekte sollten unter anderem berücksichtigt werden:

IT und Lösung

- Wie kompetent und zuverlässig waren die Mitarbeiter des Anbieters oder deren Partnerunternehmen?

- Wie hoch war der Schulungsaufwand?

- Läuft das System stabil?

- Wie sieht es mit den Antwortzeiten aus?

- Wie gut konnten Drittsysteme integriert werden?

- Wie hoch ist der Aufwand bei der Systemverwaltung?

- Wie viel IT-Personal ist notwendig, um das System zu betreiben?

- Wie gut ist der Anbietersupport?

- Wie oft gibt es neue Versionen?

- Wie hoch ist der Aufwand bei der Installation der Updates oder Upgrades?

- Wie zufrieden sind die Anwender, das Management?

Projektabwicklung

- Wie groß war das Projektteam bei der Einführung?

- Wie hoch war der interne Aufwand im Verhältnis zu den externen Beratertagen?

- Wie lang war die Durchlaufzeit und wie groß der Gesamt-Projektaufwand?

- Wurden Kosten, Termine und Ziele eingehalten?

- Wurde ein messbarer Mehrwert erbracht?

- Wurden die Erwartungen an die Lösung und den Anbieter erfüllt?

Kompetenz und Zuverlässigkeit des Anbieters und Beratungspartners

- Wie sieht es mit der Fachkompetenz und Branchenkompetenz aus?

- Wie war das Verhalten bei Konflikten?

Wie viele Referenzbesuche sollte man machen?

Viel ist auch hier nicht immer besser. In der Regel ist es sinnvoll, einige Referenzanrufe und maximal einen oder zwei Referenzbesuche zu tätigen. Schließlich bindet auch dies Ihre Ressourcen. Außerdem müssen Sie als Interessent für die Referenz von Interesse sein. Deswegen ist eine gute Vorbereitung und Auswahl wichtig, damit Sie die Referenzchance möglichst effizient nutzen und auswerten.

Wen soll man als Referenz wählen?

Gleiche Größe, gleiche Branche, gleiche Aufgabenstellung, gleiche Anzahl Benutzer. Diese Kriterien bedeuten nicht immer die bestmögliche Referenz für Ihr Projekt. Wie Sie wissen, nutzt jedes Unternehmen eine Lösung auf eine andere Art und in einem anderen Umfang. Natürlich sollte man eine Referenz nach gerade genanntem Schema anstreben. Ist diese aber nicht verfügbar, dann teilen Sie doch die Referenzanforderungen einfach auf mehrere Referenzen auf.

Referenz A = Fokus Branche

Referenz B = Fokus Projektgröße, Kosten und Termine etc.

Referenz C = Fokus ähnliche Aufgabenstellung

Referenz D = Fokus Integration gleicher Lösungen wie Finanzbuchhaltung oder DMS

Vorbereitung und ein definiertes Ergebnis für Referenzbesuche

Tolle Firma, tolle Fabrik, tolle Kantine. Wenn dies das Ergebnis Ihres Referenzbesuches ist, dann haben Sie etwas falsch gemacht. Außer Sie wollten dieses Unternehmen schon immer einmal besuchen und haben aus Ihrem Referenzbesuch eigentlich eine Lustreise gemacht. Auch aus diesen Gründen sind eine gute Vorbereitung, eine Agenda und die Checkliste wichtig. Nur so sind Sie in der Lage, aus der Referenz auch die Informationen herauszuholen, die für Ihre Entscheidung wichtig sind.

Wer sollte beim Referenzbesuch dabei sein?

Bei der Planung der Teilnehmer sollten Sie aufpassen, dass Sie nicht als Invasionsarmee bei der Referenz aufschlagen. Es muss möglich sein, eine „Delegation" von zwei bis vier Personen zu wählen, die zur Referenz mitkommen und dann den anderen im Team berichten. Bei den Teilnehmern auf Referenzseite sollten Sie auf jeden Fall darauf achten, dass hier nicht nur die IT über ihre Erfolge berichtet, sondern Sie auch einen echten Anwender oder jemanden aus dem Management zu Gesicht bekommen und befragen können. Nur so können Sie sich eine umfassende Meinung aus allen Ebenen im Unternehmen bilden.

Immer hilfreich: Bringen Sie für einen Referenzbesuch zumindest ein kleines Gastgeschenk mit. Sie würden sich für die verwendete Zeit und Vorbereitung sicherlich auch darüber freuen. Vergessen Sie auch nicht, die Referenz vorab über Ihr geplantes Projekt zu informieren, so dass man sich dort bei einem Referenzbesuch darauf einstellen kann.

Expertentipp: Bereiten Sie Referenztelefonate und Besuche durch die Erstellung einer Checkliste vor. Kontaktieren Sie dabei nicht nur genannte, sondern auch bekannte Nutzer der Lösung. Niemand muss um Erlaubnis fragen, um Kunden der Anbieter im Rahmen einer Referenzanfrage zu kontaktieren.

20 Anbieterworkshops

20.1 Der Beweis – eine Präsentation mit Ihren Daten und nach Ihren Vorgaben!

Wir wissen alle, dass wir eine Lösung am besten mit unseren eigenen Daten und Prozessen verinnerlichen können, um zu beurteilen, ob die angebotene Lösung auch für uns passen könnte. Leider führt ungenügende oder gar keine gemeinsame Vorbereitung mit den Anbietern in vielen Fällen dazu, dass diese bei der Präsentation durchaus das Thema im Detail verfehlen kann oder nicht ausreichend auf vielleicht für Ihr Unternehmen relevante Funktionen und Prozessunterstützungen hinweisen kann oder gar darf.

Sie stehen dann vor dem Problem, dass es für Sie schwer, wenn nicht gar unmöglich werden kann, die einzelnen Anbieter zu beurteilen. Deswegen sollten Sie nicht nur den Workshop generell, sondern auch die zu präsentierenden Bereiche bestimmen und so eine Vergleichbarkeit sicherstellen. Vergleichbar sollen und müssen die Angebote sein, denn schließlich wollen Sie ja keinen „Äpfel-Birnen-Vergleich" durchführen. Trotzdem sollten die Anbieter noch etwas Freiheit haben, ihren eigenen Mehrwert zu präsentieren. So können Sie auch sicherstellen, dass die positiven Nuancen der einzelnen Anbieter nicht komplett unterdrückt werden.

Ein allgemeines Demoskript mit Beispielprozessen auf Basis der Anforderungen in Ihrem eigenen Unternehmen z. B. nach dem Prinzip „Ein Tag im Leben eines Disponenten" hat sich auch bei der Präsentation, dem Workshop als sehr hilfreich erwiesen. Verlangen Sie nach der Präsentation spezifischer durchgängiger Prozesse, die alle relevanten Bereiche betreffen, dies aber abgestimmt auf ein vorgegebenes Thema. Vermeiden Sie damit sogenannte „Bauchladenpräsentationen", mit der die Anbieter oft versuchen, alle aus ihrer Sicht hervorragenden Funktionalitäten auf einmal zu zeigen, unabhängig davon, ob Sie dies eigentlich benötigen oder nicht. Anbieter, die auf dieser Schiene fahren, präsentieren ganz gemäß dem Motto „Ich liebe meine Software", auch wenn Sie damit weit von Ihren Anforderungen entfernt landen.

Bei der Beschreibung eines Beispielprozesses ist es wichtig:

- den Kernprozess zu beschreiben – worauf kommt es im Wesentlichen an?

- alle relevanten Themen zu adressieren – woran erkennen Sie, dass funktioniert oder nicht?

- den Prozess nicht allzu tief mit Details zu überladen – nicht jede Variante muss beschrieben werden.

- darauf zu achten, dass immer wiederkehrende Funktionen nicht bei jedem Prozess erneut präsentiert werden – es reicht aus, während des Workshop Tages die E-Mail- oder Dokumentenintegration ein oder zwei Mal gesehen zu haben.

© Springer Fachmedien Wiesbaden GmbH, ein Teil von Springer Nature 2019
C. Groß und R. Pfennig, *Digitalisierung in Industrie, Handel und Logistik*,
https://doi.org/10.1007/978-3-658-26095-8_20

Bedenken Sie immer, dass der Anbieter nie in der Lage sein wird, alle Ihre Anforderungen beim Workshop zu zeigen, sonst wäre die Implementierung ja bereits fertig. Außerdem haben Sie ja hoffentlich ein Lastenheft erstellt und verlassen sich nicht nur auf die Präsentation der Funktionalitäten im Workshop.

Buchtipp: Christoph Groß, *Software in Workshops perfekt präsentieren"*, erschienen als Essential bei SpringerGabler, ISBN 978-3-658-22079-2

Was den Aufwand der Beschreibung angeht, so genügt es eigentlich, diesen in Stichpunkten zu formulieren. Man muss nicht alle Prozesse im Detail in Workflowdiagrammen beschreiben, alle eingehenden und ausgehenden Daten definieren etc. Wichtig ist, dass Sie alle relevanten Themen abdecken und die Beschreibung für alle Teilnehmer, intern und extern, verständlich darstellen.

Ein Beispielprozess aus der Logistik

Auftragseingang

- Kunde schickt Auftrag per Fax an eine Sammelnummer.

- Fax erscheint in der zugeordneten Inbox „eingegangene Faxe", die allen Disponenten in der Gruppe zugeordnet ist.

- Einer der Disponenten sichtet das Fax und leitet dieses an sich oder eine andere Gruppe weiter. Damit verschwindet der Vorgang aus der Fax-Inbox (gleicher Vorgang bei eingehenden E-Mails).

- Sachbearbeiter öffnet Fax auf Bildschirm 1 und beginnt Auftragserfassung auf Bildschirm 2.

- Auf Bildschirm 2 werden die dort verfügbaren Checklisten und Arbeitsanweisungen zur Auftragserfassung (für alle Sachbearbeiter) angezeigt, die der jeweilige Sachbearbeiter bei Bedarf öffnen kann.

  Die Erfassung des Auftrags kann erfolgen, und zwar möglichst in den Bereichen:

  - Interne Abteilungs- und Systemdaten (Seifert)
  - Auftraggeber Daten
  - Allgemeine Auftraggeber Hinweise, Erfassungshinweise
  - Ladedaten
  - Entladedaten
  - Positionsdaten (Ware)
  - Transportrelevante Daten und interne Dispohinweise
  - Errechnete Werte auf Basis der erfassten Daten inkl. Ansicht in der Karte
  - Dem Vorgang zugeordnete Dokumente, Mails, Faxe etc.

- Für den Transportauftrag wird eine Pauschale von 500 € + 5% Dieselzuschlag direkt als Kondition angelegt und dem Transportauftrag zugeordnet.

- Erfasster Vorgang wird final gespeichert und Status als „erfasst, aber noch nicht freigegeben für die Dispo (offen)" definiert.

- Sachbearbeiter stellt fest, dass Palettenfrage (Euro oder Einweg) noch geklärt werden muss, und erstellt eine sich selbst zugeordnete Aufgabe, um diese zu klären.

- Danach erfolgt die Erfassung eines weiteren Auftrags per Kopie der bereits erfassten Daten.

- Gleich wie vorher mit geänderter Entladestelle etc.

- Durch einen Hinweis wird der Sachbearbeiter erinnert, dass die Palettenfrage im Auftrag XY noch geklärt werden muss.

- Nach Hinweis erfasst der Sachbearbeiter die korrekte Paletteninformation und setzt den Status auf „offen und für die Disposition freigegeben".

Welche Bereiche/Prozesse sollten so dokumentiert werden?

Beispiel: Speditionssoftware

- Kunden-Kommunikation

- Auftragseingang

- Disposition Einrichtung

- Disposition Tagesgeschäft

- Manuelle Vertourung

- Automatischen Tourenplanung

- Telematik

- Abrechnung

- Schadensmanagement

- Personal

- Analysen und Auswertungen

- IT Allgemein

Wie gehen wir mit Beispieldaten um?

Es ist immer sinnvoll, dem Anbieter eine beispielhafte Auswahl an eigenen Daten zur Verfügung zu stellen. Hierfür sollten Sie aber zuvor eine Geheimhaltungsvereinbarung (siehe Kapitel 18.5 „Die Geheimhaltungsvereinbarung") abgeschlossen haben. Für Sie und Ihre Mitarbeiter ist es immer viel einfacher, Funktionen anhand eigener Daten zu bewerten. Deswegen sollten Sie spätestens beim Workshop Wert darauf legen, dass der Anbieter auf Basis Ihrer Daten präsentiert.

Welche Beispieldaten reichen aus?

Beispiel: Speditionssoftware

- Fahrzeugstamm

- Fahrerstamm

- Konditionen

- Equipment

- Kundenstammbeispiele inkl. Ansprechpartner

- Subunternehmerbeispiele inkl. Ansprechpartner

- Beispiel Transportaufträge

Generell müssen nicht alle Beispieldaten elektronisch z. B. im MS-Excel®- oder CSV-Format vorliegen. Gerade wenn es wenige Daten wie z. B. Aufträge sind reichen, auch Ausdrucke.

Was sollten Sie dokumentieren?

Bei der Präsentation sollten Sie möglichst genau dokumentieren, wie der Anbieter in seiner Lösung mit den von Ihnen definierten Anforderungen umgegangen ist.

- Hat der Anbieter den Prozess komplett präsentiert?

- Hat er unsere Daten genutzt?

- Wo hat es gehakt?

- Was ging gar nicht?

- Wo kam die Aussage, dass diese Anforderung nur mit einer Zusatzentwicklung abzu-decken ist?

- Welche Anforderungen hat der Anbieter bewusst umgangen, um Schwachstellen im System zu vermeiden?

- Hat der Anbieter versucht, anstatt unserer Anforderungen ganz andere Funktionen zu präsentieren, die zwar toll ausgesehen haben, aber unsere Probleme nicht lösen?

Fallen Sie nicht in die „Stammdatenfalle"

Selbstverständlich sind Stammdaten bei jeder Präsentation eine wichtige Sache. Sie sollten jedoch darauf achten, dass Sie nicht allzu viel Zeit in diesen Bereichen verschwenden. Sie könnten sich einen Artikelstamm sicherlich zwei Stunden lang präsentieren lassen und beim Durchspringen aller Felder viele Annahmen treffen, welche Funktionen irgendwo hinter diesen Daten in der Software liegen. Viel einfacher und effizienter wäre es aber, anhand der Prozessdurchläufe zu erkennen, wo ggf. welche Daten oder Funktionen fehlen.

Stimmen Sie eine Abweichung von der Präsentationsfolge oder den Inhalten vorher mit den Anbietern ab

Sie sollten den Anbietern klarmachen, dass Sie die Beispielprozesse gerne genau in dieser Reihenfolge und mit dem genannten Inhalt sehen wollen. Es kann manchmal beim einen oder anderen Anbieter Sinn machen, dies zu ändern. Dann sollte es aber auf jeden Fall mit Ihnen abgestimmt sein. Sobald Sie Ihren Fahrplan verlassen, wird die Vergleichbarkeit der Anbieter schwieriger. Vielleicht ist es ja auch ganz genau das Ziel, welches der Anbieter anstrebt. Dies sollten Sie auf jeden Fall unterbinden.

Expertentipp: Definieren Sie genau, welche Beispielprozesse Sie in welchem Detaillierungsgrad bei den Anbieterworkshops sehen wollen. Kommunizieren Sie diese frühzeitig mit den Anbietern und lassen Sie sich nur auf Abweichungen ein, wenn diese mit Ihnen zuvor abgestimmt wurden.

20.2   Der Anbieter-Vortermin

Wer Anbieter zu einem Workshop einlädt, der sollte sich nicht darauf verlassen, dass diese das präsentieren werden, was Sie im Workshop sehen wollen. Neben der Definition der Workshopanforderungen für den Anbieter und hinsichtlich der Beispielprozesse steht der Vortermin für die Anbieter im Mittelpunkt einer guten Vorbereitung. Beim Vortermin sollten Sie den Anbietern die Möglichkeit geben, Ihr Unternehmen, die Anforderungen und auch das Projektteam kennenzulernen, und dabei den ersten Eindruck vom Anbieter gewinnen.

Je mehr Sie Ihr Unternehmen „öffnen", desto eher können Sie später ggf. auch darauf verweisen, dass der Anbieter ja die Chance erhalten hat, im Vorfeld die entsprechenden Fragen zu stellen. Verwandeln Sie damit Ihre anfängliche „Bringschuld" der Informationen in eine „Holschuld" für die Anbieter. Den Vortermin sollten Sie, genau wie alle anderen Termine, in Inhalt und Zielsetzung vorgeben und kontrollieren. Nur so sind Sie später auch in der Lage, die Wahrnehmung der Termine durch die verschiedenen Anbieter zu bewerten. Eigentlich ist ein guter Vortermin genauso wichtig wie ein Workshoptermin. Er zeigt Ihnen, wie ernst der Anbieter Sie und Ihre Anforderungen nimmt und wie er sich auf diese Aktivität vorbereitet.

Welche Themen sollte ein Vortermin abdecken?

- Firmenrundgang

- Kennenlernen und Befragung des Projektteams

- Besprechung der Workshopvorbereitung

- Besprechung der Beispielprozesse

- Besprechung des Lastenheftes

Wer sollte beim Vortermin anwesend sein?

- Projektleiter Ihres Unternehmens

- Projektleiter des Anbieters

- Auf Abruf die Teilnehmer des Projektteams

- Weitere Mitarbeiter des Anbieters aus Vertrieb oder Beratung

Wie lange sollte ein Vortermin dauern?

Je nach Projektgröße sollten Sie dem Anbieter 4 bis 8 Stunden Zeit geben. Es ist besser, wenn der Anbieter etwas mehr fragt und deswegen länger braucht, als wenn dieser nach einer Stunde bereits fertig ist, weil er der Meinung ist, dass er ohnehin genug Erfahrung hat, um Ihr Projekt abzuwickeln. Erfahrungsgemäß gehen Workshops von Anbietern mit dieser Einstellung später meistens schief.

War der Vortermin gut, dann hat...

- der Anbieter vorab eine Agenda bzw. Fragenliste geschickt.

- der Anbieter kompetente Fragen gestellt und damit Branchen- und Fachkenntnisse bewiesen.

- der Anbieter alle Mitglieder des Projektteams angesprochen und ist auf deren Anforderungen eingegangen.

- der Anbieter nicht versucht, mit Präsentationen vom eigentlichen Fragezweck abzulenken.

- der Anbieter ausreichend Zeit im Unternehmen verbracht.

- der Anbieter mit allen relevanten Teammitgliedern (nicht nur Vertrieb) am Termin teilgenommen.

- die „Klasse" der Teilnehmer und nicht die Masse seitens des Anbieters einen positiven Eindruck gemacht.

Treffen diese Aussagen nicht zu, dann können Sie sich durchaus die Frage stellen, ob der Anbieter der richtige für Ihr Unternehmen ist.

Der Vortermin als Selektionskriterium für die folgenden Workshops

Der Vortermin kann nicht nur als Informationsveranstaltung für den später stattfindenden Workshop angesehen werden. Er kann auch dazu genutzt werden, um die Spreu vom Weizen zu trennen, und erst danach die Entscheidung zu finalisieren, welcher Anbieter es zum Workshop schafft. Dies trifft besonders dann zu, wenn z.B. zwei Anbieter nach der Angebotsauswertung gleichauf liefen. Lassen Sie dann einfach den Vortermin auf sich wirken und entscheiden danach.

Vermeiden Sie den Präsentationsmodus

Manch ein Anbieter versucht aus dem Vortermin einen Präsentationstermin zu machen. Stellen Sie sicher, dass der Anbieter verstanden hat, dass dieser Tag für seine Fragen da ist und nicht, um seine Software zu präsentieren. Einzige Ausnahme: Er will Rückfragen stellen, ob genau diese Funktionalität für den Workshop relevant ist, indem er diese Ihnen kurz in der Lösung zeigt.

Bewerten Sie die Anbieter mit einer Checkliste

Ob Vorbereitung, anwesende Personen, Fragebögen oder gezeigtes Interesse. Erstellen Sie eine Checkliste, auf deren Basis Sie die Termine der Anbieter vergleichen können. Hier, wie bei allen Terminen ist eine Dokumentation für die spätere Entscheidungsfindung sehr wichtig.

> **Expertentipp:** Öffnen Sie sich und Ihr Unternehmen beim Vortermin zum Workshop den Anbietern und geben Sie diesen die Möglichkeit, alle Fragen zu stellen, und bewerten Sie den Anbieter auch bereits an diesen Vortermin.

20.3   Anbieterworkshops und deren Bewertung

Um die Leistungsfähigkeit der Anbieter bewerten zu können, sollten Sie unbedingt einen Workshop veranstalten, in dem Sie die Anbieter, die Lösung und auch das Auftreten und die Kenntnisse der Mitarbeiter des Anbieters beurteilen. Dabei sollten Sie darauf achten, dass hier tatsächlich ein Workshop stattfindet, der auf Ihren Anforderungen basiert, und es zu keinem „Schönheitswettbewerb" kommt, bei dem die Anbieter versuchen, ihre Lösungen im besten Licht darzustellen und die wirklich kniffligen und für Ihr Projekt ggf. wichtigsten Anforderungen zu „vergessen".

Damit der Workshop für alle Beteiligten ein Erfolg wird, sollten Sie Nachfolgendes berücksichtigen (**Abbildung 20.1**).

Bereiten Sie sich und Ihre Anbieter für den Termin vor

Nur gut vorbereitete Anbieter können auch gut und erfolgreich präsentieren. Es empfiehlt sich dazu, einen Vortermin mit den Anbietern zu veranstalten. Details hierzu finden Sie im Kapitel 20.2 „Der Anbieter-Vortermin".

Definieren Sie Zielsetzung und Vorgehensweise

Legen Sie genau fest, was Sie eigentlich mit dem Workshop erreichen wollen. Stimmen Sie dies auf jeden Fall mit den Anbietern ab. Ansonsten könnte hier Wunsch und Wirklichkeit etwas zu weit voneinander abweichen.

Vergleichen Sie durch zuvor erstellte Beispielprozesse

Ihre Beispielprozesse und deren Präsentation sollten die Hauptrolle im Workshoptag spielen. Achten Sie darauf, dass diese auf jeden Fall möglichst genau präsentiert werden. Kein Anbieter wird in der Lage sein, dies zu 100% zu gewährleisten. Aber nur durch die Erkenntnis, wer was nicht kann, wird es Ihnen möglich sein, einen echten Vergleich zu erstellen.

Geben Sie Dauer und eine Agenda vor

Wenn auch nicht auf die Minute genau, so sollten Sie durchaus Zeitvorgaben für die einzelnen Agenda-Punkte machen oder diese vom Anbieter verlangen. Nach Prüfung können Sie ja immer noch intervenieren, wenn der Anbieter z. B. 45 Minuten über seine Firma reden will.

Eine beispielhafte Agenda könnte sein:

09:00 bis 09:15	Vorstellung und Zielsetzung
09:15 bis 09:30	Anbieterunternehmen und relevante Referenzen
09:30 bis 12:00	Beispielprozesse Teil I
12:00 bis 12:45	Mittagspause
12:45 bis 15:30	Beispielprozesse Teil II
15:30 bis 16:30	Einführungsmethodik, Vorgehensweise, Weiterentwicklung und Support
16:30 bis 17:00	Offene Fragen und weitere Vorgehensweise

Abbildung 20.1   Im Workshop sollte jeder alles sehen können (Quelle: Shutterstock)

Machen Sie aus dem Workshop keine „Mal rein, mal raus"-Veranstaltung

Auch wenn alle designierten Teilnehmer vielleicht andere Prioritäten setzen und ihre Zeit möglichst effizient einsetzen wollen, so sollten doch alle Teilnehmer während der gesamten Dauer des Workshops mit dabei sein. Es kann nun mal nicht ganz genau geplant werden, wann Thema A aufhört und Thema B beginnt. Außerdem ist es in manch einem Unternehmen durchaus sinnvoll, dass Abteilung X endlich einmal erfährt, was Abteilung Y macht und worauf es diesen bei der neuen Lösung ankommt. Solch eine Chance, alle wichtigen Prozesse im Unternehmen in seiner Gesamtheit zu sehen, sollte man sich eigentlich nicht entgehen lassen.

Übertreiben Sie die Zeitvorgaben nicht

Es ist völlig ausreichend, eine grobe Agenda vorzugeben, ohne im Minutentakt von Funktion A auf B und C zu springen. 10 Minuten Stammdaten, 5 Minuten Kundenstamm etc. ist ein totaler Blödsinn. Das erzeugt nur unnötig Stress und bringt Sie nicht wirklich weiter. Eigentlich ist es schlicht unmöglich, solch einen Plan einen ganzen Tag durchzuhalten.

Berücksichtigen Sie auch Themen außerhalb von Funktionen und Prozessen

Selbstverständlich stehen die Beispielprozesse eines jeden Projekts beim Workshop im Vordergrund. Vergessen Sie aber nicht, auch Themen wie Implementierung, Schulung, Support etc. mit zu behandeln. Sie sollten sich eben nicht darauf verlassen, dass der Anbieter implementieren kann, nur weil er schon 100+ Installationen seiner Software vorzuweisen hat. Auch Sie werden Vorstellungen zu Vorgehensweise, Unterlagen, Qualität etc. haben, die Sie durchaus dem der Anbieter gegenüberstellen sollten. Hier wird nämlich meist viel zu wenig Sorgfalt in der Entscheidungsfindung mit eingebracht, was sich in der Regel später im Projekt immer rächt.

Alle wichtigen Entscheider müssen mit dabei sein

Beim Workshop sollten nicht nur die Key User oder die Projektleitung, sondern auch noch der Management-Sponsor bzw. die Geschäftsführung mit dabei sein.

Eine echte Bewertung kann eigentlich nur auf Basis der selbst gemachten Erfahrungen erfolgen. Deswegen sollte es klar sein, dass hier keiner fehlen darf.

Erstellen Sie Namensschilder

Wenn Sie mit 15 Personen im Workshop dem Anbieter gegenübersitzen, kann es kaum möglich sein, dass dieser sich alle Namen und Funktionen merkt. Es ist deshalb sinnvoll, Aufsteller mit Name und Funktion zu erstellen, damit der Vortragende, besonders bei Fragen, spezifischer darauf eingehen kann, weil er weiß, wer da eigentlich gerade eine Frage stellt.

Jeder Teilnehmer muss die Leistung bewerten

Nur mit einem „Bauchgefühl" die Workshops zu verlassen, reicht für eine objektive Bewertung nicht aus. Sie sollten auf jeden Fall Auswertungsbögen erstellen, auf denen alle Teilnehmer den Workshop bewerten. Ob nach ABC- oder Schulsystem, ist eigentlich egal. Hauptsache, es erfolgt eine gute Dokumentation. Fordern Sie diese übrigens direkt nach jedem Workshop an. Kein Teilnehmer ist nämlich in der Lage, nach drei Workshoptagen noch zu wissen, was genau am ersten Tag lief. Eine zu späte Bewertung führt nur dazu, dass der „Favorit" automatisch besser und die anderen Anbieter schlechter bewertet werden. Meist ist dies dann sehr subjektiv und nicht zielführend.

Machen Sie ggf. Folgetermine anstatt Zwei-Tage-Workshops

Es kann durchaus sein, dass die Zeit zum Schluss nicht mehr ausreicht, um alle Themen oder aufgekommenen Fragen noch zu beantworten. Sie sollten deshalb auf Folgetermine eingestellt sein. Gut, dass Sie nur max. einen Tag pro Workshop geplant haben. Denn nur mit Anbietern, bei denen Folgetermine noch Sinn machen, lohnt es sich auch wirklich.

Filmen Sie doch einfach alles mit!

Wenn auch nicht jeder Anbieter sofort zustimmt, so kann es durchaus interessant sein, die Workshopveranstaltung komplett mitzufilmen. Dies müssen Sie aber auf jeden Fall in Schriftform vom Anbieter bestätigt bekommen. Eine gute Argumentation ist übrigens, dass ein ganz wichtiger Teilnehmer nicht kommen kann und man diesem doch gerne das auf dem Workshop erlangte Wissen intern übermitteln will. Wenn Sie eine schriftliche Genehmigung haben, sind danach übrigens die gemachten Aussagen im Streitfall auch gerichtsverwertbar. Ein durchaus nicht zu vernachlässigender Nebeneffekt. Auf jeden Fall sollten Sie den Anbietern ungefragt eine Kopie der Aufnahme anbieten. Zum Beispiel auf einem USB-Stick. Die Kosten hierfür sind ja mittlerweile zu vernachlässigen. Anbietern, die nicht weiter mit Ihnen zusammenarbeiten, sollten Sie versichern, die Kopie nach Absage zu vernichten.

Darf der Workshop eigentlich Geld kosten?

Das kommt natürlich ganz darauf an, was Sie in welchem Umfang vom Anbieter verlangen und in welchem Verhältnis es zum potenziellen Umsatz steht. Wer zwei Tage Workshop mit eigenen Daten, 30 zu präsentierenden Beispielprozessen mit drei Beratern, einen Vortermin mit zwei Beratern und danach noch Folgetermine verlangt, aber nur für 100.000 € in Software und Dienstleistungen investieren will, der sollte sich nicht wundern, dass sich die Anbieter reihum verweigern werden. Bei gleichem Aufwand und einem potenziellen Umsatz von 500.000 € sieht das sicherlich bereits anders aus. Übertreiben Sie also Ihre Workshopanforderungen nicht, wenn Sie mit einem verhältnismäßig geringen Aufwand winken. Generell sollten Sie jedoch davon ausgehen, dass hierfür keine Kosten anfallen.

Expertentipp: Bereiten Sie Ihren Workshop gut vor. Sorgen Sie dafür, dass alle wichtigen Entscheider auch anwesend sind, und dokumentieren Sie den Workshop für die spätere Entscheidungsfindung genau.

20.4   Die Zwei-Beamer-Präsentation – ideal für Workshops und Schulungen

Zur effizienten Schulung oder zum guten Workshop gehört es auch, dass die Anwender möglichst leicht verstehen, um was es im System eigentlich geht. Während US-Anbieter gerne mit vielen Powerpoint®-Präsentationen und wenig Live-Software arbeiten, ist dies bei deutschen Unternehmen genau umgekehrt. Hier klappt man am liebsten das Notebook auf und legt gleich einmal mit der direkten Präsentation der Softwarefunktionalitäten los. Es gibt keine Erläuterungen vorab, keine begleitenden Präsentationen und sonstige Unterlagen. Trotzdem sollen die Anwender an überfüllten Bildschirmen in Sekundenschnelle erkennen, worauf es ankommt. Sollte der Anbieter doch etwas vorbereitet haben, so springt der Präsentator oft wild zwischen Software und Folien hin und her, was natürlich auch extrem verwirrend ist. Nach Tagen derartiger Workshops ist die Aufnahmemöglichkeit bei null angelangt.

Doch es gibt eine Lösung: Die „Zwei-Beamer"-Präsentation. Mit dieser Methode werden ganz einfach die begleitenden Informationen auf einem Beamer und die Software auf einem zweiten Beamer gezeigt. Das entzerrt die Präsentation erheblich. Außerdem kann der Anbieter auf dieser Weise die positiven Aspekte seiner Softwarefunktionen permanent auf einem der zwei Beamer präsentieren (siehe dazu **Abbildung 20.2**).

Abbildung 20.2   2-Beamer-Präsentation (Quelle: in Anlehnung an Shutterstock)

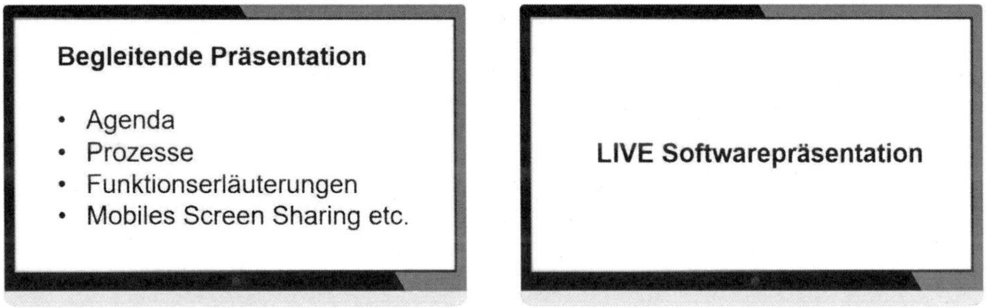

Alle Anwenderworkshops, bei denen der Anbieter auf diese Weise präsentiert hat und die begleitende Präsentation mehr als nur die Agenda gezeigt hat, wurden von den Anwendern als rundum positiver als die konventionelle 1-Beamer-Präsentationsmethodik bewertet. Sie sollten deswegen den Anbieter durchaus auffordern, diese Präsentationsmethodik anzuwenden. Dabei kann es vorkommen, dass der Anbieter versucht, dies abzuwiegeln. Schlicht und einfach aus dem Grund, dass er weder Zeit noch Lust hat, diese dann doch intensivere Vorbereitung zu treffen.

Beamertipp: Mittlerweile gibt es schon Beamer die von zwei Quellsystemen gleichzeitig einen Split-Screen anzeigen können. Erkundigen Sie sich einfach im Handel danach.

Übrigens: Die zwei Beamer sind auch in der Feinkonzeptphase, Schulungsphase etc. effizient einsetzbar:

	Linker Beamer	**Rechter Beamer**
Feinkonzept	Aktuelle Software	Neue Software
Schulung	Lehrer	Beispielhafter Schüler
	Schulungsunterlage/Anleitung	Softwarebeispiel
Abnahme	Lastenheft/Feinkonzept	Abzunehmende Software

Expertentipp: Versuchen Sie, einen Raum zu finden, in dem Sie zwei Präsentationsflächen nebeneinander nutzen können. Die ideale Konstellation ist die Nutzung von Deckenbeamern. Mit zwei Beamern auf Stativen geht es aber auch. Sollte also der Raum und das Budget gegeben sein, lässt sich diese Methodik nur empfehlen.

21 Verhandlung und Vertragsgestaltung

21.1 Vertragsinhalt und Vertragsprüfung

Ein leidiges, aber sehr wichtiges Thema sind die Verträge zwischen Anbieter und Anwender. Leider kümmern sich zu viele Unternehmen erst viel zu spät um diesen Bereich. Man scheint immer davon auszugehen, dass es später schon klappen wird, weil der Anbieter schließlich den Auftrag erhalten will. Aber weit gefehlt! Je länger Sie warten, desto wahrscheinlicher ist es, dass Sie sich als Unternehmen, mehr als vielleicht von Ihnen gewünscht, den Vertragskonditionen des Anbieters „ergeben" müssen. Wer will schon das Risiko eingehen, dass nach all den Workshops, den Preisverhandlungen und möglicherweise bereits den Absagen an die anderen Anbieter die Verhandlung scheitert? Nicht gerade viele Unternehmen werden dies tun. Genau darauf legen es die Anbieter an. Sie gehen gerne das Risiko ein und legen oft sehr spät ihre Vertragsunterlagen oder Geschäftsbedingungen vor. Dem sollten Sie vorbeugen, indem Sie proaktiv danach fragen. Spätestens bei der Auswertung der Angebote Ihrer Finalisten sollten Sie *vor* einer Zusage der Verhandlung die Verträge des Anbieters gelesen haben.

Dabei sollten Sie sich aber auch darüber im Klaren sein, dass je größer der Anbieter und je kleiner Ihr Unternehmen ist, Ihre Verhandlungsmöglichkeiten sich entsprechend reduzieren. Speziell bei aus den USA stammenden Anbietern sollte man hier mit Vorsicht vorgehen. Deren Verträge sind nämlich oft wie „in Beton gegossen". Rechtlich relevante Anpassungen bedürfen einer langen Kette von Genehmigern, die oft stur auf ihrem Standpunkt beharren. Da kann es schon vorkommen, dass die Genehmigung vom Vorstandsvorsitzenden kommt, der verständlicherweise von deutscher Gesetzgebung keine Ahnung hat und dem dies schlichtweg oft egal ist. Manch ein Manager jenseits des Teichs vertritt die Meinung, dass sich der Kunde dem Anbieter anpassen muss. Also Achtung: Wer bei US-basierten Anbietern viele Änderungen in Verträgen vornehmen will, kann leicht zum Scheitern verurteilt sein, wenn er nicht in der letzten Konsequenz darauf besteht.

Welche Vertragsbestandteile sollten auf jeden Fall berücksichtigt werden?

Nutzungsrechte

- Wer ist der Nutzer der Software?

- In welchem Umfang ist die Nutzung erlaubt? Benutzer, Lokationen, Sprachen

- Um was für eine Software handelt es sich? Standard, individuell, Source Code

- Wie ist der Umfang der Nutzung/Funktionen? Softwarebeschreibung, Lastenheft

- Was darf mit der Software gemacht werden? Eigene Nutzung, Weiterveräußerung, Vermietung

© Springer Fachmedien Wiesbaden GmbH, ein Teil von Springer Nature 2019
C. Groß und R. Pfennig, *Digitalisierung in Industrie, Handel und Logistik*,
https://doi.org/10.1007/978-3-658-26095-8_21

Leistungsbeschreibung

- Welche Leistung erbringt der Anbieter? Installation/Einführung der Software

- Welche Anpassungen der Software wurden vereinbart? Entwick-
  lung/Zusatzentwicklung von Software

- Wie wird mit diesen Anpassungen bei Verfügbarkeit neuer Updates umgegangen?

- Wie sieht es mit der Leistung des Kunden aus? Vergütung, Zahlungsfris-
  ten/Zahlungsziele, Vorauszahlungen, Zurückbehaltungsrechte, Sicherung der Rückzah-
  lung (Bürgschaften)

Verfahrensregeln

- Wie arbeiten die Vertragsparteien zusammen?

- Welche Werkzeuge zur Planung, zum Controlling von Kosten, zu Prozessen und Funktionen, der Kommunikation und Dokumentation werden eingesetzt und wie?

- Wie muss der Kunde mitwirken und welche Leistungen muss er erbringen?

- Wie werden Berichte erstellt, Fortschritte und die erbrachte Leistung dokumentiert?

- Mit welchem Verfahren werden Änderungen und Anpassungen geregelt?

- Was passiert bei Verzögerungen oder Leistungsverzug?

- Wie hat die Abnahme zu erfolgen?

- Wie kann man notfalls eine Rückabwicklung machen?

- Wie geht man mit Rügen und Mängeln um?

Und wer sollte den Vertag prüfen?

Sie selbst?

Leider keine so gute Idee. Selbst wenn Sie Jura studiert haben, fehlen Ihnen Erfahrungswer-
te und das Know-how der „marktüblichen" Vertragsinhalte. Ist das Vertragsvolumen aber
viel zu klein, ist es natürlich logisch, dass kein Berater oder Anwalt zum Einsatz kommt,
weil die Kosten in keinem Verhältnis zum möglichen Mehrwert stehen. Prüfen sollten Sie
dann trotzdem auf jeden Fall. Akzeptieren Sie nicht einfach alles so, wie es dasteht, auch
wenn Sie denken, dass dies nicht vorteilhaft für Ihr Projekt und Ihr Unternehmen ist.

Ein externer Berater?

Schon besser. Eine inhaltliche und fachliche Prüfung ist hier oft auf jeden Fall möglich.
Natürlich sollte der Berater diese schon einige Male erfolgreich durchgeführt haben. Zwei
oder drei Verträge helfen da nicht weiter. Im Idealfall hat der Berater über Jahre hinweg
dutzende Verträge geprüft und ggf. sogar schon einmal solche des Anbieters, mit dem Sie

nun verhandeln wollen. Beachten Sie aber, dass der Berater in der Regel keine komplette Umformulierung des Vertragswerks vornehmen kann. Er würde dann in rechtliche Themen eingreifen, für die dann eigentlich der Fachanwalt geradestehen sollte. Vom Berater können Sie aber verlangen, dass er den Vertrag auf folgende Themen hin prüft:

- Sind alle relevanten Themen abgedeckt?

- Gibt es „marktunübliche" Formulierungen oder Konditionen, die man streichen sollte?

- Gibt es marktübliche Formulierungen oder Konditionen, die man hinzufügen sollte?

- Gibt es Formulierung, die sich sehr einseitig zu Ihren Lasten auswirken?

- Gibt es Formulierungen, die zu grob beschrieben sind und damit detaillierter formuliert werden müssen?

Die resultierende vertragliche Detailformulierung müssen Sie dann selbstständig vornehmen.

Der Hausanwalt?

In der Regel nicht die beste Wahl. Der Hausanwalt mag zwar pro Stunde günstiger sein als der Fachanwalt, liefert aber immer die schlechtere Leistung. Hier fehlt ganz einfach die Erfahrung. Besonders da es im IT-Recht viele sogenannte „Richterurteile" gibt, von denen eigentlich nur der IT-Fachanwalt aktuelle Kenntnisse besitzt. Ein Beispiel hierfür sind verschiedene Urteile zum Thema Kauf von Gebrauchtsoftware. Am besten Fragen Sie, wie viele IT-Verträge Ihr Hausanwalt pro Jahr prüft. Sind es weniger als 5 bis 10, dann sollten Sie sich lieber an einen Fachanwalt wenden.

Der IT-Fachanwalt?

IT-Fachanwalt wird man nicht nur durch den Titel auf der Visitenkarte. Hier zählt ganz eindeutig die Erfahrung und die Aktualität der verfügbaren Informationen und richtungsweisenden Urteile. Ein IT-Fachanwalt kostet pro Stunde in der Regel immer mehr als Ihr Hausanwalt, sollte aber sein Geld allemal wert sein. Befragen Sie den Fachanwalt zur Anzahl der durchgeführten IT-Projekt-Vertragsprüfungen sowie zu den damit verbundenen Referenzen. Idealerweise hat der Fachanwalt, wie der zuvor beschriebene Berater, sogar schon Verträge Ihres Wunschanbieters geprüft und kennt dessen Fallen und Stellschrauben, an denen man in der Verhandlung ggf. zu den eigenen Gunsten drehen kann.

Was kann eine anwaltliche Prüfung kosten?

Viel! Bei Stundensätzen von 150 € (günstiger Hausanwalt) bis 350 € (Fachanwalt in einer internationalen Kanzlei) kann es sehr teuer werden. Es ist deshalb sinnvoll, mit dem Anwalt entweder eine allgemeine Pauschale oder eine Pauschale auf Basis des Vertragswertes zu vereinbaren. Auf keinen Fall sollten Sie den Anwalt nach Aufwand beauftragen. Sonst findet dieser es plötzlich notwendig, bei jeder Verhandlung, jedem Meeting etc. sogar persönlich anwesend zu sein. Das kann sehr schnell sehr teuer werden, leider meist ohne den entsprechenden Mehrwert.

Wie kritisch muss man eigentlich sein?

Das kommt ganz auf das Management des Anwenderunternehmens an. Wie immer gibt es Geschäftsführer, die jeden Punkt bis ins kleinste Detail regeln wollen, während andere den von Berater oder Fachanwalt monierten Punkt einfach durchwinken. Wichtig ist aber, dass Sie bewusst verzichten und das damit verbundene Risiko selbst einschätzen können. Verzicht ohne Kenntnis der möglichen Konsequenzen kann sehr gefährlich werden.

Muss der Anwalt beim Verhandeln immer dabei sein?

Nein, besonders wenn Sie auch einen erfahren Berater mit am Tisch haben. In der Regel bietet ein Anwalt in der Verhandlung wenig Mehrwert. Im Gegenteil. Mancher Anwalt betrachtet es als notwendig, seine hohen Kosten zu verteidigen, indem er an den unnötigsten Stellen in der Verhandlung auf gewisse Gegebenheiten im Vertrag insistiert, die oft auch anders geregelt werden könnten. Es reicht völlig aus, dass Sie per Mail mit dem Anwalt kommunizieren.

Aus der Praxis

Im Projekt mit einem Volumen von 250.000 € für Software und Dienstleistungen zog der Kunden seinen Hausanwalt dem Fachanwalt vor, welcher ihm eine Pauschale von 6.750 € angeboten hatte. Der fleißige Hausanwalt war, auf Basis der aufwandsbezogenen Abrechnung schließlich in der Lage, mehr als 14.000 € für eine fachlich schlechtere Leistung zu fakturieren. Sie sollten also aufpassen, dass Ihnen dies nicht auch passiert.

Expertentipp: Verträge sollten immer von IT-Experten geprüft und kommentiert werden. Sei es ein entsprechend erfahrener Berater oder ein IT-Fachanwalt. Ihr Hausanwalt hilft hier leider selten weiter, da dieser in der Regel viel zu selten derartige Verträge prüft und auch das am Markt allgemein geltende Verhalten in IT-Verträgen nicht beurteilen kann.

21.2   Die verschiedenen Vertragstypen

Nicht erschrecken! Die Anzahl der möglichen Verträge ist in einem IT-Projekt recht groß. Das hat, wie immer, seine Vor- und Nachteile. So bedeuten viele einzelne Verträge in der Regel eine genauere Definition der Rechte und Pflichten beider Parteien in jedem Bereich. Leider bedingt dies dann aber auch, dass eine detailliertere Prüfung der Unterlagen erfolgt, was mit dem entsprechenden Aufwand oder Anwaltskosten verbunden ist. Sollte Ihr Anbieter sehr wenig in seinen Verträgen oder ABG geregelt haben, dann sollten Sie vorsichtig sein. Verlassen Sie sich bitte nicht darauf, dass der nette Geschäftsführer des Anbieters im Streitfall ein nicht zuvor geregeltes Thema zu Ihren Gunsten entscheidet.

Welche verschiedenen Vertragstypen oder Dokumente kann es geben?

Der Softwarekaufvertrag: Regelt den Kauf, die Überlassung der Software mit den entsprechenden Nutzungsbedingungen.

Pflegevertrag/Support Agreement/Maintenance Agreement: Vereinbarung zur Lieferung neuer Softwareversionen sowie zur Hilfestellung bei Problemen und Fehlern.

IT-Projektvertrag/Vertrag über Softwareeinführung: Dienstleistungsvereinbarung für die Einführung der gekauften Software.

Servicevertrag/Vertrag über IT-Dienstleistungen: Vereinbarung über allgemeine, IT-orientierte Dienstleistungen.

Vertrag über Softwareentwicklung: Vereinbarung über die Anpassung bestehender Software oder Neuentwicklung.

Service Level Agreement (SLA): Vereinbarung, mit welcher Garantie eine gekaufte Lösung in einem bestimmten Zeitraum zur Verfügung steht, z. B. Mo-Fr von 6:00 bis 22:00 zu 98,5% verfügbar, ansonsten zu 95% (geringere Verfügbarkeit z. B. für Wartungsarbeiten, Ausfall etc.).

Mietvertrag: Regelt die zeitweise Überlassung der Software.

Application Service Providing (ASP): Vertrag der technischen Bereitstellung einer bestimmten Lösung, in der Regel über ein Rechenzentrum; vergleichbar mit einer Miete der gewählten Lösung auf Zeit inkl. der Service- und Supportleistungen.

Betrieb von IT-Lösungen (Outsourcing-Vertrag): Vertrag zur Übernahme des kompletten Betriebs von Soft- und Hardware sowie ggf. auch des Personals bereits bestehender oder neuer IT-Lösungen im Unternehmen.

Hardwarevertrag: Regelt den Kauf von Hardware im Rahmen des Projekts.

Hardwarewartungs- und Supportvertag: Vereinbarung zur Hilfestellung bei Problemen und Fehlern, ggf. zum Ersatz der Hardware durch neue.

Eine wichtige Information

Da es in Deutschland nur Kaufrecht und Mietrecht gibt, kann es eigentlich keinen „Lizenzvertrag" geben. Dies ist dann entweder ein Kaufvertrag oder ein Mietvertrag welcher die Konditionen der Überlassung der Software regelt.

Die Allgemeinen Geschäftsbedingungen

Je mehr Dokumente es gibt, desto öfter kann es vorkommen, dass sich Bedingungen in den verschiedenen Verträgen wiederholen. Deswegen ist es unbedingt wichtig, eine Hierarchie zu definieren, damit man genau weiß welcher Vertragstext welchen übertrumpft. Achten

Sie daher besonders darauf, inwiefern die Verträge unabhängig voneinander gekündigt werden können (von Ihnen oder dem Anbieter) bzw. dass diese durch die explizite Verknüpfung zum Gesamtprojekt gehören. Wenn ein Anbieter viel zu komplexe und umfangreiche Verträge liefert, kann dahinter auch eine Taktik stecken. Drehen Sie den Spieß doch einfach um und verhandeln Sie mit dem Anbieter, dass er die Kosten der Vertragsprüfung mit einem Fachanwalt Ihrer Wahl übernimmt.

Aus der Praxis

Ein Anbieter legte bei dem Kauf einer ERP-Lösung dem Kunden 6 verschiede Vertragsarten inkl. AGB mit einem Gesamtumfang von ca. 75 Seiten vor. Dabei betrug das Gesamtvolumen des Projekts mit Software und Dienstleistungen nur ca. 350.000 €. Ohne Detailprüfung wären dem Anwenderunternehmen gravierende Fehler unterlaufen, da diese meist bewusst erzeugte Komplexität so manches KMU dazu bringt, die Segel zu streichen und einfach zu unterschreiben.

Expertentipp: Lassen Sie sich die Verträge der infrage kommenden Anbieter in der Endauswahl möglichst frühzeitig zusenden. Nur so erkennen Sie, ob hier ggf. wichtige Informationen fehlen, unklar sind oder die Konditionen eigentlich nicht akzeptabel sind. Ab einer Projektsumme von 200.000 € sollten Sie auf jeden Fall eine anwaltliche Prüfung vornehmen lassen.

21.3   Die Verhandlungsführung

Bevor Sie sich in die „Verhandlungsschlacht" begeben, sollten Sie sich intensiv vorbereiten (**Abbildung 21.1**). Dabei ist es sehr wichtig, dass Sie Ihr Gegenüber besser kennen, bevor Sie verhandeln. Genauso wie ein guter Vertriebsmann die Entscheidungswege und Kriterien bei seinen Kunden kennen sollte, um dieses Wissen in den Verhandlungen, hoffentlich auch schon vorher, nutzen zu können, so sollten Sie sich einmal mehr Gedanken machen, warum ein Verkäufer eigentlich wie verkauft.

Eines der ersten Kriterien ist es deshalb zu entscheiden, ob man sich gerade in einem „Verkäufermarkt" oder einem „Käufermarkt" befindet. Wer denkt, dass der Spruch „wer zahlt der schafft an" gilt (wie die Schwaben gerne sagen), der kann durchaus ein böses Erwachen erleben, wenn es den Anbietern gut geht und diese gar nicht auf Ihren Auftrag angewiesen sind. Die Anbieter können sich dann quasi die Kunden aussuchen. Und das tun Sie auch. Überschätzen Sie also Ihren „Wert" als Kunde gegenüber dem Anbieter nicht. Jeder bekommt gerne einen neuen Kunden, es gibt aber Kriterien, die Sie als Kunden für die Anbieter „attraktiv" machen:

■ Sie sind in der idealen Zielgruppe des Anbieters, was Branche, Größe und Lokation angeht.

■ Ihr Unternehmen ist Marktführer oder am Markt sehr gut bekannt.

- Sie verhandeln nicht und akzeptieren die Listenpreise.

- Sie haben ein repräsentatives Unternehmensgebäude, welches gut auf Referenzunterlagen aussieht und noch besser bei Referenzbesuchen von Interessenten.

- Sie sind gewillt, sich als zufriedener Kunde mit Case Studies, Presseerklärung, Vorträgen auf Veranstaltungen oder bei Referenzbesuchen neuer Interessenten des Anbieters zu „outen".

- Ihr Projekt hat den Umfang in Software und Dienstleistungen, die sich der Anbieter wünscht

- Ihr Projekt löst durch den Einsatz der Software des Anbieters die Software eines der Haupt-Mitbewerber Ihres neuen Anbieters ab.

- Ihr Projekt sichert dem Anbieter fortlaufend Umsatz durch weitere Nutzerlizenzen, zusätzliche Module, Anpassungen oder andere Dienstleistungen.

Wenn Sie all dies in die Waagschale werfen können, dann ist die Wahrscheinlichkeit hoch, dass Sie gut verhandeln können. Sie können den Mangel an positiven Argumenten eigentlich nur in einer schlechten Wirtschaftslage wettmachen. Dann braucht der Anbieter nämlich auch Kunden, die nicht seinem „Ideal" entsprechen.

Abbildung 21.1   Erfolgreiche Verhandlungen

Wie bereiten Sie sich gut für eine Verhandlung vor?

Stellen Sie sich diese Fragen im Vorfeld:

- Welche Entscheidungsbefugnis besteht wirklich?

- Bei Ihnen oder beim verhandelnden Anbieter?

- Woran wird der Verkäufer gemessen und woran verdient er seine Provision?

- Wann sind die besten Zeitpunkte für Zusatzrabatte (nicht nur zum Quartals- oder Jahresende, wie meist gedacht)?

- An welchen Kriterien (gemäß beschriebenem „Idealkunden") hat der Anbieter aktuell Interesse?

- Woran könnte die Verhandlung scheitern?

Erstellen Sie verschiedene Verhandlungsergebnis-Szenarien

Bei der Verhandlung sollten Sie immer gewisse Kostenblöcke direkt im Blick haben. Mit jeder verhandelten Zahl sollten Sie sofort in der Lage sein, die Auswirkung auf die Kosten im ersten Jahr und die auf zehn Jahre im Blick haben.

Bilden Sie ein Verhandlungsteam mit Rollen und Verantwortlichkeiten

Gerade bei der Verhandlung sollten Sie in der Lage sein, das Spiel mit dem „Good Guy" und dem „Bad Guy" zu spielen. Idealerweise kann der Kunde den Rabatt- und Konditionenforderer (Bad Guy) und ein externer Berater die schlichtende Rolle zwischen den Vertragsparteien (Good Guy) spielen. Natürlich sind diese Rollen und zu erzielenden Ergebnisse im Vorfeld abgesprochen. Viele Anbieter sind auf eine gute Vorbereitung und ein eingespieltes Verhandlungsteam nicht gut vorbereitet. Hier lohnt es sich besonders, dem Anbieter mal wieder eine Nasenlänge voraus zu sein.

Vorsicht vor „Sparen, egal was es kostet"!

Auch bei Ihrem IT-Projekt sollte „Leben und leben lassen" eine Zielsetzung Ihrer Verhandlung sein. Natürlich ist klar, dass ich nicht über mein eigenes Geld spreche, dennoch sollten Sie sich im Klaren darüber sein, dass ein Anbieter, den Sie in der Verhandlung quasi bis zum letzten Blutstropfen ausquetschen, auch später versuchen wird, seinen Verhandlungsverlust wieder wettzumachen. In der Regel geht dies sehr einfach über ungeplante Mehraufwände, etwas großzügigere Aufzeichnung der erbrachten Zeiten (zu Gunsten des Anbieters) oder auch durch eine extrem genaue Auslegung des Lasten- oder Pflichtenhefts, die dann aus jedem kleinen, unklaren Punkt eine zusätzliche Anpassung mit zusätzlichen Kosten macht. Letztendlich müssen Sie gemeinsam zu einem Ergebnis kommen, bei dem Kosten und Nutzen in einem positiven Verhältnis stehen und sich beide Parteien wohl fühlen. „Rabatteinkäufer" erzielen zwar kurzfristig das bessere Ergebnis fürs Unternehmen, jedoch zahlt das Unternehmen zum Schluss meistens drauf. Achten Sie also nicht nur auf die einmalig anfallenden Investitions- und Implementierungskosten, sondern auch auf das „Total Cost of Ownership" über mehrere Jahre (idealerweise 10 Jahre) hinweg.

Expertentipp: Verhandeln ist Ihr gutes Recht. Nehmen Sie nicht einfach alles hin, was Ihr Anbieter für Sie an Kosten und Konditionen bereithält. Übertreiben Sie es aber nicht, ansonsten findet der Anbieter immer einen Weg, den Verhandlungsverlust anderweitig auszugleichen.

21.4   Wann lohnt sich ein IT-Fachanwalt?

IT- und Softwareverträge sind anders als andere Verträge. Wer denkt, dass er sie Verträge selbst prüfen kann, der sollte genau abwägen, welche Konsequenzen dies haben könnte. Selbst Anwälte haben mit Verträgen in der Informationstechnologie Mühe. Die Entscheidung, einen Anwalt in die Vertragsprüfung mit einzubeziehen, hängt vom Verhältnis zwischen Vertragswert und Anwaltskosten in Kombination mit dem möglichen Gesamtrisiko ab.

Da Sie die Kosten für eine anwaltliche Beratung mittlerweile individuell vereinbaren und diese nicht mehr nur vom möglichen Streitwert abhängt, ist die Vereinbarung einer Beratungspauschale möglich. Damit liegt es in Ihrem Verhandlungsgeschick wie hoch das Honorar letztendlich ausfällt. Bei der Frage, ob mit oder ohne Anwalt, sollten Sie das Risiko eines Fehlschlags mit den verbundenen Kosten einschätzen können.

Wie überall gibt es Unternehmen die es lieber drauf ankommen lassen, und andere, die sich bei Verträgen lieber bestmöglich absichern. Bei verhandelten Verträgen mit dem Anwalt analysiert dieser erst einmal den potenziellen Streitwert und die mögliche Höhe der Regressforderungen im Streitfall, sofern Sie diesen zum Schluss wegen einer möglichen Falschberatung in die Pflicht nehmen. Dieses Risiko und der damit verbundene Wert, zusammen mit den verfügbaren Verträgen in Umfang und Qualität und dem möglichen Aufwand bestimmen letztendlich sein Honorar. Keinesfalls sollten Sie dem Anwalt bei der Vertragsbetreuung inkl. Verhandlung einen „Persilschein" geben, was das Honorar angeht. Selbst wenn dieser die Leistungen nicht zum Fixpreis vornehmen will, sollten Sie einen Maximalwert für die Unterstützung vereinbaren. Ansonsten kann dies sehr schnell zum „Fass ohne Boden" werden. Wenn Sie in der Lage sind, einen Fixpreis für die Vertragsprüfung zu vereinbaren, rechnet sich eine Prüfung sicherlich bereits ab einem Auftragswert von ca. 150.000 €. Ab einem Vertragswert von 250.000 € empfiehlt sich generell eine anwaltliche Prüfung. Verlassen Sie sich in diesem Fall bitte nicht auf Ihre Erfahrung, das Geschick Ihres Einkäufers oder auf Ihr „Gefühl", dass es schon gut gehen wird.

Der häufigste Fehler, der bei der Auswahl des richtigen Anwalts gemacht wird, ist, dass der „Hausanwalt" zu Rate gezogen wird. Viele Unternehmen begründen dies mit der bisherigen guten Beratung, den Kenntnissen des Anwalts im Zusammenhang mit dem beratenden Unternehmen und meist den doch deutlich günstigeren Stundensätzen. Doch Vorsicht. „Sparen, egal was es kostet", heißt hier meist die Devise und ist selten zielführend. In meinen vielen Auswahlprojekten habe ich immer die Erfahrung gemacht, dass die ursprünglich vom Hausanwalt ermittelten Budgetvorgaben weit überschritten wurden.

Mit welchen Kosten kann man für eine Vertragsprüfung rechnen?

Aus der Praxis

Ein reales Projektbeispiel, bei dem der Hausanwalt anfänglich günstiger erschien, ist das Folgende. Aufgrund des fehlenden Fachwissens und der unnötigen Teilnahme an diversen Meetings mit dem Softwareanbieter hat sich der Betrag vervielfacht und die Durchlaufzeit der Prüfung extrem verlängert.

Projektwert	250.000 €	Software und Dienstleistungen
Fachanwalt	4.500 €	Angebot als Pauschale der Prüfung
Hausanwalt	3.500 €	Initiales Angebot
Hausanwalt	12.000 €	Final abgerechnetes Honorar!

Wie man sieht, war der ursprünglich etwas günstigere Hausanwalt am Ende um ein Vielfaches teurer als der Fachanwalt. In diesem Falle leider eine Fehlentscheidung des Unternehmens. Ob der Vertrag fachlich auch die Qualität eines Fachanwalts hatte, ist ebenfalls zweifelhaft. Rechnen Sie, je nach Vertrag und Renommee der Kanzlei, mit Stundensätzen zwischen 180 € und 350 € + MwSt. Unabhängig vom Vertragswert müssen Sie auf jeden Fall mit Kosten ab 3.500 € für die Unterstützung rechnen.

Bei einer Pauschalsumme sollten Sie übrigens immer darauf achten, ob die Haftung des Anwalts nicht durch eine Höchstsumme beschränkt ist. Ist dies der Fall, dann prüfen Sie diese Summe im Verhältnis zum Vertragswert. Rechnen Sie in der Regel als Minimum den Vertragswert in € x 2 als Deckungssumme, da Sie im Streitfall ja auch Ihre internen Kosten berücksichtigen müssen. Lassen Sie sich ggf. vom Anwalt die Kopie/Deckungsbestätigung seiner Haftpflichtversicherung gleich mitgeben, um zu erkennen, dass die Deckung ausreichend hoch ist.

Wann ist ein Fachanwalt ein Fachanwalt?

Bei den Anwälten können Sie ähnlich wie bei den Beratern verfahren. Bewerten Sie in jedem Fall die Erfahrung und die Anzahl der in letzter Zeit durchgeführten Vertragsprüfungen im Bereich der Softwareauswahl. Berücksichtigen Sie dabei auch das Gesamtvolumen der geprüften oder verhandelten Verträge. Über die aktuellen Marktkenntnisse des Auswahlberaters hinaus muss sich der Fachanwalt mit aktuellen Gesetzen und Musterprozessen auskennen. Ab und zu Verträge dieser Art zu bearbeiten wirkt sich definitiv für Sie als Kunden potenziell sehr negativ aus. Unabhängig von einer Haftungspflicht des Anwalts bedeutet dies ein unnötiges Risiko.

Expertentipp: Vermeiden Sie Ihren Hausanwalt. Was auf den ersten Blick günstiger erscheint, wird in der Regel immer viel teurer, bei meist schlechterer Qualität und längerer Durchlaufzeit in der Vertragsprüfung als bei der Nutzung eines IT-Fachanwalts.

21.5   Der fortlaufende Kundensupport der Anbieter

Aus den Augen, aus dem Sinn. Das kann durchaus passieren, wenn man beim Auswahlprojekt nicht auch auf die Bewertung des Kundensupports nach dem Go Live des Projekts Wert gelegt hat. Ein guter langfristig denkender Softwarepartner zeichnet sich daher durch einen hervorragenden Support nach Abschluss des Projekts aus. Leider wird dies in viel zu vielen Auswahlprojekten vernachlässigt. Auch hier wird mal wieder der „Annahmefehler" gemacht. Jahrzehntelange Präsenz am Softwaremarkt und hunderte von Installationen bedeuten noch lange nicht, dass es auch tatsächlich einen guten Support gibt. Sie sollten deswegen den Anbieter bei der Auswahl auch in diesem Bereich genau unter die Lupe nehmen.

Auf welche Kriterien sollte man bei der Bewertung des Supports Wert legen?

Zeitliche Verfügbarkeit in Abgleich mit den eigenen Geschäftszeiten

Stimmen Supportzeiten und Ihre normalen Arbeitszeiten im Wesentlichen nicht überein, dann sollten Sie sich Gedanken machen, wie Ihr Support dies intern übernehmen kann. Wenn der Anbieter täglich von 12:00 bis 14:00 Mittagspause im Support hat und auch freitags bereits um 13:00 ins Wochenende geht, während Sie noch fleißig sind, kann dies durchaus zu Problemen führen. Gerade in den ersten Monaten nach Beginn der Go-Live-Phase sollten Sie dann hier vielleicht mit dem Anbieter eine Sonderregelung vereinbaren. Vergessen Sie dabei auch nicht, Ihre Niederlassungen in den verschiedenen Bundesländern oder gar im Ausland. Es hilft Ihnen wenig, wenn der Anbieter aus Bayern kommt und dort gerade seinen Feiertag genießt, während Sie in NRW ein unlösbares Problem haben.

Know-how des Personals im Support

Wenn Ihr Anruf im Support mit der Frage beginnt, wer Sie eigentlich sind und welche Version Sie installiert haben, obwohl ein Wartungsvertrag besteht, dann läuft etwas richtig falsch. Wenn der Support dann auch in keiner Weise über die Spezifika Ihrer Installation informiert ist, wird es noch schlimmer. Deswegen ist es für Sie sehr wichtig zu klären, welcher Know-how-Transfer von der Einführungsberatung in den Support stattfindet. Nur wer genau weiß, was bei Ihnen wie laufen sollte, kann Sie dabei auch unterstützen. Hilfreich ist es dann auch, wenn der Angerufene die gleiche Sprache spricht wie Sie. Damit ist nicht nur Deutsch gemeint, sondern auch der Fakt, dass für Sie als Speditionsunternehmen, das gerade eine neue Finanzbuchhaltung installiert hat, sicherlich andere Themen wichtig sind als die in einem Fertigungsunternehmen. Zu wissen, über welche Branchenkenntnisse das Supportpersonal verfügt, ist deshalb, je nach Softwarebereich, mehr oder weniger relevant. Wenn im Support nur „Aushilfen" arbeiten, deren Job es ist, lediglich die Reklamation weiterzuleiten, und niemand die Fähigkeit hat, direkt Hilfe zu leisten, dann sollte bei Ihnen ein rotes Licht aufleuchten. Die Wahrscheinlichkeit, dass dies später zu Problemen führen wird, ist damit sehr hoch.

Genutzte Technologien und Werkzeuge

„Der Schuster hat die schlechtesten Schuhe". Diese altbekannte Weisheit trifft leider auch auf viele Softwareanbieter im Support zu. Investitionen in die technische Unterstützung im Support, so z. B. der Kauf eines Ticketsystems oder die Einrichtung einer Kundenplattform, ist bei den Softwareanbietern leider noch nicht durchgängig üblich. Befragen Sie deshalb den Anbieter hierzu und lassen Sie sich die Funktionen der Plattform, falls vorhanden, zeigen. Sprechen Sie mit anderen Kunden im Rahmen Ihrer Referenzanfragen, ob diese die Plattform auch tatsächlich nutzen und wie sie den Mehrwert bewerten würden (**Abbildung 21.2**).

Abbildung 21.2   Guter Support ist sehr wichtig (Quelle: Shutterstock)

Über welche Funktionen sollte ein Supportportal des Softwareanbieters verfügen?

- Meldung von Problemen

- Statusüberwachung von Problemen

- Download von Softwareanpassungen und Erweiterungen

- Download neuer Versionen

- Download allgemeiner Dokumente oder Schulungsunterlagen

- Chat mit dem Anbieter

- Informationen über anstehende Schulungen und Veranstaltungen

Selbstverständlich sollte die Nutzung dieses Portals im Rahmen Ihres Wartungsvertrages ohne weitere Kosten möglich sein.

Eine weitere, mittlerweile übliche Methode stellt der Fernzugriff auf Ihr System dar. Mit dieser Technologie kann der Anbieter direkt sehen, was bei Ihnen gerade am Bildschirm geschieht, Ihnen Tipps geben oder Tests direkt selbst durchführen. Sollte der Fernzugriff im

Rahmen der Wartung vereinbart sein, dann sollten Sie auf jeden Fall klären, ob und wie der Zugriff erfolgen soll. Eine Einwahl ohne vorherige Zustimmung sollten Sie auf jeden Fall genau abwägen.

Fest zugeordnete Ansprechpartner

Dies ist immer eine gute Option, die Sie wahrnehmen sollten. Es ist einfach leichter, wenn Sie immer einen Ansprechpartner haben, der sich um alles kümmert. Gerade bei Fehlern und Problemen bei Adam und Eva anfangen zu müssen ist mühsam und steuert nicht gerade zur Zufriedenheit im Rahmen der Supportabwicklung bei.

Das könnte auch noch interessant sein

Der Support ist in der Regel nicht die Abteilung, für die sich alle schlagen, um dort tätig zu werden. Zumal es bekannterweise eine eher undankbare Aufgabe ist, sich den ganzen Tag mit Kunden zu beschäftigen, die nur meckern, jammern und extrem selten loben. Informationen über Fluktuationsraten in dieser Abteilung vermitteln daher einen Eindruck, ob Sie sich hier langfristig gut aufgehoben fühlen können. Ein ständiger Wechsel von Ansprechpartnern ist in dieser Abteilung besonders problematisch. Vielleicht nutzen Sie einen Besuch beim Anbieter, um die Abteilung kennenzulernen, und bringen dann die Fluktuationsfrage geschickt unter.

> **Expertentipp:** Prüfen Sie die Supportfähigkeiten der Softwareanbieter schon beim Auswahlprozess genau, befragen Sie hierzu die Referenzen und lassen Sie sich deren Supportplattform zeigen. Idealerweise besuchen Sie die Supportabteilung vor Ort und verschaffen sich so einen Eindruck vom Personal und der Umgebung, in der die Arbeit erfolgt. Außerdem werden Ihnen die Supportmitarbeiter Ihr Interesse danken. Schließlich lernt man dort in der Regel Kunden nur bei Reklamationen kennen. Ein netter und interessierter Kunde wird später sicherlich auch besser bedient. Lassen Sie sich überraschen.

21.6   Was sollte ein Wartungs-/Support- und Updatevertrag leisten?

Wer Software kauft, ist gut beraten, mit dem Softwareanbieter einen Wartungs-/Support- und Updatevertrag abzuschließen. Nur so können Sie sicherstellen, dass Ihnen bei Problemen auch langfristig geholfen wird. Diese Verträge können es aber in sich haben. Deswegen sollten Sie die Konditionen und Regeln genauestens lesen. Besonders bei der Bewertung der Referenzen haben Sie eine gute Gelegenheit, die Anwender der ausgewählten Referenz zu Qualität, Verfügbarkeit und Fähigkeit des Anbieters zu befragen. Schließlich wollen Sie mit einer neuen Lösung ggf. weniger Probleme haben und nicht vom „Regen in die Traufe" kommen. Ein schlechter Supportvertrag, in dem Rechte und Pflichten beider Vertragsparteien nicht genau geregelt sind, kann schnell zum Alptraum im Echtbetrieb werden.

Welche Leistungen sollten in einem guten Vertrag mindestens beinhaltet sein?

- Regelmäßige Updates mit Korrektur gemeldeter Fehler oder neuen Funktionalitäten

- Telefonische Hotline für Rückfragen mit Fachleuten am Telefon, die Ihre Installation kennen

- Ein Supportsystem (Ticketsystem), mit dem der Anbieter und Sie selbst den Status aller Anfragen und Reklamationen verfolgen können

- Eine Online-Supportplattform zum Download von Informationen, Anleitungen etc. und Meldung Ihrer Probleme außerhalb der telefonischen Supportzeiten

- Die Installation einer Testversion in Ihrem Hause, in der neue Funktionen mit Ihren Daten zuerst getestet werden können, bevor diese bei Ihnen installiert werden

Welche Bonus- oder Zusatzleistungen zeichnen besonders gute Verträge aus?

- Sonderkonditionen für den Erwerb neuer Module, die nicht im Wartungsvertrag enthalten sind

- Ein Präsentationstag pro Jahr, in dem der Anbieter die neuesten Funktionen kostenfrei vorstellt

- Updates inkl. Ihrer individuellen Anpassungen, ggf. auch gegen Aufpreis

- Eine „gespiegelte" Installation Ihrer eigenen Installation beim Anbieter, damit dieser Ihre Probleme einfacher nachvollziehen kann

Welche Leistungen müssen in der Regel separat bezahlt werden?

- Einsätze vor Ort durch einen Techniker oder Berater

- Installation der Updates

- Updateabgleich bei Lösungen mit Anpassungen an den Standard

- Völlig neue Module, die keine Erweiterung, sondern bisher nicht verfügbare Funktionalitäten darstellen

- Erweiterte Verfügbarkeit außerhalb der üblichen Geschäftszeiten bis hin zu 24 Stunden pro Tag, 365 Tage im Jahr

Ein wichtiger Bestandteil des Supportvertrages – Die Reaktionszeiten und Klassen

Nicht jede Reklamation oder jedes von Ihnen gemeldete Problem ist für den Softwareanbieter aus dessen Sicht gleich wichtig. Es ist zwar verständlich, dass Ihr Problem für Sie natürlich immer Vorrang hat, der Anbieter muss aber Prioritäten definieren und das Problem auch danach einordnen. Ein guter Supportvertrag geht ausführlich auf diese Fehlerklassen und Reaktionszeiten ein. Sie sollten den Vertrag deswegen auf diesen Bestandteil hin genauestens prüfen. Nachfolgendes Beispiel zeigt eine mögliche Aufteilung auf:

Fehlerklassen, Reaktionszeiten und Mängelbeseitigungsfristen

Fehlerklasse 1

Die zweckmäßige bzw. wirtschaftlich sinnvolle Nutzung des Gesamtsystems ist gemäß Leistungsbeschreibung nicht möglich oder durch Nicht- oder Fehlfunktion(en) von Programmen, Modulen oder Komponenten so eingeschränkt bzw. behindert, dass die Abwicklung des Tagesgeschäftes nicht zumutbar fortgeführt werden kann.

Reaktionszeit: 24 Std., Mängelbeseitigungsfrist: 1 Woche

Fehlerklasse 2

Die zweckmäßige bzw. wirtschaftlich sinnvolle Nutzung des Gesamtsystems ist gemäß Leistungsbeschreibung erheblich eingeschränkt bzw. behindert die Abwicklung des Tagesgeschäftes, ist jedoch noch möglich.

Reaktionszeit: 48 h, Mängelbeseitigungsfrist: 2 Wochen

Fehlerklasse 3

Die zweckmäßige bzw. wirtschaftlich sinnvolle Nutzung des Gesamtsystems ist gemäß Leistungsbeschreibung nur unwesentlich, d. h. ohne nennenswerte Auswirkungen auf die Funktionalität des Gesamtsystems eingeschränkt bzw. behindert.

Reaktionszeit: 48 h, Mängelbeseitigungsfrist: nächstes Release

Fehlerklasse 4

Sonstige Mängel, d. h. Unvollkommenheiten des Programmes, die dessen Funktionalität nicht beeinträchtigen, die jedoch mehr oder weniger störend in Erscheinung treten.

Reaktionszeit: 48 h, Mängelbeseitigungsfrist: nächstes Release

Welche Preisklassen gibt es bei den Verträgen?

Abhängig von der Anzahl der neuen Versionen gibt es erhebliche Unterschiede der Wartungspauschale. Lösungen, die auf Basis gesetzlicher Anforderungen regelmäßig Updates erstellen müssen, wie im Fall der Finanzbuchhaltung oder Lohnabrechnung, sind dabei hochpreisiger als Lösungen, deren Weiterentwicklung eine reine Entscheidung der Softwareanbieter ist. Technische Lösungen wie Datenbanken sind ebenso gänzlich vom Anbieter in der Wartungshöhe bestimmt und liegen meist im Mittelfeld. Operative Lösungen, die max. ein- bis zweimal im Jahr oder sogar nur alle zwei Jahre mit einer neuen Lösung aufwarten, haben in den letzten Jahren angezogen und können mittlerweile bis zu 30% für die Wartung p. A. veranschlagen. Die Politik der Preisermittlung verschiedener Anbieter ist aber meist nicht logisch nachzuvollziehen.

Welche Prozentsätze sind möglich?

Nachfolgende Prozentsätze sollten lediglich einen Ansatz für die Berechnung ergeben. Jeder Anbieter rechnet hier aber anders und gestaltet seine Preise ggf. auch pro Angebot in einer abweichenden Höhe.

Klasse I   – Finanzbuchhaltung, Lohn & Gehalt – 20% bis 35% p. a.
Klasse II – Datenbanken & Co. – 15% bis 25% p. a.
Klasse III – ERP, CRM, WMS, TMS und sonstige Software – 15% bis 30% p. a.

Berücksichtigen Sie übrigens, dass beim Kauf verschiedener Systeme in einem Vertrag nicht nur die Prozentsätze, sondern auch die Leistungen der einzelnen Module im Wartungsvertrag recht unterschiedlich sein können. Ganz wie bei Ihrer Krankenkasse sollten Sie Kosten und Leistung miteinander vergleichen und nicht nur den Prozentsatz bzw. die resultierenden Jahreskosten.

Wartung während der Zeit der gesetzlichen Gewährleistung

Wenn man die gesetzlichen Bestimmungen genau nimmt, dann dürfte ein Anbieter für die Fehlerbehebung eigentlich erst eine Gebühr nach dem Ablauf der Gewährleistung verlangen können. Leider hat es sich durchgesetzt, dass spätestens nach dem Go Live die Wartung fällig wird. Die Anbieter argumentieren, dass man natürlich weitaus mehr Leistungen als gesetzlich vorgeschrieben liefert. Bei dem einen oder anderen Anbieter wird dies sicher der Fall sein. Bei manch einem Anbieter fragt man sich jedoch zu Recht, wofür eigentlich die jährliche Gebühr anfällt.

Zumindest für die Verhandlung kommt die Argumentation der gesetzlichen Gewährleistung gut an. Kaum ein Anbieter wird Ihnen hierzu Contra geben können. Nutzen Sie also die Gelegenheit, um den Preis zu drücken und die Wartung möglichst spät zu bezahlen. Besonders bei US-basierten Anbietern ist es üblich, die Wartung zu 100% zum Zeitpunkt der Vertragsunterschrift einzufordern. Legen Sie aber auch hier Wert darauf, dies nicht einfach anzunehmen, auch wenn es bedeutet, dass der Mitarbeiter des Anbieters ggf. sogar beim Vorstand in den USA nachfragen muss. Vermeiden Sie dies aber möglichst durch eine frühzeitige Klarstellung gegenüber dem Anbieter, dass dies für Sie nicht infrage kommt.

Wartung bei Miete/ASP/SaaS/Cloud-Lösungen

Bei einer als Dienstleistung zur Verfügung gestellten Lösung ist die Frage eines Support- und Wartungsvertrags einfach zu beantworten. Eigentlich darf es keinen separaten Vertrag geben. Im Mietvertrag müssen Wartung, Update und Support übrigens in der Miete bereits enthalten sein. Die Gewährleistung bezieht sich nämlich bei Miete immer auf die Gesamtlaufzeit des Vertrages. Dabei ist es die Aufgabe des Vermieters, den vermieteten Gegenstand in einem nutzungsfähigen Zustand zu überlassen und zu erhalten. Quasi ganz wie bei einer Mietwohnung. Lassen Sie sich also bei diesem Typ der Lösung keinen separaten Wartungsvertrag aufdrücken, besonders wenn dieser ohnehin nur gesetzlichen Anforderungen entspricht und Sie zu 100% Standardlösungen nutzen.

Wie groß ist der Verhandlungsspielraum bei Wartungsverträgen?

In der Verhandlung ist sowohl der Prozentsatz als auch die Berechnungsbasis für die Softwareanbieter meist ein rotes Tuch. Die Flexibilität hängt dabei erheblich davon ab, ob der Softwareanbieter auch Hersteller ist oder nur als Wiederverkäufer arbeitet. In diesem Fall sind ihm die Hände erheblich gebunden. Schließlich muss auch er die Leistungen beim Hersteller einkaufen. Eine Verhandlung bedeutet also eine direkte Verhandlung an der potenziellen Marge und somit am verbleibenden Gewinn. Machen Sie sich also schlau, inwiefern Sie mit einem Händler oder Hersteller sprechen, und entscheiden Sie dann, wie viel Sie verhandeln wollen, ohne einen höchst unzufriedenen Anbieter zu erzeugen, der später Ihr Verhandeln zum Anlass für einen schlechteren Service nehmen wird. Auch wenn er dies nie zugeben würde.

Auf welcher Basis wird der Prozentsatz errechnet?

Fast alle Anbieter nutzen den Listenpreis der Software als Basis zur Berechnung der Vertragspauschale. Doch aufgepasst, wenn die Preisliste nicht mehr den wirklichen Gegebenheiten entspricht, weil diese vor 15 Jahren definiert wurde (keine Seltenheit) und der Anbieter Ihnen 40% Rabatt gewährt, dann sollten Sie skeptisch sein, ob der Listenpreis die korrekte Basis zur Ermittlung der Gebühr darstellt. In manch einer Verhandlung ist es möglich, den rabattierten Wert als Berechnungsbasis heranzuziehen. Je nach Lizenzsumme kann dieser Unterschied in den jährlichen Kosten erheblich sein und bei einer 10-Jahres-Kalkulation für die Investition kräftig zu Buche schlagen.

Diese Fragen sollten Sie dem Anbieter zum Thema Wartung und Support stellen

- Wie oft p. a. wird eine größere Erweiterung der Funktionalität zur Verfügung gestellt (mindestens einmal pro Jahr sollte das schon sein)?
- Werden die Werkzeuge zur Verfügung gestellt, um die Programmupdates selbstständig einzuspielen, oder wird immer externe Unterstützung benötigt?
- Wie viel Aufwand ist es, eine neue Version zu installieren (intern und extern)?
- Was sind die genauen Bestandteile/Pflichten des Anbieters im Vertrag?
- etc.

Welche Abrechnungszeiträume gibt es?

In der Regel werden Verträge auf 12 Monate geschlossen und auch für diesen Zeitraum abgerechnet. Manch ein Anbieter bietet aber auch die Zahlung auf monatlicher, quartals- oder halbjährlicher Basis an. Dabei sollten Sie berücksichtigen, dass dort meist ein Aufschlag für die gesplittete Zahlung verlangt wird. Wer sich sicher ist, dass das Vertragsverhältnis mehrere Jahre dauern wird, kann versuchen, die erste Vertragsdauer auf 24 oder 36 Monate abzuschließen, und danach jeweils um 12 Monate verlängern. Einige Anbieter sind dann bestimmt bereit, im Prozentsatz etwas entgegenzukommen. Schließlich gibt die längere Vertragslaufzeit auch eine Sicherheit der Einnahmen, die der Anbieter auf diese Weise honorieren sollte.

Fazit: Wer bei der Verhandlung, wie im Beispiel, nicht nur den Softwarepreis senkt, sondern auch die Wartungsgebühr, die dann auf den rabattierten Lizenzpreis bezogen ist, kann innerhalb von 10 Jahren viel Geld sparen.

Expertentipp: Rechnen Sie die verschiedenen Varianten der Wartungskosten hoch und gehen Sie dann erst in die Verhandlung. Sie sind so garantiert besser vorbereitet als der Anbieter. Lassen Sie sich auch die Supportplattform und deren Inhalt zeigen und verlangen Sie Informationen zu den Neuerungen der letzten Jahre, damit Sie einen Eindruck erhalten, was Sie für Ihr Geld bekommen.

21.7   Verträge mit Leasinggesellschaften

Da das Leasing in Software- und Dienstleistungsprojekten eigentlich nicht mehr wegzudenken ist, wundert es einen schon, dass sich kaum ein Unternehmen über die Auswirkungen der Integration eines Leasinggebers auf Ihr Projekt bewusst ist. Der Haken ist nämlich, dass die Leasinggeber ganz eigene und höchst selten verhandelbare Verträge haben, die mit den Verträgen, die Sie ggf. bereits mit dem Anbieter verhandelt haben, nichts zu tun haben. Von den Eigentumsverhältnissen bis zur Reklamationsmöglichkeit, der Zurückhaltung von Zahlungen oder dem Weiterverkauf der Lösung sollten Sie hier im Vorfeld klären, welche Auswirkungen der Leasingvertrag auf Ihre vorhandenen hat. Definitiv steht fest, dass Ihre Freiheiten durch den Einsatz eines Leasinggebers eingeschränkt werden können. Achten Sie auf jeden Fall darauf, dass der Leasinggeber auf IT-Projekte spezialisiert ist. Wer auch LWK und CNC-Maschinen least, ist vielleicht nicht der richtige Ansprechpartner für Software- und Dienstleistungsleasing. Ob dies für Ihr Projekt relevant ist, müssen Sie nach einer Analyse selbst entscheiden.

Expertentipp: Erkundigen Sie sich im Vorfeld, wie das Zusammenspiel zwischen Leasinggesellschaft, dem Anbieter und Ihnen funktioniert. Sonst verhandeln Sie fleißig und bei der Übernahme durch den Leasinggeber wird das gesamte Vertragswerk hinfällig.

21.8   Was bringt die Source-Code-Hinterlegung – Notar vs. Escrow?

Wenn man davon ausgeht, dass der Notfall einmal eintritt und der Anbieter ins Wanken gerät, sollte man als Anwenderunternehmen eigentlich gut vorbereitet sein. Schlecht ist es dann, wenn man als Unternehmen von einer Fehlerbehebung, der fortlaufenden Entwicklung und Weiterentwicklung der installierten Software abhängig ist. Wer mit seinem Vertrag den Source Code nicht erworben und regelmäßig mit allen Updates abgerufen hat, hat nun wahrscheinlich ein Problem. Besonders wenn der Source Code nur beim Anbieter verfügbar ist und alle Mitarbeiter gerade andere Themen haben, um die sie sich kümmern müssen. In vielen Verträgen bieten die Softwareanbieter die Hinterlegung bei einer neutralen, dritten Partei, so z. B. einem Notar, an.

Aber ist der Notar zur Source-Code-Hinterlegung wirklich eine sinnvolle Option? Eigentlich nicht, denn mal ehrlich gesagt, kann ein Notar niemals immer über Ihren aktuell installierten Source Code verfügen. Vielleicht wäre es dem Notar ja ganz recht, für jeden Hinterlegungsvorhang einige hundert Euro zu erhalten. Gerne bezahlen würde diese Gebühr ohnehin weder der Anbieter noch der Anwender. Deswegen ist dieses System von vornherein zum Scheitern verurteilt und dient mehr einer theoretischen, als einer praxisnahen Lösung. Besonders wenn man zwecks „Sparen, egal was es kostet" den Hinterlegungsgang nur unregelmäßig vornimmt, ganz unabhängig von der eigentlichen Notwendigkeit. Sie können mit Sicherheit davon ausgehen, dass im Notfall dann genau die Programme und Erweiterungen fehlen, die in Ihrem Fall benötigt werden.

Das Mindeste, das Sie in Ihrem Vertrag vereinbaren sollten, ist ein Zugriffsrecht auf den Source Code im Falle des Konkurses des Softwareanbieters. Sollte Ihr Anbieter über keine Hinterlegungsmöglichkeit verfügen, dann sollten Sie die Möglichkeit des Zugriffs auf den Source Code z. B. beim Konkurs des Anbieters vertraglich sicherstellen.

Ist Software Escrow eine Alternative?

Ja, denn hier befinden Sie sich bei einem Treuhänder-Unternehmen, das auf die Hinterlegung von Source Codes von Softwareanbietern spezialisiert ist. Beim Software-Escrow schließt der Hersteller einen Vertrag mit dem Escrow-Anbieter ab, um den Source Code in einer definierten Form, in festgelegten Intervallen zu hinterlegen.

Als Anwender können Sie dann quasi „Mitglied im Club" werden und besitzen ein vertraglich definiertes Recht, auf den Source Code zuzugreifen. Sei es, wenn der Anbieter schon seit zwei Jahren trotz Zahlung von Wartung keine Updates mehr bereitgestellt hat, er die Wartung eingestellt hat oder sich im Konkurs befindet. Natürlich müssen Sie in diesem Fall mit einmaligen und/oder auch jährlichen Kosten rechnen. Im Falle eines Falles ist die Herausgabe aber ganz klar vertraglich geregelt. Sie müssen damit nicht erst einmal beim Konkursverwalter betteln oder auf anderen Wegen versuchen, an den Source Code zu kommen. Das macht die Sache erheblich einfacher, während Sie Ihr Risiko eines IT-Stillstands minimieren.

Und wie sieht es mit Cloud & Co. aus?

Eine besondere Schwierigkeit bietet sich jedoch beim Thema der ASP/SaaS/Cloud-Lösung. Besonders im Falle des Konkurses kann man wahrscheinlich froh sein, wenn man schon seine Daten zurückerhält. Eine Übergabe des Source Codes scheint hier wohl aussichtslos, da solche Lösungen ohnehin so konzipiert sind, dass diese nur in größeren Rechenzentren laufen. Selbst wenn Sie den Source Code erhalten würden, wäre eine Umsetzung als lauffähige Applikation im eigenen Hause recht unwahrscheinlich.

Vergessen Sie den Qualitätstest nicht!

Wie man bei einer Datensicherung einmal versuchen sollte, auch wieder Zugriff auf die gesicherten Daten zu erhalten und diese in die Softwarelösung einzuspielen (was übrigens kaum jemand macht!), so sollten Sie auch testen, ob der hinterlegte oder zur Verfügung gestellt Source Code tatsächlich verwendbar ist! Eine Sammlung dutzender DVDs oder online abgelegter Dateien, die nicht geladen und genutzt werden können oder die schlecht oder gar nicht dokumentiert wurden, hilft Ihnen im Notfall vielleicht auch wenig weiter. Wenn Sie nicht in der Lage sind, diesen Test selbstständig durchzuführen, sollten Sie ggf. einen Dritten beauftragen. Vielleicht bietet der Escrow-Anbieter auch derartige Dienstleistungen an.

Ein Notfallplan muss her

Sollten Sie zu den glücklichen Anwendern gehören, die tatsächlich Zugriff auf den Source Code erhalten, dann sollten Sie sich darüber im Klaren sein, dass Sie nun auch einen oder mehrere Entwickler brauchen, die sich damit auseinandersetzen können.

Vor dem Kauf sollten Sie sich daher folgende Fragen stellen:

- Sind Entwicklerressourcen *nur* beim Anbieter oder auch auf dem freien Markt erhältlich?

- Ist es sinnvoll, ohnehin Kenntnisse in der Entwicklung der Lösung aufzubauen? Auch ohne, dass der Super-GAU bereits eingetroffen ist?

- Bestehen Kontakte zu anderen Anwenderunternehmen, um sich hier z. B. gemeinsam aushelfen zu können (z. B. über eine User-Group)?

- Erhalten wir auch Zugriff auf alle notwendigen Entwicklungstools des Herstellers oder können wir diese am freien Markt kaufen?

- Wie lange würde es dauern, bis wir selbstständig Fehlersuche, Fehlerbehebung oder Weiterentwicklung betreiben könnten, und wie viel Personal ist hierzu notwendig?

Expertentipp: Sorgen Sie vertraglich dafür, dass Sie zumindest beim Konkurs des Anbieters einen Zugriff auf den Source Code der erworbenen Lösung erhalten. Am besten und sichersten geht dies über ein Unternehmen, das Software-Escrow-Verfahren anbietet.

21.9   Ist der Source-Code-Kauf sinnvoll oder unsinnig?

Einige wenige Anbieter bieten nicht nur die Software, sondern auch den Source Code zum Kauf an. Bei noch weniger Anbietern gibt es diesen sogar kostenfrei hinzu. Auch wenn es auf den ersten Blick erstrebenswert erscheint, diesen zu kaufen, sollten Sie sich Gedanken machen, was Sie eigentlich damit anfangen wollen.

Ein solcher Kauf ist sicherlich nur dann sinnvoll, wenn Sie über eine entsprechend große Entwicklungsabteilung verfügen und auch planen, die erworbene Software maßgeblich zu erweitern oder zu verändern. In diesem Fall sollten Sie aber auch sicherstellen, dass Sie immer den Zugriff auf alle Entwicklungswerkzeuge und die neuesten Technologien haben, die der Anbieter einsetzt. Wenn Sie auf „Nummer sicher" gehen wollen, um in Notfällen Zugriff auf den Source Code zu haben, bietet sich die Source-Code-Hinterlegung im Escrow-Verfahren an.

> **Expertentipp:** Wenn der Source Code kostenfrei ist, dann nehmen Sie ihn mit. Ansonsten ist es viel sinnvoller, sein Geld in die Source-Code-Hinterlegung bei einem Escrow-Treuhänder auszugeben. Über diesen Weg kommen Sie im Notfall am einfachsten an Ihren Source Code. Einzige Ausnahme: Sie haben tatsächlich eine eigene Entwicklungstruppe, die permanent am System weiterentwickelt.

21.10 Die Betriebshaftpflichtversicherung nicht vergessen

Einem nackten Mann kann man ja bekanntlich nicht in die Tasche greifen. Deswegen ist es ganz besonders sinnvoll, den Anbieter nach einer gültigen Betriebshaftpflicht und deren Deckungshöhe zu fragen. Am besten lassen Sie sich eine entsprechende Deckungsbestätigung geben. Gerade bei kleinen Anbietern kann eine mögliche Regressforderung Ihrerseits den sicheren Bankrott bedeuten. Eine, dann hoffentlich auch bezahlte, Versicherung kann dabei helfen, Ihre Forderungen auch wirklich einzulösen. Ein schuldiger Anbieter mit leeren Taschen hilft Ihnen ansonsten nicht gerade sehr viel weiter. Es kommt zwar höchst selten vor, dass keine derartige Versicherung besteht. Wissen sollten Sie dies aber möglichst schon vorher (**Abbildung 21.3**).

Abbildung 21.3 Risiken richtig absichern (Quelle: Shutterstock)

Einige Softwareanbieter versuchen im Übrigen, den abgedeckten Schaden im Verbund mit dem Auftragswert zu deckeln. Daraus sollten Sie sich nicht einlassen. Stellen Sie sich vor, dass Sie ein Planungsmodul für 10.000 € bestellen und die Planung durch falsche Kalkulation mehrere hunderttausend Euro Schaden verursacht. Ein Verweis auf die maximale Deckungshöhe der Versicherung ist da sicher die bessere Lösung.

Expertentipp: Lassen Sie sich vor Vertragsabschluss eine aktuelle Deckungsbestätigung der Betriebshaftpflichtversicherung zukommen und stellen Sie vertraglich sicher, dass der Anbieter plant, diese auch so weiterhin zu nutzen.

21.11 Sind Standardverträge von externen Beratern zum Softwareeinkauf sinnvoll?

Zugegeben, an jedem Vertrag, den Sie vom Softwareanbieter erhalten, gibt es einige, mehrere oder ganz viele Punkte, die vermutlich nicht Ihren Vorstellungen entsprechen. Was liegt da näher, anstatt lange zu verhandeln, dem Anbieter einfach eigene Verträge für den Kauf, die Wartung und Updates sowie die Dienstleistungen vorzulegen. Auf den ersten Blick scheint es sehr verlockend, wenn Ihr externer Berater diesen Vorschlag macht. Wahrscheinlich auch noch mit dem Argument, dass damit keine Anwaltskosten mehr anfallen, weil ja genau dieser Vertrag mit einem renommierten Anwalt, ganz in Ihrem Sinne, im Vorfeld erstellt wurde. Vieleicht ist das auch so, aus rechtlicher Sicht. Versetzen Sie sich aber einmal in die Rolle des Anbieters. Der Vertrag des Anbieters, der bisher sehr „anbieterfreundlich" war, hat sich nun ins Gegenteil gewandelt. Er enthält jede Menge Klauseln, die im Sinne des Kunden, aber sicherlich entgegen den Interessen des Anbieters formuliert sind. Dass ein Anbieter hier „Hurra" schreit und sofort unterschreibt, ist mehr als unwahrscheinlich. Viel wahrscheinlicher ist es, dass die Verhandlung nun doch beginnt, auch wenn die Ausgangslage eindeutig anwenderfreundlich ist. Wer bei dieser Vorgehensweise auf jeden Fall schon einmal profitiert hat, ist der Berater, da es nicht wahrscheinlich ist, dass die zuvor teuer erarbeiteten Verträge Ihnen kostenfrei überlassen werden. Vielleicht war dies für Sie sogar ein Grund, diesen Berater und nicht einen anderen zu wählen. Aus besagten Gründen sollte die Verfügbarkeit aber kein relevantes Entscheidungskriterium für einen Berater darstellen.

Auf jeden Fall sollten Sie bereits bei der Anfrage nachfragen, ob ein Anbieter überhaupt bereit ist, extern erstellte Verträge, auch wenn diese noch angepasst werden, zu akzeptieren. Das dürfte kaum der Fall sein. Die Taktik, einfach bis zur Verhandlung zu warten und dann die Verträge aus dem Hut zu ziehen, kann wiederum sehr gefährlich sein. Es könnte tatsächlich dazu führen, dass der Anbieter 5 vor 12 abspringt. Dass diese Vorgehensweise funktioniert, wird nur dann wahrscheinlicher, wenn Sie als Konzern einen Millionenauftrag an ein kleines Softwarehaus vergeben wollen. Umgekehrt funktioniert es sicherlich nicht.

Expertentipp: Standardverträge von Unternehmensberatern sind selten zielführend. Sie verlängern die Verhandlungen oder machen diese manchmal sogar gänzlich unmöglich. Es könnte sein, dass der größte Nutznießer dieser Verträge am Ende gar der Berater ist, der durch diese Taktik noch einige Tage mehr Beratung und die Nutzung der Verträge verkaufen konnte.

21.12   Ist es eine gute Idee, den Vertag selber vorzugeben?

Auf den ersten Blick scheint das eine geniale Idee zu sein. Sie erstellen selbst einen Vertrag nach Ihrem Gusto und zwingen diesen dem Softwareanbieter auf – eine Idee, die gerne von großen Konzernen gegenüber kleinen Anbietern unterbreitet wird. Doch ist das wirklich zielführend?

Egal wie gut Ihr Vorschlag ist, egal ob er die Lücken des Anbieters füllt oder nicht, dieser Vertrag wird immer eine „Sonderlocke" sein, die es gilt, im Tagesgeschäft durch den Anbieter zu unterstützen. Und genau da liegt der Hase im Pfeffer! Wer im Vorfeld nicht genau in der Lage war, z.B. Eskalationsstufen bei Fehlern vertraglich zu definieren, der wird nun kaum in der Lage sein, die mit Ihnen vereinbarten Eskalationsstufen zu überwachen, wenn es nicht Teil seiner eigenen, internen Support-Strategie ist, mit der er alle Kunden des Anbieters bedient.

Kein Zweifel, einige Anbieter werden problemlos Ihrem Vertrag zustimmen, davor kann aber nur gewarnt werden. Viel besser wäre es, Sie überzeugen den Anbieter, seine aus Ihrer Sicht vielleicht mangelhaften Verträge oder allgemeinen Geschäftsbedingungen anzupassen und damit das Problem generell zu lösen. Nur so können Sie sicher sein, dass diese auch später zur Umsetzung kommen. Beachten Sie aber dabei, dass Verträge eigentlich immer auf einem „Geben und Nehmen" beruhen. Zwingen Sie also dem Anbieter nur Konditionen auf, von denen Sie überzeugt sind, dass er diese letztendlich auch umsetzen kann.

Expertentipp: Anstatt dem Anbieter eigene Verträge aufzuzwingen, deren Konditionen er eigentlich nur in Ihrem Projekt umsetzen soll, sollten Sie auch darauf achten ihn zu überzeugen, Verträge und AGBs generell zu verbessern. Welch Zufall, wenn diese dann auch Ihren Anforderungen entsprechen! Da haben dann alle Beteiligten etwas davon.

22 Die Implementierung/Einführung der Lösung

22.1 Der Implementierungsprozess

Dass Anbieter in der Vergangenheit erfolgreich, national oder international und bei ähnlichen Unternehmen deren Lösung implementiert haben, muss nicht bedeuten, dass dies auch in Ihrem Fall so ist. Deswegen ist es sehr wichtig, dass ein Implementierungsprozess besteht, der durch das komplette Einführungsprojekt leitet und die Zeit nach dem Go Live auch nicht außer Acht lässt.

Die Schritte der Implementierung sind dabei eigentlich fast immer ähnlich oder gar gleich. Hoffentlich haben Sie bereits bei der Auswahl darauf geachtet, dass der Anbieter über einen entsprechenden Prozess verfügt und diesen tatsächlich auch erfolgreich umsetzt. Allzu oft passiert es nämlich, dass der Prozess zwar existiert, aber im Projekt, weil es schnell gehen muss, dieser einfach ignoriert wird. Vielleicht ist der Einführungsprozess aber auch „überdimensioniert" und passt damit eigentlich gar nicht zu Ihrem Projekt oder Ihrem Unternehmen. Schließlich müssen Sie in der Lage sein, die Voraussetzungen zu schaffen, um die Implementierung umsetzen zu können.

In **Abbildung 22.1** finden Sie eine beispielhafte Struktur mit den wichtigsten Prozessschritten einer Implementierung.

Abbildung 22.1   Die Implementierung

Die Methodik muss dabei so flexibel sein, dass sie auf äußere Einflüsse, wie Personalfluktuation, Änderungen der Anforderungen oder des Zeitplans etc., eingehen kann.

© Springer Fachmedien Wiesbaden GmbH, ein Teil von Springer Nature 2019
C. Groß und R. Pfennig, *Digitalisierung in Industrie, Handel und Logistik*,
https://doi.org/10.1007/978-3-658-26095-8_22

Welche Schritte sind in der Beispielstruktur beschrieben?

Vorprojekt-Feinpflichtenheft

Egal wie gut Ihr Lastenheft oder Ihre Anforderungen während der Ausschreibung waren, im Rahmen der Implementierung müssen Sie diese Anforderungen nun in die Welt des Anbieters integrieren. Dies tut man normalerweise durch die Erstellung eines Feinkonzeptes. Dieser Vorgang dauert in der Regel einige Wochen bis Monate. Das Ergebnis ist ein genauer Projektplan, eine detaillierte Leistungsbeschreibung, die genauen Kosten, mögliche Annahmen und weitere Informationen. Wer schlau war, hat diese Leistung im Rahmen eines Vorprojekts erbringen lassen und kann nun entscheiden, ob das Projekt so weitergeht oder nicht.

Go-/No-Go-Bewertung und Entscheidung

Auf Basis des Vorprojekts und der erhaltenen Informationen entscheidet die Geschäftsführung, ob, wie oder wann das Projekt fortgeführt wird. Vielleicht muss mit dem Anbieter noch einmal verhandelt werden, wenn sich z. B. die Kosten unrealistisch erhöht haben sollten. Behalten Sie sich also auf jeden Fall das Recht vor, auch ohne Begründung vom Gesamtvertrag zurückzutreten.

Realisierung, Schulung, Anpassung

Jetzt geht die Implementierung erst so richtig los. Allerdings sollten Sie auf Basis des zuvor stattgefundenen Vorprojekts die Sicherheit haben, dass weder etwas Wichtiges vergessen wurde noch die Kosten wegen ungeplanter Änderungen aus dem Ruder laufen. Es gibt Umsetzungsworkshops, der Anbieter passt die Lösung an oder konfiguriert diese, Key User und User werden geschult. Daten werden aus den Altsystemen migriert, um diese auch für die folgenden Tests und im späteren Live-Betrieb nutzen zu können. Am Ende sollte die Software testfähig zur Verfügung stehen.

Der Integrationstest

Während der bisherigen Implementierung hat man sich in der Regel auf die einzelnen Abteilungen oder Geschäftsbereiche konzentriert. Spätestens jetzt müssen Sie testen, ob alle Prozesse integriert in der neuen Lösung funktionieren.

Go Live

Jetzt wird es ernst. Der Schalter wird umgelegt und das neue System operativ genutzt. Dabei gibt es zwei Varianten:

1. Big Bang = Alle zu ersetzenden Systeme werden deaktiviert (bleiben nur noch für Archivabfragen verfügbar) und das neue System wird „von heute auf morgen" gestartet. Dies ist die am Weitesten verbreitete und am besten geeignete Methode.

2. Parallelbetrieb = Das bisherige System läuft ganz oder in Teilen noch weiter. Erst nachdem man davon überzeugt ist, dass alles einwandfrei funktioniert, steigt man endgültig auf das neue System um. Bei dieser Methode gehen Sie das Risiko ein, dass die Anwender sich einfach nicht vom Altsystem trennen können. Zusätzlich muss eine doppelte Pflege der Daten erfolgen, was personell oft gar nicht möglich ist. Überlegen Sie sich es also mehrfach, bevor Sie diese Option wählen. Mehr als einen Kalendermonat sollte dieser Betrieb allerdings nicht dauern.

Optimierung

Viele Anwenderunternehmen vergessen, dass nach dem Go Live nicht ein Status quo erreicht wurde, der auf ewig so bestehen bleibt. Entweder Sie haben gewisse Funktionen oder Prozesse ohnehin in eine Folgephase übertragen oder beim Go Live wurden Mankos entdeckt, die nun adressiert werden müssen. Eigentlich sollen Sie einen Prozess einführen, der in regelmäßigen Abständen den Istzustand beleuchtet, und dazu dient, permanent an einer Verbesserung zu arbeiten.

Die richtigen IT-Tools im Einführungsprojekt

Einführungsmethoden sind nur dann erfolgreich, wenn diese von den richtigen Werkzeugen begleitet werden. Ein Projektplan oder ein Aufgabenmanagement in MS-Excel® ist im Projekt fast schon ein Garant dafür, dass die Steuerung und Überwachung problematisch werden wird. Hier hat oft „der Schuster die schlechtesten Schuhe". Viele Anbieter scheuen ganz einfach den finanziellen und personellen Aufwand in Software und Entwicklung einer Methodik. Besonders unverständlich, wenn der Anbieter Ihnen gerade selbst eine Software zum Projektmanagement verkauft hat, diese Software aber selbst nicht einsetzt, weil dies viel zu aufwendig wäre!

Welche IT-Lösungen sollte ein guter IT-Anbieter im Projekt nutzen?

- Projektplanungstool (wie MS-Project®) zur Planung der Gesamt-Terminsituation

- Aufgabenmanagement – wer muss was bis wann erledigen

- Kosten/Aufwandscontrolling – Plan-/Soll-/Ist-Kosten inkl. Projektion der noch offenen Kosten

- Kommunikationstool z. B. für Fehler und Probleme (Ticketsystem)

Die richtigen Anbieter-Berater im Projekt

Nicht nur der Projektleiter, auch die Berater, die mehr als nur einige Tage oder Stunden im Projekt arbeiten, sollten Sie möglichst auf Herz und Nieren prüfen. Wenn weder die Erfahrung noch die Fähigkeiten oder die Chemie stimmen, ist es sehr schwer, den Berater als Autorität im Projekt zu akzeptieren.

So können Sie die Berater ggf. prüfen:

- Fordern Sie den Lebenslauf der Berater an. Fokus sind der Hintergrund der Erfahrung sowie die bisher betreuten Projekte.

- Fragen Sie nach Referenzen der Berater und rufen Sie diese ggf. an.

- Laden Sie den Berater z. B. zum Kickoff-Meeting ein, um sich dort vorzustellen.

Ein Beraterwechsel ist inneffizient und bringt viel Unruhe ins Projekt. Deswegen ist es besser, hier etwas Vorarbeit zu leisten.

Expertentipp: Eruieren Sie auch, welche Methoden und Werkzeuge bei der Implementierung zum Einsatz kommen. Viele Anbieter versprechen hierbei viel in der Vertriebsphase, verfallen aber auf eine manuelle oder MS-Excel®-basierte Methode in der Implementierung. Dadurch verlieren Sie Effizienz und Controlling-Möglichkeiten und gefährden den reibungslosen Einführungsprozess. Details zu vielen weiteren Themen der Implementierung finden Sie in den einzelnen Bereichen dieses Kapitels.

22.2   Vorprojekt, Feinkonzept, Proof of Concept

Wer ein Digitalisierungsprojekt mit der Einführung einer neuen IT-Lösung startet, will sich in der Regel kostentechnisch absichern. Umso innovativer und umso individueller die Lösung ist, umso mehr besteht die Gefahr, dass man mit dem Projekt in ein „Fass ohne Boden" greift. Man kann diesen Einführungsprozess aber auch absichern, indem man ein Vorprojekt initiiert (auch als Feinkonzept oder Proof of Concept bekannt).

Was ist das Ziel des Vorprojekts?

Im Vorprojekt will man als Kunde die zu kaufende Software „auf Herz und Nieren" prüfen, das Pflichtenheft oder Feinkonzept als Dokumentationsunterlage erstellen und die Kosten- und Terminplanung möglichst genau festzurren.

Nach einem erfolgreichen Vorprojekt sollten Sie Planungs- und Kostensicherheit haben und sich absolut darüber im Klaren sein, sich für den richtigen Anbieter mit der richten Lösung entschieden zu haben. Das bedeutet aber auch, und das ist der Haken, dass sich der Preis zum Ende des Vorprojekts auch nach oben hin verändern kann. Idealerweise haben Sie dies zuvor gedeckelt. Vielleicht sind 10% oder max. 15% akzeptabel (immer abhängig vom Gesamtprojekt-Volumen). Es ist aber schon vorgekommen, dass es bis zu 100% geworden sind. Dann wollen Sie wohl kaum mit dem Anbieter weitermachen.

Wie lange dauert ein Vorprojekt?

Ganz abhängig von der Art der Lösung, die implementiert werden soll, kann diese von wenigen Wochen bis zu vielen Monaten dauern.

Was passiert im Vorprojekt?

Dies können Sie eigentlich aus der Auflistung der Kosten ersehen, da die Kosten auch die relevanten Aktivitäten widerspiegeln.

Wie viel kann ein Vorprojekt kosten?

Die Kosten sind natürlich immer vom Gesamt-Vertragsumfang abhängig. Bei einem Projektvolumen von € 250.000,-- für Software und Dienstleitungen beim Anbieter (keine Hardware, Fremdlösungen oder Eigenleistung berücksichtigt) können Sie sicherlich zwischen 10% und 20% des Gesamtprojekts als ersten Wert einplanen.

Dabei setzen sich die Kosten meist wie folgt zusammen:

- Nutzung der zu kaufenden Software im Testbetrieb
  - Kostenlos oder kostenpflichtig, als Miete oder Nutzungsgebühr für einige, wenige Benutzer
- Installation/Einrichtung der Software
  - In der Regel im Rechenzentrum des Anbieters
- Projektleitung des Anbieters
- Initialschulung des Implementierungsteams beim Kunden
  - Ansonsten wird die Testversion nicht die gewünschten Ergebnisse liefern. „Einfach mal herumklicken" schadet hier mehr als es nutzt.
- Beratung
  - Ggf. Erstellung des Feinkonzeptes auf Basis des Lastenhefts
  - Einrichten/Testen von kritischen Prozessen
  - Berichterstellung und Dokumentation

Was passiert, wenn es nicht wie geplant läuft?

Genau das sollten Sie bereits im Vertrag mit dem Anbieter geregelt haben. Eigentlich kommt es dabei darauf an, ob Sie mit den erkannten Mängeln oder Mehrkosten leben können oder nicht. Können Sie damit leben, dann muss dies im angepassten Vertragswerk definiert werden. Können Sie nicht damit leben, sollten Sie die Möglichkeit haben, sich vom Anbieter zu verabschieden. Die bis dahin angefallenen Kosten müssen Sie allerdings tragen, denn das ist eigentlich ein Teil des Deals gewesen.

Sollte der Anbieter etwas geflunkert und Sie damit zur Beauftragung des Vorprojekts „verleitet" haben, dann wird es knifflig und der Anwalt kommt ins Spiel (hoffentlich dann auch der, der Sie zuvor bei der Vertragsgestaltung unterstützt hat).

Im Idealfall haben Sie das Vorprojekt mit einem einzelnen Vertrag ohne weitere Verpflichtungen zum Hauptprojekt vereinbart. Eine andere Option wäre, dass Sie einen Gesamtvertrag über Vor- und Hauptprojekt vereinbaren und nach dem Ende des Vorprojekts mit oder ohne Begründung vom verbleibenden Vertrag zurücktreten können.

Expertentipp: Bei Projekten mit einem Auftragsvolumen ab € 100.000,-- sollten Sie immer ein Vorprojekt in den Vertrag und den Implementierungsprozess einbauen. Damit erhöhen Sie Ihre Investitionssicherung und reduzieren das Kostenrisiko.

22.3   Wann ist eine Testversion sinnvoll?

Bei einer Investition in eine neue IT-Lösung wollen Anwender gerne mal selber „Hand anlegen" und „rumprobieren". Da kommt schnell der Ruf nach einer Testversion der neuen Lösung. Zugegebenermaßen probiere ich auch gerne, bevor ich investiere. Doch ist das immer sinnvoll oder zielführend?

Wann ist es keine gute Idee?

- Die verfügbare Testversion ist nur in kleinen Teilen mit der Lösung „verwandt", die Sie später einsetzen werden (z.B. wegen vieler anstehender Anpassungen). Dann kann es nämlich vorkommen, dass der Anwender/Tester ein zu negatives Bild der Lösung bekommt und diese ablehnt, obwohl von Anfang an klar ist, dass die Testversion nicht der finalen Kundenlösung entspricht.

- Die Anwender/Tester sind nicht in der Nutzung neuer Softwarelösungen versiert. Wer das nicht schon einmal gemacht hat, wird schnell an seine Grenzen stoßen und in der Regel genervt aufgeben, bzw. den Test ggf. als negativ bewerten, obwohl das Problem eigentlich vor dem Bildschirm saß und nicht in der Software lag.

- Sie wollen für Schulungen einer Testversion kein Geld investieren. „Sparen, egal was es kostet" ist in diesem Fall die falsche Option. Mindestens die Basisfunktionen und die Systemphilosophie sollten geschult werden.

- Es ist keine Dokumentation oder Schulungsmaterial vorhanden. Wenn das System weder über Schulungsvideos (ggf. auch auf YouTube®) oder Schulungsunterlagen, noch über eine verständliche Dokumentation in Form einer Onlinehilfe verfügt, sollten Sie auf jeden Fall die Finger von einer Testversion lassen. Egal wie „intuitiv" Ihnen der Anbieter die Lösung verkauft hat, in solch einem Fall können nur echt versierte Tester/Anwender einen positiven Nutzen aus der Nutzung der Testversion für Ihr Digitalisierungsprojekt ziehen.

- Sie planen nicht, den Test strukturiert zu dokumentieren und anschließend zu bewerten. Die Bewertung per „Bauchgefühl" am Ende der Testperiode ist kein sinnvolles Vorgehen. Es beruhigt vielmehr nur die Gemüter, anstatt eine nachvollziehbare Investitionsentscheidung abzusichern.

Von welchem Anbieter sollte man eine Testversion anfordern?

■ Nur von dem, von dem Sie im Nachgang auch die Software planen zu erwerben. Von der Option, mehrere verschiedene Lösungen testen zu wollen, kann ich nur abraten, es sei denn, Sie haben einen Plan, eine Vergleichsmatrix und in allen Lösungen bereits wenigstens in den Basisfunktionen ausgebildetes Testpersonal.

In welchem technischen Umfeld sollte eine Testversion genutzt werden?

Für den technischen Einsatz einer Testversion sollte man in der Regel möglichst wenig Aufwand treiben, es Sei denn, Sie wollen die Installationsroutinen und andere technische Themen im Rahmen des Tests gleich mit behandeln. Deswegen ist der Einsatz einer Testversion im Rechenzentrum des Anbieters oder auf Basis dessen Cloud-Lösung am sinnvollsten. Hier können Sie meist kurzfristig loslegen. Sie vermeiden damit auch erste frustrierende Erfahrungen, wenn die Installation der Testsoftware im eigenen Hause nicht gleich ganz glatt läuft.

Was sollte man überhaupt testen?

Das kommt natürlich ganz auf die Lösung selber an. Idealerweise wird ein kompletter Standardablauf, z.B. vom Angebot bis zur Rechnungstellung, durchgespielt. Dabei kann man sehr schnell erkennen, ob das System auch in der Standardversion schon ablauffähig ist oder jede Menge Einrichtungsarbeiten notwendig sind, damit es überhaupt funktioniert.

Sinnvoll ist es auch, Themen wie Onlinehilfe und Unterlagen zu testen, um zu erkennen, wie abhängig Sie von einer persönlichen Beratung des Anbieters sind. Wenn Sie kleinere Fragenkomplexe oder Probleme bereits auf Basis der guten Dokumentation und ohne den Anruf bei Berater oder der Hotline klären können, dann scheint die Dokumentation qualitativ hochwertig zu sein.

Übrigens: Wenn Ihr Test nicht nur die Ad-Hoc-Erfassung von Daten beinhaltet, sondern auch die Übernahme von Echtdaten aus Ihrem Altsystem, eine Parametrierung des Systems und andere aufwendigere Aktivitäten, dann kann es sinnvoll sein, eine Übernahme dieser Daten in Ihr späteres Implementierungssystem zu vereinbaren.

Umgekehrt ist es auch sinnvoll sicherzustellen, was mit Ihren Daten beim Anbieter passiert, wenn Sie kein Vertragsverhältnis eingehen. Sie sollten dann für eine komplette und nachweisbare Löschung dieser Daten sorgen. Denken Sie dabei auch an die DSGVO, falls Sie persönliche Daten im Rahmen der Tests genutzt haben.

Expertentipp: Testversionen sind dann sinnvoll, wenn Sie diese in einem kontrollierten Rahmen und limitierten Umfang nutzen. Investieren Sie lieber mehr Zeit und Geld in gezielte Workshops mit dem Anbieter oder in ein entsprechendes Vorprojekt, bei dem die Nutzung der Software in einer Testumgebung integraler Bestandteil ist.

22.4   Das „Kickoff-Meeting" zum Beginn der Implementierung

Endlich ist es geschafft. Die Verträge sind unterzeichnet, das Team steht bereit und das Projekt kann beginnen. Wer nun aber einfach drauflosarbeitet, ohne Key User, Management, das Implementierungsteam oder andere betroffene Mitarbeiter zu informieren, die Erwartungshaltung zu setzen und die Aufgaben und die Verantwortung zu verteilen, der ist in seinem Projekt schon einmal „mit dem falschen Fuß aufgestanden". Deswegen sollten Sie unbedingt mit dem kompletten Auswahl- und Implementierungsteam sowie dem Team des Softwareanbieters ein Kickoff-Meeting planen. In der Regel ist das für eine längere Zeit Ihre letzte Chance zu prüfen, dass die Versprechen und Aussagen des Anbieters auch in der Realität umgesetzt werden, bevor das Projekt zum möglichen unkontrollierbaren Selbstläufer wird.

Wann sollte ein Kickoff-Meeting stattfinden?

Am besten sehr zeitnah nach der vertraglichen Vereinbarung. Im Idealfall haben Sie diesen Termin bereits mit dem Anbieter reserviert, als klar wurde, welcher Anbieter zum Zuge kommen wird. Wer erst nach Vertragsunterschrift mit der Terminplanung beginnt, kann eine böse Überraschung erleben, weil kurzfristig wahrscheinlich weder der Anbieter noch Sie selbst den Termin mit einer großen Gruppe einplanen können. Das Projekt könnte sich dadurch gleich einmal um mehrere Wochen verschieben. Vermeiden Sie diesen Fehlstart durch eine vorausschauende Planung.

Wie lange sollte ein Kickoff-Meeting dauern?

Ein gut vorbereitetes Kickoff-Meeting dauert 4 bis 8 Stunden, wobei in der Regel nicht immer alle Teilnehmer über den ganzen Zeitraum hinweg anwesend sind.

Was sind die Zielsetzungen des Kickoff-Meetings?

Da ein guter Start in ein Projekt immer sehr wichtig ist, sollten Sie Agenda und Zielsetzung mit Ihrem Anbieter absprechen und gemeinsam verabschieden. Themen sind dabei:

- Erwartungshaltung gemeinsam setzen bzw. kommunizieren
- Alle Teilnehmer „ins Boot bekommen"
- Vorgehensweise und Verantwortungen definieren
- Ansprechpartner und Verantwortliche definieren
- Nächste Schritte und Termine vereinbaren

Wie sieht eine typische Agenda für ein Kickoff-Meeting aus

Je nach Projekt, Unternehmensgröße oder Zielsetzung ist die Agenda selbstverständlich individuell zu vereinbaren. Dies bezieht sich auch auf die Dauer der einzelnen Punkte. Je nach Relevanz kann hier mehr oder weniger Zeit eingeplant werden. Sie sollten die Punkte aber nicht einfach vergessen, sondern maximal gezielt entscheiden, ob und wie lange der einzelne Punkt behandelt wird oder nicht. Wichtig ist, dass Sie sich nicht nur in Vortragsform vom Anbieter „berieseln" lassen, sondern aktiv am Geschehen teilnehmen.

Vorschlag für mögliche Punkte der Agenda:

- Begrüßung

- Vorstellung des Projektteams

  - Kunde intern
  - Anbieter extern

- Ziele des Projekts

  - Management
  - Abteilungen/Bereiche etc.

- Ziel des Kickoffs

- Risiken des Projekts

- Projektumfang – Software und Dienstleistung

- Vorgehensweise und Methodik der Einführung

- Vorgehensweise und Methodik Vorprojekt (falls Bestandteil der Vereinbarung)

- Rollen, Verantwortlichkeiten und Aufwand – besonders intern im Vergleich zum externen Aufwand

- Projektorganisation

- Initialer/aktueller Projektplan

- Kritische Erfolgsfaktoren

- Ggf. Vorführung eines Beispielprozesses der erworbenen Softwarelösung

- Nächste Schritte nach dem Kickoff-Meeting – Fokus Folgetermine

Zwecks Terminvereinbarung sollten alle Teilnehmer Zugriff auf ihre Kalender haben, um Termine ggf. direkt vor Ort abstimmen zu können.

Welche Punkte sollten im Detail besprochen bzw. kommuniziert werden?

- Übersicht Projektorganisation

- Rolle Berater

- Rolle Projektleiter

- Rolle Key User

- Rolle Lenkungsausschuss

- Tools und Vorlagen, die während der Einführung genutzt werden

- Wie die Datenmigration erfolgen wird

- Nutzung der Schnittstellentools

- Erstellung der Protokolle – wie und durch wen

- Erfassung und Überwachung von Aktivitätenlisten (To-dos)

- Wie auf die Anwesenheitsplanung zurückgegriffen werden muss

- Wie die Anwesenheitserfassung im Projekt sowohl für interne als auch externe Ressourcen vorgenommen wird

- Wie der Projektraum aussehen soll/wird – Ort und Einrichtung/Ausstattung

- Welches Ablagesystem für Unterlagen, Protokolle etc. wie genutzt wird

- Wie die Namenskonventionen für Dateien in der Ablage sind

- Welche Kommunikationslisten genutzt werden (Ansprechpartner mit allen relevanten Kontaktdaten inkl. Mobilfunk)

- Wie die E-Mail-Kommunikation oder Kommunikation über die ggf. neue Groupware erfolgen soll

- Der Projektplan im Detail für die nächsten Wochen und grober bis zum Go-Live-Termin

- Was später bei den Abnahmen erwartet wird

- Wie mit dem Änderungsmanagement der Anforderungen umgegangen wird

- Wie später geschult wird (Train the Trainer etc.) bzw. welche Schulungsmethodik angewandt wird

- Wie der Support während und nach der Einführung erfolgen wird (Ansprechpartner, Methodik etc.)

Teilnehmer des Kickoff-Meetings

Nur mit dem richtigen Projektteam wird Ihr Projekt auch erfolgreich sein. Deswegen sollten Sie beim Kickoff-Meeting nicht an Teilnehmern sparen. Besonders die Teilnahme des Managements ist hier gefragt. Stellen Sie im Meeting sicher, dass alle Teammitglieder an Bord und motiviert sind und wissen, worum es geht.

- Management des Kunden

- Projektleiter des Kunden

- Kern-Projektteam

- Weitere wichtige betroffene Mitarbeiter des Kunden

- Projektleiter Softwareanbieter

- Zusätzliche wichtige Projektteammitglieder

- Ggf. Auswahlberater aus dem Selektionsprozess

Vorbereitung und Abstimmung

Der eigene Projektleiter sollte das Meeting unbedingt gemeinsam mit dem externen Projektleiter vorbereiten und abstimmen. Er sollte auch bei der Veranstaltung eine Rolle spielen, denn ab sofort ist die intensive Teamarbeit zwischen Anwender und Anbieter gefragt. Definieren Sie also gemeinsam die Themen auf der Agenda, die Teilnehmer und erstellen Sie ggf. die Präsentation gemeinsam, die der Projektleiter auch vorab einsehen sollte. Lassen Sie sich also vom Anbieter beim Kickoff-Meeting nicht überraschen. Im schlimmsten Fall hat dieser nämlich gar nichts vorbereitet, klappt beim Meeting einfach seinen PC auf und eröffnet das Meeting mit den Worten „So, was machen wir denn heute!" (Leider eine echte Erfahrung aus einem Kickoff-Meeting.)

Ein Tipp zur Vertraulichkeit mit dem Anbieter

Das „Du und Du" mit externen Beratern und Projektleitern sollten Sie möglichst vermeiden. Zu viel Vertraulichkeit nehmen externe Mitarbeiter gerne zum Anlass, Probleme zu beschönigen und etwas lascher zu behandeln. Der gute Freund wird es ja schon regeln. Diese Einstellung kann beim Projekt schnell teuer werden. Meistens geht dies dann zu Lasten des Anwenderunternehmens.

Regeln Sie die Kleiderordnung

Zum Projektbeginn sollten Sie sich auch einigen, wie die Anbieter im Projektteam kleidungsmäßig auftreten dürfen. Dass die Anbieter im Vertriebsprozess etwas geschniegelter aussehen als das Auswahlteam ist noch verständlich. Wenn aber in Ihrem Unternehmen alle Mitarbeiter mit Jeans und Sweatshirt zur Arbeit kommen, dann sollte man sich spätestes zum Kickoff-Meeting auf eine Kleiderordnung einigen. In vielen Unternehmen fühlen sich die Mitarbeiter nicht besonders wohl, wenn jeden Tag Berater ankommen, die augenscheinlich besser angezogen sind als man selbst. Besonders in Logistik-, Fertigungsunternehmen oder in der verarbeitenden Industrie kann dies durchaus ein relevantes Thema sein.

Planen Sie gleich beim Kickoff Ihre „Go-Live-Party"!

Sie fragen sich sicherlich, und das zu Recht, was nun eine Go-Live-Party beim Kickoff-Meeting zu suchen hat! Bei der Investitionssumme, die Sie gerade unterschrieben haben, sollte eines Ihrer Hauptziele sein, Ihre Projektziele im gesetzten Zeitrahmen und Budget zu erreichen. Was liegt da näher, als das Projektteam mit einer Party am Erreichen dieses Zieles zu beteiligen. Wir sprechen hier von einer recht limitierten Investition, welche die Motivation durchaus steigern kann, denn keines der Projektteam-Mitglieder will daran schuld sein, dass zum Schluss keine Party stattfindet. Im Idealfall beteiligt sich übrigens der Anbieter 50/50 an der Party, denn auch ihm sollte an der Zielerreichung gelegen sein.

Zusammenfassung: In 5 Schritten zum erfolgreichen Kickoff-Meeting

1. Kickoff-Meeting vorzeitig planen

2. Kickoff-Ziel definieren, Teilnehmer definieren und einladen

3. Agenda gemeinsam mit dem Anbieter definieren

4. Kickoff-Meeting durchführen und dokumentieren

5. Folgeaktivitäten definieren und nachverfolgen

Expertentipp: Planen Sie eine Veranstaltung wie ein Abendessen mit geselligem Beisammensein am Abend vor dem Kickoff-Meeting und laden Sie hierzu auch die Projektmitglieder des Anbieters ein. Das kann die Projektatmosphäre deutlich auflockern und den Start erleichtern. Bei der Veranstaltung sollte übrigens auch das Management anwesend sein, um dem Projekt die notwendige Wichtigkeit mitzugeben. Achten Sie aber darauf, dass dieses Ihnen diese Zeit nicht auch noch berechnet!

22.5 Die effiziente Kommunikation im Projekt

Eines der größten Mankos in jedem Projekt ist die mangelnde Kommunikation. Sei es aus Unwissenheit, was sinnvoll oder notwendig ist, aus politischen Gründen, weil nicht jeder alles wissen soll, oder aus persönlichen Gründen, weil ein Teammitglied denkt, es sei wichtiger, wenn es auf seinen Informationen „sitzen bleibt". Eine offene, strukturierte und transparente Informationspolitik ist deshalb unbedingt notwendig. Sie sollten daher Meetings in Verbindung mit den verfügbaren technischen Medien nutzen und so Ihre Kommunikation optimieren.

Welche Maßnahmen könnten oder sollten Sie zu diesem Zweck ergreifen?

Ein regelmäßiger Jour-Fixe-Termin im Gesamt-Team

Es ist immer sinnvoll, sich einmal pro Woche, mindestens alle zwei Wochen während des Projekts zusammenzusetzen und das Projekt zu besprechen (**Abbildung 22.2**). Teilnehmer sollten der eigene Projektleiter, die Key User sowie die Projektleitung des Anbieters sein. Ideal ist in der Regel der Freitag, weil man dann die Vorgänge der letzten Woche rekapitulieren und die anstehenden Aktionen der Folgewoche(n) besprechen kann. Weitere Themen können sein:

- Personelle Themen: Wechsel der Key User, Berater etc.

- Langfristige Themen: Gesamtprojektplan

- Wichtige anstehende Termine in den nächsten Wochen oder Monaten.

Ein regelmäßiger interner Informations-Jour-Fixe

Auch Mitarbeiter, die nicht aktiv am Projekt mitarbeiten, sollten in regelmäßigen Abständen informiert werden. Idealerweise machen Sie alle zwei oder vier Wochen (abhängig von der Projektdauer) eine interne Online-Veranstaltung, bei der Sie über den Projektstatus informieren. Die Teilnahme ist natürlich freiwillig. Interessant ist, dabei zu erkennen, wer tatsächlich Interesse am Projekt hat.

Abbildung 22.2 Kommunikation ist nicht immer effizient (Quelle: Shutterstock)

Die Screen-Sharing-Plattform für die Onlinekommunikation

Ob Teamviewer® oder Webex® & Co., Sie sollten eine Onlineplattform wählen, mit der Sie Präsentationen, Tests, gemeinsame Protokolle etc. abarbeiten können. Neben den genannten kostenpflichtigen Diensten gibt es auch kostenfreie Dienste, die Sie bei einer Internetsuche sicher finden werden. Es ist einfach besser, wenn man über Software oder Dokumente spricht, dass diese direkt im Gespräch eingesehen werden können. Bei einer Softwarepräsentation ist das üblich, aber bei einer Konferenz mit direkter Erstellung des Protokolls kann es sehr praktisch sein, wenn dies beim Eintippen direkt ersichtlich ist.

Die fixe Telefonkonferenznummer

Schnell mal mit ein paar Leuten aus dem Team ein wichtiges Thema besprechen geht am einfachsten mit einer Telefonkonferenz. Da ist es praktisch, wenn es eine allgemein im Team bekannte Nummer mit allen Einwahldaten gibt und jeder ohne Rückfrage solch eine Telefonkonferenz initiieren kann. Wer sucht, wird übrigens sogar kostenfreie Dienste im Internet finden.

Der Projektchat

Wenn auch eher selten, kann ein Projektchat durchaus eine sinnvolle Erweiterung der Kommunikationswege sein. Besonders wenn diese Technik im Unternehmen ohnehin eingesetzt wird. Ansonsten wird es etwas schwieriger, hier Akzeptanz zu finden. Auf jeden Fall sollten Sie Regeln festlegen, wofür der Chat eigentlich genutzt wird. Sonst erzeugen Sie mit einem derartigen Werkzeug mehr Chaos als eine verbesserte Kommunikation.

Die Gruppen-E-Mail beim Anbieter

Der Anbieter sollte eine allgemeine E-Mail einrichten, in der alle Anbieterberater gelistet sind. Gibt es nun eine Information oder Frage, die quasi in die Runde geschickt wird, dann erhalten diese Mail alle im Team. Den Zuständigen adressieren Sie dann einfach als angesprochene Person, so weiß jeder, der nicht angesprochen wird, dass diese Mail nur als Info dient.

Beispiel: Kundenname@Anbieterunternehmen.de

Die interne Gruppen-E-Mail: Gehen Sie hier einfach genauso vor wie bei der externen E-Mail.

Beispiel: Projektname-Anbietername@Anwenderunternehmen.de

Natürlich sollte man es auch nicht übertreiben. Eine geordnete Kommunikationsstruktur ersetzt nie persönliche Gespräche. Den „Flurfunk", vor allem, wenn dieser negativ behaftet ist, sollte man aber möglichst unterbinden.

> **Expertentipp:** Gute Kommunikation im Projekt ist einer der wichtigsten Bestandteile für den Erfolg. Stellen Sie sicher, dass Ansprechpartner vorhanden sind und kommunizieren Sie proaktiv.

22.6 Aktivitätenmanagement mit der To-do-Liste – die Achillesferse in vielen Projekten

Zu einem guten und effizienten Projektmanagement gehört ganz zwangsläufig ein ausgefeiltes Aktivitätenmanagement. Schließlich besteht ein Projekt immer aus hunderten, in Großprojekten gar tausenden von Aktivitäten, die geplant, verteilt und überwacht werden müssen. Keine Frage, zuerst scheut sich jeder vor dem Aufwand der Pflege solcher Listen, aber letztendlich ist dies einer der wichtigsten Garanten für die erfolgreiche Projektarbeit. Dabei ist es wichtig, dass alle Mitglieder im Einführungsteam auf diese Liste Zugriff haben, diese bearbeiten und überwachen können. Wenn der Softwareanbieter über ein Projektmanagement-Tool verfügt, dann sollten Sie darauf bestehen, dass das Aufgabenmanagement in diesem Tool auch in Ihrem Projekt zum Einsatz kommt.

Welche Daten sollte eine Aktivität mindestens beinhalten?

Nachfolgend einige Felder, die eigentlich als Mindestanforderung für eine Aktivitätenliste gelten sollten. Natürlich sollte man nach allen Inhalten suchen, sie filtern oder sortieren können.

- Ersteller

- Kurzbeschreibung

- Zusatztext (mit einer ausführlicheren Beschreibung und ggf. Änderungsinformationen)

- Fälligkeitsdatum

- Verantwortliches Teammitglied

- Priorität (A, B, C…)

- Status

  - In Konzeption
  - In Arbeit
  - Abgeschlossen
  - Abgebrochen
  - Verschoben
  - Nicht mehr relevant

Welche zusätzlichen Daten sollte die Aktivität idealerweise enthalten?

Für eine nachvollziehbare und sichere Projektdokumentation wäre es sinnvoll, die Liste um weitere Kriterien zu erweitern. Wie etwa:

- Änderungsdatum

  - Änderungsgrund
  - Betroffener Bereich
  - Prozesse
  - Software
  - Schulung
  - Anpassung

- Betroffener Softwarebereich

  - Finanzen
  - Fertigung
  - Logistik

Was sollte die Lösung zum Aktivitätenmanagement idealerweise können?

- Online im Internet für alle Projektmitglieder verfügbar

- Inhaltserfassung wie zuvor beschrieben

- Benachrichtigungsfunktion bei neuen Aufgaben, Verschiebungen etc.

- Integration in Groupware wie z. B. MS-Outlook® & Co.

- Integration in das Projektmanagement-System des Anbieters mit Zuordnung der Aufgaben zu einzelnen Projektschritten

- Benutzerverwaltung inkl. Zugriffsberechtigung

- Tracking der Änderungen

Damit sollte MS-Excel eigentlich sofort ausscheiden. Auch wenn das vielleicht die erste Möglichkeit war, die Ihnen zur Verwaltung der Aufgaben in den Sinn kam. Ihre eigene Groupware wie z. B. MS-Outlook®, Groupwise® oder Lotus Notes® ist hierbei leider auch keine Option, da alle externen Mitarbeiter des Anbieters keinen Zugriff haben und diesen sicherlich nicht auch nur für Ihr Projekt nutzen werden.

Legen Sie Regeln bei der Bearbeitung der Aktivitäten fest

Damit die „Liste lebt" müssen sich alle Teammitglieder darüber im Klaren sein, dass eine stetige Nutzung unabdingbar ist. Dies kann aber nur nach fest definierten Regeln erfolgen. Ansonsten werden Sie ständig Ausreden erhalten, warum die Aktivität nicht bekannt war, erledigt wurde etc. Nachfolgend einige sinnvolle Regeln, die als Teil eines Teammeetings kommuniziert werden sollten:

1. *Beschreiben Sie kurz, aber präzise*
   Keiner wird Romane lesen. Doch auch die Annahme, dass der Andere schon weiß, was gemeint ist kann fatal sein. Einigen Sie sich deshalb auf die Art und Weise sowie die Ausführlichkeit von Formulierungen.

2. *Legen Sie Antwortzeiten fest*
   Wer eine Aufgabe erhält, die zeitlich oder anderweitig nicht realisierbar ist, muss sich sofort beim Anfordernden melden und nicht erst warten, bis der Termin bereits abgelaufen ist.

3. Definieren Sie realistische Zeitvorgaben

Stellen Sie sicher, dass verantwortliche Projektmitglieder informiert werden

Es ist wenig sinnvoll, wenn neue Aufgaben erst durch ein „zufälliges" Schauen auf die Liste durch den oder die Verantwortlichen „entdeckt" werden. Das System sollte deswegen eine Benachrichtigungsfunktion haben oder ein „Cockpitfenster", in dem der Anwender sofort erkennt, dass ihm neue Aufgaben zugeordnet wurden.

Benennen Sie Stellvertreter

Ob Urlaub, Krankheit oder andere Verhinderungen, Aufgaben sollten nicht einfach brachliegen, wenn eines der Projektmitglieder nicht zur Verfügung steht.

Besprechen Sie die Punkte regelmäßig

Es ist sinnvoll, das Aufgabenmanagement in Ihr regelmäßiges Jour-Fixe mit einzubinden. Dort können Sie den Status der einzelnen Aufgaben besprechen, ändern, ergänzen oder gleich neue Aufgaben anlegen und zuordnen.

Expertentipp: Erstellen und überwachen Sie in Ihrem Projekt auf jeden Fall eine To-do-Liste. Lassen Sie sich aber vom Anbieter nicht mit einer MS-Excel®-basierten Liste abspeisen. Die Liste muss zentral und online von jedem Teammitglied einsehbar und bearbeitbar sein.

22.7 Projektmanagement und Kostenüberwachung - mit den richtigen Werkzeugen

Haben Sie den Projektpreis hart verhandelt, die Tagespauschale gleich inklusive Anreise oder gar Überstunden vereinbart und den Preis möglichst niedrig gehalten? Beim Lastenheft haben Sie jede Menge Funktionalität im Lieferumfang vereinbart? Ein guter Start ins Projekt, oder? Aber besonders jetzt sollten Sie gerade in Hinblick auf Projektmanagement und Kostenüberwachung aufpassen. Es kann sein, dass der Anbieter sich zu stark in die „Ecke" gedrückt fühlt. Dies könnte ihn dazu verleiten, sich die „verlorenen" Einnahmen durch eine ungenaue und nicht mehr nachvollziehbare Kostenüberwachung „zurückzuholen" und durch das „Ignorieren oder Vergessen" des Lastenheftes möglichst genau das zu liefern, was er kann, und nicht unbedingt das, was Sie eigentlich vereinbart haben.

Im Bereich des Projektmanagements bedeutet dies, dass der Anbieter schnell fertig werden möchte und am liebsten ganz ohne Planung und Controlling-Mechanismus arbeitet. Viele Anbieter verwechseln die „agile Entwicklungsmethodik" mit „chaotischer Projektumsetzung", bei der zum Schluss der Kunde die Rechnung zahlt. Zuvor vereinbarte Lastenhefte sowie ein gutes Projekt- und Kostenmanagement werden dann einfach als zu lästig und aufwendig angesehen. Agil wäre das aus Sicht des Anbieters ohnehin nicht. Schließlich sind hier ja hochkarätige und erfahrene Berater im Einsatz, denen Sie schon vertrauen sollten. Doch leider ist dies immer seltener der Fall, da auch ein noch so erfahrener Berater die zunehmende Komplexität der Projekte nicht mehr ohne adäquate Hilfsmittel überwachen kann. Deswegen kommt es in diesem Bereich sehr häufig vor, dass der „Schuster die schlechtesten Schuhe hat". Das bedeutet, dass der Anbieter über keine guten Management- und Überwachungswerkzeuge verfügt oder diese nicht effizient und für Sie nachvollziehbar einsetzt. Nicht selten setzen viele der Anbieter auf Lösungen, die auf MS-Excel®- und MS-Word®-Dokumenten basieren, statt auf Werkzeuge zum Projektmanagement und zum Kostencontrolling zurückzugreifen, die am Markt verfügbar sind.

Nicht zuletzt sind mit dem Einsatz von guten Projektmanagement-Werkzeugen auch Kosten für Miete/Erwerb und auch der Schulung der eigenen Mitarbeiter verbunden. In Zeiten der Hochkonjunktur hat man aus Anbietersicht für derartige Themen oft keine Zeit. Schließlich wollen die Kunden ihre Digitalisierungsprojekte am liebsten morgen starten und übermorgen damit fertig sein. Da müssen die „Füße (der Berater) halt auf die Straße", wie es im Vertrieb gerne heißt.

Lassen Sie sich von diesen Unwägbarkeiten aber nicht abhalten und bestehen Sie auf einem gut strukturierten und werkzeugbasierten Projekt- und Kostenmanagement.

Einer der ersten Schritte dabei ist, die Verantwortlichkeiten zu regeln. Viele Anbieter machen es sich leicht. Sie verlagern die Verantwortung für die Projekt- und Kostenüberwachung einfach auf den Projektleiter des Kunden. Entsprechende Werkzeuge zur Überwachung werden dabei auch nicht zur Verfügung gestellt. So etwas kann schlichtweg nicht gut gehen, besonders bei kleineren oder mittelständischen Unternehmen. Das Minimum, das Sie verlangen sollten, ist eine gemeinsame Verantwortung beider Projektleiter sowie die entsprechenden technischen Mittel für die Umsetzung. Auch wenn es sich sehr negativ anhört, aber besonders in diesem Fall ist Vertrauen gut, Kontrolle jedoch besser. Prüfen Sie also genau, wie der Anbieter ein Projekt plant und Kosten und Termine überwacht.

Was genau sollte man überwachen und wie?

- Die Zeiten/Aufwände der externen Berater

- Die definierten Ziele oder Meilensteine im Projekt

- Die im Projekt definierten Aufgaben (To-dos)

- Die Umsetzung des Lastenheftes aus der Ausschreibung im Vorprojekt, Pflichtenheft oder generell im Projekt

- Das Änderungsmanagement von neuen oder geänderten Anforderungen (inkl. Kosten und Termine)

- Das komplette Testmanagement auf Basis zuvor definierter Use Cases/Beispielprozesse

- Das Abnahmemanagement

- Die definierten Termine, Schulungen etc.

- Fehler/Bugs beim Testen und der Umgang damit

- Die Dokumente im Projekt und deren Bearbeitung

- Etc.

Spätestens jetzt sollte Ihnen klar sein, dass MS-Excel® und Co. mit ein bisschen MS-Project® hier nicht die richtige Lösung sind. Keine Frage, das sind gute Werkzeuge, aber für diese Anforderungen leider nicht geeignet. Deswegen sollte der Anbieter idealerweise über ein Projektmanagement-Portal oder eine entsprechende Softwarelösung verfügen, die während der Projektdauer und auch ggf. danach den Teammitgliedern zur Verfügung gestellt wird. Die Lösung sollte somit nicht nur dem Anbieter zur Verfügung stehen, da auch die Anwender jederzeit und überall über den Projektstatus informiert werden sollten. Am besten wäre es, wenn die Lösung via Internet nutzbar ist.

Selbstverständlich sollte dies sein, wenn der Anbieter Ihnen gerade ein Werkzeug zum Projektmanagement verkauft hat, das eigentlich all diese Funktionen abdeckt. Die „Ausrede", dass die Lösungen zu kompliziert sind und besonders die Anwender, d. h. den Projektleiter beim Kunden sowie die Key User, überfordern könnten, sollten Sie nicht so einfach gelten lassen. Was wäre dann besser, als mit diesen Lösungen „ins kalte Wasser geworfen zu werden"? Ein intensiveres Training mit entsprechendem Mehrwert kann es faktisch nicht geben. Fakt ist aber leider, dass Projektmanagement-Werkzeuge, die z.B. im Industrieunternehmen eingesetzt werden, nur in den wenigsten Fällen für die Planung und Umsetzung eines Digitalisierungsprojekts geeignet sind.

Welche Funktionen sollte eine derartige Lösung enthalten?

Simpel gesagt alle Funktionen, die es Ihnen ermöglichen, ohne weitere externe Lösungen wie MS-Projekt® oder E-Mail-To-Dos in MS-Outlook® etc. auszukommen (**Abbildung 22.3**).

- Projektplan mit Meilensteinen und Detailschritten inkl. resultierender Terminplanung oder Simulationsmöglichkeit bei Terminverschiebungen

- Grafische Darstellung des Projektplans (Gantt Chart)

- Zeiterfassung mit Verweis auf Tätigkeit, Projektschritt etc.

- Kostenerfassung von Nebenkosten außer der Zeit (Reisekosten, Hotel etc.)

- Aufgabenerfassung und Zuordnung an einen oder mehrere Verantwortliche

- Zeiterfassung für alle Teammitglieder

- Verwaltung von Dokumenten und Dateien aus dem Projekt

- Kalender zur Planung von Aufgaben und Terminen

- Integration in MS-Office® mit Outlook®-E-Mail- oder Kalender-Integration

- Management von Testfällen

- Lastenheftcontrolling und Abnahmefunktionen

- „Ampelsystem" zur Darstellung von Problemfällen, die besonders zu berücksichtigen sind

Abbildung 22.3   Zeiten, Termine, Aufgaben planen (Quelle: Shutterstock)

Wer jetzt meint, dass es solche Lösungen nicht gibt, der liegt falsch. Leider hat Ihr Anbieter aber genau *diese* wahrscheinlich nicht im Angebot. Sollte das der Fall sein, dann lassen Sie sich bitte nicht auf ein MS-Excel®-basiertes Aufgaben- und Projektmanagement ein. Das geht schief. Jetzt sollten Sie wohl die Auswahl eines geeigneten Projektmanagement-Tools oder einer entsprechenden Plattform in Angriff nehmen. Hat Ihr Schuster (Anbieter) in diesem Fall schon mal „Schuhe an", greift meist er auf eine Cloud-basierte Projektmanagement-Lösung zurück. Diese gibt es mittlerweile schon fast wie Sand am Meer.

Auf den ersten Blick scheint das auch sehr logisch zu sein. Jeder kann von überall her am Projekt mitarbeiten und wird immer informiert. Prüfen Sie aber genau, was Ihre Ziele bei der Nutzung der Lösung sind und welche Lösung genau diese Ziele bestmöglich unterstützt. Der Knackpunkt: Alle müssen mitmachen wollen. Denn wenn Ihr Anbieter bereits eine Plattform im Einsatz hat, wird Ihnen kaum etwas anderes übrigbleiben, als diese Plattform zu nutzen, egal, ob dies die beste ist oder nicht.

Sollte Sie im eigenen Unternehmen eine Plattform im Einsatz haben, dann können Sie durchaus versuchen, den Anbieter zu überzeugen, diese einzusetzen. Passen Sie aber auf, ob dieser dann hierfür einen Mehraufwand veranschlagt. Das sollten Sie bei Projektbeginn klären. Der Schwachpunkt: Das Controlling von Lastenheften, Use Cases und Softwaretests/Abnahmen ist bei diesen Plattformen meistens nicht ausreichend vorhanden oder, wenn vorhanden, extrem komplex. Im Kapitel „So machen Sie das Lastenheftcontrolling richtig" können Sie sehen, auf was es bei diesem Prozess softwareseitig ankommt.

Kriterien für eine neue Projektplattform für Ihr Digitalisierungsprojekt

Man spricht Deutsch

Auch wenn die Oberfläche auf Deutsch zur Verfügung steht, so kommen doch viele gute Plattformen nicht aus Deutschland. Prüfen Sie also, ob auch Schulungsvideos, Onlinehilfen, Chats oder der Support auf Deutsch verfügbar sind. Da viele dieser Plattformen gar keinen persönlichen Service anbieten, sind Sie nämlich auf entsprechende Videos und Unterlagen im Netz angewiesen. Übrigens kann YouTube® für Anleitungen und Tipps in diesem Umfeld auch eine gute Informationsquelle sein.

K.O.-Kriterium Datensicherung

Egal, wie toll die Plattform ist: Wenn Sie keine Möglichkeit haben, die Daten in einer lesbaren Form zu sichern, dann sollten Sie lieber die Finger von der Plattform lassen. Über die andernfalls drohenden Konsequenzen können Sie sich im Kapitel „Was passiert mit meinen Daten nach der Scheidung mit der Cloud?" informieren. Besonders kritisch ist dies, wenn der Anbieter Ihnen seine Plattform zur Verfügung stellt und nach Abnahme einfach Ihren User deaktiviert. Vielleicht nutzt er ja auch demnächst eine andere Lösung, kündigt diesen Vertrag und Sie schauen dann in die Röhre, weil Sie keinen Zugriff mehr auf Ihre Projektdaten haben.

Mobile App vorhanden?

Wer viel mobil unterwegs ist, schätzt den schnellen Zugriff z.B. via Smartphone auf Aufgaben und Projektstatus. Klären Sie also, ob es auch eine mobile App gibt. Bei vielen Anbietern sind diese bereits vorhanden und in der Regel kostenfrei verfügbar.

Integration zu Drittsystemen

Viele der Cloud-basierten Lösungen bieten teils eine unendlich scheinende Anzahl von „Plug-Ins", also Integrationsmöglichkeiten von anderen Systemen, an.

Dazu gehören Lösungen wie Zeiterfassungen, CRM, Office etc. Aber aufgepasst: Jeder dieser Anbieter will natürlich für die Nutzung pro User/Usergruppe und Zeitraum Geld sehen. Also berücksichtigen Sie dies bei Ihrer Kostenkalkulation.

Mögliche Kosten

Es gibt bereits recht gute und vor allem einfach zu bedienende Plattformen in der Cloud. Rechnen Sie für eine ausreichende Version einfach mal mit ca. € 50,-- für 5 User pro Monat. Das sind somit ca. € 600,-- pro Jahr. Ihr Projekt sollte eine solche Investition rechtfertigen können.

Dabei aber bitte nicht die Zusatzkosten von Dritt-Apps vergessen. Sonst kann es schnell viel teurer werden.

Kostenfreie „Basis-Nutzer"

Einige Plattformen bieten sogar kostenfreie „Basis-Nutzer" an. Das bedeutet, dass man zwar die Nutzung für z.B. 5 Voll-Nutzer zahlt, aber beliebig viele Basis-Nutzer mit einem limitierten Nutzungsumfang anlegen kann.

Wenn viele Benutzer nur das Aufgabenmanagement nutzen und Ihre Termine etc. überwachen wollen, kann dies durchaus eine interessante Alternative zu Voll-Nutzern sein. Bei Ihrer Evaluierung des richtigen Tools sollten Sie dies mit einbeziehen.

Wo findet man die richtige Lösung?

Wer auf kostengünstige oder sogar teilweise kostenfreie Lösungen aus ist, sollte ganz einfach mal die Suchmaschinen nutzen. Mittlerweile gibt es dutzende von möglichen Lösungen. Nutzen Sie z.B. den Begriff „Cloud-basiertes Projektmanagement".

Wechsel (fast) ausgeschlossen

Wer sich einmal für eine Lösung entschieden hat, muss in fast allen Fällen auch bis Projektende an dieser Lösung festhalten. Eine Migration Ihrer Projektdaten von Plattform A zu Plattform B ist nur marginal möglich.
Prüfen Sie Anbieter, Lösung und Kosten vor der Entscheidung also ganz genau.

Expertentipp: Wenn der Anbieter auf MS-Excel® als Projektplanungs- und Kostencontrolling-Instrument zurückgreifen will, dann sollte bei Ihnen sofort die „rote Lampe" leuchten.

Stellen Sie ihm doch einfach folgende Aufgabe: Zwei Key User sind wegen Krankheit für zwei Wochen ausgefallen, ausgerechnet in einer Phase, in der beide für das Projekt unabdingbar sind. Welche Auswirkungen hat dieser Ausfall auf den Projektplan, die Zeiten und die Kosten? Der Anbieter mit einer Projektplanungslösung wird Ihnen sicher viel schneller eine Antwort auf diese Frage sowie einen neuen Terminplan liefern können.

22.8   Die richtige Arbeitsumgebung für das Projektteam

Ob interne Mitarbeiter oder externe Berater, eine angenehme Projektumgebung ist in jedem Projekt ein Baustein für ein erfolgreiches Projekt. Natürlich sind die Möglichkeiten in den meisten Unternehmen begrenzt. Dennoch sollte man die ideale Projektumgebung anstreben.

Das Projektbüro und Besprechungszimmer

Für externe Berater oder die Projektleitung sowie die Key User ist es wichtig, einen festen Raum zur Verfügung zu haben, in dem man Besprechungen abhalten kann, ohne langfristig Räume buchen zu müssen. Idealerweise steht hierfür ein Raum mit mindestens zwei Schreibtischen und einem Besprechungstisch zur Verfügung (natürlich abhängig vom Projektumfang). Im Raum sollte es eine LAN/WLAN-Verbindung ins Internet geben, aber auch eine direkte Verbindung zu dem Netzwerk, in dem die neue Lösung installiert ist. Ein fest installierter PC mit Zugang zum neuen, ggf. dem Bestandssystem und ein Drucker oder Scanner für Softwaretests sind ebenfalls sinnvoll. Auch ein Telefon sollte vorhanden sein, damit man die notwendige Kommunikation unterstützt.

Wer dem Projektteam und den externen Beratern noch etwas Gutes tun will, der sorgt auch für eine Kaffeemaschine, Wasserkocher und gekühlte Getränke im Sommer.

Der Schulungsraum

Wer als Anwender erwartet, dass die Schulungen des Anbieters im eigenen Haus stattfinden, der sollte auch die entsprechenden Räumlichkeiten zur Verfügung stellen. Schulungen direkt am Arbeitsplatz sind dabei die schlechteste Alternative, zumal man dort auch nur max. zwei Personen gleichzeitig schulen kann. Ein Schulungsraum, in dem Anwender nicht nur zu geplanten Schulungen, sondern auch zum einfachen und ungeplanten Üben und „Experimentieren" auf die Lösung zugreifen können, ist hierbei die beste Lösung.

Zugang zu den Räumlichkeiten

Stellen Sie sicher, dass externe Berater auch außerhalb der üblichen Geschäftszeiten zum Projektbüro Zutritt haben. Es sollte niemand daran gehindert werden, früher anzufangen oder länger zu arbeiten, damit Sie das Projekt im Zeitplan abschließen können.

Expertentipp: Bieten Sie dem Projektteam und den Beratern eine angenehme Atmosphäre. Ein Grund, warum man vielleicht lieber bei Ihnen im Projekt arbeitet als bei einem anderen Kunden.

22.9 Der eigene, interne Support

Zusätzlich zu der externen Unterstützung braucht jedes Projekt und jede implementierte Lösung ein internes Supportteam, das den sogenannten „First Line Support" sicherstellt. Unter First Line Support verstehen die Anbieter das „Abfangen" und die damit verbundene Qualitätssicherung von Supportanfragen der Anwender im Unternehmen. Zielsetzung ist es, dass nur „echte" Probleme beim Anbieter ankommen und dort bearbeitet werden. Insbesondere Bedienerfehler, z. B. durch unzureichende Schulung der Mitarbeiter, würden sonst einen erheblichen und unnötigen Mehraufwand bei den Anbietern erzeugen. Je nach Vertrag kann dies für das Anwenderunternehmen recht teuer werden, wenn vereinbart wurde, dass im Falle eines vermeidbaren Bedienerfehlers als Grund der Supportanfrage dieser Aufwand dem Kunden in Rechnung gestellt werden darf.

Zum internen Support gehören nicht nur Mitarbeiter (wenn möglich mehr als einer, zur Vertretung bei Urlaub und Krankheit), sondern auch die entsprechende Testumgebung und Softwareversion. Es ist nicht gerade sinnvoll, in Ihrem Echtsystem Fehlertests oder Schulungen durchzuführen. Dies könnte im schlechtesten Fall die aktuellen Echtdaten ändern oder gar einen Systemstillstand verursachen. Was technisch seitens der Installation wirklich notwendig ist, hängt von der Applikation, der Technologie und Ihren Anforderungen ab. Befragen Sie hierzu genau Ihren Anbieter. Dies gilt natürlich auch im Verbund mit den resultierenden Kosten, denn im schlimmsten Fall muss für ein derartiges Testsystem neue Hardware, eine Datenbank und die Softwarelösung erneut angeschafft werden. Das wird sehr schnell sehr teuer.

Was sind die Aufgaben des internen Supports?

- Aufnahme von Problemen durch die Anwender

- Analyse der Probleme, Einstufung und Weiterleitung an den Softwareanbieter

- Überwachung des Lösungszeitraums nach Priorität

- Erstellung von Anpassungsvorgaben bei Änderungen

- Erstellung von neuen Auswertungen

- Sammlung von Verbesserungsvorschlägen

- Installation von neuen Versionen der Software

- Test der neuen Softwareversionen

- Schulung und Einweisung neuer Mitarbeiter

- Plus weitere

Denken Sie auch daran, Ihre internen Supportkollegen regelmäßig zu Schulungen des An-bieters zu schicken. Nur wer auf dem Laufenden bleibt, hat die Möglichkeit, den Vorteil von Neuerungen auch wirklich in Anspruch zu nehmen. Verlassen Sie sich nicht darauf, dass Ihr Anbieter Sie wirklich über alle für Sie wichtigen, neuen Funktionalitäten infor-miert. Nicht jedes Unternehmen ist hierin wirklich sehr gut. Wenn Sie Ihre Investitionspla-nung erstellen, berücksichtigen Sie auch diese Weiterbildung in den fortlaufenden Kosten. Schulen Sie Ihr Support-Team auch zum richtigen Umgang mit Beschwerden, Anforderun-gen an neue Funktionalitäten oder Auswertungen im System. Nicht dass diese generell abgeblockt werden sollten, aber eine kontrollierte Umsetzung im Projekt und danach wäre schon hilfreich. Setzen Sie ein Treffen pro Quartal mit dem Support-Team und den Key Usern an, um einen regelmäßigen Systemstatus festzuhalten, Verbesserungsvorschläge zu sammeln und aufzubereiten und festzustellen, ob die Lösung noch den aktuellen Anforde-rungen Ihres Unternehmens entspricht.

Expertentipp: Eine gute Möglichkeit ist es übrigens auch, im Rahmen des Wartungsver-trages ca. ein- bis zweimal pro Jahr eine Präsentation aller neuen Funktionalitäten durch den Anbieter zu vereinbaren. Auf diese Weise bringt der Anbieter seine „Reklame" von neuen Modulen an den Mann und die Frau, und Sie und Ihre Kollegen sind immer auf dem Laufenden, was die Möglichkeiten der erworbenen Lösung angeht.

22.10   Die Aufgaben der Key User

In jedem Projekt benötigt man Fachanwender aus den einzelnen Abteilungen oder Fachbe-reichen, auf „Neudeutsch" auch Key User genannt (**Abbildung 22.4**). Auch wenn es dem Unternehmen „wehtut", so ist es doch sinnvoll, für diese Aufgabe immer die besten Mitar-beiter und Mitarbeiterinnen heranzuziehen. Schließlich muss ein Key User wichtige Ent-scheidungen bezüglich Funktionen und Prozessen in der neuen Lösung treffen und diese später gemeinsam mit den anderen Anwendern umsetzen.

Abbildung 22.4   Key User sind der Schlüssel zum Erfolg (Quelle: Shutterstock)

Welche Kenntnisse/welchen Status sollte der Key User haben?

- Gute bis sehr gute Kenntnisse der Anforderungen im eigenen Bereich

- Akzeptanz bei Kollegen/Kolleginnen

- Offenheit in der Kommunikation

- Blick über den eigenen Tellerrand hinaus

- Eigeninitiative beim Lösen von Problemen, Abwickeln vereinbarter Aufgaben

- Fähigkeit, im Rahmen von Endanwenderschulungen das erworbene Wissen aus den Key-User-Schulungen weiterzuvermitteln

- Idealerweise schon einmal Tätigkeit als Key User

Was sind die Aufgaben und Verantwortlichkeiten der Key User?

- Teilnahme an allen Modulen/Bereichsschulungen

- Definition und Festlegung der relevanten Geschäftsprozesse

- Erarbeitung und Prüfung der Grund-/Detailkonzepte sowie der prozessualen Durchgängigkeit im Rahmen des Projektauftrages
  - Vorgabenerstellung für Anpassungen
  - Aufarbeitung und Weitergabe der für die Anpassung, das Customizing benötigten Informationen

- Vorbereitung und Durchführung der Modul- und Integrationstests

- Berichterstattung und Statusberichte an die Projektleitung

- Prüfung und Vorbereitung der Abnahme von Leistungsergebnissen

- Dokumentation und Schulung der Endanwender

- Unterstützung der Endanwender nach Produktivstart

Mit wie viel Aufwand muss man als Key User rechnen?

Die Aufgabe als Key User ist nicht zu unterschätzen. Dabei gilt die Regel, dass Sie mit dem Faktor 2 bis 3 der externen Beratertage im Verhältnis zum internen Aufwand rechnen müssen. Der Berater schult/berät und verteilt Aufgaben, z. B. Datenaufbereitung. Er ist z. B. einen Tag vor Ort, der Key User benötigt danach aber zwei bis drei Tage, um das Besprochene umzusetzen bzw. an weiteren Meetings teilzunehmen. Deswegen sollte sich das Management Gedanken machen, wie die Key User entlastet werden können, damit diese sowohl das Tagesgeschäft als auch das Projekt im vollen Umfang abdecken können.

22.11   Die Aufgaben der internen Projektleitung

Die Projektleitung stellt in jedem IT-Projekt die Schlüsselposition für den Projekterfolg dar. Ein IT-Projekt wird dabei nicht „mal so nebenbei" betrieben. Deswegen sollte man gründlich darüber nachdenken, wer eigentlich die Projektleitung übernehmen sollte.

Wer wäre denn der ideale Projektleiter?

Gleich zu Anfang: Nein, es ist *nicht* die IT-Leitung oder ein IT-Mitarbeiter. Die Projektleitung sollte immer einer Person obliegen, die am meisten vom Ergebnis der Umsetzung der neuen Lösung profitiert. Das ist ganz bestimmt nicht die IT, im Gegenteil. Oft kann es vorkommen, dass die IT gar kein Interesse an der neuen Lösung hat. Am besten Sie nehmen für die Projektleitung den Speditionsleiter oder einen Abteilungsleiter aus der Spedition. Wer nun behauptet, dass diese Mitarbeiter gar keine Kenntnisse als Projektleiter mitbringen, der mag Recht haben, dann obliegt es aber der Geschäftsführung, die Unterstützung zu bieten, die es der Projektleitung ermöglicht, die gestellten Aufgaben auch erfolgreich wahrzunehmen. So z. B. den Einsatz eines erfahrenen Beraters an der Seite des Projektleiters und/oder die Teilnahme an speziellen Workshops für Projektleiter. Die Kenntnisse des Unternehmens, der Prozesse, bis hin zur internen Politik machen, bei einer entsprechenden Unterstützung, die fehlenden Projektleiterkenntnisse wett.

Welche Kenntnisse/welchen Status sollte die Projektleitung haben?

- Sehr gute Kenntnisse der Anforderungen des Unternehmens insgesamt

- Akzeptanz bei Kollegen/Kolleginnen

- Offenheit in der Kommunikation und Fähigkeit, Probleme im Projekt mit internen und externen Ressourcen zu lösen

- Eigeninitiative bei der Realisierung der gesetzten Projektziele

- Idealerweise schon einmal Tätigkeit als Projektleiter(in)

Was sind die Aufgaben und Verantwortlichkeiten der Projektleitung?

- Planung des Projekts und der Termine gemeinsam mit dem SW-Anbieter

- Kosten- und Termincontrolling mit vorrausschauender Sicht

- „To do" – Aufgabenmanagement, Aufgabenverteilung und Überwachung

- Koordination und Teilnahme an allen Modul-/Bereichsschulungen

- Prüfung und Kontrolle der durch die Key User definierten relevanten Geschäftsprozesse

- Erarbeitung und Prüfung der Grund-/Detailkonzepte sowie der prozessualen Durchgängigkeit im Rahmen des Projektauftrages gemeinsam mit den Key Usern

- Vorgabenerstellung für Anpassungen gemeinsam mit den Key Usern

- Aufarbeitung und Weitergabe der für die Anpassung, das Customizing benötigten Informationen gemeinsam mit den Key Usern

- Vorbereitung, Durchführung und Überwachung der Modul- und Integrationstests gemeinsam mit den Key Usern

- Berichterstattung und Statusberichte an die Geschäftsleitung

- Entscheidung/Vorschlag zum Anrufen des Lenkungsausschusses bei Problemen

- Prüfung und Vorbereitung der Abnahme von Leistungsergebnissen gemeinsam mit den Key Usern

- Koordination und Prüfung der Dokumentation und Schulung der Endanwender durch die Key User

- Unterstützung der Key User nach Produktivstart

Welche Voraussetzung zur erfolgreichen Projektleitung gibt es?

- Ausreichende Freistellung durch die Geschäftsleitung

- Weisungsbefugnis bezogen auf das Projekt gegenüber allen Projektteilnehmern (intern und extern)

- Mögliche selbstständige Prioritätensetzung für Aufgaben und Termine im Projekt vs. Tagesgeschäft

- Erhalt der notwendigen Werkzeuge (technisch), um die oben genannten Aufgaben realisieren zu können (Projektplanungstools, To-do-Management etc.)

Ein Projektleiter braucht Erfahrung im eigenen Unternehmen, aber nicht zu viel!

Stellt sich heraus, dass keiner der Mitarbeiter gewillt oder zeitlich verfügbar ist, um die Position des Projektleiters zu besetzen, so kommt es hin oder wieder vor, dass ein neuer Mitarbeiter hierfür eingestellt wird. Doch aufgepasst, dies geht meistens nicht gut, da der neue Mitarbeiter weder über die Erfahrung im eigenen Unternehmen noch über die Akzep-

tanz bei alteingesessenen Mitarbeitern verfügt. Viel besser ist es, neue Ressourcen im Unternehmen zur Unterstützung bestehender Mitarbeiter einzusetzen. Wer nun denkt, dass
man am besten den Mitarbeiter einsetzt, der schon seit 25 Jahren im Unternehmen tätig ist
und somit selbstverständlich über die meiste Erfahrung verfügt, liegt meistens genauso
falsch. Denn hier liegt das Problem wiederum in der Betriebsblindheit und dem Hang,
Altbewährtes bewahren zu wollen.

Mit wie viel Aufwand muss man als Projektleiter rechnen?

Genauso wie beim Key User sollte man die Aufgabe als Projektleiter nicht unterschätzen.
Dabei gilt die Regel, dass Sie mit dem Faktor 2 bis 3 der externen Beratertage im Verhältnis
zum internen Aufwand rechnen müssen. Der Berater schult/berät und verteilt Aufgaben,
z. B. die Datenaufbereitung. Er ist z. B. einen Tag vor Ort, der Projektleiter benötigt danach
aber ein bis zwei Tage Aufwand, um dies zu planen und zu überwachen bzw. an weiteren
Meetings teilzunehmen. (Die Umsetzung liegt dabei oft im Fokus der Key User.) Insgesamt
muss ein Projektleiter während der Einführungsphase 50% bis 100% der Arbeitszeit (je nach
Phase) im Projekt zur Durchführung der oben genannten Aufgaben aufwenden. Externe
Ressourcen (nicht der SW-Anbieter) können dabei ggf. Teilbereiche übernehmen, nicht
jedoch die Gesamt-Projektleitung. Das Management sollte besonders belasteten Projektlei-
tern möglichst anbieten, dass Kollegen Aufgaben im Tagesgeschäft übernehmen, damit die
Key-User-Aufgaben in vollem Umfang wahrgenommen werden können.

Es kann nur einen geben!

Besonders wichtig ist aber auf jeden Fall, nicht mehreren Mitarbeitern gleichzeitig eine
Projektleiterposition anzubieten. Je größer das Unternehmen ist, desto wahrscheinlicher
sind Sub-Projektleiter in Teilbereichen wie Disposition, Abrechnung, Analyse etc. Ein einzelner Projektleiter sollte aber auf jeden Fall den Hut für alle Bereiche aufhaben und den
zugeordneten Sub-Projektleitern gegenüber auch weisungsbefugt sein.

Ein Projektleiter braucht Coaching und/oder Training

Wie der Name es schon sagt, ein Projektleiter soll das Projekt leiten. Leider aber konnten
die allerwenigsten Mitarbeiter in diesem Bereich Erfahrung sammeln. Schließlich findet
nicht jeden Tag die Auswahl und Einführung einer neuen IT-Lösung statt. Das gilt übrigens
nicht nur für IT-fremde Abteilungen, sondern leider oft auch für die IT. Ein gefährlicher
Trugschluss ist dabei aber auch, einen Projektleiter zu benennen, weil dieser eine ähnliche
Funktion bereits in seinem vorigen Unternehmen wahrgenommen hat. Wie bei einer Bewerbung sollte man darauf achten, dass die benötigten Fähigkeiten auch wirklich vorhanden sind. Wer weiß, wie das Projekt zuvor wirklich gelaufen ist. Passen Sie also auf, dass
Sie hier den Bock nicht zum Gärtner machen.

Das sollten Sie vermeiden

Im Unternehmen wird Herr X als Abteilungsleiter zum Projektleiter ernannt. Durch Beeinflussung der IT, auf dessen Rat er wegen ungenügender Erfahrung zurückgreift, wird die-

sem suggeriert, dass nur eine bestimmte Datenbank beim vorhandenen Datenvolumen die gewünschten Antwortzeiten liefert. In diesem Fall war die Aussage aber schlichtweg falsch. Die IT hatte dabei wohl mehr an sich selbst als ans Unternehmen gedacht und der Projektleiter mit wenigen Kenntnissen hatte aus Angst, einen Fehler zu machen sowie die IT möglicherweise gegen sich zu haben, entschieden, nur noch Anbieter auf Basis der IT-Vorgaben zu berücksichtigen. Leider nicht die beste Entscheidung.

22.12 Die Aufgaben eines externen Projektleiters

Wie der Name schon sagt, der Projektleiter „leitet" das Projekt. Das bedeutet, dass er nicht nur jederzeit und überall über den Stand des Projekts informiert sein sollte, sondern auch in der Lage sein muss, sehr kurzfristig Entscheidungen zu treffen. Natürlich wurde er sowohl vom Kunden im Rahmen des Projekts als auch von seinem Arbeitgeber mit den entsprechenden Befugnissen ausgestattet. Idealerweise ist der Projektleiter nicht nur mit der reinen Projektleitung beschäftigt, sondern übernimmt auch aktiv einen Teil des Projekts im operativen Umfeld, so z. B. den Bereich Disposition oder Abrechnung beim Speditionsunternehmen. Dieser Einsatz ist natürlich abhängig von der Unternehmensgröße, in dem das Projekt umgesetzt wird. Bei einem Projekt in einem mittelständischen Logistikunternehmen mit 350 Mitarbeitern ist der kombinierte, operative Einsatz (Projektleitung und operativer Teil im Projekt) möglich. Bei einem Großunternehmen mit 10.000 Mitarbeitern ist der Projektleiter mit seiner reinen Leitungstätigkeit zu 100% ausgelastet und kann keine weiteren Aufgaben wahrnehmen.

Was sind die Aufgaben eines externen Projektleiters?

Abhängig von der einzuführenden Software sind für einen externen Projektleiter die nachfolgenden Tätigkeiten relevant:

- Erstellung und Verwaltung des Projektplans

- Erstellung der Zielvorgaben und Überwachung dieser Ziele im Projekt

- Entscheidung über Ressourcen beim Softwareanbieter z. B. Beratung, Technik oder Entwicklung

- Projektcontrolling in Bezug auf Zeiten, Kosten und Termine

- Frühzeitige Warnung an das Projektteam, falls Kosten, Termine, Zeiten aus dem Ruder laufen

- Anleitung der externen Berater zu deren Aufgabenstellung im Projekt

- Koordination von Personal und Ressourcen im Projekt. Ggf. auch von Mitarbeitern von Drittfirmen.

- Erste Instanz zur Klärung von Unstimmigkeiten zwischen externen Beratern und Mitarbeitern des Kunden

- Leitung von Projektmeetings

- Coaching des internen Projektleiters, falls dieser noch unerfahren in der IT-Projektleitung ist

- Teilnahme im Lenkungsausschuss

- etc.

Diese Tätigkeiten und Entscheidungen sollten in Abstimmung mit dem internen Projektleiter, wo immer dieser davon betroffen ist, erfolgen.

Wie berechnet man den Aufwand für einen externen Projektleiter?

Wichtig für das Anwenderunternehmen ist, dass in der Planung auch ausreichend Zeit für diese Tätigkeiten eingeplant wird. Eine simple Formel zur Berechnung des minimalen Aufwands im Projekt im Mittelstand lautet:

Projektlaufzeit in Monaten x 2 Tage pro Monate + 1 Monat zusätzlich

Bei einem Projekt mit 12 Monaten Laufzeit:

12 x 2 = 24 + 2 = 26 Tage Projektleitung

Bei größeren und komplexeren Projekten kann dies natürlich wesentlich mehr sein. Wer z. B. als Anbieter in einem 12-Monats-Projekt im Angebot lediglich 6 Tage auflistet, muss sich die Frage gefallen lassen, ob der Projektleiter nur zum Kaffeetrinken vorbeischaut. Mit derart geringem Aufwand kann keine aktive Führungsrolle im Projekt wahrgenommen werden.

Expertentipp: Besonders bei US-basierten Unternehmen kann es vorkommen, dass ein Projektleiter aus Deutschland wenig zu sagen hat. Stellen Sie also sicher, dass der bei Ihnen vorgestellte Projektleiter auch wirklich die Befugnisse besitzt, um Ihr Projekt bis zum Ende zu begleiten, und auch die notwendigen Entscheidungen, was Personalressourcen angeht, treffen kann. Sonst kann es Ihnen schnell passieren, dass Ihr Projekt als zweitrangig angesehen wird, der Projektleiter gewechselt und nur „Zweite-Klasse-Berater" dem Projekt zugeordnet werden.

22.13 So schulen die Anbieter Sie richtig

Abbildung 22.5 Anbieterschulung

Thema	Bei Ihnen vor Ort	Beim Anbieter
Wie genau ist die Tagesagenda?	x	x
Was wird das Ergebnis der Schulung sein?	x	x
Ist es eine Präsenz-Schulung oder Schulung mit praktischen Übungen?	x	x
Wie viele Teilnehmer hat die Schulung?		x
Wie viele Teilnehmer sollen maximal mitmachen	x	
Welche Ausstattung im Schulungsraum müssen Sie bereitstellen?	x	
Welche Ausstattung hat der Schulungsraum?		x
Wer ist der Trainer? Profil/Lebenslauf?	x	x
Wie oft hat der Trainer die Schulung schon gehalten?		
Welche Voraussetzungen sollten Teilnehmer mitbringen?	x	x
Welche Schulungsmaterialien erhalten die Teilnehmer?	x	x
Werden die Teilnehmer am Ende getestet?	x	x
Gibt es einen Bewertungsbogen am Ende der Schulung	x	x

„Vertrauen ist gut, Kontrolle ist besser". Das gilt auch für das Thema Schulung durch die Anbieter. Auch wenn Ihre Anbieter schon seit Jahrzehnten im Markt erfolgreich tätig sind, bedeutet dies noch lange nicht, dass hier auch gut und effizient geschult wird. Schlechte Schulungen können für die geschulten Mitarbeiter extrem demotivierend sein. Deswegen sollten Sie möglichst im Vorfeld klären, dass das Ergebnis hier auch zufriedenstellend sein wird. Wie in **Abbildung 22.5** dargestellt, sollten Sie aus diesem Grund im Vorfeld von Schulungen Verschiedenes abfragen.

Wenn die erhaltenen Antworten nicht zufriedenstellend ausfallen, dann kommunizieren Sie dies noch vor der Schulung an die Projektleitung oder Ihre Geschäftsführung. Ggf. können hier noch Aktivitäten in die Wege geleitet werden, um dieses Problem im Vorfeld zu adressieren. Nur wenn Sie davon überzeugt sind, dass die Schulung auch gut organisiert und von hoher Qualität ist, können Sie sicherstellen, dass Ihre Mitarbeiter zufrieden sind und die Schulungen zum Erfolg des Projekts beitragen.

Expertentipp: Verlassen Sie sich nicht darauf, dass der Anbieter schon korrekt und effizient schulen wird. Stellen Sie vorab die notwendigen Fragen und sprechen Sie ggf. mit vorigen Teilnehmern, wie mit einer Referenz, wenn möglich.

22.14 Gestalten Sie interne Schulungen effizient und erfolgreich

Effizient geschulte Mitarbeiter sind die Basis, um die neue Softwarelösung auch erfolgreich im Unternehmen einsetzen zu können. Es ist deshalb sehr wichtig, die Schulungen, ebenso wie deren Anzahl und die Reihenfolge der Termine, genau zu planen und deren Erfolg zu messen. Auch wenn dies dem eigenen Unternehmen obliegt, sollten Sie sich Rückendeckung vom Anbieter holen und nachhaken, ob Ihr Schulungskonzept so praktikabel ist und Sie damit Ihr Ziel erreichen werden.

Ziel der Schulung definieren

Das Ziel einer jeden Schulung ist, dass die geschulten Anwender bisherige, geänderte oder neue Geschäftsprozesse mit Unterstützung der Software möglichst reibungslos umsetzen können. Wenn Probleme auftauchen, sollten Sie in der Lage sein, sich selbst zu helfen (Hilfe & Co.), sich intern gegenseitig zu unterstützen oder den internen Support bzw. die Key User befragen.

Schulungsteilnehmer und Schulungsbedarf definieren

Je größer das Unternehmen, desto genauer müssen Sie vorab planen, wer an welcher Schulung wann teilnehmen soll. Dabei ist es hilfreich, auf Basis der Personalliste eine Tabelle zu erstellen, auf der die einzelnen Mitarbeiter, Funktionen und zugeordneten Schulungen definiert sind (**Abbildung 22.6**).

Abbildung 22.6   Schulungsermittlung

Name	Abteilung/Funktion	Info-Präsentation	Basis-Schulung	Modul/Prozess Kundenstamm	Modul/Prozess Finanzbuchhaltung	Modul/Prozess Disposition	XXX
Hans Meier	Finanzbuchhaltung	x	x	x	x		
Marita Müller	Disposition		x			x	
XXX							

Auf diese Weise erhalten Sie eine Idee, wie viele Anwender in welchem Bereich geschult werden müssen, und können Klassengrößen und die Anzahl der Schulungstermine definieren.

Klassengrößen

Idealerweise überschreiten die Klassen pro Trainer nicht 10 Personen. Nur so kann sichergestellt werden, dass Wissen tatsächlich übertragen wird und genug Zeit für Rückfragen bleibt. Generell gilt: Je kleiner die Klasse, umso effizienter die Schulung.

Typen von Schulungen

Die „Präsentation" als Einleitung

Hier findet keine Schulung, sondern tatsächlich nur eine Präsentation statt. Dies kann auch in großer Runde, quasi in der Art einer Betriebsversammlung, erfolgen und ist dann sinnvoll, wenn die Anwender noch nie gesehen haben, was das neue System eigentlich kann, und nicht einmal das Projektziel allgemein bekannt ist. Inhalt dieser Präsentation sollte sein:

- Hintergrundinformationen zum Projekt
- Der aktuelle Projektplan von der Schulung bis zum Go Live und danach
- Erste Übersicht zu allen mit der neuen Lösung abgedeckten und nicht abgedeckten Prozessen und Funktionen (auf Modulebene, nicht Detailfunktion)
- Vorstellung der Software anhand ein oder zwei Beispielprozessen
- Erwartungshaltung gegenüber den Anwendern
- Übergabe der Info zu den kommenden Schulungen

Diese Präsentation sollte in der Regel nicht länger als ein bis zwei Stunden dauern und von der Projektleitung moderiert werden. Die Geschäftsführung sollte ebenfalls anwesend sein und Themen wir Hintergrund und Ziele des Projekts als Management-Sponsor präsentieren (**Abbildung 22.7**).

Abbildung 22.7   Effiziente Schulungen sind entscheidend für den Erfolg im Projekt
(Quelle: Shutterstock)

Die Basisschulung für alle

Als nächste Stufe erfolgt eine Einweisung in die Funktionsweise des Systems und in allgemeine Funktionen, die jeder Anwender kennen und beherrschen sollte. So wird vermieden, dass die allgemeine Schulung vor jeder Modul-Prozessschulung stattfindet. Außerdem sollten die Anwender nach dieser Schulung bereits in der Lage sein, etwas mit dem System „zu spielen/zu üben". Deswegen ist es sinnvoll, dass zwischen der Basisschulung und der Modul-Prozessschulung mindestens eine, aber maximal zwei Wochen Zeit verstreicht. Inhalt dieser Schulungen könnte (abhängig von den gekauften Modulen/Funktionen/Systemen) sein:

- Generelle Systemphilosophie

- Einige beispielhafte Erläuterungen im Sinne von „wie lief es bisher, wie läuft es demnächst" (system- und prozesstechnisch)

- Finden und Nutzen von Funktionen und Programmen

- Anlegen, Ändern, Löschen von Daten

- Anzeige, Suchen, Filtern von Daten

- Erstellung/Anpassung der eigenen Nutzerumgebung, Favoritenliste, Bildschirme etc.

- Nutzung der Groupware (Mail, Termine etc.)

- Nutzung des Hilfesystems

- Anlage einer eigenen Hilfe/Anleitung

- Nutzung des integrierten Dokumentenmanagements

- Erstellung eigener Auswertungen und Analyse

Wichtig ist es hier, sehr diszipliniert vorzugehen, da sicherlich viele der Teilnehmer wissen wollen, wie genau der Prozess in Ihrer Abteilung laufen wird. Hier müssen Sie die Anwender konsequent auf die nachfolgenden Modul-Prozessschulungen verweisen. Für die allgemeinen Beispiele sollte Sie einfache Prozesse, wie z. B. den Kundenstamm, nehmen und alle genannten Funktionen in diesem Rahmen schulen. Die Schulung sollte einen halben bis einen Tag dauern und kann von der IT, den Beratern des Anbieters oder auch einem Key User durchgeführt werden. Danach sollten Sie die Anwender anhalten, direkt im System zu üben. Deswegen sollten spätestens bis zu dieser Schulung alle Benutzer einschließlich Benutzerrechten im System angelegt sein.

Die Modul-Prozessschulung

In dieser Schulung gehen Sie auf die täglichen Prozesse der Anwender im System, idealerweise auf Grundlage der definierten und verfeinerten Beispielprozesse ein. Wichtig ist, dass am Ende der Schulung die Anwender in der Lage sind, ihre Prozesse im System selbstständig abzuwickeln, z. B. von der Anlage eines Interessenten bis zu Abrechnung von Produkt und Leistungen. Das Thema des selbstständigen Übens ist nach dieser Schulung wichtiger denn je und sollte seitens des Trainers forciert werden. Diese Schulung sollte, einschließlich entsprechender Übungen, mindestens einen halben Tag bis maximal einen Tag dauern und wird von den Key Usern durchgeführt.

Der Schulungsplan

Nach der Definition der Art und Ermittlung der Anzahl der Schulungen sollten Sie einen entsprechenden Schulungsplan (**Abbildung 22.8**) erstellen und diesen intern kommunizieren.

Abbildung 22.8   Schulungsplan

Schulungsart	Abteilung/Funktion	KW 1					KW 2				
		MO	DI	MI	DO	FR	MO	DI	MI	DO	FR
Präsentation	Alle	x									
Basisschulung	Gruppe I		x								
Basis Schulung	Gruppe II			x							
Modul-Prozessschulung	Vertrieb Gruppe I				x						
Modul-Prozessschulung	Vertrieb Gruppe II					x					

Dabei sollten die Key User verantwortlich dafür sein, dass alle Anwender in deren Bereich auch tatsächlich zur Schulung erscheinen.

Das Schulungssystem, der Schulungsmandant

Achten Sie auf jeden Fall darauf, dass Sie ein separates Schulungssystem mit einer Schulungsdatenbank und Beispieldaten aufsetzen. Es sollten dabei keine relevanten Daten fehlen, um Beispielprozesse, wie im Live-Betrieb, durchgängig durchzuspielen. Dabei sollte es möglich sein, das System regelmäßig, quasi „auf Knopfdruck", in seinen Urzustand der Beispieldaten zurückzusetzen. Ansonsten kann es vorkommen, dass Sie nach kurzer Zeit einen enormen Wirrwarr an „halben Daten" im System haben und die eine oder andere Funktion einfach nicht mehr so funktioniert, wie dies in einem Live-System der Fall ist, z. B. die Disposition. Sollte Ihr System mandantenfähig sein, wäre es ideal, wenn Sie dies über einen Schulungsmandanten abbilden könnten.

Das „Train the Trainer"-Prinzip

Bei fast allen Anbietern ist es mittlerweile üblich, gemäß dem „Train the Trainer"-System zu schulen. Das heißt, der Anbieter schult einige ausgewählte Anwender (Key User), die dann wiederum ihre Kolleginnen und Kollegen schulen und auf diese Weise das Wissen übertragen. Dabei sollte man allerdings darauf achten, dass diese Key User auch über die Fähigkeit zu schulen und die notwendige Zeit verfügen. Nicht jeder Fachanwender, der sich hervorragend im System und den eigenen Prozessen auskennt, ist dazu bestimmt, dieses Wissen auch an Dritte zu übertragen. Es könnte dabei hilfreich sein, wenn sich die

Key User nach ihren ersten Schulungen zusammensetzen und die Erfahrungen untereinander austauschen.

Nur gut trainierte Trainer können selbst schulen

Ganz gemäß dem „Wasserträgerprinzip" kann nur ein gut geschulter Key User selbst Dritte effizient schulen. Achten Sie also darauf, dass Ihre Key User auch selbst gut geschult und vorbereitet sind. Mit „Halbwissen" kann sonst mehr Schaden als gedacht angerichtet werden und die zu schulenden Anwender beenden die Schulung frustriert und demotiviert.

Die Beispielprozesse als Schulungsbasis

Idealerweise haben Sie ja bereits für die Softwareauswahl Beispielprozesse, welche die Anbieter mit ihren Lösungen präsentieren sollten. Genau diese Beispielprozesse können nun als Vorgabe für die Schulungen herangezogen werden. Erweitern Sie diese einfach durch Beispiele und weitere Informationen, die Sie an die Anwender vermitteln wollen. Idealerweise sind die Beispielprozesse so aufgebaut, dass die Anwender diese auch weiter zum selbstständigen Üben nutzen können.

Schulungsunterlagen und Onlinehilfe

Einfach PC Anschalten, Loslegen und Präsentieren ist kaum die richtige Methode, um Wissen effizient und nachhaltig zu übertragen. Auch interne Schulungen sollten eine Zielsetzung und eine Agenda aufweisen sowie über entsprechende Unterlagen verfügen, wie z. B.:

- Zielsetzung der Schulung – Wer soll was und wie lernen

- Was ist *nicht* Bestandteil oder Zielsetzung der Schulung

- Agenda der Schulung
  - Allgemeine Themen
  - Beispielprozesse
  - Sonderfälle
  - Praktische Übungen

Idealerweise haben Sie hierfür eine begleitende Powerpoint®-Präsentation vorbereitet. Oft gibt es Schulungspräsentationen der Anbieter, die Sie anpassen und damit in Bezug auf Ihr Unternehmen und Ihre Beispielprozesse individualisieren können. Fragen Sie also danach. Es ist auch sinnvoll, die Onlinehilfe und die Unterlagen der Anbieter dahingehend zu prüfen, inwieweit Sie diese im Rahmen der Schulungen nutzen können. Ein wichtiger Punkt für jeden Anwender ist es auch zu lernen, wie man sich selbst helfen kann. Sei es in den Schulungsunterlagen oder durch das Finden von Informationen und Anleitungen in Handbüchern oder der Onlinehilfe direkt in der Software.

Der Schulungs- und Übungsraum

Effiziente Schulungen können nur in einem Schulungsraum und nicht am Arbeitsplatz durchgeführt werden. Dabei sollte dieser die echten Arbeitsumgebungen widerspiegeln. Wenn bei Ihnen jeder Mitarbeiter über zwei 32"-Bildschirme am Arbeitsplatz verfügt, dann sollte dies auch im Schulungsraum so sein. Mehr als zwei Personen sollten aber nie an einem Arbeitsplatz teilnehmen. Sobald sich zwei Personen einen Arbeitsplatz teilen, wäre es ratsam sicherzustellen, dass die Rollen von „Bearbeiter" und „Beobachter" in regelmäßigen Abständen getauscht werden.

Der Schulungsraum sollte auch über andere technische Ausstattungen wie Dokumenten-scanner, Barcode-Labeldrucker, Drucker oder Barcodescanner verfügen, damit der Anwender nicht sagen kann, „das konnte ich ja im Vorfeld so nicht testen". Der Schulungsraum sollte übrigens nicht nur bis zum Go Live, sondern auch noch einige Monate danach für Meetings und Tests zur Verfügung stehen. Danach ist es sinnvoll, einen kleineren, z. B. einen mit zwei Arbeitsplätzen bestückten Raum beizubehalten – wichtig z. B. auch für die Schulung und Einweisung neuer Mitarbeiter.

Remote-Schulungen

Da es sich nicht immer empfiehlt, alle Schulungen als „Präsenz-Schulungen" vorzunehmen, sollte im Schulungsraum die Möglichkeit bestehen, die Schulungen über die entsprechende Technologie an entfernte Standorte zu übertragen. Dabei übernimmt am anderen Standort ein Mitarbeiter die Koordination und Vor-Ort-Betreuung, wo die Anwender ebenfalls über einen Schulungsraum verfügen. Qualitativ sollte man als Anwender, der „remote" geschult wird, keine wesentlichen Einschränkungen haben.

Üben, üben, üben

„Nach der Schulung ist vor dem Üben". Wer denkt, dass eine einmalige Schulung aus-reicht, um Wissen zu übertragen liegt leider falsch. Natürlich ganz abhängig von der Auf-fassungsgabe, der Anforderung, dem Prozess etc. geht es bei dem einen Mitarbeiter nun einmal schneller und leichter als bei dem anderen. Deswegen sollten Sie, spätestens nach der Modulschulung, die Anwender anhalten, in regelmäßigen Abständen bis zum Go Live zu üben.

Hierzu dient sinnvollerweise ein Übungsplan. Genug geübt wurde, wenn der Anwender oder Key User in der Lage ist, den kompletten Ablauf seiner Beispielprozesse am System zu präsentieren (inkl. Ausnahmefälle). Regelmäßig üben bedeutet z. B.:

- Key User 3 x pro Woche 30 Minuten

- Anwender 2 x pro Woche 30 Minuten

Legen Sie diesen Zyklus gemeinsam mit der Projektleitung und Geschäftsführung fest. Im Schulungsraum sollten Sie ein Zeiterfassungsblatt auslegen, auf dem sich jeder „Übende" einträgt. So erhalten Sie schnell und einfach eine Übersicht. Sollten Sie gar eine Projektmanagement-Software mit erworben haben, dann legen Sie doch einfach ein Projekt mit dem Projektschritt „Üben" an und lassen die Anwender die Zeit direkt im Projekt erfassen. Das macht die Kontrolle erheblich einfacher. Es kann auch sinnvoll sein, ab Beginn des Übens einmal pro Woche ein bis zwei Stunden Direktsupport vom Anbieter zu vereinbaren, bei dem der Anwender während der Woche gesammelte Fragen und aufgekommene Probleme, die auch der Key User nicht lösen konnte, vorträgt.

Bewertung der Schulung und Schulungsteilnehmer

Auch intern ist Kritik notwendig und sinnvoll. Fehler wollen Sie wohl kaum wiederholen und bewährte Methoden auch duplizieren. Deswegen sollten Sie einen Bewertungsbogen für die Schulungen erstellen, damit sich die Trainer der Kritik stellen, aber auch Lob erhalten können. Die Trainer sollten auf jeden Fall die einzelnen Schulungsteilnehmer bewerten. Wie in der Schule sollte hier frühzeitig erkannt werden, wo es ggf. Probleme geben könnte oder wer von den Teilnehmern geeignet ist, vielleicht auch bei der Schulung die Kollegen oder Kolleginnen zu unterstützen. Lassen Sie unerkannte Schulungstalente und potenziell weitere Key User nicht im Unternehmen „schlummern", sondern nutzen Sie deren Potenzial während und auch nach der Einführung.

Der Schulungstest

Wunsch und Wirklichkeit liegen ja bekanntlich oft weit auseinander. Deswegen ist es generell sinnvoll, das Erlernte einem „Test" zu unterziehen. „Unbeteiligte Dritte" sind dafür meist eine gute Wahl. Wenn Ihre Einführung z. B. von einem Berater begleitet wurde und diesem die allgemeine Funktionsweise der neuen Lösung bekannt ist, kann er die Beispielprozesse mit den einzelnen Anwendern durchgehen. Dies sollte aber rechtzeitig stattfinden, damit eventuell noch vorhandene Wissenslücken rechtzeitig vor dem Go Live gefüllt werden können.

Expertentipp: Stellen Sie Ihren Mitarbeiter einen gut ausgestatteten Schulungsraum zur Verfügung und motivieren diese nach deren Schulung und vor dem Go Live regelmäßig zu üben. Planen Sie Ihre Schulung genau und überprüfen Sie die Effizienz und das Ergebnis.

22.15   Die Hardware- und Technologieanforderungen

Jede Software benötigt natürlich auch die entsprechende Hardware. Dabei unterscheidet man zwischen lösungsspezifischer Hardware wie z. B. der von Handheld-Geräten zur mobilen Datenerfassung und der Hardware, die im Allgemeinen im Unternehmen eingesetzt und in der Regel auch von anderen Lösungen genutzt wird.

Sie sollten die Hardware bei der Investition in keinem Fall unterschätzen. Je nach System bestehen hier zum Teil enorme Unterschiede hinsichtlich der technischen Anforderungen. Vor der Anbieterentscheidung müssen Sie genau wissen, welche Hardware benötigt wird und welche Kosten damit verbunden sind. Die Anbieter haben deshalb entweder allgemeine Hardwareanforderungen zur Verfügung zu stellen oder die Anforderungen über ein „Hardwaresizing" individuell zu ermitteln. Dabei werden Daten in Bezug auf die Anzahl der verarbeiteten Datensätze wie Artikel, Aufträge, Auftragspositionen etc. über entsprechende Formeln herangezogen, um darüber die benötigte Ausstattung zu berechnen. Lassen Sie Ihre vorhandene oder geplante Hardware vom Anbieter prüfen und von diesem schriftlich bestätigen, dass sie ausreicht. Nur so können Sie ggf. auf den Anbieter zurückgreifen, wenn unerwartete Investitionen anstehen, weil die Hardware doch nicht ausreichend für die neue Lösung ausgelegt ist.

Was sollte man bei der technischen Konfiguration prüfen?

Server – Anzahl, Prozessoren, Anzahl der Prozessoren, Arbeitsspeicher, Festplattenplatz, Betriebssystem, Virtualisierung.

Arbeitsplätze der Anwender – Prozessor, Arbeitsspeicher, Festplattenplatz, Betriebssystem, Bildschirm und Internetbrowser.

Netzwerk – Art des Netzwerkes und Übertragungsgeschwindigkeit bzw. Internetverbindung.

Peripheriegeräte – Drucker, Scanner, Barcode Labeldrucker, Barcodescanner etc.

Über die hardwareorientierten Anforderungen hinaus bedarf es möglicherweise zusätzlicher Software, damit alle Funktionen im System genutzt werden können. Beispiele hierfür sind:

- Faxsoftware
- Groupware (E-Mail & Co.)

Vergessen Sie nicht, auch danach zu fragen.

Mittlerweile ist das Arbeiten an zwei Bildschirmen in den meisten Unternehmen üblich. Die Software sollte demnach auch in der Lage sein, Applikationsfenster auf mehr als einem Bildschirm zu öffnen. Geben Sie dazu am besten dem Anbieter Ihre bestehende Hardwarekonfiguration zur Prüfung und lassen Sie sich von ihm bestätigen, ob die neue Software in dieser Umgebung läuft bzw. erweitert oder ausgetauscht werden muss. Damit ist der Anbieter am Zug.

Formulare richtig definieren

In jedem Unternehmen gibt es verschiedenste Formulare, die direkt aus der Software erstellt werden. Sie haben hoffentlich eine Aufstellung all Ihrer Formulare (keine Listen oder Auswertungen) bereits bei der Anfrage angefertigt, sonst kann es schnell zu erheblichen ungeplanten Mehrkosten kommen.

Eine simple Regel besagt: 1 Formular, 1 Tag, 1.000 €

Gemäß dieser Regel wären bei 15 Formularen gleich einmal 15.000 € nur für die Formularerstellung fällig. Dabei sollten Sie beachten, dass die Anzahl der Formulare gänzlich unabhängig von der Unternehmensgröße ist. Somit kann die Formularerstellung, besonders bei kleineren Unternehmen, kostenmäßig im Verhältnis zu den Gesamtkosten des Projekts erheblich ins Gewicht fallen (**Abbildung 22.9**).

Hochrechnung der Formularkosten

Abbildung 22.9   Formularkosten

Anzahl Formulare	Kosten pro Formular	Gesamtkosten
5	250 €	1.250 €
10	250 €	2.500 €
15	250 €	3.750 €
20	250 €	5.000 €
5	500 €	2.500 €
10	500 €	5.000 €
15	500 €	7.500 €
20	500 €	10.000 €
5	1.000 €	5.000 €
10	1.000 €	10.000 €
15	1.000 €	15.000 €
20	1.000 €	20.000 €

Welche Formulararten gibt es?

Externe Formulare

Wie z. B. Angebot und Rechnung. Hier wird, je nach Unternehmen, besonders viel Wert auf Design, Lesbarkeit und Inhalt gelegt. Mittlerweile sind auch in vielen Unternehmen Bilder, Zeichnungen oder Barcodes auf diesen Formularen zu finden.

Interne Formulare

Meist fertigungs- oder lagerorientierte Formulare, die vielleicht weniger „schön" aussehen, in denen aber ebenso Inhalte wie Zeichnungen, Bilder oder Barcodes möglich sein müssen.

Technische Varianten beim Formulardesign

Es gibt 4 Möglichkeiten, Formulare zu erstellen:

1. *Das Formular ist „hart" programmiert*
   Ein Entwickler muss jedes einzelne Formular (auch für jede Version in einer zusätzli-

chen Sprache) manuell erstellen. Dies ist extrem aufwendig und kann eigentlich nur vom Softwareanbieter durchgeführt werden. Damit ist es bei Änderungen sehr kostspielig.

2. *Das Formular kann per „Skript" angepasst werden*
Es steht eine Skriptsprache zur Verfügung, die auch außerhalb des Programmcodes die Anpassung von Formularen erlaubt. Auch diese Option ist in der Regel nur durch den Anbieter anpassbar und recht aufwendig.

3. *Das Formular wird in einem Formularmanager/Generator per WYSIWYG definiert*
Es steht eine Software zu Verfügung, mit der man das Formular designen kann. Diese Software wird teilweise vom Anbieter selbst hergestellt oder meist auch als externe Lösung zugekauft. Nur in dieser Version ist es möglich, Formulare, in der Regel nach einer Schulung, auch als Anwender selbst zu erstellen. Es gibt dabei aber erhebliche Unterschiede im Bedienungskomfort. Schließen Sie nicht auf eine schnelle Erstellung, nur weil ein derartiges Werkzeug verfügbar ist. Wer vom Anbieter unabhängig sein will, sollte darauf achten, dass diese Option im neuen System zur Verfügung steht.

4. *In einer Textverarbeitung wie z. B. MS-Word®*
Viele Systeme erstellen auch die Formulare in einer Textverarbeitung. Dies kann besonders im Rahmen von Formatierungen bei einer designorientierten Gestaltung, z. B. im Vertrieb, sinnvoll sein. Auf jeden Fall aber ist zu beachten, dass:

   a. die Performance stimmt (manche dieser Systeme sind bei der Erzeugung des Ausdrucks im Echtbetrieb etwas träge).
   b. der Formularinhalt gar nicht oder nur von ganz bestimmten Mitarbeitern nach Erzeugung geändert werden kann. Ansonsten kann es vorkommen, dass man Kondition A aus der Software übernimmt und mit Kondition B einfach im Ausdruck überschreibt. In der Software selbst ist diese Änderung dann gar nicht ersichtlich, sondern nur in der, hoffentlich archivierten, Ausdruckversion. Das kann gefährlich werden. Besonders wenn auch nicht festgehalten wurde, wer wann diese Änderung vorgenommen hat.

Was ist eigentlich WYSIWYG?

Dies steht für What You See Is What You Get, oder auf Deutsch: „Sie sehen das Formular beim Design genauso, wie der Ausdruck später aussieht."

Formatierungen

Wer viel Wert auf ein „schönes" Formular legt, sollte auch die Möglichkeit der Formatierung der Überschriften etc. in Betracht ziehen. Einfach geht dies eigentlich nur in den zuvor genannten Varianten c und d. Bei a und b ist dies extrem aufwendig, wenn nicht gar unmöglich.

Sprachversionen

Vergessen Sie nicht, bei der Definition der Formulare auch festzulegen, welche Formulare in welchen Sprachen zur Verfügung stehen müssen. Beim Ausdruck unterscheidet man dann zwischen:

- *„Formularsprache"*
  Die Sprache, in der das Formular mit den Überschriften der Felder gedruckt wird.

- *„Datensprache"*
  Dazu müssen z. B. Artikel, Adress- oder Abrechnungsdaten in den Stammdaten oder im Auftrag in der jeweiligen Sprache zur Verfügung stehen und in dieser Sprache auf dem Formular gedruckt werden. Sollten Sie diese Daten noch nicht übersetzt haben, muss das System sicherstellen, dass die Daten zumindest in Ihrer Unternehmenssprache (z. B. Deutsch) mit ausgedruckt werden. Ansonsten fehlen plötzlich relevante Informationen, ohne dass dies direkt auffällt. Idealerweise kann beim Ausdruck die Formular- und Datensprache beliebig kombiniert werden. Zum Beispiel englisches Formular mit deutscher Sprache bei den Daten (sofern diese, wie gerade beschrieben, noch nicht übersetzt wurden).

Wo sollten die Texte (Überschriften) der mehrsprachigen Formulare gespeichert sein?

Je nach genutzter Technologie können die Übersetzungsdaten:

a. hart im Programmcode programmiert sein

b. im Skript definiert sein

c. im Formular definiert werden

d. in einer speziellen Übersetzungsdatei stehen

e. in einer Übersetzungsdatenbank stehen

Wie Sie sich sicherlich vorstellen können, ist Option e die beste. Wobei generell bei d und e eine schnelle Sprachanpassung und damit Erstellung übersetzter Formulare möglich sein sollte. Wenn Sie selbst mehrsprachige Formulare erstellen wollen, ist darauf zu achten, dass Sie auch Zugriff auf diese Daten erhalten.

Welche Formulare kann es in verschiedenen Unternehmenstypen geben?

Nachfolgend finden Sie einige beispielhafte Formulare (**Abbildung 22.10**) aus diversen Unternehmenstypen und Geschäftsbereichen.

Abbildung 22.10 Formularliste

Formulare/Bereich (Beispielhaft)	I-nterner E-xterner Beleg	Spedition/Logistik	Industrieunternehmen	Handelsunternehmen	Dienstleistungsunternehmen
Allgemein					
E-Mail	I/E	x	x	x	x
Fax	E	x	x	x	x
Brief	E	x	x	x	x
Vertrieb/Kunde					
Angebot	E	x	x	x	x
Auftragsbestätigung	E		x	x	x
Transportauftrag	E	x			
Lieferschein	E		x	x	
Rücklieferschein	E		x	x	
Rechnung	E	x	x	x	x
Gutschrift	E	x	x	x	x
Mahnung	E	x	x	x	x
Service/Kunde					
Service Angebot	E		x		
Rücklieferschein	E		x		
Service Auftrag/Vertrag	E		x		
Servicerechnung	E		x		
Servicegutschrift	E		x		
Einkauf/Lieferanten					
Bedarfsermittlung	I		x	x	x
Anfrage	E		x	x	x
Bestellung	E		x	x	x
Mahnung Lieferbestätigung	E		x	x	x
Liefermahnung	E		x	x	x
Wareneingangsbeleg	I		x	x	x
Gutschriftsanforderung	E	x	x	x	x
Fertigung					
Arbeitsplan	I		x		
Stückliste	I		x		
Prüfanleitung	I		x		
Prüfdatenerfassung	I		x		
Lager					
Warenein/Auslagerung	I	x	x	x	
Lagerplatzaufkleber	I	x	x	x	
Artikelaufkleber	I	x	x	x	

Der Druck

Generell haben Sie sich bei der Formulargestaltung zu entscheiden, ob Sie zukünftig mit Vorlagen vom Drucker arbeiten oder einfach das komplette Formular mit Logo und Grafiken ausdrucken. Letzteres ist sicher die einfachste Lösung, weil quasi jedes Formular auf jedem Drucker auf einem weißen Blatt Papier gedruckt werden kann. Damit haben Sie auch das Problem der Ansteuerung von Druckerschächten gelöst, denn nicht jede Software kann gleichermaßen für die Seite 1 Schacht A und für die Seite 2 und folgende Schacht B ansteuern.

Das Formulardesign

Beim eigentlichen Design ist darauf zu achten, möglichst mit einer Hintergrundvorlage alle externen Formulare abdecken zu können. Dies erleichtert nicht nur, wie zuvor geschildert, den Druck, sondern auch erheblich die Definition des Dateninhalts. Besonders kompliziert ist es beim Design, wenn neben oder unter dem Kopf- und Fußbereich Logos oder Grafiken eingebunden werden, die sogar nur auf der ersten Druckseite (siehe Beispiel 2) zum Tragen kommen (**Abbildung 22.11**).

Abbildung 22.11 Formulardesign 1

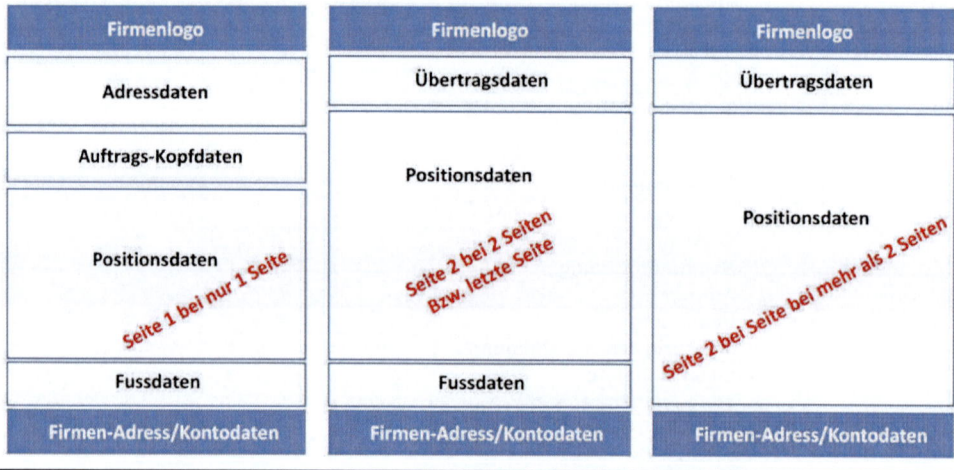

Die Datenbereiche

Beim Design sollten Sie die verschiedenen Datenbereiche genau skizzieren. Denken Sie dabei immer daran, dass Sie 1, 2, oder 3 Seiten im Formular haben (**Abbildung 22.12**).

Abbildung 22.12 Formulardesign 2

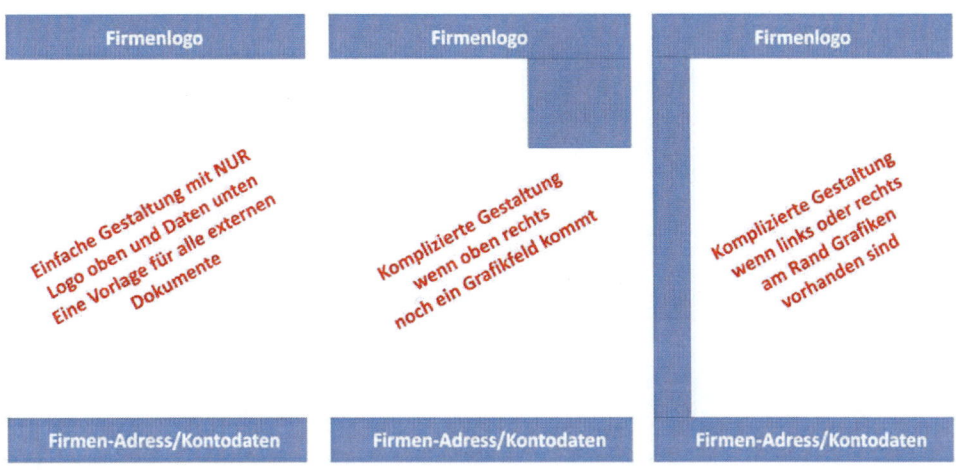

Wie wird der Inhalt der Formularbereiche definiert?

Nachdem Sie die Anzahl und Art Ihrer Formulare definiert haben, müssen Sie den Inhalt aller Datenfelder in jedem Datenbereich für jedes Formular definieren. Am besten erstellen Sie sich hierfür eine Matrix mit allen Datenbereichen, allen Formularen und allen Feldern. Markieren Sie für jedes einzelne Feld, wo dieses ausgegeben werden soll, und vergessen Sie dabei nicht die Optionen. Zum Beispiel Positionszeile mit und ohne ausgewiesenen Rabatt etc. **Abbildung 22.13** zeigt den Auszug aus einer Formularanalyse.

Abbildung 22.13 Formularanalyse

Allgemein		Brief	Angebot	Auftragsbe-stätigung	Lieferschein
Formularkopf					
	Anschrift + Firmenname	x	x	x	x
	Logo	x	x	x	x
Kopfdaten					
	Anfrage Nr. Kunde		X		
	Angebots Nr. Lieferant				
Positionsdaten					
	Artikelnummer		x	x	x
	Artikeltext		x	x	x
Fußdaten					
	Nettogesamtpreis in € (Nettowert €)		x	x	
	Belegzu- und -abschläge € (netto)			x	
	MwSt. 19 %		x	x	
Formularfuß					
	Amtsgericht	X	x	x	x
	Anschrift komplett	X	x	x	x

Was muss beim Formulardesign der Datenbereiche beachtet werden?

Dynamische Bereiche

Bei Bereichen wie z. B. den Positionsdaten muss das System in der Lage sein, diese beim Ausdruck dynamisch anzupassen. Sie müssen dabei genau testen, wie sich der Ausdruck, ganz besonders bei einem Seitenumbruch, verhält. Relevant hierfür sind z. B. die Optionen:

- Mit Barcode oder ohne

- Mit Bild oder ohne

- Mit Zusatztext oder ohne

- Mit kurzem oder langen Zusatztext etc.

Dynamische Felder

Nicht in jedem gleichen Formular sollen immer genau die gleichen Daten stehen. Manch ein System lässt hierbei Optionen zu, z. B. mit Rabatt oder ohne, mit Gesamtkosten oder ohne etc. Sie sollten darauf achten was passiert, wenn die Option „ohne" gewählt wird. Bleibt dann ein „Loch" im Formular oder passt es sich dynamisch auf Basis des echten Druckinhalts an.

Test- oder Wiederholdruck

Wer viel „probehalber" ausdruckt oder dem Kunden die Rechnung in der dritten Kopie liefern muss, der sollte darauf achten ob das System beim Ausdruck eine „Testdruck" Version oder „Kopie 1,2,3" Version durch direkten Druck dieser Information unterstützt. Dies kann sehr hilfreich sein und verhindern, dass z. B. versehentlich ein Testdruck beim Kunden landet.

Die Angabe der Kopie-Information ist auch eher ein rechtliches Thema, wie z. B. bei Rechnungen wo ein Wiederholdruck als solcher gekennzeichnet sein sollte, wenn der Kunde die Rechnung eigentlich schon erhalten hat und nur eine Kopie anfragt.

Zusammenfassung: In 5 Schritten zum richtigen Formular

1. Erstellen Sie eine Liste aller Formulare im Unternehmen inkl. der relevanten Sprachversionen.

2. Definieren Sie alle gleichartigen oder individuellen Felder/Datenquellen über alle Formulare hinweg.

3. Erstellen Sie ein möglichst einheitliches Design.

4. Lassen Sie die Formulare entwickeln oder entwickeln diese selbst im Formulargenerator.

5. Testen Sie die Formulare ausführlich (siehe Kapitel 22.19 „Software testen und Fehler dokumentieren").

Expertentipp: Achten Sie bei der Formulargestaltung auf moderne Technologie in der neuen Lösung. Nur so können Sie möglichst viel und flexibel selbst anpassen. Wer dann noch mit einem einheitlichen Design genau plant, vermeidet viele kostspielige Änderungen.

22.16   Die Datenmigration - kritisch für den Projekterfolg

Besonders bei der Ablösung vorhandener Systeme ist die Datenmigration, d. h. die Altdatenübernahme, eine der wichtigsten Voraussetzungen für ein erfolgreiches Projekt. Denn schließlich kann kein Unternehmen alle bereits vorhandenen Daten komplett neu im System erfassen. Viele Anbieter bieten dabei einfache Lösungen an unter dem Motto: „Stellen Sie einfach Ihre Altdaten im Format unserer MS-Excel®-Import-Dateien bereit, dann können wir Ihre Daten importieren." Spätestens jetzt sollte bei Ihnen die „Warnlampe" aufleuchten. So einfach, wie sich dies manch ein Anbieter vorstellt, geht es selten.

Nachfolgend gehen wir auf die wichtigen Aspekte der Datenmigration ein. Idealerweise haben Sie die Leistung und Mitarbeit des Anbieters und die eingesetzten Werkzeuge im Kaufvertrag definiert. Es ist immer sinnvoll, den Anbieter der Datenmigration mit in die Verantwortung einzubeziehen. Wer das nicht tut, kann sein Projekt gefährden oder ungeplant durch sehr hohe Kosten überrascht werden, um das Problem letztlich zu lösen. Mit einigen wenigen Tagen Dienstleistungen ist es hier meist nicht getan!

Welche Daten kann und soll man migrieren?

Bei der Migration unterscheidet man zwischen 3 Datentypen:

1. *Stammdaten* wie z. B.:

    a. Personaldaten
    b. Fahrzeugdaten
    c. Artikeldaten
    d. Kunden- und Lieferantendaten
    e. Ansprechpartner
    f. Arbeitspläne
    g. Stücklisten

Diese Daten sind quasi „statisch" und ändern sich nicht kurzfristig, sind also leichter zu definieren und zu übernehmen.

2. *Bewegungsdaten*

    a. Offene Transportaufträge
    b. Offene Lageraufträge

Bewegungsdaten können sich mehrmals täglich ändern, so dass die Anzahl der verwendeten Felder und die Feldausprägungen, je nach Auftragsfortschritt unterschiedlich sein kann. So sind etwa für einen Lagerauftrag noch ohne Lagerbewegung, nur mit Mengen- und Terminangabe bestückt, die Daten einfach definierbar. Ganz anders ist es, wenn 5 von 10 Stück bereits entnommen wurden, man aber vor dem Go Live den Auftrag nicht abschließen wird. Wie genau wird dieser Auftragsstatus im System abgebildet? Für die Datenübernahme bleiben Ihnen dann 3 Möglichkeiten:

- Sie übernehmen den kompletten Auftrag und führen in der Datenmigration die Entnahme als Transaktion auch im neuen System automatisiert oder manuell durch. Damit erhalten Sie den gleichen Stand wie im Altsystem (sehr komplex).
- Sie übernehmen nur den „Restauftrag" von 5 verbleibenden Stück. Wobei Ihnen dann ggf. die Information fehlen kann, dass es vorher 10 Stück im Originalauftrag waren.
- Sie erfassen den noch offenen Auftrag im neuen System komplett neu und buchen dann die bereits abgebuchten 5 Stück manuell ab (die am Weitesten verbreitete Methode, aufwendig aber am einfachsten).

1. *Die Historiendaten,*

   z. B. Verkaufszahlen oder Werte der letzten X Monate oder Y Jahre. Diese Daten werden in der Regel im Altsystem oder während der Datenübernahme nach definierten Kriterien konsolidiert und übernommen. Die Details der ursprünglichen Transaktion verbleiben im Altsystem.

Definieren Sie bereits in der Anfrage, welche dieser Daten Sie aus welchen Systemen übernehmen wollen, und prüfen Sie, welche Werkzeuge und Unterstützung der Anbieter hierfür bereithält.

Die Datenbereinigung nicht vergessen

Wer Daten übernimmt, sollte sich vergewissern, dass alle übernommenen Daten auch wirklich noch benötigt werden. Personaldaten von Mitarbeitern zu übernehmen, die bereits seit fünf Jahren oder länger nicht mehr im Unternehmen arbeiten, ist wenig sinnvoll. Einfach alle vorhandenen Daten zu übernehmen ist in der Regel ebenso wenig sinnvoll. Sie übernehmen damit viele „Datenleichen", die Sie im neuen System nur behindern.

Das Altsystem als Archivsystem

In der Regel wird das Altsystem als „Archivsystem" genutzt. Das heißt, Details zu alten Aufträgen, Lagerbewegungen, Rechnungen etc. werden im alten System belassen und im „Lesemodus" den Anwendern zur Verfügung gestellt. Die Funktionen Ändern, Löschen und Anlegen müssen im gesamten Altsystem gesperrt sein. Sollten Sie über keine in Ihrem Unternehmen installierte Software und Datenbank, sondern nur über eine Mietsoftware oder Software aus der Cloud verfügen, so kann dies durchaus sehr problematisch werden. Sie müssten dann mindestens einen Benutzer behalten. Hoffentlich haben Sie dies in Ihrem Vertrag vorsorglich mit Ihrem bisherigen Anbieter geregelt.

In welchem System sollte man Daten bereinigen?

Die Bereinigung der Daten sollte idealerweise im Altsystem oder alternativ in der Import-datei erfolgen. Eine Bereinigung in der neuen Software ist nicht sinnvoll. Schlicht und ein-fach, weil dies oft viel aufwendiger ist und, ehrlich gesagt, die meisten Anwender weder Lust noch Muße haben, Daten in einer neuen Software zu bereinigen oder zu ergänzen. Man möchte einfach mit den Daten arbeiten, die im neuen System verfügbar sind.

Die Ergänzung von Daten

Es kommt oft vor, dass in einer neuen Software Datenfelder vorhanden sind, die es in dem alten System gar nicht gibt. Wenn dieses in der neuen Lösung dann noch Pflichtfelder sind, haben Sie ein Problem. In der alten Software können Sie diese Daten nicht erfassen und in der neuen nicht laden, weil dann Daten im Pflichtfeld fehlen! Sie müssen also die Daten in der Migrationsdatei vor dem Laden ins neue System ergänzen. Wichtig ist, dass Sie genau dokumentieren, wer welche Datenfelder vor dem Import ins neue System ergänzt hat.

Quelldaten konsolidieren und Zieldaten erzeugen

In der Regel gibt es in den Unternehmen mehrere Datenquellen, z.B. Adressstammdaten in Datenbanken, Dateien oder Tabellen, in denen zu übernehmende Daten vorliegen. Dies sind die sogenannten Quelldaten. Es kann dabei vorkommen, dass in den Quelldaten ein und derselbe Typ von Daten unterschiedlich gespeichert wurde.

Beispiel: Kundennummer

in Datenbank A eine Nummer von 60000 bis 69999
in Datenbank B eine Nummer von 1 bis 1000

Beispiel: Mengeneinheit

in Datenbank A = 01   = Stück
in Datenbank B = St   = Stück
in Datenbank C = STK = Stück

In beiden Fällen müssen Sie sich entscheiden, in welchem Format Sie zukünftig ein „Stück" oder die Kundennummer verschlüsseln wollen. Dabei ist ggf. zu beachten, dass *alle* Daten, in denen die Mengeneinheiten vorkommen, *vor* dem Import auf dieser Basis bereinigt werden!

Bei der Kundennummer gilt es natürlich Dubletten oder gar die gleiche Kundennummer für verschiedene Kunden zu vermeiden.

Übrigens können in manchen Daten durchaus gemischte Versionen von Schlüsseln z. B. für ein und dieselbe Mengeneinheit stehen, auch wenn dies theoretisch bei der Erfassung am Bildschirm gar nicht möglich ist. Vor dem Import sollte das System also in der Lage sein, die Daten auf Basis der Importanforderungen im neuen System zu prüfen, damit keine inkonsistenten Daten übernommen werden.

Das Daten-Mapping

Auf Basis von Quell- und Zieldaten müssen Sie ein sogenanntes „Daten-Mapping" erstellen. Einfach gesagt, muss jedes Quell-Feld einer Quell-Tabelle einem entsprechenden Ziel-Feld einer Ziel-Tabelle zugeordnet werden. So zum Beispiel bei den Adressdaten:

Quell-Daten-Feldname	Ziel-Daten-Feldname
KNR	Kunden-NR
N1	Name 1
Adr1	Adresse 1
PLZ	Postleitzahl
etc.	

Die Feldarten beschreiben, um was für eine Art von Datenfeld es sich handelt. Mögliche Kürzel für Feldarten sind:

- A – alphanumerisch

- N – Numerisch

- D – Datum

- T – Textfeld

- J – Ja/Nein Feld

Wer Zahlenwerte aus US-amerikanischen oder britischen Datenbanken übernimmt, sollte darauf achten, dass in den Zahlenfeldern Punkt und Komma richtig gesetzt sind.

Deutsch: 999.999,99 €   Englisch: 999,999.99 €

Verschiedene Daten in einem Datensatz im Quellsystem

Beim Daten-Mapping sollten Sie auch unbedingt sicherstellen, dass in den Quelldaten tatsächlich auch die Daten stehen, die Sie dort erwarten. In manchem System wurden nämlich Felder zweckentfremdet. Wenn dies nicht genau dokumentiert ist, kann es später zu Problemen führen. Am besten, Sie befragen vorab die Key User zu diesem Thema. Eine andere Fehlerquelle ist, dass in sehr alten Systemen, die nicht auf einer relationalen Datenbank, sondern auf einem Dateisystem basieren, in einem Datensatz andere Daten als in vergleichbaren Datensätzen stehen. Dies ist natürlich für den Import problematisch. Denn wenn einmal an erster Stelle der Datei das Auftragsdatum steht, beim nächsten Datensatz dagegen die Kundennummer, können diese Daten nicht ohne Erzeugung von Logik zur Erkennung des Inhalts automatisiert importiert werden. Wenn Sie also über alte, dateiorientierte Systeme verfügen, sollten Sie hier ggf. einen Experten heranziehen, der Sie bei der Datenmigration unterstützt.

Änderung von Feldgrößen oder Feldtypen

Beim Mapping müssen Sie ebenfalls auf mögliche Änderungen der Feldgrößen- und Typen achten. Es besteht kein Problem, wenn ein neues Feld größer ist als das aktuelle Feld. Problematisch wird es aber, wenn das neue Feld weniger Stellen hat als das bisherige. Dies müssen Sie von Fall zu Fall mit dem Anbieter klären. Genauso ist es, wenn sich ein Feld von Alphanumerisch auf Numerisch ändert, denn schließlich können Sie keinen Text in ein Zahlenfeld schreiben. In der Regel muss dann ein anderes Feld genutzt oder ein neues Feld mit dem Wert der bisherigen Daten im neuen System angelegt werden.

Verknüpfte Tabellen analysieren

Beim Datenimport muss oft auch auf die Verknüpfung von Daten geachtet werden. So besteht z. B. ein Auftrag aus Kopfdaten, Positionsdaten und Fußdaten. Diese Daten stehen in der Regel in eigenen Datenbanktabellen, die über Schlüsselfelder miteinander verknüpft sind. Bei der Übernahme ist sicherzustellen, dass genau diese Kombination auch immer komplett übernommen wird. Ebenso muss die Reihenfolge der Übernahme definiert werden. So ist es wenig sinnvoll, die Positionsdaten vor den Kopfdaten zu übernehmen, da dies in vielen Systemen zu Problemen führt. Es könnte dann vorkommen, dass in einem Auftrag nur Kopf- und Fußdaten, aber keine Positionen vorhanden sind, aber sicher nicht, dass die Fußdaten fehlen. Bei der Übernahme müssen Sie in der Lage sein zu prüfen, ob diese Daten auch vollständig vorliegen. Sonst kann es später zu gravierenden Problemen bei der Nutzung der Software kommen, wenn Daten fehlen und sich niemand erklären kann, warum.

Speicherung wichtiger, bisheriger Schlüsselfelder

Wenn Sie z. B. die Fahrzeugnummer, die Personalnummer oder die Artikelnummer neu vergeben, ist es sinnvoll, dass in den Stammdaten auch ein Feld mit dem Wert „bisherige Nummer" steht, was etwa für das Erstellen von Auswertungen wichtig ist. Auch erleichtert die weitere Speicherung der „alten" Nummer ggf. das Suchen in den Daten.

Importhistorie in der Änderungshistorie festhalten

In den meisten neuen Softwaresystemen kann man heute nachvollziehen, wer die Daten angelegt, geändert oder gelöscht hat. Sie sollten Wert darauf legen, dass diese Historiendatei beim Import automatisch gepflegt wird. Damit erkennbar ist, dass diese Daten durch einen Import manipuliert wurden und was genau geändert oder ergänzt wurde.

Dubletten analysieren und bereinigen

Ob Artikelnummer, Adresse oder Kundennummer, in vielen Unternehmen wurden ein und dieselben Daten in der Vergangenheit mehrfach erfasst. Für Adressdaten bestehen in vielen Systemen bereits Funktionen zur Dubletten Prüfung. Allerdings sollten diese auch bereits *vor* dem Import genutzt werden können und nicht erst, wenn die Daten bereits im System vorliegen. Schwerer wird es schon bei Artikeln oder anderen Stammdaten. Auf jeden Fall sollten Sie mit dem Anbieter festlegen, wie Sie Dubletten in allen Importdateien prüfen und bereinigen können.

Die Erfassungssimulation als ideale Datenmigrationsmethodik

Bei der Datenmigration gibt es zwei Methoden, die von den Anbietern eingesetzt werden:

Version 1 – Die Importmethodik

Hier werden Daten auf Basis von zuvor definierten Importdateien (z. B. im CSV-Format) direkt in die Datenbanktabelle importiert.

Version 2 – Die Erfassungssimulation

Hier wird beim Import simuliert, dass ein Anwender die Daten direkt am Bildschirm erfasst. Diese Methodik wird leider nur von wenigen Anbietern genutzt. Sie hat aber den Vorteil, dass beim Import *alle* Plausibilitätsprüfungen vorgenommen werden. Wird z. B. eine Adresse mit einer ungültigen Postleitzahl erfasst, so wird direkt eine Fehlermeldung abgegeben. Auf diese Weise ist sehr einfach sicherzustellen, dass nur „saubere" Daten importiert werden. Ein Nachteil dieser Methodik ist meist nur, dass der Importvorgang aufgrund der Prüfungen länger dauert als ein einfacher Import.

Pflichtdaten zur besseren Datenqualität definieren

Während die Datenbereinigung, Konsolidierung oder Ergänzung in der Regel dazu führen soll, dass bei der Nutzung der neuen Software keine Schwierigkeiten auftreten, weil Daten falsch sind oder fehlen, stellt die Definition der Erfassung von Pflichtdaten einen Weg dar, die Datenqualität zu erhöhen. So etwa wird in vielen Systemen bei Adressen und Kontakten nur das Nötigste erfasst. Besonders bei Kontakten sind die meisten Anwender eher „sparsam". Man scheut den Aufwand und erfasst, wenn überhaupt, die Daten z. B. in den Kontakten in MS-Outlook®. Genau hier wäre es sinnvoll, „Pflicht Ansprechpartner", etwa in der Spedition (natürlich auch für andere Partner-, Kunden- oder Lieferantenadressen), festzulegen.

- Ansprechpartner Disposition

- Ansprechpartner Abrechnung

- Ansprechpartner Einkauf

- Ansprechpartner Geschäftsführung

Bei den Ansprechpartnern sind dann wiederum Pflichtdaten zu definieren wie z. B.

- Anrede, Vorname, Nachname

- Position

- Ggf. Adresse, wenn abweichend von der Zentrale

- Telefondurchwahl

- E-Mail

- Zugeordnetes Fax (wenn noch im Einsatz)

Nur auf diese Weise erzeugen Sie sukzessive eine bessere Datenqualität und werden unabhängiger vom „Kopfwissen" der Mitarbeiter.

Wann lohnt sich die Datenmigration?

Jede Datei automatisiert übernehmen zu wollen ist nicht immer sinnvoll, auch weil dies bei vielen Anbietern mit hohen Kosten verbunden ist. Prüfen Sie deshalb, ob der Aufwand, die Daten in der Software direkt zu erfassen, nicht viel geringer und damit kostengünstiger ist, als ein Migrationsunternehmen damit zu beauftragen. Eine simple Regel besagt: Bis zu einige hundert Datensätze sind meist günstiger und schneller in der Neuerfassung als bei der Datenübernahme. Außerdem ist zu berücksichtigen, dass die Erfassung von Daten auch immer eine sehr gute Übung für die Anwender ist. Darüber hinaus ist die Datenübernahme abhängig davon, mit welchen Werkzeugen sie erfolgt. Verfügt der Anbieter über eine eigene Software, welche die Datenmigration mit all den zuvor genannten Themen unterstützt und auch vom Anwender eingesetzt werden kann, oder werden nur MS-Excel®-basierte Tabellen angeboten, die viel manuellen Aufwand erzeugen? Je besser also die Werkzeuge, desto höher ist die Anzahl der Datensätze, je komplizierter die Beziehungen der Daten, desto sinnvoller ist eine automatisierte Datenübernahme.

Datenmigration ist keine einmalige Sache

Wer denkt, dass eine Datenmigration nur einmalig vorgenommen wird, liegt falsch. Idealerweise kann, wenn einmal eingerichtet, die Migration beliebig oft wiederholt werden. In der Regel sind mindestens drei Migrationen sinnvoll:

- Migration 1 zum Test des Setups
- Migration 2 zum Folgetest von mehr Daten, z. B. für Schulungszwecke
- Migration 3 direkt vor dem Go Live (danach werden keine weiteren Daten im Altsystem, in den Quellsystemen mehr erfasst)

In 5 Schritten zur erfolgreichen Datenmigration:

1. Benötigte Daten analysieren (Stamm-, Bewegungs- Historiendaten)
2. Migrationsmöglichkeiten und Kosten bereits bei der Anfrage berücksichtigen
3. Migrationsmöglichkeiten bei den Workshops, bei der Bewertung der Anbieter berücksichtigen und Werkzeuge prüfen
4. Migrationsumfang vertraglich definieren
5. Migration durchführen und Ergebnis überprüfen

Expertentipp: Machen Sie sich einen genauen Plan der Datenmigration, wobei Sie berücksichtigen, was genau Sie wo benötigen, wie alt die Daten sein müssen, und erwägen Sie, was manuell oder automatisiert übernommen werden soll. Achten Sie darauf, dass die Datenmigration auch für einen späteren Audit nachvollziehbar gestaltet wird.

22.17 Integration – mehr als nur Daten hin und herschieben

Jede Lösung verfügt heute über einige oder mehrere, umfangreiche oder einfache, manuelle oder automatische Schnittstellen, um die Lösung in die bestehende Infrastruktur und auch neue Drittsysteme integrieren zu können. Doch zu einer gelungenen und effektiven Integration gehört mehr, als nur Daten hin- und herzuschieben.

Wenn Sie all die installierten Systeme in einem typischen Unternehmen einmal durchleuchten, dann werden Sie feststellen, dass es hier zu einer großen Anzahl von Schnittstellen kommen kann. Wer mit Industrie 4.0 oder Logistik 4.0 punkten will, sollte Integrationsthemen und die dafür benötigte Technologie nicht stiefmütterlich behandeln. Nachfolgend (**Abbildung 22.14**) finden Sie ein Beispiel aus dem Speditionsbereich. Es geht einfacher, aber auch noch weitaus komplexer. Fakt ist aber, dass immer mehr Systeme miteinander kommunizieren müssen, um alle Potenziale im Unternehmen voll auszuschöpfen.

Abbildung 22.14 Datenintegration

Beispiele aus der Logistik Module und Systeme Kombination von Integration oder Schnittstellen beliebig komplex

	Stand Alone	Technisch z.B. CAN-Bus	ERP/Warenwirtschaft	ATLAS-Zollabwicklung	Finanzbuchhaltung	Warehouse Management	Dokumentenmanagement	Groupware-E-Mail etc.	Strategische Netzwerkplanung	Strategische Tourenplanung	Transportausschreibung	Operative Tourenplanung	Speditionslösung/Operatives Transportmanagement	Telematik	Navigation	Mobiles Auftragsmanagement	Tracking & Tracing/Transportüberwachung	Frachtkostenabrechnung & Controlling	Auswertung & Statistik
Strategische Netzwerkplanung	x									x									x
Strategische Tourenplanung									x			x							x
Transportausschreibung	x								x	x		x	x						x
Operative Tourenplanung			x			x				x			x	x	x	x	x	x	x
Speditionslösung/Opteratives Transportmanagement			x	x	x	x	x	x						x	x	x	x	x	x
Telematik	x	x	x										x	x		x	x	x	x
Navigation	x													x		x	x		
Mobiles Auftragsmanagement			x					x					x	x	x	x			x
Tracking & Tracing/Transportüberwachung													x	x	x	x			x
Frachtkostenabrechnung & Controlling	x		x		x		x						x	x	x				x
Auswertung & Statistik	x		x	x	x	x				x	x	x	x	x	x		x	x	x

Zwei Beispiele für Herausforderungen bei der Integration

Beispiel A

Anbieter A verfügt über eine ausgefeilte Optimierungstechnologie, um die Transporte nach beliebig komplizierten Tarifen und anderen Kriterien zu optimieren. Da aber im Kernsystem bereits bei der Angebots- und Auftragserfassung eine Frachtkostenkalkulation anhand vorhandener Preislisten und Tabellen durchgeführt werden soll, entscheidet sich der Anwender letztendlich dafür, eine einfache Tarifstruktur zu hinterlegen. Nur diese kann er im Kernsystem ablegen und in den vorgelagerten Prozessen auch nutzen. Die ausgefeilten Optimierungsfähigkeiten, die letztendlich dazu führen könnten, dem Unternehmen erhebliche Kosten durch Optimierung der Frachten bereits im Angebotsstadium einzusparen, sind somit „wertlos", weil die Integration in die vorhandene Systemlandschaft eine echte Integration eigentlich nicht zulässt. In diesem Fall beruht die Schnittstelle auf dem kleinsten gemeinsamen Nenner, nämlich den einfachen Tarifstrukturen.

Beispiel B

Um bestimmte Abläufe im neuen TOM-System automatisiert durchzuführen, benötigt das System Daten, die in der aktuellen Kernlösung nicht vorhanden sind. Einige dieser Daten könnten durchaus, mit entsprechender Logik, automatisch erzeugt werden, andere müssten im Vorfeld der Datenübertragung erfasst werden. Eine gute Integration bedeutet, dass die Integrationswerkzeuge derartiges zulassen und somit ggf. die vorhandenen Schnittstellen „aufbessern". Weil dies im aktuellen System nicht möglich ist, verzichtet das Anwenderunternehmen auf die Integration und die damit verbundene Automatisierung.

Werkzeuge / Integrationsplattformen sind besser als Programmieren

Bei der Evaluierung einer neuen Softwarelösung sollte man deshalb die Schnittstellen- und Integrationstools der Softwareanbieter genauer bewerten und auch an die Zukunft denken. Bei einigen Systemen ist eine effiziente Integration von Drittsystemen nur schwer möglich oder sehr kostenintensiv. Dies liegt meist daran, dass jede einzelne Schnittstelle als Entwicklung im Projekt erstellt werden muss. Viel besser wäre es, wenn der Anbieter ein entsprechendes Werkzeug zur Verfügung stellt, mit dem man eine Integration völlig ohne Programmierung vornehmen kann. Dies stellt natürlich die elegantere und sicherlich später auch leichter nachvollziehbare Methodik dar. Außerdem verringern Sie mit einer derartigen Lösung die Abhängigkeit von Ihrem Anbieter.

Pochen Sie auf eine nachvollziehbare Dokumentation

Egal mit welcher Technologie Sie die Integration vornehmen. Sie sollten auf jeden Fall auf eine nachvollziehbare Dokumentation Wert legen. Auch wenn Sie dies mit dem gekauften Werkzeug des Anbieters selbst durchführen. Genau wie bei einer Programmierung ist es für Dritte später fast unmöglich, eine komplexe Integration nachzuvollziehen. Das mündet oft darin, dass man zu einem späteren Zeitpunkt die Schnittstelle einfach neu erstellt. Diese Kosten und den damit verbundenen Ärger können Sie sich durch eine gute Dokumentation ersparen.

Themen, die Sie bei Integration und Schnittstellengestaltung berücksichtigen sollten

Bei der Integration geht es aber nicht nur um Technologie, sondern auch um Prozesse und Verantwortlichkeiten. Stellen Sie sich deswegen vor dem Design und der Erstellung folgende Fragen:

- Wo liegt die Datenhoheit?

- Wer darf einen Datensatz ändern oder neu anlegen?

- Betrifft die Integration nur einen Teil oder den ganzen Datensatz?

- Wo werden ggf. fehlende Daten vor der Übertragung ergänzt?

- Wie werden die Daten technisch übertragen?

- Wie kann geprüft werden, ob tatsächlich alles korrekt angekommen ist?

- Wie wird die Übertragung angestoßen? Manuell, automatisch zum Zeitpunkt X, automatisch, wenn sich Daten ändern?

Die Beantwortung dieser Fragen erübrigt sich übrigens im einen oder anderen Fall, wenn z. B. die technologischen Voraussetzungen gar nicht gegeben sind, um eine Integration zu gewährleisten.

Welche technischen Datenformate gibt es?

Integration bedeutet bei den meisten Systemen auch heute noch ein einfaches Bereitstellen oder Abholen von Daten in möglichst einfachen Datenformaten. Viele Systeme nutzen hierbei das altbekannte CSV-Format. XML ist dabei als Weiterentwicklung von CSV zu sehen, dabei aber wesentlich komplexer und mit viel mehr Verwaltungsdaten ("Wasserkopf") in der Datei bestückt. Wenige Systeme können übrigens direkt von Datenbank zu Datenbank kommunizieren. Da dies aber durchaus Gefahren mit sich bringt, werden Sie diese Art der Integration selten und nur bei Unternehmen antreffen, die sehr intensiv miteinander verbunden sind. Oft ist dies dann der Fall, wenn es keine Alternative gibt und die Drittlösung sogar noch durch den Anbieter direkt vertrieben und im Support unterstützt wird.

Vorsicht bei „Standard-Schnittstellen"

Viele Anbieter haben auf Ihrer Preisliste sogenannte „Standard-Schnittstellen" zu diversen Drittsystemen, z. B zu einer Telematik Lösung oder Finanzbuchhaltung, aufgeführt. Bei der Beurteilung sollten Sie auch diesen „Standard" genau unter die Lupe nehmen, um festzustellen, ob diese Schnittstelle auch das macht, von dem Sie annehmen, dass sie es macht.

Ein Beispiel ist die Schnittstelle Finanzbuchhaltung:

- Welche Daten werden tatsächlich übertragen? (Ausgangsrechnungen, geprüfte Eingangsrechnungen, erfasste Zahlungen, Kundenstamm, Lieferantenstamm, Zahlungskonditionen etc.)

- Erfolgt die Übertragung bidirektional oder gar in Synchronisationsform?

Bei vielen Finanzbuchhaltungslösungen beschränkt sich die Integration tatsächlich auf ein einfaches Laden von Ein- und Ausgangsrechnungen aus der „integrierten" Lösung. Ob dies in Ihrem Fall ausreicht, müssen Sie als Anwender im Projekt selbst entscheiden. Vergleichen Sie einfach die Integrationen verschiedener Anbieter, um festzustellen, welche für Sie die bestmögliche Integrationslösung ist.

Denken Sie an die Wartung und Weiterentwicklung

Wer viele Systeme miteinander verbindet, hat am Anfang zwar eine hervorragende Integration, mit der Zeit aber kann dies zu Problemen führen, wenn Sie nicht vorgesorgt haben. Aus diesem Grund ist es sehr wichtig, auch individuelle Schnittstellen mit in die Wartung einzubeziehen. Selbst wenn ein Anbieter hierfür einen Premium Wartungssatz aufruft, kann sich dies meist lohnen.

Vor der Implementierung von Updates sollten Sie alle Schnittstellen mit verschiedenen Fallbeispielen ausführlich testen. Nur in Kombination mit fester Wartung und damit verbundener Verantwortung und verbundenen Test können Sie sicherstellen, dass Sie nicht plötzlich ohne Integration dastehen.

Im schlimmsten Fall kann es, z. B. aufgrund einer größeren Technologieänderung bei einem der Anbieter, vorkommen, dass die Schnittstelle komplett neu entwickelt werden muss. Das sollte Sie tunlichst versuchen zu vermeiden.

- Was passiert, wenn die Stammdaten z. B. beim Auftrag fehlen (Kundenstamm)

- Was passiert, wenn Daten in wichtigen Feldern fehlen (z. B. das Auftragsdatum)

- Was passiert, wenn Daten zum zweiten Mal in der Schnittstelle stehen, obwohl sie bereits übertragen wurden?

- Was passiert, wenn die Daten im falschen Format geliefert werden (MS-Excel® statt CSV)?

- Wie reagiert das System, wenn zum definierten Zeitpunkt keine Daten zur Übernahme vorhanden sind?

Erstellen Sie am besten eine Auflistung mit verschiedenen Szenarien, um diese im Detail testen zu können. Selbst bei einer Standardschnittstelle sollten Sie sich nicht darauf verlassen, dass diese reibungslos funktionieren wird.

Expertentipp: Prüfen Sie bei der Auswahl auch die Integrationsfähigkeit der Lösung und sorgen Sie dafür, dass vom Anbieter erstellte Schnittstellen auch im Wartungsvertrag enthalten sind. Integrationsplattformen, die Sie selbst bedienen können, erhöhen dabei Ihre Unabhängigkeit von den Anbietern.

22.18 Die Archivierung Ihrer Altdaten

Beim Einsatz von neuen IT-Lösungen fällt auch immer etwas „Abfall" an. Das sind Ihre Altdaten. Da diese aber für Ihr Unternehmen durchaus wertvoll sein können und es ohnehin gesetzliche Anforderungen gibt, dass diese weiterhin zur Verfügung stehen müssen, ist die Frage zu stellen, ob und wie hier eine Archivierung erfolgt.

Die Norm: gekaufte Lösungen

Bei gekauften Softwarelösungen ist dies in der Regel recht einfach. Sie kündigen den Wartungsvertrag und lassen das System einfach mit einem oder mehreren Benutzern weiterlaufen, deren Berechtigung Sie auf ein reines Lesen von Daten beschränken. Vorausgesetzt natürlich, die Lösung lässt dies zu. Vergessen Sie aber nicht, die Datenbank bzw. Dateien auch weiterhin zu sichern. Nicht, dass Sie nach 6 Jahren eine nur einmalig erstellte Datensicherung benötigen und feststellen, dass die Daten nicht mehr lesbar oder der Datenträger defekt ist!

Auf jeden Fall sollten Sie sicherstellen, dass die Nutzeroberfläche auch weiterhin den Datenzugriff zulässt. Wird z. B. eine veraltete MS-Windows®-Version benötigt, um das System zu starten, und ist diese im Unternehmen nicht mehr im Einsatz, so kann es durchaus sein, dass Sie zum Schluss mit einer Stand-alone-Lösung dastehen. Wichtig ist es auch sicherzustellen, dass Sie die Daten nicht nur über die Oberfläche, sondern direkt über einen Datenbankzugriff abrufen können. Läuft die Software mit der Oberfläche nicht mehr, dann ist dies häufig die einzige Möglichkeit. Achten Sie deshalb darauf, dass Sie für den direkten Zugriff nicht z. B. ein Passwort benötigen, das Sie nie vom Anbieter erhalten haben. Wenn dann der alte Anbieter nicht mehr existiert oder nach Beendigung der Zusammenarbeit nicht mehr gewillt ist, Sie zu unterstützen, könnten Sie in arge Bedrängnis kommen. Versuchen Sie dies zu vermeiden.

Die Cloud ist problematisch

Viel komplizierter wird es, wenn Sie Ihre bisherige Lösung aus der Cloud bezogen haben. Wahrscheinlich wurden im Rahmen Ihres Vertrages Ihre Daten dann auch dort direkt gesichert. Hoffentlich haben Sie eine vertragliche Vereinbarung, wie Sie im Fall der Fälle nun auf Ihre Daten zugreifen können. Leider denken viele Anwenderunternehmen im Cloud-Hype gar nicht oder nur unzureichend an diese Option. Ist der Cloud-Anbieter weiter am Markt, kann man sich ggf. auch auf einen einzelnen Zugriff auf das System und die Daten beschränken. Was passiert aber, wenn der Anbieter den Betrieb einstellt? Spätestens dann müssen Sie die Daten auch vor Ort auf einem eigenen Server übernehmen können. Hoffentlich sind diese dann gut dokumentiert und nutzbar.

Dokumentation ist das A und O für die weitere Datennutzung

Auch wenn Ihr System „tot" ist, werden Sie oft einige der Altdaten hier und da benötigen. Eine gut dokumentierte Datenbank im Data Dictionary ist hierbei sehr hilfreich.

Expertentipp: Stellen Sie sicher, dass Sie auch nach der Implementierung der neuen Lösung weiterhin Zugriff auf Ihre Altdaten haben. Und sei es nur, um den gesetzlichen Anforderungen der Datenspeicherung zu genügen.

22.19 Software testen und Fehler dokumentieren

Ob für die anstehende Abnahme oder nur für die interne Freigabe: Intensive Tests der Software oder der individuellen Anpassungen sind ein wichtiger Bestandteil eines jeden Softwareprojekts. Dabei ist eine gute Organisation und Dokumentation sehr wichtig. Vorgaben von Anbietern zum Test können Sie dabei in der Regel erst einmal abhaken. Da diese das Testen der Software als Aufgabe der Anwender betrachten, kommen von hier meist weder fertige oder automatisierte Softwaretests für Anwender noch Vorgaben, wie die Tests aus Anwendersicht durchgeführt werden sollten. Deswegen ist es umso relevanter, dass Sie Ihren eigenen Testablauf genau definieren. Am besten pro Abteilung bzw. Key User. Auf jeden Fall rächt es sich später, wenn nicht ausreichend getestet wird. Spätestens beim Go Live erleben Sie sonst eine Überraschung nach der anderen.

Voraussetzungen für erfolgreiches Testen

Damit Tests erfolgreich stattfinden, müssen vom Anwender-Unternehmen die Voraussetzungen geschaffen werden (**Abbildung 22.15**). Idealerweise steht ein entsprechender Schulungsraum zur Verfügung, in dem pro Abteilung mindestens ein Arbeitsplatz vorhanden ist. Der Arbeitsplatz sollte dem entsprechen, an dem die einzelnen Mitarbeiter auch später arbeiten. Ein Notebook mit schlechter Auflösung kann nicht einen Arbeitsplatz mit zwei hochauflösenden Bildschirmen ersetzen. Das gilt natürlich auch für die Konfiguration der Softwarefenster auf den Bildschirmen, die bei den Tests der späteren Konfiguration am Arbeitsplatz entsprechen sollten. Auch Scanner oder Drucker sollten beim Test von Funktionen und Prozessen in Reichweite zur Verfügung stehen. Wer dann auch noch mobile Geräte, z. B. im Lager, einzusetzen plant, der sollte diese frühzeitig im Testraum einbinden. Bedenken Sie, dass Sie auch nach dem Go Live immer wieder Schulungen machen sollten, sei es für neue Mitarbeiter oder neue Funktionen im System. Wenn also irgend möglich, empfiehlt sich die Einrichtung eines permanenten Schulungsraums.

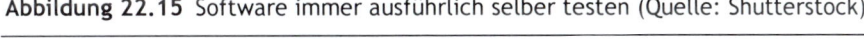

Abbildung 22.15 Software immer ausführlich selber testen (Quelle: Shutterstock)

Folgende allgemeine Funktionen sollten getestet werden:

- Erfassung von Daten

- Anzeige erfasster Daten

- Ändern und Löschen von Daten

- Suchen und Filtern

- Ausdruck von Formularen (Lieferschein, Rechnung, Angebot etc.)

- Ausdruck von internen Papieren (Warenbegleitschein, Arbeitsplan, Stückliste etc.)

- Ausdruck von Listen

- Alternative Anzeige der Daten am Bildschirm

- Export von Daten z. B. in MS-Excel®

- Fax- und E-Mail-Integration

Der „123"-Test

Glücklicherweise sind Eingabefelder in modernen Anwendungen oft recht lang. Bei mancher Anwendung wird am Bildschirm nur ein Teil des Feldinhalts, also nicht die komplette Feldlänge, angezeigt. Um den kompletten Inhalt anzuzeigen, muss der Anwender „blättern" oder „scrollen". Wer hier einen langen Text erfasst, sollte zwingend testen, ob dieser Text auch in relevanten Anzeigen eingesehen werden kann, ob dort das Scrolling funktioniert oder wie viele Stellen des Textes auch tatsächlich auf Formularen oder Auswertungen bzw. Listen mit ausgedruckt werden. Es wäre sehr ärgerlich, wenn ein Teil der Daten nicht gedruckt wird und Sie gar nicht erst erkennen, dass hier etwas fehlt. Fehlen gar wichtige technische Daten oder rechtlich relevante Informationen z. B. auf einer Bestellung, kann das schnell problematisch werden. Diesen Problemen können Sie vorbeugen. Am Einfachsten machen Sie das mit dem „123-Test". Füllen Sie das Feld kontinuierlich mit den Zahlen von 0 bis 9 aus. So können Sie schnell erkennen, wie viele Stellen das Feld hat.

Alphanumerisches Feld: „012345678901234" – hier ist das Feld 14 Stellen lang.
Zahlenfeld: „999.999,00" – so kann einfach ein maximaler Zahlenwert ermittelt werden.
Textfeld: Hier ist ein Textblock mit 30 Zeichen in 6 Zeilen möglich.
012345678901234567890123456789 0

1

2

3

4

5

Manch eine Software weist für den Einsatz unnötig viele Nachkommastellen auf oder hat gar Dezimalpunkt und -komma vertauscht (US-System). Auch das können Sie auf diese Weise testen.

Welche Daten sollten nach der der „123"-Methode erfasst werden? Das ist je nach Unternehmen und Lösung natürlich unterschiedlich. Meist aber:

- Kundendaten – Adressen, Ansprechpartner etc.

- Lieferantendaten – Adressen, Ansprechpartner etc.

- Artikeldaten – inkl. Texte, ggf. auch mehrsprachig

- Fahrzeugdaten – oder andere Stammdaten

Letztendlich alle Daten, die oft und viel angezeigt oder gedruckt werden.

Dabei reicht es meist, wenn man je nur einen Datensatz mit dieser Methode erfasst und nutzt.

Was kann man eigentlich alles testen?

Stammdatenanzeige/Abruf

In Feldern wie Mengeneinheit, Kundennummer, Artikel, Lager etc., die auch als Stammdaten vorliegen, ist es sinnvoll, dass man in diesem Feld auch alle hinterlegten Daten aufrufen kann, um diese auszuwählen. Besonders bei der Auftrags- oder Stammdatenerfassung.

Wert und Inhaltsanzeige

In vielen Systemen wird nur das „Schüsselfeld" in Listen angezeigt. Beispiel:

- Schüsselfeld = Kundennummer „1000"

- Feldinhalt = Kundenname „Hans Huber GmbH"

Wenn hier nur die Nummer 1000 angezeigt wird, ist das nur dann sinnvoll, wenn jeder Anwender auch genau weiß, was hinter der Nummer 1000 steckt. Da dies eher selten der Fall ist (es sei denn, Sie haben nur ganz wenige Kunden, Artikel, Lagerorte etc.), sollten Sie darauf achten, dass auch der zugehörige Textinhalt angezeigt wird.

Abhängige Felder bzw. einheitliche Pflichtfelder

Wenn z. B. ein Konto nur in Kombination mit einer Kostenstelle erfasst werden sollte, damit die Auswertung später Sinn macht, sollten Sie auch in allen relevanten Bereichen prüfen, ob diese zwingende Abhängigkeit auch wirklich vom System „gefordert" wird (Mussfelder; programmierter Dialog). Oft wird dies am Anfang eines Prozesses auch tatsächlich sichergestellt (Beispiel: bei der Auftragserfassung). Später im Prozess jedoch, wo eine Korrektur der Werte möglich ist, wird dies oft nicht mehr so konsequent geprüft.

Einheitliche und fortlaufende Vorbelegung mit Daten

Ähnliches gilt bei der Vorbelegung von Daten. So kann es durchaus sein, dass die Zahlungskonditionen bei der Auftragserfassung auf Basis der Daten im Kundenstamm vorbelegt sind, dies jedoch bei der Anlage einer Direktfaktura plötzlich nicht mehr der Fall ist.

Der „Lösch- oder Änderungstest"

In IT-Systemen bestehen meist umfangreiche Abhängigkeiten von Daten. Was kann da schlimmer sein, als dass plötzlich Daten „verschwunden" sind und keiner weiß warum? Das kann durchaus daran liegen, dass z. B. die Software zugelassen hat, dass ein Personaldatensatz gelöscht wurde, obwohl diese Person bereits einem Auftrag, einer Tour zugeordnet wurde, oder eine Zahlungskondition geändert wird, obwohl diese bereits einem Auftrag zugeordnet wurde.

Beispiel: Kondition 1 = 10 Tage netto. Zuordnung zu Kunde A und Auftrag 100.

Die Kondition wird nun 1 = 30 Tage geändert und plötzlich stehen 30 anstatt 10 Tage bei Kunden A und Auftrag 100.

So etwas darf natürlich nicht passieren, weswegen stichprobenartiges Testen in Bereichen, in denen häufig mit Änderungen zu rechnen ist, ratsam ist. Was genau getestet wird, sollten Sie mit der Projektleitung gemeinsam definieren.

Der Lastenheft- bzw. Pflichtenhefttest

Sollte ein Lasten- oder Pflichtenheft mit detailliert aufgeführten Funktionen vorliegen, kann ein genaues „Abhaken" der Anforderungen erfolgen. In der Regel kann dies recht zügig geschehen, da der Anwender nach einer gewissen Zeit in der Projektarbeit auch das System besser kennt und damit sagen kann, ob die Funktion vorhanden ist und funktioniert oder nicht. Pro einzelner, definierter Funktion könnte man beispielsweise festlegen:

- Funktion wird nicht mehr benötigt

- Funktion wird erst später in Phase X benötigt

- Funktion fehlt oder ist fehlerhaft

- Funktion ist intern abgenommen

- Funktion ist gegenüber dem Anbieter abgenommen

Sollte kein detailliertes Anforderungsprofil bestehen, dann können Sie ähnlich auch mit Prozessen, Modulen oder breiter zusammengefassten Funktionen umgehen. Wichtig ist jedenfalls, dass Sie nur freigeben oder „abhaken", wenn Sie die Funktion auch wirklich gesehen haben. Wer hier nur die Annahme macht, dass Funktion „B" schon gehen wird, da Funktion „A" ja bereits erfolgreich getestet wurde, mag schnell einer Fehleinschätzung unterliegen. Er macht damit den bereits mehrfach beschriebenen Fehler einer Annahme. Genau deswegen sollten diese Tests bzw. die Abnahmen vom Key User mitunterzeichnet werden, damit die Verantwortung für die Freigabe übernommen wird.

Der Abteilungs- oder Prozesstest

Referenzprozesse: Sicherlich ist das Testen einzelner Funktionen, auch modul- oder funktionsübergreifend, wichtig. Viel wichtiger ist es aber, einen kompletten Prozessablauf in den

Abteilungen oder abteilungsübergreifend zu testen. Sofern schon im Rahmen des Auswahlprojekts definiert, kann man oft einfach die Beispielprozesse aus den Anbieterworkshops heranziehen, diese aufgrund der geänderten Anforderungen im Laufe des Einführungsprojekts anpassen oder erweitern und als Basis für die Tests nutzen – quasi vom
Angebot, der Auftragserfassung bis hin zu Abrechnung oder Mahnung, Schritt für Schritt
alle relevanten Funktionen im Ablauf durchspielen.

Der unternehmensweite Integrationstest

Beim Integrationstest ist es wichtig, dass abteilungsübergreifend getestet wird. Zum Beispiel erfasst ein Mitarbeiter in der Werkstatt einen Bedarf, der dann im Einkauf in der Disposition aufschlägt. Hier wird prozessorientiert das Hin und Her von Daten und Informationen zwischen den Abteilungen getestet. Quasi wie später im täglichen Ablauf. Nutzen
Sie auch hier wieder die ggf. vorhandenen Beispielprozesse aus den initialen Anbieterworkshops. Bei Integrationstests sollten übrigens Vertreter aller Abteilungen in einem
Schulungstestraum sitzen und sich den Ball hin- und herspielen.

Der „Stresstest"

Besonders bei größeren Installationen ist die Performance wichtig. Keiner will mit einer
neuen Lösung plötzlich lange Wartezeiten, z. B. bei der Auftragserfassung, haben. Deswegen ist es wichtig, einen Stresstest rechtzeitig vor dem Go Live durchzuführen, also zu
testen, wie das System reagiert, wenn tatsächlich viele Anwender gleichzeitig im System
arbeiten. Der ideale Zeitpunkt dafür ist kurz nach der Schulung aller Endanwender, jedenfalls aber noch so rechtzeitig, dass gegebenenfalls Hardwareerweiterungen fristgerecht vor
dem Go Live installiert werden können. Setzen Sie einfach eine Uhrzeit an, zu der im Zeitraum von ca. 30 Minuten möglichst *alle* Anwender kreuz und quer Daten erfassen, drucken,
auswerten etc. So können Sie feststellen, ob die Infrastruktur passt. Wenn Sie externe Anwender haben, sollten diese unbedingt mit in den Test einbezogen werden.

Der „Hilfetest"

Drücken Sie ruhig öfter einmal auf die F1-Taste oder eine anderweitig vom System definierte Funktion zum Aufzeigen der Onlinehilfe. Scheuen Sie sich nicht, dem Anbieter regelmäßig und immer wieder mitzuteilen, wo die Hilfe ganz fehlt, veraltet oder völlig unzureichend ist. Es gibt gesetzliche Verpflichtungen zur Dokumentation von verkaufter Standardsoftware, die auch Ihr Anbieter einhalten sollte. Viel zu oft geben die Anwender
schnell auf, weil die Hilfe meist unzureichend ist und nur wenige Anbieter Wert auf gute
Dokumentation legen. Besonders heikel wird es mit individuellen Anpassungen. Auch dort
sollten Sie auf einer Dokumentation über die Onlinehilfe bestehen, es sei denn, Sie haben
vereinbart, diese selbst zu erstellen.

Der Key-User- oder Abteilungstest

Beim Go Live sollte man auch darauf achten, dass jede Abteilung über die Systemumgebung und die nötigen Applikationen verfügt, um den Tagesablauf optimal abzuwickeln.

Die technische Umgebung sollte dabei komplett abgebildet sein:

- Ausreichende Anzahl Bildschirme und deren Auflösung

- Integration von Drucker, Fax, E-Mail oder anderen technischen Systemen

Diese Fragen sollten Sie dabei positiv beantworten können:

- Ist der Zugriff auf die notwendigen Programme, Bildschirme und Funktionen definiert?

- Ist der Startbildschirm mit allen Fenstern und Informationen definiert?

- Sind in Listanzeige die Felder auf das Notwendige eingestellt, die Reihenfolge und die Zugriffsrechte definiert?

- Sind die notwendigen Datenfilter definiert und verfügbar?

- Sind die notwendigen Analysen und Auswertungen definiert und verfügbar?

- Wurden technische Integrationen wie Drucker, Fax, Mail getestet?

- Wurden angebundene externe Systeme im Prozess wie Telematik, MDE im Lager, Tablet-Anwendungen, Dokumentenmanagement-System, Finanzbuchhaltung etc. getestet?

- Wurde die Fähigkeit eines jeden einzelnen Benutzers in dieser Umgebung getestet?

„It's not a bug, it's a feature" oder wenn der Fehler zur Funktion wird

Das sagen Amerikaner gerne, wenn aus Sicht des Anwenders ein Fehler vorliegt, der Anbieter aber aus Bequemlichkeit einfach die Meinung vertritt, dass der Fehler eine gewollte Funktion darstellt. Prüfen Sie deswegen immer genau, ob tatsächlich nicht doch ein Fehler vorliegt. Hoffentlich haben Sie die Anforderung in Ihrem Lastenheft entsprechend beschrieben, sonst haben Sie hier eher schlechte Karten. Übrigens behält sich manch ein Anbieter vor, das Handbuch auf Basis des Fehlers später anzupassen. Der Fehler wird damit offiziell im Handbuch zur Funktion erklärt, obwohl dies vorher anders dokumentiert war. Also aufgepasst, dass Sie eine derartige Klausel im Vertrag nicht akzeptieren.

Der Formulartest

Drucken Sie alle in Ihrem Projekt relevanten Dokumente auf Basis der vorausgefüllten „123-Datensätze" aus, um zu erkennen, wo ggf. Daten fehlen oder nur in Teilen gedruckt werden.

- Speditionsauftrag

- Rechnung

- Gutschrift

- Bestellung

- Paletten Kontoauszug

- etc.

Prüfungen beim Formulartest sollten folgende Fragen umfassen:

- Wurden alle relevanten Daten gedruckt?

- Sind alle Daten vollständig gedruckt (ist nichts „abgeschnitten")?

- Überschneiden sich Daten bei langen Texten (stehen die Felder hintereinander)?

- Werden Bilder oder Barcodes korrekt gedruckt?

- Sind Schriftarten oder Schriftgrößen einheitlich?

- Sind mehrsprachige Formulare vollständig übersetzt und werden diese auch gemäß Steuerung korrekt gedruckt?

- Werden mehrsprachige Texte in den relevanten Formularen korrekt gedruckt?

- Werden nicht versehentlich interne Informationen auf externen Formularen gedruckt?

- Werden Versionierungen korrekt berücksichtigt?

- Wie sieht der Seitenumbruch aus (besonders bei 3 Seiten und mehr)?

Grundsätzlich gilt, dass Art und Umfang der Tests am besten gemeinsam mit der Projektleitung im eigenen Unternehmen festzulegen sind. Auf jeden Fall sollten Sie nur das testen, was dringend und häufig gebraucht wird. Das gesamte System können Sie ohnehin nicht testen.

Wie dokumentiert man einen Fehler?

Damit der Anbieter einen Fehler korrigieren kann, sollte dieser bestmöglich vom Anwender beschrieben sein. In den meisten Anbieterverträgen ist es ohnehin geregelt, dass man sich dort nur um nachvollziehbare Fehler kümmert und ggf. Mehraufwand bei schlechter Dokumentation in Rechnung stellt. Dies ist nicht nur im laufenden Betrieb relevant, sondern natürlich auch während der Einführung. Selbst wenn hier keine Mehrkosten anfallen, so verzögert jede Rückfrage die Möglichkeit der schnellen Problemlösung oder Fehlerbehebung. Sie sollten deswegen auch schon aus eigenem Interesse Wert darauf legen, die von Ihnen festgestellten Fehler möglichst genau und nachvollziehbar zu dokumentieren. Hierzu gehört:

- Eine genaue Beschreibung dessen, was Sie vor dem Auftreten des Fehlers gemacht haben

- Ein oder mehrere Screenshots, die belegen, was passiert ist, besonders wenn ein Fehler Folgefehler verursacht

- Lösungsvorschlag, wie Sie die Korrektur wünschen

Es ist immer sinnvoll, mit dem Anbieter abzustimmen, wie genau eine Fehlerdokumentation erfolgen soll, damit er diese anerkennt. Fordern Sie deshalb das Beispiel einer Fehlermeldung an. Idealerweise nutzen Sie auch in dieser Phase bereits das vom Anbieter zur Verfügung gestellte Ticketsystem, es sei denn, ein Berater des Anbieters sitzt gerade neben Ihnen. Alles, was aber als offener Punkt übrigbleibt und nicht direkt behoben werden kann, sollte mindestens in der Liste der offenen Punkte vermerkt werden. (Bitte nicht einfach nur als Punkt in einem Protokoll. Die Wahrscheinlichkeit, dass dieser dort „untergeht" ist recht groß.) Eine Klassifizierung des Fehlers sollte aber auf jeden Fall erfolgen. Genauso wie ein Datum der gewünschten oder gar vereinbarten Lösung sowie die Verantwortlichkeit dafür. In der Zusammenfassung könnte eine Meldung wie folgt aussehen:

Testuser:	Hans Huber
Version:	V1A – Testdatenbank
Betroffenes Modul:	Adresserfassung Kunde
Vorherige Aktion:	Anlage neuer Kunde über Funktion „Neu Anlegen". Erfassung der Adresse
Fehler:	Beim Drücken F5 – Zuordnung Ansprechpartner bricht das System mit der Fehlermeldung ab
SCREENSHOT(S) Hier einfügen	
Folge:	Nur Adressen ohne Ansprechpartner können angelegt und gespeichert werden.
Lösung:	Fehler eliminieren
Typ:	Kritischer Fehler – Ohne Behebung *kein* Go Live und weiterer Test möglich
Termin zur Behebung:	Bis Datum 99.99.9999
Verantwortlich:	Herr Moser – Projektleiter Anbieter

Zusammenfassung: In 5 Schritten zur getesteten Software

1. Zu testende Funktionen, Module, Beispielprozesse etc. definieren

2. Verantwortlichkeiten und Testteammitglieder definieren

3. Relevante Tabellenfelder per „123"-Methodik füllen

4. Test in der Abteilung und als Integrationstest durchführen und dokumentieren

5. Folgeaktionen durchführen, Fehlerbehebung überwachen, ggf. Testprozess in Teilen, ggf. gänzlich wiederholen

Insgesamt ist festzuhalten: Nach dem Test ist vor dem Test! Testen ist ein kontinuierlicher Prozess und sollte auch als solcher gesehen und definiert werden. Mit jedem Update, mit der Freischaltung neuer Module, mit der Änderung von Formularen sollten Sie festgelegt haben, wer, was und wie getestet wird.

Expertentipp: Testen, Testen, Testen. Nur wer möglichst viele Funktionen und Geschäftsprozesse testet und dokumentiert, hat auch die Möglichkeit zur qualifizierten Reklamation gegenüber dem Anbieter. Verlassen Sie sich nie darauf, dass eine Software funktioniert, auch nicht in Standardfunktionalitäten und auch nicht, wenn diese schon mehrere hundert Mal installiert wurde. Machen Sie zuerst einen Einzeltest in den Abteilungen und zum Abschluss einen Integrationstest über die Abteilungen hinweg. Dokumentieren Sie Tests und Ergebnisse nachvollziehbar für alle Beteiligten.

22.20   Lastenheftcontrolling - vergessen Sie wichtige Anforderungen nicht

Unter Schweiß und Tränen haben Sie Ihren Mitarbeitern die Erstellung eines Lastenheftes abgerungen. Bei der Anfrage war das Lastenheft eines der Schlüsselkriterien, um dem Anbieter Ihre Anforderungen mitzuteilen und ihn auf dieser Basis das Projekt kalkulieren zu lassen. Bei der Vertragsverhandlung hatten Sie dann eine enorme Mühe, den Anbieter davon zu „überzeugen", das Lastenheft als Vertragsbestandteil zu akzeptieren. Warum aber stürzen Sie sich nun ins Projekt, ohne genau zu kontrollieren, ob Sie auch das geliefert bekommen, was im Lastenheft stand, oder aber vertrauen blind dem Anbieter, dass der schon daran denken wird?

Sie können sich sicher gar nicht vorstellen, wie oft dies passiert. Leider viel zu oft! Für Ihr Budget bedeutet das meist den Anfang vom Ende, von der effizienten Abdeckung und Optimierung Ihrer Prozesse, auf deren Basis Sie den Return on Invest ermittelt haben, mal ganz zu schweigen – zumal, wenn der Anbieter Sie bewogen hat, total agil zu implementieren, weil man so einfach viel „flexibler" ist. Agile Entwicklung hin oder her, wenn Sie im Lastenheft jede Menge von Funktionen definiert haben, die Sie nun wohl gar nicht mehr brauchen, dann lief bereits etwas ordentlich falsch.

Wenn Sie aber der Meinung sind, dass Sie die im Lastenheft definierten Funktionen tatsächlich brauchen, dann obliegt es Ihnen, selbst darauf zu achten, dass Sie diese auch bekommen. Gehen Sie bitte nicht davon aus, dass der Anbieter diese Aufgabe für Sie übernehmen wird. Dem ist es oft lieber, dass Sie das Lastenheft schnell wieder vergessen und er sich auf das konzentrieren kann, was er im Standard kann. Diese Gefahr besteht besonders dann, wenn Sie im einzuführenden Prozessbereich bisher noch gar keine Software hatten und erst einmal vom verfügbaren Standard des Anbieters beeindruckt sind.

Dass der Teufel im Detail liegt, erfahren Sie spätestens, wenn die Abnahme erfolgt ist, Sie bereits mit dem System in Echtbetrieb gegangen sind und nun der Ausnahmefall im Prozess eintritt, der zwar im Lastenheft aufgeführt war, aber leider nicht im Standard des Anbieters vorhanden ist. Die Konsequenz: eine kostenpflichtige Anpassung, die eigentlich im Rahmen des Lieferumfangs enthalten war, nach der Abnahme aber zu Folgekosten führt. Das möchten Sie natürlich vermeiden, das geht aber nur, wenn Sie Punkt für Punkt ein (manchmal recht mühsames) Lastenheftcontrolling vornehmen.

Ein Beispiel:

Ihre Lastenheftfrage: „Kann bei der Angebotserstellung eine Hierarchie mit Positionen und Unterpositionen abgebildet werden?" (Beispiel 1-Hardware, 1.1 Computer, 1.2 Systemsoftware)

Diese Funktion ist für Sie ein absolut kritisches, funktionelles Kriterium.

Die Antwort des Anbieters: „Im Standard enthalten."

Stellen Sie sich einmal vor, Sie hätten vergessen, diese Funktion zu prüfen, und es stellt sich heraus, dass der Anbieter gemeint hat, dass Sie ja pro Position im Zusatztext pro Artikel diese Struktur erfassen können. Das wäre „tödlich", denn diese Strukturierung und deren Umsetzung hat Auswirkungen auf Themen wie Kalkulation, Darstellung im Formular, Gruppierungen etc. Da kann es durchaus sein, dass die nicht kontrollierte Funktionalität schnell zu einer Kostenfalle wird, in diesem Beispiel mit 10 bis 100 Tagen und mehr an „Entwicklungspotenzial".

Was sollte man genau kontrollieren?

Für die Kontrolle ist es erst einmal wichtig, wie genau die Antworten des Anbieters waren. Deswegen sollten in Ihrer Kontrollliste nicht nur Frage und Antwort des Anbieters, sondern auch noch folgende Informationen enthalten sein:

Relevanz des Kriteriums

- K.O., kritisch, gefordert oder optional

- Eventueller Detailtext zu Ihrer Frage

- Eventueller Erläuterungstext zur Antwort des Anbieters

Pro einzelnem Lastenheftkriterium (Frage-Antwort-Kombination) sollten Sie beispielhaft folgenden Status festhalten:

Status

- Neu

  - Relevant, wenn ein neues Kriterium während der Projektarbeit aufkommt (ggf. als kostenpflichtiges Kriterium)

Gültigkeit

- Wird nicht mehr benötigt (wenn die Funktion nicht mehr relevant ist, weil sie anderweitig abgedeckt ist

- Im Feinkonzept umgesetzt (wenn das Lastenheft nicht mehr für diese Funktion gültig ist und sie detaillierter im Feinkonzept beschrieben wird (siehe Kapitel vgl. 22.2 „Vorprojekt, Feinkonzept, Proof of Concept"))

Umsetzung

- In Projektphase I

- In Projektphase II

- In der Optimierungsphase

Abnahme

- Getestet – nicht einsetzbar – Leistungsverfehlung

- Getestet – teilweise einsetzbar – Nacharbeit notwendig

- Getestet – voll einsetzbar

- Intern abgenommen

- Abgenommen mit offener Aufgabe

- Vollständig abgenommen

Mehrkosten (Fokus neue Anforderungen)

- Aufwand in Tagen/Stunden

Wie kann man das am besten kontrollieren?

Hier gibt es für Sie verschiedene Optionen. Die einfachste, aber nicht die beste Variante wäre eine MS-Excel®-basierte Checkliste mit diesen Punkten, Notizmöglichkeiten etc.
Die bessere Alternative wäre, diese Checkliste über eine entsprechende Internetplattform durchzugehen. Der Vorteil dabei ist, dass das Lastenheft hier jederzeit und überall für die Kontrolle zur Verfügung steht und man damit in einer zentralen Datenquelle arbeitet.

Über welche Funktionen sollte diese Plattform verfügen?

- Benutzerverwaltung

- Definition von Lese- und Schreibrechten

- Notizen

- Erweiterung mit neuen Kriterien

- Ggf. Änderungshistorie

- Exportmöglichkeiten der Ergebnisse (z.B. in MS Excel® zur Archivierung)

Wer sollte kontrollieren?

Das ist einfach: Sie selbst. Wie beim Essen sollten Sie selbst entscheiden, ob es Ihnen schmeckt oder nicht. Dem Anbieter die Bestätigung zu überlassen, dass die Funktion verfügbar, vollumfänglich einsatzbar und somit abgenommen ist, wäre genauso, als wenn Sie den Kellner fragen, ob es Ihnen gerade geschmeckt hat. Auf diese Idee würden Sie wohl kaum kommen.

Bei der Nutzung einer Plattform sollten Sie sicherstellen, dass nur Sie oder Ihr Projektteam den Status einzelner Kriterien, besonders in Bezug auf die Abnahme, ändern können. Sonst kann es schon mal vorkommen, dass der Berater des Anbieters das für Sie tut und Sie sich plötzlich wundern, dass schon Funktionen abgenommen sind, ohne dass Sie davon wussten (ich spreche da aus eigener Erfahrung).

Expertentipp: Lassen Sie sich von einem erfolgreichen Projekt nicht suggerieren, dass Sie wirklich an alles gedacht haben. Das kann schnell nach hinten losgehen. Definieren Sie deswegen den Controlling-Prozess für die Umsetzung der Anforderungen im Lastenheft als wichtigen Bestandteil im Projekt und kontrollieren Sie die Ergebnisse, schon aus Eigeninteresse.

22.21   Der Software-Abnahmeprozess – während und zum Abschluss der Einführung

„Vertrauen ist gut, Kontrolle ist besser." Dieser Spruch gilt nicht nur bei der Auswahl der Lösung und des Anbieters, sondern auch ganz besonders im Rahmen der Einführung. Viele Anwender vergessen da schon einmal, dass es eigentlich ein Lastenheft oder Feinkonzept gibt, und lassen sich allzu oft vom Anbieter verleiten, dies zu tun. Zumal viele Anbieter in ihren Verträgen genau aus diesem Grund eine „Abnahmeklausel" vorgesehen haben, mit der sich der eine oder andere versucht, elegant aus der Verantwortung zu ziehen. Denn für den Anbieter gibt es nichts Besseres, als weniger zu liefern als bestellt, trotzdem aber die veranschlagten Dienstleistungen abzurechnen. Dass man als Kunde dann eigentlich den gleichen Preis für weniger Leistung bezahlt, fällt ohne einen durchstrukturierten Abnahmeprozess manch einem Anwender gar nicht auf!

Was ist eigentlich eine Abnahme?

Die Abnahme stellt die Prüfung des Anwenders dar, indem dieser dem Anbieter gegenüber bestätigt, dass alle Anforderungen erfüllt wurden und auch genauso wie geplant funktionieren. Gefährlich wird es, wenn Sie im Vertrag Automatismen der Abnahme vereinbart haben. Zum Beispiel: *„Das Modul gilt automatisch als abgenommen, wenn der Anwender zwei Wochen nach Go Live keinen Mangel meldet."* Solch eine Klausel sollte tunlichst vermieden werden, weil Sie damit den Abnahmeprozess nicht mehr selbst im Griff haben. Bei größeren Projekten kann man das wegen des Gesamtumfangs ohnehin kaum managen, bei kleineren Projekten bzw. Unternehmen ist es nicht praktikabel, weil schlicht und einfach das Personal nicht vorhanden ist, um diese Tests in einem derart kurzen Zeitraum durchzuführen. Deshalb ist es für den Anwender besonders wichtig, dass er auf Basis von vorher erstellten Unterlagen die erfüllten Anforderungen abhaken kann und hierfür auch ausreichend Zeit und Personal verfügbar ist. Zu lange sollte es übrigens auch nicht dauern, weil man sich dann oft bereits mit dem, ggf. unzureichenden, Ergebnis abgefunden hat und dies hinnimmt. Unterlagen zum „Abhaken" können z. B. sein:

- Ein Lasten- oder Pflichtenheft

- Ein Feinkonzept

- Dokumentierte Prozesseschreibungen (auch Beispielprozesse aus den Workshops)

- Definierte Ziele, die auf notwendigen Funktionen basieren

Letztendlich geht es um alle mit dem Anbieter im Vertrag festgehaltenen oder während der Einführung erstellten Dokumente, die Funktionen, Ziele, Prozesse oder Dokumente enthalten und die man dahingehend testen kann, ob sie auch wie geplant funktionieren.

Zusätzlich können weitere, interne Unterlagen einem Test unterzogen werden, die nicht im Vertrag enthalten waren, sich aber als relevant herausgestellt haben. Allerdings können diese nicht für eine Reklamation gegenüber dem Anbieter herangezogen werden, wenn sie nicht vertraglich vereinbart wurden.

Wichtig ist, dass man bei der Prüfung zwar testen muss, ob der Vorgang oder die Funktion auch wie geplant funktioniert, entdeckte Fehler aber auch tatsächlich, über die Herstellergarantie oder den abgeschlossenen Wartungs- und Updatevertrag, vom Anbieter korrigiert werden. Aus dieser Pflicht kann eine Abnahme den Anbieter nicht entlassen. Kritischer wird es, wenn man Funktionen vereinbart hat, aber nicht prüft, ob diese tatsächlich vorhanden sind. Dann kann es vorkommen, dass der Anbieter Ihnen die unterschriebene Abnahmebestätigung vor die Nase hält, ganz nach dem Motto: „Sie haben unterschrieben, dass alle bestellten Funktionen verfügbar sind." Damit hätten Sie auf bestellte Funktionen verzichtet, weil Sie das Fehlen derselben nicht reklamiert haben. Das kann dann zum „Super-GAU" führen, wenn der Anbieter darauf besteht, dass diese Anforderung zwar einmal bekannt war, aber durch die Abnahme nun zur kostenpflichtigen Zusatzanpassung wird. Es ist deswegen ungemein wichtig, im Rahmen der eigenen Projektleitung stets die Kontrolle über den Projektfortschritt zu behalten und sich nicht vom Anbieter zu einer Abnahme drängen zu lassen. Bedenken Sie, dass manche Funktionen, wie z. B. ein Monats- oder Jahresabschluss, gar nicht einfach mal so durchgeführt werden können, wenn die damit verbundenen Daten noch gar nicht zur Verfügung stehen.

Wie könnte ein Abnahmeprotokoll aussehen?

Generell sollte eine Abnahme immer schriftlich und möglichst detailliert erfolgen. Dabei ist es wichtig, dass Sie den Anbieter nicht aus seiner Verantwortung entlassen. Eine einseitige Formulierung, dass Sie alles getestet haben und nun alles einwandfrei nach Vorgabe funktioniert, sollten Sie nicht unterschreiben. Vielmehr ist die Formulierung sinnvoll, dass sowohl Anwender als auch Anbieter bestätigen alle vertraglich vereinbarten Funktionen und Prozesse geliefert, getestet und abgenommen zu haben. Um Klarheit darüber zu erzielen, dass nichts vergessen wurde, wäre es sinnvoll explizit auf Funktionen zu verweisen, auf die man am Ende verzichtet, obwohl diese vorher vertraglich vereinbart waren. Alle Funktionen, auf die man nicht verzichtet hat, sind dann noch im „Liefer-Obligo" des Anbieters vorhanden. Wichtig ist auch, dass man sich nicht einfach auf eine „Pauschalabnahme", nach dem Motto: „Hiermit nehmen wir die bestellte Software ab" einlässt. Eine derartige Abnahme ist keine Abnahme, sondern ein vom Anbieter sicherlich gerne entgegengenommener „Persilschein" als Basis für spätere Zusatzaufwände und -kosten, weil man irgendwann doch feststellt, dass da noch etwas fehlt.

Inhalte eines Abnahmeprotokolls

- Was wird genau abgenommen (Module, Funktionen, Prozesse, Teile oder das ganze Lasten- oder Pflichtenheft etc.)?

- Wer nimmt ab (Anwender, Key User, Projektleiter Kunde oder Anbieter etc.)?

- Was ist von der Abnahme ausgeschlossen und warum (noch fehlende Funktionen, noch fehlerhafte Funktionen)?

- Was passiert mit offenen Punkten, Fehlern etc.?

Nachfolgend finden Sie hierfür ein vereinfacht dargestelltes Formulierungsbeispiel:

Beispiel

Abnahmeprotokoll*

Zwischen Anbieter A und Kunde B wird die Abnahme folgender Funktionen und Prozesse/Module vereinbart:

A

B

C

Sowohl Anbieter als auch Kunde haben die Funktionen getestet und in den Funktionen und Prozessen/Modulen keine direkt erkenntlichen Fehler oder Mängel festgestellt. Der Einsatz im Rahmen der vertraglich definierten Zielsetzung ist somit auf Basis der aktuell vorliegenden Erkenntnisse gewährleistet. Ausnahmen hiervon sind:

A

B

C

Die Pflicht zur Lieferung für nicht explizit ausgenommene Funktionen bleibt bis zur Abnahme derselben seitens des Anbieters bestehen. Aufgetretene Fehler und Mängel sind im Detail im Fehlerprotokoll XY, das Bestandteil dieser Abnahme ist, festgehalten. Dort sind auch die Fristen für die Behebung der Fehler und die Nachlieferung der fehlenden Funktionen definiert.

Datum, Unterschrift (Anwender, Key User, Projektleitung Kunde und Anbieter etc.)

Mit einer solchen Formulierung sind Sie auf der sicheren Seite. Auf jeden Fall sollten auch die Key User im Unternehmen unterschreiben. Überlassen Sie das nicht nur der Projektleitung, denn schließlich müssen ausdrücklich die Key User mit dem Ergebnis leben und deswegen für die Abnahme auch Verantwortung mit übernehmen. Im Idealfall ist der Abnahmeprozess übrigens auch schon im Kaufvertrag geregelt. Leider lassen sich aber wenige Anbieter hierauf ein oder haben schlichtweg gar keinen fest definierten Abnahmeprozess, entsprechende Unterlagen oder Dokumente. Sollte dies fehlen, dann formulieren Sie das Abnahmeprotokoll einfach selbst, das einheitlich in allen Bereichen zum Einsatz kommen muss.

Was genau und wie Sie am besten testen, finden Sie im Kapitel 22.19 „Software testen und Fehler dokumentieren".

Zusammenfassung: In 5 Schritten zur Abnahme

1. Standard-Abnahmeprotokoll definieren

2. Vorgehensweise (Test, Freigabe, Dokumentation) inkl. Verantwortlichkeiten definieren

3. Dokumente und Unterlagen als Basis für die Abnahme definieren

4. Abnahme und Tests durchführen und schriftlich bestätigen

5. Folgeaktionen durchführen, Überwachen, ggf. Abnahmeprozess in Teilen wiederholen

Expertentipp: Verlassen Sie sich nie darauf, dass ein Anbieter auch wirklich alles liefert, was einmal vereinbart wurde und dies auch funktioniert. Haken Sie Checklisten ab und prüfen Sie Funktionalitäten, wenn Sie nicht später Kostenüberraschungen erleben oder feststellen wollen, dass eigentlich bestellte Funktionen gar nicht geliefert wurden.

Anmerkung: Hier beispielhaft erstellte Formulierungen gelten nicht als rechtlich geprüfte Dokumente. Jedes Unternehmen ist verpflichtet, diese Dokumente selbstständig zu erstellen, auf Vollständigkeit und ggf. anwaltlich auf rechtlich korrekten Inhalt zu prüfen bzw. prüfen zu lassen.

22.22 Was tun im Streitfall?

Auch wenn es unangenehm ist, manchmal lässt sich ein Streitfall mit dem Anbieter leider nicht vermeiden. Wehe dem, der dann nicht gut vorbereitet ist. Wer sich beim Thema Verträge, Lastenheft oder Dokumentation die Arbeit gespart hat, der kann sich wahrscheinlich jetzt auch die Arbeit sparen. Hoffen kann dann nur der Anwender, der einen Anbieter gewählt hat, welcher selbst seine Hausaufgaben in diesem Bereich nicht gemacht hat und sogar noch schlechter auf einen möglichen Streitfall vorbereitet ist. Bevor Sie aber losschlagen, sollten Sie erst einmal einiges überprüfen:

- Prüfen Sie Ihre Verträge, ob Sie wirklich einen Anspruch geltend machen können.

- Prüfen Sie Ihr Lastenheft, ob z. B. angemahnte Funktionen wirklich Vertragsbestandteil sind.

- Prüfen Sie Ihre Dokumentation, ob Sie Ihre Forderungen auch wirklich nachweisen können.

- Prüfen und bewerten Sie den aus Ihrer Sicht entstandenen Schaden und vergleichen Sie diesen mit den Optionen der Problembehebung.

- Prüfen Sie, ob Sie dem Anbieter schon mehrfach die Gelegenheit zur Nachbesserung gegeben haben.

Wer dann noch zuversichtlich ist, sollte spätestens jetzt einen Fachanwalt einschalten. Bitte nicht Ihren Hausanwalt. Der scheint auf den ersten Blick vielleicht günstiger, im Ergebnis ist der Hausanwalt aber meistens nicht nur ineffizienter, sondern letztendlich auch teurer (siehe Beispiel aus der Vertragsverhandlung). Außerdem sollten Sie sich ab sofort warm anziehen. „Beleidigte" Anbieter stellen recht schnell ihren vielleicht bis dahin ohnehin schon schlechten Support ein oder lassen diesen noch mehr schleifen. Die besseren Berater und Techniker haben plötzlich keine Zeit mehr oder sind schlagartig krank geworden. Auf jeden Fall sollten Sie von dem Zeitpunkt an, an dem Sie entscheiden, sich mit Ihrem Anbieter anzulegen, mit einer akribischen Dokumentation beginnen.

- Melden Sie jeden Fehler, gut nachvollziehbar dokumentiert.

- Verwalten Sie den Schriftverkehr.

- Setzen Sie immer eine Frist mit einem spezifischen Datum.

- Übertreiben Sie die Dringlichkeiten nicht. Ein kleiner Fehler muss nicht von heute auf morgen behoben werden, es sei denn, das System steht.

Hoffentlich haben Sie eine Lösung gewählt, bei der es mehr als nur eine Möglichkeit des Supports gibt. Spätestens jetzt könnten Sie es bereuen, einen Anbieter gewählt zu haben, der weder Händler noch einen anderweitigen externen Support anbietet.

Also aufgepasst, wenn das Supportende, die Verzögerung oder eine Verweigerung den Stillstand in Ihrem Unternehmen bedeuten könnte, denn dann müssten Sie diesen Schritt genau planen und erst danach entscheiden, wie und in welcher Härte Sie vorgehen. Ganz unabhängig davon, ob Sie im Recht sind oder nicht.

Bei Ihrer Entscheidung sollten aber auch die Anwaltskosten eine erhebliche Rolle spielen. Bei Stundensätzen von 250 € und mehr kann es schnell geschehen, dass der große Gewinner Ihr Anwalt ist. Legen Sie also genau fest, welche Tätigkeiten der Anwalt übernimmt, und lassen Sie sich einen entsprechenden Kostenvoranschlag geben.

Wer Streitfälle vermeiden will, der sollte übrigens bereits bei der Referenzanfrage dieses Thema ansprechen und die Referenz befragen, wie sich der Anbieter im Falle von Problemen oder Streitfällen verhalten hat. Daraus lässt sich meist erkennen, ob Ihr Vertragspartner eher ein angenehmer oder unangenehmer ist.

Ab einer Projektgröße von 100.000 € sollten Sie Wert darauf legen, dass der Anbieter auch über eine Haftpflichtversicherung verfügt, deren Deckungssumme für Ihr Projekt ausreichend erscheint. Lassen Sie sich einfach die aktuelle Police mit dem Angebot oder spätestens dem Vertrag vorlegen.

Expertentipp: Vergessen Sie die Dokumentation in Ihrem Projekt nicht. Von der Anforderungskommunikation Anbietern bis zur täglichen Projektdokumentation. Nur wenn Sie gut dokumentieren, haben Sie auch gute Chancen im Streitfall.

22.23 Die Go-Live-Party und weitere Projektmotivationen

Motivierte Projektmitarbeiter sind effizienter und helfen Ihrem Unternehmen dabei, Zeit und Geld zu sparen. Dabei ist es nicht einfach, das komplette Projektteam und darüber hinaus weitere Mitarbeiter zu motivieren. Der eine oder andere Mitarbeiter wird ein Softwareprojekt sicherlich als Chance sehen, sich zu profilieren. Für andere ist das Projekt nichts anderes als ein notwendiges Übel und damit eine unnötige Mehrbelastung. Wie wäre es deshalb, wenn Sie Ihr Team und Ihre Mitarbeiter mit einem Bonus motivieren würden, wenn die Projektziele eingehalten werden (**Abbildung 22.16**)? Primär natürlich in Bezug auf Kosten und Termine.

Abbildung 22.16 Feiern Sie eine Go-Live-Party, wenn alles gepasst hat
(Quelle: Shutterstock)

Die Go-Live-Party

Der Terminplan wurde eingehalten, die Kosten nicht überschritten. Die Lösung konnte erfolgreich in den Echtbetrieb übergehen. Das wäre ein Grund zum Feiern – warum also nicht? Bei Gesamtprojektkosten (intern und extern) von z. B. 500.000 € wäre vielleicht ein Budget von 2.000 € für die Party im Erfolgsfall bereitzustellen? Eigentlich sollte das keine Frage sein, wenn man bedenkt, dass ein nur durchschnittlicher externer Beratungstag inklusive Anreise und der internen Kosten bei Ihnen im Unternehmen wesentlich mehr kosten kann. Vereinbaren Sie doch einfach, die Kosten für die Party mit dem Softwareanbieter 50/50 zu teilen, am besten gleich bei der Vertragsverhandlung.

Der individuelle Bonus

Wenn eine neutrale Bewertung der Leistungen der Projektmitarbeiter gesichert ist, warum dann nicht auch diese individuell belohnen? Dabei kann die „Belohnung" schon mit geringen Kosten beginnen. So z. B. eine Flasche Champagner für jeden Vorschlag, der es ermöglicht, die Kosten im Projekt nachweislich zu reduzieren. Dass der Return on Invest hier stimmt, wird jedem schnell klar sein. Regen Sie mit solchen Methoden einfach an, dass Ihre Mitarbeiter etwas mehr Augenmerk auf Kosten und Termine legen, als allgemein üblich. Besonders in größeren Unternehmen scheinen Kosten im Projekt manch einem Mitarbeiter gleichgültig zu sein. Wenn Sie durch diese Methodik die Einstellung nur geringfügig verbessern, macht sich dieser Einsatz für Ihr Unternehmen schnell bezahlt. Verteilen können Sie die kleinen Belohnungen ja in den regelmäßigen Projektmeetings.

Zur besonderen Motivation kann auch ein individueller Bonus für den Mitarbeiter oder die Mitarbeiterin dienen, der sich im Projekt besonders positiv hervorgetan hat. Da viele Projekte auch das Privatleben der Mitarbeiter negativ beeinflussen, ist der „Reise-Bonus" allzeit beliebt. Eine Woche Urlaub für zwei Personen im Wert von 1.000 € kann sehr motivierend wirken. Besonders dann, wenn die Mitarbeiter erkennen, dass die Auszeichnung von neutralen Dritten verliehen wird. Wenn auch bekannte „Miesmacher" im Unternehmen die Chance erhalten, hier als „Gewinner" ausgewählt zu werden, werden Sie sich wundern, wie still es manchmal im Projekt wird. Schließlich will man sich die Chance auf eine Reise nicht verbauen!

Von einer Belohnung mittels Bonus-Zahlungen ist im Übrigen eher abzuraten. Sachpreise sind günstiger und haben im Verhältnis einen weitaus größeren positiven Effekt. Dass diese trotzdem versteuert werden müssen, bleibt erst einmal unser Geheimnis.

Expertentipp: Kleine Investitionen in eine Go-Live-Party oder einen individuellen Bonus machen sich in jedem Projekt mehrfach bezahlt und können dazu beitragen, dass Kosten und Termine eingehalten werden.

23   Nach der Implementierung

23.1   IT-Auditierung oder: Nach der Einführung ist vor der Auswahl

Wann haben Sie Ihre letzte Softwarelösung implementiert? Ist Ihnen bewusst, wie viele der ursprünglichen Anforderungen eigentlich im System noch abgedeckt sind? Kennen Sie die Bereiche, die eigentlich doch manuell, statt mithilfe der neuen IT bedient werden, obwohl dies im ursprünglichen Projekt ganz anders geplant war? Konnte Ihre Lösung auch aufkommenden Änderungen in Prozessen und Anforderungen gerecht werden? Lüften Sie doch einfach mal den Deckel Ihres „IT-Topfes" und prüfen Sie, ob die Rezeptur noch stimmt oder ob sich mittlerweile Bestandteile eingeschlichen haben, welche Ihre „IT-Kost" nur schwer verdaulich macht. Schwer verdauliche Kost macht ineffizient, unflexibel und kostet Ihr Unternehmen Zeit und Geld.

Die Automobilindustrie hat es uns bereits vorgelebt: Kaizen, als Stichwort für die kontinuierliche Verbesserung von Prozessen im Unternehmen. Doch wie sieht es eigentlich im IT-Bereich Ihres Unternehmens aus? Kein Unternehmen kann heute mehr ohne eine effiziente IT-Unterstützung überleben. Deswegen wird zwar oft viel Aufwand in die Auswahl und Einführung einer neuen IT-Lösung investiert, jedoch wird nach dem Go Live meist ein „Status quo" als gegeben hingenommen. Nicht zuletzt, weil sich die Lösung vielleicht als komplex, behäbig und schlecht anpassbar erwiesen hat. Der Spruch „Never touch a running system" sagt alles, denn wer will sich da schon seine Finger beim Lüften des Deckels erneut verbrennen!

Sich kontinuierlich den neuen Gegebenheiten anzupassen und die IT darauf hin zu untersuchen, fällt vielen Unternehmen schwer. Besonders deshalb, weil oft Werkzeuge und Prozesse fehlen, um dies automatisiert und mit wenig Aufwand in regelmäßigen Abständen durchführen zu können. Deswegen weiß heute kaum ein Unternehmen, wie es um die Nutzung und die damit verbundene Effizienz der eingesetzten IT-Lösungen wirklich steht. Die Logik, „wenn keiner um Hilfe schreit, wird es schon nicht so schlimm sein", sollte in einem professionell arbeitenden Unternehmen keine Anwendung finden. Wahrscheinlich haben viele Mitarbeiter schon die Hoffnung auf Besserung aufgegeben und quasi resigniert. Etwas Schlimmeres kann Ihnen nicht passieren.

Erkennen Sie, wer wo welche Lösung wie oft und wie effizient in Ihrem Unternehmen nutzt

Es muss nicht jedes Mal ein neues IT-Projekt aufgesetzt werden, um hierbei Potenziale zu erkennen und danach zu realisieren. Zuerst sollte man sich Klarheit darüber verschaffen, wie die vorhandenen Lösungen eingesetzt werden, welche Verbesserungspotenziale sich dort befinden und welcher mögliche Mehrwert hier ungenutzt im Unternehmen schlum-

© Springer Fachmedien Wiesbaden GmbH, ein Teil von Springer Nature 2019
C. Groß und R. Pfennig, *Digitalisierung in Industrie, Handel und Logistik*,
https://doi.org/10.1007/978-3-658-26095-8_23

mert. Bei der Analyse muss dabei ja nicht immer gleich das gerade implementierte System wieder infrage gestellt werden, jedoch sollte man sich nie mit dem aktuellen Status zufriedengeben. Wer weiß, vielleicht gibt es ja sogar nur eine neue Version des Anbieters, welche aktuelle Aufgabenstellungen bereits besser abdeckt als die installierte Version.

Entdecken Sie Ihre „Software- und IT-Leichen" genauso wie Ihre versteckten Potenziale

Haben Sie in diesem Zusammenhang schon einmal eine Befragung und Analyse auf allen Ebenen im Unternehmen *nach der Implementierung* einer neuen Lösung oder gar in regelmäßigen Zyklen durchgeführt und ausgewertet? Wenn nicht, wird es wahrscheinlich höchste Zeit dafür. Denn selbst wer z. B. gerade vor einem Jahr eine neue IT- und Softwarelösung implementiert hat, muss sich vielleicht heute schon fragen, ob alles noch passt. Glücklich ist dann der, der eine Lösung hat, welche auch problemlos mit einem Update versehen oder erweitert werden kann.

Diese Fragen sollten Sie sich regelmäßig zum Zweck einer IT-Auditierung stellen

- Welche Software in welcher Version wird überhaupt im Unternehmen in den einzelnen Bereichen/Abteilungen eingesetzt?

- Wie intensiv werden die Systeme, Module und Funktionalitäten genutzt?

- Kennen und nutzen wir eigentlich alle möglichen Funktionen der implementierten Softwarelösung?

- Welche Prozesse werden nicht IT-unterstützt, obwohl es dort eigentlich sinnvoll wäre?

- In welchen Bereichen bestehen Probleme oder Schwachstellen, die adressiert werden müssen, bzw. sind die Mitarbeiter unzufrieden?

- Welche der Anforderungen aus unserem Pflichtenheft wurden in der Lösung umgesetzt und wie werden diese heute genutzt?

- Werden ähnliche oder gleiche Prozesse mit verschiedenen Lösungen adressiert?

- In wie vielen Bereichen setzen Anwender MS-Excel®, MS-Access® oder Office-Lösungen und -Auswertungen ein, obwohl eigentlich andere Lösungen dafür vorgesehen sind?

- Setzen alle Unternehmen im Konzern die Lösungen im gleichen Rahmen/der gleichen Intensität ein?

- Gibt es im Unternehmen ungenutzte Softwarelösungen die noch gewartet werden?

- Hat jeder Benutzer die Lizenzen, die er wirklich braucht, also weder zu viele noch zu wenige?

- Nutzen alle Anwender im Unternehmen die vorhandenen Lösungen auch wirklich effizient?

- Welche neuen Funktionalitäten bieten aktuelle Software-Updates oder neue Zusatzmodule des Softwareanbieters oder dessen Vertriebspartner?

Oft gibt es übrigens im Unternehmen mehr IT-Töpfe, als man denkt. Der Wunsch, alles aus einem Topf zu erhalten, ist dabei meist eher auf das gute Marketing der Softwareanbieter zurückzuführen als gelebte Realität. Wie bei einem guten Essen muss aber auch in Ihrer „IT-Küche" alles zusammenpassen: integriert und abgestimmt. Was aber sind oft die Auslöser einer wundersamen Softwarevermehrung, Änderung der Inhalte und wie viele Systeme stehen eigentlich ungenutzt in der Gegend herum? Einige Gründe könnten sein:

- Kauf oder Verkauf von Betriebsteilen

- Insourcing oder Outsourcing von Prozessen

- Erweiterung von Produkt- und Dienstleistungsspektrum

- Gesetzliche Anforderungen

- Anforderungen von Kunden und Lieferanten

- Interne Anforderungen, z. B. des Managements

- Gravierende Verringerung oder Aufbau von Personal

Spätestens bei solchen Aktivitäten sollte eine Auditierung Ihrer IT erfolgen. Erhöhen Sie den Nutzungsgrad vorhandener IT-Lösungen flächendeckend im Unternehmen. Doch wie geht man am besten vor? Welche Schritte sind zu beachten?

Generell sollten Sie bei einer IT-Auditierung nachfolgende Regeln beachten

- Definieren Sie einen wiederverwendbaren Prozess und nutzen Sie dafür konzipierte IT-Tools und nicht nur MS-Excel® oder Ähnliches.

- Holen Sie sich Unterstützung von außerhalb. Thema: Betriebsblindheit und Prophet im eigenen Lande.

- Befragen Sie Mitarbeiter und Benutzer auf *allen* Ebenen.

- Legen Sie Wert auf das Aufzeigen von Mehrwert, Schwachstellen, Einspar- und Optimierungspotenzialen etc.

- Standardisierte Lastenheftvorlagen von Softwareauswahl-Projekten, firmenspezifisch angepasst, können eine gute Ausgangsposition bieten.

Die Vorgehensweise

Definieren Sie einen Vorgehensplan für Ihren Audit ähnlich dem einer Softwareauswahl. Involvieren Sie betroffene Mitarbeiter und machen Sie den Audit nicht nur zu einem IT-Projekt.

Die möglichen Projektschritte im Audit:

- Projekteinrichtung

- Zieldefinition

- Erstellung Studienvorlage mit Frageblöcken und Einzelfragen

- Definition Teilnehmerkreis

- Versand/Verteilung der Befragung inkl. Anweisungen und Dokumenten etc.

- Überwachung/Betreuung der Beantwortung

- Konsolidierung der Ergebnisse

- Auswertung und Bewertung der Ergebnisse

- Schlussfolgerungen und Aktionsplan

Ganz besonders wichtig für die Auditierung sind im Übrigen die Beteiligung und die Vorgaben seitens der Geschäftsführung.

Expertentipp: Auch Software und IT haben ein „Verfallsdatum". Warten Sie nicht, bis es zu spät ist, und prüfen Sie regelmäßig, ob Software und IT in Ihrem Unternehmen den aktuellen Anforderungen noch gerecht werden. Dann schmeckt Ihre „IT-Kost" auch weiterhin allen Beteiligten.

23.2   Weiterentwicklung und Projektausbau

Hoffentlich haben Sie bei Ihrem Einführungsplan nicht nur einen Go-Live-Termin definiert und danach fröhlich weitergearbeitet. Eigentlich sollten Sie dafür sorgen, dass sich Ihre IT stetig weiterentwickelt. Schließlich wollen Sie ja in zehn Jahren nicht wieder einen kompletten Auswahlprozess durchführen und von vorne anfangen. Wer sich regelmäßig einem internen IT-Audit unterwirft und die dort entdeckten Potenziale auch umsetzt, ist auf dem richtigen Weg. Arbeiten Sie also nicht nach dem Motto „Das war ganz schön teuer, jetzt muss es erst einmal eine Weile reichen".

Erstellen Sie ruhig einen Plan mit allen möglichen IT-basierten Prozessen und Funktionen im Unternehmen und setzen Sie diesen Stück für Stück, Jahr für Jahr weiter um. Am besten, Sie richten ein spezielles Team ein, das sich z. B. zweimal pro Jahr zusammensetzt und alle im Support gesammelten Anforderungen an die IT bewertet. Stimmen Sie dies mit Ihrem ursprünglichen Plan ab und setzen Sie dann Teilprozesse zur Optimierung der vorhandenen Lösungen auf. Sie sollten ohnehin durch die abgeschlossenen Wartungsverträge mindestens einmal pro Jahr eine neue Softwareversion von den Anbietern erhalten. Entscheiden Sie bei jeder neuen Version bewusst, ob der Einsatz sinnvoll ist oder nicht, nachdem Sie die Funktionen eingesehen und bewertet haben. Manchmal kann die Updateinstallation auch nur aus dem Grund Sinn machen, dass man die neueste Version nun einmal viel schneller und mit weniger Aufwand installieren kann, wenn die vorherige Version vorliegt. Nicht bei jeder Lösung kann man Versionen einfach so überspringen. Außerdem ist die Einführung vieler kleiner Änderungen im Unternehmen einfacher als der „Big Bang" alle X Jahre.

Sie sollten in jedem Jahr ein gewisses Budget für die Optimierung der vorhandenen IT bereitstellen, um überraschende und ungeplante Kosten zu vermeiden, die intensive Überzeugungsgespräche notwendig machen. Die turnusmäßige Weiterbildung Ihrer Mitarbeiter, sofern Anbieter Standardschulungen anbieten, gehört ebenfalls zu einem guten Weiterentwicklungsplan.

Expertentipp: Lassen Sie also Ihr System nicht unnötig veralten. Die gesparten Kosten pro Jahr sind in der Regel um ein Vielfaches höher, wenn Sie Ihre IT nicht erst nach zehn Jahren runderneuern.

23.3   Die Anwendergruppe und Anwenderkonferenz der Softwarehersteller

Von wem können Sie oft am meisten lernen? Richtig: von „Leidensgenossen", die bereits durch das „Tal der Tränen" gegangen sind, also von anderen Anwenderunternehmen. Haben Sie nicht im Rahmen Ihres Auswahlprozesses mit Referenzen des nun gewählten Anbieters gesprochen, um dort von deren Erfahrung zu profitieren? Warum sollten Sie also von dieser Erfahrung im Einführungsprozess oder auch bei der täglichen Nutzung Ihrer Lösung nicht weiter profitieren?

Leider scheinen viele Anwenderunternehmen zu vergessen, dass es noch andere gibt, die auch das von Ihnen gewählte Produkt im Einsatz haben, und leben nach Bestellung mehr oder weniger in ihrer eigenen Welt. Warum aber das Rad neu erfinden oder gar den Anbieter erneut bezahlen, um eine möglicherweise bereits x-fach durchgeführte Anpassung erneut bei Ihnen durchzuführen oder anzupassen. Im Idealfall gibt es beim Anbieter bereits eine Interessenvertretung und regelmäßige Veranstaltungen, bei denen Sie andere Anwender kennenlernen und sich miteinander austauschen können.

Die Anwendergruppe, auch als User Group bekannt

Hier tun sich Anwender, oft gesponsert vom Anbieter, zusammen, um sich in regelmäßigen Abständen auszutauschen und damit Erfahrungen zu teilen und davon zu profitieren. Dies effizient umzusetzen, ist leider meist nicht nur mit personellem, sondern auch finanziellem Aufwand verbunden. In Deutschland wird oft sogar ein Verein gegründet, der am besten die dafür nötigen Rahmenbedingungen schaffen kann. Dabei gibt es in der Regel ein finanzielles Sponsoring seitens des Anbieters, denn schließlich will dieser nicht, dass eine „unkontrollierte Anwenderhorde" heranwächst, die ihm danach nur Probleme bereitet.

Mögliche Aufgaben und Themen einer User Group

- X-mal pro Jahr regelmäßiges Treffen zum Informationsaustausch

- Präsentation von Eigen-/Zusatzentwicklung oder „Best Practice"-Prozessen mit der installierten Software

- Bildung einer Entwicklungsgemeinschaft, die Neuentwicklungen beim Anbieter finanziert (simple Regel: 100.000, -- € / 10 Unternehmen ist immer günstiger, als wenn einer alles bezahlt)

- Tausch von Entwicklungsressourcen untereinander

- Gemeinsame Formulierung neuer Funktionen als Gruppe gegenüber dem Anbieter

- Gemeinsame Interessenvertretung im Streitfall

In der Regel lebt die Anwendergruppe von ein oder zwei besonders aktiven Unternehmen und dessen Mitarbeitern, welche die Arbeit in der Gruppe vorantreiben. Leider ist es auch hier, wie in anderen Bereichen, so, dass wenige arbeiten, aber alle profitieren möchten. Es ist deshalb notwendig, dass eine Anwendergruppe klare Regeln zum Umgang definiert und deren Einhaltung auch forciert. Ansonsten ist ein derartiges Konstrukt schnell zum Scheitern verurteilt.

Die Anwenderkonferenz

Vor allem größere Anbieter bieten Ihren Kunden und Partnern eine jährliche, meist kostenpflichtige Anwenderkonferenz an. Diese Konferenz soll dazu dienen, neue Funktionen einer breiten Masse vorzustellen, und ist eigentlich als „Reklameveranstaltung" zu sehen. Meist sind zu diesen Konferenzen nur bestehende Kunden, aber oft auch ausgewählte Interessenten zugelassen, besonders wenn der Anbieter auf diese Art und Weise den Interessenten quasi mehrere Referenzen auf dem Silbertablett in toller Atmosphäre präsentieren kann. Gerade bei einer kostenpflichten Veranstaltung ist es nämlich unwahrscheinlich, viele Kritiker und Querulanten aus dem Kundenstamm zu treffen. Insbesondere bei großen, internationalen Softwareanbietern sind Kundenkonferenzen weit verbreitet. Manch ein IT-Leiter sieht diese als Möglichkeit, einen Kurzurlaub in Florida oder Las Vegas dranzuhängen (beliebte Lokationen sind nämlich meist solche, die auch privat Spaß machen können). Derartige Veranstaltungen dauern dann oft mehrere Tage und kosten bis zu 2.000 € Teilnahmegebühr (ohne Reise- und Hotelkosten).

Und was, wenn es weder das eine noch das andere gibt?

Dann müssen Sie einfach selbst die Initiative ergreifen. Schauen Sie sich im Referenzpool des Anbieters um, kontaktieren Sie die Unternehmen und machen Sie einfach mal ein Meeting aus, in dem Sie sich gegenseitig Ihr Projekt und Ihre Erfahrungen vorstellen, um zu erkennen, wie Sie ggf. voneinander profitieren können.

Expertentipp: Sollte Ihr Anbieter über eine Anwendergruppe verfügen, lohnt sich meist die aktive Teilnahme zur allgemeinen Informationsgewinnung und potenziellen Beeinflussung des Anbieters in der Entwicklung.

23.4 Was ist beim Wechsel des betreuenden Dienstleisters zu beachten?

Die Software ist eingeführt. Die Anwender nutzen die Lösung im täglichen Geschäft. Doch mit der Unterstützung des Anbieters als Dienstleister sind Sie nicht besonders zufrieden. Bevor man erwägt, das betreuende Unternehmen zu wechseln, sollte man genau prüfen, ob dies überhaupt möglich ist und welche Kosten potenziell damit verbunden sind. Nur so können Sie sicherstellen, dass Sie nicht vom Regen in die Traufe kommen.

Mögliche Gründe für Ihre Unzufriedenheit mit dem Dienstleister

- Hohe Personalfluktuation, ständig ändern sich die Ansprechpartner.

- Der Mitarbeiter, der das Unternehmen intensiv betreute, ist nicht mehr da.

- Die Antwortzeiten sind lang oder Probleme werden erst gar nicht mehr gelöst.

- Es erfolgt keinerlei Weiterentwicklung mehr.

- Gemachte Zusagen oder Termine werden ständig nicht eingehalten.

Dabei kann man nicht einfach den Betreuungsvertrag kündigen. Wenn Ihr Anbieter gleichzeitig auch der Hersteller ist und über keinerlei Händlersystem verfügt, haben Sie ein echtes Problem. Wechseln ist dann gar nicht erst möglich. Um diesem Problem vorzubeugen, hätten Sie bereits bei der Auswahl ggf. ein anderes System wählen müssen, ganz nach dem Motto „Drum prüfe, wer sich ewig bindet". In diesem Fall müssen Sie sich entweder mit Ihrem Dienstleister „zusammenraufen" oder eigenständig Personal aufbauen, welches die Mankos mit eigenen Ressourcen behebt.

Wann ist ein Wechsel des Dienstleisters überhaupt möglich?

- Wenn Sie 100% Standardsoftware im Einsatz haben – eher selten der Fall

- Wenn es überhaupt andere Unternehmen gibt, die Ihre Lösung betreuen können (Händler mit Know-how, verfügbarem Source Code etc.)

- Wenn die gleiche Branchenlösung ggf. auch bei neuen Partnern des Herstellers verfügbar ist

- Wenn Sie keine „neue Software" installieren müssen, damit der neue Partner die Betreuung übernimmt bzw. übernehmen kann

Welche Kosten/Kriterien sollten berücksichtigt werden?

Von heute auf morgen geht der Wechsel natürlich auch nicht. Viele Anwender haben Angst vor den Konsequenzen und verbleiben lieber wie in Schockstarre und warten, bis es knallt und ihnen keine andere Wahl bleibt. Allerdings wird dann anstatt ein eines neuen Dienstleisters gleich eine neue Software insgesamt ausgewählt. Das erscheint dem Anwender dann vielleicht auch der Wechsel zu sein, bei dem er besser das Gesicht wahren kann.

Diese Kosten sollten Sie in Betracht ziehen:

- Restdauer des aktuellen Wartungsvertrags (wenn dieser nicht wegen Pflichtverletzung außerordentlich gekündigt werden kann.)

- Kosten der Wartung beim neuen Partner

- Unterschiede zwischen aktuellem und neuem Partner (Analyse, was dieser besser macht. Ggf. über Referenzen abfragen)

- Mögliche Kosten für eine „Einarbeitung" des neuen Partners in die Spezifika Ihres Unternehmens

- Bereitschaft des aktuellen Partners, auch einen „Know-how"-Transfer vorzunehmen

- Rechtliche Möglichkeit, Unterlagen und Informationen vom aktuellen Partner auch an den neuen Partner weiterzugeben. Nicht, dass dieser im Rahmen einer Geheimhaltungsklausel dies sogar unterbindet!

Wann ist der richtige Zeitpunkt für einen Wechsel?

In der Regel natürlich zum Ende eines vorhandenen Wartungs- und Betreuungsvertrags. Allerdings sollten Sie vor der Kündigung oder auch der Androhung derselben Ihre Alternative idealerweise bereits ausgewählt haben. Ansonsten kann es Ihnen passieren, dass Ihr aktueller Partner sich stur stellt und gar nichts mehr macht. Die Konsequenz wäre dann ggf., dass Sie in einer Übergangszeit doppelt für die Wartung bezahlen müssen.

Expertentipp: Prüfen Sie genau, ob Sie mit Gesprächen und klar gesetzten Zielen mit dem bestehenden Partner nicht doch zu einer Verbesserung der Situation kommen. Wenn es keine Alternativen gibt, bleibt Ihnen ohnehin nichts anderes als ein Wechsel übrig. Nur wenn es wirklich nicht mehr geht und Sie die „Scheidung" vom bisherigen Dienstleister wünschen, sollten Sie diese gründlich prüfen und planen.

24 Die Top 10 — damit Ihr Projekt ein Erfolg wird!

In diesem Buch haben Sie sicherlich viele Themen gefunden, deren Umsetzung Ihnen helfen wird, Ihr IT-Projekt erfolgreich zu gestalten. Nachfolgend noch einmal die Top 10, die Sie auf jeden Fall berücksichtigen sollten:

1. Strukturieren Sie Ihren Auswahlprozess. Weichen Sie nur in Ausnahmefällen hiervon ab.

2. Definieren Sie Anforderungen (Lastenheft, Pflichtenheft) und Ziele genau und lassen Sie sich nicht vom Anbieter mit tollen Alternativfunktionen ablenken, die Ihren Anforderungen nicht gerecht werden.

3. Wählen Sie nicht einfach einen altbekannten Anbieter oder Marktführer. Recherchieren Sie genau, ob es nicht Alternativen gibt, die einen erheblichen Mehrwert für genau Ihr Unternehmen und Ihre Anforderungen liefern.

4. Ermitteln Sie den Mehrwert der Funktionen und Prozesse beim Einsatz im Unternehmen, um zu erkennen, wo welche Funktionen der neuen Software den meisten Mehrwert liefern sollten.

5. Vermeiden Sie den Fehler der Annahme, wo immer möglich.

6. Glauben Sie dem Anbieter nur das, was er auch bewiesen hat.

7. Motivieren Sie Ihre Mitarbeiter zur Teilnahme und beteiligen Sie diese am Erfolg.

8. Legen Sie einen großen Wert auf Dokumentation, Schulung der Mitarbeiter und ständiges Üben, damit am Go-Live-Tag alles möglichst reibungslos läuft.

9. Verlassen Sie sich nicht auf die Erfahrung der Softwareanbieter. Nutzen Sie eigene Kontrollmechanismen, um Ihr Projekt zu überwachen.

10. Holen Sie sich qualifizierte externe Hilfe. Ihre Kernkompetenz liegt nicht bei der Auswahl und Einführung von IT-Lösungen.

© Springer Fachmedien Wiesbaden GmbH, ein Teil von Springer Nature 2019
C. Groß und R. Pfennig, *Digitalisierung in Industrie, Handel und Logistik*,
https://doi.org/10.1007/978-3-658-26095-8_24

25   Expertentipps

Eilige Leser finden nachfolgend die Zusammenfassung aller Expertentipps.

▸ 1 „So werden Sie zum „mündigen" Software-Anwenderunternehmen"

Expertentipp: Werden Sie durch einen Wissensvorsprung zum mündigen Geschäftspartner bei Ihrem nächsten Softwareprojekt. Es lohnt sich!

▸ 2.1 „Was ist eigentlich Digitalisierung?"

Expertentipp: Definieren Sie für sich selber, was Digitalisierung für Ihr Unternehmen bedeuten kann. Rennen Sie nicht einfach nur anderen hinterher, sondern finden Sie heraus, was Ihnen Mehrwert liefert, was unbedingt notwendig ist oder was Ihnen einen eindeutigen Wettbewerbsvorteil liefert. Wenn Sie dies dann erfolgreich durch den Einsatz moderner Informationstechnologie umsetzen, dann sind Sie in diesem Bereich schon mal digitalisiert.

▸ 2.3 „Der Wandel von der IT-Abteilung zur Abteilung „Digitalisierung & Prozesse"

Expertentipp: Wenn Sie es nicht schon getan haben, ist es nun höchste Zeit, Ihre bisherige IT-Abteilung auf den Prüfstand zu stellen und deren Aufgabengebiet mehr dem Thema der Digitalisierung im Rahmen der Optimierung Ihrer Prozesse unterzuordnen. Verankern Sie hierfür die neue Abteilung in der Geschäftsleitung und nutzen diese nicht nur als „ausführendes Organ" Ihrer IT-Wünsche, sondern als Inspiration zur Optimierung der Prozesse durch den Einsatz neuer Informationstechnologie.

▸ 2.4 „Ergonomie am digitalen Arbeitsplatz"

Expertentipp: Setzen Sie sich doch mal neben einen Mitarbeiter und beobachten diesen bei der täglichen Arbeit. Testen Sie dabei verschiedene Konstellation an Endgeräten und Ausstattungen um festzustellen, mit welcher man dort nicht nur am effizientesten, sondern auch der Gesundheit zuträglich arbeitet, und lassen Sie Ihren Mitarbeitern eine gevgl. wisse Wahl. Das ist gut und kommt auch gut an!

▸ 2.5 „IT-Infrastruktur und technische IT-Dienstleistungen „von der Stange"

Expertentipp: Hosting, die Nutzung von Rechenzentren, ist in der Regel eine interessante Alternative zur Installation eigener Infrastruktur im Unternehmen. Mehr Flexibilität, in der Regel geringere Kosten für modernere Systeme etc. sprechen für sich. Trotzdem gibt es Einschränkungen und Konsequenzen, die Sie vor Vertragsabschluss berücksichtigen sollten. Stellen Sie also alle Pros und Contras im eigenen Unternehmen zusammen und nutzen diese Zusammenstellung für Ihre Entscheidungsfindung.

© Springer Fachmedien Wiesbaden GmbH, ein Teil von Springer Nature 2019
C. Groß und R. Pfennig, *Digitalisierung in Industrie, Handel und Logistik*,
https://doi.org/10.1007/978-3-658-26095-8

▸ 2.6 „Die Arbeitsplatzstrategie – wann ist welches Endgerät am besten geeignet?"

Expertentipp: Bei der Auswahl neuer Softwarelösungen sollten Sie den Einsatz auf den verschiedenen Endgeräten nicht nur im Lastenheft abfragen, sondern auch ganz spezifisch testen. Nur so können Sie sicherstellen, dass der Einsatz optimal auf von Ihnen ausgewählte Endgeräte abgestimmt ist. Ggf. müssen Sie sich von Endgeräten trennen, welche nicht effizient unterstützt werden.

▸ 2.7 „Lernen Sie und stehen Sie damit auf der Seite der Gewinner der Digitalisierung"

Expertentipp: Setzen Sie im Rahmen der Digitalisierung auf kontinuierliche Weiterbildung. Motivieren Sie Ihre Mitarbeiter, dabei auch in Eigeninitiative tätig zu werden, und belohnen Sie dies auch. Ganz wichtig: Teilen Sie das Wissen, um keine „geheimen Wissenssilos" aufkommen zu lassen.

▸ 6.2.3 „Welche weiteren Aspekte sind bei Konfigurationen zu berücksichtigen?"

Expertentipp: Die Produktkonfiguration und deren Integration in Ihre Entwicklung, den Vertrieb und die Produktion ist eines der Projekte mit der größten Herausforderung, die man in einem Unternehmen im Rahmen der Digitalisierung angehen kann. Bereiten Sie sich hier ganz besonders gut vor.

▸ 8.7 „Die interne und externe Kommunikation mittels Groupware und Co."

Expertentipp: Achten Sie bei allen Digitalisierungsprojekten darauf, dass der Umgang mit der Kommunikation in den neuen Lösungen nicht zu kurz kommt. So erhöhen Sie die Effizienz der Optimierung Ihrer Prozesse im Gesamtunternehmen erheblich. Selbst wenn hier nicht alle Lösungen aus „einem Guss" sind, kann diese Kommunikationsebene als Bindeglied hervorragende Dienste leisten.

▸ 9.1 „Warum eigentlich eine neue Softwarelösung?"

Expertentipp: Begutachten Sie regelmäßig Ihren möglicherweise vorhandenen „Bauchladen" an Softwarelösungen und versuchen Sie diesen ggf. zu bereinigen. Weniger verschiedene Lösungen mit mehr Funktionalität und besserer Integration sind die Basis für optimierte Prozesse im Unternehmen.

▸ 9.3 „Die Zielsetzung bei der Softwareauswahl und -einführung"

Expertentipp: Definieren Sie Ihre Ziele. Nur dann können Sie diese auch erreichen und Ihren kompletten Prozess zielorientiert ausrichten.

▸ 9.4 „Die Projektbeschreibung"

Expertentipp: Erstellen Sie eine externe und eine interne Projektbeschreibung. Versenden Sie die externe Projektbeschreibung mit der Anfrage und machen Sie diese ggf. zum Vertragsbestandteil.

▶ 9.5 „Prozesse analysieren und mit der IT optimieren"

Expertentipp: Fokussieren Sie bei der Prozessanalyse auf das Notwendige, nicht das Mögliche. Nicht jeder Detailprozess muss haarklein dokumentiert werden, wenn man danach die teuer erkaufte Dokumentation in die Schublade legt und nie wieder ansieht.

▶ 9.6 „Der ROI (Return on Invest) im Projekt"

Expertentipp: Sie brauchen aus dem ROI keine kostspielige, wissenschaftliche Detailanalyse zu machen, die Sie ggf. am Ende in den Auswertungsmülleiner werfen. Oft reichen schon Überschlagsrechnungen aus, um zu erkennen, dass das Projekt einen Mehrwert liefern wird. Vernachlässigen Sie deswegen den Mehrwert im Projekt und versuchen Sie, Ihre Anforderungen immer mehrwertorientiert zu definieren.

▶ 9.8 „Ermitteln Sie Ihr IT-Konsolidierungspotenzial"

Expertentipp: Die Konsolidierungspotenziale im Unternehmen sollten in regelmäßigen Abständen mithilfe von Prozessen und Werkzeugen ermittelt werden, die im Sinne einer kontinuierlichen Verbesserung diese Themen adressieren!

▶ 9.9 „Das Lastenheft als Basis für die Anforderungsdefinition"

Expertentipp: Erstellen Sie auf jeden Fall ein ausführliches Lastenheft, idealerweise auf Basis angepasster Lastenheft-Vorlagen. Nutzen Sie dabei die Erfahrung externe Berater, die diese Vorgehensweise regelmäßig anwenden. Das spart Zeit und Geld und reduziert das Risiko, bei der Erstellung gravierende Fehler zu machen.

▶ 9.10 „Einkaufen oder selbst entwickeln?"

Expertentipp: Evaluieren Sie genau, ob und in welchem Umfang Sie tatsächlich Software selber entwickeln wollen. In der Regel ist dies nur im Ausnahmefall die richtige Lösung.

▶ 9.11 „Die Dauer von Softwareprojekten"

Expertentipp: Erstellen Sie gleich am Anfang des Projekts einen ersten groben Durchlaufplan und berücksichtigen Sie dabei die besonderen Faktoren Ihres Unternehmens.

▶ 9.12 „Welche Kosten sollte man bei einer Softwareinvestition berücksichtigen?"

Expertentipp: Erstellen Sie eine Checkliste und fragen Sie beim Anbieter nach, welche der Kostenblöcke in Ihrem Projekt relevant sind. Stellen Sie sicher, dass Sie in Ihrer Kostenbetrachtung später keine unangenehmen Überraschungen entdecken in Form von Kosten, die bei der Kalkulation nicht berücksichtigt wurden.

▶ 9.13 „Die Annahme als Kardinalfehler in jedem Projekt!"

Expertentipp: Ersetzen Sie Annahmen durch Fakten und treffen erst dann Ihre Entscheidung. Ansonsten könnte es sein, dass so einiges im Projekt schiefläuft, von dem Sie angenommen haben, dass es schon passen würde.

▸ 10.1 „Ohne Motivation geht nichts!"

Expertentipp: Es lohnt sich, sich mit den Motivationsfaktoren Ihrer Lieferanten, Berater oder sonstiger involvierter Parteien auseinanderzusetzen. Jedes Teammitglied hat seine persönliche Agenda und das Wissen und Verständnis darüber kann oft sehr hilfreich sein.

▸ 10.2 „Der Management-Sponsor"

Expertentipp: Es ist sehr wichtig, dass der Management-Sponsor keine unnahbare Person darstellt. Er sollte als Punching-Partner für die interne Projektleitung und für den eventuell angeheuerten externen Berater bereitstehen.

▸ 10.3 „Das interne Projektmarketing"

Expertentipp: Ein intern gut beworbenes Projekt „verkauft" sich besser und führt dazu, dass die Mitarbeiter motiviert mitarbeiten.

▸ 10.4 „Das interne Auswahlteam"

Expertentipp: Beziehen Sie ausreichend Mitarbeiter mit entsprechenden Qualifikationen aus allen Bereichen und Verantwortungsebenen des Unternehmens ein. Machen Sie es dem Team „schmackhaft", Ziele zu definieren und daran mitzuarbeiten, diese zu erreichen.

▸ 10.5 „Der ideale interne Projektleiter"

Expertentipp: Ernennen Sie immer einen operativen Mitarbeiter zum Projektleiter, der vom Erfolg des Projekts hochgradig profitiert. Unterstützen Sie diesen aktiv und geben Sie ihm die notwendige Entscheidungs- und Weisungsbefugnis.

▸ 10.6 „Sind Ihre Mitarbeiter gut fürs Projekt gerüstet?"

Expertentipp: Lassen Sie Ihre Mitarbeiter nicht einfach ins „kalte Projektwasser" springen, sondern begleiten und unterstützen Sie sie, damit sie sich im Projekt wohlfühlen und damit einen erheblich höheren Mehrwert liefern werden.

▸ 10.7 „Der ideale externe Projektleiter beim Anbieter"

Expertentipp: Fragen Sie nicht nur den Anbieter nach Referenzen seiner Lösung, sondern auch den Projektleiter nach persönlichen Referenzen aus durchgeführten Projekten mit der ausgewählten Lösung. So können Sie sicherstellen, dass Sie auch eine gute Wahl getroffen haben. Dabei sollten Sie daran denken, nicht die IT im Referenzunternehmen zu fragen, sondern am besten Mitglieder des Projektteams aus einer anderen Abteilung.

▸ 10.8 „Die interne IT als Dienstleister im Unternehmen und im Projekt"

Expertentipp: Die IT sollte unterstützend tätig sein, das Projekt aber nicht bestimmen oder gar technisch so beeinflussen, dass von vornherein Anbieter und Lösung aus einer rein technischen Sicht ausgeschlossen werden und damit ggf. die Unternehmensziele unterminiert werden.

▸ 10.9 „Was machen wir mit dem Betriebsrat?"

Expertentipp: Warten Sie nicht, bis der Betriebsrat beim neuen IT-Projekt von sich aus tätig wird und ggf. das Projekt verzögert. Binden Sie die Räte vorab proaktiv ein. Denn meistens will der Betriebsrat nur richtig eingebunden und nicht einfach vor vollendete Tatsachen gestellt werden. Es erleichtert die Abläufe, wenn im Auswahlteam auch ein Mitglied des Betriebsrats sitzt.

▸ 11.1 „Wer kann oder sollte Sie im Projekt beraten?"

Expertentipp: Gehen Sie lieber gleich zum Spezialisten mit Erfahrung. Nutzen Sie andere Berater maximal, um deren Wissen abzuschöpfen. Lassen Sie sich keinesfalls auf Berater ein, die nicht neutral sind und die nur ihre eigenen Ziele verfolgen, nämlich Software zu verkaufen oder indirekt daran zu verdienen.

▸ 11.2 „Welche Unterstützung sollte der Berater bei der Auswahl und der Einführung bieten?"

Expertentipp: Bewerten Sie den potenziellen Beratereinsatz im Projekt individuell auf Basis des erzielbaren Mehrwerts oder der potenziellen Reduzierung des Risikos. Vergessen Sie dabei nicht, dass nicht jeder Berater persönlich unbedingt alle Bereiche komplett abdecken kann, und analysieren Sie auch die vom Berater genutzten Werkzeuge.

▸ 11.3 „Neutrale Berater – so trennen Sie die Spreu vom Weizen"

Expertentipp: Lassen Sie sich die Neutralität von Ihrem Berater vertraglich zusichern, am besten im Zusammenhang mit einer empfindlichen „Bestrafung", falls sich herausstellen sollte, dass doch nicht nur in Ihrem Sinne beraten wurde, z. B. mit einer „Neutral-beraten-oder-Geld-zurück-Garantie"!

▸ 11.4 „Wie bewertet man den richtigen Auswahl- und Einführungsberater und wie wählt man ihn aus?"

Expertentipp: Erstellen Sie sich eine Berater-Checkliste für den Vergleich und die Auswahl. Interviewen Sie auf Basis dieser Checkliste alle infrage kommenden Berater und entscheiden Sie dann.

▸ 12.1 „Findet Google® auch Ihre neue Lösung?"

Expertentipp: Verlassen Sie sich nicht auf Google® & Co., um Ihren möglichen Anbieter zu finden. Nutzen Sie auch Messen, Kongresse etc. Weitere Details zur bestmöglichen Suche finden Sie im Kapitel 14.2 „Die Marktrecherche und Anbieterfindung".

▸ 12.2 „Lohnt sich ein Messe- oder Kongressbesuch?"

Expertentipp: Verlangen Sie als Vorgesetzter von Ihren Mitarbeitern einen Plan und eine schriftliche Beurteilung von Messe oder Kongress und versuchen Sie auf diese Weise, möglichst viel Mehrwert zu generieren, der auch denjenigen, die die Veranstaltung nicht besucht haben, etwas bringt. Besprechen Sie die Ergebnisse und die gemachten Erfahrungen in Ihrem Team.

▸ 12.3 „Das Webinar als Informationsquelle"

Expertentipp: Nutzen Sie in der Informationsphase oder nach Projektfertigstellung Webinare, um sich über verschiedenste Themen mit wenig Aufwand und Kosten zu informieren, und das nicht nur bei infrage kommenden Anbietern.

▸ 12.4 „Was bringen Zufriedenheitsstudien oder Marktübersichten?"

Expertentipp: Zufriedenheitsstudien oder Marktspiegel können bei der Auswahl einer neuen Software hilfreich sein, sie ersetzen aber weder die eigene Marktrecherche noch einen Auswahlprozess.

▸ 13.3 „Was zeichnet eine Mittelstandslösung aus?"

Expertentipp: Egal was das Marketing des Anbieters sagt, eine Software und ein Anbieter eignen sich für Sie als Mittelständler nur dann, wenn Denken und Handeln zusammenpassen und wenn Sie sich nicht in allen Bereichen dem Anbieter unterordnen müssen, sondern ihm als „erwachsener" Kunden auf gleicher Ebene begegnen.

▸ 13.4 „Die Lösung auf Basis der Anforderungen – oder umgekehrt?"

Expertentipp: Nur die falsche Lösung bedarf vieler Anpassungen, damit sie so funktioniert, wie Sie es wollen oder brauchen. Suchen Sie mit offenen Augen nach der richtigen Lösung. Prüfen Sie, ob es sich lohnt, die eigenen Prozesse an die Software anzupassen, weil die dort abgebildeten Funktionalitäten praktikabler sind als Ihre aktuellen.

▸ 13.6 „Warum nicht gleich Open-Source-Software nutzen?"

Expertentipp: Prüfen Sie genau, ob Ihr Unternehmen auch auf Dauer mit einer Open-Source-Lösung gut bedient ist, sowohl aus internen Gründen (eigene Ressourcen) als auch aus rechtlichen. Denn wo kein oder wenig Geld fließt, ist auch niemand bereit, Verantwortung zu übernehmen.

▸ 13.8 „Kaufen, mieten oder Software aus der „Cloud"?"

Expertentipp: Wägen Sie Vor- und Nachteile, Einsparungen und Risiken genau ab, bevor Sie sich für eine SaaS- oder Cloud-Lösung entscheiden. Der Weg dorthin ist einfach, zurück ist er schon aufwendiger. Die initial geringeren Cloud-Kosten kommen – auf zehn Jahre gerechnet – meist weitaus teurer als ein direkter Kauf. Hier ist eine TCO-Kalkulation gefragt.

▶ 13.9 „Wo kaufen? Beim Hersteller oder beim Händler?"

Expertentipp: Eruieren Sie, ob Sie überhaupt in die Zielgruppe von Hersteller oder Händler passen (Größe, regionale Abdeckung, Branche etc.) und entscheiden Sie dann, bei wem Sie anfragen. Wählen Sie in einem regionalen Händlersystem nicht einfach den Ihnen „zugewiesenen" Händler, sondern recherchieren Sie ggf. auch über die Region hinaus. Wie beim Taxi am Taxistand müssen Sie sich nicht mit dem erstbesten Händler abfinden, der Ihnen vorgeschlagen wird.

▶ 14.1 „Trichterauswahlverfahren – oder geht es auch anders?"

Expertentipp: Mit den richtigen Werkzeugen und Informationen ist die Top-down-Methode immer die beste Option zur Auswahl der besten Lösung und des besten Anbieters für Ihr Projekt. Alle anderen Methoden bergen einfach zu viele Risiken.

▶ 14.2 „Marktrecherche und Anbieterfindung"

Expertentipp: Kombinieren Sie die verschiedenen Quellen für Ihre Marktrecherche und verlassen Sie sich nicht nur auf eine Methodik, um den potenziell besten Anbieter zu finden. Achten Sie aber darauf, dass Sie sich nicht in einer endlosen Suche ohne messbares Ergebnis verzetteln.

▶ 14.3 „Softwarerecherche und Ausschreibungsplattformen"

Expertentipp: Wählen Sie eine Informations- oder Ausschreibungsplattform nach Ihren tatsächlichen Anforderungen und dem Angebot der Plattformanbieter. Wer kritisch vergleicht und nicht sofort die erstbeste Plattform nutzt, wird sie effizient im eigenen Projekt einsetzen können und damit viel Zeit und Geld sparen.

▶ 14.4 „Wie kann man die Internetseiten von Anbietern bewerten?"

Expertentipp: Sondieren Sie mögliche Anbieter immer auch über deren Website und die darin enthaltenen Informationen und Daten. Wer hier bereits einen schlechten oder mangelhaften Eindruck hinterlässt, den sollten Sie später – wenn überhaupt – genau begutachten.

▶ 14.5 „Der Umgang mit Anbietern in Zeiten der Hochkonjunktur"

Expertentipp: Wenden Sie in Zeiten der Hochkonjunktur die „Zuckerbrot und Peitsche"-Methodik an. Machen Sie es dem Anwender schmackhaft, in Ihrem Projekt zu arbeiten, bestehen Sie dafür aber auch permanent auf Qualität und Engagement und vernachlässigen Sie Ihre Anforderungen nicht. Nehmen Sie das Heft und damit die Kontrolle des Projekts in die Hand, auch wenn dies mehr Aufwand für Sie bedeutet.

▶ 14.6 „Ist ein Anbieter mit mehreren Lösungen der Bessere?"

Expertentipp: Wenn Sie einen derartigen Anbieter bewerten, sollten Sie durch die Bereitstellung der relevanten Informationen in der Lage sein, jede Lösung wie ein Profitcenter bewerten zu können. Bewerten Sie also nicht nur das Gesamtunternehmen mit seiner Gesamtbilanz.

▶ 14.7 „Was bringen externe Live-Tests von Softwareanbietern?"

Expertentipp: Bewerten Sie diese Wettbewerbe nicht zu hoch! Letztendlich muss sich ein Anbieter in Ihrem Projekt bewähren und nicht auf der „Showbühne". Erstellen Sie Ihr eigenes Präsentationsskript und besuchen Sie die Anbieter selbstständig, statt eine „Guided Tour" zu buchen.

▶ 15.1 „Der Auswahlprozess muss strukturiert sein"

Expertentipp: Machen Sie es sich einfacher, indem Sie entweder den Anleitungen dieses Buches genau folgen (gerade bei kleineren Unternehmen sinnvoll), oder heuern Sie einen erfahrenen Berater an, der genau diese Struktur ins Projekt mitbringt und sicherstellt, dass Sie diese auch umsetzen.

▶ 15.2 „Wie machen Sie Anbieter und Lösungen vergleichbar?"

Expertentipp: Eruieren Sie auch, welche Methoden und Werkzeuge bei der Implementierung zum Einsatz kommen. Viele Anbieter versprechen hierbei viel in der Vertriebsphase, verfallen aber auf eine manuelle oder MS-Excel®-basierte Methode in der Implementierung. Dadurch verlieren Sie Effizienz und Controlling Möglichkeiten und gefährden den reibungslosen Einführungsprozess.

▶ 15.3 „Die Projektplanung und Detailschritte im Auswahlprojekt"

Expertentipp: Machen Sie sich zu Beginn Ihres Auswahlprozesses einen genauen Plan und versuchen Sie, diesen bestmöglich einzuhalten. Ständige Termin- und Entscheidungsverschiebungen helfen weder bei der internen noch der externen Motivation. Nur wer einen definierten Prozess hat, kann diesen auch kontrollieren und somit ein zuvor geplantes Ergebnis sicherstellen.

▶ 15.4 „Die Einbindung von Kunden und Lieferanten in die Auswahl"

Expertentipp: Binden Sie Kunden und Lieferanten direkt oder indirekt in Ihr Auswahlprojekt ein, wenn Sie meinen, dadurch profitieren zu können.

▶ 15.5 „Machen anonyme Softwareausschreibungen einen Sinn?"

Expertentipp: Der Versand anonymer Ausschreibungen ist unsinnig. Die Nachteile überwiegen im Vergleich mit den Vorteilen. Überlegen Sie es sich also genau, bevor Sie sich auf einen solchen Vorschlag Ihres Beraters einlassen und sich in eine entsprechende Abhängigkeit begeben.

▶ 15.6 „Was ist, wenn der Anbieter die Spielregeln im Auswahlprozess ändern will?"

Expertentipp: Lassen Sie eine Änderung im Prozess nur zu, wenn Sie sich tatsächlich Vorteile hiervon versprechen. Falls dies aber eher für den Anbieter etwas vorteilhaft ändert, sollten Sie darauf beharren, dass der von Ihnen vorgegebene Prozess eingehalten wird.

▸ 15.7 „Nach welchen Kriterien kann man Softwareanbieter bewerten?"

Expertentipp: Erstellen Sie eine Bewertungsmatrix und versehen Sie die Bereiche mit einer Gewichtung, um auf diese Weise eine realistische Bewertung vornehmen zu können.

▸ 15.8 „Der Akquiseaufwand der Anbieter im Vertriebsprozess"

Expertentipp: Vereinbaren Sie mit den Anbietern einen Projektplan, der alle möglichen Termine und Workshops enthält. So kann jeder bereits im Vorfeld entscheiden, ob er sich auf den Aufwand und das damit verbundene Risiko einlassen will oder nicht.

▸ 16.1 „Bedeutet moderne Technologie immer die modernste Lösung?"

Expertentipp: Fragen Sie einfach einmal nach, wann genau die Ihnen vorgestellte Software zum ersten Mal ausgeliefert wurde. Wenn die Software neu ist, dann sollten Sie sich Ihre „Versuchskaninchen-Position" mit einem hohen Rabatt vergüten lassen und sich bewusst sein, dass dies Probleme mit sich bringen kann.

▸ 16.2 „Kein MS-Excel®, MS-Access® & Co. als Ersatz für operative Softwarelösungen"

Expertentipp: MS-Excel & Co. möglichst nur zur Visualisierung und externen Datenmanipulation, aber nicht zum Ersatz fehlender Funktionalität im neuen System nutzen und mit den dort manipulierten Daten im zentralen System weiterarbeiten. Das Risiko ist zu hoch, dass sich hierbei gravierende Fehler einschleichen.

▸ 16.3 „Integrierte Software oder per „Schnittstelle" angebunden?"

Expertentipp: Sobald Schnittstellen oder Integrationen ins Spiel kommen, müssen Sie ganz genau definieren, was in der Schnittstelle passieren soll, wo die Datenhoheit liegt, wie es technisch funktioniert und wer den Hut dafür aufhat. Ansonsten kann es sehr schnell sehr teuer werden. Schnittstellen sind ein Hauptgrund für die Budgetüberschreitung im Projekt.

▸ 16.4 „Die Umsetzung von Fremdsprachen in der neuen Lösung"

Expertentipp: Wenn Sprachen für Sie wichtig sind und Sie ggf. sogar fehlende Sprachen selbstständig ergänzen wollen, dann ist die Technologie, wie die Sprachen im System integriert werden, für Sie sehr wichtig. Prüfen Sie dann auch im Rahmen Ihrer Auswahl, wie Sprachen im System technisch abgewickelt werden.

▸ 16.6 „Wo liegt der Mehrwert von integriertem Workflow Management?"

Expertentipp: Bevor Sie mit den Anbietern über das Thema Workflow sprechen, sollten Sie sich intern erst einmal darüber im Klaren sein, was Sie darunter verstehen und damit im Unternehmen bezwecken wollen. Erst dann können Sie dies im Lastenheft oder in Ihren Anforderungen verankern und in Ihr IT-Projekt integrieren.

▶ 16.7 „Ohne Data Dictionary gibt es keine Auswertungen"

Expertentipp: Testen Sie den Anbieter mit einem Fallbeispiel in der Auswertung, um zu erkennen, wie gut und leicht umsetzbar die Datendokumentation im System ist. Ansonsten kann es sein, dass zukünftige Auswertungen extrem aufwendig zu erstellen sind oder Sie total in die Abhängigkeit des Anbieters geraten. Von den daraus resultierenden Kosten gar nicht zu sprechen.

▶ 16.8 „Auswertungen, Analysen, MIS und Cockpits & Co."

Expertentipp: Definieren Sie genau, welche Art von Analyse und Auswertungen Sie benötigen, und entscheiden Sie nach eingehender Prüfung, ob die Funktionen der Anbieterlösung ausreichen oder Sie ein externes Werkzeug benötigen.

▶ 16.9 „Was ist bei der Update- und Upgradefähigkeit zu beachten?"

Expertentipp: Halten Sie die zugesicherte Update- oder Upgradefähigkeit vertraglich fest. Kalkulieren Sie auch den jährlichen Update- und Upgradeaufwand, um immer mit der neuesten Version arbeiten zu können. Nur so können Sie sicherstellen, auch von den Weiterentwicklungen zu profitieren, für die Sie meist viel Geld im Rahmen Ihres Wartungsvertrags bezahlen.

▶ 16.10 „Die DSGVO als Prozessbestandteil in Ihren neuen IT-Lösungen"

Expertentipp: Vergessen Sie bei Ihrem Digitalisierungsprojekt die DSGVO nicht. Listen Sie alle Systeme, in denen personenbezogenen Daten gespeichert werden. Integrieren Sie DSGVO-orientierte Anforderungen bei der Ausschreibung in Ihre Lastenhefte und fordern den neuen Anbieter, z.B. bei im Rahmen einer neuen ERP-Komplettlösung, auf, Ihnen das technische Konzept auf Basis seiner IT-Lösung zur Einhaltung der DSGVO-Anforderungen aufzuzeigen.

▶ 17.1 „Softwareauswahl ist Chefsache"

Expertentipp: Die Geschäftsführung sollte möglichst intensiv in den Auswahlprozess involviert sein und Entscheidungen sollten gemeinsam getragen werden. Nur so kann sichergestellt werden, dass Vorgaben und Ziele im Projekt auch mit denen der Geschäftsführung übereinstimmen.

▶ 17.2 „Risikoerkennung, Bewertung und Minimierung"

Expertentipp: Beschäftigen Sie sich von Anfang an auch mit den potenziellen Risiken. Definieren und kommunizieren Sie diese und versuchen Sie diese möglichst zu vermeiden.

▶ 17.3 „So dokumentieren Sie richtig"

Expertentipp: Stellen Sie sicher, dass dokumentiert wird. Wenn der Anbieter dies nicht tut, dann ergreifen Sie selber die Initiative. Wenn es hart auf hart kommt, ist immer derjenige im Vorteil, der den besseren Nachweis erbringt, weil er den Text selbst formuliert hat.

▸ 17.4 „Den Einkaufs- und den Vertriebsprozess harmonisieren"

Expertentipp: Steuern Sie den Auswahlprozess selbstständig und verlassen Sie sich nicht darauf, dass der Anbieter in Ihrem Sinne handelt. Nur wenn Sie die Kontrolle behalten, werden Sie auch das von Ihnen gewünschte Ergebnis bei der Auswahl erzielen können.

▸ 17.5 „Der „interne Pförtner" im Projekt — hilfreich oder hinderlich?"

Expertentipp: Blockieren Sie die Kommunikation zwischen Anbietern und Ihrem Auswahlteam nicht unnötig. Unnötiges Filtern verhindert ein besseres Kennenlernen und damit auch eine objektive Bewertung der Anbieter während des Auswahlprozesses.

▸ 17.6 „Wichtige Kriterien beim Kauf von US-amerikanischen Softwareanbietern"

Expertentipp: Wer ernstes Interesse an einer US-Softwarelösung hat, muss sich darauf einstellen, sich den US-Gegebenheiten anzunähern. Tut man dies nicht, könnte man vielleicht sein blaues Wunder erleben. Wer jedoch die Spielregeln beherrscht, kann durchaus Vorteile aus der Zusammenarbeit mit US-Softwareanbietern ziehen.

▸ 17.7 „Generalunternehmer oder Einzelaufträge?"

Expertentipp: Versuchen Sie, den Auftrag mit einem einzelnen Anbieter abzuwickeln. Sollte das nicht möglich sein, dann gleichen Sie Verträge und Konditionen ab und regeln Sie die Verantwortlichkeiten aller Parteien in einem genau festgelegten Vertrag.

▸ 17.8 „Welche Fördermittel oder Zuschüsse gibt es für Softwareprojekte?"

Expertentipp: Prüfen Sie, ob Leistungen im Rahmen der Einführung einer neuen Softwarelösung gefördert werden können. Holen Sie sich einen Berater für Fördermittel ins Haus und vereinbaren Sie mit diesem ein erfolgsorientiertes Honorar.

▸ 17.9 „Wichtiges zum Thema Softwareinvestition und Finanzamt"

Expertentipp: Fragen Sie bei Ihrem Steuerberater oder in Ihrer Finanzabteilung nach, damit Sie die aktuellen Regeln berücksichtigen, Kosten und Aufwand im Projekt von Anfang an richtig erfassen und bewerten. Damit vermeiden Sie späteren Ärger mit Aktivierungen und damit ggf. mit Ihrem Finanzamt

▸ 17.10 „Wie und warum sollte man externe Anbieterberater „glücklich machen"

Expertentipp: Versuchen Sie beim externen Personal in einem wichtigen Softwareprojekt nicht, an der falschen Stelle zu sparen. Ob Hotel, Umgebung oder Bewirtung: Übermäßiges Sparen kommt Sie auf andere Weise mehrfach teurer zu stehen. Erhöhen Sie den Wohlfühlfaktor und damit auch die externe Effizienz im Verbund mit dem psychologischen Druck, dass man einem so netten Kunden wie Ihnen auch keinen Wunsch abschlagen kann.

▸ 18.1 „Was sollte eine Anfrage erhalten?"

Expertentipp: Erstellen Sie ein ausführliches Dokument, das Sie mit der Anfrage versenden, und teilen Sie darin den Anbietern genauesten mit, welche Informationen Sie in welcher Form wünschen. Ansonsten ist die Wahrscheinlichkeit eher gering, diese zu erhalten, es sei denn, Ihre Anforderungen sind es auch.

▸ 18.2 „Machen Sie Ihr Unternehmen und Projekt für die Anbieter attraktiv"

Expertentipp: „Verkaufen" Sie Ihr Projekt auch extern an die Anbieterunternehmen und deren Berater. Nur so können Sie sicherstellen, dass Sie als kleineres Unternehmen im Kundenkreis der Anbieter auch die richtige Priorität erhalten.

▸ 18.3 „Wie ermittelt man die Anzahl der zu kaufenden Benutzer?"

Expertentipp: Gehen Sie bei der Ermittlung der Benutzeranzahl kein Risiko ein. Erstellen Sie eine Personalliste und ordnen Sie jeden Mitarbeiter einer Benutzerklasse zu. Bei der Anfrage ist es dann besser, mit einer etwas höheren Zahl der Benutzer anzufangen. Reduzieren können Sie immer. Preiskorrekturen nach oben durch falsch kalkulierte Benutzerzahlen sind später das größere Übel.

▸ 18.4 „Der „Musterordner" als Geheimwaffe"

Expertentipp: Erstellen Sie einen Musterordner mit der Sammlung all Ihrer Dokumente und Auswertungen und stellen Sie diesen dem Anbieter rechtzeitig im Auswahlprozess zur Verfügung. Im Idealfall können Sie diese Unterlagen sogar als Vertragsbestandteil unterbringen und sich damit erheblich im Projekt gegenüber dem Anbieter absichern.

▸ 18.5 „Die Geheimhaltungsvereinbarung"

Expertentipp: Spätestens die zu den Workshops eingeladenen Anbieter in der Endauswahl sollten eine Geheimhaltungserklärung unterzeichnen. Idealerweise geben Sie dabei den Inhalt vor.

▸ 18.6 „Die Auswahl der Anbieter zum Anfrageversand"

Expertentipp: Bewerten Sie Ihre aktuelle Situation nach den zuvor genannten Kriterien und entscheiden dann, wie vielen Anbietern Sie die Anfrage senden.

▸ 19.1 „Die Auswertung der Angebote"

Expertentipp: Legen Sie viel Wert auf die Auswertung der Angebote. Prüfen Sie dabei alle Werte und auch die Angebotsqualität. Wer schon bei der Angebotsabgabe Ihre Anforderungen ignoriert und keinen Wert auf Qualität legt, der wird später im Projekt kaum anders arbeiten. Dies geht dann immer zu Ihren Lasten!

▶ 19.2 „Die Bewertung von Partnerunternehmen der Anbieter"

Expertentipp: Prüfen Sie Partnerschaften immer auf Nachhaltigkeit und stellen Sie sicher, dass hier keine Zweckehe eingegangen wird, nur um Ihren Auftrag zu erhalten.

▶ 19.3 „Die Auswahl der Finalisten für die Workshops"

Expertentipp: Wählen Sie im Idealfall die TOP-3-Anbieter der Angebotsauswertung und laden Sie diese zum Vortermin und den Workshops in Ihrem Hause ein.

▶ 19.4 „Wie sollte man Referenzen auswählen und bewerten?"

Expertentipp: Bereiten Sie Referenztelefonate und Besuche durch Erstellung einer Checkliste vor. Kontaktieren Sie dabei nicht nur genannte, sondern auch bekannte Nutzer der Lösung. Niemand muss um Erlaubnis fragen, um Kunden der Anbieter im Rahmen einer Referenzanfrage zu kontaktieren.

▶ 20.1 „Der Beweis – eine Präsentation mit Ihren Daten und nach Ihren Vorgaben!"

Expertentipp: Definieren Sie genau, welche Beispielprozesse Sie in welchem Detaillierungsgrad bei den Anbieterworkshops sehen wollen. Kommunizieren Sie diese frühzeitig den Anbietern und lassen Sie sich nur auf Abweichungen ein, wenn diese mit Ihnen zuvor abgestimmt wurden.

▶ 20.2 „Der Anbieter-Vortermin"

Expertentipp: Öffnen Sie sich und Ihr Unternehmen beim Vortermin zum Workshop den Anbietern und geben Sie diesen die Möglichkeit, alle Fragen zu stellen, und bewerten Sie den Anbieter auch bereits an diesen Vortermin.

▶ 20.3 „Anbieterworkshops und deren Bewertung"

Expertentipp: Bereiten Sie Ihren Workshop gut vor. Sorgen Sie dafür, dass alle wichtigen Entscheider auch anwesend sind, und dokumentieren Sie den Workshop für die spätere Entscheidungsfindung genau.

▶ 20.4 „Die Zwei-Beamer-Präsentation – ideal für Workshops und Schulungen"

Expertentipp: Versuchen Sie, einen Raum zu finden, in dem Sie zwei Präsentationsflächen nebeneinander nutzen können. Die ideale Konstellation ist die Nutzung von Deckenbeamern. Mit zwei Beamern auf Stativen geht es aber auch. Sollte also der Raum und das Budget gegeben sein, lässt sich diese Methodik nur empfehlen.

▶ 21.1 „Vertragsinhalt und Vertragsprüfung"

Expertentipp: Verträge sollten immer von IT-Experten geprüft und kommentiert werden. Sei es ein entsprechend erfahrener Berater oder ein IT-Fachanwalt. Ihr Hausanwalt hilft hier leider selten weiter, da dieser in der Regel viel zu selten derartige Verträge prüft und auch das am Markt allgemein geltende Verhalten in IT-Verträgen nicht beurteilen kann.

▸ 21.2 „Die verschiedenen Vertragstypen"

Expertentipp: Lassen Sie sich die Verträge der infrage kommenden Anbieter in der Endauswahl möglichst frühzeitig zusenden. Nur so erkennen Sie, ob hier ggf. wichtige Informationen fehlen, unklar sind oder die Konditionen eigentlich nicht akzeptabel sind. Ab einer Projektsumme von 200.000 € sollten Sie auf jeden Fall eine anwaltliche Prüfung vornehmen lassen.

▸ 21.3 „Die Verhandlungsführung"

Expertentipp: Verhandeln ist Ihr gutes Recht. Nehmen Sie nicht einfach alles hin, was Ihr Anbieter für Sie an Kosten und Konditionen bereithält. Übertreiben Sie es aber nicht, ansonsten findet der Anbieter immer einen Weg, den Verhandlungsverlust anderweitig auszugleichen.

▸ 21.4 „Wann lohnt sich ein IT-Fachanwalt?"

Expertentipp: Vermeiden Sie Ihren Hausanwalt. Was auf den ersten Blick günstiger erscheint, wird in der Regel immer viel teurer, bei meist schlechterer Qualität und längerer Durchlaufzeit in der Vertragsprüfung als bei der Nutzung eines IT-Fachanwalts.

▸ 21.5 „Der fortlaufende Kundensupport der Anbieter"

Expertentipp: Prüfen Sie die Supportfähigkeiten der Softwareanbieter schon beim Auswahlprozess genau, befragen Sie hierzu die Referenzen und lassen Sie sich deren Supportplattform zeigen. Idealerweise besuchen Sie die Supportabteilung vor Ort und verschaffen sich so einen Eindruck vom Personal und der Umgebung, in der die Arbeit erfolgt. Außerdem werden Ihnen die Supportmitarbeiter Ihr Interesse danken. Schließlich lernt man dort in der Regel Kunden nur bei Reklamationen kennen. Ein netter und interessierter Kunde wird später sicherlich auch besser bedient. Lassen Sie sich überraschen.

▸ 21.6 „Was sollte ein Wartungs-/Support- und Updatevertrag leisten?"

Expertentipp: Rechnen Sie die verschiedenen Varianten der Wartungskosten hoch und gehen Sie dann erst in die Verhandlung. Sie sind so garantiert besser vorbereitet als der Anbieter. Lassen Sie sich auch die Supportplattform und deren Inhalt zeigen und verlangen Sie Informationen zu den Neuerungen der letzten Jahre, damit Sie einen Eindruck erhalten, was Sie für Ihr Geld bekommen.

▸ 21.7 „Verträge mit Leasinggesellschaften"

Expertentipp: Erkundigen Sie sich im Vorfeld, wie das Zusammenspiel zwischen Leasinggesellschaft, dem Anbieter und Ihnen funktioniert. Sonst verhandeln Sie fleißig und bei der Übernahme durch den Leasinggeber wird das gesamte Vertragswerk hinfällig.

▶ 21.8 „Was bringt die Source-Code-Hinterlegung – Notar vs. Escrow?"

Expertentipp: Sorgen Sie vertraglich dafür, dass Sie zumindest beim Konkurs des Anbieters einen Zugriff auf den Source Code der erworbenen Lösung erhalten. Am besten und sichersten geht dies über ein Unternehmen, das Software-Escrow-Verfahren anbietet.

▶ 21.9 „Ist der Source-Code-Kauf sinnvoll oder unsinnig?"

Expertentipp: Wenn der Source Code kostenfrei ist, dann nehmen Sie ihn mit. Ansonsten ist es viel sinnvoller, sein Geld in die Source-Code-Hinterlegung bei einem Escrow-Treuhänder auszugeben. Über diesen Weg kommen Sie im Notfall am einfachsten an Ihren Source Code. Einzige Ausnahme: Sie haben tatsächlich eine eigene Entwicklungstruppe, die permanent am System weiterentwickelt.

▶ 21.10 „Die Betriebshaftpflichtversicherung nicht vergessen"

Expertentipp: Lassen Sie sich vor Vertragsabschluss eine aktuelle Deckungsbestätigung der Betriebshaftpflichtversicherung zukommen und stellen Sie vertraglich sicher, dass der Anbieter plant, diese auch weiterhin so zu nutzen.

▶ 21.11 „Sind Standardverträge von externen Beratern zum Softwareeinkauf sinnvoll?"

Expertentipp: Standardverträge von Unternehmensberatern sind selten zielführend. Sie verlängern die Verhandlungen oder machen diese manchmal sogar gänzlich unmöglich. Es könnte sein, dass der größte Nutznießer dieser Verträge am Ende gar der Berater ist, der durch diese Taktik noch einige Tage mehr Beratung und die Nutzung der Verträge verkaufen konnte.

▶ 21.12 „Ist es eine gute Idee, den Vertag selber vorzugeben?"

Expertentipp: Anstatt dem Anbieter eigene Verträge aufzuzwingen, deren Konditionen er eigentlich nur in Ihrem Projekt umsetzen soll, sollten Sie auch darauf achten ihn zu überzeugen, Verträge und AGBs generell zu verbessern. Welch Zufall, wenn diese dann auch Ihren Anforderungen entsprechen! Da haben dann alle Beteiligten etwas davon.

▶ 22.1 „Der Implementierungsprozess"

Expertentipp: Eruieren Sie auch, welche Methoden und Werkzeuge bei der Implementierung zum Einsatz kommen. Viele Anbieter versprechen hierbei viel in der Vertriebsphase, verfallen aber auf eine manuelle oder MS-Excel®-basierte Methode in der Implementierung. Dadurch verlieren Sie Effizienz und Controlling-Möglichkeiten und gefährden den reibungslosen Einführungsprozess. Details zu vielen weiteren Themen der Implementierung finden Sie in den einzelnen Bereichen dieses Kapitels.

▶ 22.2 „Vorprojekt, Feinkonzept, Proof of Concept"

Expertentipp: Bei Projekten mit einem Auftragsvolumen ab € 100.000,-- sollten Sie immer ein Vorprojekt in den Vertrag und den Implementierungsprozess einbauen. Damit erhöhen Sie Ihre Investitionssicherheit und reduzieren das Kostenrisiko.

▸ 22.3 „Wann ist eine Testversion sinnvoll?"

Expertentipp: Testversionen sind dann sinnvoll, wenn Sie diese in einem kontrollierten Rahmen und limitierten Umfang nutzen. Investieren Sie lieber mehr Zeit und Geld in gezielte Workshops mit dem Anbieter oder in ein entsprechendes Vorprojekt, bei dem die Nutzung der Software in einer Testumgebung integraler Bestandteil ist.

▸ 22.4 „Das „Kickoff-Meeting" zum Beginn der Implementierung"

Expertentipp: Planen Sie eine Veranstaltung wie ein Abendessen mit geselligem Beisammensein am Abend vor dem Kickoff-Meeting und laden Sie hierzu auch die Projektmitglieder des Anbieters ein. Das kann die Projektatmosphäre deutlich auflockern und den Start erleichtern. Bei der Veranstaltung sollte übrigens auch das Management anwesend sein, um dem Projekt die notwendige Wichtigkeit mitzugeben. Achten Sie aber darauf, dass dieses Ihnen diese Zeit nicht auch noch berechnet!

▸ 22.5 „Die effiziente Kommunikation im Projekt"

Expertentipp: Gute Kommunikation im Projekt ist einer der wichtigsten Bestandteile des Erfolgs. Stellen Sie sicher, dass Ansprechpartner vorhanden sind, und kommunizieren Sie proaktiv.

▸ 22.6 „Aktivitätenmanagement mit der To-do-Liste – die Achillesferse in vielen Projekten"

Expertentipp: Erstellen und überwachen Sie in Ihrem Projekt auf jeden Fall eine To-do-Liste. Lassen Sie sich aber vom Anbieter nicht mit einer MS-Excel®-basierten Liste abspeisen. Die Liste muss zentral und online von jedem Teammitglied einsehbar und bearbeitbar sein.

▸ 22.7 „Projektmanagement und Kostenüberwachung – mit den richtigen Werkzeugen"

Expertentipp: Wenn der Anbieter auf MS-Excel® als Projektplanungs- und Kostencontrolling-Instrument zurückgreifen will, dann sollte bei Ihnen sofort die „rote Lampe" leuchten.

Stellen Sie ihm doch einfach folgende Aufgabe: Zwei Key User sind wegen Krankheit für zwei Wochen ausgefallen, ausgerechnet in einer Phase, in der beide für das Projekt unabdingbar sind. Welche Auswirkungen hat dieser Ausfall auf den Projektplan, die Zeiten und die Kosten? Der Anbieter mit einer Projektplanungslösung wird Ihnen sicher viel schneller eine Antwort auf diese Frage sowie einen neuen Terminplan liefern können.

▸ 22.8 „Die richtige Arbeitsumgebung für das Projektteam"

Expertentipp: Bieten Sie dem Projektteam und den Beratern eine angenehme Atmosphäre. Ein Grund, warum man vielleicht lieber bei Ihnen im Projekt arbeitet als bei einem anderen Kunden.

- 22.9 „Der eigene, interne Support"

Expertentipp: Eine gute Möglichkeit ist es übrigens auch, im Rahmen des Wartungsvertrages ca. ein- bis zweimal pro Jahr eine Präsentation aller neuen Funktionalitäten durch den Anbieter zu vereinbaren. Auf diese Weise bringt der Anbieter seine „Reklame" von neuen Modulen an den Mann und die Frau, und Sie und Ihre Kollegen sind immer auf dem Laufenden, was die Möglichkeiten der erworbenen Lösung angeht.

- 22.12 „Die Aufgaben eines externen Projektleiters"

Expertentipp: Besonders bei US-basierten Unternehmen kann es vorkommen, dass ein Projektleiter aus Deutschland wenig zu sagen hat. Stellen Sie also sicher, dass der bei Ihnen vorgestellte Projektleiter auch wirklich die Befugnisse besitzt, um Ihr Projekt bis zum Ende zu begleiten, und auch die notwendigen Entscheidungen, was Personalressourcen angeht, treffen kann. Sonst kann es Ihnen schnell passieren, dass Ihr Projekt als zweitrangig angesehen wird, der Projektleiter gewechselt und nur „Zweite-Klasse-Berater" dem Projekt zugeordnet werden.

- 22.13 „So schulen die Anbieter Sie richtig"

Expertentipp: Verlassen Sie sich nicht darauf, dass der Anbieter schon korrekt und effizient schulen wird. Stellen Sie vorab die notwendigen Fragen und sprechen Sie ggf. mit vorigen Teilnehmern und prüfen Sie Referenzen, wenn möglich.

- 22.14 „Gestalten Sie interne Schulungen effizient und erfolgreich"

Expertentipp: Stellen Sie Ihren Mitarbeiter einen gut ausgestatteten Schulungsraum zur Verfügung und motivieren diese nach deren Schulung und vor dem Go Live regelmäßig zu üben. Planen Sie Ihre Schulung genau und überprüfen Sie die Effizienz und das Ergebnis.

- 22.15 „Die Hardware- und Technologieanforderungen"

Expertentipp: Achten Sie bei der Formulargestaltung auf moderne Technologie in der neuen Lösung. Nur so können Sie möglichst viel und flexibel selbst anpassen. Wer dann noch mit einem einheitlichen Design genau plant, vermeidet viele kostspielige Änderungen.

- 22.16 „Die Datenmigration – kritisch für den Projekterfolg"

Expertentipp: Machen Sie sich einen genauen Plan der Datenmigration, wobei Sie berücksichtigen, was genau Sie wo benötigen, wie alt die Daten sein müssen, und erwägen Sie, was manuell oder automatisiert übernommen werden soll. Achten Sie darauf, dass die Datenmigration auch für einen späteren Audit nachvollziehbar gestaltet wird..

- 22.17 „Integration – mehr als nur Daten hin und herschieben"

Expertentipp: Prüfen Sie bei der Auswahl auch die Integrationsfähigkeit der Lösung und sorgen Sie dafür, dass vom Anbieter erstellte Schnittstellen auch im Wartungsvertrag enthalten sind. Integrationsplattformen, die Sie selbst bedienen können, erhöhen dabei Ihre Unabhängigkeit von den Anbietern.

▸ 22.18 „Die Archivierung Ihrer Altdaten"

Expertentipp: Stellen Sie sicher, dass Sie auch nach der Implementierung der neuen Lösung weiterhin Zugriff auf Ihre Altdaten haben. Und sei es nur, um den gesetzlichen Anforderungen der Datenspeicherung zu genügen.

▸ 22.19 „Software testen und Fehler dokumentieren"

Expertentipp: Testen, Testen, Testen. Nur wer möglichst viele Funktionen und Geschäftsprozesse testet und dokumentiert, hat auch die Möglichkeit zur qualifizierten Reklamation gegenüber dem Anbieter. Verlassen Sie sich nie darauf, dass eine Software funktioniert, auch nicht in Standardfunktionalitäten und auch nicht, wenn diese schon mehrere hundert Mal installiert wurde. Machen Sie zuerst einen Einzeltest in den Abteilungen und zum Abschluss einen Integrationstest über die Abteilungen hinweg. Dokumentieren Sie Tests und Ergebnisse nachvollziehbar für alle Beteiligten.

▸ 22.20 „Lastenheftcontrolling – vergessen Sie wichtige Anforderungen nicht"

Expertentipp: Lassen Sie sich von einem erfolgreichen Projekt nicht suggerieren, dass Sie wirklich an alles gedacht haben. Das kann schnell nach hinten losgehen. Definieren Sie deswegen den Controlling-Prozess für die Umsetzung der Anforderungen im Lastenheft als wichtigen Bestandteil im Projekt und kontrollieren Sie die Ergebnisse, schon aus Ei-geninteresse.

▸ 22.21 „Der Software-Abnahmeprozess – während und zum Abschluss der Einführung"

Expertentipp: Verlassen Sie sich nie darauf, dass ein Anbieter auch wirklich alles liefert, was einmal vereinbart wurde und dies auch funktioniert. Haken Sie Checklisten ab und prüfen Sie Funktionalitäten, wenn Sie nicht später Kostenüberraschungen erleben oder feststellen wollen, dass eigentlich bestellte Funktionen gar nicht geliefert wurden.

▸ 22.22 „Was tun im Streitfall?"

Expertentipp: Vergessen Sie die Dokumentation in Ihrem Projekt nicht. Von der Anforderungskommunikation Anbietern bis zur täglichen Projektdokumentation. Nur wenn Sie gut dokumentieren, haben Sie auch gute Chancen im Streitfall.

▸ 22.23 „Die Go-Live-Party und weitere Projektmotivationen"

Expertentipp: Kleine Investitionen in eine Go-Live-Party oder einen individuellen Bonus machen sich in jedem Projekt mehrfach bezahlt und können dazu beitragen, dass Kosten und Termine eingehalten werden.

▸ 23.1 „IT-Auditierung oder: Nach der Einführung ist vor der Auswahl"

Expertentipp: Auch Software und IT haben ein „Verfallsdatum". Warten Sie nicht, bis es zu spät ist, und prüfen Sie regelmäßig, ob die Software und IT in Ihrem Unternehmen den aktuellen Anforderungen noch gerecht wird. Dann schmeckt Ihre „IT-Kost" auch weiterhin allen Beteiligten.

▸ 23.2 „Weiterentwicklung und Projektausbau"

Expertentipp: Lassen Sie also Ihr System nicht unnötig veralten. Die gesparten Kosten pro Jahr sind in der Regel um ein Vielfaches höher, wenn Sie Ihre IT nicht erst nach zehn Jahren runderneuern.

▸ 23.3 „Die Anwendergruppe und Anwenderkonferenz der Softwarehersteller"

Expertentipp: Sollte Ihr Anbieter über eine Anwendergruppe verfügen, lohnt sich meist die aktive Teilnahme zur allgemeinen Informationsgewinnung und potenziellen Beeinflussung des Anbieters in der Entwicklung.

▸ 23.4 „Was ist beim Wechsel des betreuenden Dienstleisters zu beachten?"

Expertentipp: Prüfen Sie genau, ob Sie mit Gesprächen und klar gesetzten Zielen mit dem bestehenden Partner nicht doch zu einer Verbesserung der Situation kommen. Wenn es keine Alternativen gibt, bleibt Ihnen ohnehin nichts anderes als ein Wechsel übrig. Nur wenn es wirklich nicht mehr geht und Sie die „Scheidung" vom bisherigen Dienstleister wünschen, sollten Sie diese gründlich prüfen und planen.